JN366221

사는 재미의 절반

산다성 지음
최베통 옮김

사두 선다 싱 전집
The Christian Witness of Sadhu Sundar Singh:
    A Collection of His Writings

초판 발행: 2005년 10월 30일
제2판 발행: 2007년 7월 30일
제2판 발행: 2023년 4월 25일
지은이: 선다 싱(Sundar Singh)
옮긴이: 최대형
발행처: ⓒ 2021. 2023 은성출판사
등록: 1974년 12월 9일 제9-66호
주소: 서울시 강동구 성내로3길 16 (은성빌딩 3층)
전화(편집실): 031) 774-2102
http://www.eunsungpub.co.kr
e-mail: esp4404@hotmail.com

출판 및 판매에 관한 모든 권한은 본 출판사가 소유하고 있습니다. 출판사의 사전 서면 허락없이 번역, 재제작, 인용, 촬영, 녹음 등을 할 수 없음을 알려드립니다.

Printed in Korea
ISBN: 89-7236-335-9 3230

The Christian Witness of

SADHU SUNDAR SINGH

A Collection of His Writings

목차

역자 서언 9

　제1권 주님의 발아래 / 25

　저자 서언 / 25

　개요 / 27

　제1장 하나님 임재의 현현 / 31

　제2장 죄와 구원 / 41

　제3장 기도 / 53

　제4장 봉사 / 67

　제5장 십자가와 고난의 신비 /77

　제6장 천국과 지옥 / 86

제2권 실재와 종교 / 95

　저자 서언 / 95

　제1장 창조의 목적 / 97

　제2장 성육신 /99

　제3장 기도 / 101

　제4장 묵상 / 106

　제5장 장래의 삶 / 110

　제6장 신생 / 111

　제7장 사랑 / 113

　제8장 사고와 감각 / 115

　제9장 철학과 직관 / 117

　제10장 완전함 / 119

　제11장 참된 성장과 성공 / 121

　제12장 십자가 / 122

제13장 자유의지 / 125

제14장 건강의 법칙 / 127

제15장 양심 / 129

제16장 하나님께 바치는 예배 / 130

제17장 실재자 탐구 / 133

제18장 회개와 구원 / 137

제19장 원죄 / 140

제20장 베다철학과 범신론 / 143

제21장 우리의 피난처 그리스도 / 144

제22장 크고 작은 원수들 / 146

제23장 이 땅의 나그네요 순례자 / 149

제24장 믿음과 순결 / 151

제25장 그리스도의 계시 / 153

제26장 겸손 / 155

제27장 시간과 영원 / 157

제3권 실재자의 탐구 / 159

저자 서언 / 159

제1장 종교와 실재 / 161

1 우상에서 하나님께로 점진적인 발전 / 161

2. 사람은 이미 자기 안에 있는 유사한 것으로써만 이해한다. / 163

3. 감각은 영혼과 영원한 것 사이를 해석하는 것이다./ 166

4. 하나님과 그의 피조물 / 168

5. 종교의 필요성 / 171

제2장 힌두교 / 174

  1. 베다 사상 / 175

  2. 윤회와 구원 / 180

  3. 바가바드기타와 크리쉬나 / 184

제3장 불교 / 188

  1. 붓다의 방기와 가르침 / 189

  2. 니르바나 / 192

제4장 마호메트교 / 198

  1. 수피즘 / 197

제5장 기독교 / 199

  1. 그리스도에 관한 예언 / 199

  2. 그리스도의 고난과 십자가 / 201

  3. 그리스도의 부활 / 202

  4. 기독교의 실제적인 증거 / 204

  5. 고등비평과 근대주의 / 209

  6. 그리스도의 가르침과 모범 / 215

  7. 인간의 궁극적인 목적 / 223

제4권 영성생활 / 229

  저자 서언 / 229

  제1장 오직 주님과 함께 / 231

  제2장 하나님을 향한 인간의 갈망 / 234

  제3장 하나님을 알 수 있는가? / 238

  제4장 고통과 괴로움 / 246

  제5장 반대와 비평 / 252

  제6장 악이란 무엇인가? / 256

  제7장 사악한 생각과 삶의 결과 / 259

  제8장 그리스도 안에서의 삶 / 262

  제9장 결국 모든 인간은 하나님께로 돌아갈 것이다. / 266

  제10장 도덕과 미 / 270

  제11장 하나님의 나라 / 274

  제12장 봉사와 희생 / 279

제5권 영계에 대한 환상 / 283

　저자 서언 / 283

　제1장 삶과 죽음 / 287

　제2장 죽을 때 무슨 일이 일어나는가? / 289

　제3장 영의 세계 / 292

　제4장 인간의 도움과 교훈—이 세상과 사후 / 299

　제5장 죄인의 심판 / 304

　제6장 의인과 영광스러운 죽음 / 315

　제7장 창조의 목표와 목적 / 324

제6권 실제의 삶 / 333

　저자 저자 서언 / 333

　제1장 구도자와 멜기세덱 / 335

　제2장 성인과 철학자 / 343

　제3장 왕과 농부 / 365

　제4장 왕자와 도둑 / 361

　제5장 사랑하는 자와 그의 애인 / 371

　제6장 여행자 / 380

제7권 그리스도와 함께하는 삶과 함께하지 않는 삶 / 391

　저자 서문 / 391

　제1장 그리스도와 함께하지 않는 비기독교인 / 393

　제2장 그리스도와 함께하는 비기독교인 / 408

　제3장 그리스도와 함께하지 않는 기독교인 / 424

　제4장 그리스도와 함께하는 기독교인 / 438

　제5장 그리스도와 함께한 경험과 그리스도 없이 지낸 경험 / 455

　제6장 내적 생명 / 474

제8권 참 진주 / 483

　저자 서문 / 483

　제1장 오직 주님과 함께 / 486

　제2장 하나님을 갈망하는 마음 / 488

　제3장 하나님에 대한 지식 / 492

목차 7

제4장 고난과 고통 / 499
제5장 악이란 무엇인가? / 505
제6장 악한 생활과 악한 생각의 결과 / 508
제7장 그리스도 안에 있는 생명 / 511
제8장 모든 인간은 결국 뉘우치고 하나님께로 올 것이다. / 515
제9장 하나님의 나라 / 519
제10장 도덕과 아름다움 / 523
제11장 비난과 반대 / 527
제12장 섬김과 자기부인 / 531

제9권 사두 선다 싱의 설교 / 535
제1장 여섯 편의 설교 / 537
제2장 다른 세 편의 설교 요약 / 567

제10권 풍성한 생명 / 571
제1장 풍성한 생명 / 573
제2장 물질을 구하는 기도 / 583
제3장 그리스도에 대해서 아는 것과 그리스도를 아는 것 / 592
제4장 시험 당할 때 / 599
제5장 그리스도는 자신을 나타내신다. / 608
제6장 참 구원 / 617
제7장 생생한 경험 / 527
제8장 멀지 않은 하늘나라 / 640
제9장 하나님을 위한 사역 / 650
제10장 그리스도의 증인 / 658

제11권 십자가는 천국이다. / 665

역자 서언

1929년 선다 싱이 히말라야에서 사라졌다는 소식은 세상의 슬픔이었다. 그는 23년간 돈 한 푼 없이 순례 생활을 하면서, 최소한 4대륙 20여 개 국가를 방문했고, 수십만 명에게 깊은 감화를 주었다. 20세기 초에 동양 출신의 영적 교사로서 선다 싱만큼 잘 알려진 사람은 없었다.

선다 싱은 1889년 9월 3일에 펀자브주 람푸르라는 마을에서 태어났고, 근처에 있는 장로교 학교에서 교육을 받았다. 그는 1904년 12월 15일에 그 학교에서 성경책을 불태웠고, 이듬해에 회심했으며, 1905년 9월 3일 심라에 있는 성 토머스 교회에서 세례를 받았다. 그 후 33년 동안 그는 사도로서 금욕적인 생활을 했다.

선다 싱의 중요성은 지명이나 연대에 있는 것이 아니다. 사심 없이 헌신적으로 복음을 전파한 것, 그리고 자신이 전파한 것을 성실하게 실천한 데 있다. 독일인 학자 프리드리히 하일러(Friedrich Heiler)는 "그는 인도가 배출한 가장 이상적인 그리스도의 제자이다. 마음에 뜨거운 사랑을 가지고 맨발로 순회한 전도자이다. 그에게서 기독교와 힌두교가 만난다. 기독교 신앙은 이질적인 것이 아니라, 인도라는 줄기에서 피어난 한 송이 꽃이다"라고 했다.

선다 싱의 영성에 제대로 접근하려면, 그가 성장하면서 받은 종교 교육을 배경으로 해야 한다. 그의 영성은 조상의 신앙(시크교)과 그가 받아들인 신앙의 주요 요소의 타협을 이루기 위한 치열한 노력에서 자라난 것이다. 선다 싱의 아버지는 기독교를 반대했지만, 선다 싱은 자기의 새 주인이신 예수를 섬기기를 갈망했다. 이 갈망은 그가 장차 사두의 길을 선택하게 될 것으로 믿고 돌아가신 어머니의 꿈을 이루게 했다

인도의 사두는 전통적인 황색 장의(長衣)를 입고 금욕적인 생활을 했으며, 헌신과 기도 생활을 위해서 세상의 위로를 포기했다. 그중에는 은둔자가 되는 사람도 있고, 영적 교사로 이곳저곳을 방황하는 사람도 있으며, 못이 박힌 침대에 눕거나 불 속을 걸어 다니는 등의 고행을 통해 참회생활을 하는 사람도 있다.

인도의 수도자들은 산야시를 최고의 종교적 헌신 형태로 간주하므로, 일반적으로 사두는 어느 마을에서든지 환영을 받는다. 사제나 공식적인 종교 지도자들과는 달리 사두는 신분에 구애를 받지 않고 어느 계층에서나 자유로이 이동할 수 있다. 심지어 남자가 들어갈 수 없는 여자들의 거처에도 들어가는 것이 허락된다.

선다 싱은 성장하면서 평생 지녀온 친숙한 헌신의 표현들—힌두교·불교·시크교·이슬람교—로 인해 크게 존경받았다. 더욱이 그는 강력한 신비적 만남을 통해 회심하고 완전히 변화되어 그리스도께 흔들림 없이 헌신하게 되었다. 그는 성실하게 준행하는 종교 관습을 비판하

지 않았지만, 예수가 자신을 만나 변화시킨 것에 대해 언제나 이야기할 준비가 되어 있었다. 그에게 예수는 진리, 즉 내적이고 외적인 평안에 대한 심오한 인간적 갈망의 완성이요 성취였다. 그것을 선다 싱 혼자만 소유한다는 것은 생각할 수 없는 일이었다. 이런 이유로 폭풍우를 두려워하지 않으며, 기독교를 반대하는 사람들의 공격을 감수하면서 여러 달 동안 인도의 여러 지역을 방황했다.

사두 선다 싱은 대부분의 지방에서 환영을 받았다. 그러나 그가 예수를 따른다는 사실이 드러나자 사람들은 각기 다른 반응을 나타냈다. 인도에 최초의 교회를 세웠다고 생각되는 도마의 시대 이후 수백년 동안 인도에서는 기독교인 사두들이 신앙을 고백해 왔지만, 그들은 항상 인기 없는 소수 집단이었다. 1912년경 그는 티베트를 여행할때 광신자들의 공격을 받았다. 사람들이 그를 붙잡아 마른 우물에 집어넣었는데, 얼마 후 신비한 나그네가 그를 구해 주었다.

선다 싱은 여러 해 동안 인도, 티베트, 네팔 등지를 여행한 후 활동범위를 더 넓혔다. 1919년에 중국과 말레이시아와 일본, 1920년에는 호주와 영국과 미국을 여행했으며, 1922년에는 유럽 전역을 여행하면서 제네바, 옥스퍼드, 런던, 파리, 그리고 독일, 네덜란드, 노르웨이, 스웨덴, 덴마크의 여러 도시에서 공개 강연을 했다. 가는 곳마다 많은 청중과 유명한 지도자들이 열광적으로 그를 영접했다. 그가 방문한 많은 나라에서는 그가 연설하는 성당이나 경기장으로 수십만 명의 청중을 수송하기 위해 특별 열차를 운행했다. 기독교 신학에 관용적인 자유주의가 등장한 것은 그의 폭넓은 호소의 일부를 설명해준다.

한편 많은 유럽인은 단순히 '진정한' 동양의 신비가, 전통적인 예수의 이미지를 상기시켜 주는 태도와 모습을 가진 사람을 직접 보려는 호기심을 느꼈다. 선다 싱은 기적을 행하는 사람으로도 유명했지만, 청중에 감동을 준 것은 그의 단순한 믿음과 그리스도의 가르침을 실천하는 모습이었다.

선다 싱은 20세기 과학에 대한 지식이 부족하다는 충고를 받고서, "과학이란 무엇인가?"라고 물었다. "자연선택과 적자생존을 말한다"라는 대답을 듣자, 선다 싱은 "나는 거룩한 선택과 부적당한 것들의 생존에 더 관심이 있다"라고 대꾸했다. 선다 싱은 돈이 필요해도 돈을 받지 않았고, 누군가가 억지로 선물을 주면 다른 사람에게 주었다. 그는 교인 자격 같은 문제에 대해서 비정통적인 태도를 취했고, 이렇게 말했다:

> "나는 그리스도의 몸…참된 교회에 속해 있습니다. 참 교회는 벽돌이나 돌로 지은 건물로 이해되어서는 안 됩니다. 그것은 참된 기독교인들, 살아 있는 사람들과 죽은 사람들, 눈에 보이는 사람들과 보이지 않는 사람들의 집단입니다. 그러나 나는 사람이 조직한 교회의 교인이 되는 것에 반대하지 않습니다. …나는 교황직의 계승을 믿지 않습니다. 그런 믿음을 통해서 영성생활에 도움을 받는 사람은 믿으십시오. …그러나 살아계신 그리스도가 정말 우리 가까이에 계시며, 우리 마음속에 살아 계시는데, 어찌하여 우리가 그분을 거부하고 말라버린 겉껍데기에 매달립니까?"

이러한 견해 때문에 선다 싱은 많은 사람의 사랑을 받았지만, 동시에 교회 권력자들의 비판을 받고 공공연한 적대감에 노출되기도 했다. 유력한 신학자들은 그의 가르침의 신비한 특성을 고려하지 않은 채 그의 가르침이 전통적인 기독교 교의와 양립할 수 없는 것이라고 공격했다. 어떤 사람들은 그를 협잡꾼이요 자기를 선전하는 사람에 불과하다고 주장하면서 그의 인격을 공격했다. 이 때문에 그의 친구들과 지지자들은 그를 옹호하기 위한 행동을 취했다.

양측에서 많은 책과 기사를 출판했다. 가장 뜨거운 논쟁은 독일의 대학에서 벌어졌는데, 그 논쟁은 Sadhustreit(사두 논쟁)라고 알려졌다. 그러나 얼마 후에 Sadhustreit는 관심의 부족으로 사라졌다. 선다 싱을 영감을 지닌 인물로 의지하는 대부분의 사람은 이 논쟁 전체를 이해할 수 없었다. 그러나 서방 이성주의와 동양 신비주의 사이의 반목을 드러냈다는 점에서 이 논쟁은 한 가지 목적을 이루었다. 그것은 서방 기독교가 조직과 신학과 교리와 전통에서는 풍부하지만 영적으로는 가난하며, 원래의 기초인 살아계신 그리스도에 초점을 두어야 한다는 선다 싱의 생각을 확인해 준 것이다.

선다 싱은 말년에 여섯 권의 책을 모아서 출판했다. 그는 친구들과 추종자들의 요구로 그 책들을 저술했지만, 그 책들이 출판된 후에 생겨날 엄청난 수요는 예견하지 못했다. 불과 몇 년 동안에 이 여섯 권의 책은 유럽의 모든 주요 언어로 번역되었고, 일본어, 중국어, 그밖에 다른 아시아어로 번역되었다.

선다 싱은 많은 글을 남겼지만, 그가 저술가가 아니었다는 것, 그리고 그의 집에 책상도 없고 연단(演壇)도 없었다는 것을 기억해야 한다.

역자 서문 13

그의 대중 연설은 매우 짧기 때문에 주목을 받았다. 선다 싱은 펀자브 주의 먼지 나는 길에서, 히말라야 산 속 좁은 길에서, 그가 깊고 검은 눈으로 지켜보는 가운데 사람들이 함께 모여 먹고 마시는 마을에서, 조용한 대화 속에서 자신의 참 고향을 발견했다. 궁극적으로 그의 고향은 그리스도 안에 있었다. 그는 모든 말과 행동의 영감을 그리스도에게서 받았다.

사두는 자기 자신에 대해 말하려 하지 않았고, 사람들이 그리스도에게서 벗어나지 않게 하는 일에 관심을 두었다. 이런 점에서 잊을 수 없는 일화가 있다. 언젠가 어느 목사가 선다 싱과 함께 기차를 타고 가면서 사두에게 그날 저녁 모임에서 그를 중요한 손님에게 소개하고 싶다고 말했다. 중요한 손님이란 유명한 기독교 강연자들의 설교를 듣고 충고를 얻으려고 노력했으나 평화를 발견하지 못한 부인이었다. 사두는 잠시 침묵하더니, 자기를 그 부인에게 소개하지 말라고 요청했다. 목사는 기분이 상한 것 같았다. 목사는 아무 말도 하지 않았지만, 사두는 그가 기분이 상했다는 것을 알고 다음과 같이 설명했다: "목사님, 그 부인은 무엇인가를 배워야 합니다. 만일 내가 그 부인을 만난다면, 그 부인은 그것을 배우려 하지 않을 것입니다. 그 부인은 그리스도께 그것을 배워야 합니다. 그리스도는 그 부인과 훨씬 더 가까이 계시며, 누구보다 그 부인에게 소중한 분일 것입니다."

선다 싱의 경건 서적

선다 싱은 1922년에 두 번째 세계 여행을 마치고 인도로 돌아갔다. 그는 강하고 튼튼한 사람이었지만 쇠약해지기 시작했다. 1905년부터 사두 생활을 하면서 많은 어려움을 겪었고, 끊임없이 여행하며 전도해왔다. 종종 복음을 반대하는 국가에 들어가서 그 나라의 법을 어기면서 전도하다가 어려움을 당하고 박해를 받았다. 처음 사두로 활동할 는 그에게 먹을 음식이 없었다. 그는 사람들이 주는 대로 먹고, 음식을 얻지 못하면 굶었다. 밤에 잘 곳도 없었다. 친절한 사람이 그를 초대해주지 않으면, 따뜻할 때는 나무 밑에서 자고, 추울 때는 폐가에서 잤다.

그는 유명해지면서 바쁜 일과 외에도 끊임없이 많은 사람을 만나야 했고, 친구들과의 사교적인 약속도 지켜야 했다. 이 모든 일이 그에게 영향을 주었고, 결국 그는 병이 들었다. 세계 여러 나라에서 그를 초대했지만, 그는 자신이 전처럼 널리 여행할 수 없다는 것을 깨달았다. 선천적으로 예민한 복음 전도자인 그는 직접 복음을 전할 수 없어도 그 일을 계속하기 위해서 자신의 메시지를 기록하여 인쇄하기로 했다.

1923년에 『실재와 종교』(*Reality and Religion*)라는 책을 저술할 당시 선다 싱은 아버지가 집을 사라고 남겨 주신 돈으로 사바투의 빈민가 근처에 작은 선교센터를 마련했다. 그곳 주민들은 하류 계층이었다. 그들은 밤중에 술에 취해 싸움을 벌여 밤의 평화를 어지럽게 하곤 했다. 하지만 그곳에서는 아름다운 산과 계곡을 볼 수 있었다. 그는 그 광경을 보며 즐겼다. 그는 우르두어로 책을 저술하여 보관하고 있었는데, 아파사미 주교에게 그 책을 영어로 번역해 달라고 제안했고, 주교는 그 제안을 받아들여 여러 곳을 수정하고 주석을 달았다. 그에게는 풍자시를 쓰는 재능이 있었고, 문장을 간결하고 분명하게 쓰려고 노력했다. 완성된 번역본을 영국으로 보내어 출판했다. 그 후에 사바투 근처에서 사역하던 리들 목사가 선다 싱의 저술 작업을 도와주었다.

1922년부터 1929년까지 선다 싱은 우르두어로 여덟 권의 원고를 완성했다. 어떤 이유에서인지 『참 생명』(*The Real Life*)은 선다 싱 생전에 영어로 출판되지 않았다. 아마 그의 건강 때문에 번역 작업을 마치지 못했던 것 같다. 그러나 그가 사바투에 남겨둔 문서 가운데서 『참 생명』의 완전한 영역본이 발견되었다. 이것은 마드라스에 있는 Christian Literary Society에서 출판했다. 『참 진주』(*The Real Pearl*)의 영역본이 존재하지 않았으므로, 사하란푸르에 있는 연합신학교의 로빈슨 목사가 그 책을 영어로 번역했다.

현재 선다 싱의 책은 다음의 여덟 권이 있는데, 대부분 절판되었다.

1. 『주님의 발 앞에서』(*At the Master's Feet*)
2. 『그리스도와 함께하는 사람과 함께 하지 않는 사람』(*With and Without Christ*)
3. 『참 생명』(*The Real Life*)
4. 『참 진주』(*The Real Pearly*)
5. 『실재와 종교』(*Reality and Religion*)

6. 『실재 탐색』(*The Search after Reality*)

7. 『영성생활의 다양한 특성』(*Various Aspects of the Spiritual Life*)

8. 『영적 세계에 대한 이상』(*Visions of the Spiritual World*)

그의 저술이 지닌 장래의 가치

선다 싱에 관심이 있는 사람들은 장차 이 책들이 어떻게 될 것인지 궁금할 것이다. 그것들이 계속 읽힐까? 그 책들은 영구적인 가치가 있을까? 이 질문에 대한 대답은 후손들이 해야 할 것이다. 지금 말할 수 있는 것은 현재 인도에서도 사람들이 이 책을 읽고 있으며, 앞으로도 읽으리라는 것이다. 또 세상 여러 곳에서 선다 싱에 대해 제한된 관심을 갖고 있다. 이 책들은 선다 싱 자신의 메시지만큼 설득력이 있지는 않다. 활자로 인쇄된 것과의 만남과 그의 인격과의 생생한 접촉이 같을 수 없다. 그러나 그가 분명하게 강조하여 가르친 진리는 영원하다.

그는 자기의 가르침의 주된 자료가 성경과 "자연의 책"이라고 지적했다. 그는 이 책들을 공부하고, 또 공부했다. 그는 제자에 대한 사랑과 열정을 그 책에 쏟아부었다. 말년에 그는 기도의 경험을 활용하기 시작했다. 그는 하나님의 음성을 들으려 하면 들을 수 있다고 믿었다. '성경과 자연의 책과 기도'는 그의 기독교 복음에 대한 이해의 근원이었다. 우리 모두가 선다싱처럼 이러한 자료들을 이용할 수 있는 것은 아니다. 선다 싱은 하나님의 큰 복을 받았고, 이 엄청난 보화, 즉 성경과 자연과 기도로부터 교훈을 얻기 위해서 수고와 시간을 아끼지 않았다. 이러한 전거에 기초를 둔 책들은 일시적인 관심 이상의 것을 지닌다고 기대할 수 있다. 신학적인 형식과 학문적 이론은 변할 수 있지만, 선다 싱 같은 사람이 옹호한 진리는 여러 세대 동안 계속 보급될 것이다. 사람들은 앞으로도 계속 그의 책에서 유익을 얻을 것이다.

그가 삼십 대에 갑자기 병이 들어 사역할 수 없게 되었을 때 이 책들을 저술했다는 것을 염두에 두고 읽으면 유익할 것이다. 그의 앞에 많은 문제와 기회와 도전이 포함된 세계적인 전도사역이 열리고 있었다. 세계 각처에서 수천 명의 사람이 그의 강연을 듣기를 간절히 원했다. 심지어 그의 말에 완전히 동의하지는 않던 지식인들도 그가 많은 생각을 하는 영적인 사람이며 그의 말을 경청해야 한다고 느꼈다. 그를 반대하는 사람들은 그의 과거의 기록을 과학적으로 탐구함으로써 그의 사역을 해치려 했다. 그러나 대다수의 사람은 그를 존경했고, 그의 저서와 가르침을 비판하는 사람들의 과장된 회의주의에 동의하지 않았다.

인생의 전성기에 많은 기회의 문이 열렸지만, 예기치 못한 질병 때문에 닫아야 했다. 이것은 많은 지성인을 슬프게 했을 것이다. 그러나 선다 싱은 항상 사랑과 선하심이 가득하신 하나님을 믿었다. 그는 하나님과의 교제를 경험했고, 그의 임재의 기쁨과 평안을 누렸다. 그에게는 무덤 너머의 삶이 새로운 것이거나 이상한 것이 아니라, 구주이신 예수 그리스도의 임재 안에서 경험한 기쁨이 넘치는 삶의 연속이었다. 그는 병에 시달리기 시작했다. 그는 시력에 이상이 있어서 수술을 받아야 했다. 그는 심장마비를 일으키고 의식을 잃었었다. 그는 약속을 지키지 못할까 염려하여 강연 약속을 하지 않으려 했다. 그는 히말라야 산에 사는 사람들을 향한 사역을 계속하려 했지만, 그곳에 올라갈 수 없었다. 그러나 하나님에 대한 믿음은 흔들리지 않았다. 하나님의 임재 안에 있는 기쁨의 경험은 활력이 넘치던 청년 시절과 마찬가지로 강했다. 이러한 상황에서 저술된 이 경건 서적들은 모든 기쁨이 하나님에게서 오듯이, 모든 고난도 사랑의 하나님에게서 온다는 그의 신념을 반영한다. 그렇기 때문에 그 책들은 설득력이 있다. 하나님은 기쁨의 근원이시며, 또 고난은 인간을 징계하시고 정화하시려는 하나님의 계획의 중요한 부분이기 때문이다.

영성의 다양성에 대하여

인간의 영성은 시대와 환경과 생육력(生育歷)에 따라 각기 다르게 형성된다. 특히 생장 환경은 나라와 지역과 인종과 문화에 따라 대별되며, 같은 복제 인간이라도 각자의 영성의 형태는 다르다. 얼마 전 샴쌍둥이 자매를 분리하는 수술을 하다가 실패하여 모두가 죽었다는 뉴스를 보았다. 두 자매는 짧은 일생 붙어 살았지만, 각기 다른 개성(영성이라고 해야 할 것 같다)으로 인해 분리되기를 원했으며, 죽을 수도 있다는 의사의 충고도 아랑곳하지 않고 수술을 강행하다가 모두 죽는 비극을 당한 것이다.

나는 청년 시절부터 다양한 시대와 문화와 환경에 따라 특징지어지는 큰 부류의 영성을 책을 통하여 간접적으로 경험하였다. 이것들이 지금의 나의 영성을 형성하는 주요한 흐름이 되었다. 나의 영성 형성에 도움을 준 첫째 부류는 4세기의 카파도키아, 시리아, 나일강 상·하류를 끼고 발흥한 사막 교부들의 영성과 지혜를 다룬 『사막 교부들의 금언』 등이다. 현대 영성가 까를로 까레또 신부는 사제직과 세상에서의 모든 직위를 버리고 돌연 사하라 사막으로 들어갔다. 사막의 중요성을 깨달은 그는 세상의 친구들에게 편지를 썼는데, 그것이 『사막에서 온 편지』라는 책이다. 사막이란 현대 문명과 이기에 절대적으로 의존하는 삶의 중심에서 이탈하여, 하나님 중심의 삶으로의 전환을 의미한다. 그의 다른 책 『도시 속의 사막』은 세상에서 구도자적 삶을 사는 영적 훈련, 즉 수덕생활을 안내해 주었다.

나에게 영향을 준 두 번째 영성의 부류는 중세 시대 탁발수도회를 발흥시킨 이탈리아 아씨시의 프란치스코의 영성이다. 프란치스코는 만물 안에 있는 하나님의 성성(聖性)을 보는 예리한 눈을 가진 인물이었다. 그는 인간을 포함하여 만물은 각기 하나님의 성성을 나타내려는 목적, 즉 하나님의 계시를 나타내는 목적을 가지고 조성되었음을 간파하였다. 프란치스코는 인간을 피조물 중에 특별한 위치에 두지 않고 모든 피조물과 동일선상에 두고, 그들을 형제 태양, 누이 달, 어머니 대지, 형제 늑대, 자매 새 등으로 불렀다. 임종이 다가오자 자신을 벌거벗겨 어머니 대지 위에 놓아 달라고 했으며, 죽음을 향해 "어머니 죽음이여, 어서 오소서!"라고 했다. 그는 자신을 하나님의 "피에로"라고 했으며, 자신을 "평화의 도구"로 써달라고 기도했다. 재물을 포함한 지식의 소유조차도 하나님의 영광을 드러내는 데 방해가 된다고 하며, 학문과 재산을 소유하지 않고 절대 청빈을 실천했다. 그는 청빈 양(Lady Poverty)과 결혼했다고 한다. 청빈은 현대 문명이 말하는 '더 빨리, 더 많이, 더 잘하라'는 소음과 악순환의 고리를 끊을 수 있는 지혜의 음성이었다.

세 번째로 나에게 영향을 끼친 영성은 동양 종교 및 신비 사상을 배경으로 형성된 기독교이다. 그중 공맹 사상과 선불교(禪佛教)에 박식한 중국인 오경웅(吳經熊) 박사는 개신교로 개종한 후(나중에 가톨릭 신자가 되었지만) 중국어로 성경을 번역한 박학자이다. 그의 책 『내심낙원』(內心樂園)은 매우 넓고 깊은 사상으로 나에게 큰 감명을 주었다. 이 책의 저자는 동·서방교회의 기독교 신비가들이 공통적으로 언급하는 신앙의 단계, 즉 거비정화(去非淨化), 진덕명화(進德明化), 신인합일(神人合一)의 세 단계를 산상수훈의 팔복에 적용하면서 자신의 박식한 동양 사상을 첨가했다. 목마름과 애통과 온유를 신앙의 싹이 트는 맹아(萌芽)의 단계로, 의에 주리고 긍휼히 여기는 마음을 꽃이 피는 개화의 단계로, 마음의 청결과 화평하게 하는 것과 핍박을 받는 것을 열매 맺는 결실의 단계로 설명한다. 중국인 오경웅 박사를 통해서—또 서양인 토마스 머튼(Thomas Merton)을 통해서—기독교와 동양의 사상과 종교의 접목, 즉 기독교의 동양화(東洋化)의 모습을 볼 수 있었다.

나에게 영향을 끼친 영성의 네 번째 부류는 매우 토속적인 우리나라의 영성인이다. 평신도로서 6.25 사변 전후에 살았던 이현필 선생은 교회사적인 측면에서는 변방인이다. 그러나 언제나 그랬던 것처럼 기독교사에서는 변방인들이 하나님으로부터 귀한 쓰임을 받았다.

『맨발의 성자』(은성출판사, 엄두섭 저)는 이현필 선생의 일대기이다. 그는 신학을 공부한 적이 없고 교회의 직분을 맡은 적도 없지만, 맨몸으로 믿음을 실천한 분이다. 거지, 폐결핵 환자, 창녀 등의 겉모습이나 형편이나 처지를 개의치 않고 그리스도의 자비 정신을 실천한 분이다.

마지막으로—이 외에 특징적인 영성인들이 수없이 많지만, 우선적으로 나의 삶에 영향을 끼친 분을 든다면, 선다 싱의 영성이다. 선다 싱의 생육력은 인도인으로서 시크교(힌두교와 이슬람교의 핵심 교리를 혼합한 종교) 가정에서 태어났다. 따라서 선다 싱의 배경에는 시크교, 힌두교, 이슬람교를 포함하여 인도의 범신교 사상이 깔려 있다. 선다 싱의 글에서 인도 문화와 다양한 종교의 사상을 토대로 키워온 명상적이며 신비적인 특별한 기독교의 모습을 발견할 수 있었다. 그의 명상적인 특징은 대부분 자연 이치에 눈을 돌리고 있다. 자연의 이치에서 하나님의 특별한 계시를 발견할 수 있는 그의 영안(靈眼)은 하나님께서 주신 특별한 선물임이 분명하다. 특히 그의 인간론과 내세론에 윤회사상, 인연, 업보, 영계(중간계) 등의 사상이 배어 있다. 이로 인해 교리적으로 민감한 분들의 곱지 않은 시선을 받고 있음은 사실이다. 그러나 나는 개의치 않는다. 그것은 그가 자란 생장력과 환경으로 인해 조성된 신념일 뿐이다. 그래서 이 책은 가시가 센 생선과 같다. 생선 살을 잘 발라 먹지 않으면, 가시가 목에 걸려 고통을 당하거나 건강을 해칠 우려가 높다.

나의 젊은 시절부터 지금까지 깊은 감동으로 남아 있는 그의 글을 특별히 사랑하는 영적 친구와 함께 나누고 싶은 일념으로 이 작업을 시작했다. 아마 이 책으로 인해 많은 기쁨을 누릴 것으로 믿는다.

　이 책은 오래전에 우리나라에서 출판되었다가 절판되었던 『썬다싱 전집』(성광문화사, 강홍수 번역)과 중복되는 내용이 많지만, 다소 내용을 다르게 번역한 부분과 추가된 부분이 있다. 아무쪼록 이 글을 접하게 된 독자들은 한 태양의 빛을 받지만, 거기서 발산되는 빛과 에너지로 말미암아 다양한 식물이 자라고 꽃을 피우고, 열매를 맺는 자연의 이치를 통해, 하나님의 역사하심의 다양성을 체득하기를 바란다.

제1권

주님의 발 아래
At the Master's Feet(1922)

저자 서언

"너희가 나를 선생이라 또는 주라 하니 너희 말이 옳도다 내가 그러하다."(요 13:13)

"나는 마음이 온유하고 겸손하니 나의 멍에를 메고 내게 배우라 그러면 너희 마음이 쉼을 얻으리니."(마 11:29)

세상에서 반대와 비평을 받지 않을 만큼 완전한 것은 없다. 우리에게 빛과 따뜻함을 주는 태양에도 흑점이 있다. 이러한 결점에도 불구하고 태양은 우주의 질서 안에서 의무를 멈추지 않는다. 이처럼 우리는 맡은 사명에 최선을 다해야 하며, 많은 열매를 맺는 삶을 살기 위해 끊임없이 노력해야 할 것이다.

이 책에 기록된 진리는 주님이 나에게 계시하신 것으로서 나의 삶에 깊은 영향을 준 것이다. 어떤 내용은 유럽, 미국, 아프리카, 호주, 아시아 등지에서 했던 나의 설교와 연설이다. 나는 많은 친구의 권고로 그것들을 이 작은 책에 모았다. 기도와 편견 없는 마음으로 이 책을 읽는 독자들도 내가 받았던 유익함을 얻을 것이라 확신한다.

나에게 계시된 이러한 진리는 비유적인 언어로 쓰지 않고는 표현할 수 없었다. 비유를 사용함으로써 나의 사명이 비교적 쉽게 이루어졌다.

하나님께서 은혜와 자비로 이러한 진리로 나를 축복하신 것과 같이, 모든 독자를 축복하시기를 기도하는 바이다.

주님의 비천한 종 선다 싱

1922년 6월 30일

개요

첫째 환상

어느 날 밤 나는 혼자 기도하려고 숲에 들어가 바위에 앉았다. 하나님 앞에 나의 심각한 갈망을 내놓고, 주님의 도움을 간절히 구하였다. 잠시 후 가난한 사람이 나에게 오는 것을 보았다. 내심 춥고 배고픈 사람이 구걸하러 오는 줄 알았다. 나는 그에게 "나는 가난한 사람이므로 가진 것은 이 담요 한 장뿐입니다. 가까운 마을에 가서 구걸하는 것이 좋겠습니다"라고 말했다. 그런데 내 말이 채 끝나기도 전에 그는 번개처럼 빛나면서 내게 은혜를 소나기처럼 부어준 후 곧 사라졌다. 그분은 나처럼 가난한 피조물에게 구걸하려고 오신 것이 아니라, 나를 부요하게(고후 8:9) 하시려고 오신 주님이셨음을 깨달았다. 나는 나의 어리석고 통찰력 없음을 한탄하며 울면서 그곳을 떠났다.

둘째 환상

다른 날 일을 마친 후 나는 또다시 기도하러 숲속에 들어갔다. 같은 바위에 앉아서 무엇을 간구할까 생각하기 시작했다. 이런 생각에 잠겨 있을 때 어떤 사람이 와서 내 곁에 섰다. 옷차림과 말투로 보아 하나님을 공경하며 헌신하는 사람처럼 보였지만, 그의 눈은 교활함과 술책으로 번뜩거렸고, 그가 말할 때 지옥 냄새가 나는 듯했다.

그는 나에게 이렇게 말했다: "거룩하고 존경하는 분이여, 홀로 기도하고 명상하는 시간을 방해한 것을 용서하시오. 그러나 남의 유익을 구하게 하는 것이 사람의 의무이므로, 당신에게 중요한 것을 말해주려고 왔소. 당신의 순수하고 사심 없는 삶은 나뿐만 아니라 많은 경건한 사람에게 감동을 주고 있소. 그러나 당신이 하나님의 이름으로 몸과 영혼을 다른 사람을 위해 헌신해도, 사람들은 당신을 제대로 알아주지 않소. 내가 말하려는 뜻은 당신이 크리스천이 되면 단지 수천 명의 크리스천만 당신의 영향 아래 들어올 뿐이며, 그보다 많은 사람은 당신을 믿지 않는다는 것이오. 힌두교도나 이슬람교도가 되면 더 좋을 것이며, 그럼으로써 더 훌륭한 지도자가 되지 않겠소? 그들은 당신 같은 영적 지도자를 찾고 있소. 당신이 내가 제안한 것을 받아들인다면, 삼억 일천만의 힌두교도와 이슬람교도들이 당신을 따르고 존경할 것이오."

이 말을 듣는 순간 나는 이렇게 외쳤다. "사탄아! 물러가라! 나는 네가 양의 탈을 쓴 이리임을 금방 알았다. 네가 원하는 것은 십자가와 생명의 길로 가는 좁은 길을 버리게 하는 것이다. 나의 주님은 나를 위해 생명까지 버리신 분으로서 나의 운명이시며 나의 모든 것이다. 그로 인해 나의 전부이신 그분에게 나의 생명과 내가 가진 모든 것을 바치게 하셨다. 너는 나와 상관이 없으니 썩 물러가라!"

그는 내 말을 듣고 화를 내면서 중얼거리며 사라졌다. 나는 눈물을 흘리며 전심으로 하나님께 기도했다.

"나의 모든 것이요, 나의 생명이요, 내 영혼의 영이신 나의 주 하나님! 나를 불쌍히 여기시며, 성령을 내게 채워주셔서 당신 외에 다른 것을 사랑할 여지가 없게 해 주십시오. 나는 생명을 주시고 그것을 축복해 주시는 당신 자신을 구합니다. 세상과 세상의 보배를 구하는 것이 아니며, 하늘나라조차도 구하는 것이 아닙니다. 오직 당신만을 구하고 갈망하며, 당신이 계시는 천국을 구합니다. 이러한 내 마음의 배고픔과 목마름은 오직 생명을 주신 당신으로만 만족할 수 있습니다. 오, 나의 하나님! 당신은 당신만을 위해서 내 마음을 지으셨으며, 다른 것을 위해서가 아닙니다. 그렇게 된다면 나의 마음은 안식을 구할 수 없거나, 마음을 지으시고 그 안에서 안식을 갈망하시는 당신으로부터 구원을 얻지 못합니다. 내 마음을 당신을 거스르는 것에게서 멀리하게 해 주시며, 내 마음에 들어와 계시며 영원히 나를 다스리소서. 아멘."

이렇게 기도하고 일어나려 할 때 내 앞에 아름다운 광채와 함께 붉게 타오르는 분이 서 계신 것을 보았다. 그분은 아무 말씀도 하지 않으셨다. 내 눈이 눈물로 가득해서 분명히 보지 못했지만, 나의 영혼 안에 들어와 영혼을 적시는 듯한 능력을 가진 광선, 생명을 주는 광선이 나에게 부어졌다. 순간 나는 사랑하는 구주가 내 앞에 서 계심을 깨닫고 바위에서 벌떡 일어나 그분 발아래 엎드렸다. 그분은 내 마음의 열쇠를 손에 들고 계셨다. 그분이 사랑의 열쇠로 내 마음의 내면의

개요 29

방을 열자 그의 현존으로 가득 찼다. 마음의 안팎 어느 곳을 보든지 그분이 보였다.

그로부터 나는 인간의 마음이 하나님의 보좌이며 성(城)이라는 것, 거기에 주님이 들어와 계실 때 천국이 시작됨을 알았다. 이 짧은 순간에 그분은 내 마음을 채우시고, 내가 아무리 많은 책을 써도 다 설명하지 못할 놀라운 말씀을 해 주셨다. 천국에 관한 일은 천상의 언어로 설명되며, 세상의 언어로는 불충분하다. 그러나 부족하지만, 주께서 나에게 보여주신 천상의 일에 대해서 설명하려 한다. 내가 앉아 있던 바위에서 내 앞에 서 계셨던 스승이신 주님과 그의 발아래 엎드린 주님의 제자인 나의 대화는 다음과 같이 이어졌다.

제1장

하나님 임재의 현현

제1부

제자

생명의 샘이신 스승님! 당신을 숭배하는 사람에게 당신 자신을 감추시며, 당신을 갈망하여 응시하는 그들의 눈을 기뻐하지 않으십니까?

주님

1. 나의 참된 아들아! 진정한 행복이란 눈에 보이는 것에 의존하는 것이 아니라 영적인 눈으로부터 오며 마음에 달려 있다. 팔레스타인에서 수천 명이 나를 보았지만, 그들은 모두 진정한 행복을 얻지 못하였다. 육신의 눈은 영원하신 하나님과 영적인 것을 볼 수 없으며 육신의 것만 인식할 수 있을 뿐이다. 예를 들면, 너는 자신의 영혼을 볼 수 없다. 그런데 네가 어찌 창조주를 알 수 있겠느냐? 그러나 영의 눈이 뜨이면 영이신(요 4:24) 그를 분명히 볼 것이며, 나를 보는 그 눈은 육신의 눈이 아니라 영의 눈이다.

내가 말한 바와 같이 만일 팔레스타인에서 수천 명이 나를 보았다면, 그들은 영적으로 열린 눈으로 나를 본 것이냐? 아니면 내가 육신이냐? 그 대답은 "아니다!"이다. 나는 세상의 죄를 대속하기 위해서 죽을 수밖에 없는 육신을 취했다. 죄인을 위하여 구원의 사역이 다 이루어졌을 때(요 19:30), 죽을 수밖에 없는 육신이 영광 중에 불멸의 몸으로 변화되었다. 그러므로 부활한 후에 영적인 시각을 얻은 자만 나를 볼 수 있었다(행 10:40-41).

2. 이 세상에 나에 대해 알고 있는 사람은 많지만, 나를 아는 사람은 적다. 그들은 나와 개인적인 관계를 갖지 못한 사람들이다. 그들은 나를 진정으로 알지 못하거나 나를 믿지 않으며, 나를 구주요 주로 영접하지 않는 사람들이다.

마치 나면서부터 소경이 붉은색과 푸른색과 노란색에 대해서 말을 하는 것과 같다. 그 사람은 색의 매력과 아름다움을 모르며, 색에 대한 것과 그 이름만 알기 때문에 그 색의 진정한 가치도 알지 못한다. 그러므로 그의 눈이 뜨이기 전에는 진정으로 색을 알 수 없다. 이처럼 비록 배운 사람이라도 영의 눈이 열리기 전에는 나를 모르며 내가 성육신한 하나님이라는 것을 이해할 수 없다.

3. 많은 신자들은 나의 임재가 그들의 마음에 평화를 가져다주는 것은 알지만, 나를 분명히 보지 못한다. 마치 눈이 많은 것을 보지만 안약 한 방울이 들어가면 그것들을 볼 수 없게 되는 것과 같다. 그러나 안약이 들어감으로써 내면의 눈이 맑게 씻어지며 시력을 회복한다는

느낌이 든다.

4. 나를 보지 못하지만 그 능력을 믿는 참 신앙인들은 나의 임재로 마음에 주어지는 진정한 평화 안에서 행복을 느낀다. 나의 임재의 평화를 누림으로써 맛보는 정신과 마음의 행복은 누구도 볼 수 없다. 그것은 혀와 사탕의 관계와 같다. 맛을 보는 혀의 감각과 단맛은 보이지 않지만, 맛으로 사탕임을 알 수 있다. 나는 자녀들에게 숨겨 놓은 만나를 준다. 이는 세상의 모든 지혜로는 모르고 알 수도 없는 것이다(계 2:17).

5. 가끔 아플 때 혀의 미각이 상한다. 이때 환자에게 맛있는 음식을 먹이지만 그 맛은 쓰다. 죄는 영적인 미각을 상하게 한다. 이러한 상황에서 나의 말과 봉사와 나의 임재가 죄인에게는 매력이 없어지며, 오히려 이러한 것들에 대해서 논쟁하며 비평함으로써 유익을 구하려 한다.

6. 나면서부터 소경인 자가 눈을 떴을 때 선지자와 인자이신 예수를 볼 수 있었지만, 주님이 능력으로 두 번째 나타나시기 전에는 그분이 그리스도요 하나님의 아들인지 알지 못한다(요 9:17, 35-37).

7. 어느 날 어머니가 정원 우거진 곳에 숨었다. 어린 아들은 울면서 여기저기 엄마를 찾아다녔다. 하인이 아이에게 "울지 마! 나무에 달린 망고를 봐! 뜰에 있는 예쁜 꽃을 봐! 이리와. 내가 그것들을 줄게"라며 달랬다. 그러나 아이는 울면서 "아니야, 아니야. 엄마가 있어야 해. 엄

마가 주는 것이 망고보다 더 맛있어! 엄마는 사탕보다 더 달고 꽃보다 더 좋단 말이야! 엄마가 갖고 있는 모든 것이 내 것이므로, 이 정원은 내 것이라는 것을 알잖아!"라고 말했다. 이 말을 들은 어머니가 우거진 곳에서 나와 달려가서 아이를 품에 안고 입을 맞추었다. 이때 동산은 아이에게 낙원이 되었다. 이처럼 내 자녀들이 나를 찾기 전에는 매력 있는 것과 아름다운 것들로 가득 찬 세상이라는 정원에서 나를 찾지 못하며 진정한 기쁨도 찾지 못한다. 나는 그들과 영원히 함께 하는 임마누엘이며, 그들에게 나를 나타낸다(요 14:21).

8. 스펀지를 물에 넣으면 물이 스펀지를 가득 채우지만, 물이 스펀지가 아니고 스펀지 또한 물이 아니다. 스펀지와 물은 다른 것이다. 이처럼 내 자녀는 내 안에, 나는 그들 안에 있다. 이것은 범신론이 아니고, 이 세상 사람들의 마음에 있는 하나님의 나라이다. 스펀지 안에 있는 물처럼, 나는 어느 곳에나 모든 것 안에 있지만, 그렇다고 그것이 내가 아니다(눅 17:21).

9. 석탄을 아무리 씻어도 검은 것이 지워지지 않지만, 그것을 불 속에 넣으면 검은 것이 사라진다. 이처럼 죄인이 성령(아버지와 내가 하나이므로, 아버지와 나에게서 오는 성령)을 받을 때, 즉 불의 세례를 받을 때 죄의 검은 것이 사라지며 세상의 빛으로 변한다(마 3:11; 5:14). 석탄 안에 불이 있듯이 나는 자녀들 안에 있고 자녀들은 내 안에 있으며, 그들을 통해서 나를 세상에 드러낸다.

제2부

제자

주님, 당신이 특별한 계시로 세상에 나타나신다면, 사람들이 하나님의 존재와 당신의 신성(神聖)을 의심하지 않고 믿으며, 정의의 길로 들어갈 것입니다.

주님

1. 내 아들아, 모든 사람의 내면의 상태를 내가 잘 알고 있다. 사람의 마음에 정의를 심어주기 위해서 나 자신을 나타내는 것보다 더 좋은 방법은 없다. 인간이 하나님을 알게 하기 위해서 내가 인간이 되었다. 다시 말해서 인간은 하나님의 모습과 모양대로 지어졌기 때문에, 나는 무섭고 이상한 모습을 취하지 않고 사랑이 충만한 사람의 모습을 취했다.

인간은 자기가 믿고 사랑하는 사람을 보고 싶어 하는 본성적인 욕구가 있다. 그러나 인간은 아버지 하나님을 볼 수 없다. 왜냐하면 그분은 인간이 이해할 수 없는 본성을 지니셨으며, 그분을 이해하려면 같은 본성을 지녀야 하기 때문이다. 인간은 이해의 능력을 지닌 피조물이지만, 하나님을 볼 수 없다. 그러나 하나님은 사랑이시며 인간에게 사랑의 동질성을 주셨으므로, 그들에게 사랑의 갈망이 채워지게 하기 위해서 그들이 이해할 수 있는 존재의 모습을 취하셨다. 그리하여 그는 인간이 되셨고, 그의 자녀들은 거룩한 천사들과 함께 그를 보

제1장 하나님 임재의 현현 35

게 되며 그를 즐거워할 것이다(골 1:15; 2:9). 그러므로 "나는 나를 본 자는 아버지를 본 자"(요 14:9-10)라고 하였다. 나는 인간의 모습을 취하고 있는 동안 인자(the Son)라 불렸지만, 나는 영원하고 무한한 아버지(Father)이다(사 9:6).

2. 나와 아버지와 성령은 하나이다. 태양에 열과 빛이 있지만, 빛은 열이 아니며, 열은 빛이 아니다. 이 둘은 각기 자신을 나타냄에 있어서 서로 다른 형태를 취하지만 하나이다. 그러므로 나와 아버지로부터 발현(發顯)한 성령은 세상에 빛과 열을 보낸다. 불세례를 주는 성령은 신자의 마음에 있는 죄와 악을 태워서 그들을 순전하고 거룩하게 만든다. 참 빛(요 1:9; 8:12)인 나는 모든 어둠과 악한 욕망을 일소(一掃)하며, 그들을 인도하여 영원한 본향에 들어가게 한다. 태양이 하나이듯이, 우리는 셋이 아니라 하나이다.

3. 하나님이 인간에게 주신 가치와 힘과 능력은 활동해야 한다. 그렇지 않으면 점차 쇠퇴하고 소멸한다. 믿음도 살아계신 하나님께 확고히 붙어 있지 않으면, 죄의 충격으로 부서지고, 의심으로 인해 변질된다. 가끔 "나는 이런저런 의심이 사라진다면 믿을 준비가 되어 있다"라는 말을 듣는다. 이것은 마치 골절된 사람이 치료하기 전에 의사에게 고통을 없애달라고 조르는 것과 같다. 참으로 어리석다. 고통이 골절 때문에 생긴 것이므로, 그것을 제자리에 돌리면 고통은 자연히 사라진다. 죄의 역사로 말미암아 사람과 하나님과의 연결이 끊어지고, 영적 고통인 의심이 일어난다. 그러므로 하나님과의 연합을 회복

해야 한다. 그리하면 나의 신성과 하나님의 존재에 관해 일어난 의심이 사라질 것이며, 고통의 장소에 세상이 주거나 빼앗을 수 없는 평화가 올 것이다. 그러므로 내가 육신이 되었다. 이는 하나님과 상한 인간의 관계를 이어주며, 그들이 영원히 그분과 함께 행복을 얻게 하려함이다.

4. 하나님은 사랑이시며, 모든 피조물, 특히 인간 안에 이 사랑의 기능을 넣으셨다. 그러므로 인간에게 생명과 이성과 사랑을 주신 사랑이신 분(Lover)은 사랑을 받으셔야 한다. 그분은 지으신 피조물을 사랑하기를 갈망하신다. 만약 이 사랑이 잘못 사용된다면, 그리고 인간이 사랑을 주신 그분을 마음과 영과 혼과 힘을 다해 사랑하지 않는다면, 그 사랑은 높은 곳에서 떨어져 이기심이 된다. 그래서 인간과 다른 피조물 사이에 재앙이 일어난다. 이상하게도 이기적인 자는 자신을 죽이는 자가 된다.

그래서 나는 "네 이웃을 네 자신과 같이 사랑하라"고 했다. 어떤 의미에서 모든 사람이 이웃이지만, 특히 항상 가까이에서 생활하는 사람을 말한다. 그리 친절하지 못한 사람이라도 며칠 동안만 이웃과 잘 지내는 것은 쉬운 일이다. 그러나 이웃으로 살면서 날마다 짜증 나게 하는 사람을 참고 사랑하며 살기는 매우 어렵다. 이 큰 싸움에서 승리할 때 모든 이웃을 사랑하는 것이 더욱 쉬워질 것이다.

사람이 마음과 뜻과 혼을 다해 하나님을 사랑하고 이웃을 자기 몸처럼 사랑할 때 의심이 사라지고 마음에 영원한 천국이 건설된다. 그는 사랑의 불에 녹아 다시 자기 형상으로 인간을 만드신 하늘 아버지의 형상이 될 것이다.

5. 나는 신실한 마음으로 나를 찾는 사람들에게 나의 말(성경)을 통해서 나 자신을 나타낸다. 내가 인간의 구원을 위해 인간의 육신을 입은 것처럼, 나의 영이요 생명인(요 6:63) 내 말 역시 사람의 말로 기록되었는데, 그 안에는 영감으로 된 것과 인간적인 것이 결합하여 있다. 그러나 사람들은 나를 이해하지 못하는 것처럼 내 말을 이해하지 못한다. 성경을 이해하는 데 헬라어와 히브리어 지식이 필요한 것은 아니다. 정말 필요한 것은 그것을 기록한 선지자들에게 임했던 성령과의 친밀한 교제이다. 의심할 것도 없이 이 말씀의 언어는 영적이다. 세계적으로 학문을 익힌 비평가든지 어린아이든지 상관없이, 성령으로 난 자만 말씀을 온전히 이해할 수 있다. 영적인 언어는 성령의 모국어이므로 성령으로 난 자가 잘 이해한다. 세상의 지혜만으로 이것을 이해할 수 없음을 기억하라. 왜냐하면 그런 사람은 성령을 갖고 있지 않기 때문이다.

6. 자연이라는 책의 저자인 나는 그곳에 자유롭게 나 자신을 나타냈다. 이 책을 읽으면서 나를 찾으려면 영적인 깨달음이 필요하다. 그렇지 않으면 나를 찾기는커녕 미혹(迷惑)에 빠질 위험이 있다.

소경은 손가락 끝으로 더듬으면서 글을 읽는다. 그러나 촉각만으로는 책의 내용을 완전히 파악할 수 없다. 완전한 것을 보지 않고 결점만 보는 불가지론자와 회의론자가 이를 증명한다. 결점을 찾는 비평가는 "전능하신 하나님이 계시다면 왜 세상에 태풍, 지진, 일식, 고통, 괴로움, 죽음 등이 있는가?"라고 묻는다. 이 비평가는 미완성된 집이나 그림에서 결점을 찾는 어리석은 자와 같다. 때가 되어 그것이 완성될 때 그는 자신의 어리석음을 부끄러워할 것이며, 결국 그것을 찬탄할 것이다. 모든 피조물은 완전을 향해 나아가고 있다. 이 세상 사람이 하나님의 눈으로 결점이 없는 완전한 세상을 볼 수 있다면, 그분 앞에 엎드려 "모든 것을 보니 심히 좋더라"(창 1:31)라고 말할 것이다.

7. 사람의 영혼이 육체 안에 있는 것은 병아리가 계란 껍데기 안에 있는 것과 같다. 어미 닭이 껍데기 안에 있는 새끼에게 바깥세상의 온갖 과일과 꽃과 강과 거대한 산으로 펼쳐진 광대한 세상에서 살고 있음을 알려 주면서 껍질을 깨고 나오면 그것을 보게 될 것이라고 말해도 새끼는 믿지 않을 것이다. 또 날개와 눈이 그때를 위해 준비된 것이며, 때가 되면 볼 수 있고 날 수 있다고 말해주어도 믿지 않을 것이다. 어떤 증거를 가지고 설명해도 껍데기를 깨고 나오지 않으면 새끼가 믿지 못할 것이다.

이처럼 많은 사람은 장래의 삶과 하나님의 존재를 확신하지 못하고 있다. 왜냐하면 껍질과 같은 육신을 초월하여 그것을 넘어 볼 수 없으며, 깃털처럼 섬세한 생각은 두뇌의 좁은 울타리를 넘을 수 없기 때문이다. 그들의 약한 시력의 눈은 하나님께서 자기를 사랑하는 자들을 위해 준비하신 영원하고 썩지 않는 보물을 발견할 수 없다(사 44:4; 45:5). 이 영원한 생명을 얻는 데 필요한 조건은 병아리가 어미의 따뜻한 체온을 받듯이, 육체 안에 있는 동안 믿음으로 성령으로부터 생명을 주는 따뜻함을 받는 것이다. 그렇지 않으면 죽음과 영원한 멸망의 위험이 있다.

8. 또 많은 사람은 시작이 있는 물질이나 생명에는 반드시 종말이 있다고 말한다. 이 말은 옳지 않다. 무(無)로부터 피조물을 지으실 수 있는 전능자(Almighty)가 지으신 피조물에게 능력의 말씀으로 불멸성을 부여하실 수 있지 않겠는가? 그렇지 않으면, 그는 전능하다 일컬음을 받지 못할 것이다. 이 세상에서 생명은 부패하고 멸망할 수밖에 없다. 왜냐하면 그것은 무상하고 부패한 것에 속해 있기 때문이다. 그러나 이 생명이 무상하고 부패하는 영향에서 자유롭게 되며, 영원한 생명의 근저이며 근원이신 하나님, 영원하고 변하지 않는 하나님의 돌보심 아래 있게 된다면, 사망의 독침에서 벗어나 영원을 얻을 것이다.

나를 믿는 자에게 "내가 저희에게 영생을 주노니 영원히 멸망치 아니할 터이요 또 저희를 내 손에서 빼앗을 자가 없느니라"(요 10:28). "주 하나님이 가라사대 나는 알파와 오메가라 이제도 있고 전에도 있었고 장차 올 자요 전능한 자라 하시더라"(계 1:8).

제2장

죄와 구원

제1부

제자

스승님, 하나님께 불순종하며 그를 예배하지 않는 것이 죄이며, 죽을 수밖에 없는 그 결과가 현세에서 나타나는 줄로 대부분의 사람들은 알고 있습니다. 그러나 죄라는 것이 무엇인지 분명하지 않습니다. 전능하신 하나님의 현존 안에서 어떻게 그의 뜻에 반하여 세상에 죄가 들어오게 되었습니까?

주님

1. 죄란 행복할 것으로 생각하고 자신의 욕망을 채우기 위해서 참되고 합당한 것을 버리며, 하나님의 뜻을 저버리고 자기의 뜻에 따라 사는 것이다. 그러나 이렇게 함으로써 진정한 행복을 얻지 못하며, 진정한 기쁨을 누리지 못한다. 죄는 개체성이 없으므로 피조되었다고 말할 수 없다. 이것은 단순히 상태나 조건에 대한 명칭일 뿐이다. 오직 한 분의 창조자만 있을 뿐이며, 그분은 선하시다. 선하신 창조주는

죄를 창조하신 분은 아니시다. 이는 죄를 창조하는 것은 그분의 본성에 어긋나기 때문이다. 한 분의 창조주를 떠나서는 죄를 창조하실 만한 분이 없다. 사탄은 이미 피조된 것을 악하게 할 수 있지만, 어떠한 것도 창조하지 못한다. 그래서 죄는 피조물이 아니며, 또한 피조될 수 있는 독립적인 존재성을 갖지 못한다. 그것은 존재의 미혹되고 파괴적인 상태에 불과하다.

예를 들면, 빛은 실재이지만, 어둠은 그렇지 않다. 그것은 단지 빛이 없는 상태일 뿐이다. 그러므로 죄와 악은 존재하는 것이 아니며, 단지 선(善)의 부재(不在) 상태일 뿐이다. 악의 어두운 상태는 매우 두렵다. 왜냐하면 그것으로 인하여 많은 사람이 길을 잃으며, 사탄의 암초에 걸려 파선되어서 지옥의 어둠에 떨어져 멸망하기 때문이다. 그러므로 나를 믿는 자를 멸망하지 않게 하기 위하여, 세상의 빛인 내가 육신으로 나타났다. 나는 어둠의 권세로부터 그들을 구원하여 어둠의 이름이나 흔적이 없는 곳(계 21:23; 22:5), 그들이 원하고 바라던 천상의 항구로 안전하게 데려가기 때문이다.

2. 너는 죄의 어두운 상태가 어떻게 창조주의 현존 안에 나타났느냐고 물었다. 그것은 사탄과 인간이 불법과 잘못된 방법으로 자기의 뜻을 이루려고 행사했기 때문에 생긴 것이다. 하나님이 어찌하여 인간이 이러한 상태로 타락하지 않도록 만들지 않았느냐고 묻는다면, 인간을 기계처럼 만들었다면 인간 자신의 선택에 따라 행동함으로써 얻어지는 지고(至高)의 행복에 달할 수 없다고 대답할 것이다. 아담과 이

브는 사탄의 간계(奸計)와 속임에 빠졌다. 왜냐하면 그들은 죄 없는 순수한 상태에서 거짓과 속임이 있었다는 것을 몰랐기 때문이다. 이 일이 있기 전에 사탄은 자신이 천상에서 쫓겨난 이유가 교만인 줄 몰랐다. 이는 사탄 이전에 교만 같은 것이 없었기 때문이다. 그리고 비록 사람과 사탄 모두에게 이러한 죄의 상태가 왔지만, 하나님은 그의 전능하심으로 이러한 상태에 새로운 측면을 주셨고, 그리하여 그 가운데서도 가장 고귀한 결과를 이루셨다.

우선 하나님의 한없는 사랑은 성육신과 구속으로 나타났는데, 그것은 다른 상황에서는 감추어져 있었다. 두 번째로 쓴맛을 본 뒤에 벌이 주는 꿀이 더 달듯이, 죄의 쓴맛을 맛본 후에 구속받은 자는 하늘나라의 행복이 더욱 기쁠 것이다. 하늘나라에서는 죄를 짓지 않고 오직 온유하고 순종하는 사랑으로써 하나님 아버지께 봉사하며 영원히 그와 함께 머문다.

3. 사람들은 태양과 달에서 흑점과 일식 같은 결점을 발견하는 데 열심이지만, 죄의 흑점과 일식을 발견하는 데는 관심이 없다. 이것으로 미루어 보아 그들의 어둠이 클 때(마 6:23), 사람 안에 있는 어둠이 얼마나 클지 짐작할 수 있을 것이다. 문둥병자의 몸이 마비되어 감각이 없는 것 같이, 사람의 마음과 정신도 죄로 인하여 둔해지고 무감각하게 된다. 그러나 죄의 참해(慘害)에 대해서 알 때가 올 것이며, 그때 울며 이를 갈 것이다.

4. 죄에 잠겨 있는 사람은 그것이 무게를 알지 못한다. 이는 물에 들

어가 있는 사람이 자신을 몇 톤의 물이 짓누르고 있는지 모르는 것과 같다. 그는 죽기 전까지 그 무게를 모른다. 그러나 물에서 나와 물을 조금이라도 들고 옮기려 할 때면 그 무게를 알게 된다. 이렇듯이 죄의 무게를 알고 인내하며 나에게 오는 자는 진정한 안식을 얻을 것이다. 이는 나는 찾고 구원하기 위해서 왔기 때문이다(마 11:28; 눅 19:10).

5. 모든 사람이 기운이 없고 약해져서 죽는 것은 아니다. 심장이나 뇌가 약하거나 손상되면 육신의 다른 기관이 강하고 튼튼해도 생명의 종말을 당하기에 충분하다. 마음과 정신에 영향을 끼치는 죄의 결과는 한 사람만 아니라 전 가족과 국가, 심지어 온 인류에 이르기까지 영적 생활을 망치기에 충분하다. 이것은 아담의 죄와 같다. 그러나 나는 한마디로 나사로를 무덤에서 나오게 할 수 있었던 것처럼, 모든 사람에게 영원한 생명을 줄 수 있다.

6. 오랫동안 사람들과 가까이 지내던 동물이나 새를 그들의 무리로 보내면, 환영받지 못하고 공격을 당해 죽는 경우가 있다. 그 이유는 사람들과 오랫동안 지내면서 친해짐으로써 그것들의 삶의 습성이 변했기 때문이다. 인간의 영향 아래 있던 동물이 그들의 무리에 받아들여지지 않는 것처럼, 천국에 있는 성도들과 천사들이 죄로 물든 사람들과 관계를 맺어온 죄인들을 어찌 환영할 수 있겠는가? 이것은 성도나 천사들이 죄인을 사랑하지 않기 때문이 아니라, 그들이 천국의 거룩한 환경을 싫어하기 때문이다. 이 세상에서 죄인들은 선한 사람들의 무리를 싫어하는데, 어찌 영원히 그들 틈에서 행복해질 수 있겠는

가? 그들에게 천국은 지옥만큼 불쾌한 곳일 것이다.

하나님이나 그의 백성이 죄인을 천국에서 쫓아내어 지옥에 떨어뜨린다고 생각하지 말라. 왜냐하면 사랑이신 하나님은 누구도 지옥으로 쫓아내지 않으시며, 영원히 그렇게 하시지 않을 것이다. 죄인 자신의 어리석은 삶이 그를 지옥에 보낸다. 삶의 마지막이 되기 오래전부터 천국과 지옥이 우리 가까이 다가온다. 자신의 선하고 악한 본성에 따라 사람의 마음 안에 천국과 지옥이 형성되어 있다. 그러므로 영벌을 면하려는 사람이라면 진정으로 죄를 회개하고 나에게 자신의 마음을 바치라. 그리하면 그와 함께 하는 나의 임재와 성령의 감화로 말미암아 그는 영원히 천국의 자녀가 될 것이다.

7. 이 세상의 왕이나 정부에 반역한 사람은 다른 나라로 도망가서 생명을 유지하지만, 하나님께 반역한 자는 어디로 도망을 칠 것인가? 천국이나 지옥으로 도망쳐도 거기에 하나님이 계심을 알게 될 것이다 (시 139:78). 그는 주님께 회개하고 순종해야만 안전을 구할 수 있을 것이다.

8. 아담과 하와의 몸을 가리기에는 무화과나무 잎이 너무 작았다. 그래서 하나님은 그들에게 가죽옷을 주셨다. 인간의 선행도 무화과나무 잎처럼 앞으로 닥칠 하나님의 진노를 피하는 데 쓸모가 없다. 내의(義)의 갑옷 외에는 아무것도 소용이 없다.

9. 나방은 자신을 태우고 파멸시키는 불의 힘을 생각하지 않고, 불

빛의 찬란함에 유혹되어 불 속에 날아들어 타 죽는다. 사람도 파괴적이고 유독(有毒)한 죄의 힘을 생각하지 않고 유혹에 이끌려 영원한 멸망으로 달려간다. 그러나 나의 빛은 죄인을 죽음에서 구해내며, 생명과 영원한 행복을 준다. 사람은 나의 참된 빛의 은혜를 받을 수 있도록 조성되었다.

10. 죄는 망상이나 상상의 산물이 아니라, 인간의 뜻의 작용으로 생겨나는 영적인 어둠의 상태이다. 살아 있는 악의 씨앗이 자라 나무가 되듯이, 인간의 악한 뜻이 자신의 영에 영향을 끼쳐 결국 그것을 파괴한다. 마치 천연두가 아주 짧은 기간에 사람의 아름다움을 영원히 파괴하여 추한 모습으로 만드는 것과 같다. 하나님은 악을 창조하지 않으신 것처럼, 질병과 육신의 고통을 만들지 않으셨다. 고통과 질병은 상상의 산물이 아니라, 자신이나 가족에게 숨겨져 보이지 않는 죄의 외모와 열매이다. 이 모든 지체가 회개하고 나와 연합할 때, 건강을 주는 나의 피가 그들의 영적 혈관에서 순환하여 보이지 않는 마음속의 질병을 치유하고 영원한 건강을 준다. 이는 인간은 주님이신 스승과 함께 영원한 행복에 거할 수 있도록 건강한 상태로 창조되었기 때문이다.

제2부

제자

주님, 오늘날 학자들과 그를 추종하는 사람들이 당신의 속죄와 피에 의한 구원을 무의미하고 쓸데없는 것이라고 합니다. 그리스도는 단지 위대한 지도자요 영적 생활의 모범일 뿐이며, 구원과 영원한 행복은 우리 자신의 노력과 선행에 달려 있다고 말합니다.

주님

1. 영적이고 종교적인 사상은 머리가 아니라 하나님의 성전인 마음과 관계가 있다는 것을 잊지 말아라. 마음에 하나님의 임재가 가득 찰 때 머리에도 깨달음이 온다. 낮의 밝은 빛이 없으면 육신의 눈이 쓸데없듯이, 참 빛이 없으면 정신과 이해의 눈이 쓸모없다. 사람은 어두운 데서는 뱀을 끈인 줄 알고 잡는다. 이처럼 이 세상에서 똑똑하다는 사람은 영적 진리를 왜곡하여 단순한 사람들을 미혹한다. 사탄은 이브를 유혹할 때 양이나 비둘기의 모습이 아니라 동물 중에 가장 영리한 뱀의 모습을 사용했다. 이처럼 그는 지혜자의 지혜와 학자의 지식을 자기의 목적을 위한 도구로 사용한다. 그러나 유식자와 영리한 자가 되는 것으로는 불충분하다. 사람은 비둘기처럼 순진해야 하므로, 나는 "너희는 뱀같이 지혜롭고 비둘기같이 순결하라"(마 10:16)고 했다.

2. 이스라엘 백성 중에 믿음의 눈으로 놋 뱀을 쳐다본 사람은 구원을 받은 것같이(민 21:9; 요 3:14-15), 나의 십자가와 속죄는 믿는 자들도

마찬가지이다. 이를 믿지 않는 사람들은 그것을 구리로만 여기면서, "모세가 해독제를 주었거나 뱀의 독에 효력이 강한 좋은 약이나 의술을 베풀었다면, 그것이 믿음의 목적에 더 타당하였을 것이다. 도대체 장대 위에 놋 뱀이 무슨 효력이 있는가?"라고 말했을 것이다. 그들은 모두 죽었다. 오늘날도 마찬가지이다. 하나님이 정하신 구원의 방법에 대해 트집을 잡는 사람은 자신의 죄의 독으로 인해 멸망할 것이다.

3. 젊은 청년이 절벽에서 떨어져 심하게 다쳤는데, 피를 많이 흘려 죽을 지경에 이르렀다. 아버지가 그를 의사에게 데려갔다. 의사는 "피가 생명인데, 이 사람에게 수혈할 피가 떨어졌습니다. 이 사람을 위해 희생하려는 사람이 있으면 모르지만, 그렇지 않으면 죽을 것입니다"라고 말했다. 아들을 진심으로 사랑하는 아버지가 아들에게 피를 수혈해 주고 아들은 살아났다. 사람은 자신의 죄로 인하여 거룩한 산에서 떨어져 뼈가 부러졌으며, 심한 상처를 입고 쓰러졌다. 이 상처 때문에 그의 영적 생명이 죽을 지경에 이르렀다. 나는 죽음에서 구하고 영원한 생명을 주는 영적인 생명을 믿는 사람에게 부어준다. 나는 "생명을 얻게 하고 더 풍성히 얻게 하려"(요 10:10)는 목적으로 세상에 왔다.

4. 옛날에는 동물의 피, 또는 특별한 음식을 먹지 못하게 하였다. 이는 동물의 고기나 피를 먹고 마심으로써 병에 걸리는 것을 피하고, 동물적인 기운이 나는 것을 막을 수 있다는 믿음 때문이었다. 그러나 "내 살은 참된 양식이요 내 피는 참된 음료"(요 6:55)이다. 왜냐하면 나

의 살과 피는 영적 생명을 주며, 그것으로 인하여 온전하고 건강한 천상의 행복을 얻을 수 있기 때문이다.

5. 죄 사함이 완전한 구원을 의미하는 것은 아니다. 이는 구원은 죄로부터의 완전한 자유와 함께 오는 것이기 때문이다. 사람은 자신의 죄의 질병으로 인하여 죽을 수 있다. 예를 들면, 어떤 사람이 오랜 병으로 정신이상이 되어 사람을 죽였다. 그에게 사형 판결이 내려지자, 친척들이 그 상황을 설명하는 글과 선처해 달라는 탄원서를 냈다. 그 결과 살인죄를 면하게 되었다. 그런데 친구들이 이 소식을 그에게 전하러 가는 도중에 그는 오랜 병으로 인해 죽었다.

살인죄를 용서받은 것이 무슨 소용이 있는가? 그의 참된 안전은 병이 낫는 것이며, 그래야 용서와 함께 진정한 행복을 얻었을 것이다. 이러한 이유로 회개하고 믿는 자를 죄의 병과 형벌과 심판에서 구하기 위하여—원인과 결과를 없애기 위해, 나는 육신으로 현현(顯現)하였다. 이제 내가 구원했으므로(마 1:21) 그는 자신의 죄로 인하여 죽지 않을 것이다. 그리고 죽음을 지나 영원한 생명의 상속자가 될 것이다.

6. 많은 사람들에게 삶이란 온갖 위험이 가득하며, 마치 사냥꾼이 절벽 위 나무에 걸린 벌집을 발견하고 그것을 따려는 것과 같다. 그는 꿀을 정신없이 따먹는 동안 그 밑에 죽음의 위험이 있다는 것을 알지 못한다. 절벽 아래 강에는 악어들이 입을 벌리고 그가 떨어지기를 기다리고 있으며, 나무 밑에서는 늑대들이 그가 내려오기만을 기다리고 있다. 더욱 심각한 것은 그가 앉아 있는 나뭇가지를 벌레가 갉아 먹고

있다는 것이다. 결국 그 나무는 쓰러졌고, 방심했던 사냥꾼은 악어의 밥이 되었다. 이처럼 육신 안에 갇혀 있는 인간의 영혼은 세상의 무서운 숲 한가운데 있다는 것을 생각하지 않고, 잠시 동안의 헛된 것을 즐기고, 두뇌의 벌집 안에 모아 놓은 순간적인 죄의 쾌락을 즐긴다. 거기에는 이미 사탄이 산산조각을 내려고 도사리고 앉아 있으며, 악어와 같은 지옥이 입을 벌리고 떨어지기만을 기다리고 있으며, 죄라는 보이지 않는 곤충은 육과 영혼의 뿌리를 갉아 먹고 있다. 이제 곧 영혼은 넘어져서 영원한 지옥의 밥이 된다. 그러나 나에게 오는 죄인은 죄와 사탄과 지옥으로부터 구원받을 것이며, 아무도 빼앗을 수 없는 영원한 기쁨(요 16:22)을 누릴 것이다.

7. 뱀이 매혹적인 눈짓으로 곤충을 매혹시킨 다음 잡아먹는 것처럼, 사탄은 교활한 말과 유혹으로 사람들을 꾀어내어 삼킨다. 그러나 나를 믿는 사람은 늙은 뱀과 영혼을 멸망시키는 세상의 유혹으로부터 구원받는다. 지구의 인력(引力)에서 쉽게 벗어나는 새처럼, 나는 그들에게 자유를 준다. 열린 천국을 자유롭게 날며, 기도의 날개를 펼치며, 나의 사랑의 매력에 이끌려 사모하는 마음의 집에 올라가서 편안히 살게 한다.

8. 황달에 걸린 사람에게는 모든 것이 노랗게 보이듯이, 죄인과 철학자는 진리를 자신의 죄와 이론의 모습과 형태로 본다. 이런 사람들이 나를 그들과 같은 죄인으로 보는 것은 전혀 이상한 일이 아니다. 그러나 죄인을 구원하는 나의 사역은 세상의 좋은 평(評)과 상관없이

만세 전부터 예정된 경륜대로 믿는 자들의 삶 안에 이루어지고 있다. 레위가 아브라함의 자식으로 태어나기도 전에 나에게 십일조를 바친 것처럼, 모든 세대를 통하여 나를 믿는 자들은 십자가에서 그들의 죄에 대한 속전을 바쳤다. 이는 이 구원은 이 세상에 있는 모든 인류를 위한 것이기 때문이다.

9. 사람이 거듭나지 않고, 다만 자신의 선행과 노력으로 구원 얻는다고 말하는 사람은 미련하고 얼빠진 사람이다. 세상의 통치자와 도덕 교사들은 "선을 행함으로써 선하게 된다"고 말한다. 그러나 나는 "선행을 하기 전에 먼저 너 자신이 선하게 되어라"고 말한다. 자신이 새로워지고 선해지기 시작할 때 선한 행위는 자연적인 결과로 나타날 것이다.

쓴 열매를 맺는 나무가 자주 열매를 맺으면 나중에 단 열매를 맺을 것이라고 말하는 사람은 어리석다. 쓴 나무는 단 나무에 접붙여짐으로써 단 나무가 된다. 단 나무의 기운과 특성이 쓴 나무로 들어가면 쓴맛의 성질이 사라진다. 이것이 내가 말하는 새로운 창조이다. 죄인은 바른 것을 행하려 하지만, 그 결과는 악하다. 그러나 회개하고 믿음으로 나에게 접붙여질 때, 옛사람이 죽고 새로운 피조물이 된다. 그때 구원의 근원이 되는 이 새로운 삶이 선한 행위라는 열매를 맺는다.

10. 인간의 본성적인 선(善)은 진정한 마음의 평화를 주지 못할 뿐만 아니라, 구원이나 영생에 대한 확신을 줄 수도 없음을 경험으로 배운 사람들이 많다. 영생을 찾으려고 나에게 온 젊은 사람이 이러한 경우

이다. 나에 대한 그의 첫 번째 생각이 잘못되었다. 그의 생각은 오늘날 세상적으로 지혜로운 사람과 그를 추종하는 사람들의 생각과 같았다. 그는 나를 회칠한 무덤 같은 교사이며, 그 삶에 진정한 선이 하나도 없는 삶을 사는 사람으로 생각했다. 그래서 나는 "왜 나를 선하다고 하느냐? 하나님 한 분 외에는 선한 이가 없느니라"(눅 18:19)라고 말했다. 진정 그는 내가 선과 생명을 주는 그 '한 사람'임을 몰랐다. 그를 나의 동반자요 진정 선한 사람이 되게 하고 생명을 주려 하였지만, 그는 슬퍼하며 나를 떠났다. 그가 계명을 지키고 선행을 하는 것에 만족할 수 없었거나 영생에 대한 확신을 얻을 수 없었다는 사실만은 분명했다. 만일 선행이 그에게 평화를 주었다면, 나에게 물으러 오지 않았거나, 왔더라도 슬퍼하며 떠나가지 않았을 것이며, 내 말을 믿고 기뻐하면서 떠났을 것이다.

그 후 얼마 안 되어 젊은 바울이 나를 알고, 마음의 갈망을 온전히 이루었다. 그는 슬퍼하며 나를 떠나지 않고, 가졌던 모든 것을 버리고 나를 따랐다(빌 3:6-15). 자신의 선에 대한 믿음을 버리고 나를 따르는 자는 나에게서 진정한 평화와 생을 얻을 것이다.

제3장

기도

제1부

제자

나는 가끔 이러한 질문을 받습니다. "하나님은 우리의 필요를 잘 아시며, 선한 자에게만 아니라 악한 자에게도 그것을 나눠주시는 가장 좋은 방법을 알고 계신다. 그런데 왜 기도해야 하는가? 일시적인 궁핍이든지 영적인 궁핍이든지 우리의 기도로 하나님의 뜻을 바꿀 수 있는가?"

스승

1. 그런 질문을 하는 사람은 기도에 대해서 알지 못하는 자이다. 그들은 기도 생활을 하지 않거나, 하나님께 기도하는 것이 구걸 행위가 아니라는 것도 알지 못한다. 기도는 현세에서 필요한 것을 하나님에게서 얻어내려는 노력이 아니다. 기도는 생명의 주재이신 하나님을 붙잡는 노력이며, 생명의 근원이신 그분을 찾고 그분과의 교제 안에 들어갈 때 삶 전체가 만족하고 온전하게 되는 것이다. 하나님은 사

랑이시므로 악을 행하는 자에게 살아가는 데 필요한 것을 주신다. 그러나 영적인 생명이 없는 그들에게는 영적인 요구가 없으므로 그것이 필요한 것인지 알지 못한다.

그들은 하나님이 영적인 축복을 주셔도 그 가치를 알지 못한다. 그러나 믿는 자에게 이러한 특별한 축복이 주어진다면, 그 결과 그들은 일시적인 축복에는 관심을 두지 않고, 보이지 않는 영적인 것에 관심을 둔다. 우리가 하나님의 뜻을 바꾸게 할 수 없지만, 기도하는 사람은 자신과 관련된 하나님의 뜻을 발견할 수 있다. 하나님은 이런 사람에게 감추어진 마음의 방 안에 자신을 나타내신다. 그들과 교제하시며, 그의 보배롭고 은혜로운 목적이 계시될 때 불평하던 그들의 의심과 어려움이 사라진다.

2. 기도는 성령 안에서의 호흡과 같다. 하나님이 기도로 충만한 삶 안에 그의 영을 넣어주심으로써 그들은 "생령"(창 2:7; 요 20:22)이 된다. 그들은 결코 죽지 않는다. 왜냐하면 성령이 기도를 통해 영적인 폐로 들어가 건강하고 활력 있고 영원한 생명을 채워 주시기 때문이다.

사랑이신 하나님은 모든 사람에게 영적인 삶과 일시적인 삶에 필요한 것을 주신다. 그러나 값없이 구원과 그의 거룩한 영을 주시기 때문에, 사람들은 그것을 값싼 것으로 여긴다. 그러나 기도는 우리에게 그 가치를 가르쳐준다. 그것들은 공기와 물, 빛과 열처럼 사는 데 필요하기 때문이다. 하나님은 영성생활에 필요한 것을 값없이 주시지만, 사람들은 이것들을 가볍게 여겨 창조주에게 감사하지 않는다. 그들은 희귀하여 얻기가 매우 어려운 금, 은, 보석이 육신의 배고픔이나 갈증을 해결하지 못하고 마음의 갈망을 채우지도 못하지만 매우 귀하게 여긴다. 어리석은 세상 사람들은 영적인 일을 이렇게 취급한다. 그러나 기도하는 사람에게는 참 지혜와 영원한 생명이 주어진다.

3. 세상은 깊은 바다와 같아서, 빠진 사람이 나오지 못하면 죽는다. 그러나 해양 동물은 가끔 물 위로 올라와서 입을 벌려 공기를 들여 마시기 때문에 깊은 물 속에서도 살 수 있다. 이처럼 밀실의 기도를 통하여 이 세상이라는 바다의 표면에 떠오르는 사람은 생명을 주시는 하나님의 영을 호흡하며, 이 세상에서도 생명과 안전을 발견한다.

4. 물고기는 평생 짠 바닷물 속에서 살지만 고기는 짜지 않다. 왜냐하면 그들에게 생명이 있기 때문이다. 기도하는 사람도 죄로 가득 찬 세상에 살지만, 죄에 물들지 않는다. 왜냐하면 기도로 말미암아 그의 삶이 유지되기 때문이다.

5. 바다의 짠 물이 뜨거운 햇볕에 증발하여 올라가 구름을 이루고, 달고 신선한 물이 되어 돌아온다(바닷물이 증발할 때 짜고 쓴 것을 두고 증발한다). 기도하는 사람의 생각과 요구는 의(義)의 태양 빛으로 인해 죄로 얼룩진 것들을 두고서 순결하게 되어 높이 올라간다. 그의 기도는 하늘에서 큰 구름이 되고 은혜의 소나기가 되어 내려와 땅 위의 많은 사람에게 신선함을 준다.

6. 물새는 물에서 헤엄치며 일생을 보낸다. 그러나 날아갈 때 날개

는 완전히 말라 있다. 기도하는 사람도 거처를 세상에 두고 있지만, 높이 날아갈 때가 되면 죄로 물든 세상을 떠난다.

7. 배는 물 위에 뜬다. 그러나 배 안에 물이 들어오면 잘 뜨지 못하고 위험하게 된다. 이처럼 기도하는 사람은 이 세상에 거처를 두고 있지만, 자신과 다른 사람에게 바르고 선하다. 왜냐하면 그는 세상 위에 떠 있음으로써 자기 자신과 다른 사람들을 안전한 인생의 항구에 도달할 수 있게 하기 때문이다. 그의 마음에 세상이 침투해 들어오는 것은 죽음과 멸망을 의미한다. 그러므로 기도하는 사람은 항상 그의 마음을 성전으로 삼고자 하시는 분을 위해 자신의 마음을 보존하며, 그럼으로써 이 세상과 장차 올 세상에서 평화롭고 안전하게 안식한다.

8. 우리는 물 없이 살 수 없지만, 만일 물속에 가라앉으면 숨이 막혀 죽는다. 우리는 물을 이용하고 마시지만, 물에 빠지면 안 된다. 이처럼 세상 및 세상의 것은 신중하게 사용되어야 한다. 왜냐하면 그것들이 없으면 삶이 곤란할 뿐만 아니라 살 수 없기 때문이다. 이런 목적으로 하나님은 사람들이 이용할 수 있도록 세상을 지으셨지만, 사람들은 그 속에 빠져서는 안 된다. 그렇게 되면 기도의 호흡이 멈추어 죽게 된다.

9. 기도 생활을 멈추면 영적인 생명은 죽기 시작한다. 그렇게 되면, 이용 가치가 있는 세상 것들이 상처를 주고 파괴적인 것이 된다. 태양의 빛과 열은 식물을 생육하고 번성하게 하지만, 말라 죽게 하기도 한

다. 공기 역시 모든 생명체에게 생명을 주고 활기차게 하지만, 그것들을 분해하기도 한다. 그러므로 "깨어 기도하라!"

10. 우리는 이 세상에 살고 있지만, 세상에 살고 있지 않는 것처럼 살아야 한다. 그렇게 되면 이 세상의 해로운 것들이 유용한 것이 되며 영적 생활이 성장하는 데 도움이 될 것이다. 이 조건에서만 영혼이 의(義)의 태양을 향한다. 그러므로 매우 더러운 곳에서 꽃이 자라 아름답게 피며, 꽃의 향기가 그곳의 더러운 냄새를 제거한다. 식물이 태양을 향함으로써 빛과 열을 받아서 더러운 것이 식물에 해가 되지 않고 도리어 비옥하게 되어, 자라고 꽃을 피우는 데 도움이 된다. 기도하는 사람도 기도로써 마음을 나에게 향한다. 악한 세상의 죄 가운데 있으면서도 나에게서 빛과 열을 받아서 그의 새롭고 거룩한 삶의 달콤한 향기가 나를 영광스럽게 한다. 달콤한 향기뿐만 아니라 영원에 머물게 될 열매를 맺는다.

제2부

1. 기도하지 않으면 하나님이 우리에게 아무것도 주시지 않기 때문에, 또는 우리에게 필요한 것이 무엇인지 몰라서 기도하는 것이 아니다. 기도할 때 영혼은 복의 수여자요 그분이 주시려는 복을 받기에 가장 합당한 조건을 갖추는 데 가장 적합하게 된다. 그래서 성령 충만은 첫째 날에 사도들에게 부어진 것이 아니라, 특별히 준비되고 열흘 뒤

에 부어졌다.

만일 복을 받을 준비가 되지도 않았는데 복이 주어졌다면, 그는 그 가치를 온전히 알지 못했을 뿐만 아니라 오래 보존하지도 못했을 것이다. 예를 들어, 사울은 원하지 않았는데 성령과 왕위를 얻었기 때문에 곧 그 둘을 모두 잃어버렸다. 왜냐하면 그는 성령을 구하려고 나온 것이 아니라 잃어버린 암나귀를 찾으러 나왔기 때문이다(삼상 9:3; 10:11; 10:13-14; 31:4).

2. 기도하는 사람만이 영과 진리로 예배할 수 있다. 다른 사람들은 미모사처럼 예배드리는 동안에는 설교와 성령의 임재에 영향을 받아 쪼그라들고 고개를 숙이고 심각해지지만, 교회에서 나오면 금방 이전의 모습으로 돌아간다.

3. 나무나 좋은 꽃과 열매를 맺는 관목(灌木)을 돌보지 않으면, 야성이 되살아나서 곧 야생식물이 될 것이다. 이같이 신앙인이 기도와 영적 생활을 게을리하여 내 안에 거하지 않으면, 그의 부주의함으로 인하여 복을 받지 못하는 상태로 돌아갈 것이며, 다시 죄악의 길에 빠짐으로써 멸망할 것이다.

4. 저수지나 연못가에 두루미가 가만히 서 있는 것을 볼 때 우리는 하나님의 영광에 잠겨 있거나 좋은 물을 음미하고 있는 것으로 생각한다. 그러나 그렇지 않다. 그것은 몇 시간 동안 움직이지 않고 서 있지만, 개구리나 작은 물고기가 나타나는 순간을 놓치지 않고 잡아먹

는다. 기도와 묵상의 태도와 방법도 마찬가지이다. 한없이 넓은 하나님의 바닷가에 앉아서 하나님의 존엄, 또는 죄를 깨끗이 하며 영혼의 기갈(飢渴)을 충족시키는 그의 성성(聖性)에 대해서 생각하지 않고, 무상한 이승의 즐거움을 충족시켜줄 특별한 욕망을 취하려는 생각에만 골몰해 있다. 그래서 그들은 진정한 평화의 못에서 떠나 허무한 이 세상의 쾌락에 빠져서 그것들과 함께 죽고 멸망한다.

5. 물과 가솔린은 모두 땅에서 나오고 같은 액상(液狀)이지만, 그것들의 성상(性狀)이나 목적은 정반대이다. 물은 불을 끄고, 가솔린은 불을 더 타게 한다. 마찬가지로 세상과 보물, 마음과 하나님에 대한 갈망은 모두 하나님의 피조물이다. 이 세상의 부와 자존심과 명예로 마음의 만족을 구하려고 노력한 결과는 기름으로 불을 끄려는 것과 같다. 왜냐하면 마음은 마음과 하나님을 알고자 하는 갈망을 동시에 지으신 하나님 안에서 평안과 만족을 구할 수 있기 때문이다(시 13:1, 2). 그러므로 누구든지 나에게로 오는 자에게 영원히 목마르지 않는 생수를 줄 것인데, 그것은 그 속에서 영생토록 솟아나는 샘물이 될 것이다(요 4:14).

6. 사람은 이 세상에서 평화와 세상의 것을 구하려고 헛되이 노력한다. 왜냐하면 진정한 평화와 만족이 세상에서 구해지는 것이 아니라는 것을 경험을 통해 쉽게 알 수 없기 때문이다. 이는 양파 속에 무엇이 있을 것으로 생각하고 껍질을 벗기지만, 그 안에서 껍질만 발견하는 것과 같다. 영원한 평화의 샘을 발견하지 않는 한(사 55:1; 예 2:13;

계 22:17) 이 세상과 이 세상에 속해 있는 모든 것이 헛되고 헛되다(전 12:8).

7. 세상은 신기루와 같다. 영혼의 목마름을 해결해 줄 것을 찾는 구도자는 희망을 안고 길을 떠나지만, 아무것도 발견하지 못하여 실망하고 절한다. 생명의 물은 인간이 조성한 저수지나 수조(水槽)에서 얻을 수 없다. 순전한 마음으로 드리는 기도하여 나에게 오는 자는 생수의 근원인 나를 찾을 것이며, 만족과 활력과 영생을 얻을 것이다(사 55:1; 렘 2:13; 계 22:17).

8. 어떤 여인이 어린아이를 안고 산길을 가고 있었다. 아이는 아름다운 꽃을 발견하고 그것을 잡으려고 엄마의 품에서 뛰쳐나왔다가 거꾸로 떨어져 바위에 머리를 부딪쳐서 죽었다. 어린아이의 안전과 생명이 엄마의 품 안에 있는 것이지, 죽음에 이르게 한 아름다운 꽃에 있는 것이 아님을 명백히 알 수 있다. 기도 생활을 하지 않는 신자도 이러하다. 무상하고 미혹하는 세상의 즐거움을 보면서 어머니의 사랑보다 더 큰 나의 사랑과 돌봄을 잊고, 내가 주는 영적인 우유를 외면하고, 내 품에서 뛰쳐나가 멸망한다.

9. 어머니의 젖은 아기가 노력하여 빨아야 먹을 수 있다. 마찬가지로 내 품에 안겨 있는 자녀들이 구하지 않으면 영혼을 구원할 수 있는 영적인 젖을 먹을 수 없다. 아기는 배울 필요가 없이 본능적으로 젖이 어디에 있는지 어떻게 먹는지 안다. 성령으로 태어난 사람은 세상 철

60 제1권 주님의 발 아래

학이나 지혜로 아는 것이 아니라, 영적인 본능으로 어떻게 기도하며, 영적인 어머니인 나에게서 영원한 생명의 젖을 얻을 줄 안다.

10. 나는 사람들이 자신을 하나님으로 여기는 오류를 범하지 않고, 날마다 자신의 궁핍함을 알며, 자신을 창조한 분의 생명과 현존으로 인하여 살고 있음을 알도록, 인간의 본성에 배고픔과 목마름을 주입했다. 그래서 자신의 결점과 궁핍함을 알게 함으로써 그는 내 안에, 나는 그 안에 있으며, 그럼으로써 내 안에서 영원히 행복과 기쁨을 찾을 것이다.

제3부

1. 기도하는 것은 나와 이야기하는 것이라고 할 수 있다. 나와 교제하고 나와 함께 있음으로써 나를 닮게 된다. 초원에서 푸른 잎을 먹고 사는 곤충이 푸른색으로 되는 것과 같다. 남극에 사는 곰은 눈처럼 희며, 뱅골 호랑이에게는 갈대 같은 얼룩무늬가 있다. 이처럼 기도로 나와 교제하는 사람은 성도와 천사들처럼 나의 성품에 참여하며, 나의 형상을 형성함으로써 나를 닮는다.

2. 내가 잠깐 산에서 베드로와 야고보와 요한과 교제하면서 나의 영광에 대한 것을 보여 주었을 때, 성도들 중에 모세와 엘리야 두 사람만이 그들에게 나타났다. 그들은 천국의 영광에 압도되어 거기서 살기 위해 초막 셋을 짓자고 했다(마 17:1-5). 나와 함께 거하며, 뭇 천사

들과 성도들과 함께 그들이 바라던 천국에 들어가 나와 함께 죽음과 그림자와 변함도 없는(요 17:24; 약 1:17) 온전한 나의 영광을 나누는 자는 얼마나 좋고 행복하겠는가! 기도하는 사람은 혼자 있는 것이 아니며, 영원히 나와 함께 나의 성도들과 함께 할 것이다(마 28:20; 슥 3:7, 8).

3. 야생 동물과 번개와 바람과 빛 등 자연의 힘을 지배하고 이용하는 것은 그리 위대한 것은 아니다. 그러나 모든 정념을 가진 세상과 사탄과 자기를 다스리고 정복하는 것은 매우 중요하고 필요하다. 나는 기도의 삶을 사는 사람에게만 모든 원수를 정복하는 권세를 준다(눅 10:17, 20). 그래서 그들은 이 세상에 사는 동안이지만 나와 함께 하는 천국 생활을 한다(엡 2:6). 사탄은 아래에 있고 그들은 위에 있어서 사탄이 그들에게 미치지 못하며, 그들은 두려움의 공포가 없이 나와 함께 영원히 산다.

인간이 자연의 힘을 지배하게 되었지만, 하늘을 날아다닐 수 없다. 그러나 사탄과 자기 자신을 지배하는 기도하는 사람은 영원한 천국을 자유롭게 돌아다닐 수 있다.

4. 꿀벌이 꽃의 색깔이나 향기를 손상하지 않고 꿀을 모으듯이, 기도하는 사람은 하나님의 피조물을 손상하지 않고 그것으로부터 행복과 유익을 얻는다. 꿀벌이 여러 곳으로 다니면서 꽃에서 꿀을 따다가 벌집에 저장하듯이, 하나님의 사람은 각양의 피조물로부터 좋은 생각과 느낌을 모으며, 창조자와 교통함으로써 진리의 꿀을 마음에 모으며, 언제 어느 곳에서든 그분과 함께 평화 안으로 들어가서 하나님의

꿀의 단맛을 즐긴다.

5. 지금은 슬기 있는 다섯 처녀같이(마 25:1-13) 마음의 그릇에 성령의 기름을 받아 저장할 때이다. 그렇지 않으면 미련한 처녀들같이 슬픔과 절망을 면치 못할 것이다. 지금 진정한 안식을 위하여 만나를 모아야 한다. 그렇지 않으면 슬픔과 화를 당할 것이다(출 16:15, 27). 그러므로 "너희의 도망하는 일이 겨울에나 안식일에 되지 않도록 기도하라." 이것은 큰 환난이나 종말의 날, 또는 안식일에 대한 말씀이며, 영원한 안식인 천년의 치세(治世)로서 다시 오지 않을 기회이다(마 24:20).

6. 기후가 식물의 모양과 색깔과 성장하는 습관을 다르게 하듯이, 나와 교제를 계속하는 사람은 습관과 외모와 성향에서 영적 특성이 형성된다. 그리고 옛사람을 벗어버리고 나의 영광스러운 불멸의 모습으로 변화된다.

나는 자기 내면의 수치스러운 것을 모른 체하면서 간음한 여인을 벌하려고 데리고 온 사람들 각각의 죄지은 바를 손가락으로 땅에 썼다. 그랬더니 부끄럽고 창피하여 한두 사람씩 모두 물러났다. 나는 또 같은 손가락으로 은밀히 내 종들의 죄의 상처를 지적하였고, 그들이 회개할 때 손가락으로 치유해 주었다. 그래서 아이들이 아버지의 손가락을 잡고 따라가는 것처럼, 나의 손가락으로 나의 자녀들을 세상에서 안식과 영원한 평화의 집으로 인도한다(요 14:2, 3).

7. 사람들은 종종 내 이름으로 아버지께 기도하지만 내 안에 있지

않다. 입과 입술로만 내 이름을 부를 뿐 마음과 삶으로 부르지 않는다. 이것이 그들이 기도하는 것을 얻지 못하는 이유이다. 그러나 내가 그들 안에 있고 그들이 내 안에 있으면, 아버지께 구하는 것을 얻는다. 이는 그 상황에서 성령의 인도하심에 따라 기도하기 때문이다. 성령은 아버지를 영광스럽게 하는 것을 보여주며, 자신과 다른 사람에게 가장 좋은 것이 무엇인지 보여준다. 나쁜 아들이 있었는데 그의 아버지는 훌륭하였다. 아들은 아버지의 이름으로 직업과 혜택을 달라고 정부 관료에게 요청했다. 그 관료는 그의 나쁜 습관과 행동을 지적하면서 "네 아버지의 이름으로 나에게 구하지 말아라. 먼저 가서 아버지의 본을 받으며, 그의 존귀한 가치를 입술로만 말하지 않고 삶으로 나타내면, 그때 네 청을 들어주겠다"고 말했다.

8. 입술로만 나를 예배하고 찬양하는 사람과 마음으로 하는 사람의 차이는 매우 크다. 예를 들어 참 예배자는 다른 사람의 마음이 열리고 진리를 받아들일 수 있도록 항상 기도하지만, 명목상의 예배자는 가끔 기도하지만, 나의 참 예배자에게 앙심을 품고 그가 소경이 되게 해달라고 기도한다. 결국 참 예배자의 기도는 응답되며, 전에 위선자였던 사람이지만 영적인 빛을 받는다. 이 사람은 마음의 충만한 기쁨을 가진 진정한 신앙인이 되며, 나의 진실한 종의 신실하고 변함없는 형제가 된다.

9. 기도는 무엇으로도 불가능하다고 여겼던 것을 가능하게 한다. 이 놀라운 일들은 이 세상의 유한한 지혜로 보면, 법칙과 도리에 위반되

는 것으로 생각된다. 과학자들은 모든 피조물을 질서 있게 하시고 그들의 법칙을 만드신 이를 알지 못하고, 그분이 스스로 만드신 법칙 안에 갇혀 제한받으실 분이 아닌 줄 알지 못한다. 위대한 법칙의 제정자는 불가사의하신 분이시다. 왜냐하면 그분의 목적은 모든 피조물의 축복과 번영이기 때문이다. 자연인이 그분의 뜻과 목적을 알지 못하는 것은 영적인 것은 영적으로 분별할 수 있기 때문이다(고전 2:14).

기적 중에 가장 큰 기적은 사람이 거듭나는 것이며, 이것을 경험한 사람은 다른 것도 모두 가능하다. 추운 지역에서는 물로 된 다리를 흔히 볼 수 있다. 왜냐하면 강의 표면이 얼어서 얼음 아래는 물이 흐르지만, 사람들은 그 위로 쉽게 지나가기 때문이다. 열대 지방에 사는 사람에게 물 위로 걸어 다닌다고 하면, 자연의 법칙에 거스르는 일이며 불가능하다고 한다. 세상적인 삶을 살며 물질에 가치를 두고 사는 사람은 영혼의 삶을 알지 못하며, 거듭나서 항상 기도하며 영적인 삶을 사는 사람과 크게 다르다.

10. 기도로 하나님에게서 영적인 삶의 복을 얻으려면 의심 없이 믿고 순종해야 한다. 나에게 온 손 마른 사람이 내가 손을 펴라고 명령할 때 즉시 순종하여 손을 내밀어 다른 사람이 된 것처럼 온전하게 될 것이다(마 12:10-13). 그러나 "어떻게 손을 펼 수 있습니까? 그렇게 할 수 있다면 왜 내가 당신께 왔겠습니까? 먼저 내 손을 고쳐주시면 내 손을 펼 수 있겠습니다"라고 순종하지 않고 반항하고 대꾸하는 것을 상상해 보라.

제3장 기도 65

기도하는 자는 믿고 순종해야 한다. 그리고 나에게 기도로써 약하고 마른 손을 펴야 한다. 그러면 나는 그에게 영적인 생명을 줄 것이며, 그는 필요에 따라 얻을 것이다(마 21:22).

제4장

봉사

제자

봉사의 참 의미는 무엇입니까? 창조주께 봉사하고, 그다음에 그를 위하여 피조물에 봉사하는 것입니까? 벌레 같은 인간의 봉사가 하나님의 많은 가족을 돌보는 데 얼마나 도움이 되겠으며, 하나님의 피조물을 보호하고 유지하는 데 인간의 도움이 얼마나 필요하겠습니까?

스승

1. 영적 생활에서 봉사는 활동이며, 사랑으로 말미암은 자연적인 헌신을 의미한다. 사랑이신 하나님은 피조물을 돌보는 활동을 하신다. 그리고 하나님은 피조물, 특히 그의 모습과 형상으로 지은 인간이 게을러지지 않기를 바라신다. 피조물을 보살피고 유지하는 데 있어서 하나님은 누구의 도움도 필요로 하지 않는다. 왜냐하면 그들은 하나님의 도움이 없이는 존재하지 못하도록 피조되었으며, 그들의 필요한 것을 충족시키시는 분은 하나님이시기 때문이다. 다른 사람에 대한 봉사는 봉사하는 사람 자신을 돕는다는 가장 큰 장점이 있다. 마치 티베트에서 매우 추운 날 눈에 쓰러져 죽어가는 사람을 발견하여 업고

제4장 봉사 67

걸어가는 것과 같다. 쓰러진 사람을 업고 가는 동안 업은 사람의 몸에서 열이 나서 결국 두 사람 모두 무사히 살아나왔다. 쓰러진 사람의 목숨뿐만 아니라 그를 업은 사람도 생명을 유지할 수 있었다. 이것이 진정한 봉사의 목적이다. 사람이 다른 사람의 도움을 받고서도 다른 사람을 돕지 않는 사람은 누구의 도움도 받을 자격이 없다.

2. 하나님께 받은 재능과 힘을 하나님과 사람을 위하여 봉사하는 데 사용하지 않는 사람은 하나님만이 주실 수 있는 도움을 받을 수 없을 것이다. 인간이 한 부분을 하면, 곧 하나님이 그것을 완성하실 것이다. 예를 들면, 나사로의 무덤의 돌을 옮겨놓는 것은 사람이 몫이다. 그 돌을 하나님의 힘으로 옮겨놓지 않으신다. 그러나 사람들이 그 돌은 옮겨놓자 하나님은 인간의 능력과 기술을 초월하는 일, 즉 죽은 자에게 생명을 주는 일을 하셨다. 그 후에도 나사로에게 완전한 자유를 주기 위하여 몸에 감았던 베를 풀어주는 일, 즉 사람이 해야 할 일이 있다(요 11:39, 41, 44).

죄로 죽은 사람도 이와 같다. 장애와 어려움이라는 무덤의 돌을 굴리는 것은 나의 제자들이 할 일이지만, 생명을 주는 것은 나의 일이다. 이렇게 영적 생명을 받은 어떤 사람은 나쁜 습관과 죄의 연합이라는 옛 베 안에 여전히 남아 있는데, 그들을 인도하여 완전한 자유를 주는 것은 나의 자녀들의 의무이다. 이러한 봉사를 하기 위해서 마음과 혼으로 언제나 경계해야 한다.

3. 임종을 맞아 침상에 누워 있는 왕이 충실한 종에게 이렇게 말했

다. "내가 여행할 때면, 너를 먼저 보내어 내가 간다는 것을 알리고 나를 맞을 준비를 시키는 것이 관례였다. 나는 이제 죽음의 땅으로 가려 한다. 그러니 가서 내가 곧 가서 그들을 만날 것이라고 전하라." 순진한 이 종은 처음에는 주인이 말하는 바를 알지 못했다. 그러나 그는 주인이 곧 죽을 것이며, 자신을 죽음의 땅으로 먼저 보내겠다는 뜻임을 알아차렸다. 그는 주저하거나 의심하지 않았다. 죽음의 땅으로 먼저 가서 주인을 기다리기 위해서 칼을 꺼내어 자기 심장을 찔러 죽었다. 이렇듯이 생명의 주이며 왕의 왕인(행 3:15; 계 19:16) 나에게 봉사하는 사람들의 의무는 죄 안에서 죽은 자들에게 구원의 복음을 전하고, 그들을 구원하기 위해서 이 세상에 왔으며 다시 올(계 2:10) 나를 위하여 자신의 생명까지 바치는 것이다.

4. 어느 패륜아가 아버지의 집을 떠나 도둑 무리에 가담하여 천하에 무자비한 도둑이 되었다. 그의 아버지는 종들을 불러서 아들에게 가서 잘못을 뉘우치고 돌아오면 모든 것을 용서하고 집으로 받아들이겠다고 전하라고 했다. 그러나 종들은 험한 길과 난폭한 도둑들이 무서워서 아무도 가려 하지 않았다. 이 패륜아를 아버지 못지않게 사랑하는 그의 맏형이 용서한다는 아버지의 당부의 말을 전하러 길을 떠났다. 그가 숲에 들어가자마자 도둑들이 그를 잡아서 죽을 정도로 해를 가했다. 그들의 일당인 동생은 형을 알아보고 슬픔과 양심의 가책을 받았다. 형은 동생에게 아버지의 용서의 소식을 전하고, 자기 삶의 목적과 사랑의 의무를 다했다고 말한 다음 죽었다. 맏형의 희생에 깊이

감명을 받은 패륜아는 회개하고 아버지께 돌아와 새로운 삶을 살았다. 내가 만인을 구원하기 위하여 내 생명을 주었듯이, 나의 아들들이 죄로 말미암아 타락하고 파멸한 형제들에게 자비의 소식을 전하기 위해서 자기 생명을 바치는 것이 정당한 일이 아닌가?

5. 나의 자녀들은 이 세상의 소금과 같다(마 5:13). 소금이 물에 녹지 않으면 짠맛을 낼 수 없듯이, 나의 자녀들도 이와 같다. 그들이 사랑과 성령의 불에 녹아 산 제물이 되지 않으면, 단 한 사람에게도 구원받음으로써 얻을 수 있는 영적 및 천상의 생명을 전할 수 없다. 그들은 소금 기둥이 된(창 19:26) 롯의 아내보다 더 나을 것이 없다. 그러나 나는 너희를 위하여 겟세마네 동산에서 녹고(눅 22:44), 십자가 위에서 인류의 생명을 구원하기 위하여 죽었다. 왜냐하면 생명을 얻으려면 생명을 주어야 하기 때문이었다. 그렇듯이 너희도 생명을 바치고, 그럼으로써 다른 사람에게 영적 생명의 구원을 가져다주며, 그들을 사망에서 구원하라는 부름을 받았다.

6. 어떤 살인자가 교수형을 받는 대신 전쟁터로 보내졌다. 그는 왕과 국가를 위하여 심한 상처를 입고도 용감하게 싸워서 전쟁에서 승리하고 돌아왔다. 승리로 전쟁이 끝난 뒤에 그는 다시 재판을 받으러 법정에 나갔다. 왕은 그의 몸의 상처를 보고 사형 판결을 면해 주었다. 왕은 그를 사면해 주었을 뿐만 아니라, 상을 주고 영웅으로 대해 주었다. 나의 편에서 사탄을 대적하여 형제자매를 위하여 몸을 사리지 않고 용감하게 거룩한 전쟁을 치르는 사람은 죄를 사함 받을 뿐

만 아니라, 하나님의 왕국에서 왕관과 보좌를 받을 것이다(약 5:20; 계 3:21).

7. 깨끗한 물을 전달하는 수도관에 물이 통과하면 수도관 자체가 깨끗해지듯이, 성령을 통하여 생명의 물을 사람들에게 전하는 사람은 스스로 깨끗하게 되며 하나님 나라의 상속인이 된다.

8. 신자가 성령을 받고 봉사하는 길에 나서는 가장 좋은 길은 하늘의 음성을 들은 즉시 봉사를 시작하는 것이다. 헤엄을 잘 치려면 설명만 들어서는 안 되며, 물에 들어가서 물을 헤쳐 헤엄을 쳐야 한다. 처음에는 얕은 물에서, 그다음에 깊은 물에서 꾸준히 연습함으로써 기술을 익힌다. 마찬가지로 죄의 물에 빠진 자들의 영혼을 구하는 방법을 배우기 위한 최선책은 나와 연합된 하나님의 실제적이며 실천적인 학교에 들어가는 것이다(행 4:13).

9. 자기의 능력이 약하다고 생각하여 봉사를 기피하며, 연약한 가운데 힘을 주는 나의 능력을 기억하지 못하는 사람들이 있다(고후 12:9). 이런 사람은 병이 다 낫고 좋은 음식을 먹고 있으면서도, 일하지 않고 적당한 운동을 하지 않아서 여전히 허약한 환자와 같다. 이러한 신앙인에게 필요한 것은 나를 믿고 죄인들을 파멸로부터 구하러 나아가는 것이다.

제2부

1. 사랑은 시금석이다. 그것으로 진리의 실재를 알게 되며, 모든 사람이 네가 내 제자인 줄 알게 된다(요 13:35). 사람들이 나를 처음 볼 때 내가 솔로몬 왕처럼 긍휼이 없이 나의 일을 완수하려는 것으로 알게 하기 위해서(왕상 3:16-28) 나는 의의 검을 사용한다. 그러나 나의 목적은 진리에서 나오는 사랑의 시금석을 사용하는 것이다. 그로써 너희가 생명을 주시는 사랑의 하나님의 자녀임을 보여주려는 것이다. 그러므로 너희는 서로 사랑하고 봉사해야 하며, 내가 너희를 위하여 목숨을 준 것같이 너희도 그들을 위하여 목숨을 주어야 한다. 그리하면 내가 산 것 같이 너희도 살 것이다(요 14:19).

2. 진정 네가 나의 제자라면, 너의 사랑의 봉사가 많은 열매를 맺을 것이다(요 15:8). 그리고 너를 욕하고 핍박하는 사람을 위해서 기도하여라. 그를 핍박하지 말고 너의 사랑의 열매의 단 맛을 보게 하여라. 개구쟁이들이 나무에 열매가 달린 것을 보고 돌은 던진다. 그 나무는 돌을 던지지 않고 불평 없이 맛있는 열매를 떨어뜨려 준다. 그 나무는 돌을 갖고 있지 않기 때문에, 하나님이 주신 것을 불평 없이 내어주는 것이다. 홀대받는다고 낙심하지 말아라. 왜냐하면 사람들이 너를 욕한다는 것은 너의 삶에 많은 열매가 달려 있다는 확실한 증거이기 때문이다. 사람들이 너를 시기하고 핍박할 때, 그것으로 인하여 하늘에 계신 너희 아버지의 영광이 나타난다. 하나님이 영광을 바라시거나, 하나님의 영광에 사람들이 채워야 부족한 부분이 있다고 생각하지 말

아라. 절대 그렇지 않다. 그의 사랑의 목적은 죄악의 상태에 있는 인간들을 구해내어 하늘의 영광에 이르게 하는 데 있다. 그러므로 하나님은 자신의 영광을 위함이 아니라, 사람을 깨끗하게 하고 정화하게 함으로써 하나님의 놀랍고 엄위한 사랑을 나타내신다.

3. 나는 수고함으로써 많은 사람을 죄에서 돌이키며, 나의 의를 발견하게 하는 사람들을 먼저 별처럼 빛나게 해 주며, 그다음 온전하게 될 때 아버지의 나라에서 태양처럼 빛나게 해 준다. 별빛은 의의 태양이 뜨고 짐에 따라 스러지고 밝아진다. 그러나 내 아버지는 그의 아들들이 아버지처럼 온전해지기를 바라시며, 아버지의 한없고 끝없는 사랑을 즐거워하면서 영원한 영광으로 그와 함께 빛나기를 바라신다.

4. 빛을 내는 개똥벌레, 그리고 히말라야에 서식하는 식물 중에 희미한 빛으로 자신이 살고 있는 어두운 곳을 밝혀주는 작은 초목들같이, 사람보다 매우 열등한 피조물들이 있다. 바닷속 깊은 곳에서 헤엄치는 작은 물고기는 희미한 빛을 발하여 다른 물고기들을 안내하고, 천적들을 피하도록 돕는다. 나의 자녀들은 이 세상의 빛이 되어야 하며(마 5:14), 어둠으로 인하여 사탄의 희생이 되기 쉬운 사람들을 하나님이 주신 빛을 가지고 진리의 길로 인도하겠다는 갈망이 있어야 한다!

5. 하늘로부터 주어진 이러한 능력을 하나님과 그의 피조물들을 섬기는 데 사용하지 않는다면, 이러한 은사들을 영원히 빼앗길 위험이

있다. 이는 깊은 바닷속 어두운 동굴에 사는 물고기나 티베트의 은수사들에게 일어나는 것과 같다. 이들은 모두 너무 오랫동안 어두운 곳에 있었기 때문에 시력을 완전히 잃는다. 타조처럼 계속 날개를 사용하지 않아서 날개로 날 수 없게 된다. 그러므로 너에게 맡겨진 선물이나 재능이 무엇이든지 그것을 소홀히 하지 않도록 조심하며, 너의 주인의 기쁨과 영광을 나누어 주는 데 사용하여라(마 35:14-30).

6. 많은 사람에게 구원과 축복을 가져다주는 큰 봉사를 할 때, 나는 세상이 보기에 가장 천한 사람들을 택하였다. 왜냐하면 그들은 자신의 지혜의 능력을 자랑하지 않고, 전적으로 나를 믿기 때문이다. 그리고 그들은 자신의 작은 능력을 별로 가치 없는 것으로 여김으로써 가진 모든 것을 바치고, 그것으로 사람들을 위한 나의 사역이 되게 한다(고전 1:26-30). 예를 들면 들에서 보리떡 다섯 덩이와 물고기 두 마리로 오천 명을 먹였을 때, 내 제자들의 능력으로 기적을 베풀지 않았다는 것을 기억할 것이다. 그들은 의심이 가득하고 당황하여 배고픈 무리를 돌려보내려 했다(요 6:9). 그때 내 종은 내가 고쳐주었던 불구자 소년이었다. 나의 말을 들으려는 마음이 간절한 이 소년은 나를 따르기로 했다. 소년의 가난한 어머니는 하루나 이틀 정도 여행하면서 요기할 정도의 보리빵과 구운 고기를 싸서 아들의 품에 넣어주었다. 그런데 이 어리지만 신실한 소년은 군중을 위하여 주저하지 않고 가진 음식 모두를 제자들 앞에 놓았다. 소년이 싸 온 보리떡보다 더 좋은 밀가루로 만든 빵 같은 좋은 음식을 가진 사람들이 있었음에도 불구하

고, 그들은 그것을 내놓으려 하지 않았다. 그래서 이 소년의 보리떡은 나의 축복으로 인하여 가장 좋은 음식이 되어서 무리를 먹였다.

7. 어떤 복을 받아도 감사하지 않은 사람들이 많다. 큰 기적을 베풀어서 이익을 안겨주어도, 그들은 받은 복에 감사하지 않고 여전히 불만스럽다. 이런 사람들은 다른 사람들을 위한 봉사와 축복에 필요하지 않는 사람이다. 마치 삼십 팔 년 동안의 불치병을 고침 받은 병자와 같다. 왜냐하면 그들은 감사하지 않고, 나를 믿지도 않고, 내 이름조차 알지 못하였기 때문이다(요 5:12, 13). 이 세상은 이런 사람들로부터 축복을 기대할 수 없다. 그것은 가난한 과부처럼 가진 것 모두, 심지어 생명까지 내놓을 준비가 된 사람들에게서 오기 때문이다(눅 21:2-4).

8. 진정한 봉사와 의무를 완수하기 위해서 나의 종들은—매우 추운 날씨와 눈 속에서도 죽을 때까지 초소에 남아 있으며, 다른 보초들은 불을 쬐러 가더라도 동상처럼 자리를 지키는 군인처럼—생명까지도 바칠 준비가 되어 있어야 한다. 왕이 와서, 그 자리에 서서 죽기까지 충성한 이 군사에게 왕관을 벗어서 그의 머리에 씌우면서 "이 신실한 군인이요 종은 나의 왕관의 명예와 영광을 차지할 가치가 있는 자이다. 그가 살아 있다면, 나의 왕국에서 가장 높은 자가 될 것이다"라고 말했다. 나의 충성스러운 종들은 내가 명한바 봉사의 직무를 다해야 한다. 믿음과 용기로써 사명을 다한 자들에게 나는 영원한 왕국의 썩지 않는 면류관을 줄 것이다(딤전 4:4, 5-8).

9. 많은 사람들이 나를 섬기기 위해서 주어진 귀한 시간을 낭비하고 있다. 그러나 지금이라도 각성하면, 남은 시간을 유용하게 쓸 기회가 있다. 이들은 숲속을 헤매고 다니다가 강둑에서 아름다운 돌 몇 개 주운 사냥꾼과 같다. 그는 돌의 가치를 알지 못하여, 강가 나무 위에 앉아 있는 새를 잡기 위해서, 한 개씩 고무총으로 쏴서 강에 빠뜨렸다. 마지막 남은 돌 하나를 가지고 마을로 내려오다가 보석 집 앞을 지나가는데, 주인이 그 돌을 보았다. 주인은 순진한 이 사람에게 그 돌이 다이아몬드처럼 가치가 있다고 말했다. 이 말을 들은 이 사람은 울면서 "아이고 이런! 그것이 어떤 돌인지도 모르고 새를 잡으려고 그 많은 돌을 강에 버렸구나. 그렇지 않았으면 백만장자가 되었을 것을! 그러나 아직 한 개가 있으니 그것이나마 번 셈이지"라고 말했다. 모든 날이 다이아몬드처럼 값지다. 비록 많은 날을 허무한 것을 위하여 허비하고 과거의 심연에 빠뜨렸을지라도, 남아 있는 것의 가치를 깨닫고 가능한 한 그것을 가치 있는 것으로 만들어서, 영적인 풍부함을 위해 사용하여야 할 것이다. 너에게 생명을 주고 값없이 모든 축복을 주는 나를 섬기는 데 그것을 사용하여라. 사람을 죄와 죽음에서 구원하는 데 사용하면, 영원한 하늘의 상을 받을 것이다.

제5장

십자가와 고난의 신비

제1부

제자

십자가의 의미와 목적이 무엇입니까? 왜 세상에 고통과 고난이 있습니까?

스승

1. 십자가는 천국의 열쇠이다. 내가 세례로써 죄인들을 위하여 어깨에 십자가를 질 때 천국이 열렸다. 내가 삼십삼 년간 십자가를 지고 그 위에서 죽음으로써 믿는 자들에게 죄로 인해 닫혔던 천국이 영원히 열렸다.

믿는 자들은 자기 십자가를 지고 나를 따르자마자 나를 통하여 천국에 들어가며(요 10:9), 믿지 않는 사람들에게는 천국이 닫혀 있기 때문에, 세상은 알지 못하는 무한한 복을 누리기 시작한다. 희망과 경험은 믿지 않는 사람에게 고통 뒤에 기쁨이 오며, 그 기쁨은 견딜 수 없다는 것을 가르칠 것이다. 그러나 나의 자녀에게는 고통 중에 평안을

제5장 십자가와 고난의 신비 77

주며 완전한 행복과 평화를 준다. 기쁨으로 나의 십자가를 지는 자들은 십자가를 붙들며, 종국에는 그 십자가로 인해 천국에 들어가게 된다.

2. 고통은 인간의 악하고 반역하는 본성으로부터 나온다. 마치 추운 지방에 사는 사람에게는 열대의 열기가 고통스럽고, 더운 곳에 사는 사람에게 극심한 추위가 고통스러운 것과 같다. 덥고 추운 것은 지구와 태양의 관계에 의존된다. 사람도 자유의지를 행사함에 따라 하나님과 일치, 또는 불일치의 관계가 된다. 하나님의 율법이 인간의 영적 건강과 행복을 위한 것인 만큼, 율법을 대적하는 것은 영적 고통과 괴로움을 준다. 하나님은 이러한 대립과 그의 뜻에 거스르는 것들을 제거하지 않고, 이 세상이 그들의 집이 아니며 이방 땅이라는 것을 분명히 알게 하는 데 그것들을 사용하신다(고후 5:1, 2, 6).

이 세상은 완전하고 영원한 본향을 위해 준비하는 곳이며, 잦은 불행과 재난은 영적으로 깨어나 부주의하지 않게 하며, 진리에서 멀어짐으로써 무상한 세상의 멸망에 참여하지 않게 하려 함이다. 그런 사람은 창조주와의 교제에 들어가며, 이 무상한 인생의 고통과 괴로움에서 벗어난 후 하나님의 영원한 복과 평화의 천국으로 들어간다.

3. 고통과 괴로움은 독약과 같지만, 해독제도 독약이다. 나는 믿는 자들의 영적인 건강과 활력을 증진하기 위해, 쓴 약이라는 고통과 괴로움을 사용한다. 그들이 건강을 되찾으면 즉시 그러한 괴로움이 없어질 것이다. 그들의 고통은 나에게 즐거운 일이 아니다. 왜냐하면 나

의 목적은 그들의 영원한 행복이기 때문이다(애 3:31-33).

4. 때로 지진의 충격 뒤에 물이 솟아나서 건조한 황무지로 흘러 들어가 비옥한 땅이 된다. 이처럼 괴로움이라는 충격으로 인하여 마음속에 감추어진 생수가 솟아나서 불만과 불평의 땅에 흘러 들어가 감사와 기쁨의 개울을 만든다(시 119:67-71).

5. 아기는 세상에 태어나자마자 울어야 한다. 그래야 호흡이 자유롭게 되고, 폐가 정상적으로 운동하게 되기 때문이다. 아이가 울지 않으면, 울 때까지 때려야 한다. 완전한 사랑도 이와 같다. 때로 나도 고통과 괴로움의 매와 가시로 사랑하는 자녀를 울게 한다. 그럼으로써 기도의 호흡이 영혼의 폐 속에 들어가서 신선한 활기를 얻고 끝없는 생명 안에 거하게 한다.

6. 십자가는 호두처럼 겉은 딱딱하지만 알맹이는 맛있으며 원기를 북돋아 주는 자양분이다. 이같이 십자가는 겉모습은 매력적이지 않지만, 십자가를 진 자에게는 진정한 특성을 나타낸다. 그는 그 안에서 영적 평화의 가장 단맛을 발견한다.

7. 나는 인간이 되었고, 인간의 구원을 위하여 괴로운 십자가를 졌다. 제 육시에 짊어진 나의 십자가, 또는 전도 사역을 한 삼 년 반 동안만 아니라, 33년 동안 내내 죽음의 비참함에서 사람들을 구원하기 위해 십자가를 짊어졌다. 깨끗한 사람이 더럽고 불결한 곳에 몇 분 동안이라도 있는 것이 괴로운 것처럼, 내 안에 거하는 사람은 악한 사람들

과 함께 있는 것을 매우 싫어한다. 이것이 기도하는 사람은 죄의 불결함이 괴로워서 세상을 버리고 사막과 동굴에 거하는 사람과 같은 이유이다. 한때 죄인이었던 사람이 죄의 무리와 어울리지 못하여 그들과 결별한 후에 다시는 그들과 어울리려 하지 않는다. 거룩의 근원인 나 자신이 삼십삼 년 동안 항상 불결한 자들과 함께 산 것이 얼마나 큰 고통이며 괴로운 십자가였는지를 생각해 보아라. 이것을 이해하고 바르게 평가하는 것은 인간의 지성을 능가하는 것이며, 천사들도 그것을 알고자 했다(벧전 1:12). 창조 이전에 그들은 하나님이 사랑이심을 알았다. 하나님의 사랑이 그의 피조물을 사랑하시고 그들에게 영원한 생명을 주기 위하여 성육신하시고 십자가를 지신다는 사실은 그들에게 가장 놀라운 일이었다.

8. 현세에서도 나는 내 안에 있는 자들의 십자가를 보며 그들을 고통 속에 들어가게 한다(행 9:4). 비록 그들은 피조물이고 나는 창조주이며, 영과 육이 실체가 다르지만 서로 섞여 있어서 육신의 한 부분이 아프면 정신이 그것을 즉시 감지하는 것처럼, 나는 내 자녀들의 생명과 영혼이며, 마치 그들은 내 몸이며 지체들과 같다. 나는 그들의 아픔과 슬픔을 함께하며, 적절한 때에 그들을 구원한다.

9. 내가 십자가를 진 것처럼 십자가를 진 사람이 박해의 불속을 걸어가도, 나는 그를 안전하게 보호하며 구원할 수 있다. 나는 느브갓네살의 풀무불 속에 있는 세 사람과 함께 있었다. 뜨겁게 타는 불이 그들을 해치지 못하였다(단 3:23-25; 벧전 4:12-13). 이같이 성령의 세례로

말미암아 새 생명을 받은 사람은 박해의 불이나 해치는 것을 느끼지 못한다. 왜냐하면 내 안에 있으면, 영원히 평화와 안전 가운데 있기 때문이다.

제2부

1. 나무는 추운 겨울이면 잎이 모두 떨어져 죽은 것처럼 보인다. 그러나 봄이 되면 새잎이 돋고 아름다운 꽃이 피며 열매를 맺기 시작한다. 나의 십자가와 부활도 이와 같으며, 나의 십자가를 진 사람들도 이와 같다(고후 4:8-11; 6:4-10). 그들은 자기의 십자가 밑에 깔려서 죽은 듯이 보이지만, 여전히 영원한 생명의 아름다운 꽃과 영광스러운 열매를 맺는다.

2. 단 나무에 쓴 나무를 접붙일 때, 쓴 나무가 단 열매를 맺으려면 둘 다 칼로 베임을 받아야 하며, 둘 다 고통을 받는다. 이처럼 죄로 더럽혀진 인간의 죄악성 안에 영적이며 거룩한 생명을 들이려면 먼저 나, 그다음에 나를 믿는 사람들이 십자가의 고통을 받아야 한다. 그럼으로써 영광스러운 하나님의 사랑이 나타나게 된다.

3. 세상 사람들이 너를 핍박하고 비방해도 놀라거나 걱정하지 말아라. 왜냐하면 그곳은 네가 쉴 곳이 아니며 전쟁터이기 때문이다. 세상의 "모든 사람이 너희를 칭찬하면 화가 있도다"(눅 6:26). 왜냐하면 그것은 네가 그들처럼 고집스러운 방법과 습관을 취했음을 증명해주기

때문이다. 세상 사람들의 본성과 기질은 나의 자녀들을 찬양하지 못한다. 이는 빛과 어둠이 공존하지 못하기 때문이다. 악한 사람들이 겉으로 나타내기 위해서 자기들의 본성에 반하는 행동을 하고 너를 박해하지 않는다면, 너의 상처는 더욱 클 것이다. 왜냐하면 그들의 영향력이 너의 영적 삶 안에 들어와 영적 진보를 방해하기 때문이다.

세상이나 세상 사람들을 믿는 것은 모래 위에 집을 짓는 것이다. 오늘 그들은 너를 높이 올리며, 내일 너를 아래로 떨어뜨려 흔적도 없이 만들 것이다. 그들은 매사에 매우 변덕스럽기 때문이다. 유월절에 내가 예루살렘으로 올라갈 때 그들은 소리를 높여 한목소리로 "호산나, 호산나"(마 21:9)라고 외쳤다. 그리고 사흘 후에 내가 그들의 악한 생활과 자아-추구를 나무란다고 해서, 그들은 돌변하여 "십자가에 못 박게 하소서 십자가에 못 박게 하소서"(눅 23:21)라고 외쳤다.

4. 믿는 사람 일부, 또는 모두가 너를 오해하여 대적하며 고통을 준다면, 그것을 불행으로 여기지 말아라. 성령의 인도하심 아래 정직과 신실로써 네 임무를 다한다면, 하나님과 천국에 있는 천사들이 네 편에 있을 것이다.

절대 실망하지 말아라. 너의 모든 선한 계획과 목적과 사심 없는 사랑이 온 세상에 알려지며, 모든 사람들 앞에서 너의 수고와 신실한 봉사에 대해서 칭찬받을 때가 가까웠다. 나는 사람들의 구원을 위하여 모든 것을 버려야 했으며, 모두가 나를 버렸다. 그러나 종국에는 모든 것을 되찾았다. 세상이 너를 저버린다고 해서 놀라지 말아라. 세상은 하나님인 나를 버렸으며, 그로 인하여 너는 네 아버지의 진정한 아들로 간주된다.

5. 화려하게 살며 항상 세상 일에 성공하는 것처럼 보이는 사람을 하나님의 참 예배자라고 생각하지 말아라. 오히려 그 반대의 경우가 허다하다. 양은 우리와 목자를 떠나 숲속에서 좋은 풀을 찾을 수 있지만, 언제나 야수의 먹이가 될 위험이 도사리고 있다. 우리 안에 목자와 함께 있는 양들은 비록 약하고 병들어 보이지만 위험으로부터 안전하며 목자의 보호를 받는다. 이것이 믿는 자와 믿지 않는 자의 차이이다.

6. 믿는 자의 삶과 믿지 않는 자의 삶은 처음 시작할 때에는 비슷하지만, 생의 마지막에는 뱀과 누에 같이 다르다. 뱀은 살아가는 동안 여러 번 껍질을 벗지만, 여전히 뱀이다. 그러나 누에는 흉측한 고치를 벗어버릴 때 새로운 피조물, 아름다운 나방이 되어 하늘을 날아간다. 믿는 자도 이 몸을 벗어버리고 영적인 영광의 상태로 들어가 영원히 하늘을 난다. 그러나 죄인은 죽어도 여전히 죄인이다.

고치 속의 누에는 마치 십자가 위에서처럼 압박과 분투의 상태에 있지만, 이 분투와 어려움의 상태가 날개에 힘을 주고, 장차 올 삶에 적응할 힘을 주는 것이다. 나의 자녀들도 육신 안에 있는 동안 영적 투쟁과 갈등의 상태에 있으면서, 탄식하고 갈망하면서 구원을 바란다. 그러나 십자가를 짐으로 말미암아 나는 그들에게 힘을 주며, 그들은 영원한 삶을 준비하며, 그 삶에 적응하게 된다(롬 8:23).

7. 이 영적 전쟁에서, 심지어 그들이 십자가를 지고 있는 동안, 나는 그들의 마음에 놀라운 평화를 주며, 그들은 그로써 용기를 얻어 실패하지 않는다. 예를 들면 나의 신실한 순교자가 말과 행위로 나의 증인이 되었을 때, 원수가 그를 붙잡아 나무에 거꾸로 매달았다. 이러한 상황에서 그는 자신이 당하는 고통과 멸시를 의식하지 않은 채 괴롭히는 사람에게 이렇게 말했다. "네가 나를 이렇게 취급하는 것은 나에게 고통도 실망을 주지 못한다. 왜냐하면 모든 것이 거꾸로 서 있으며, 바로 서 있는 것이 없는 이 세상에서 나는 아무것도 기대하지 않기 때문이다. 너는 본성에 따라 나를 거꾸로 세웠지만, 사실은 내가 바로 서 있는 것이다. 환등기에 슬라이드 필름을 거꾸로 넣으면 바로 보이는 것처럼, 세상의 눈으로 볼 때 내가 거꾸로 서 있지만, 하나님 앞과 하늘나라에서는 바로 서 있으며, 나는 이 영광스러운 십자가 때문에 그분을 찬양한다."

8. 믿는 자들이 내 이름을 위하여 순교하는 것이 어떤 때는 쉽겠지만, 나는 사람들의 구원을 위하여 매일 자신을 산 제물로 드리는 것을 원한다(고전 15:31). 죽기 쉬우나, 사는 것은 어렵다. 왜냐하면 신자의 삶은 매일 죽는 것이기 때문이다. 그러나 나를 위하여 목숨을 내놓을 준비가 된 사람에게 나의 영광을 줄 것이며, 그는 나와 함께 온전한 기쁨을 누리며 영원히 살 것이다.

9. 고통과 괴로움, 슬픔과 한탄이 구름처럼 일어나 의의 태양을 잠

시 가려서 그가 보이지 않아도 당황하지 말아라. 종국에는 슬픔의 구름이 축복의 소나기가 되어 너의 머리 위로 떨어질 것이며, 의의 태양이 영원히 떠오르리라(요 16:20-22).

제6장

천국과 지옥

제자

천국과 지옥은 무엇이며, 그것은 어디에 있습니까?

스승

1. 천국과 지옥은 영적 영역에 있는 상반된 두 개의 상태이다. 그것들의 근원은 인간의 마음에 있고, 그들의 기초가 놓여있는 이 세상 안에 있다. 인간은 자기 영혼을 볼 수 없고. 자기 영혼의 상태도 볼 수 없다. 그러나 사람은 맞음으로써 아픔을 느끼며, 사탕을 먹음으로써 단맛을 느끼듯이, 자신 안에서 그것들을 경험할 수 있다. 맞음으로써 입은 상처 때문에 심한 고통을 당하며 결국 죽음에 이르게 되지만, 반면에 단맛은 소화가 되어 힘을 북돋아 준다. 이같이 악행으로 인한 고통과 선행으로 인한 행복은 어느 정도 즉각적으로 나타나지만, 그에 대한 온전한 징벌과 보상은 영계에 들어간 후에 나타난다.

2. 이 세상에서 사람은 한 가지 일에 오랫동안 만족하지 못한다. 사람은 언제나 환경이나 상황의 변화를 추구한다. 이로 보건대 이 세상의 덧없는 것들은 결코 사람을 만족하게 해주지 못한다. 이는 사람

은 안정되고 불변하며 자신의 기호와 욕구에 맞는 것을 원하기 때문
이다. 사람에 내 안에서 이러한 실재를 찾을 때, 무엇보다 먼저 변화
를 원하는 갈망이 종식된다. 왜냐하면 그가 완전한 사회와 행복에 싫
증을 내지 않기 때문이다. 이는 그것이 육체와 영혼 모두의 요구이기
때문이다. 진실로 진정한 평화를 얻는 것이 인간 영혼의 하나의 목적
이다. 어떤 때는 자기의 생각이나 욕망이 전혀 없이, 천국이나 지옥의
영적인 세계로부터 흘러나오는 갑작스로운 평화나 고통이 인간의 마
음에 나타난다. 이런 것들이 계속 나타나면서 사람의 영적인 습관에
따라 점차 한 쪽이 우세해진다. 이 둘 중 하나가 우세함으로 인해 평
정되면, 그때 사람은 최종 결정을 내린다. 이러한 방식으로 이 세상에
있는 동안 천국이나 지옥의 기초가 인간의 마음에 세워진다. 죽은 다
음에 그 사람은 이 세상에 있는 동안 그의 갈망이나 욕구로 인해 마련
된 상태 안에 들어간다.

3. 어떤 사람은 욕망이 고통이나 괴로움의 뿌리이며, 그런 상태에서
천국이나 하나님과의 교제 안에서의 행복을 바라는 것은 바른 것이
아니며, 그러므로 구원을 얻으려면 이러한 욕망을 모두 끊어야 한다
고 말한다. 이렇게 말하는 것은 목이 말라 죽을 지경에 있는 사람에게
물을 마시게 하지 않은 채 갈증을 없애라고 말하는 것보다 더 어리석
다. 왜냐하면 갈증이나 욕망은 그 자체가 생명이기 때문이다. 욕망이
나 갈증을 충족시켜 주지 않고 그것을 끊는 것은 생명을 앗아가는 것
이며, 이것은 구원이 아니라 죽음이다. 갈증은 물이 필요함을 나타내

며, 물은 갈증을 없애는 역할을 하듯이, 인간의 영혼 안에 갈망이 존재한다는 것은 진정한 행복과 평화가 필요하다는 것을 나타낸다. 영혼은 자기 안에 갈망을 심어 놓으신 분을 찾을 때, 목마른 사람이 물을 마시는 것보다 더 큰 만족을 얻는데, 이러한 영혼의 갈망의 충족을 천국이라 한다.

4. 이 세상에는 대양大洋의 많은 물 가운데 있으면서도 목이 말라 죽는 사람 같은 사람들이 많다. 왜냐하면 바닷물은 갈증을 해소하거나 생명을 구해 주지 못하기 때문이다. 이처럼 한없는 사랑의 대양 안에 살고 있지만, 죄와 불순종 때문에 하나님의 은혜의 신선한 물을 마시지 못하여 갈증으로 죽는 사람들이 있다. 그러나 죄를 회개하고 나에게 돌아오는 사람에게는 사랑의 바다로부터 생명의 물이 흘러나오며, 그들은 그들을 사랑하시는 분 안에서 만족을 찾고 평화를 누리게 된다. 이것 역시 천국이라 한다.

5. 세상을 향한 사랑과 헌신을 품고 있으며, 나의 자녀들의 가르침과 본보기를 통해서 종종 마을을 하늘나라를 향해 가끔 끌어 올리지만, 위로 던진 돌이 중력으로 인해 다시 아래로 떨어지듯이, 다시 세상으로 떨어지며 결국 지옥으로 떨어지는 사람들이 많다. 그러나 사람이 진심으로 마음을 나에게로 돌려서 회개할 때, 나는 그의 마음의 성전을 사랑의 채찍으로 깨끗이 하여 왕의 왕을 위한 거룩한 처소로 만든다. 이 지상 생활에서는 오늘은 왕의 영광과 화려함이 보이지만 내일은 먼지처럼 날아가 버린다. 그러나 하나님 나라의 자녀들은 영

원히 하늘나라의 영광과 존경, 왕좌와 왕관을 받는다.

6. 죄인은 자신의 기쁨을 더하기 위하여 다른 사람에게서 좋은 것을 빼앗는다. 그리고 선한 사람 아니라 악한 사람도 외출할 때 문을 잠그고 나간다. 사람은 그들의 주요 창조주이신 분에 대해서 문을 잠근다. 그러나 마음의 문을 두드리시는 분에게 마음 문을 열 때(계 3:20), 마음의 갈망과 욕망이 이루어질 것이다. 그렇게 되면 다시는 문을 잠글 필요가 없다. 그는 남의 물건을 훔치거나 남에게 해악害惡을 끼치지 않고 사랑으로써 서로 봉사할 것이다. 하나님에게 받은 것을 하나님께 바칠 때, 하나님의 사랑을 얻게 되며, 서로에게 봉사함으로써 선한 것만을 추구하게 될 것이다. 그럼으로써 그들은 그분의 놀라운 사랑과 평화 안에 들어갈 것이다. 이것 또한 천국이다.

7. 내가 죄인을 지옥에서 구하여 천국으로 인도하려고 십자가 위에서 내 생명을 주었을 때, 내 좌우에 달린 두 강도도 죽었다. 고통받은 세 명의 운명이 같은 것처럼 보이지만, 영적인 시각으로 보면 매우 다르다. 그중 한 사람은 나에게 마음을 닫고 회개하지 않은 채 죽었다. 그러나 또 한 사람은 나에게 마음을 열고 진정으로 회개하였으며, 나와 교제 안에서 생명을 찾았고, 바로 그날 나와 함께 낙원에 들어갔다(눅 23:39-43). 이 낙원은 무덤 너머에 있는 것만이 아니라, 세상의 눈에는 보이지는 않지만 지금 인간의 마음 안에서 시작된다(눅 17:21). 신실한 어느 순교자는 박해자에게서 말할 수 없는 고통을 받고 죽는 순간, 천국의 기쁨으로 가득 차서 말하기를 "내 심장을 열어서 세상의 누구

도 줄 수도 없고 빼앗을 수도 없는 나의 놀라운 평화를 보여줄 수 있었으면 좋겠다. 그리하면 너희가 이 진리를 믿게 될 것이다. 그러나 그것은 보이거나 보여줄 수 없는 감추어진 만나다"라고 말했다. 그가 죽은 후에 어리석은 사람들은 그의 심장에 귀한 것이 있는 줄로 짐작하고 심장을 도려내어 보았지만, 아무것도 없었다. 왜냐하면 천국의 실재는 그것을 받고 그 안에서 기쁨을 발견한 사람에게만 알려지기 때문이다.

8. 몇 달 동안 육신으로 태어날 나의 거처였던 마리아의 태는 영원히 내가 나의 집으로 삼고 천국으로 만들 신자들의 마음보다 더 복되지 않다(눅 9:27, 28).

9. 천국을 갈망하지만, 어리석어서 천국을 잃어버린 사람들이 많다. 불쌍한 거지가 21년 동안 한자리에 앉아서 구걸했는데, 그가 앉아 있던 곳 아래 보석함이 감추어져 있었다. 그는 부자가 되기를 갈망하여 구걸한 돈을 모두 저축하였다. 그러나 그는 깔고 앉아 있었던 함에 보석이 들어있는 줄 알지도 못하고 매우 불쌍한 처지로 죽었다. 그가 오랫동안 한자리에 앉아 있었기 때문에, 그가 앉아 있던 곳에 귀중한 것이 묻혀있을 것이라는 생각이 들었다. 그래서 정부 관리가 그 자리를 파보니 보석함이 있고, 그 안에 왕실의 보석이 가득 들어있는 것을 발견했다. "오직 그 말씀이 네게 심히 가까와서 네 입에 있으며 네 마음에 있은즉 네가 이를 행할 수 있느니라"(신 30:14).

10. 영적 생활을 알지 못하는 사람은, 비탄에 잠긴 세상에서 참 평화와 천상의 기쁨을 경험하는 것이 불가능하다고 단언한다. 그러나 얼음 덮인 극지極地에 여기저기에 온천수가 흐르는 것처럼, 영적 생활을 경험한 사람은 차갑고 비통한 세상 한가운데이지만, 신자의 마음 안에 천상의 평화의 쉴 만한 물가가 있음을 발견한다. 이는 감추어진 성령의 불이 그들의 내면에서 타오르기 때문이다.

11. 하나님께서 모든 사람을 한 피로 만드시고 그의 모습과 형상대로 지으셨지만, 각 사람은 특성과 기질과 능력에서 각기 다르게 지으셨다. 이 세상에 있는 꽃들이 모두 같은 색깔과 향기를 지닌다면, 지구의 모습이 매력을 잃을 것이다. 태양광선이 채색 유리를 통과할 때, 그 색은 변하지 않지만 다양한 아름다움을 나타낸다. 이같이 의의 태양은 천국과 세상에서 신자들과 성인들의 덕을 통과하면서 지속적으로 하나님의 한없는 영광과 사랑을 나타낸다. 이처럼 나는 그들 안에 거하고, 그들은 내 안에 거하며, 그들은 영원히 기쁨을 누릴 것이다.

제2부

제자

어떤 사람은 신자들이 경험하는 위안과 기쁨은 단지 그들 자신의 생각이나 사념思念의 결과라고 말합니다. 정말입니까?

스승

1. 신자의 내면에 있는 위안과 항구恒久한 평화는 그들의 마음에 나의 임재와 생명을 주는 성령의 충만함으로 말미암는 것이다. 마음의 사념의 결과로써 영적인 기쁨이 온다고 말하는 사람은 마치 나면서부터 눈먼 사람이 추운 겨울에 몸을 녹이려고 음지陰地에 앉아 있는 것처럼 어리석다. 그에게 태양의 열에 대해 어떻게 생각하는지 물으면, 태양이 있다는 것을 부인하면서, "지금 내가 외부로부터 느껴지는 따뜻함은 내 몸에서 나오는 것이며, 그것은 나 자신의 강력한 생각의 결과일 뿐이다. 사람들이 나에게 하늘에 달려있는 큰 불덩어리처럼 생긴 것이 있다고 말하는 것은 정말 어처구니없다"라고 말한다. 그러므로 누구에게도 속지 않도록 조심하여라. "누가 철학과 헛된 속임수로 너희를 사로잡을까 주의하라 이것은 사람의 전통과 세상의 초등학문을 따름이요 그리스도를 따름이 아니니라"(골 2:8).

2. 진정한 행복이 인간의 생각에 달려있다면, 철학자들과 사색가들은 모두 기쁨이 충만할 것이다. 그러나 나를 믿는 자들을 제외하고 세상의 철학에 박식한 사람에게는 행복이 없다. 단지 그들이 추종하는 방식에서 오는 덧없는 기쁨만 있을 뿐이다. 나는 사람을 본성적으로 성령으로만 하늘의 생명과 기쁨을 받을 수 있도록 지었다. 석탄은 본성적으로 불이 붙도록 되어 있지만, 산소가 없으면 불이 석탄에 붙지 못한다. 따라서 성령의 산소가 인간의 영혼 안에 들어가지 않는 한 사람은 여전히 어둠 속에 있으며, 영원한 참 평화를 누리지 못할 것이다

(요 3:8).

3. 인간의 마음과 생각은 기타나 바이올린의 줄과 같다. 줄이 잘 조율되었을 때, 연주자의 피크나 활이 줄에 닿으면 가장 아름다운 소리가 나온다. 그러나 줄이 조율되지 않았으면, 불협화음의 소리가 날 것이다. 그리고 모든 줄이 조율되어 만들어지는 감미로운 소리는 공기에 달려있다. 소리의 세기와 선율은 공기를 타고 귀에 전달된다. 이같이 인간의 생각과 상상의 조화를 이루기 위해서 성령의 자극하는 숨결의 현존이 필요하다. 이것이 있을 때 이생과 천국에서 인간의 마음 안에 천상의 대기와 하모니가 이루어질 것이다.

제자

스승님, 가끔 나에게서 평화와 행복이 떠난 것이 아닌가 하는 의심이 듭니다. 이것은 나의 숨겨진 죄 때문입니까, 아니면 나도 모르는 이유 때문입니까?

스승

1. 그렇다. 때때로 그것은 불순종에 기인한다. 그러나 이따금 내 자녀들은 내가 잠시 떠나 있는 줄로 생각하여, 고독을 느끼며 안식할 수 없게 된다. 이런 경우에 나는 그들에게 자신의 실제 자아가 전적으로 연약하다는 것을 보여줄 수 있으며, 나를 떠나서는 그들이 마른 뼈(겔 37:1-14)에 불과하다는 것을 가르칠 수 있다. 그렇게 함으로써 그들이 영원한 안식과 평화의 상태에 있어도 인간의 근본적인 조건을 잊지

않으며, 자신이 하나님이라고 여김으로써 교만에 빠져 지옥의 영벌을 당하지 않게 하려는 것이다(딤전 3:6; 유 1:6; 사 14:12-17). 그들이 이런 방식으로 교육받고 훈련되며, 자신을 조성한 내 안에서 겸손하고 온유하게 거할 때 천국의 영원한 복을 누릴 것이다.

2. 내가 나의 자녀들 안에 들어가서 성령의 충만함으로 그들을 채울 때, 거룩한 행복과 기쁨이 흘러넘치므로 그들이 자신의 영광과 축복을 견딜 수 없어서 기절하거나 무의식 상태에 이르는 경우가 있다. 사람이 헛된 교훈에서 벗어나 영광으로 들어올려지지 않는 한 혈과 육은 하나님 나라를 유업으로 받을 수 없을 뿐만 아니라, 일시적인 것이 영원한 것이 될 수 없다(고전 15:50, 53; 롬 8:19-22). 그때 나의 뜻이 모든 피조물 안에 이루어질 것이며, 나의 자녀들이 내 아버지의 나라에 들어갈 것이다. 거기에는 성령 안에서 평강과 희락이 있으며, 그들은 세세토록 왕노릇할 것이다(롬 14:17; 계 21:4; 22:5).

제2권

실재와 종교
(Reality and Religion, 1924)
Meditation on God, Man and Nature

저자 서언

나는 이 작은 책에 묵상으로부터 얻은 생각과 예를 기록하였다. 나는 철학자도 신학자도 아니지만, 하나님의 사랑과 위대한 창조의 경이로움에 대해 묵상하는 것을 즐기는 주님의 비천한 종이다. 내가 묵상과 기도에서 내면적인 깨달음을 통해 실재자Reality에 대하여 알고 느끼는 모든 것을 설명하는 것은 불가능한 일이다. 영혼이 엄숙한 순간에 느낀 모든 진리를 언어로는 표현할 수 없다. 말로 표현할 수 없지만, 이 진리는 수용적인 마음에 의해서 쉽게 이해된다. 말이란 진정한 이해로 이끌기보다 오히려 오해를 낳는 경우가 많다.

다시 말하지만 내가 느낀 것과 생각을 모두 표현하지는 못하지만 할 수 있는 한 그 중 일부를 설명하겠다. 이러한 시도가 독자들에게 조금이나마 도움이 된다면, 여러 가지 이유로 주저하고 있는 다른 생각과 체험을 나중에 설명할 것이다.

나는 이 책을 우르드(Urdu)어에서 영어로 번역하는 데 힘써 주신 하버드 대학 아파사미 박사(Dr. A. J. Appasamy)에게 감사의 말을 전하고 싶다. 또 펠리 목사(Rev. R. W. Pelly, Bishop's Colledge, Calcuta)께 원고를 읽고 많은 교정을 제안한 데 대해 감사드리는 바이다.

제1장

창조의 목적

"태초에 말씀이 계시니라 이 말씀이 하나님과 함께 계셨으니 이 말씀은 곧 하나님이시니라…만물이 그로 말미암아 지은 바 되었으니 지은 것이 하나도 그가 없이는 된 것이 없느니."(요 1:1, 3)

영원한 말씀(Logos)은 모든 시간과 우주의 창조 이전에 계셨다. 그로 말미암아 생물과 무생물이 존재하게 되었다. 생명이 없는 것은 존재하거나 살아있는 것을 생산할 수 없다. 생명만이 생명을 낳으며, 모든 생명의 근원은 하나님이시다. 하나님은 창조의 능력으로 모든 무생물을 존재하게 하셨다. 그것들 안에 생명을 불어넣으셨으며, 피조물 중 가장 귀한 존재인 인간 안에 "생기를 불어넣어 생령이 되게" 하셨다. "하나님이 자기 형상 곧 하나님의 형상대로 사람을 창조하시되…땅에 움직이는 모든 생물을 다스리라 하시니라"(창 1:27, 28)

1. 하나님은 완전한 분이시므로, 하나님의 창조의 목적은 그의 존재에 부족한 것을 완성하기 위한 것이 아니다 하나님은 자신의 창조 본성으로 인하여 창조하신 것이다. 생명을 주는 것이 그분의 본성적인 능력과 활동이므로, 그분은 생명을 주시는 것이다. 하나님은 그의 피

조물인 인간을 행복하게 하신다. 생명을 주는 현존으로 진정한 기쁨을 인간에게 주시는 것이 그분의 사랑의 본성이다. 피조물로부터 얻는 행복은 제한되어 있다. 하나님 홀로 인간의 마음의 부족함을 완전히 채우시며 만족하게 하실 수 있다. 사람들에게 이러한 기쁨이 없는 것은 그들의 무지(無知)의 소산이거나, 하나님께 불순종하고 배반한 결과일 것이다.

2. 이 세상에는 보이는 것과 보이지 않는 것들이 수없이 많다. 이 무수한 종(種)들을 통하여 하나님의 무수한 속성이 나타난다. 종(種)들은 각자의 능력에 따라 하나님의 본성의 일면을 반영한다. 심지어 하나님께서 회개하고 그분과 함께 영원한 평화와 기쁨을 누릴 기회를 주시면, 죄인을 통해서 하나님의 부성(父性)의 사랑이 드러난다.

제2장

성육신

1. 어린아이는 하나님이라는 단어의 배후에 놓인 진리를 생각하지 않고 단지 문자로만 읽는다. 그러나 지성이 성숙해짐에 따라 그 단어의 의미를 최소한 이해하기에 이른다. 이처럼 영성생활에서 초보자도 성육신하신 말씀이신 그리스도를 위대한 사람이나 선지자로 여길 뿐, 그 이상으로 생각하지 못한다. 그러나 그가 점차 영적인 체험이 깊어지고 그분의 현존을 기뻐함에 따라 "그 안에는 신성의 모든 충만이 육체로 거하시는"(골 2:9) 성육하신 하나님이심을 알게 된다. "그 안에 생명이 있었으니 이 생명은 사람들의 빛이라"(요 1:4).

2. 사람이 자신의 생각을 표현하기 위해 신조어를 만들어 내거나, 어떠한 상징과 예를 든다고 하더라도 자신의 인격을 적절하게 표현할 수 없다. 육신도 마찬가지로 개성을 담는 영혼의 특성과 능력을 이루 다 설명할 수 없다. 다시 말하자면, 인간의 인격 안에 있는 많은 것이 이 세상에 사는 동안 감추어져 있고 일부분만 나타난다. 영적 존재는, 외적인 것만 아니라 내적인 조건이 그의 필요를 충족시키며 그의 진보를 도와줄 때, 영적인 세상에서 스스로를 온전히 표현할 수 있다.

만일 이것이 인간의 영에 적용된다면, 영원한 말씀이 육체를 통하여 하나님의 신성(Godhead)을 표현하는 것이 얼마나 불가능한 일이겠는가! 그는 가능한 한, 그리고 인간을 구원하기에 필요한 만큼 자신을 나타내셨다. 그러나 그의 진정한 영광은 천국에서만 온전히 드러날 것이다.

3. "보지 못하고 제대로 알지 못하는 실재자를 어떻게 믿을 수 있는가?"라는 질문이 일어날 것이다. 실재자에 대한 완전한 지식은 우리로 하여금 실재자를 믿게 하는 데 필수적인 것은 아니다. 예를 들면, 우리의 생명에 지대한 영향을 주는 육신의 어떤 기관은 우리의 눈에 가려져 있다. 자기의 뇌와 심장을 볼 수 있는 사람은 없다. 그러나 누구도 이것이 있다는 것을 부인하지 않는다. 이렇게 우리가 생명에 절대적으로 중요한 뇌와 심장을 볼 수 없을진대, 하물며 우리의 전 존재의 생명이 달려있는 뇌와 심장을 지으신 분을 보는 것은 얼마나 어려운 일이겠는가?

제3장

기도

1. 식물 중에는 해가 지면 잎과 꽃을 옴츠리고 있다가 다음날 해가 뜨면 다시 펼치는 식물이 있다. 그것들은 이런 식으로 성장과 존재하는 데 필요한 태양의 온기와 생명을 흡수한다. 우리도 기도 안에서 의의 태양에게 마음이 열리며, 어둠의 위험에서 안전하게 되며, 그리스도의 장성한 분량이 충만한 데까지 이른다.

2. 어떤 사람들이 생각하는 것처럼, 우리가 기도로 하나님의 계획을 변경할 수 없다. 그러나 기도하는 사람 자신이 변화한다. 이 불완전한 생명 안에 있는 불완전한 영혼의 능력은 날마다 온전함을 향해 나아간다.

새가 알을 품는다. 처음에 알의 내면은 형태와 모습이 없는 액체 상태이다. 그러나 어미가 계속 알을 품음으로써 알 안에 있는 형체 없는 물질이 점차 어미의 모습으로 변화된다. 변화는 어미 안에서 일어나는 것이 아니라, 알 내면에서 일어난다. 이처럼 우리가 기도할 때, 하나님이 변화되는 것이 아니라 우리가 그의 영광스러운 형상과 모습으로 변화된다.

3. 태양의 열에 의해 땅에서 증기가 올라오며, 마치 중력의 법칙에 도전하는 듯이 공중으로 올라가며, 그다음에 비가 되어 땅에 떨어져서 땅을 비옥하게 한다. 우리의 참된 기도도 성령의 불로 타올라 죄와 마귀를 이기고 하나님께로 올라가서, 다시 그분의 복이 충만한 땅으로 되돌아온다.

4. 빗해파리나 바다포도는 매우 약하여 작은 파도에도 쉽게 찢겨 산산이 조각난다. 이것들은 폭풍이 오는 기미가 조금만 보이면, 폭풍과 파도의 물살이 미치지 않는 깊은 바다 속으로 잠수한다. 마찬가지로 기도하는 사람은 사탄의 공격과 죄의 폭풍과 세상의 고통을 예감하면, 즉시 영원한 평화와 고요가 있는 하나님의 사랑의 바다 깊은 곳으로 잠수한다.

5. 어느 철학자가 신비가를 만나러 왔다. 둘은 한참 동안 말없이 앉아 있었다. 마침내 철학자가 일어나서 가려고 하자 신비가는 "나는 당신이 생각하는 것을 느낍니다"라고 말했다. 철학자는 "나는 당신이 느끼는 것을 생각할 수조차 없습니다"라고 말했다. 세상의 지혜는 실재자를 느끼거나 이해할 수 없다. 기도 안에서 하나님과 교제하는 사람만이 진정으로 실재자를 알 수 있다.

6. 기도하는 사람이 느끼는 놀라운 평화는 상상이나 생각의 결과로 오는 것이 아니라, 영혼 안에 계시는 하나님의 현존으로부터 온다. 작은 연못에서 솟아오르는 수증기는 큰 구름을 이루어 비가 되어 내려

올 수 없다. 대양(大洋)에서 오르는 증기가 비를 머금은 큰 구름을 만들어서 비를 내리게 하며, 그럼으로써 마른 땅을 적시고 대지를 비옥하게 한다. 평화는 우리의 잠재의식으로 인해 오는 것이 아니라, 기도를 통해서 우리가 만나는 하나님의 무한한 사랑의 바다에서 오는 것이다.

7. 태양은 항상 정오를 밝힌다. 낮과 밤의 변화와 계절이 오가는 것은 태양에 기인하는 것이 아니라, 지구의 자전으로 인한 것이다. 이처럼 의의 태양은 "어제나 오늘이나 영원토록 동일"하시다(히 13:8). 우리가 매우 기뻐하거나 침울한 것은 그분을 향해 있는 우리의 위치로 인한 것이다. 묵상과 기도로 그분에게 우리 마음을 열 때, 공의로운 해가 떠올라서 치료하는 광선을 비추어 우리 죄의 상처를 고쳐주시고 건강을 주신다(말 4:2).

8. 자연의 법칙은 하나님께서 인간과 다른 피조물 안에서 그들의 성장과 유익함을 위해 역사하고 계신다는 것을 나타내는 수단이다. 기적은 자연의 법칙을 거스르는 것이 아니다. 우리의 상식적인 지식을 능가하는 높은 법칙이 있으며, 기적은 그 높은 법칙을 따른 것이다. 기도를 통해서 우리는 점차 이 높은 법칙을 알아가게 된다.

가장 큰 기적은 우리의 영혼을 평화와 기쁨으로 채우는 것이다. 우리는 죄와 고통의 세상에서는 이러한 평화가 불가능하다고 생각할 것이다. 사과나무는 더운 지방에서 자라지 못하며, 망고나무는 추운 지방에서 자라지 못한다. 만약 그런 일이 발생한다면, 우리는 그러한 현상을 기적이라고 말한다. 그러나 추운 지방에서라도 적절한 환경을 갖추어주면 열대 식물이 성장한다.

9. 모든 사람이 민감한 정신과 들을 준비가 된 귀를 가지고 있어서 하나님께서 하시는 말씀을 잘 들을 수 있다면, 복음전도자와 선지자들이 하나님의 뜻을 전파하려고 돌아다닐 필요가 없을 것이다. 그러나 사람들은 그렇게 감수성이 예민하지 않다. 그러므로 말씀을 설교하는 것이 필요하다. 그러나 가끔 설교보다 기도가 더 많은 유익을 줄수 있다. 동굴 안에서 기도하에 몰두하는 사람은 그의 기도로 사람을 도울 수 있다. 그에게서 영향력이 나와 효과적으로 모든 곳으로 퍼진다. 이는 보이지 않는 통신 장치에 의해 무선 통신이 전달되는 것이나 우리의 말이 신비한 파동으로 다른 사람에게 전달되는 것과 같다.

10. 가끔 비가 풍부하게 내리지 않는 마른 대지에 푸르고 많은 열매를 맺는 나무가 있는 것을 본다. 자세히 살펴보면, 이 나무들은 보이지 않지만, 뿌리가 땅속을 흐르는 물줄기에 닿아 있기 때문에 싱싱하고 푸르고 많은 열매를 맺는다는 알게 된다. 우리는 기도하는 사람들이 이 세상의 슬픔과 죄 가운데서 평화가 가득하고 기쁨을 발하며 풍성한 열매를 맺는 것을 보고 놀란다. 보이지 않는 그들의 믿음의 뿌리가 기도로써 생수의 근원에 닿아있으며, 그로부터 힘과 생명을 빨아들여 영생의 열매를 맺는 것이다(시 1:2, 3).

11. 나무의 뿌리 끝부분은 매우 예민해서 본능적으로 양분이 없는

곳을 피하고 수액과 활력을 모을 수 있는 곳으로 뻗어나간다. 기도하는 사람도 이처럼 분별의 능력이 있다. 그는 정확한 직관으로 속임과 환상을 피하고, 모든 생명이 의존하는 실재자를 찾는다.

12. 기도 안에서 하나님과 대화하지 않는 사람은 사람이라고 불릴 자격이 없다. 그들은 마치 특정한 때에 특정의 방법으로 어떤 일을 할 수 있도록 길들여진 동물과 같다. 그들은 때때로 자신이 무(無)라는 것, 그리고 하나님과의 관계와 하나님과 사람에 대한 의무를 알지 못하기 때문에 동물보다 못하다. 그러나 기도하는 사람은 하나님의 아들이 되는 권리를 획득하며, 하나님은 그를 자기의 형상과 모양으로 만드신다.

제4장

묵상

1. 두뇌는 묵상 중에 보이지 않는 세계로부터 메시지를 받고, 인간의 생각을 초월하여 생각하게 하는 미세한 감각을 갖춘 매우 예민하고 민감한 기관이다. 두뇌는 이러한 생각을 만들어내지 않지만, 보이지 않는 영적 세상으로부터 그것들을 받아 인간에게 익숙한 조건과 환경의 언어로 해석한다. 어떤 사람은 이러한 메시지를 꿈으로, 또 어떤 사람은 환상을 통해 받지만, 어떤 사람은 묵상하며 걷는 동안 받는다. 기도는 이렇게 받은 메시지가 유용한 것인지 않는 것인지 구분할 수 있게 해 준다. 왜냐하면 기도하는 동안 빛이 하나님으로부터 나와서 양심 혹은 도덕심인 영혼의 민감한 부분, 가장 깊은 내면을 조명해 주기 때문이다. 좋은 색깔과 음악, 그리고 보이지 않는 세상으로부터 오는 훌륭한 경관과 소리는 두뇌의 내면에 반영된다. 시인과 화가들은 실제의 근원을 이해하지 못하면서, 보이지 않는 실체를 그림과 시로 표현한다. 그러나 묵상하는 사람은 그러한 실체들의 중심에 접촉하며, 그의 영혼과 영의 세계가 그 근원을 닮음에 따라 복을 누린다.

2. 가끔 낯선 장소에 갔을 때 전에 그곳에 와 봤거나 알지는 못하지

만, 그곳과 관계가 있었다는 느낌이 들 때가 있다. 이에 대해서 세 가지 설명이 있다. 첫째, 누군가 그곳에 갔던 사람이 그곳에 대해 어떤 생각을 했었고, 의식하지 못하는 사이에 그 생각을 말해 주었을 것이다. 둘째, 우리가 그곳과 비슷한 곳을 방문한 적이 있는데, 비슷한 기억이 새로운 형태로 우리의 정신에 나타났을 것이다. 셋째, 보이지 않는 세상이 반영된 모습이 우리 마음에 떠올랐을 것이다. 이는 우리 영혼은 그 세상과 연결되어 있으며, 가끔 무의식중에 우리는 그 세상의 영향을 받기 때문이다. 이 세상은 보이지 않는 세상의 복사본이다. 다시 말해서 영적인 세상이 유형적 형태로 나타난 것이다. 우리의 생각은 닮은 두 세상의 영향을 받고 있다. 우리가 묵상하면서 충분한 시간을 보냈을 때, 두 세상의 연결이 더 분명하고 명확해진다.

3. 묵상할 때 영혼의 진정한 상태가 드러난다. 우리는 묵상하는 동안 하나님께서 우리에게 말씀하시며 풍성한 복을 주실 기회를 드린다. 우리의 생각과 말과 행동은 영원히 지워지지 않는다. 그것은 우리 영혼 안에 새겨진다. 다시 말해서, "생명책"(계 20:12)에 기록된다. 묵상은 우리로 하여금 하나님을 경외하고 사랑하는 모든 것을 할 수 있게 하며, 우리의 장래의 축복이나 고통이 달린 생명책에 기록된 것을 깨끗하게 보존할 수 있다.

4. 하나님은 무한하시며, 우리는 유한하다. 유한한 우리는 무한하신 하나님을 완전히 이해할 수 없지만, 하나님은 우리 안에 하나님을 즐거워할 수 있는 감각을 만드셨다. 바다는 광활하므로, 우리는 망망대

해를 모두 볼 수 없으며, 바다의 귀중한 것들에 대해서 모두 알 수 없다. 그러나 혀끝으로 바닷물이 짜다는 것을 단번에 알 수 있다. 우리는 바다에 대한 모든 것을 알 수 없지만, 우리들의 미각으로 물이 짜다는 가장 중요한 사실을 알게 되었다.

5. 사람들은 두려움과 노여움이나 미친 상태에서 쇠사슬을 끊는 등 기이한 일을 한다. 이러한 힘은 사람 안에 잠재되어 있지만, 모든 힘이 한 목적으로 집중될 때 발휘된다. 묵상에서도 인간의 힘이 거룩한 능력으로 강해짐으로써 죄의 사슬을 끊고 크고 유익한 일을 할 수 있다. 동시에 하나님이 주신 이 힘은 잘못 사용되면 매우 위험하다. 폭탄, 기관총, 대포 등은 얼마나 효력이 강하며, 얼마나 위험하며 파괴적인가!

6. 의식이 온전해도 생각에 잠겨있으면, 꽃의 향기나 감미로운 음악이나 자연의 아름다움을 알지 못한다. 마치 그런 것들이 존재하지도 않는 것처럼 느껴진다. 이처럼 세상 일에 몰두해 있는 사람들은 영적 실체를 느끼지 못한다. "저희가 보아도 보지 못하며 들어도 듣지 못하며 깨닫지 못함이니라"(마 13:13).

7. 어느 날 나는 꽃을 보고 그 향기와 아름다움에 대해서 생각하기 시작했다. 점점 깊이 생각에 빠지면서 비록 내 눈에는 보이지는 않지만, 피조물 너머에 계시는 창조주를 보게 되었다. 나는 기쁨으로 충만했다. 나의 기쁨은 내 영혼 안에서 일하고 계시는 그분을 발견할 때

더욱 커졌다. "오, 얼마나 위대하신 분이신지요! 당신은 피조물과 떨어져 계시지만, 그것을 당신의 영광스러운 현존으로 언제나 가득 채워주십니다."

8. 그리스도는 아무것도 기록하지 않으셨고, 자신의 가르침을 제자들에게 기록하라고 하지도 않으셨다. 그 첫째 이유는 그의 말씀은 영이요 생명이기 때문이었다. 주님은 생명은 생명 안으로 주입되지만, 책에 넣을 수 없음을 아셨다. 둘째, 다른 교사들은 제자들에게서 떠나면서 필요할 때 그들을 도우려고 책을 남겼다. 그러나 우리 주님은 제자들을 떠나지 않으셨다. 그분은 언제나 우리 안에 계시며, 그의 살아있는 음성과 현존이 우리를 인도하신다. 주님이 승천하신 후에 내주하시는 성령께서 제자들을 감화하여 복음서를 쓰게 하셨다.

9. 우리가 같은 생각이나 말이나 행동을 반복하면, 그것이 습관이 되며, 습관은 성품을 만든다. 그러므로 우리는 무엇을 생각하거나 말하거나 행동하든지 그 결과가 선할 것인지 악할 것인지 조심스럽게 살펴보아야 한다. 선을 행하는 데 무관심해서는 안 된다. 자칫하면 선을 행하는 능력을 상실할 위험에 빠진다. 일을 잘하기는 어렵다. 잘못한 일을 바르게 돌려놓는 것은 더욱 어렵다. 나무를 기르는 것은 많은 시간이 들고 어려운 일이지만, 나무를 자르기는 쉽다. 나무가 말라 죽으면 다시 살릴 수 없다.

제5장

장래의 삶

1. 내세의 삶에 대한 신앙은 어느 시대나 모든 민족에게 있었다. 갈망은 성취 가능성을 암시적으로 의미한다. 갈증은 물이 존재한다는 것을 의미하며, 배고픔은 음식이 있음을 의미한다. 영원히 살려는 갈망은 그렇게 살 수 있음을 의미한다.

2. 우리에게는 이 세상에서 이룰 수 없는 높고 고귀한 영의 갈망이 있다. 그러므로 이러한 갈망을 충족시킬 수 있는 또 다른 영적인 세계가 있음이 분명하다. 물질계는 어떤 수단으로도 우리의 영적인 갈망을 충족시켜주지 못한다.

3. 영혼의 진정한 갈망은 영혼을 지으신 하나님으로만 충족시킬 수 있으며, 그분에 대한 갈망은 천부적으로 주어진다. 하나님은 자기의 모양대로 사람을 지으셨기 때문에, 사람에게는 하나님과의 교제를 사모하는 신적 본성이 있다. 존재의 법칙에 따라 같은 성격이나 성품을 가진 것끼리 모이고 사귄다. 우리는 영원한 존재 안에 뿌리를 둘 때 만족을 느낄 뿐만 아니라, 그분 안에서 영원한 생명을 갖게 된다.

110 제2권 실재와 종교

제6장

신생

1. 어린아이는 대체로 부모의 성품을 닮는다. 또한 환경, 즉 그들과 항상 접촉하는 부모 및 다른 사람들의 습관의 영향을 받는다. 따라서 나쁜 부모와 나쁜 환경에서 자란 아이들은 반드시 나쁘게 된다. 어떠한 조건으로도 그 아이를 착하게 만들 수 없다. 만약 이러한 아이가 착한 아이가 된다면, 그것은 대단한 기적일 것이다. 우리는 이러한 기적이 도처에서 일어나고 있는 것을 안다. 이러한 기적은 인간에게 죄의 사슬을 끊고 죄 짐에서 벗어나는 숨겨진 위대한 능력이 있다는 것을 증명한다. 이것이 신생(新生)이다. 이 숨겨진 위대한 능력은 회개하고 그리스도를 믿는 사람을 구원하기 위하여 역사하시는 성령이시다.

2. 세상에는 국가로부터 중벌을 받았음에도 불구하고 조금도 변화하지 않는 죄인들이 많다. 사랑하는 사람과 친구의 사랑과 충고도 소용이 없다. 온갖 가능한 방법을 동원하여 그들을 변화시키려 해도 쓸데 없었다. 그러나 그들을 그리스도에게로 인도하면 순식간에 변화하여 새로운 사람이 되었다. 죄 가운데 살았던 이기적인 사람들의 삶이 변화되었으며, 다른 사람을 돕고 봉사하기 시작했다. 전에는 사람

들을 핍박하고 살인했던 사람이 이제 다른 사람들을 위하여 핍박받고 죽을 준비가 되어 있다. 이것이 중생(重生)이다. 그리스도께서 인간을 구원하시는 구원자이시며, 인간의 질병을 정확히 진단하시고 치료하시는 위대한 의사이심이 이것을 충분히 증명하지 않는가? 그분이 아니면서 누가 죄인을 성도로 변화시킬 수 있겠는가?

제7장

사랑

1. 하나님은 사랑의 근원이시다. 우주 만물을 유지해주는 중력(重力)은 영적인 중력의 표현이다. 그것은 사랑이며, 그 근원은 하나님이시다. 자석은 철을 끌어당긴다. 이는 철이 값진 것이기 때문이 아니라, 자석에 반응하는 성질이 있기 때문이다. 금은 철보다 더욱 값지지만, 자석에 반응하지 않는다. 이같이 하나님은 죄인이라도 회개하고 돌아오면 끌어당기시지만, 스스로 의롭다고 생각하며 하나님 사랑을 향해 기울어지지 않는 사람은 끌어당기시지 않는다.

2. 입맞춤은 아이에 대한 어머니의 표면적인 사랑의 표현이다. 아이가 전염병에 걸리면 어머니는 아이에게 입 맞추지는 않지만, 앓는 아이에 대한 어머니의 사랑이 줄어든 것은 아니다. 오히려 어머니의 돌봄과 사랑을 필요로 하는 아이를 더욱 사랑할 것이다. 마찬가지로 하나님은 죄에 감염되어 타락한 자들을 돌보지 않으시는 듯이 보이지만, 하나님의 사랑은 자녀를 향한 어머니의 사랑보다 더욱 무한하다 (사 49:15). 하나님의 다른 속성처럼, 그분의 인내도 무한하다. 작은 주전자의 물이 쉽게 끓어오르는 것처럼, 사람들은 작은 잘못에도 금방

제7장 사랑 113

화를 낸다. 만일 하나님이 쉽게 노하시는 분이라면, 세상은 오래전에 이미 폐허더미가 되었을 것이다.

3. 두 사람이 한 사람을 사랑한다면, 그들은 경쟁자가 되어 서로 질투할 것이다. 그러나 하나님을 향한 인간의 사랑은 그렇지 않다. 하나님을 사랑하는 사람은 다른 사람이 하나님을 사랑해도 질투하지 않는다. 인간의 사람 사랑과 하나님 사랑에는 차이가 있다. 그 이유는 하나님의 사랑이 무한하기 때문이다. 사람은 자기를 사랑하는 모든 사람에게 동일한 사랑으로 응답할 수 없다. 그러나 하나님의 사랑의 능력은 한이 없으므로, 모든 사람에게 충분하다.

4. 그리스도께서 우리 안에 사시면, 우리의 삶 전체가 그분을 닮을 것이다. 소금이 물에 녹으면 모습이 사라지지만, 소금의 존재가 없어진 것은 아니다. 우리는 물의 짠맛으로 소금의 존재를 확신하게 된다. 이같이 그리스도의 내주(內住)하심은 보이지 않지만, 그분이 우리에게 주신 사랑으로 말미암아 사람들은 분명히 알게 된다.

제8장

사고와 감각

1. 생각은 외부의 것들이 우리의 감각에 새겨진 인상일뿐만 아니라 오관을 통해서 들어오는 인상에 대한 정신의 반응이다. 그러므로 완전을 향한 정신의 성장과 진보는 외면적인 것뿐만 아니라 내면적인 것에 의존한다. 나무는 생명을 가지고 있지만, 그 잎이 무성해지고 꽃이 피고 열매를 맺으려면 공기와 햇볕과 따뜻한 기운이 필요하다. 즉 나무가 자라고 성숙하려면 내면적인 것뿐만 아니라 외적인 성장조건이 필요하다.

2. 외적인 감각기관을 통하여 외부 세계를 알 수 있으며, 내면적인 감각기관을 통해서는 내면적인 영의 세계를 알 수 있다. 정신 안에서 어떤 것에 대한 생각이 일어나는 것은 생각하는 정신이 존재한다는 것, 그리고 그 대상이 존재한다는 것을 증명한다. 다시 말해서, 생각은 우리 정신에 반영된 사물의 상이라고 말할 수 있다. 어떤 때는 의도하지 않았지만 생각이 떠오른다. 이것은 어떤 표면적인 것이 우리 정신 안에서 작용하고 있다는 뜻이다. 향기가 나는 곳에는 꽃이 있다. 꽃의 모양이나 색깔이 보이지 않아도, 그 향기는 꽃이 있다고 말해 준

다. 이렇듯 생각은 대상을 나타낸다. 마음은 거울과 같다. 거울에 비치는 상은 거울 앞에 있는 것을 반영한다. 거울이 정신과 같든지 같지 않든지, 거울 앞에 있는 것들이 거울에 반영된다. 한편 거울은 생명이 없다. 거울은 스스로 상을 조성할 수 없다. 단지 반영할 수 있을 뿐이다. 그러나 정신도 타고난 개념들을 소유한다. 다른 점에서 때때로 거울의 경우처럼 정신이 참여하지 않는 상태에서 정신에 외부 사물에 대한 개념들이 반영된다. 추상적인 개념은 실재자(Reality)의 불에서 나오는 불티(spark)이다.

3. 우리 정신에 반영되는 것이 항상 실재자에게 상응하는 것은 아니다. 사람마다 각기 다르고, 능력에 따라서도 달리 나타난다.

우리의 하나님 개념은 불완전하다. 그러나 우리는 항상 하나님의 현존 안에서 삶으로써 그의 존재에 대한 참 이해를 얻을 수 있을 것이다.

제9장

철학과 직관

1. 수 세기 동안 철학은 전혀 발달하지 못했다. 새로운 형태와 표현으로 과거의 문제와 해답이 되풀이되고 있다. 인도에서 눈을 가린 황소가 온종일 기름 짜는 틀 위를 계속 돌고 있다. 저녁에 눈을 풀어주면 소는 비록 기름을 짰지만, 멀리 가지 않고 종일 둘레만 맴돌았다는 것을 알게 된다. 수 세기 동안 철학자들은 여행했지만, 아직 목적지에 도착하지 못했다. 여기저기서 모은 질료에서 기름을 조금 짜내서 책으로 남겨두었을 뿐이다. 그러나 이 기름은 너무 적어서 인간의 욕구와 갈증을 풀기에 부족하다. 여기서 더 나아가려면 철학을 의존할 것이 아니라, 믿음과 직관의 작업에 의존해야 한다. 우리의 지식이 넓어도 한계가 있다.

2. 어떤 철학자는 지식의 갈증이 해갈되지 않는다고 자살했다. 엠페도클레스(Empedocles; c. B.C. 492-432)는 자연스럽게 죽지 않고 신들과 함께 함으로써 지식에 대한 갈증을 풀기 위하여 에트나(Etna) 화산에 몸을 던졌다. 어떤 천문학자는 조수 간만의 차에 대해 알지 못하여 절망하여 큰 파도에 투신하여 죽었다. 이런 사람들은 피조물 안에서 창

제9장 철학과 직관 117

조주 하나님을 발견하고 만족해야 함에도 불구하고, 피조물 안에서 자신뿐만 아니라 창조주도 잃었다. 이것은 철학자가 실재자(Reality)를 이해하려 해도, 지성으로 그분을 완전히 알 수 없다는 것을 말해 준다. 사람이 자신의 지식으로 실재자를 인식할 수 있다고 생각하는 것은 잘못된 것이다. 왜냐하면 한 가지를 완전히 아는 것은 온 우주를 아는 것이기 때문이다. 한 가지에 다른 모든 것과 연결되어 있으며, 그것에 대한 모든 것을 알려면 그것과 관련된 모든 것을 알아야 한다. 이 점에서 우리는 실재자 앞에 머리를 숙여야 하며, 믿음으로 걸어가야 한다.

3. 직관이란 손가락 끝처럼 매우 민감하여 닿는 즉시 실재자의 현존을 느낀다. 이것을 논리적으로 설명할 수 없지만, "나는 매우 만족한다. 이러한 평화는 실재자에게서 오는 것이다. 그러므로 나는 실재자를 찾았다"는 식으로 논증할 수 있다. 마음은 머리가 알지 못하는 식별력을 갖고 있다. 꽃에 대하여 알려면 많은 시간이 필요하다. 그러나 꽃의 향기를 즐기는 것은 오래 걸리지 않는다. 직관이란 이런 작용이다.

제10장

완전함

1. 자연의 법칙에 따라 완전함에 이르려면 단계적으로 성장해야 한다. 우리는 이런 방식으로만 피조된 운명에 대비하고 적응할 수 있다. 그 과정을 갑작스럽거나 서둘러 진행하면, 우리는 약하고 불완전해진다. 라플란드(Lapland)에서 몇 주일 동안만 자라는 귀리는 여섯 달 동안 자라는 밀처럼 알곡을 맺지 못한다. 대나무는 하루에 3피트씩 자라며, 185피트까지 자란다. 그러나 대나무 속은 비어 있다. 그러므로 완전함에 이르는 데는 천천히 과정을 밟아 성장하는 과정이 필요하다.

2. 완전함은 완전한 환경에서만 이루어낼 수 있다. 그러나 완전한 환경에 들어가려면, 노력하고 투쟁해야 하는 불완전한 환경을 통과해야만 한다. 이 투쟁이 우리를 강하게 하며, 완전한 환경을 위해 준비하게 한다. 이것은 마치 애벌레가 아름다운 나비가 되기 위해서 고치 안에서 나오려고 고투(苦鬪)하는 것과 같다. 우리가 완전한 상태에 도달할 때, 신비하게도 우리를 방해하는 것처럼 보였던 것들이 우리를 완전함에 도달하도록 도와주었다는 사실을 알게 될 것이다.

3. 인간 안에는 이 세상에서 개발할 수 없는 무한한 자질의 씨앗이 있다. 이 세상에는 완전을 향해 성장하고 발달할 수 있는 수단이 없기 때문이다. 그것들은 다가올 세상에서 완전함을 획득하는 데 필요한 환경을 찾을 것이다. 그러나 성장은 이 세상에서 시작하지 않으면 안 된다. 그러나 우리가 언제 완전해질 것인지 구체적으로 말하기에는 너무 이르다. 그러나 "하늘에 계신 우리 아버지의 온전하심과 같이"(마 5:48), 우리도 온전해질 것이다.

4. 이 세상에 참된 곳은 없다. 죄로 말미암아 이 세상의 평화는 파괴되었다. 진정한 평화는 "평화의 왕자"에게서만 찾아볼 수 있다. 물이 수평을 유지하고 평온해지려면 높은 곳에서 아래로 떨어지거나, 깊은 곳에서 분출되어 올라온다. 마찬가지로 사람은 수평에 도달함으로써 평화와 고요 가운데 거하려면 교만이라는 높은 곳에서 아래로 내려오고 죄의 깊은 곳에서 올라와야 한다.

5. 변화산에서 제자들은 아직 완전함에 이르지 못했음에도 불구하고 주님과 엘리야와 모세와 함께 있는 것이 너무 좋아서 거기에 초막 셋을 짓기를 원했다(마 17:3, 4). 우리가 완전하여 천국에서 우리 주님과 성도들과 뭇 천사들과 함께 영원히 교제한다면 얼마나 좋겠는가!

제11장

진정한 발전과 성공

1. 만일 어느 국가가 진보를 이루기 위해 필요한 근본 원리들을 수용하지 않은 채 문명국의 표면적인 삶의 방식을 받아들인다면, 그 결과는 매우 파괴적인 것이 될 것이다.

이 세상의 정부는 하나님이 왕이신 천국 정부의 복사본에 불과하다. 그러므로 행정관과 시민, 다스리는 자와 다스림을 받는 사람들의 마음속에서 다스리는 모든 선과 질서의 근원이신 하나님이 없으면, 이 세상 정부는 쉽게 쇠잔하며 부패한다. 어떤 사람은 하나님 없이 도덕적인 삶을 살기 원한다. 그들은 하나님이 없는 도덕은 속 빈 것이며 죽음임을 잊고 있다.

2. 영적 진보가 없는 세상에서의 진보는 가짜요 거짓된 것이다. 이는 세상에서의 진보는 다른 사람에게 해를 끼치지 않고는 얻을 수 없기 때문이다. 경주하는 사람은 다른 사람들을 앞지름으로써 승리한다. 다른 사람의 패배가 자신의 승리가 된다. 상인은 다른 사람의 지출로써 이익을 본다. 반면에 영적 진보는 진실하다. 왜냐하면 한 사람의 진보는 다른 사람의 성공을 돕고, 그것에 의존하기 때문이다.

제12장

십자가

1. 우리가 십자가를 좋아하든 싫어하든지 간에 십자가를 피할 수 없다. 우리가 그리스도의 십자가를 지지 않으면, 세상의 십자가를 져야 할 것이다. 처음에는 그리스도의 십자가는 무겁고, 세상의 십자가는 가벼워 보인다. 그러나 경험에 의하면 사실상 세상의 십자가가 무겁다. 세상 십자가를 짊어짐으로써 오는 결과는 로마제국 시대처럼 노예로서의 죽음이다. 그러나 그리스도는 그의 십자가를 영광으로 변화시키셨다. 그리스도 이전에 십자가는 수치와 죽음의 상징이었으나, 이제 그것은 승리와 생명을 가리킨다. 십자가를 진 사람들은 이제 십자가가 그들을 지며, 안전하게 그들의 운명으로 인도한다는 것을 경험으로 알게 된다. 그러나 세상의 십자가는 우리를 타락으로 인도하여 멸망시킨다. 어떤 십자가를 질 것인가? 멈추고 생각하라.

2. 각 사람의 직업과 영적인 상태에 따라 십자가가 다르다. 십자가는 겉보기에는 못이 가득 차 있는 것 같이 보이지만, 본성적으로 그것은 달고 평화롭다. 꿀벌은 침을 갖고 있지만 단 꿀을 만든다. 외면상 십자가의 고통이 두려워서 십자가가 지닌 영적인 축복을 잃어서는 안

된다.

3. 무지한 여행자는 산을 오르고 내리다가 지치면 하나님이 산을 잘 못 만들었으며, 땅을 평평하게 만들었으면 더 좋았을 것이라고 생각할 것이다. 그것은 그가 산이 주는 유익과 거기에 저장된 귀중한 것들이 많다는 것을 알지 못한다는 뜻이다. 한 가지 예로, 산에는 물의 순환이 있으며, 몸에 피의 순환이 필요하듯이, 세상에는 물의 순환이 필요하다. 마찬가지로 생명의 부침(浮沈)과 십자가를 짊어짐으로써 오는 고난이 우리의 영적 생명을 순환하게 해주고, 정체를 방지하며, 영혼에 무수한 복을 가져다준다.

4. 세계대전 중에 비옥한 땅과 들에 만들어 놓은 참호들이 파괴되었다. 세월이 흐르면서 이 참호들 안에 아름다운 꽃이 피고 과일이 열리기 시작했다. 땅이 비옥하며, 땅 아래층이 더 비옥했던 것이다. 이처럼 우리가 십자가를 지고 고난당할 때, 감추어진 우리 영혼의 숨겨진 보화가 알려진다. 우리는 파괴 과정처럼 보이는 것 때문에 낙심하지 말아야 한다. 왜냐하면 그것은 숨겨지고 보이지 않는 우리 영혼의 능력이 작용하게 해주기 때문이다.

5. 스위스에서 어떤 목동은 양의 다리를 부러뜨렸다. 그에게 이유를 물어보니, 그 양이 다른 양들을 길을 잃게 하며 위험한 높은 곳이나 절벽으로 안내하는 나쁜 습관이 있었기 때문이라고 대답했다. 그 양은 성질이 못되어 목자가 먹을 것을 주러 가면 그를 깨물려고 했다.

제12장 십자가 123

그러나 시간이 흐르면서 그 양은 온화하게 되어서 목자의 손을 핥았다. 이렇게 하나님은 불순종하고 배반하는 사람들을 슬픔과 괴로움을 통하여 안전하고 영원한 생명의 길로 인도하신다.

6. 추울 때는 모든 가스는 어떤 광선을 흡수하며, 뜨거워지면 그 광선을 발산한다. 이처럼 의의 빛은 항상 우리 주위에 밝게 비추고 있지만, 영적으로 추워지면 어둠 안에서 산다. 그러나 십자가의 마찰로 말미암아 열기가 일어나고 우리 안에서 성령의 불이 탈 때, 그의 광선이 우리를 비추어주며, 우리는 다른 사람들에게 그 빛을 전한다.

7. 다이아몬드는 세공하지 않으면 영롱한 빛을 발하지 않는다. 그러나 세공한 후에는 태양 광선이 그 안에 들어와 놀라운 빛을 나타낸다. 이처럼 우리가 십자가에 의해 잘릴 때, 우리는 하나님 나라에 있는 보석처럼 빛날 것이다.

제13장

자유 의지

1. 우리에게는 선과 악의 차이를 분별하는 능력이 있다. 이 말은 우리가 존재의 한계에 따라 자유롭게 행동한다는 뜻이다. 그렇지 않으면, 우리가 가진 선과 악을 분별하는 능력이 아무 의미가 없을 것이다. 미각은 쓰고 단 것을 알게 해 준다. 만일 우리에게 음식을 선택해서 먹을 자유가 없다면, 미각은 아무런 의미가 없을 것이다. 우리는 달리 행동할 수 있었기 때문이 아니라, 단지 행동하기 때문에 자유롭다.

예를 들어 나에게 만일 45㎏을 운반할 힘이 있다면, 45㎏을 들거나 그보다 가벼운 것을 드는 것은 내 자유이다. 만약 짐이 45㎏을 넘는다면, 그것은 내 능력 이상이며, 나의 책임 밖의 일이다. 그때 나는 그 짐을 운반해야 할 책임에서 벗어난다. 왜냐하면 나에게 짐을 지우려는 사람은 내 능력 이상을 요구하지 않을 것이기 때문이다. 그러므로 이 두 가지 경우에 모두 자유롭다. 만일 내가 능력 안에 있는 일을 하지 않았다면, 주어진 능력을 잘못 사용했으므로 나의 부족함과 무관심으로 인한 벌을 받아야 한다.

2. 죄인을 벌한다고 해서 악과 범죄가 없어지는 것은 아니다. 그렇게 할 수 있다면, 모든 감옥이 닫혀어야 할 것이다. 악행자들에게 내린 가혹한 처벌에도 불구하고, 우리는 변화를 발견할 수 없다. 또 각 사람이 자유의지로 힘이 닿는 한 악을 제거하겠다는 결심을 하지 않는 한 지상에서 악을 제거할 수 없다. 사람들의 강요는 효과가 없다. 하나님은 살인자의 손을 묶거나 거짓말쟁이의 입을 막지 않으신다. 왜냐하면 하나님은 인간의 자유의지를 방해하시지 않기 때문이다. 만일 하나님이 그렇게 하신다면, 인간은 기계처럼 될 것이며, 진리에 감사하지 않으며, 진리에 따라 행동하는 기쁨도 찾을 수 없을 것이다. 이는 기쁨은 오직 자유의지의 행동의 결과로 오기 때문이다.

3. 어떤 면에서, 하나님을 배반하는 세상은 그리스도를 따르는 사람들을 노예로 삼는다. 하나님의 은혜로 그들은 노예와 세상의 권력의 통제에서 풀려나 천국에 들어가며, 그때 세상이 그들의 노예가 된다. 이는 그들이 세상을 창조하신 살아계신 능력과의 관계 안에 들어갔다는 것을 세상이 깨닫기 때문이다. 그때 세상이 정복하는 것이 아니라 정복된다. 하나님은 자유의지의 사랑으로 하나님을 섬기는 사람에게 완전한 자유를 주신다.

제14장

건강의 법칙

1. 육체적·영적 건강의 원리는 건강하게 해주는 수단이다. 원리는 특별한 목적을 이루는 데 사용하는 수단에 불과하다. 예를 들어, 돈은 그 자체로서는 쓸데 없다. 그것은 우리가 필요한 것을 얻기 위한 수단일 뿐이다.

우리가 절제한다면, 음악, 향기, 진미, 빛, 온기 등을 즐길 수 있다. 그것들이 부족하면 상실감을 느끼게 될 것이다. 그것들이 과도하면, 그로 인해 고통을 느낄 것이다. 하나님은 우리에게 임박한 위험을 경고하거나 진정한 행복을 가르치기 위해서 내적 감각과 외적인 감각을 주셨다. 고통은 우리의 육신이나 정신의 무엇인가 잘못되었다는 것을 보여주는 징후이다. 휴식과 행복은 실재자의 법에 순응함으로써 오는 것이다.

2. 우리가 자연을 거스르면, 자연이 우리를 거역할 것이다. 그러나 우리가 자연과 조화를 이루어 살려 한다면, 자연은 우리에게 해를 주지 않고 우리를 도와서 하나님이 주고자 하시는 완전한 건강을 얻게 해 줄 것이다. 그리하여 완전한 건강을 얻음으로써 우리는 영혼의 으

제14장 건강의 법칙 127

뜸 되는 소망인 하나님 안에서의 영원한 행복을 얻을 것이다.

제15장

양심

1. 양심은 우리 내면에 있는 도덕적인 법 또는 감각이다. 이것은 생래적(生來的)으로 인격 안에 있는 것이 아니다. 그것은 교육과 훈련과 연단과 습관이 필요하다. 환경도 양심이 자라는 데 지대한 영향을 미친다.

우리에게 흉한 것과 아름다운 것을 식별할 수 있는 심미적 기능이 있듯이, 선과 악을 분별하도록 도와주는 양심이 있다.

2. 몸의 어느 기관의 통증은 위험을 경고하는 소리다. 마찬가지로 영혼의 고통과 불안은 죄의 결과이다. 몸의 감각처럼 양심도 다가오는 위험과 멸망을 경고해주며, 구원에 필요한 결단을 내리라고 촉구한다.

3. 해안 가까이 있는 배는 등대나 바위나 육지의 윤곽을 봄으로써 어디를 항해하고 있는지 안다. 그러나 먼 바다에 있는 배는 별과 나침반만을 이용하여 항해한다. 하나님을 향한 우리의 영적 여정에서도 길을 잃지 않고 목적지를 향해 나아가려면 양심과 성령이 필요하다.

제16장

하나님께 바치는 예배

1. 하나님이든지 어떤 능력자를 예배하지 않는 사람을 찾아보기 힘
들다. 하나님을 예배하지 않는 유물론적 무신론 사상가나 과학자는
흔히 위대한 사람과 영웅, 또는 어떤 능력으로 존귀하게 여기는 이상
(理想)을 경배하는 경향이 있다. 붓다(佛陀)는 신에 대해서 가르치지 않
았다. 그 결과 그의 추종자들은 그를 숭배하기 시작했다. 중국에서는
조상들이 하나님을 가르치지 않았으므로, 후손들은 조상을 섬긴다.
무식한 사람이라도 어떤 능력이나 영(靈)을 찾아 섬긴다. 간단히 말하
면, 인간은 무엇인가를 숭배해야 하는 존재이다. 이 저버릴 수 없는
숭배의 갈망은 창조주에 의해서 인간 내면에 부여된 것이다. 이는 이
러한 갈망으로 말미암아 창조주와 교제하거나 영원한 우정을 누리게
하기 위한 것이다.

2. 그러므로 완고하여 하나님을 믿지 않는 사람은 하나님의 존재에
대한 논거가 제시되어 있어도 하나님을 믿지 않으며, 그들이 하나님
을 보아도 믿지 않을 것이다. 여기에는 두 가지 이유가 있다. 만약 하
나님이 자신을 계시하시고, 신적 논리에 기초를 두고서 하나님의 신

성을 증명하는 근거를 주셔도, 그들은 하나님을 이해할 수 없을 것이다. 이는 그 근거들은 인간의 논리와 철학으로 닿을 수 있는 것보다 훨씬 더 멀리 있기 때문이다. 한편 하나님이 인간의 지식의 표준에 따라 근거를 주신다 해도, 그들은 역시 그분을 경멸하면서 이렇게 말할 것이다. "물론 우리는 이 모든 것을 알고 있다. 하나님은 우리와 같은 생각을 하므로 우리보다 그리 훌륭한 존재가 아닌 듯하다. 그는 인간보다 조금 훌륭하거나, 아니면 그 정도일 뿐이다."

3. 인간은 우주의 한 부분이며, 그것을 반영하는 거울이다. 그러므로 보이든지 보이지 않든지 모든 피조물은 그분의 형상이다. 이 세상에서 인간만이 창조를 해석할 수 있는 유일한 존재이다. 말하자면 사람은 자연의 언어이다. 자연은 침묵으로 말한다. 인간은 자연의 침묵의 발언 안에 말을 넣는다.

4. 인간은 유한한 존재이며, 그렇기 때문에 내적·외적인 감각도 유한하다. 그러므로 인간은 창조주의 창조의 모든 측면을 알지 못한다. 그것들을 모두 알려면 무수히 많은 감각이 필요하다. 우리의 소수의 감각은 창조의 일부 측면만 지각할 수 있을 뿐이지 모두를 알 수 없다. 이러한 제한성에도 불구하고, 마음은 지성에 의존하지 않고 지성으로써 이해될 수 없는 분이신 실재자에 대한 이해를 가진다. 인간의 눈은 비록 작지만 엄청난 거리를 순식간에 휩쓸고 지나가서 인간 스스로는 갈 수 없는 곳에 이른다. 눈은 수백만 마일 거리에 있는 별을 보고 움직임을 관찰하며, 그 빛을 즐긴다. 이처럼 마음의 눈은 하나님

제16장 하나님께 바치는 예배 131

의 깊은 것을 보는데, 이러한 이해가 인간으로 하여금 인간 마음의 갈망을 영원히 만족시켜 주시는 분을 예배하게 한다.

제17장

실재자 탐구

1. 별이 먼 타국의 동방박사들을 의의 태양에게 인도했다. 멀리서 온 이 사람들은 의의 왕을 보고 예배함으로써 마음의 갈망을 실현했지만, 그분의 백성인 유대인들은 그분을 배척하고 십자가에 못 박음으로써 복을 잃었다. 동방과 서방 사람들이 실재자를 찾으러 왔고, 그를 발견하고 마음과 혼을 다하여 그를 예배하고 그의 발아래 자신을 제물로 드렸다. 그들은 이 제물로써 그분의 나라에서 영원한 생명을 기업으로 받았다. 한편, 어떤 의미에서 그분의 백성인 기독교인들은 말과 행동으로 그분을 배척하고, 복을 잃는다. 동방박사들은 그리 오래 머물지 않았으므로 그리스도의 가르침을 듣고, 그의 기적과 십자가에 돌아가심과 부활과 승천을 보지 못했고, 세상을 위한 메시지를 받지 못했다. 마찬가지로 어떤 실재자를 탐구하는 자들은 주님과의 복된 교제 안에서 살지 않으며, 생명을 주시고 구원하시는 능력을 경험하지 않으므로 세상을 향한 메시지를 갖지 못한다.

2. "무릇 있는 자는 받아 풍족하게 되고 없는 자는 그 있는 것까지 빼앗기리라"(마 25:29). 가진 것이 없는 사람에게서 어떻게 무엇을 빼앗

을 수 있겠는가? 그는 태만하여 빼앗겼기 때문에 재능이나 일자리가 없을 수 있지만, 최소한 실재하는 것과 실재하지 않는 것을 구분을 능력은 그에게 남아 있었을 것이다. 그러나 이 분별력도 사용하지 않으면 빼앗긴다. 그다음에는 양심이 마비되고 죽는다. 그에게 남아있는 것은 아무것도 없다.

3. 일부 분별력을 잃은 사람은 정교한 과학적 도구로 이 세상의 생명의 기원을 탐구하는 데 실패하여 하나님을 생명의 근원으로 믿지 않고, 생명의 배종이 유성에서 떨어졌다고 생각하기 시작한다. 이것은 절대 불가능한 일이다. 이 세상의 죽은 물질이 생명을 창조할 수 없다면, 세상처럼 물질로 만들어진 유성이 어떻게 생명을 낳을 수 있겠는가? 유성 안에 있는 물질이 이 지구의 것과 다르다면, 유성에서 온 배종이 어떻게 생명체가 살 수 있는 환경이 다른 이 지구에서 생장할 수 있겠는가? 하나님이 현존하시는 곳에 생명이 있다. 뜨거운 물이든지 얼어붙은 물 안에 생명체가 있다. 온천수 안에서 살아있는 피조물이 발견된다. 이것은 하나님의 창조적인 편재의 결과이다. 그분은 어떠한 조건에서도 생명을 창조하신다.

4. 진리, 또는 실재자는 그의 열매로써 알려진다. 실재자에 따라 행동하는 사람은 장래의 습관의 궁극적인 선뿐만 아니라, 이러한 행동을 하는 동안 그 열매를 즐길 수 있다.

죄에 빠지고 타락한 사람이라도 진리를 좋아하고 귀중히 여길 수 있다. 예를 들면 거짓말쟁이는 자신은 거짓말을 하지만, 다른 사람이

134 제2권 실재와 종교

거짓말하는 것을 싫어한다. 의롭지 못한 사람이라도 불의한 사람을 보면 기분 나빠한다. 이것은 무의식적으로 그들의 본성 안에 진리와 공의를 향한 갈망과 인식이 있음을 의미한다. 왜냐하면 진리이신 분이 진리 안에서 진리를 위해 삶으로써 복을 누리도록 그들을 지으셨기 때문이다. 그들이 진리를 거스른다면, 그들은 자신을 창조하신 진리이신 그분의 본성뿐만 아니라, 자신의 본성을 거스르기 때문에 고통받을 것이다.

5. 진리에는 많은 측면이 있다. 각 사람은 하나님이 주신 능력에 따라서 각기 진리의 다른 측면을 드러내거나 표현한다. 나무는 어떤 사람에게는 열매로, 또 어떤 사람에게는 예쁜 꽃으로 자신을 나타낸다. 사람들은 자신이 매력을 느끼는 나무의 측면을 감상하고 설명한다. 그래서 철학자, 과학자, 예술가, 그리고 신비가들은 각자의 능력과 기질에 따라서 자신이 영향을 받은바 실재자의 측면을 정의하며 설명한다. 한 사람이 실재가 품고 있는 모든 양상을 파악하고, 실재자의 다양하나 측면을 모두 설명할 수 없다.

6. 하나의 사물이 참인지 아닌지를 찾아내려면 여러 측면에서 그것을 바라보아야 한다. 그렇지 않으면 오해와 오류가 발생한다. 예를 들면 우리가 한쪽 눈으로 곧은 막대기 한쪽 끝을 본다면, 그 길이를 알수 없다. 막대기에 대한 바른 생각을 얻으려면 다른 쪽에서도 보아야 한다.

정신과 혼을 다하여 실재자를 탐구하여 획득한 사람은 탐구를 시작하기 실재자가 그를 자신과의 복된 교제와 현존 안에 이끌기 위해 그를 찾고 계셨다는 것을 깨닫는다. 이는 엄마를 잃은 어린아이가 엄마 무릎 위에 앉아서야 비로소 자신이 엄마를 생각하기 전에 엄마는 깊은 사랑의 모성으로 아이를 찾고 있었다는 것을 알게 되는 것과 같다.

제18장

회개와 구원

1. 회개는 구원에 필요하지만, 하나님의 은혜로 주어지는 죄사함이 없이 회개만으로 죄인이 구원받을 수 없다. 만일 내가 돌을 던져서 어떤 사람이 돌에 맞아 죽었는데, 내가 그 일을 회개했다면, 나는 그 회개로 말미암아 다시는 그런 잘못을 저지르지 않겠지만 이미 죽은 사람은 다시 살아나지 않는다. 하나님만이 나를 용서하실 수 있으며, 죽은 사람이 갑작스러운 죽음으로 말미암아 누리지 못했던 삶을 다음 생(生)에서 보상해 주실 수 있다. 이러한 방법으로 살인자와 죽은 자 모두를 구원하신다.

2. 하나님만이 바르게 벌주시며 용서하실 수 있는 분이시다. 왜냐하면 그분만이 인간의 내면의 욕구와 상태를 알고 계시며, 용서나 벌의 결과를 아시기 때문이다. 사람이 범법자에게 벌을 내린다면, 그 사람의 내면의 욕구와 상태를 알지 못하기 때문에 그 벌의 목적을 달성하지 못할 경우가 있다. 어떤 경우에는 벌이 유익을 가져오는 것이 아니라 해를 끼치지만, 반면에 용서는 사람들을 변화시키는 데 있어서 마술 같은 효과를 나타낸다. 또 어떤 경우에 용서는 잘못을 더 할 수 있

는 기회를 주기도 한다. 이러한 사람들을 변화시키려면 벌이 반드시 필요하다. 하나님만이 인간의 본성을 아시며, 그들의 필요에 따라서 죄의 결과뿐만 아니라 원인으로부터 구원하신다.

3. 참되고 영원한 기쁨을 얻는 것이 영혼의 목표이다. 죄 같은 나쁜 수단으로 이 목표를 달성하려는 것은 행복을 즐기는 영혼의 능력을 파괴하는 것이며, 그러한 능력을 무시하고 사용하지 않는 것은 그것을 파괴하는 것이다. 그러므로 사랑 안에서 우리 안에 기쁨의 능력, 수용력, 또는 감각을 조성해 주신 하나님은 우리가 그분과 교제하면서 영원한 행복을 누리기를 원하신다. 이것이 구원이다.

4. 교만은 죄이다. 왜냐하면 교만한 사람은 자신을 실제 상태보다 더 높이 생각하기 때문이다. 그는 이렇게 함으로써 하나님의 은혜를 잃고 죄에 빠져 자기 영혼을 파괴한다. 거짓말은 죄이다. 왜냐하면 그것은 진리를 거스르기 때문이다. 계속 거짓말을 하면 점차 자신에게까지 거짓말을 하게 된다. 그는 자신의 내적 감각과 외적 감각의 진리를 의심하면서 그것들을 신뢰하지 않게 된다. 결국, 그는 하나님의 사랑과 은혜를 의심하며, 영적인 삶과 풍성한 하나님의 을 잃는다. 탐심은 죄이다. 왜냐하면 탐욕을 품은 사람은 창조주를 잊고 물질 안에서 만족을 추구하기 때문이다. 간음은 죄이다. 그것은 가족 관계를 파괴하고 순결과 생명을 파괴한다. 도적질은 죄이다. 왜냐하면 도둑은 남의 것을 가로채기 때문이다. 그러므로 이런 것들 및 모든 죄를 회개하고, 하나님의 뜻이 하늘의 천사와 성도들에게 이루어진 것과 같이 땅

에 사는 우리에게도 이루어지기 위해서 구원을 구해야 한다.

5. 진화를 믿는 과학자와 철학자들은 자연의 도태에 따른 적자생존을 말한다. 그러나 수백만의 변화된 삶에 의해 증명된 다른 사실이 있다. 즉 하나님의 선택 안에서 부적자(不適者), 즉 죄인도 생존해오고 있다는 것이다. 술꾼, 간음자, 살인자, 강도 이 깊은 죄와 고통으로부터 들어 올려져서 평화와 기쁨의 새 생명을 받았다. 이것이 죄인을 구원하러 이 세상에 오신 예수 그리스도를 통해서 얻는 구원이다(딤전 1:15).

제19장

원죄

1. 부모의 병이 자녀에게 유전될 수 있다. 그러나 부모가 손이나 발이나 시력을 상실했다고 해서, 자녀들이 태어날 때부터 절름발이나 귀머거리나 소경으로 태어나지는 않는다. 선한 성품이든지 악한 성품이든지 부모의 성품 모두가 자녀에게 유전되는 것은 아니다. 아이들의 성품의 많은 부분은 아이 자신의 의식적인 행동의 결과이다. 만일 자녀들이 부모로부터 모든 성품을 물려받는다면, 그들 자신의 행위에 대한 책임은 전혀 없다. 능력과 성품은 조금만 물려받는다. 자녀들의 성장이나 성숙은 대부분 자신의 노력에 달려 있다.

2. 불빛 앞에 놓인 물체는 그림자를 만들거나 어둡게 한다. 월식은 지구가 태양과 달 사이에 놓일 때 발생한다. 어떤 물체의 그림자가 우리에게 떨어질 때, 그에 대한 책임은 우리에게 없다. 왜냐하면 그림자를 드리우게 한 것은 우리가 아니고, 외부의 물체이기 때문이다. 우리가 그림자 안에 있으면, 우리는 그것의 영향을 받는다. 그러나 그에 대한 책임은 없다. 그러나 하늘에 구름이 일어나 떠다니며 어둠을 만드는 것처럼 마음에서 악한 생각이 일어나는 것은 우리 자신의 책임

140 제2권 실재와 종교

이다.

3. 죄와 그 결과는 위험하지만, 우연한 것이 아니다. 하나님과 하나님께서 영원을 주신 자들을 제외하고는 우연한 것은 없다. 어떤 것이 하나님 없이 스스로 존재한다면, 그것은 분명히 하나님이 가지신 영원한 속성을 소유할 것이다. 그러나 오로지 한분 절대자만 존재하시므로, 그것은 불가능하다.

하나님의 존재는 영구히 보존될 이상적인 질서의 보증이다. 하나님의 본성을 대적하는 것(악)은 영원히 하나님의 현존 안에 존재하지 못한다. 그러므로 악과 허무에 종속되어 있으므로 신음하며 산고를 겪는 모든 피조물은 하나님 자녀의 영광의 자유를 방해하는 썩어짐의 속박에서 영원히 구원될 것이다(롬 8:20-22).

제20장

베단타 철학과 범신론

1. 베단타 철학에 의하면, 브라만만이 궁극적 실재이며, 다른 것들은 미망이다. 인간의 무지 때문에 분리된 것처럼 보이지만, 인간의 영혼은 신과 같다. 이것이 진리라면, 신 또한 미망의 상태에 있다는 의미가 된다. 이러한 경우에 그는 신일 수 없다. 신은 미망에서 자유로우며 모든 것을 안다. 베다를 믿는 사람들은 깊은 삼매(samadhi)에 들어가며, 지식으로써 미망(maya)에서 벗어나려는 수행을 한다. 여기에 질문이 있다. "만일 모든 것이 미망이라면, 수행자가 삼매 상태에 들어가서 그의 지식으로써 미망에서 벗어났다는 것을 어떻게 알 수 있는가?

2. 만일 우리가 베단타 철학의 진리를 인정한다면, 신(인간과 동일한 존재) 또한 진화했으며, 미망과 물질의 변화에 따라 완전해지기를 원하고 있다는 것을 인정하지 않으면 안 된다. 미망이 신에게는 적용되지 않는다면 베다 신봉자들은 미망, 즉 행위의 결과로 미망의 사슬에 얽매이게 되는 이유, 그리고 미망의 목적과 궁극 선에 대해서 설명해야 한다. 실제로 신은 모든 것은 아니며, 모든 것은 신이 아니다. 창

142 제2권 실재와 종교

조자와 피조물을 혼동하는 사람은 무지에 빠져 있다.

제21장

우리의 피난처이신 그리스도

1. 꿀벌은 꿀을 모으려고 꽃에 날아든다. 이러한 즐거운 일을 하는 동안 꿀벌은 가끔 거미에 물린다. 거미에 물린 꿀벌은 마비되어 쉽게 거미에게 잡아먹힌다. 마찬가지로 사탄은 나쁜 장소에서만 아니라 선한 행위와 유용하고 기분 좋은 일을 할 때도 우리를 공격한다. 우리가 기도하지 않으면 사탄의 공격을 받고 정복될 위험이 있다.

2. 죄 때문에 양심이 마비되고, 의지가 약해지고 무력해진다. 이러한 상태의 사람은 죽음과 위험을 보면서 그것에서 벗어나려는 강한 갈망을 가지고 있지만, 무력함 때문에 그것을 피하지 못한다. 어느 겨울에 독수리 한 마리가 나이아가라 폭포 절벽으로 떠내려가고 있는 시체 위에 앉아서 부지런히 뜯어먹고 있었다. 낭떠러지 가까이 왔을 때, 그 새는 시체를 버리고 날아가려 했지만, 발톱이 시체에 얼어붙어서 날지 못하여 결국 소용돌이치는 물속에 떨어져 죽었다.

3. 우리가 원수의 모든 공격과 위험에서 안전하려면, 주님과 교제하며 삶으로써 그를 닮아가야 한다. 눈이 오는 나라에서 자연은 짐승과 새를 그것들이 사는 주변의 색깔과 같은 흰 것으로 옷을 입힘으로써

144 제2권 실재와 종교

그들을 보호해 준다. 카멜레온과 가자미는 순식간에 주변의 색깔과 같은 색으로 변하여 적으로부터 도망칠 수 있다. 그러나 눈이 퇴화한 맹어(盲魚)들은 주위의 색깔을 볼 수 없기 때문에 이렇게 할 수 없다. 그러므로 항상 그리스도를 항시 응시하고 따름으로써 주님처럼 되고 영원히 원수의 공격을 피하며, 우리가 그분처럼 되려면 영적인 시각이 있어야 한다.

제22장

크고 작은 원수들

1. 인간의 치명적인 원수는 호랑이, 늑대, 뱀 같은 큰 동물만이 아니다. 현미경을 통해서만 볼 수 있고, 음식이나 물이나 공기를 통해 우리 몸 안으로 들어오는 작은 미생물들이 이들보다 더 위험하고 치명적일 수 있다. 마찬가지로 큰 죄만 영혼에 치명적인 것이 아니라, 크고 작은 죄의 병균인 감추어진 악한 생각도 치명적이다. 이러한 균을 처음부터 우리 마음에서 제거함으로써 우리와 다른 사람들이 그것으로부터 오는 치명적인 결과에서 해방되어야 한다.

2. 우리 몸 안에는 유해한 병균(bacteria)뿐만 아니라, 유익한 식세포(phagocytes)도 있다. 어떤 환경에서 병균이 증가하여 식세포를 압도하면 병이 들게 되며, 적절한 방법으로 치료하지 않으면 죽게 될 것이다. 그러나 식세포가 강하면, 이것들이 병균에 저항하고 죽임으로써, 사람은 완전히 회복되어 건강을 누릴 수 있다. 이처럼 우리의 선한 생각이 악한 생각을 압도하고 우리를 도와 건강한 삶을 누리게 해 준다면, 죄의 파괴로부터 자유로워질 수 있다. 이러한 승리는 선과 기쁨과 완전한 생명의 근원이신 성령의 도우심이 없이는 불가능하다.

3. 악한 생각은 사람을 압도하여 희망을 잃고 절망에 빠지게 함으로써 자살에까지 이르게 한다. 그러나 자살하기보다는 하나님의 도움을 받아, 희망과 승리할 수 있는 능력을 말살하는 악한 생각을 죽여야 할 것이다. 생명을 끊기 위해 독약이나 자살 기구를 사용하기보다는 오히려 기도 같은 영적인 도구를 사용하여 악의 뿌리를 비롯하여 모든 것을 파괴해야 할 것이다. 그리하면 우리는 자신을 죽이지 않고 구원하며, 그럼으로써 다른 사람들이 자신을 구원하도록 도움을 준다.

4. 어떤 면에서 이기심도 자살이다. 왜냐하면 하나님은 사람들을 위해서 사용하라고 우리에게 능력과 재능을 주셨기 때문이다. 우리는 사람들을 도움으로써 새로운 기쁨을 발견하며, 우리 자신을 돕는다. 이것이 우리 내면의 존재 법칙이다. 우리가 사람들을 돕지 않으면, 이 기쁨을 상실한다. 이웃을 내 몸같이 사랑하지 않음으로써 우리는 하나님께 불순종하게 된다. 이러한 불순종은 우리에게서 영혼의 음식인 기쁨을 빼앗는다. 이러한 굶주림은 우리 자신을 죽이는 것이다. 이기적인 사람은 자신의 유익을 위해서 일한다고 생각하지만, 그는 무의식적으로 자신에게 해로운 일을 하는 것이다. 만일 모든 사람이 이기심을 버리기로 결심할 수 있다면, 이 세상의 모든 다툼과 투쟁이 멈출 것이며, 이 땅이 천국으로 변할 것이다. 모든 죄는 이기심에서 나온다. 이것이 주님께서 "자기를 부인하고 나를 따르라"(눅 9:23)고 하신 이유이다.

5. 만일 우리가 끊임없이 사람들을 비판하고 비난한다면, 비판받는

사람들에게만 아니라 우리 자신에게 큰 상처를 준다. 그러나 만일 우리가 자기 자랑을 그만두고 자신을 비판한다면, 그것으로 인하여 우리가 변화될 것이며, 이웃을 동정하고 사랑하게 될 것이다. 이렇게 하여 이웃과 우리 자신이 유익을 얻을 것이다. 그리고 우리는 진실한 사랑의 나라인 약속의 땅을 유업으로 받을 것이다.

제23장

이 땅의 나그네요 순례자

1. 어느 철학자가 이 세상에서 완전히 고요한 휴식 장소를 찾아다녔다. 그러나 그는 도처에서 죄와 슬픔, 고통과 죽음을 발견했다. 그는 이렇게 얻은 지식과 경험을 통해서 이 세상은 영원하고 진정한 본향이 아니라는 결론에 이르렀다. 그러나 우리 영혼이 깊이 갈망하는 진정한 집은 어디에나 있다. 그곳에서 영혼은 완전한 안식을 찾을 것이다.

2. 어린 새 한 마리가 멕시코만 근처에서 잡혀서 1400㎞ 떨어진 곳으로 옮겨졌다. 그 새는 어디로 가는지 알지 못한 채 우리에 갇혀 옮겨졌다. 그러나 다 자란 새는 누구의 도움이나 안내가 없이 잡혀 오기 전에 지내던 곳으로 날아갔다. 본능이 새를 안내한 것이다. 이처럼 하나님의 은혜로 살아있는 양심을 가진 사람은 성령의 인도하심과 도우심으로 덧없는 이 세상을 떠나서 영원한 본향인 천국에 이른다.

3. 어떤 동식물 연구가가 나이팅게일 알을 추운 지방으로 가져왔다. 그는 그 알이 부화하여 태어난 새가 그곳을 고향으로 생각하여 거기에 머물 것으로 기대했다. 알이 부화하여 새끼들이 나왔다. 여름이

제23장 이 땅의 나그네요 순례자 149

지나자 새들은 원래 알을 가져왔던 곳으로 날아갔으며, 다시는 돌아오지 않았다. 이처럼 우리는 이 세상에서 태어났지만, 이 세상에 속해 있지 않다. 우리는 육신을 떠날 때가 오면, 즉시 영원한 본향으로 날아간다.

4. 육신이 죽을 때 영혼은 죽지 않으며, 먼 곳으로 가지도 않는다. 그러나 죽음을 통하여 새로운 상태에 들어가 새 생명이 시작된다. 어머니의 자궁에서 나온 아기는 새로운 상태에 들어감으로써 새 생활이 시작되지만 그가 사는 세상이나 장소는 동일하듯이, 육신에서 빠져나온 영혼은 그 전의 세상과 여전히 같지만 훨씬 좋은 영적 상태에 들어간다. 어머니의 자궁 안에 있는 아기와 육신 안에 있는 영혼 모 미래의 상태를 알지 못한다. 태에서 나온 아기는 그가 나온 태를 볼 수 없으며, 육신을 떠난 영혼은 특별한 경우를 제외하고는 영적인 세상에서 살 것이므로 떠나온 유형적 세상을 볼 수 없다. 그리고 유형적 세상은 영적 세계 안에 있는 조잡한 것일 뿐이다. 탯줄을 자름으로써 아기는 어머니의 태와 끊어진다. 영혼도 은 줄(전 12:6)이 끊어짐으로써 육신과 단절된다. 아기에게 어머니의 태, 영혼에게 육신은 미래를 준비하는 장소이다. 육체에서 나온 영혼은 하나님 현존 안에 들어가며, 그곳에서 참된 목적지에 도달하며 온전함을 얻는다.

150 제2권 실재와 종교

제24장

믿음과 순결

1. 믿음이 없으면, 영적인 것이든지 세상의 것이든지 아무 일도 할 수 없다. 만일 우리가 서로 믿지 못한다면, 세상에서 살 수 없을 것이다. 모든 것이 믿음에 의존하는데, 우리의 본성 안에 믿을 수 있는 능력을 조성하신 하나님을 믿지 않는다면 얼마나 부끄러운 일인가! 물론 우리의 지식이 무한하다면, 믿음이 필요 없을 것이다. 그러나 우리의 지식은 매우 한정되어 있어서 거의 없는 것과 마찬가지이다. 그래서 이 세상에서 우리는 언제나 믿음이 필요한 상태에 놓여 있다. 그리고 다음 세상에서도 마찬가지일 것이다. 왜냐하면 그때도 우리의 지식이 무한하지 않을 것이기 때문이다.

믿음도 사랑처럼 하나님께 매달린 영혼의 덩굴손으로서 가지와 잎을 내고고 풍성한 영적인 열매를 맺는다.

2. 우리는 믿음으로써 성령의 불세례를 받는다. 이것이 없이 물세례만으로는 정결하게 되어 구원을 얻기에 불충분하다. 물은 은과 금의 내부까지 침투할 수 없으므로 표면만 씻을 수 있다. 불은 은과 금을 정련하는 데 필요하다. 이처럼 성령의 불세례는 영혼을 정화하는 데

152 재김정 당재이 중고

끝호으나다.

제25장

그리스도의 계시

1. 성령을 받지 않고는 평생 그리스도를 따라도 그의 위대하심과 신성(神性)을 이해할 수 없다. 이것은 제자들의 삶에 분명히 나타난다. 그리스도는 제자들을 저급한 일에서 높고 고상한 일로, 어부에서 사람을 낚는 어부로 부르셨다. 그들은 삼 년 동안 주님과 함께 생활하였다. 그동안 그들은 사람들에 구원의 좋은 소식을 전하는 고상한 일을 했다. 그러나 그리스도께서 십자가에서 죽으시고 무덤에 묻히셨을 때, 그들의 모든 희망도 거기에 같이 묻혔다. 제자들은 예수님을 만나기 전에 생계를 위해 하던 일을 다시 시작했다. 그러나 죽었다고 생각했던 그리스도께서 다시 살아나셨고, 몇 번 그들에게 나타나셨다. 갈릴리 호숫가에 제자들에게 나타나셨을 때 베드로는 단번에 주님이심을 알아차리고, 너무 부끄러워서 물속으로 뛰어들었다. 이런 데에는 두 가지 이유가 있었다. 첫째는 그가 주님을 세 번이나 부인한 후에 처음 만났으며, 그래서 이런 생각이 났을 것이다: "나는 그리스도를 위하여 생명도 바치며 모두가 주님을 버릴지라도 나는 절대 버리지 않겠다고 맹세했다. 그러나 나는 주님을 부인했다. 그런데 어찌 주님 앞에 설 수 있겠는가!" 또 다른 이유는 삼 년 전 바로 그 자리에서 그

와 다른 제자들은 그리스도 앞으로 사람들을 인도하라는 소명을 받았다. 그로부터 삼 년이 지난 지금 고귀한 소명을 저버리고 다시 이 자리에서 어부로 살고 있다는 것이 몹시 부끄러웠을 것이다. 그리스도께서 부활하실 때, 그들의 죽었던 소망이 소생했다. 더욱이 성령 충만을 받으면서 그리스도의 신성을 새롭게 알았으며, 박해와 순교의 위협에도 불구하고 주님을 전파했고, 주님에게 받은 소명의 사역을 수행했다.

2. 오늘날 내면생활에서 그리스도의 위대하심과 신성을 경험하지 못한 채 주님을 따르는 사람들이 많다. 그래서 그들은 잘못된 방향으로 간다. 그들은 그리스도가 수 세기 전에 살았다가 죽은 위대하고 완전한 사람으로 생각한다. 그러나 그리스도께서는 회개하고 기도하는 사람에게 사도 바울에게 보여주신 것과 같이 자신의 영광과 능력을 나타내 보이신다. 그런 사람은 그분과의 교제 관계를 새롭게 하며, 성령의 능력으로 생명이 다하는 날까지 주님을 섬긴다.

제26장

겸손

1. 그리스도의 영이 우리 안에 거하지 않으면, 우리는 종의 형태를 취하신 하나님이신(빌 2:6, 7) 그분처럼 겸손하고 온유할 수 없다. 우리 자신이 누구인지 잊어버리고, 헛된 교만에게 마음의 자리를 내어주어서는 안 된다. 우리는 교만으로 말미암아 진리에서 떨어지며, 우리 자신을 파괴한다. 비록 우리가 다른 사람보다 더 진보했을지라도, 다이아몬드와 석탄이 같은 탄소로 구성되어 있다는 것을 잊어서는 안 된다. 그것들은 조성과 조건에 따라 각기 다른 모양을 갖는다. 그러나 다이아몬드가 매우 귀하지만, 석탄처럼 타버린다.

2. 절벽 끝에 서서 아래를 내려다보면, 비록 높이가 10미터 정도밖에 안 되더라도 현기증이 나고 두려움을 느낀다. 그러나 우리는 이보다 무한히 더 높은 하늘을 쳐다볼 때 무서워하지 않는다. 왜냐하면 우리는 위를 향해 떨어지지 않기 때문이다. 그러나 위에 있는 것이 아래로 떨어지면 산산조각 날 위험이 있다. 우리는 위로 하나님을 바라볼 때, 그분 안에서 평화를 느끼며, 거기에 있는 어떤 것도 위험하게 느끼지 않는다. 그러나 우리가 그분에게서 얼굴을 돌릴 때, 실재자에게

제26장 겸손 155

서 떨어져 산산이 조각나지 않을까 하는 두려움으로 가득 차게 된다.

제27징

시간과 영원

1. 참된 시간, 즉 실재자와 관련된 시간은 영원하다. 우리가 알고 있는 시간은 참된 시간의 그림자에 불과하다. 하나님께는 과거도 없고 미래도 없으며, 오직 현재만 있다. 과거와 미래는 지식의 무한함으로써 그분 앞에 있다. 그러나 우리에게 현재는 존재하지 않는다. 그것은 단지 미래가 과거 속으로 사라지는 것에 불과하다. 모든 순간은 미래에서 나와 순식간에 과거 속으로 사라진다. 우리는 과거와 미래에 닿지 못하므로, 우리에게 과거와 미래는 존재하지 않는 것이다. 그러므로 시간은 우리에게 실재하지 않는다.

우리가 잠에서 깨어날 때, 잠자는 동안 얼마나 많은 시간이 흘렀는지 알 수 없다. 깨어 있는 동안에도 시간은 실재하지 않는다. 슬픔과 고통을 당하는 동안에는 하루가 일 년과 같다. 기쁨을 누릴 때는 일 년이 하루 같다. 그러므로 시간에는 실재가 없다. 왜냐하면 실재자는 어떤 환경에서도 실재하며, 우리는 영원한 실재자를 위해서 창조되었으므로 시간에 대해 알지 못한다.

2. 년, 달, 일, 시간, 분, 초 등은 공간 안에서의 사건이나 변화나 물

체를 참조하여 삼아 소위 시간이라는 것을 만든다. 공간 안에 있는 어떤 사람을 살펴보라. 그것의 변화가 시간을 만들어낸다. 변화가 이루어지고 있을 때가 현재이며, 변화가 완성되었을 때가 과거이며, 변화가 아직 이루어지지 않았을 때가 미래이다. 객체가 별화할 때 시간도 그것들과 함께 미래나 과거로 변화한다. 반면에 실재 자체는 변하지 않으며, 그것과 연결되어 있는 영원도 변화하지 않는다.

3. 시간은 변화하며 망각 속에 사라진다. 그러나 우리가 시간 안에서 행한 것은 결코 지워지지 않고 영원 안으로 들어간다.

"이 세상 그 정욕도 지나가되 오직 하나님의 뜻을 행하는 자는 영원히 거하느니라"(요일 2:17).

제3권

실재자 탐구

The Search After Reality(1925)

저자 서언

나는 힌두교, 불교, 이슬람교, 그리고 기독교와 가까이 살아가면서 그 종교들의 경전과 주도적 사상가들의 저술을 연구했다. 그러는 동안, 각 종교의 학식 있는 추종자들과의 많은 대화를 통하여 그들의 신앙의 핵심 교리를 정리할 수 있었다. 여기에 언급한 네 종교에 대한 나의 생각의 결과를 이 책에 정리했다.

이 네 종교에 대한 조직적이며 역사적인 관점을 다루려는 의도는 아니다. 그러나 진리를 추구하는 독자들이 실재자를 알게 되는 데 도움이 되리라는 생각으로 각 종교의 근본적인 원리가 담긴 몇 개의 단어의 뜻을 정리했다.

이 책이 우르두어에서 영어로 번역되어 출판되기까지 수고를 아끼지 않은 뉴질랜드 개신교 선교회의 T. E. Riddle 목사님, 그리고 나에게 많은 도움을 주신 펀자부(Punjab)에 있는 카라(Khara)에게 감사를 드리는 바이다.

1924년 9월
심라에서, 선다 싱

제1장

종교와 실재

종교란 순종하고 의무를 충실히 행하는 사람들의 욕구를 충족시켜 줄 수 있는 초자연적인 능력을 알고자 하는 인간 본성의 자연적이며 보편적인 요구이다.

다시 말해서, 종교의 목적과 목표는 우주의 창조자요 주인이요 보존자이신 분의 명령에 복종하며, 마음을 다해 예배하는 것, 그리고 전능하시고 영원하시고 편재하시는 분과의 교제를 누리는 것이다.

보이지 않는 것과 보이지 않는 것들의 제1 원인이신 분, 이 무한한 생명의 원천이 실재자이다.

1. 우상숭배에서 하나님 예배로의 발달

1. 아주 옛날 사람들은 오늘날의 야만인과 교육을 받지 않은 사람들과 같았다. 그들은 자신의 영적인 욕구를 깨닫지 못했거나, 혹은 조금이라도 깨달았어도 그것을 깊이 의식하지 않았을 것이다. 그들은 오로지 육체적인 욕구만 느꼈으며, 창조주를 예배하지 않고, 태양, 달, 불, 공기, 물 등 피조물을 섬겼다. 히브리 민족 외에는 참되고 살아계

신 한 분 하나님에 대한 지식을 가진 종족은 없었다. 그들은 육체적인 욕구 때문에 유익을 줄 수 있다고 여기는 것이나 악처럼 두려워하는 대상을 우상의 형태로 숭배했다.

2. 그 후 그들은 자기들이 섬기는 신상(神像)을 만들고, 그 앞에 제물을 가져와서 제사를 드렸다. 이것이 충분하지 못한 것처럼 보였기 때문에, 그들은 더 나아가 선한 영과 악령, 그리고 조상신들을 섬기기 시작했다. 그들의 영적인 지평이 넓어짐에 따라, 이것도 성장하는 그들의 영적 본성의 욕구를 충족시키지 못했으므로, 그들은 현세와 내세에서 자기들의 육체적·영적 욕구와 갈망을 충족시켜줄 수 있다고 여기는 영적 존재를 찾아 섬겨야 했다. 그리하여 하나님은 그들의 영적인 욕구와 능력에 따라 자신을 계시하셨다. "옛적에 선지자들로 여러 부분과 여러 모양으로 우리 조상들에게 말씀하신 하나님이 이 모든 날 마지막에 아들로 우리에게 말씀하셨으니 이 아들을 만유의 후사로 세우시고 또 저로 말미암아 모든 세계를 지으셨느니라"(히 1:1-2).

3. 고대인들은 단순하고 거친 형태의 돌과 청동과 쇠로 된 기물을 사용했다. 그러나 우리는 이러한 종류의 무기와 기물을 사용할 필요가 없다. 왜냐하면 우리 시대의 문화는 그 시대의 문화보다 훨씬 진보했기 때문이다. 그들이 느낀 욕구들—예를 들면, 배고픔과 목마름 등—은 우리와 동일하지만, 세월이 흐르면서 이러한 욕구를 만족시켜주는 수단이 변화되었다. 마찬가지로 그들의 역사서와 종교적인 책을 통해서 그들의 욕구가 우리의 욕구와 같다는 것을 알게 되었어도, 그

162 제3권 실재자의 탐구

렇다고 해서 우리가 그들의 우상숭배 방법을 그대로 적용해야 한다는 의미는 아니다.

이 옛사람들의 습관에 대해 배우는 목적은, 그들이 구원을 얻기 위해 선과 악 사이에서 죄와 죄의 결과들과 투쟁할 때 어떤 수단을 사용했으며, 어느 정도 성공했는지를 알려는 데 있다.

우리 시대에도 사람들은 구원을 얻기 위해 노력하면서 선과 악 사이의 어려움에 얽혀 있음을 알게 된다. 그러나 모든 시대에 모든 사람의 욕구와 능력과 발달 상태에 알맞은 점진적인 실재자의 계시가 있다. 이 말은 실재자의 진리가 변한다는 의미가 아니다. 실재자의 진리가 다양한 문화와 환경에 따라 사람들에게 나타나는 형태는 다르지만, 실재자의 진리가 변했다는 의미는 아니다. 새로운 모습으로 나타나지만, 실재자는 불변하시며 동일하시다.

2. 사람은 자기 안에 존재하고 있는 것과 비슷한 것만 이해한다.

1. 다른 종교를 믿는 사람들, 그리고 기질과 능력이 다른 사람들은 흔히 자신의 경험이 꿈과 환상까지도 제한하고 있음에도 불구하고, 자신의 지식과 믿음과 경험으로 실재자를 완전히 정의하고 묘사할 수 있다고 믿는다. 그러나 그들 사이에 존재하는 차이점들은 표면적인 것에 불과하다. 그들이 정의하고자 하는 실재자에 대한 근본적인 생각에는 차이가 없다.

이것은 마치 세 사람이 각기 한 사람은 붉은 안경, 또 한 사람은 푸른 안경, 마지막 사람은 초록색 안경을 끼고서 흰 꽃을 보는 것과 같다. 각 사람에게 그 꽃의 색깔은 다르게 보인다. 세 사람 모두는 꽃이 존재한다는 근본 사실에는 동의한다. 그들의 논쟁은 꽃의 색깔에 있었으나, 그들이 모두 안경을 벗자 꽃의 진짜 색깔을 보게 되었다. 사람들의 신념과 감각은 안경을 쓰고서 존재하는 모든 사물을 추정하고 검사하는 것과 같다. 하나님께서 그들의 마음을 조명해주시지 않으면 그들은 실재자를 이해할 수 없다. 그러나 진리를 진정으로 추구하는 자들의 빛이신 분이 모든 사람을 비추기 위해서 이 땅에 오셨으며(요 1:9; 8:12), 그들을 실재자에게 인도하실 것이다.

2. 멀리서 물체를 보면 작게 보이며, 그 물체의 실제 상태를 알 수 없다. 그러나 가까이 다가가면 어느 정도 그 물체의 실체가 어떤 것인지 알 수 있다. 물체는 변화되지 않았지만, 그 물체에 대한 우리의 경험과 지식은 진보한다. 그래서 우리는 점차 하나님의 현존의 친교 안으로 들어가야 하며, 실재자를 온전히 알 때까지 영적인 지식과 경험이 진보해야 한다. "그의 참모습 그대로 볼 것이기 때문이니"(요일 3:2; 고전 13:12).

3. 사과나무를 본 적이 없고 씨만 본 사람은 그 씨 안에 숨겨 있는 사과나무와 줄기와 꽃과 열매를 이해하지 못한다. 씨앗이 성장하는 데 알맞은 조건을 찾았을 때 씨의 실제 본성이 나타난다. 그리고 거기에 숨겨져 있는 모든 가능성이 나무 안에 나타나며 온전하게 된다. 이리하여 모든 문제가 풀린다. 이처럼 우리가 모든 것을 고려하지 않으

면, 자신 안에 감추어져 있는 자질과 능력을 알지 못한다. 그러나 하나님과 동행하며 그의 뜻을 따르면, 성장하는 데 필요한 도움을 지속적으로 얻게 되며, 그를 지으신 하나님의 온전하심에 이르게 될 것이다. 그때 모든 문제와 어려움이 해결될 것이다. "사랑하는 자들아 우리가 지금은 하나님의 자녀라 장래에 어떻게 될지는 아직 나타나지 아니하였으나 그가 나타나시면 우리가 그와 같을 줄을 아는 것은 그의 참모습 그대로 볼 것이기 때문이니"(요일 3:2).

4. 나무는 무한한 공간에서 자라지만, 나무가 뻗어나가는 데는 제한이 있다. 중력은 정해진 한도 밖으로 한 치라도 벗어나는 것을 허용하지 않는다. 이처럼 우리의 지혜와 이해와 생각은 벗어날 수 없는 한계 안에 제한되어 있다. 장래의 세상에서 끄는 힘은 사랑인데, 이것은 영혼이 방해받지 않고 온전함을 향하여 성장하도록 도와주며 지원해준다.

5. 사람들로부터 완전히 격리하여 활동하는 사상가가 자신이 깨달음의 경지에 이르렀다고 말하는 일이 빈번하게 발생한다. 그 이유는 세상은 매우 다양한 것들이 가득한 거대한 박물관과 같기 때문이다. 각각의 방문객은 자신의 경험을 통해서 전시물을 보고, 자신의 느낌과 공상으로 그것들을 채색한 것을 사람들에게 이야기한다. 모든 사람은 각기 자신의 방식으로 하지만, 결론은 언제나 같다. 한편 지적인 시각에 작은 결점이 있으며 깊은 영적 체험이 없는 사람들은 실재자를 설명하기 위해 쓴 글과 말을 자신만의 공상으로 채색하고, 왜곡된

제1장 종교와 실재 165

관점으로 표현해왔다. 그러나 실재자는 불변하시다.

3. 감각은 영혼과 영원한 것 사이의 통역자이다

1. 육체의 감각과 영혼의 지각(知覺)은 본성적으로 그 자체로서는 무(無)이며, 영혼과 물질 간의 통역자로서 활동할 뿐이다. 설탕의 단맛이 설탕이 아니듯이, 감각의 인식은 감각 자체가 아니다. 사람은 유물론자들이 생각하는 것같이 기계의 동력에 따라 움직이는 자동기계의 부품이 아니다. 기계는 자신이 기계라는 것을 모르며, 두뇌와 신경 기관의 활동 안에서 생각과 상상을 지어낼 수 없기 때문에, 인간 영혼의 도구로만 작용한다.

인간을 자동기계라고 주장하는 극단적인 유물론자들과 논쟁하는 것은 무익하다. 왜냐하면 자동기계는 그가 자동기계였다는 이론을 세울 수 없기 때문이다. 생각과 느낌과 의지와 상상 등이 생물의 원형질 위에 흐르는 물거품에 불과하다고 주장하는 사람들과 논쟁하는 것도 무의미하다. 이는 물거품은 물의 방향을 바꾸지 못하기 때문이다. 그러나 생각은 우리의 삶의 방향을 바꾼다. 헤겔은 "생각은 손과 발을 갖고 있다"라고 말했다.

2. 인간의 지력과 능력이 다른 피조물에 비해 탁월한 것이 뇌의 크기에 달렸다면, 뇌라는 것을 찾기 힘들 정도로 작은 꿀벌이나 개미의 놀라운 능력은 무엇을 의존하는가? 이것이 본능이라고만 말한다면,

나무의 뿌리가 양분을 찾아서 뻗어가고 해로운 것을 피해 가는 것은 어찌 된 일인가? 덩굴풀과 담쟁이가 다른 것을 감아서 지지대로 삼고 위로 뻗어나가는 것은 무엇인가? 그렇다면 지각이 없는 무생물조차도 끌어당기거나 밀어내는 자장(磁場)은 무슨 원리인가? 진실은 이것이다. 각 피조물의 필요에 따라 특별한 능력을 부여하신 창조주께서 인간이 하나님을 이해할 수 있도록 자신의 모양과 형상대로 인간을 지으셨으며, 두 세상의 창조자에게 돌아와서 그분과 조화를 이루도록 인도하셨다.

3. 우리가 알고 있는 것 중에 말로 표현할 수 없는 것이 많다. 왜냐하면 우리는 내면의 의식을 전부 설명할 수 없기 때문이다. 도저히 표현할 수 없는 것들이 있다. 우리의 표현 능력을 초월하지만 이해할 수 없는 것은 아닌 경험이 있다.

때로 우리는 직관(直觀)을 느끼며, 갑자기 고상한 생각이 떠오른다. 그것은 누구에게서 배운 것이 아니다. 왜냐하면 누구도 그것을 설명할 수 없으며, 우리는 눈에 보이는 세상에서 감각을 통해서 그것에 대한 지식을 습득할 수 없기 때문이다. 이런 까닭에 "이 숨겨져 있는 것들을 어떻게 알 수 있었을까?"라는 질문이 생긴다.

이것의 증거는 우리의 영혼이 보이지 않은 영적인 세상과 연결되어 있으며, 우리가 알지 못하지만, 그 세상의 빛이 우리의 내적 자아 안에 반영되어 있다는 것이라고 말할 수 있다. 우리의 내적 지각에 의해 어떤 진리는 다른 세상에서 우리에게 온다. 그러나 그 진리를 증명하는 것은 거울을 통해서 희미하게 보는 것 같은 경험에 의해서 가능할 것이다.

4. 개미와 벌은 그것들이 사는 영역 안에서는 부지런하고 영리하다. 그러나 그것들은 자기들의 영역 밖에서 고등동물과 인간을 보지만, 자기의 삶의 척도에 의해서만 그들을 평가할 수 있다. 마찬가지로 우리는 영적인 세계에서 더 고등한 존재들과 접촉한다. 그 존재에 대한 우리의 지식은 우리 인간에 대한 개미의 지식과 같다. 한편 인간이 개미에 비해 월등한 존재이지만, 하찮은 미물인 개미에 대해 완전한 지식을 갖지 못한다. 마찬가지로 우리에 대한 고등한 영적 존재의 지식도 불완전하다. 모든 것을 창조하신 하나님 한 분만이 모든 피조물에 대해 완전한 지식을 가지고 계시다.

4. 하나님과 그의 피조물

1. 생물과 무생물이 창조되기 전에 공간이 있었다. 만일 온 우주가 파괴되어도 공간은 언제나 있을 것이다. 그러나 우주가 파괴되고 공간이 텅 비게 된다는 것은 상상조차 할 수 없는 일이다. 물질이 자체의 창조력으로 공간에 존재하게 된다는 것, 그리고 생명이 없는 물질에서 유기체가 생겨난다는 것은 불가능한 일이다. 결과적으로 우주의 질서와 계획을 발견하는 것은 전능하시고 전지하신 분의 존재 증명이다. 그분은 우주의 공간에 보이는 것과 보이지 않는 것 등을 지으시고

채우신 무한하시고 영원하신 분이시다.

2. 하나님 외에는 영원한 것이 없다, 만약 우주가 영원하지 않다면, 그것은 당연히 피조되었을 것이며, 그렇다면 하나님께서 존재하는 것들을 창조하실 때 그분 안에 변화가 일어났을 것이라는 질문에 봉착할 것이다. 그러나 하나님은 불변하시므로, 그것은 불가능하다. 여기서 우리는 우주가 존재하기 전에 하나님의 지식 안에 있었다는 진리를 발견하게 된다. 하나님에게는 표면적으로(객관적으로) 존재하는 것이나 그분의 지식 안에(주관적으로) 존재하는 것이 동일하다.

한편, 만일 우주를 영원한 것으로 간주한다면, 하나님은 창조자가 아니다. 만일 하나님이 창조자가 아니라면, 전능하신 분도 아니다. 그리고 하나님이 전능하신 분이 아니라면, 그분은 하나님이 아니다. 이런 하나님은 자신의 재산을 가지고 있어서 사용할 수 있지만, 힘과 지식에 한계가 있으므로 자신이 사용하는 것의 실제 본성을 알지 못한다. 하나님에게 이러한 한계는 그분의 본성과 속성에 어긋난다. 더 말할 필요가 없다. 우주는 그의 지식 안에 있었으며, 하나님의 창조력으로 말미암아 존재하게 되었다. 이 우주는 범신론자들이 말하는 것처럼 하나님과 혼합되어 있지 않다. 우주는 비록 하나님으로부터 나와 하나님 안에 있지만, 그분과 분리되어 있으며, 영원히 그분 안에 있을 것이다.

3. "하나님의 영은 수면 위에 운행하시고"(창 1:2), 하나님 앞에서 무수한 종류의 피조물들이 생겨났다. 그리고 하나님의 영이 무한한 공

제1장 종교와 실재 169

간의 바다에서 인간의 영혼을 품으셨다. 그분만이 장차 모습을 드러낼 존재, 창조주를 닮아 완전해짐으로써 영원히 그분의 현존을 누릴 크고 영광스러운 존재를 아신다.

4. 이 세상에는 건강에 유익한 것들이 있지만, 독이 있는 쓴 물질도 있다. 하나님께서 그것들을 창조하셨지만, 그것들의 악한 본질은 악의 세력이 창조한 것이다. 하나님은 모든 영혼의 창조자이시지만, 인간의 타락한 본성은 그들의 자유의지의 결과이다. 하나님은 죄와 악을 창조하지 않으셨으며, 또 그런 경향으로 기울어지게 하지도 않으셨다. 하나님은 인간 스스로 자신의 길을 선택할 자유를 주셨다. 그러나 사랑이신 하나님은 인간 영혼 안에 건강을 주는 거룩한 변화를 이루어 그들의 악한 본성과 영적 질병을 영원히 제거하실 수 있다.

죄의 뿌리가 제거될 때, 그 악한 결과가 전체 피조물에게서 사라질 것이다. 그러나 그 슬픈 경험이 주는 교훈은 장래의 삶에서 더욱 죄를 경계해야 한다는 것을 상기시켜 줄 것이다.

하나님의 본성과 속성을 거스르는 것은 하나님이 주권자가 되시는 영역 안에 영원히 존재할 수 없다.

5. 사람들은 일반적으로 열매와 꽃, 강과 호수, 산과 광활한 평야 등을 볼 때 기뻐하면서 그 아름다움을 찬양한다. 그러나 그들의 관심과 정감(情感)이 사물의 본성적인 아름다움에 너무 매혹되어서 그것들 뒤에 계시는 분, 자기 손으로 지으신 작품 뒤에 숨어계시는 분, 그의 피조물에 가려지신 창조자를 알아보지 못한다.

우주가 그렇게 아름답다면, 그것을 창조하신 분은 얼마나 아름다우실 것인가! 그의 손으로 주시는 선물이 그처럼 달콤하다면, 그 달콤함을 지으신 분의 현존은 얼마나 더 달겠는가! 피조물에 만족하면서, 생명을 주시며 영혼을 만족하게 하시는 주님의 현존을 알지 못하는 사람은 얼마나 불쌍한가!

6. 짐승은 주인을 안다. 그러나 피조물 중에 가장 고귀한 인간은 동물보다 저급해져서 창조주를 알지 못한다. 악한 본성으로 인해 장님이 되어서 자신의 참 자아를 알지 못한다. 인간이 자신이나 자신의 참본성을 안다면, 성령의 인도하심과 도우심을 받아 자신의 형상으로 인간을 지으신 하나님을 알게 될 것이다.

5. 종교의 필요성

1. 수면에 물결이 일어날 때는 물에 비친 우리의 얼굴을 볼 수 없다. 마찬가지로 인간의 마음에서 세상의 바람으로 인한 물결이 잠잠해지지 않는 한 영적 도움을 받아야 하는 자신의 실제 상태를 알 수 없다. 고요히 묵상하면서 이러한 상태를 알게 될 때, 그는 자신이 무력하므로 도움과 구원을 얻으려면 하나님의 도움이 필요하다는 것을 깨닫고, 기도하면서 자신을 하나님께 맡긴다.

2. 나침반의 바늘이 항상 북극을 가리키는 것 같이, 정직하고 세상의 혼란과 유혹에서 벗어난 마음은 언제나 하나님을 향하고 그분을

가리킨다. 이는 무한한 사랑이시요 거룩하신 분의 인력의 영향을 받지 않을 인간 본성은 없기 때문이다. "사람은 하나님 없이는 위대할 수 없다"(Seneca).

3. 사람들이 하나님에 대한 바른 지식에 이르지 못했을 때, 그들의 종교는 두려움과 이기심에 기초하게 된다. 언젠가 나는 시킴주(Sikkim)의 렙차족(Lepcha) 사람에게 왜 하나님을 버리고 악한 영을 숭배하는지 물었다. 그들은 "우리들은 언제나 악한 영이 우리를 해칠까 두려워하여 그들에게 빕니다. 하나님이나 선한 영들이 우리를 해치지 않는데, 왜 그들에게 기도하고 숭배하겠습니까?"라고 대답했다. 그들은 하나님과 교제함으로써 악한 영들을 정복할 수 있다는 것, 그리고 하나님은 우리에게 해를 끼칠 온갖 종류의 공격을 막아주시는 분이심을 알지 못했다.

4. 어느 고대 철학자는 하나님과 종교의 필요성을 어렴풋이 느끼고서 "무질서하고 난폭한 원시시대에는 공개적으로 범한 죄를 법으로 처벌했지만, 양심 깊이 숨겨진 은밀한 죄는 다스릴 수 없었다. 어떤 현인은 도덕적인 사람이 되게 하려면 공포심을 주어야 한다고 충고했다. 인간의 모든 행동을 알 뿐만 아니라 인간의 가장 깊은 생각과 목적을 알 수 있는 신을 만들라"고 말했다.

이 철학자는 하나님의 존재에 대해서 무지했지만, 그의 본성 안에 하나님의 존재가 은밀하게 감추어져 있음을 볼 수 있다. 그리고 신(神)을 만드는 데 대한 그의 생각의 배후에 하나님이 현존하심을 볼 수 있다. 간단히 말하자면, 어느 시대에든지 모든 종족은 어떤 형태로든지 하나님을 향한 깊은 갈망을 나타내왔다.

이제 나는 세계 4대 종교인 힌두교, 불교, 이슬람교, 그리고 기독교에 대해서 설명할 것이다. 이 종교들 중에서 어느 종교가 인류의 욕구를 충족시켜주는지, 그리고 영원한 하나님으로부터 분리되었다는 의식의 무거운 짐을 지고 있는 개인의 영혼에 어느 정도의 평화를 주는지 살펴보겠다.

제2장

힌두교

힌두(Hindu)라는 단어는 베다경(Vedas)이나 종교 서적(Shastaras) 어느 곳에서도 발견되지 않으며, 그 의미도 알려지지 않았다. 단지 신드 (Sindh) 강 유역에 살고 있는 아리안족을 신두(Sindhu)라고 불렀는데, 이 이름이 점차 힌두라 불렸을 가능성이 있다.

힌두교 경전은 네 개의 베다(Veda)로 이루어져 있다: 우파니샤드 (Upanishad), 여섯 개의 다르샤나(Darsanas), 바가바드기타, 그리고 많은 경전들(Shastaras)과 푸라나(Purana).

어느 힌두교 지도자는 힌두교에 대해서 다음과 같이 기록했다: "힌 두교에는 교리가 없다. 그러므로 힌두교도는 무신론이라도 선택하여 믿을 수 있다. 힌두교도는 이론적으로 베다경을 계시종교로 받아들 여야 하지만, 베다경의 본문을 자기 마음대로 해석할 수 있다. 이것이 교의주의의 노예에서 벗어날 수 있는 탈출구이다."

힌두교는 전혀 다른 교리 체계를 포용한다. 그리고 힌두교도이니 부모에게서 태어났지만 다른 교리체계를 받아들이는 사람도 힌두교 도이다. 힌두교의 창시자는 없다. 오랜 세월 동안 각기 다른 종교 교 사들이 바르고 참되다고 여기는 것을 기록하여 사람들에게 전해왔

174 제3권 실재자의 탐구

다. 그러므로 힌두교의 가르침은 다양할 뿐만 아니라 모순되기도 한다. 이러한 교사들 중에는 진정한 진리 탐구자들, "모든 족속 중에 자기를 증거하지 아니한"(행 14: 16-17 참조) 신으로부터 어느 정도 깨달음을 얻은 박따(Bhakta)들이 있다. 이들 중에는 사두(Sadhu: 교사)와 산야시(Sanyasis: 은둔수행자)가 되어 세상과 세상의 영화뿐만 아니라 자기 나라도 버리고 명상으로 일생을 보내는 사람들도 있었다. 오늘날 세상에서 힌두교도들만큼 수행계율을 준수하는 사람을 찾아보기 어렵다.

이제 힌두교의 주요 교리를 간략하게 설명보겠다.

1. 베다 사상

1. 범어로 베단타(Vedanta)는 베다경의 끝(anta), 또는 지식의 끝을 의미한다. 이것은 주로 베다 철학을 해석하는 우파니샤드의 가르침에 기초하지만, 베단타의 가르침은 다르샤나, 바가바드기타, 그리고 그 밖의 경전들(Shastaras)에서 발견된다.

베단타의 주요 교리는 브라흐마(Brahma), 또는 신(神) 외에는 모두 마야(Maya) 또는 환영(幻影)이라는 것이다. 이것이 사실이라면, 요가나 박티(Bhakti: 절대 信仰 및 歸依 수행)가 필요 없거나, 선업(善業)을 쌓는 것도 불필요할 것이다. 왜냐하면 존재 안에 마야를 일으킨 분 자신이 그것을 파괴하기 때문이다. 만일 마야가 그의 능력을 초월하는 것이라면, 마야는 브라흠(Brahm: 梵)보다 힘이 더 강한 것임에 틀림없다. 왜냐하면 마야가 물질적 현상들, 브라흐마가 통제해야 할 물질적 형태를 지닌 것 전체를 통제할 수 있기 때문이다. 그밖에 베단타, 즉 마야설(摩耶說)을 믿거나 명상을 통해서 깨달음을 얻은 요기(Yogi)들이 가지고 있는 증거, 심지어 브라흐마가 마야가 아니라는 증거는 무엇인가?

참되고 전능하시고 영원하신 한 분 하나님이 계시며 이 세상은 그의 피조물이라는 것이 진리이다. 베단타 학파와 소피스트들이 믿는 바처럼 이 물질계는 마야(幻影)나 망상(illusion)이 아니며 실존한다. 피조물이 하나님이 아니며, 그분에게서 분리되어 있지 않다. 그분의 생명을 주는 현존이 모든 피조물 안에 있다. 왜냐하면 "우리가 그를 힘입어 살며 기동하며 있기 때문"이다(행 17:28).

2. 베단타 철학은 "눈(雪)의 입자(粒子)는 그 근원적 요소 안에 녹아들며, 강과 합류하여 흘러내리며, 마지막으로 대양(大洋)으로 흘러 들어간다. 눈의 입자가 분리되는 것처럼, 사람 또한 지식의 불에 녹아서 그의 인격적 존재가 소멸되고, 브라흐마 안에 흡수된다"고 가르친다.

이 가르침을 믿는다면, 브라흐마 외의 다른 힘이 존재한다는 것을 믿지 않으면 안 된다. 왜냐하면 추위가 물을 얼게 하고, 눈의 입자들을 개별적인 입자로 존재하게 하듯이, 이 힘은 온갖 형태의 분리된 실존을 유지하며, 그것들이 브라흐마 안으로 회귀하는 것을 막기 때문이다.

마야가 브라흐마의 창조의 힘이라는 샹캬라(Shankaracharya)의 교리를 받아들인다면, 인간의 상태에 대한 전적인 책임은 인간과 무명(無名: avidya)을 만든 브라흐마에 달려있다. 그러므로 인간은 자신의 죄에 대해서 책임이 없다. 왜냐하면 현재 분리된 그 존재는 죄의 뿌리요 원인인 무명(無明)에 의존하기 때문이다.

스와미 비브카난다(Swami Vivekananda)가 시카고 종교대회에서 "사람을 죄인이라고 하는 것은 죄이다"라고 말한 것은 이 가르침을 고려한 것일 것이다. 이 말이 사실이라면, 선업과 악업(karma)를 가르치는 베다와 경전들(Shastaras)의 진리는 허구일 것이다. 왜냐하면 죄의 결과가 부인되며, 그래서 선행이 악행과 다르지 않기 때문이다.

3. 선한 행위(karma)와 헌신(Bhakti)뿐만 아니라 지식(Jnana)이 구원(moksa)에 필수적이라면, 구원을 얻음으로써 보편적인 존재 안에서 자아를 상실하며 파람아트만(paramatman, 大我) 안에서 아트만(atman)이 상실된다면, 그 구원이 무엇이 좋겠는가? 그것은 구원이 아니라, 멸망이다. 또 우리가 브라흐마에 흡수된다면, 우리의 지식(Jnan) 역시 상실하게 될 것이다. 이 말에 주목하라. "지식"은 계속 지식이 되지 않을 것이며, 영원한 무명(avidya)과 소멸이 된다. 우리가 무명의 상태에 처할 때 최소한 우리 자신에 대한 지식을 어느 정도 가지고 있지만, 지식을 통해 구원을 얻을 때 이전에 브라흐마 안에 흡수되었던 작은 것까지도 내주어야 한다.

나무는 그 열매로 알게 된다. 그래서 나는 베다 신자들에게 물어보고자 한다. "인도(이 지식의 이론을 배우고 그것을 가르치는 자가 태어난 곳)에서 이 지식을 가르침에도 불구하고 수백만 명의 사람들이 수 세기 동안 가장 형편없는 상태로 남아 있는 것이 지식(Jnana)의 결과인가?"

만약 이 "지식"이 보통 사람과 무관하고 요기(Yogi)들이나 현인들에게 적용된다고 말한다면, 그것은 모든 사람을 위한 것이 아니며, 그것으로써 모든 사람이 유익함을 얻지 못한다는 의미가 된다. 요약해서 말하자면, 그것은 모든 사람을 위한 것이 아니므로, 보편적인 것이 아니다. 그것이 보편적인 것이 아니라면, 그것은 진리가 아니다. 왜냐하면 진리는 모든 이들을 위한 것이기 때문이다.

4. 베다교인들은 일반적으로 "우리가 보는 모든 것은 환영과 꿈에 지나지 않는다"라는 것을 가르치기 위해서, "어두운 밤에는 끈이 뱀으로 보이지만, 밝은 낮이 되면 실제 모습을 보며 환영이 사라진다"라는 예를 든다. 그러나 이것은 이 세상에 뱀이 없다는 것을 증명하는 것은 아니다. 왜냐하면 뱀이 없다면, 끈을 보았을 때 뱀에 대한 생각은 일어나지 않았을 것이기 때문이다. 곧 존재하지 않는 것을 생각할 수 없기 때문이다. 우리가 주위에서 보는 피조물들은 꿈도 아니고 환영도 아니며 실재하는 것이다.

5. 샹카라는 "세상은 큰 주기 안에서 창조되며, 결국 브라흐마로 돌아간다"고 가르친다. 이 말은 브라흐마가 무명과 고통의 속박을 당하도록 살아있는 존재를 지었다는 의미이다. 이 말은 우리가 공정하신 하나님이라는 개념과는 매우 다르기 때문에 스와미 사라다난드(Swami Saradanand)는 "그것은 무한자의 놀이"라고 설명해야 했다. 그러나 그 말이 진실이라면, 이러한 브라흐마는 사람들을 야수(野獸)의 우리에 던

178 제3권 실재자의 탐구

져 넣고 괴로워하는 것을 보고 즐기는 로마의 폭군들과 같다. 이러한 생각은 하나님의 본성과 속성에 절대적으로 상반되는 것이다.

6. 이웃을 나 자신같이 사랑하라는 것이 진리의 원리이다. 이것이 모든 기쁨과 평화와 진보의 토대이다. 그러나 베단타 교사들은 "브라흐마 외에 존재하는 모든 것은 무(無)이다"라고 가르친다. 따라서 자아 사랑과 브라흐마 사랑은 같은 것의 한 부분이며, 그렇다면 만약 브라흐마가 자신을 사랑하는 것은 놀랄 일도 아니고 칭찬할 일도 아니다. 왜냐하면 잔인하며 이기적인 사람도 자신을 사랑하기 때문이다. 소금의 짠맛은 소금 자체를 위한 것이 아니라, 소금을 먹는 사람을 위한 것이다. 그리고 누군가를 사랑하는 사람의 사랑은 자신을 위한 것이 아니라, 그가 사랑하는 사람을 위한 것이다. 이는 사랑하는 사람과 사랑받는 사람 모두에게 행복이 될 것이다. 하나님과 긴밀한 교제를 추구하는 사람은 자기 영혼의 갈망을 충족하려는 것만을 목적으로 한다.

기독교와 현대 사상의 영향이 인도의 생활에 침투되어 일부 베단타 신자들은 구원이 하나님과 혼합되거나 하나님 안에 흡수되는 것이 아니라 하나님과의 의식적인 교제 안에서 살아가는 것이라고 믿고 있다.

7. 라마누자(Ramanuja)와 그의 추종자들은 마야(幻影) 가르침을 부인하며, 창조물은 하나님 자신처럼 실재한다고 주장한다. 이들의 견해를 무시한다면, 베단타 철학을 다음과 같이 짧게 표현할 수 있을 것이

다: 인간관계는 실재하지 않으며, 환영이다. 그러므로 한 소년이 자신을 아버지의 아들로 본다. 그러나 요가나 지식(Jnana)을 통하여 환영에서 해방되며, 완전한 지식을 소유함으로써 아이에게 아버지가 없어지며, 아이가 아버지가 된다. 따라서 "지식"을 획득하고 환영이 사라질 때 아들과 아버지의 상호 관계는 깨진다.

환영은 브라흐마의 존재 안에 있는 종양과 같다. 그것은 지식의 외과수술을 통하여 제거되지만, 다시 돋아난다. 그것은 세상이 소멸할 때 사라졌다가, 세상이 재건될 때 다시 나타난다.

만일 그렇다면, 지식의 종식(anta)을 의미한다고 주장되는 베단타가 모든 참지식을 종식하는 것이다. 이 베단타의 가르침 같은 소용돌이에 뛰어들어서 창조자나 그 피조물에 대한 참지식에 도달하기를 기대하는 것은 무익한 일이다.

2. 윤회와 구원

1. 플라톤과 이집트인들과 힌두교도들은 자기들의 지적 어려움을 해결하기 위해 각기 세부 내용만 다른 영혼의 윤회설을 주장하였다. 만일 우리가 힌두교의 가르침을 따라서 840만 번 다시 태어난다고 믿는다면, 어려움이 해결되기는커녕 가중될 것이다. 문둥이나 태어날 때부터 눈먼 사람을 예로 들어보자. 만일 그가 전생에 지은 죄 때문에 고통받는 것이라면, 그가 지금 무슨 죄 때문에 벌 받고 있는지 알아야 할 것이다. 그렇지 않으면 그가 받는 형벌의 목적이 달성되지 못할 것

이다. 징벌의 목적은 다음 생에서 더 좋은 삶을 살게 하는 것이다. 그러나 자신이 벌 받는 이유를 알지 못한다면, 그것은 죄에 대한 경고가 아니며, 다음 생을 더 좋게 하는 것도 아니며, 그는 스스로 죄가 없다고 생각하며 신을 원망할 것이다. 일상생활에서 죄목을 말해주지 않고 죄인으로 판결하는 판사는 없을 것이다. 하물며 어떻게 판사 중의 판사가 지은 죄를 말해주지 않고 죄인이라고 판결할 수 있겠는가?

또 신이 벌하지도 않고 상도 주지 않으며, 각 사람의 선행과 악행이 응보(應報), 또는 업(業)을 가져온다고 말한다면, 사람은 선행이나 악행의 저울에 대해서 알아야 할 것이다. 그렇지 않으면 업(karma)은 표적도 없고 조준도 없이 마구 쏘아대는 사격처럼 맹목적으로 작용하는 유물론자들의 힘과 같다.

2. 영혼의 윤회설을 삶의 문제에 대한 진정한 해답으로 여긴다면, 영혼의 영원성을 믿어야 한다. 대다수의 힌두교도들은 신과 영혼과 물질이 영원하다고 주장한다. 니야야(Nyaya) 철학의 논법에 의하면, 영혼은 영원하지 않다.

⑴ 영혼이 영원하다면, 그것은 시간 안에서도 영원하다. 따라서 그의 지식이나 능력은 신의 그것처럼 무한해야 한다.

⑵ 그것이 하나의 속성 안에서 영원하다면, 다른 모든 속성 안에서도 무한하여야 한다.

⑶ 그것이 한 속성 안에서 무한하지만 다른 모든 속성 안에서 유한하다는 것은 상상할 수 없으며 불가능하다.

⑷ 우리는 경험을 통해서 인간의 속성들이 유한하다는 것을 안다.

⑸ 그러므로 영혼은 시간 안에서도 유한하다.

만약 영혼이 정말 영원하며, 영원부터 지금까지 윤회나 환영으로부터 구원이나 자유를 얻을 수 없었다면, 내세에서 구원받을 희망이 있을 수 있는가? 그러므로 영혼은 영원히 구원받지 못한 상태로 있어야 한다는 것이 분명하다.

3. 죄 많은 삶을 살았던 사람들이 환생하여 세상에 다시 태어난다면, 그들은 동물이나 곤충이나 나무처럼 낮은 계급(caste)으로 태어날 것이다.

세상에서 생명이 끝날 때 영혼에 발생하는 것에 대해서 세 가지 견해는 다음과 같다.

⑴ 행위의 길(karma marga)을 주장하는 견해. 영혼이 신들의 하늘로 가거나 조상들의 하늘인 달에 가서 지내다가 축적된 선행이 소진되면, 다시 세상으로 돌아오고, 윤회한다(바가바드기타 9:21).

⑵ 헌신의 길(bhakti marga)을 주장하는 견해. 영혼은 윤회의 사슬에 매여 있지만, 신을 사랑하고 귀의(歸依)함으로써 해탈한다고 주장한다.

⑶ 지식의 길(Jnana marga)을 주장하는 견해. 여기서 깨달음, 또는 지식을 얻은 사람의 영혼은 브라흐마의 하늘(梵天)로 가서 우주의 영 (Brahma) 안에 흡수되며, 같은 개성으로 다시 세상에 태어나지 않는다.

만일 죄인이 어떤 선한 행위로 인하여 며칠 동안 왕이 되었다가 다시 비참한 감옥으로 돌아가야 한다는 말을 들었다면, 그는 앞으로 당할 고통에 대한 생각을 떨쳐버리지 못한 상태에서 왕으로 지내는 것이 행복하겠는가? 죄악이 상존하는 세상으로 돌아갈 두려움을 느끼면서 신들의 하늘에 임시로 머무는 것이 좋고 기쁜 일이겠는가?

만일 거룩하고 순결한 사람이 신들의 하늘에 간다면, 하늘에서 그의 모든 공덕을 털어버리게 하며 천계에서 다시 세상으로 돌아오게 하는 힘은 무엇인가? 그가 하늘나라에 들어갈 만큼 완전하고 거룩하다면, 그토록 수고와 고통으로 얻은 모든 것이 왜 먼지로 돌아가며, 그는 천계에서 추방되어야 하는가? 또 그가 거룩한 곳에 도달하고서도 세상으로 다시 돌아와야 할 만큼 죄를 지었는가?

이 세상에서 말할 수 없는 어려움 속에서 천계에 들어갈 수 있을 정도로 선을 이루었다면, 거기서 세상으로 돌아오지 않고 영원히 머물며 신들과 교제하고 살면서 더욱 거룩함으로 정진(精進)하는 것이 더 쉽지 않겠는가?

이렇게 짧은 인생에서 노력하여 삶과 품성의 선을 이루었는데, 천계의 완전한 환경에서 거룩한 교제를 누리며 산다면, 영원히 완전한 상태에 머물 수 있지 않겠는가? 세상의 어려움과 악한 영향 가운데 있는 것보다 천계에서 완전을 이루는 것이 더 쉽지 않겠는가? 그것이 불가능하다면, 그것은 구원과 천계가 아니고, 속임과 지옥에 불과하다.

구원이란 브라흐만 안에 다시 흡수되어 태어남과 죽음과 윤회의 고리에서 자유롭게 되는 것으로서 해탈(moksa)이라고 한다. 예를 들겠다. 어떤 사람이 땀을 흘리며 수고하여 부자가 되었다. 그런데 그의 야망이 이루어졌고, 모은 재산으로 호화롭게 살 준비가 갖추어졌을

제2장 힌두교 183

때, 그는 건강을 잃고 죽었다. 이것은 구원인가, 아니면 파멸인가?

보스(Boss)가 "힌두 철학은 인간의 슬픔을 아는 것으로 시작하여, 적절한 구제책을 탐구하였지만 결국 무용하게 되었다. 궁극적으로 인간의 불행은 생명의 사멸로만 종결되는 파멸의 목적지에 도달하게 되었다"라고 말한 것이 과연 진리인가?

3. 바가바드기타와 크리쉬나

1. 바가바드기타의 이야기는 이렇게 시작된다: "아르주나는 쿠루크세트라 전쟁터에서 자기의 친척들과 사랑하는 자들이 자기를 대적하여 싸우려고 전열을 갖추고 있는 것을 보았다. 그는 싸우기를 거부하면서 '나는 왕국도 부귀도 명예도 바라지 않는다. 내 가족들을 죽이고 죄인으로 낙인이 찍히느니 차라리 그들의 손에 죽은 편이 낫다'라고 말했다."

그러나 크리쉬나는 아르주나에게 싸우라고 설득하면서 이렇게 말한다: "슬퍼하지 말라. 영혼은 죽지 않으며, 죽이지도 못하며, 불로 태우지도 못한다." 이 말은 아르주나의 동정심과 사랑이 크리쉬나보다 더 크다는 것을 보여주지 않는가?

어떤 사람들은 크리쉬나가 아르주나에게 폭정과 불의를 쓸어버리고 올바른 것과 정의를 세우기 위해서 싸우라고 부추겼다고 말할 것이다. 이에 대해 두 가지 대답이 있다. 첫째는 사랑의 무기는 활과 창과 칼보다 더 효과적이라는 것이다. 둘째는 이것이 모두 환영(幻影)이

184 제3권 실재자의 탐구

라면, 그것이 존재할 수 있게 한 자는 그것을 사라지게 할 수 있을 것이며, 싸울 필요 없이 실재자를 나타낼 수 있을 것이다. 특히 이 경우에 크리쉬나처럼 인간의 모습을 한 신이라면 아르주나에게 "모두가 브라흐마 안에서 하나"이므로 싸우고 죽이지 말아야 하며, 자신과 싸우는 것이 불가능하다고 말했어야 마땅하지 않겠는가!

2. 어떤 사람은 크리쉬나와 그리스도가 같은 존재이거나, 최소한 동격이라고 생각한다. 그러나 면밀히 고려해보면, 둘의 삶과 가르침이 전혀 다르다는 것을 알 수 있다. 크리쉬나는 아르주나에게 싸우고 죽이라고 하지만, 그리스도는 제자들에게 "너희 원수를 사랑하며 너희를 핍박하는 자를 위하여 기도하라"(마 5:44)고 가르치셨다. 또 시몬 베드로가 주님을 잡으러 온 대제사장의 종 말고의 오른쪽 귀를 칼로 베었을 때, 주님은 즉시 그 귀를 만져 낫게 하셨다(눅 22:50; 요 18:10-11 참조). 그리스도는 산상수훈을 비롯하여 많은 설교를 통해 들려준 사랑과 비폭력에 대한 고귀한 가르침을 삶에서 실천해 보이셨다.

3. 크리쉬나는 "선한 자들을 보호하고 악한 자들을 멸하기 위하여, 의의 확립을 위하여 나는 매 유가(yuga)에 세상에 온다"(기타 4:8)고 했다. 한편 그리스도는 죄인을 구원하려고 이 땅에 오셨다(마 9:13; 눅 19:10). 선하고 의로운 사람들이 이미 선행(karma)으로 자신을 구원했다고 확신하는데, 왜 그들을 구해야 하는가? 그러나 분명히 죄인을 구해야 할 필요가 있었다. 이는 인간 모두가 죄인이기 때문이다.

그러므로 구원을 위해 크리쉬나를 의지하는 것은 무익하다. 왜냐하면 그는 자신이 세상에 출현하는 것은 죄인을 구하기 위해서가 아니라 멸하기 위해서라고 선언하기 때문이다. 이것은 그리스도에게서 구원을 구해야 할 필요성을 보여준다. 그리스도는 죄인을 구하기 위해 세상에 오셨다(딤전 1:15).

4. 바가바드기타에서 상키아(Sankhya), 요가, 베단타 체계를 박티(헌신) 교리와 결합하려고 시도해왔으며, 그것이 요한복음의 영향을 받았다는 증거가 있다. 예를 들면 요한복음 14장 20절의 "너희가 내 안에, 내가 너희 안에"라는 말이 기타 9장 29절에서 발견된다.

그래서 고행자들과 박티 수행자들 중에서 요가 수행자들이 가장 존경받아야 한다고 생각된다. 그러나 고정 자세로 앉아 숨을 억제하고 코끝을 응시하며 명상(samadhi)하는 것은 요가의 결점이다. 이렇게 하여 그들은 때때로 황홀경에 빠지는데, 그때 전도(顚倒)된 세상을 보게 되고, 거기서 진리를 찾지 못하고 속임을 당할 수 있게 된다. 자신의 코끝이 아니라 하나님께 시선을 고정하는 것이 더 좋은 일이 아니겠는가?

5. 유럽에서 나는 가끔 "인도에서 힌두교가 사람들의 욕구에 응하지 못함에도 불구하고 수 세기 동안 이어지는 이유가 무엇인가?"라는 질문을 받았다. 거기에는 두 가지 이유가 있다. 첫째는 유식한 지식인들이 베단타 같은 힌두교 철학으로부터 위로를 발견했으며, 거기에 말려들었기 때문에 그것을 초월하여 볼 수 없다는 것이다. 둘째는 카스트 제도의 속박이 대부분 인도인들의 자유를 가로막고 있어서, 그

들이 이 제도를 타파하지 못하고 있다는 것이다.

그러나 오늘날 힌두교에 많은 개혁과 변화가 일어나고 있다. 이는 인도 사람들이 세계 모든 민족과 철학자들을 접촉하고 있기 때문이다. 특히 기독교 복음서의 종교적·윤리적 가르침의 영향을 많이 받기 때문이라고 느껴진다. 하나님만이 힌두교의 장래의 운명을 아신다. 불교가 그랬던 것처럼, 인도의 종교적 욕구를 충족시켜주는 데서의 실패가 증가함에 따라 힌두교는 점차 쇠퇴해갈 것이다.

제3장

불교

불교의 창시자는 석가모니(Sakyamuni Gautama)이다. 그는 어렸을 때는 싯다르타(Sidhartha)라고 불렸으며, 깨달음을 얻은 후에는 붓다 (Buddha)라고 불렸다. 싯다르타는 주전 약 6세기에 네팔 남부와 인도 국경의 히말라야 산기슭에 있는 라자 싯도단(Rajah Sidhodan)의 왕궁에서 태어났다.

그가 스물아홉 살 때 세상을 버리고 가야의 보리수나무 밑에서 육 년 동안 고행과 명상을 했다. 깨달음을 얻은 그는 종교의 도리를 가르치기 시작하여 여든 살에 죽기까지 45년 동안 가르쳤다.

참된 의미로는 불교는 종교라고 할 수 없다. 왜냐하면, 불교에는 모든 종교의 기초요 생명인 신에 대한 것이 없기 때문이다. 그것은 도덕과 불가지론을 결합한 것이며, 그 가르침에는 힌두교의 영향이 많다. 불교 교리에서 윤회의 교리와 인과응보의 법칙, 그리고 다른 형태로써 해탈과 열반(nirvana)의 법을 찾아볼 수 있다. 그러나 혼, 물질, 브라흐만의 세 가지 영원한 실재가 있다는 것, 또는 신은 무속성(nirguna)과 유속성(saguna)을 동시에 갖고 있다는 등의 힌두교에서 주장하는 것처럼 모순된 교리는 없다.

1. 붓다의 출가와 가르침

1. 스물아홉 살에 아들을 얻은 싯다르타는 기쁨이 가득 차 아이를 마차에 태워서 정원을 거닐면서 그의 기쁨을 모든 사람에게 보여주었다. 마차를 타고 가는 동안 길가에서 늙은이를 보았고, 그다음에 병든 자를 보았고, 그다음에 죽은 자를 보았다. 그는 조만간에 모든 사람이 이러한 상태들을 통과해야 한다는 생각에 사로잡혔다. 조금 더 가다가 나무 아래 승려(bhiksu)가 앉아 있는 것을 보았다. 마부는 이 행자승은 슬픔과 고통이 가득한 세상을 보고 출가(出家)한 사람이라고 말해주었다. 이 말이 싯다르타의 마음에 큰 충격을 주었다. 그 말을 곰곰이 생각한 결과 자신도 출가할 것을 결심했다. 그날 밤에 그는 마차를 몰고 아버지의 성을 빠져나왔고, 왕족이 입는 옷을 벗어 몰고 왔던 마차와 함께 아버지께 돌려보냈다. 그는 종교인이 입는 옷을 입고 걸어서 가야를 향해 떠났다.

그곳에 도착하여 금욕생활을 시작했다. 6년 동안 엄격한 수행으로 인해 기진하여 졸도할 지경까지 이르렀다. 그가 의식을 되찾았을 때 깨달음이 왔다. 즉, 고업(苦業)이나 사치한 즐거움으로 얻는 것은 아무 것도 없으며, 중도(中道: The Middle Way)만이 인간이 취해야 할 것이라는 것이었다.

2. 그는 자신이 깨달은 법을 설파하기 위해 베나레스로 갔다. 도중에 우빠까(Upaka)라는 아지비카 교도가 붓다에게 물었다. "친구여, 당신은 누구인가?" 붓다는 "나는 일체승자요, 일체지자이다. 나를 가르

칠 스승은 없다. 나의 신과 인간의 어떤 세상에서도 나와 같은 존재는 찾아볼 수 없다. 나를 맞서는 사람도 없다. 나는 열반을 획득했다"라고 대답했다.

3. 만약 붓다가 인도의 종교적 본성과 환경의 영향을 받지 않았다면, 그는 단지 유물주의 철학자에 불과했을 것이다. 그러나 주변의 종교의 영향을 받은 그는 도덕 교사가 되었다. 그는 지적인 사람이었지만, 순수한 생각만으로 신의 존재를 이해할 수 없었다. 그는 신을 받아들일 수 없었고, 신에 대해서 가르칠 수도 없었다. 그러나 신으로부터 받은 내적 본성의 법과 양심 때문에 사람들을 가르쳤다. 스스로 깨달음으로써 인생 문제를 해결하고 그 방법을 찾았던 성인들과 수행자들은 모두 실패했다. 붓다 역시 몇 가지 철학적이며 윤리적 사상을 제외하고는 고행과 명상으로 깨달음을 얻지 못했다. 그러므로 진리를 추구하는 자는 인간이 만든 법칙에 의존하지 말고, 하나님께 겸손하게 마음을 개방해야 한다. 왜냐하면 오직 기도를 통하여 하나님을 찾을 수 있고, 깊은 영적 본성의 갈망을 충족시킬 수 있기 때문이다.

4. 불교 경전, 특히 핵심 경전인 삼장(三藏)은 영혼의 인격과 존재는 영원하지 않다고 가르친다. 이것은 물방울이 항상 변화하는 강이나 나무막대기에 붙은 불에 비유될 쉬 있다. 그래서 영혼은 사대종(四大種)의 가화합으로 생겨나며, 다시 불과 같이 소멸한다. 존재는 영원한 꿈이 없는 잠이다. 어떤 동작이 영혼을 일으키고, 그것이 생명을 깨우지만, 짧은 순간에 불과하다.

우주에는 인과론이 작용하고 있으며, 그렇기 때문에 모든 것이 생성되고 멸한다.

불교에서는 자연법이 신을 대체하며, 그 이상의 신적 인격은 존재하지 않는다. 그러므로 불자(佛子)들은 기도하지 않으며, 기도의 의미를 알지 못하며, 기도의 유익을 알지 못한다. 어떤 유명한 불교도는 시카고 종교대회에서 "불교는…신이나 신들을 숭배하지 않으며, 그에게 특별한 도움을 구하지 않으며…기도가 소용없다. 왜냐하면 필요한 것은 노력뿐이기 때문이다. 기도는 시간 낭비일 뿐이다"라고 말했다.

5. 본성적으로 자비한 붓다는 모든 인간과 짐승과 생물을 사랑과 자비로 대해야 한다고 가르쳤다. 그의 도덕적 가르침의 예를 들어보겠다. 언젠가 그의 아들 라훌라가 "무엇이 선하며 악한 것이며, 덕과 악덕이 무엇입니까?"라고 물었다. 붓다는 "악과 악덕은 자신과 남을 해치는 것이다. 그것을 행하지 말아라. 선과 덕은 자신과 남에게 유익을 주는 것이다. 그것을 행하여라"라고 대답했다.

6. 그러므로 불교에 신도 없고 내세에서의 삶과 행복에 대한 희망도 없는데, 인도에서 불교가 생겨난 까닭이 무엇인지 의심이 일어난다.

(1) 사람들은 붓다가 왕궁과 호화로운 삶을 버린 것에 마음이 끌렸다. 카슈미르의 탁실라(Taxila)에 사는 라자 푸쿠사티(Rajah Pukkusathi)도 예이다. 그는 붓다를 직접 보지는 않았지만, 라자 빔비사라(Rajah Bimbisara)에게서 그의 이야기를 듣고 감독하여 왕궁을 버리고 비구(bhiksu)가 되었다.

(2) 당시에 철학적인 지식이 없었던 많은 사람이 붓다의 부정설(否定說)에서 위안을 발견했다.

(3) 배타적인 카스트제도, 우상 숭배, 그리고 브라흐만의 우월하다는 주장에 반대하는 붓다의 가르침은 많은 사람들 특히 브라만교의 오만한 가설에서 벗어나고자 하는 사람들에게 매력적이었다.

(4) 위대하고 권세있는 아소카(Asoka) 왕이 자기 왕국에 불교를 전파하기로 결정한 것에 힘입어 성공한 것이다.

이러한 모든 것에도 불구하고, 불교의 불가지론 가르침은 인도인의 종교적 본성에 영원히 응하지 못하였다. 불교는 세력이 점차 쇠퇴하여 지금은 붓다의 인격을 기리는 소수를 제외하고는 불교의 발흥지에서 종교 신앙으로서의 생명력을 잃었다.

어느 불교도 작가는 수년 전에 불교가 쇠퇴한 것은 구즈니(Guzni)의 마무드(Mahmud)가 인도를 침략하기 시작한 때부터라고 했지만, 그것은 잘못된 것이다. 그렇다면 왜 힌두교가 불교와 같이 멸망하지 않았는가? 마호메트 교도들에게 더 큰 적은 우상을 섬기는 힌두교가 아니겠는가?

2. 니르바나(열반)

1. 열반(nirvana)은 불교 신자들이 구원의 의미로 사용하는 용어이다. 이것은 모든 욕망의 소멸을 의미한다. 욕망은 모든 고통과 괴로움의

원인이며, 모든 욕망이 마음에서 제거되면 고통과 괴로움이 욕망과 함께 사라진다는 것이다.

만일 그것이 악한 욕망의 파괴를 의미한다면, 진리를 사랑하는 사람들 모두가 동의할 것이다. 그러나 그것은 악한 욕망뿐만 아니라 선한 욕망도 버려야 한다는 의미이다. 스리랑카(Ceylon)에서 어떤 불교 지도자를 만났는데, 그는 담화 중에 이런 말을 했다. "좋은 욕망도 이기심에 기초를 둔 것이다. 왜냐하면 다른 사람을 위해서 선행을 하는 것은 의식하든지 하지 않든지 간에 그것으로 덕을 볼 것이라는 보상을 염두에 둔 것이기 때문이다. 그러므로 사람이 신을 섬기는 것은 자기의 유익을 바라는 것이다. 일생의 경험으로 보면, 우리의 욕망은 증가하며, 그에 비례해서 걱정과 실망도 증가한다. 그러므로 악한 욕망뿐만 아니라 선한 욕망도 버려야 하며, 이러한 욕망의 소멸이 바로 열반이다."

나는 이 말에 대해서 다음과 같이 대답했다: "살아 있는 자는 감각 없이 살 수 없다. 그러므로 욕망 없이 존재한다는 것은 불가능하다. 그런 상태로 존재하는 것은 살아있는 것이 아니다. 감각이 있는 곳에 욕망도 함께 일어난다. 모든 육신과 영적인 욕망을 적절히 충족시키는 것이 존재의 법칙이다. 만일 우리가 욕망을 죽인다면, 욕망과 함께 생명도 파괴될 것이다. 이런 관점에서 보면, 욕망을 멸(滅)하는 것은 생명을 파괴하는 것이지 구원이 아니다."

2. 대상이 없는 욕망이 없다는 것을 경험으로 알 수 있다. 왜냐하면

욕망을 지으시고 인간에게 욕망을 주신 분은 인간이 능력에 따라 그 욕망을 충족시킬 물질을 공급해주시기 때문이다. 그 증거는 다음과 같다:

모든 욕망은 요구하는 것이 있으며, 그 요구를 완전히 충족시켜주는 물질이 있어야 한다. 만일 그러한 "욕망"을 충족시켜주는 물질이 존재하지 않는다면(예를 들면 갈증을 해소해주는 물), 우리는 그 "욕망"의 대상이 없다는 결론을 내려야 할 것이며, 이런 경우에는 욕망은 소멸해야 할 것이다. 누구든 고난을 갈망하지 않으며, 그것을 피하려 한다. 비록 고난당할 준비가 되어 있다 해도, 그에 대한 보상과 선한 결과를 원하는 욕망으로 고난 당할 것이다. 누구도 병약함이나 영적인 고통을 원하지 않을 것이다. 왜냐하면 건강하려는 욕망은 생명의 법칙이기 때문이다. 그것이 없이는 생명의 안전과 활력을 발휘할 수 없다.

3. 만일 완전한 구원이 모든 욕망을 없애는 것이라면, 욕망을 없애려는 욕망도 욕망이다. 이것은 마치 불로 불을 끄며, 물로 물을 말리려는 것과 같다. 이것은 절대 불가능하며 자연의 본성을 거스르는 것이다.

4. 창조주가 영적 지각과 육체적 지각을 주셨다는 사실은 우리가 주변에 있는 보이거나 보이지 않는 것들과 연관이 있다는 증거이다. 하나님께서 우리가 피조세계의 환경과 연관이 없기를 원하셨다면, 이러한 영적이고 육체적인 실체들과 친밀하게 연결되게 하시지 않았을 것

이며, 그것들을 인식하게 하시지 않으셨을 것이다. 그러나 영적인 것과 육체적인 것, 그리고 그것들을 이용하여 욕망을 채우는 우리의 능력은 창조자의 고상한 계획뿐만 아니라 그분의 특별한 목적과 뜻을 보여준다.

이 정도 설명으로 충분하다. 창조주의 피조물을 바르게 사용하는 것이 창조자의 갈망이라면, 우리는 왜 그것을 사용하지 않고 욕망을 죽임으로써 죄인이 되어야 하는가?

5. 우리 안에 욕망이 일어난다는 사실은 필요한 것을 채워줄 수 있는 물질이 있으며, 때가 되면 그것이 이루어질 수 있다는 것을 증명하는 것이다. 에머슨(Emerson)은 "영혼의 갈망은 그것이 채워질 것이라는 예언이다"라고 말했다.

여기에 한 마디 덧붙이고자 한다. 우리가 살아가면서 불안이 증가하는 것이 아니라 욕망이 증가한다. 왜냐하면 불안은 욕망이 충족되지 않은 결과이기 때문이다. 그러나 전능하신 하나님은 섭리에 따라 증가하는 우리의 갈망을 채워주실 것이다. 우리의 갈망이 아무리 증가하고 많아도, 사랑이시며 무한하신 그분은 우리의 모든 갈망을 채워주실 수 있다.

제3장 불교 195

제4장

마호메트교

마호메트교의 창시자는 주후 570년경에 아라비아에서 태어난 마호메트(Muhammad)이며, 이 종교의 경전은 코란과 마호메트의 언행록(Hadis)이다. 그러나 후자는 마호메트 신자들 모두가 인정하는 것은 아니다. 코란을 두 부분으로 나눌 수 있는데, 메카에서 받은 계시와 헤지라(Hidjra) 이후에 메디나(Medina)에서 받은 계시로 되어 있다. 앞부분의 주제는 대부분 성장하고 있는 마호메트 공동체의 정치적·사회적 삶과 관련된 것들이지만, 그것들과 메디나에서 받은 것들은 모두 성경, 탈무드, 그리고 다른 서적에 이미 언급된 것들이다.

마호메트 시대의 아라비아에는 유대교 공동체와 기독교 공동체가 많았다. 그리고 몇 명의 기독교인은 모하메트와 관련된 사람으로 알려졌으며, 그에게 어느 정도 영향을 주었다. 또 그는 복음서를 아랍어로 번역한 그의 아내 카디쟈(Khadija)의 형제 와르카 빈 노팔(Warqa bin Nofal)과 친밀하게 지냈다.

이 종교에 대해서 더 길게 말할 필요가 없다. 왜냐하면 이 종교의 사상에는 새로운 사상적 독창성이 없기 때문이다. 즉 그것은 유대교 및 기독교 성서에 이미 나와 있는 것이기 때문이다.

196 제3권 실재자의 탐구

여기서 두세 가지 점만 다루면 충분할 것이다. 마호메트는 "하나님의 말씀"을 그리스도라 칭한다. 코란 중에 그리스도를 지칭하는 루 알라(Ruh allah) 또는 "하나님의 영", 그 이상 그리스도의 신성을 증명하는 이름을 바랄 수 없을 것이다. 왜냐하면 하나님은 한 영이시며 유일하신 분이시며, 그리스도는 그 영의 발현(發現) 및 성육하신 분이시기 때문이다. 그러므로 그리스도께서 하나님의 아들이심을 부정할 근거는 전혀 없다. 왜냐하면 육은 육으로부터 나며, 영은 영으로 나기 때문이다. 하나님은 영이시다. 그러므로 그리스도는 마리아에게서 하나님의 영으로 잉태되셨으므로 우리는 그분을 하나님의 아들이요 하나님의 영이라고 부를 수 있다.

1. 수피즘(Sufism)

1. 이슬람교와 코란의 원리들과는 달리 마호메트교인들 중에 범신론 및 신비적인 교리의 형태를 신봉하는 자들이 많다. 힌두교도들 중에 "아함 브라흐마"(aham Brahma), 즉 "나는 신이다"라는 신념을 가진 베다 신자들이 있다. 마찬가지로 모하메트 교도들 중 수피(Sufi)들은 "아날 하크"(ana'l haqq), 즉 "나는 진리다"라고 한다. 그들 중 어떤 이들은 진리에 대한 이해가 너무 부족하여 실재자(Reality)를 조롱하고 모든 이해와 분별력을 말살한다. 세이크 이브라힘(Sheikh Ibrahim)은 이르사닷(Irshadat)에 이렇게 기록했다: "검은 담요를 걸친 어느 행자승이 주나이드(Junayid)의 수도원에 들어갔다. 주나이드는 울고 있는 그에게

제4장 마호메트교 197

왜 상복을 입었는지 물었다. 그는 '나의 신이 죽었소'라고 대답했다. 주나이드는 그에게 나가라고 소리쳤다. 세 번이나 명령했다. 네 번째는 그 행자승이 자신에 대해서 설명했다: '나의 육신의 자아(*nafs*)가 신의 현현(顯現)임을 몰랐기 때문에, 나는 그것을 죽였습니다. 그러므로 나는 그를 위해 상복을 입었습니다.'"

2. 베단타는 해탈(moksa)이란 환영을 제거하는 지식을 통하여 브라흐마 안에 몰입되는 것을 의미한다고 가르친다. 불교는 해탈이란 욕망의 소멸, 즉 니르바나(Nirvana)라고 한다. 이처럼 수피들은 구원을 "파나 피 알라"(*fana fi 'allah*), 또는 신 안에서의 소멸이라고 한다.

그러나 이기심 및 그것으로부터 나오는 자신과 다른 사람들의 영혼을 해치는 모든 죄와 악한 욕망을 죽이는 것이 진정한 "파나 피 알라"이지, 수피가 믿는 바와 같이 자아의 멸절(滅絶)이 아니다. 다른 사람에게 해를 끼치는 것보다 자신의 이기적인 욕망과 동기를 죽이는 것, 다른 사람의 선과 유익을 원하는 것보다 신의 뜻을 행하는 것, 그리고 신을 영광스럽게 하며 찬양하는 삶을 사는 것이 창조주의 뜻을 우리 삶 안에서 성취하는 것이다. 죄와 세상에 대해 죽는 것, 그래서 생명 안에 들어가며 영원히 하나님 안에서 사는 것은 "신 안에서의 멸절"(*fana fi 'allah*)이 아니라 "신 안에서의 삶"(*baqa fi 'allah*)이며, 실재(Reality)이다.

제5장

기독교

기독교는 "나는 길이요 진리요 생명이니"(요 14:6)라고 말씀하신 그리스도 자신이다. 다른 종교에서는 이렇게 될 수 없다. 그들은 의식(儀式)과 교훈에 기초를 두지만, 기독교는 우리와 영원히 함께하시는 살아계신 그리스도께 기초를 두고 있다. 그리스도는 손수 글을 써서 제자들에게 남겨준 것은 없다. 이는 그분이 언제나 그들과 함께, 그들 안에, 그들을 통해서 사역하시기 때문이다. 인간으로서 어느 예언자나 사도도 "세상 끝날까지 너희와 항상 함께 있으리라 하시니라"라고 감히 말할 수 없을 것이다. 하나님만이 이렇게 말씀하시고 행동하실 수 있다. 하나님은 오늘날까지 그의 백성들과 함께하시면서 그들을 통하여 일하시며, 계속 "모든 것 중에 모든 것"이 되시는 일을 하실 것이다.

1. 그리스도에 관한 예언

1. 주 그리스도는 1900년 전에 세상의 구원을 위하여 인간이 되셨다. 그러나 그분은 창세 이전에 영원으로부터 존재하셨다(요 1:1-10;

8:58; 17:5). 그의 오심은 모든 세대, 모든 사람들에게 예견되었다. 어떤 비평가들이 말하는 것처럼 그것은 우연이 아니며, 이 모든 예언들이 말 그대로 온전히 성취되었다. 그것은 유일하신 영원한 영의 역사로서, 어느 시대에서나 다양한 방법으로 구원자가 오실 것을 준비하기 위해서 그가 오심을 예견하였다.

그러나 "우연"이란 어떤 것이 일어난 원인을 모를 때 그 현상을 설명하는 데 사용하는 말이다. 그러나 이 세상에서 원인이 없이 일어나는 것은 없다. 예를 들어, 익은 과일이 떨어지는 것은 단순한 우연이 아니다. 그것은 몇 달 동안 특별한 목적을 위해 조용히 준비해왔다. 과일이 익었을 때, 자신의 열매를 자기가 먹을 수 없는 이 나무는 다른 이에게 기쁨과 즐거움을 주기 위해서 그것을 포기한다. 예수님은 "내가 너희와 함께 있을 때에 너희에게 말한바 곧 모세의 율법과 선지자의 글과 시편에 나를 가리켜 기록된 모든 것이 이루어져야 하리라"(눅 24:44)고 하셨으며, 때가 차매 그는 구원의 열매를 세상에 주셨다.

2. 예언자들은 그리스도의 오심을 그의 성육신 전에 히브리 민족에게 알려주었다. 그리고 유대인들이 세상의 민족들 가운데 흩어졌을 때, 그들에게 자기 백성에게 오실 분에 대해 말해주었다. 그래서 많은 나라의 사람들이 오실 그분을 기다리고 있었다. 그리고 그리스도 강림 후에 흩어져 있는 기독교인들은 그의 오심, 그리고 그를 통해서 받을 수 있다는 구원에 대한 복음을 전해주었다(행 8:4). 그리고 주님의

제자들의 수고와 희생을 통하여 그의 구원의 소식이 세상 널리 전해졌다.

2. 그리스도의 고난과 십자가

1. 예수님은 제 육시에만 아니라, 그의 평생 십자가에 달리셨다. 깨끗한 삶을 사는 사람이 오물과 더러운 것을 참지 못하듯이, 선한 사람은 잠시라도 악한 교제를 참을 수 없을 것이다. 그렇다면 죄 없고 거룩한 분이 3년 동안 죄인들 가운데 지내야 했다는 것은 얼마나 괴로운 일이었겠는가! 죄 있는 사람은 이러한 고통을 상상하고 이해하지 못한다. 우리가 십자가의 신비를 알 수 있다면, 우리는 그의 놀랍고 측량하기 어려운 사랑, 즉 그가 사랑의 성육신이시며 우리의 구원을 위하여 하늘의 영광을 떠나 죄의 세상에 내려오셨다는 것을 쉽게 알 수 있을 것이다.

2. 그리스도의 고난은 인간의 구원을 위하여 하나님이 고통하시는 특별한 방법이다. 모든 생명에는 오직 하나의 근원이 있으며, 모든 살아있는 존재는 그로부터 생명을 얻으며, 우리는 그분과의 관계와 결합으로 말미암아 그분 안에서 살아간다. 피조물과의 살아있는 결합을 통해서, 그의 살아있는 피조물이 고통당할 때 하나님은 고통을 느끼지 않으시겠는가? 그가 고통에 대한 감각을 지으신 분이 아니라면, 누가 고통에 대한 감각을 지으신 분이 누구이겠는가? 그렇다면, 그분이

그리스도 안에서 고통하는 것이 어찌 불가능하겠는가?

그리스도는 영원 안에 숨겨진 진리와 무한한 사랑을 나타내기 위해서, 그리고 자기의 생명을 줌으로써 선한 사람이 아니라 죄인의 영혼을 구하고자 이 세상에 오셨다. 또한 그는 죽으시고, 다시 살아나심으로써, 세상에서 죽음이라고 하는 것이 죽음이 아니라 생명의 원천이라는 것, 그리고 그것은 단지 불순종과 죄로 인해 하나님께 분리된 것이 고통과 죽음이라는 것을 가르쳐 주려고 오셨다.

3. 그리스도께서 십자가에 달리신 시간에 두 세상이 나타났다. 모든 성읍의 사람들이 유월절을 함께 지내려고 모여서 마치 모든 피조물들이 속죄의 증거를 보기 위해서 모여 든 것처럼, 천사들과 함께 영적 세상의 존재들도 거기에 왔다(마 27:51-54). 그리스도는 죄의 값으로 자기 생명을 내어주셨으므로, 땅에서 죄를 사하고 죄인들을 구할 권세를 받으셨다. 그리고 인간이 되셨을 때 버렸던 하늘과 땅에 있는 권세를 다시 받으셨다(마 9:2; 28:18).

3. 그리스도의 부활

1. 그리스도는 십자가에 못 박히신 몸과 같은 몸으로 부활하셨다. 육신을 부패하게 만들며 천국에 들어갈 수 없게 하는 것은 죄뿐이다. 그러나 그리스도의 육신은 결점이나 흠이 없으셨으며, 죽음을 이기신 후에 영광스러운 육신으로 변화되었고, 그분은 영화로운 육신 안에서

하나님과 함께 그의 보좌에 앉으셨다(계 3:21). 십자가 위에서 영화로운 형태로 받은 상처는 그 영화로운 육신에 새겨졌다. 구원받은 사람은 그 상처를 볼 때마다 그의 한없는 사랑을 마음에 기릴 것이며, 그들을 구원하시기 위해서, 그리고 그의 영원한 영광을 받기 위한 바른 길을 알려 주시기 위해서 십자가에서 받으신 고통을 알게 될 것이다.

2. 하나님은 영이시다. 하나님은 영들 외에도 생명 없는 물질을 만드셨다. (하나님이 물질, 즉 하나님의 본성과 다른 물질을 만드셨기 때문에, 하나님도 물질이거나 그것과 같으신 분이라는 뜻은 아니다.) 영이신 하나님이 그의 능력의 온전함으로써 영이 아닌 것을 만드실 수 있다면, 왜 동일한 능력으로 그의 아바타(avatar), 즉 그리스도의 육신을 살리실 수 없겠으며, 그것을 영체로 만드시며 영광스러운 육신으로 만들지 못하시겠는가?

우리가 깨기 위해서 잠드는 것처럼, 우리가 죽는 것은 다시 일어나기 위해서이다. 밤이 오면 우리는 피곤하고 약해져서 잠이 든다. 그러나 아침에 활기차게 일어난다. 이와 같이 우리는 연약함과 썩을 것으로 인해 죽지만, 생명과 영광을 입고 다시 일어난다(고전 15:42). 그리고 사망도 없고 죄도 없는 생명 안에 들어간다.

3. 어떤 사람들은 이와 반대로 만일 하나님이 영이라면, 어떻게 유형적인 육신을 입을 수 있느냐고 말한다. 그러나 그들은 인간 역시 영적이라는 것, 그리고 어떻게 인간 영혼이 육신을 입었는지 모르는 사람이다. 피조된 영이 인간의 육신을 입을 수 있다면, 창조주가 스스로

육신을 입을 수 없겠는가? 그렇다면 그 말은 인간 영혼은 유한하기 때문에 가능하지만, 무한하신 하나님에게는 불가능하다고 말하는 것이다. 그러나 무한하신 하나님은 인간 지식의 범위 너머에 있는 무한한 능력과 무한한 가능성을 가지신 분이시다. 이것이 하나님의 진리이다.

성육신의 목적은 이것이다. 즉, 육체적 죽음과 부활을 통하여 자기의 형상으로 지은 인간, 죄 때문에 원래의 상태에서 타락한 인간을 하나님과 같은 영화롭게 된 몸으로 변하게 하며, 그와 교제하면서 영원한 나라에 들어갈 수 있는 은혜를 주시는 것이다.

4. 기독교에 대한 실제 증거

1. 기독교에 대한 실제 증거 중 하나는 모든 세대와 민족, 그리고 모든 인간과 인간의 상황에서 기독교가 그들의 마음에 평화를 가져다주었으며, 그들의 영혼의 갈망을 채워주었다는 것이다. "보아도 보지 못하고, 들어도 듣지 못하는" 사람들, 다시 말해서 아름다운 땅과 하늘에 있으면서도 눈이 멀어 그 색깔을 보지 못하거나, 귀가 있지만 영혼을 황홀하게 하는 아름다운 음악을 감상할 귀를 가지지 못한 자들은 평화를 구하지만 얻지 못하는 자들이다.

2. 사람은 모든 욕망이 충족되고 부귀영화를 누려도, 마음은 만족하지 못하거나 평화를 얻지 못한다. 그러나 하나님 안에서 평화를 발견

하며 하나님의 뜻에 순종하는 사람은 그렇지 않다. 그는 세상과 세상에서 얻을 수 있는 모든 기쁨을 빼앗기고 고통과 핍박을 받아도, 마음에 세상이 줄 수 없고 빼앗을 수도 없는 진정한 기쁨과 평화를 소유한다.

이 평화는 단지 내세에서 보상을 받을 것이라는 기대로 인해서 갖는 것은 아니다. 그는 세상은 알지 못하는 것으로써 그 힘으로 자기 십자가를 질 수 있는 "감추었던 만나"(계 2:17)로부터 영양분을 취하고 힘을 얻는다. 이것은 신자들에게 힘이 되는 하나님과의 교제의 영적 음식과 같다. 보상에 대한 소망은 그들이 받아야 하는 고통을 인내할 수 있는 충분한 힘이 되지 못한다. 어떤 이들은 일시적으로 고통을 견디는 것 같지만, 평생 그것을 견디기란 불가능하다.

이만큼 말하는 것으로 충분할 것이다. 진정한 기독교인의 삶은 어떤 환경에서도 고요하며 기쁨이 충만하고, 종국에는 그의 삶 안에 성령과 하나님의 현존이 가득해진다. 이것이 기독교의 실재에 대한 분명하고 실제적인 증명이다.

3. 사탕의 단맛은 사탕을 위한 것이 아니라, 사탕을 맛보는 사람의 기쁨을 위한 것이다. 하나님께서도 하나님만을 위해 계시는 것이 아니라, 하나님을 따르는 기쁨 누리기를 갈망하는 사람들을 위해 계시는 것이다. 많은 종교와 철학에서 실재자에 대하여 설명하고 있다. 그러나 하나님과 교제를 누리는 방법은 그것들 안에서가 아니라 인간 자신에게서 발견된다. 왜냐하면 하나님은 인간이 서로 계속하여 교제

하도록 하셨기 때문이다. 그러므로 하나님은 인간에게 실재자를 알 수 있는 감각과 함께 그분과 기쁨을 나누는 능력도 주셨다. 이러한 영적인 감각을 주셨다는 사실은 실재자가 인간이 그와 교제하기를 기뻐하신다는 증거이다. 그러므로 실재와 비실재, 진리와 거짓을 가려내는 시금석이 사람에게 있다. 양심이 삶 안에서 거짓과 진리를 시험하는 하나님이 주신 시금석이라고 하지만, 죄로 인하여 무감각해지고 죽어버렸다. 그러나 하나님의 은혜로 이것이 깨어날 때는 현혹되지 않는다. 그리고 자기 안에 실재자의 현존을 깨달을 때, 그분의 임재에 대한 일상적인 경험이 하나님은 살아계시는 능력이심을 증거한다. 우리 안에 하나님의 체험적인 증거를 가지고 있으면, 영적 체험에 대한 수천 권의 책을 저술하고 세상의 철학과 논리로 가장 훌륭하게 표현한다고 해도 이 증거를 흔들 수 없다. 왜냐하면 실재자에 대한 지식은 철학적인 논리 안에 있는 것이 아니라 우리의 내면에 있기 때문이다. 그러므로 사탕의 단맛을 인지하는 분별력은 책에 있지 않고 사람의 혀에 있다.

4. 병으로 인해 미각이 다소 상할 수 있으며, 사탕의 단맛을 잘못 인식할 수 있다. 그러나 이러한 병으로 인해 수백만의 사람들이 미각을 잃었거나 잃을 일은 절대 없을 것이다. 이처럼 소수의 사람들의 영적 감각과 지각력이 상할 수는 있다. 그러나 수백만의 사람들, 아니 모든 나라 모든 인종, 그리고 예수 안에 구원과 기쁨을 발견한 각양의 삶의 환경에 처한 헤아릴 수도 없이 많은 사람은 그분에 대한 증거를 가지

고 있다. 은혜와 복을 주신 실재자를 증거하기 위해서 수천 명이 불에 태워지고, 맹수에게 찢김을 당하고, 칼에 베임을 당할 때 기쁨으로 시련을 견디며, 마지막 숨을 거두면서도 그 증거를 계속 말했다. 이유가 무엇일까? 모든 지각력과 감각이 잘못되었는가? 절대 아니다. 이 말은 한낮의 태양을 밤의 어둠이라고 하는 것과 같다. 그렇게 주장하는 사람은 스스로 영적인 감각과 분별하는 능력이 결핍되어 있다는 것을 증거하는 것이다.

5. 히말라야에서 벌거벗은 채 동굴에서 사는 사람을 만난 적이 있다. 그는 보지 못했고, 단맛도 몰랐으며, 말도 하지 못했다. 내 친구 한 사람이 사탕 하나를 주었는데, 처음엔 그것을 의심스럽게 살펴보았다. 그리고 그것을 입에 넣고는 단맛에 놀라워하며 기뻐하는 표정이 뚜렷했다. 사탕을 맛보기 전에는 그것이 있거나 없다는 사실이 그에게 중요하지 않았다. 그가 단맛에 대한 지식과 경험을 갖기 전이지만 사탕의 단맛을 느끼는 감각이 그의 혀에 이미 있었다. 사탕에 대한 설명은 필요하지만, 미각에 관해서 설명할 필요는 없다. 이처럼 사람은 실재자를 아는 감각을 가지고 있다. 실재자는 떨어져 있지만, 그분을 지각(知覺)하는 능력은 그 사람에게 있다.

죄 때문에 이러한 지각력이 죽으면 사람이 하나님의 존재를 부정하는 것은 가능하다. 그러나 인간이 회개하고 깨끗결\한 마음으로 하나님을 찾는다면, 실재자께서 친히 사람에게 나타나시며 그를 축복해 주실 것이다. 그리고 벙어리처럼 단맛을 보고도 설명하지 못할지라도, 결국 그의 삶과 하는 일이 그것의 존재를 계속 증거할 것이다.

실재자에 대하여 이러한 인격적인 경험을 한 사람은, 영적인 사람의 경험적인 글과 말에서 자신의 숨겨진 생각과 느낌을 발견할 때마다 기쁨이 가득하여, "이것이야 말로 내가 사람들에게 전하고 싶었던 것이다"라고 외친다. 이리하여 진리를 사랑하는 모든 사람들은 그들 개개인의 삶에서 하나님을 체험했던 것으로 기독교를 세상에 증거하기 위해서 서로 연합하는 데 동의한다.

6. 세상에 기독교가 널리 전파되기 전에 선하고 바른 마음을 가진 사람들이 인간의 조건을 바꾸려 했지만, 인간의 진보와 개선을 그리 많이 이룰 수 없었다. 여인들은 노예로 취급되었으며, 노예는 동물처럼 취급되었다. 노인과 병든 자와 고아와 나병자들을 돕는 특별한 지원도 없었다. 그러나 기독교는 이것을 바꾸어 놓았고, 우리는 어디서나 그 결과를 볼 수 있다. 여인들은 남자들과 동등하게 간주되며, 노예들은 형제로 여겨졌다. 어디서나 병원, 고아원, 나병환자들의 요양원을 찾아볼 수 있다. 이는 그리스도를 따르는 사람들에게 이웃을 내 몸 같이 사랑하며 온 세상을 한 가족으로 보라고 가르치기 때문이다.

로마에서 노예와 죄인은 군중에게 즐거움을 주고 그들의 피비린내 나는 욕망을 채워주기 위해 맹수들과 싸워야 했다. 경기장의 관객들은 가끔 피가 낭자하고 서로 죽이는 검투사들의 싸움을 즐겼다. 그 시대 그곳에는 동정이란 것은 없었다. 그런데 텔레마쿠스(Telemchus)라는 기독교 은수사(隱修士)가 이처럼 고통을 당하는 사람들을 사랑하여 피의 욕망에 종지부를 찍으려 했다. 노예와 죄인들이 한창 싸우는데, 그는 경기장 안으로 뛰어 들어갔다. 경기장 관람자들은 그에게 돌을 던졌고, 그가 구하려던 사람들이 그를 칼로 쳐 죽였다. 그날 그는 많은 것은 하지 못했지만, 사람들을 사랑하는 사랑의 씨가 진지한 마음 안에서 자라나서, 결국 잔인한 관습을 중단시켰다. 이렇게 한 기독교 은수사의 삶이 승리를 거두었다.

7. 내부의 분쟁과 외부로부터 오는 괴로움으로 인해 계속 분열된다면, 세상에 어떤 민족도, 종교도 견딜 수 없을 것이다. 어느 성채나 도시도 안팎으로 공격을 당하면 견뎌낼 수 없을 것이다. 그러나 기독교는 다른 종교이다. 밖으로는 불가지론(Agnosticism)과 불신자와 세상의 왕국과 어둠의 권세자들로부터 공격을 받았다. 안으로는 거짓 진리를 가르치는 이단들과 잘못된 삶을 사는 이름뿐인 기독교인들로부터 부단한 공격을 받았다. 그러나 이러한 모든 공격과 방해에도 불구하고 기독교는 굳건히 서서 세상을 정복하고 있다. 이것이 참된 산 종교라는 증거가 아니라면, 무엇이 생명과 영혼에 만족을 주는 종교란 말인가?

5. 고등 비평과 근대주의

1. 성경과 기독교는 모든 세대에 공격당하고 비평받았다. 공격의 형태는 그 시대의 문화 정도에 따라 달랐다. 당시에는 그 공격이 만만찮

은 것이었지만, 그렇다고 해서 그것이 일어났던 시대 내내 지속된 것은 드물었다. 무신론자들과 비평가들의 모든 비평의 형태에도 불구하고, 기독교는 성장이 안정적으로 지속되었다. 기독교 원수들의 방해는 기독교를 파괴하지 못하고 오히려 기독교의 뿌리를 강건하게 해주었다. 그들의 이러한 노력은 순전한 신앙인들의 삶 속에서 역사하고 있었던 생명과 능력에 저항할 수 없었기 때문에 실패하였다. 오늘날 비평가들의 공격을 고등비평, 또는 근대주의(modernism)라고 한다. 이것은 연약한 믿음, 영적 체험과 생명이 없이 이름뿐인 기독교인들을 흔들어 놓을 수 있다. 그러나 그것은 실재자, 또는 실재자를 믿는 사람에게 해를 끼칠 수 있는 원인이 되지 못한다. 다른 한 편으로 그것은 진정한 신앙인들에게 힘과 성장을 주는 수단이 된다. 왜냐하면 하루살이 전염병 매개체는 스스로 그 병에 걸려 박멸되듯이, 이성적인 질병을 퍼뜨린 비평자들은 점차 그 병에 걸려, 결국 자신도 죽게 된다.

2. 학자들의 비평과 반대는 흔히 실제 사실에 의존하지 않고 그들 자신의 추측과 억측에 의존한다. 비평가가 학자라고 해서 그의 비평이 당연히 학구적이라고 여길 수 없다. 그것은 가끔 가설과 공론에 근거하고 있으며, 그러므로 받아들일 가치가 없다. 그들의 이론 중 어떤 것은 천국의 빛을 반사해서 비추는 것은 가능하다. 또한 그들이 지옥의 불을 반사해서 비추는 것도 가능하다. 그래서 학식 있는 비평가들도 자신의 잘못과 환영(幻影)에 집착하고 있을 수 있다. 그들의 세상

적인 지혜와 철학은 영감으로 쓴 성경 저자들의 깊은 영적인 의미를 이해하는 데 걸림돌이 된다. 그들은 외면의 껍질, 즉 형식, 연대에 대한 증거, 저자의 특성 등을 자세히 검토하지만. 핵심이 되는 실재자는 지나쳐버린다. 그러니 실재자를 실제로 탐구하는 사람들과는 얼마나 다른가! 이들은 실재자와 교제하기만을 원하며, 언제, 누구의 손에, 어떤 책, 또는 복음서가 기록되었는가에는 그리 큰 관심거리가 되지 못한다. 그들은 단지 성령의 감동하심을 입은 선지자들과 예언자들이 하나님께 받아 기록한 성경을 지금 가지고 있다는 것을 안다(벧후 1:21). 이 진리의 증거가 반드시 역사에나 논리에 근거할 필요는 없다. 그 진리는 낡고 새로운 것이 아니며, 영원하기 때문이다. 탐구하는 이러한 사람들은 영적인 음식과 영원한 생명을 원한다. 이들은 모세, 다윗, 이사야, 예레미야 등에게서 배우든지, 마태, 마가, 누가, 요한 등에게서 배우든지 상관하지 않는다. 그는 단지 실재자를 원하며, 그분과의 교제 안에서 생명을 발견하며, 언제나 그분 안에 있는 영원한 만족을 발견한다.

3. 기독교가 유럽과 미국, 그리고 동양에서 실패했다고 말하는 것은 매우 어리석고 잘못 아는 것이며, 경험에 근거하지 않는 것이다. 실패한 것은 기독교가 아니라, 기독교의 핵심을 이해하지 못한 사람들이다.

나는 유럽과 미국과 동양을 여행하는 동안, 공장과 연구실과 도서관에 있는 사람들을 보았는데, 그들은 너무 바빠서 기독교의 복을 받을 시간이 없었다. 그들 중 어떤 사람들은 자신들의 삶이 너무 복잡하여 지친다고 고백했다. 어떤 사람이 음식을 먹지 않거나 물을 마시지 않아서 죽었다고 해서 음식과 물이 그에게 실패했다고 말할 수 있는가? 절대 아니다. 그것은 순전히 인간의 무관심과 무지에 관한 문제이다. 그렇다면 어떤 사람이 곁에 있는 약을 먹지 않아서 죽었다면, 약이 실패했다는 증거를 찾아볼 수 없을 것이다. 기독교를 진정한 마음으로 받아들이고 그 복을 받은 사람은 세상을 죽음의 잠에서 깨우고, 그 결과가 영혼이 남게 될 인류 구원의 역사를 이루었음을 의심할 여지가 없다.

4. 노동자의 일은 그를 집 밖에 나가 있게 하고, 그가 먹는 단순한 음식—밀가루, 쌀, 우유, 야채 등과—은 그를 건강하게 해 준다. 그러나 이러한 단순한 음식을 먹지 않고, 조리된 고급 음식을 먹고 사무실과 연구실에 갇혀 사는 사람들은 소화불량을 비롯하여 다른 병에 걸리기 쉽다. 이처럼 단순한 신앙을 가진 사람은 단순한 영적 음식을 먹는다. 그들은 하나님의 말씀과 성령으로부터 힘을 얻는다. 그들은 일생을 다른 사람을 돕고 성장하게 하는 일로 보내며, 완전한 건강과 행복과 평화 안에서 살아간다. 그러나 이 단순하고 보편적인 진리를 버리고 그것을 철학적인 가르침에 연관시키는 사람은 마치 복잡한 음식(즉, 의심과 불신 등)을 먹고 소화불량에 걸려 괴로워하는 것과 같다. 이러한 철학은 그 자체로는 매력이 있고 유혹적이지만 영적 음식으로서는 영양이 과다하기 때문이다. 이것을 먹는 그 자신이나 다른 사람

212 제3권 실재자의 탐구

들은 실재자와의 교제의 즐거운 경험을 하지 못한 채 병들어 죽게 된다.

5. 법학을 공부한 변호사 중에 자기 이익을 위하여 법을 불법적으로 이용하여 자신과 공중도덕을 해치는 교육을 하는 사람들이 있다. 그들은 의뢰자가 죄를 범한 것을 알지만, 법에 대한 전문적인 기술로써 그들이 받아야 할 당연한 처벌을 면하게 해주며, 그럼으로써 또 다른 범죄를 하도록 격려한다. 그래서 범죄자의 개선과 국가의 유익을 돌보지 않는 이런 깨우치고 세련된 범죄자들은 은밀히 공동체를 해친다. 이처럼 하나님에게 받은 능력과 학식을 부적절하게 사용하는 성경학자들의 범죄도 있다. 그들은 하나님의 영광도, 그의 백성의 유익함도 보살피지 않고, 의롭지 못한 비평과 방해로써 신자들의 마음의 평화와 영적인 삶을 해친다. 결국 그들은 파괴의 중개자가 된다. 주님은 이렇게 말씀하신다: "화 있을진저 너희 율법사여 너희가 지식의 열쇠를 가져가고 너희도 들어가지 않고 또 들어가고자 하는 자도 막았느니라 하시니라"(눅 11:52).

6. 어떤 비평가는 탕자의 비유에서 추론하여 탕자가 아버지를 만나는데 중개인 없이 바로 갔으므로, 우리가 아버지 하나님을 만나기 위해서는 중보자가 필요 없다고 말한다. 그러나 그는 두 경우가 같지 않다는 것을 잊었다. 탕자는 집을 떠나기 전에 아버지와 함께 살았으며 아버지를 잘 알았기 때문에

그가 아버지를 만나기 위해 중개인이 필요 없었다. 누구도 아버지

에 대해서 설명할 필요가 없었다. 그를 집으로 데려간 것은 오직 아버지와의 교제의 경험이었다. 이것이 없었다면, 그는 중개인의 도움 없이 집으로 돌아갈 수 없었을 것이다.

이것은 하나님과 교제하면서 살다가 어떤 이유로 죄에 빠진 기독교인에게도 마찬가지로 일어난다. 그의 삶이 비참하게 됨으로써 지난날 자신의 기독교인으로서의 삶을 회상하며, 결국 참된 회개로써 아버지께로 돌아오게 된다. 그때 그는 그리스도와 아버지는 하나이시며(요 10:30), 중개인 없이도 아버지께로 돌아갈 수 있음을 알게 될 것이다. 그러나 곁길로 간 기독교인들을 제외하고 다른 죄인은 아버지를 알 수 없으며, 예수님의 중보 없이 아버지께로 갈 수 없다(마 11:27; 요 14:7).

탕자와 그의 형은 한 가지 관점에서 같다. 즉, 그들의 분깃을 바르게, 또는 적절하게 사용하지 못했다는 것이다. 탕자인 동생은 분깃을 탕진했고, 그의 형은 전혀 사용하지 않았다. 이같이 기독교인들도 부주의함으로써 자신의 부(富)를 그리스도 안에서 사용하지 않으면, 하나님이 주신 은사와 복으로부터 유익을 얻지 못한다.

7. 어떤 비평가들은 복음서 기자가 그리스도에 대하여 기록하면서 과장하는 죄를 지었다고 주장한다. 그리스도의 제자들이 매우 단순하며 문학적인 소질이 없는 무식한 어부라서 그리스도의 생애를 과장하기는커녕 그리스도에 대한 많은 사실이 빠져 있음을 기억해 보자. 그들은 주님과 함께 3년을 보내면서 항상 그 귀한 말씀을 들으면서도

214 제3권 실재자의 탐구

하나님의 나라와 그리스도께서 죽은 지 3일 만에 부활하신다는 사실을 알지 못했다. 이 사실을 보아도 제자들은 이해력이 부족하다는 것을 알 수 있다. 이처럼 미련한 사람들이 자신의 상상력을 그리스도의 삶의 사실들에 추가했다고 믿을 수 있겠는가? 또 어떤 시대에 모든 민족과 세대, 그리고 모든 계층의 사람들이 단지 그리스도의 삶의 이야기를 읽고 감화를 받아 변화되고 새로운 피조물이 되었다는 것을 생각할 때 제자들이 과장했다고 믿는 것은 불가능하다. 이 이야기는 오직 인간의 마음과 그 원(願)을 아시고 그것을 채워주시기 위한 하나님의 역사이다. 그렇지 않고 사도들에게 문학적인 소질이 있었다면, 그들은 복음의 주요 사항을 더 세련되게 분류했을 것이다: 첫째로는 생애, 탄생, 죽음, 부활, 그리고 승천; 둘째로는 그의 가르침과 비유; 셋째로는 그의 초자연적인 능력과 이적들; 그리고 넷째는 그들 자신의 경험과 주님에 대한 관(觀)에 대하여. 그러나 그들은 이렇게 할 수 없었다. 왜냐하면 하나님의 인도하심에 따라 그들 자신의 단순한 방법으로 표현했기 때문이다. 그들은 세련된 형식을 취하면서 추가하는 일 없이 자기들이 체험한 그대로 실재자를 세상에 나타내려고 했다(요일 1:1-2).

6. 그리스도의 가르침과 모범

1. 그리스도의 가르침은 매우 독특하여 견줄 수 없으며, 그의 가르침을 다른 교사나 종교로부터 취한 것이라고 말하는 것은 태양이 스

스로 발하는 빛이 없어서 다른 별이나 태양으로부터 빛을 받아서 반사하는 달과 같다는 것과 같다. 그것이 가능하리라는 것은 상상조차 할 수 없는 일이다. "이는 그 가르치시는 것이 권세 있는 자와 같고 저희 서기관들과 같지 아니함일러라"(마 7:29). 다시 말해서 만일 그리스도의 가르침이 다른 근거에서 취한 것이라면, 그분은 분명히 그 근거를 밝히셨을 것이다. 그분은 산상수훈에서 "옛사람에게 말한바…들었으나, 나는 너희에게 이르노니…"(마 5:21-22)라고 구약 성서의 말씀을 인용하시면서 자신의 권위를 부여하면서 그 말씀을 해석하셨던 것처럼 하셨을 것이다.

예수님이 자신을 이익을 위해서 큰 요구를 하였다고 말하는 것은 사실과 다르다. 왜냐하면 그의 전 생애는 다른 사람의 선과 유익을 구하는 데 바쳐졌으며, 무엇보다도 그의 십자가는 이러한 이야기를 반박하는 것이기 때문이다. 만일 그가 세상의 명예를 갖고자 하셨다면, 십자가 위에서 죽음에서 자신을 구하셨을 것이며, 사람들이 그를 왕으로 삼으려 할 때 거절하지 않았을 것이다. 그러나 그분은 그의 나라가 이 세상에 속한 것이 아니라고 말씀하셨다(요 6:15; 18:36). 그가 세상에 오심은 실재자를 나타내며, 자기 생명을 내어줌으로써 믿는 사람들에게 영원한 생명의 유업을 받을 권리를 줄 수 있게 하시기 위함이었다.

2. 그리스도의 선구자인 세례 요한과 예수 모두 "회개하라. 천국이 가까웠느니라"는 말로 선포하기 시작했다. 이 세상의 모든 고통과 괴

로움과 죽음은 죄로 인함이다. 다음 세상에서 하나님과의 분리, 그리고 지옥은 죄의 결과이다. 그러므로 죄에 대한 진정한 회개 없이는 이러한 분리와 파괴에서 구원받을 수 없다. 하나님은 사랑이시다. 그분은 어떤 사람도 강제로 자신에게 오게 하시나, 인간에게 주신 자유의지를 행사하는 것을 방해하지 않으신다. 그러나 죄인이 회개하고 머리를 숙여 하나님을 향해 마음을 열 때, 거룩한 성령께서 생명을 주시는 역사를 통하여 새 생명을 주시며, 그때 하나님의 왕국이 마음 안에서 시작된다. 그러므로 하나님의 아들이 되기 위해서, 그리고 그의 영원한 나라에 들어가기 위해서는 회개가 필요하다.

후에 그리스도는 가르치시면서 복이 있으며 상을 받는 자들을 언급하신다(마 5:2-12). 그들은 "마음이 가난한 자들"이다. 그들은 겸손하게 자신의 영적 가난을 알았으며, 하나님의 신실하고 순종하는 종이 되었다. 영광의 왕이신 그리스도가 가난하게 되셨다. 그는 가난을 통하여 심령이 가난한 사람들을 영원히 그의 왕국을 상속받게 하셨다(고후 8:9).

"애통하는 자"는 영원히 세상이 주지 못하고 빼앗지도 못하는 평화를 받을 것이다(요 16:22). 실제로 고통받고, 고통의 용광로에서 정련된 사람만이 이러한 위로를 받을 것이다.

"온유한 자"는 의로운 자들이 거하는 새 하늘과 새 땅—그리스도께서 유업으로 주신 그 나라를 받을 것이다.

"의에 주리고 목마른 자는 의로운 나라에서 빵과 물을 얻을 것이며, 영원히 만족할 것이다.

"긍휼히 여기는 자"는 긍휼히 여김을 받을 것이지만, 압제자와 맷돌처럼 마음이 굳은 자들은 자기 머리 위에 무서운 모습으로 그 압제가 돌아오는 것을 발견할 것이다. 그리고 그들은 지금 웃는 곳에서 지난날 자신이 소홀했음과 현재의 악한 상태를 보고 애통할 것이다(눅 6:25).

"화평케 하는 자." 긍휼처럼 평화는 하나님의 속성이다. 이웃과의 분리와 싸움을 화해시키는 자, 그리고 하나님과 인간 사이의 담을 허무는 사람은 하나님의 아들이라 칭함을 받을 것이다. 왜냐하면 "화목하게 하는 직책"이 그들에게 주어졌기 때문이다(고후 5:18).

"의를 위하여 핍박을 받은 자." 의를 위하여 핍박을 받는 것은 큰 영광이다. 왜냐하면 이러한 사람들은 거룩한 싸움에 참여한 사람들이며, 그 보상은 영광으로 받기 때문이다. 세상의 영과 그 특성은 진리와 실재자를 대적하는 것이며, 따라서 진리를 따르는 사람들은 핍박을 받을 것이다(딤후 3:12). 그러나 그것이 쉽든지 어렵든지 간에, 이렇게 하나님을 개인적으로 경험한 축복받은 자들은 세상의 빛과 소금이 될 것이며, 그들의 사역은 하나님의 영광과 찬양을 위한 것이 될 것이다.

3. "악한 자를 대적하지 말라"(마 5:39). 만일 우리가 우리에게 해를 입힌 악한 자를 대적한다면, 어느 쪽도 유익을 얻지 못할 것이다. 열차가 충돌하여 산산조각 나듯이 모두가 상처를 입을 것이다. 그러나 저항하지 않고 참으면, 십자가를 진 쪽은 영적으로 유익을 얻고, 그렇

지 않은 압제자는 용서하는 영에 의해서 감동받을 것이며, 진리에게로 마음이 기울 것이다. 이러한 삶으로써 많은 불의한 사람의 삶이 변화되었음을 볼 수 있다.

이러한 예가 있다. 작년에 인도의 어느 산지에서 경건한 기독교인이 집에서 혼자 기도하고 있었다. 그때 세 명의 도둑이 슬그머니 방으로 들어와서 가져갈 수 있는 것은 모두 가져갔다. 기도를 마친 남자는 자기가 깔고 앉아서 기도하던 박스만 제외하고 모든 물건이 없어진 것을 알았다. 그 박스에는 돈과 귀중품이 들어있었다. 이 "기도의 사람"은 돈과 귀중품 얼마를 손에 들고 도둑들을 쫓아가면서 "여보시오! 거기 서시오. 값나가는 것들을 남겨두었소! 이것마저 가져가시오. 이것은 나보다 당신들에게 더 필요할 것 같소"라고 소리쳤다. 도둑들이 이 말을 듣고 처음에는 속임수라고 생각했지만, 따라오는 사람이 무기를 들지 않고 혼자 달려오는 것을 보고 그에게 다가갔다. 그 사람은 "왜 그것이 필요하다고 나에게 먼저 말하지 않았소? 그랬다면 내가 가진 것이 무엇이든지 기꺼이 당신들에게 주었을 것이오. 나와 같이 우리 집으로 갑시다. 거기서 당신들이 필요한 것이 있다면 모두 가져가시오"라고 말했다. 도둑들은 이 기도의 사람의 이상한 생활을 보고 감동했고, 그들의 삶이 영원히 변화되었다. 그들은 "세상에 당신과 같은 사람이 있는 줄 몰랐습니다. 당신이 이렇게 놀라운 사람이라면, 당신을 이렇게 놀랍게 만드시고 신과 같은 성품을 갖게 만드신 당신의 구원자는 얼마나 놀라우신 분이시겠습니까"라고 말했다.

이것이 악을 대적하지 않고 이웃을 내 몸과 같이 사랑한 결과이다.

만일 그 사람이 도둑들에게 저항하고 그들을 잡으려고 했다면, 싸우는 과정에서 목숨을 잃을 수 있고, 도둑들도 유익을 얻지도 못했을 것이다.

황금과 같이 비할 데 없는 그리스도의 말씀을 행하는 사람은 이렇게 될 것이다. 우리 눈앞에 그분의 완전한 예를 간직하자: "욕을 당하시되 맞대어 욕하지 아니하시고 고난을 당하시되 위협하지 아니하시고 오직 공의로 심판하시는 이에게 부탁하시며"(벧전 2:23). 그리스도는 자신이 하신 말씀을 그대로 실천하셨고, 가르치시지 않은 것은 행하시지 않으셨다. 다시 말해서 그는 자신이 실천하신 것을 가르치시고, 가르치신 것을 실천하셨다.

4. "이르시되 진실로 너희에게 이르노니 너희가 돌이켜 어린 아이들과 같이 되지 아니하면 결단코 천국에 들어가지 못하리라 그러므로 누구든지 이 어린 아이와 같이 자기를 낮추는 사람이 천국에서 큰 자니라"(마 18:3-4).

하나님 나라에 들어가려면 어린아이처럼 되지 않으면 안 된다. 왜냐하면 어린아이는 하나님의 자녀가 되는 다음과 같은 성품을 가지고 있기 때문이다.

(1) 부모에 대한 참 사랑

(2) 부모의 말을 의심 없이 믿는 믿음

(3) 만일 우리가 원죄를 제(除)한다면 모든 죄로부터 자유로우며, 또한 사탄이 하늘에서 땅으로 쫓겨 내려간 원인인 교만에서 자유롭다는

것

(4) 어린아이들은 자신이 원하는 것을 표현할 수 없지만 혀짤배기소리로 말하지만, 그것으로 만족하지 못할 때는 울음으로 표현한다. 만일 걷지 못한다면, 손발로 엄마에게 기어가서 먹을 것과 사랑을 받는다.

5. 그리스도를 따르면서 자기를 부인하며 그분을 증거하기 위해 고통의 십자가를 질 때, 그리고 자기의 유익을 구하지 않고 다른 사람의 유익을 구할 때, 우리는 자신을 발견하며 백 배나 더 풍요로운 삶을 산다(눅 9:23-25; 마 19:29).

실재자를 탐구하면서 이기적인 본성의 욕구를 몰아낸 사람은 영원히 하나님과 자신을 발견할 것이다. 반면에 자기 의지에 지배를 받는 사람은 하나님으로부터 분리된 삶을 살게 되며, 마치 밀이 죽정이가 되어 소용없게 되어 버려지듯이 현재의 자신의 낮은 신분에서마저 떨어져 멸망하게 된다.

6. 유리 뒷면에 수은을 바르면, 얼굴을 비춰주는 거울이 된다. 그러나 수은을 바르지 않으면, 유리를 통과해서 그 뒤에 있는 것을 보게될 것이다. 이처럼 우리의 삶의 배경에 이기심을 세우면, 우리 자신만을 비추어 보일 것이다. 그러나 그 배경에서 이기심을 제거한다면, 어디에든지 하나님이 나타나 보일 것이며, 우리는 그의 사랑의 팔에 안겨 있음을 알게 될 것이다.

제5장 기독교 221

7. 세상을 버린다는 것은 세상의 물질 안에 악한 것이 들어있다거나, 또는 세상을 버림으로써 지고한 영적인 축복을 받는다는 기대 때문에 우리에게 기쁨을 주는 세상의 모든 것을 버린다는 의미는 아니다. 더 큰 기쁨을 얻기 위하여 쾌락을 버리는 것이다. 그것을 버리는 또 다른 이유가 있다면 그것이 악하기 때문이다. 영적이든 육신적이든 즐거움을 누리는 것은 그릇된 것이 아니며, 그것을 버릴 필요도 없다. 그러나 우리로 하여금 기쁨의 근본을 알지 못하게 방해하는 것이 있다. 이런 것들을 버려야 한다. 왜냐하면 이것들 중 어떤 것은 참되고 영원한 기쁨에 대해 무관심하게 만들기 때문이다. 어떤 경우에는 정말로 유혹적인 쾌락이 우리의 마음을 창조주에게서 떨어지게 하며, 도깨비불을 좇는 사람들처럼 나쁜 길로 방황하며 어둠에서 길을 잃게 한다. 이러한 쾌락은 우리를 유혹하고 파멸의 길로 인도한다. 우리는 마음을 피조물에서 떠나서 창조주에게 고정해야 하며, 하나님이 주신 은사를 감사함으로 받고 적절하게 사용하여야 한다.

쾌락뿐만 아니라 금욕의 절제는 우리가 갈망하는 대상을 취하는 최선의 방법이다. 한쪽에 치우친다든지, 한도를 넘으면 그것을 얻지 못한다. 절대적인 흑암 속에 사는 것은 밝은 빛에 과도하게 노출하는 것처럼 해가 되어 눈을 멀게 할 수도 있다. 너무 춥거나 너무 더우면 몸이 상하므로, 적절한 온도에서 사는 것은 필요한 일이요 기분이 좋은 일이다. 듣기 어려운 정도로 낮은 소리는 짜증 나게 하며, 너무 큰 소리는 귀를 먹게 만든다. 그러나 적절히 음악적이며 달콤한 소리를 듣는 것은 매우 기분 좋게 해준다.

8. "네 마음을 다하고 목숨을 다하고 뜻을 다하여 주 너의 하나님을 사랑하라…네 이웃을 네 몸과 같이 사랑하라"(마 22:37, 39)는 말씀은 그리스도의 가르침의 핵심이다.

만일 우리가 전심으로 주님을 사랑한다면, 언제나 그의 말씀에 순종할 것이며, 그를 섬기며 그의 영광을 위하는 데 전 생애를 드릴 것이다. 만일 우리가 이웃—모든 세상을 의미—을 사랑한다면, 우리는 사람들에게 해로운 일을 하지 않으며 항상 그들을 따라다니면서 도와주려고 할 것이다. 만일 우리가 주님의 가르침에 순종한다면, 모든 율법의 목적을 이루게 될 것이다. 아무도 모르게 금과 은과 다이아몬드를 땅에 숨겨놓았다. 사랑의 화신이신 예수께서 실재자의 "한없는 부(富)"를 보이시기 전에, 이러한 끝없는 사랑의 광맥이 영원으로부터 존재하고 있었다. 그러나 그가 오셔서 사랑에 대해서 가르치실 뿐만 아니라, 자기의 생명을 주심으로써 가르침을 온전하며 완전하게 하시고, 모든 일에 우리를 위해 완전한 모범이 되셨다.

7. 인간의 궁극적인 목적

1. 과학자나 철학자, 혹은 유물론자들은 물질이라는 먼지로 눈이 멀어서 육신 안에 있는 영혼뿐만 아니라 물질 세상 너머에 있는 영의 세상을 보지 못한다. 왜냐하면 그들은 인간이 죽을 때 그의 인격을 형성하는 육체적·영적인 특성들이 종말을 맞는다고 믿기 때문이다. 유형적인 사실을 취급하는 과학자들의 경험에는 한계가 있다. 그들은 어

제5장 기독교 223

느 정도 방법을 말하지만, 사실에 대한 이유를 말하지 못한다. 그들은 둘에 둘을 합하면 넷이 되는 방법은 말할 수 있지만, 넷의 존재 이유는 말할 수 없다.

거기에는 네 개 이상이 될 수 있다는 의미가 있다. 예를 들어 밀알 두 개에 두 개를 더하면 넷이 되지만, 네 개의 밀알이 수백 개, 또는 수천 개의 밀알을 낳을 수 있다. 네 개의 밀알 안에 수천 개의 배종(胚種)이 존재하며(이러한 사실은 수학적인 공식에 사로잡혀 있는 과학자나 철학자들에게는 감추어져 있었지만), 배종이 있는 곳에 식물이 숨겨져 있으며, 성장할 수 있는 적절한 조건이 되면 자라날 것이다. 그러므로 우리는 네 개의 배종 안에 수천 개의 밀알이 존재하고 있으며, 그럼으로써 둘에 둘을 더하면 넷 이상이 된다는 결론에 이른다. 자신의 경험에 의해 채색된 눈을 가진 과학자들은 이제 어떻게 넷에서 수천 개가 나오는지 그 방법을 말할 수 있을 것이다. 그러나 그들은 그것 이유를 답할 수 없을 뿐만 아니라, 생명이 무엇이며 그것이 어디서 왔는지에 대해 대답할 수 없을 것이다. 이러한 질문에 만족할 만한 답을 하지 못하는 한, 영적인 생명이 육신적이 생명과 함께 소멸한다는 그들의 주장은 공허하며 바르지 못한 것이다.

2. 다윈의 학설, 또는 진화론을 받아들이는 사람들은 거칠고 무자비하며 비도덕적인 것을 제공하는 자들이다. 그들이 주장하는 바는 병들거나 약하거나 부적절한 자들을 돕는 것은 그런 사람들을 증가하게 하는 원인이 된다는 것이다. 이 말의 의미는 그런 사람은 공동체에 해

를 끼치므로 차라리 지상에서 사라져야 한다는 말이다. 어떤 과학자는 "우리의 친절은 가끔 우리가 고치려는 상처를 배가하는 경향이 있다"라고 말했다. 이 말을 받아들인다면, 분명히 대량 도살자들에게 위탁해야 할 것이다. 왜냐하면 모든 고통과 질병, 결점과 약점은 죄의 결과이며, 이 세상에 죄 없는 사람이 없으므로 누구도 바로 살아갈 수 없기 때문이다. 만일 이러한 사람들이 그들의 이론을 적용한다면, 모든 문명과 인류는 다 죽어야 하며, 세상은 황폐하고 공허하게 될 것이 분명하다.

그러나 우리가 전능하시며 공의롭고 자비로우신 하나님의 나라에 거하며, 거기에서는 죄로 인해 우리 스스로 멸망하지 않는 한 해를 받지 않으리라는 것은 다행이다. 만일 상처와 질병이 치유되지 않기를 바라는 것이 하나님의 뜻이었다면, 하나님은 약과 약초의 치유하는 성분을 창조하지 않으셨을 것이다. 그것들이 있다는 것은 그것이 창조된 특별한 목적이며, 사람들은 이러한 하나님의 수단들을 통해서 치유될 것이다.

자비심과 사랑과 동정심이 부족한 사람이 초인(超人)이라고 불리는 것은 놀라운 일이다. 그는 하나님과 이웃에 대한 사랑이 부족하므로 열등한 인간이며, 인간성의 영역 밖에 있으므로 사냥감의 피를 빨아 먹는 짐승이라고 불려야 할 것이다. 이런 사람이 세상의 정복자라고 하는 초인이다. 그는 자신의 정념에 사로잡힌 불쌍한 노예이며, 삶의 매 순간 자신의 편협한 자아 안에서 좌절하는 사람이다. 오직 창조자를 알고, 그의 영광과 그의 피조물의 유익을 위하여 사는 사람이 초인

제5장 기독교 225

이라 불릴 자격을 갖고 있다. 이러한 일을 하는 데 실패하는 사람은 아무리 문화인이 되고 교육을 받아도 훈련받은 동물에 불과할 것이다.

3. 사람은 마치 독미나리와 같아서 건조한 땅에서 자라면 독이 없지만, 습지와 물기 있는 땅에서 자라면 독성을 품는다. 사람도 나쁜 환경이나 조건에 있으면 악하고 위험한 인간이 되지만, 하나님의 현존과 교제를 나눔으로써 거룩하고 순수하게 된다. 그렇게 되면 하나님께서 그의 성품과 삶에 일치되는 새 이름을 지어주신다. 왜냐하면 그를 지으셨고 그의 안에 있는 모든 것을 아시는 유일하신 하나님만이 그에 타당한 이름을 지으실 수 있기 때문이다. 그러나 사람이 지은 이름은 그 내면에 있는 것을 잘 알지 못하기 때문에 적합하지 않다. 사람이 억지로 지은 이름은 그의 한정된 지식으로 인하여 불완전하다. 하나님은 "나는 스스로 있는 자니라"(출 3:14)라고 스스로 나타내신 것 외에 자기 이름을 말하지 않으셨다.

4. (1) "그러므로 하늘에 계신 너희 아버지의 온전하심과 같이 너희도 온전하라"(마 5:48). 하늘에 계신 아버지처럼 온전하게 되는 것이 우리 인생 여정의 목적이다. 우리는 하늘에서 매우 높은 수준의 온전함에 도달해야 한다. 만일 우리의 진보가 멈춘다면, 우리 존재의 최종 목적지에 아직 도착하지 않은 것이다. 진보의 정지는 정체와 파괴를 야기하므로, 어떤 단계에서 성장의 중단은 궁극적인 대상을 온전하게 할 수 없기 때문이다. 이 밖에 성장이 저해된다면, 많은 것에 대해 무

226 제3권 실재자의 탐구

지한 상태가 된다. 그럼으로써 더 많이 알고자 하는 인간 욕망에 따라 내면에 불만이 야기되며, 이제 우리에게 하늘은 하늘로 존속하지 않는다. 그러나 성장한다는 것, 그리고 보다 더 성장한다는 소망을 가지는 것은 우리에게 놀라운 흥미와 기쁨을 준다. 그리고 우리가 아버지와 같이 온전하게 될 때, 더 나아가려는 동기유발이 일어나지 않을 것이다. 이는 이미 목적지에 도달했기 때문이다. 그러나 우리 존재의 근원이시며 생명의 생명이신 사랑은 영원히 계실 것이다.

(2) 우리는 연구와 경험으로써 하나님의 피조물로부터 육신의 힘을 얻고 생명을 연장하는 수단을 다소 얻는다. 하물며 모든 영적 생명의 샘에서 영생과 건강과 힘의 온전함을 얻는 것이 가능하지 않겠는가? 또 우리가 영원한 생명을 얻었으므로, 모든 면에서 진보가 영원 안에서 계속될 것이다. 왜냐하면 장애물과 부적절한 조건이 많음에도 불구하고 이 세상에서 진보가 이루어지는데, 진보에 필요한 모든 수단을 사용할 수 있으며 전혀 방해가 없는 천국에서 진보가 일어나지 않을 이유가 어디 있는가? 그런즉 하늘에 계시는 우리 아버지의 현존과 친교 안에서 하나님이 온전하심과 같이 우리도 온전하게 될 때까지 무한한 진보의 무한한 수단을 지속적으로 공급받을 것이다.

(3) 만일 우리와 우리의 지식이 항상 제한된다면, 우리는 무한하신 하나님을 아는 능력을 갖지 못할 뿐만 아니라, 하나님의 모든 충만하신 것으로 우리에게 충만하게 하시지 못할 것이다(엡 3:19). 더욱이 사랑이시며 자기 모습대로 우리를 지으신 하나님은 질투하셔서 우리가

그를 닮아서 온전하게 되는 무한한 과정을 방해하시거나, 사람이 알지 못하는 모든 것 안에 영원히 숨겨두지 않으실 것이다. 우리는 하나님처럼 온전하게 되도록 조성되었으므로 하나님을 배반하는 것이 불가능하다. 왜냐하면 인간의 배반 본성은 우리가 온전한 단계에 도달하기 전에 이미 파괴되었기 때문이다. 우리에게 배반할 수 있는 욕망이 있는 한 우리는 온전하지 못했을 것이다. 이외에 하나님을 앎으로써, 그리고 우리 생명의 생명이신 그의 무한하신 사랑으로 충만하게 됨으로써 그의 뜻을 향한 우리의 사랑과 신실함도 무한하게 될 것이다. 이러한 사랑의 성육신의 목적은 모든 신비가 풀리며 전혀 불완전함이 없으신 그의 온전하심까지 인간을 끌어 올리는 데 있다. 여기가 우리의 최종 목적지이다. 우리가 온전함을 향하는 도중에 앞으로 올 세상에서 해결될 많은 어려움이 일어난다. 그러나 이는 마치 아직부화되어 나오지 않은 병아리가 날려 하듯이, 참을성이 없는 사람이 이 세상의 모든 어려운 문제를 풀려고 하는 것과 같다. 이것은 단지 미성숙의 상태이지 불가능한 것은 아니다.

또한 오해로 말미암아 장래의 삶을 손상시킬 우려도 있다(요 16:12). 우리는 인내하면서 달리고, 감사함으로 받으며, 지금 우리에게 계시던 것에 을 순종하면서 실천해야 한다. 그리고 장래에 관한 모든 것을 우리를 최종 목적지로 안전하게 데려다 주실 하나님께 맡겨야 한다. "하늘에 계신 너희 아버지의 온전하심과 같이 너희도 온전하라."

제4권

영성생활
The Spiritual Life(1926)

저자 서언

나는 이 책에서 우리의 영성생활의 다양한 관점에 대한 몇 가지 묵상을 기록하고자 하며, 하나님의 사람들이 자신의 영적 삶의 여러 단계를 지나면서 만나게 될 어려움을 기록하고자 한다.

모든 사람이 여기서 다루고자 하는 질문에 대한 나의 관점에 찬성할 것으로 생각하지 않는다. 오히려 그렇다면 이상할 것이다. 왜냐하면 모습과 형태가 똑같은 두 사람은 없기 때문이다. 모든 사람의 보고 듣는 능력이 동일하지 않듯이, 각 사람의 영적 진리에 대한 이해력은 그 사람의 기질과 경험과 영적 견해의 영향을 받기 때문일 것이다. 이는 근본 원리에서 규준(規準)에서 벗어난 관점들이 있다는 것이 아니라, 비본질적인 관점에서 그럴 수 있다는 것이다. 왜냐하면 하나님은 자기 뜻을 계시하실 때 각 사람의 영적 상태와 그것을 수용할 수 있는 능력을 고려하시기 때문이다. 그러므로 어떤 사람에게는 시대보다 앞서 보이는 것이 다른 사람에게는 시대에 뒤 떨어지며 쓸데없는 것으로 보일 수 있다.

더욱이 많은 사람들이 하나님이 계시한 것의 의미를 이해하지 못하지만, 하나님과 합일을 이루는 삶을 살며, 하나님의 조명을 받은 어떤 사람들은 그것을 기록해 두었다. 하나님을 누리는 명확한 경험이 없는 사람은 자기 스스로 세운 하나님에 대한 교리를 옹호하며, 마치 개가 마른 뼈를 빨듯이 비본질적인 껍데기를 가지고 싸운다. 그러나 하나님을 즐거워하며 하나님과 연합을 이루며 이러한 논쟁을 버린 사람들은 자신의 경험이라는 창고에서 남들이 동의하든지 안 하든지 상관없이 자신이 입증하고자 하는 "새롭고 낡은 것을" 나타내 보인다.

이 책을 우르두어에서 영어로 번역한 나의 절친한 리들(T. E. Riddle) 목사께 감사를 드리는 바이다. 또 이 책을 읽고 교정하는 일에 수고하신 샌더즈(E. Sanders)에게도 감사를 드리는 바이다.

1925년 8월

Subathu, Simila Hills에서

선다 싱

제1장

오직 주님과 함께

1. 주님께서 세 제자와 함께 산에 오른 것은 단지 쉬려고 가신 것은 아니라, 주님의 신성의 영광의 실체를 보기 위한 것이었다. 그들이 늘 주님과 함께 지내면서 받은 계시는 준비였다. 그들은 주님이 행하신 기적을 보았고, 전에 어떤 사람도 하지 않은 놀라운 말씀을 들었다. 그러나 더 필요한 것은 그들이 존경과 놀라움을 가지고 거기에 머무는 것이었다. 그들에게는 번잡한 일상을 떠나서 홀로 고요한 산에서 그의 거룩한 인격의 초월적인 영광을 관상하는 것이 필요했다. 다시 말해서 그의 세상적인 모습의 변모만으로 충분하지 않았다. 그들이 눈이 열려야 했다. 왜냐하면 그들의 영적인 눈이 열리지 않고서는 그리스도의 얼굴을 볼 수 없을 뿐만 아니라, 모세와 엘리야가 함께 있는 것도 분별할 수 없었다. 그들의 귀도 열려야 했다. 귀가 열리지 않고서는 "장차 예수께서 예루살렘에서죽으실 것"에 대한 말을 듣지 못했을 뿐만 아니라, "너희는 저의 말을 들으라"는 소리도 듣지 못했던 것이다(눅 9:28-36).

하나님이 그리스도 안에서 사람이 되셨고, 그를 통해서 말씀하신다. 그러므로 우리는 방법이나 이유를 묻지 말고 전적으로 순종하면서 그분을 따라야 한다. 그러나 우리는 세상의 혼란스러운 소리에 귀를 막지 않으면 그분의 부드러운 음성을 듣지 못할 뿐만 아니라, 마음을 다해 갈망하기 전에는 그를 만나며 교제할 수 없다. 우리가 침묵하지 않으면 다른 사람의 말을 들을 수 없으며, 주의를 집중하지 않고서는 그들을 이해할 수 없다. 그러므로 하늘에 계신 아버지의 음성을 듣기 위해서 정신과 마음을 다해 주의를 기울이면서 그분 앞에 잠잠히 기다려야 한다. 왜냐하면 그분은 부지런히 찾는 사람에게 자신을 계시하시기 때문이다. 또한 주님을 찾는 사람들은 세 명의 제자들이 주님과 교제를 통하여 모세와 엘리야와 교제한 것처럼, 성도와 교통하는 특권을 가지게 될 것이다.

2. 그의 영광스러운 나라에서 왕의 오른편과 왼편에 서게 해달라고 간청한 두 제자처럼(막 10:35-37), 단순히 세속적 출세의 수단으로 거룩한 교제를 원해서는 안 된다. 보좌 곁의 자리에 앉으려 하지 말고, 마리아가 더 좋은 편을 택한 것처럼 주님의 발아래 앉아서 생명을 주시는 말씀을 들어야 한다. "마리아는 이 좋은 편을 택하였으니 빼앗기지 아니하리라 하시니라"(눅 10:39-42).

3. 묵상 중에 하나님은 우리 마음에 말씀하지만, 말로써 하시는 것이 아니다. 만일 우리 마음을 생명의 근원이신 분께 겸손히 드린다면, 그분의 충만한 현존으로 우리 안으로 들어오실 것이다. 샘이 흘러넘쳐 그 아래 놓인 그릇을 채우듯이, 하나님의 영과 진정한 평화가 그것을 받기 위해 마음을 낮추는 자의 마음에 흘러들어온다.

휴고(Hugo)는 "하나님께 올라가는 길은 자신 안으로 내려가는 길"이라고 말했다.

"내가 높고 거룩한 곳에 있으며 또한 통회하고 마음이 겸손한 자와 함께 있나니"(사 57:15).

힐톤(Hylton)은 "비유에서 동전을 잃은 것처럼 그리스도를 잃었다. 어디에서 잃었는가? 당신의 집에서. 즉 당신의 영혼 안에서이다. 그를 찾아 로마나 예루살렘에 갈 필요가 없다. 그분은 배 안에서 그랬던 것처럼, 당신의 마음 안에서 주무시고 있다. 당신의 갈망의 큰 소리로 그분을 깨우라. 그러나 그분이 당신에게 잠들어 있는 것보다 당신이 하나님에 대해 더 잠들어 있다"라고 말했다.

그러므로 우리는 기도의 산, 한적한 곳에 올라가 그분을 만난 후에 제자들처럼 초막을 세우려는 계획으로 시간을 허비하지 말고, 새로운 힘을 가지고 인간들의 세상에 내려와 맡겨진 사명을 완수해야 한다.

제1장 오직 주님과 함께 233

제2장

하나님을 향한 인간의 갈망

1. 우리는 마음에서 일어나는 하나님을 향한 갈망이 얼마나 강한 것인지 경험하여 안다. 정글에서 샘을 발견하기 전까지 마음이 타는 것처럼, 하나님을 향한 인간의 갈증이 그러하며, 그를 찾기까지는 안식하지 못한다. 인간은 여러 가지 방법으로 천부적인 마음의 갈망을 채우려 하지만, 그 갈망은 하나님을 찾지 않는 한 충족되지 못한다. 마음과 그 갈망을 창조하신 분 안에서만 완전한 만족을 얻을 수 있다. 호머(Homer)는 "먹이를 달라고 입을 벌리는 어린 새처럼, 모든 인간은 신(神)을 갈망한다"고 했다.

어느 날 산에 올라가다가 쉬려고 바위에 앉았다. 바위 밑 숲에 새 둥지가 있었는데, 거기서 새끼 새들이 우는 소리가 들려왔다. 어미 새가 새끼를 먹이려고 먹이를 물고 오자, 새끼들은 작은 날개를 치며 울어댔다. 어미 새가 먹이를 주자, 새끼들은 금방 울음을 그쳤다. 나는 둥지 안을 들여다보려고 아래로 내려갔다. 새끼들은 아직 눈을 뜨지도 않아서 어미가 오는 것을 볼 수 없었는데도 먹이를 받아먹으려고 어미를 향해 입을 벌린 것이었다. 새끼들이 "어미와 먹이를 보기 전에는 입을 벌리지 않겠다. 왜냐하면 그것이 우리 어미인지 적인지, 또는 물

234 제4권 영성생활

고 와서 주는 것이 음식인지 독인지 모르기 때문이다"라고 한다면, 새 끼들은 살아 있을 가망이 없을 것이다. 새끼들은 눈을 뜨기 전에 굶어 죽을 것이다. 그러나 그들은 어미 새의 사랑에 대해서 의심이 없었다. 며칠 후에 눈을 뜨게 되면 사랑스러운 어미를 보게 될 것이며, 어미를 닮아서 점점 강하게 성장하여 오래지 않아 하늘을 날아다닐 수 있을 것이다.

모든 피조물 중에 가장 고상하다는 우리 인간이 이 갓 부화한 새끼 새보다 열등하지 않는지 생각해 보자. 왜냐하면 우리는 자주 하늘에 계신 아버지가 계신지, 그리고 그의 사랑을 의심하기 때문이다. "예수께서 이르시되 너는 나를 본 고로 믿느냐 보지 못하고 믿는 자들은 복되도다 하시니라"(요 20:29). 하나님께 마음을 연 우리는 그에게서 영적인 음식을 받으며, 때가 이르러 온전히 성장하며, 얼굴과 얼굴을 대할 때 영원히 그의 현존으로 행복할 것이다.

2. 길에서 세 사람을 만난 현자(賢者)의 이야기이다. 첫째 사람은 마르고 창백하고 공포에 질려 있었다. 현자는 물었다. "왜 그렇게 흉한 모습이 되었습니까?" 그는 "나는 언제나 지옥 불에 던져질지 모른다는 생각으로 괴롭습니다"라고 대답했다. 현자는 "지혜의 시작인 하나님을 두려워하지는 않고, 피조물(지옥 불)을 두려워하는 것은 매우 슬픈 일입니다. 당신의 예배는 참되지 못합니다. 그것은 자신을 지옥 불에서 건져달라고 드리는 일종의 뇌물과 같습니다"라고 말했다.

두 번째 사람은 슬픔과 걱정으로 쇠약한 몸으로 앉아 있었다. 현자

제2장 하나님을 향한 인간의 갈망 235

는 그에게 물었다. "왜 그리 슬프고 걱정이 많습니까?" 그는 "나는 천국의 기쁨과 안식을 빼앗길까 두렵습니다"라고 대답했다. 현자는 "창조주와 그의 한없는 사랑을 생각하지 않는 것은 부끄러운 일입니다. 그분에 의해 창조된 천국을 얻으려는 욕망에서 벗어나 하나님만 경배하십시오"라고 말해 주었다.

이 두 사람을 만나서 이야기를 나눈 후에 현자는 기쁨과 만족이 가득한 세 번째 사람을 만났다. 현자는 그에게 물었다. "당신의 평화와 기쁨의 비밀은 무엇입니까?" 그는 "그것은 나에게 영과 진리로 예배 드리는 것을 가르쳐주신 하나님께 쉬지 않고 드리는 기도입니다. 그분은 나에게 마음과 혼을 다해서 그분을 사랑하며, 오직 사랑으로 그분께 경배와 예배를 드리라고 하십니다. 지옥의 불을 두려워해서 그에게 예배드린다면, 나는 지옥에 던져질 것입니다. 내가 천국을 얻기 위한 욕심으로 그분을 예배한다면, 그분은 거기서 나를 쫓아낼 것입니다. 그러나 오직 사랑으로 경배한다면, 그분이 나에게 현시(顯示)하셔서 나의 온 마음이 그의 사랑과 현존하심으로 가득 채워집니다"라고 대답했다.

3. 하나님을 찾지 않고 그의 피조물을 가지려는 마음을 가지며, 하나님 대신 물질을 취하려 하는 것은 만물의 창조주를 버리는 것이다. 우리가 피조물을 떠나야 하며, 죄로 황폐하며 무가치한 삶을 제외하고 남는 것이 없는 때가 올 것이다. 그러나 만일 우리의 마음이 모든 물질에서 떠나 하나님을 향한다면, 그때 하나님과 함께 다른 것까지

얻게 될 것이다. 하나님을 구하지 않고 자기를 추구하는 세상적인 사람은 결국 자기에게 벌과 축복받지 못한 삶 외에 다른 것이 없다는 것을 알게 될 것이다. 자기를 구하는 자는 모든 것을 잃는다. 그는 하나님도 찾지 못하고, 자신도 모두 찾지 못하게 된다.

제3장

하나님을 알 수 있는가?

1. 무신론자들은 하나님의 존재를 부인하지만, 그 누구도 하나님이 안 계신다는 것을 입증하지 못한다. 만일 일시적이라도 우리가 무신론자들의 근거 없는 주장을 진리라고 인정한다면, 그것은 그들의 지혜와 진실을 증명하는 것이 아니라 그들의 무지를 증명하는 것이다. 왜냐하면 그들이 주장하는 바와 같이 하나님이 안 계신다면, 실제로 존재하지 않는 비존재에 대해 증명하려고 시간을 허비하는 것이기 때문이다. 그러므로 다른 일에 유용하게 사용할 시간을 허비하는 것은 어리석은 일일 뿐이다. 영적으로 깨달은 자들은 그분이 계신다는 것을 알고 있는 것처럼, 만일 하나님이 계신다면, 만물의 창조주이시며 아버지이신 그분이 존재하지 않는다는 것을 증명하려는 것은 더욱 어리석은 일이다. "어리석은 자는 그의 마음에 이르기를 하나님이 없다 하는도다 그들은 부패하고 그 행실이 가증하니 선을 행하는 자가 없도다"(시 14:1). 이것을 주장함으로써 무신론자는 하나님의 비존재를 증명하려는 것이 아니라, 자신이 영적인 소경이며 하나님을 알 수 있는 능력이 없음을 증명하는 것이 된다. 무신론자가 자신의 확고한 추리를 주장하는 것은 마치 곤충이 태양이 없다고 주장하는 것과 같다.

238 제4권 영성생활

태양의 존재를 주장하는 추론은 날 때부터 소경인 자에게나 필요하다.

그러나 어떤 사람은 우리가 어떤 인격이나 물질을 믿는 데 해가 되는 미신을 퍼트린다면, 그것을 제거하려는 노력이 우리의 의무라고 주장할 것이다. 그러나 하나님을 믿는 일이 누구를 해롭게 했는가? 절대 그렇지 않다. 반대로 하나님을 경외하고 사랑하는 것에서 흘러나오는 수많은 복이 신앙인들을 부유하게 만든다. 생명의 샘에 반대하여 글을 쓰며 말하는 것처럼 어리석은 일은 없을 것이다. 왜냐하면, 그렇게 함으로써 하나님을 모독하며 대적할 뿐만 아니라, 다른 사람에게서 하나님의 참된 본성을 아는 지식을 빼앗고, 남을 나와 함께 멸망하게 하는 것이기 때문이다.

2. 불가지론자들은 하나님의 존재를 믿지 않을 뿐만 아니라, 자신이 믿지 않는 것도 믿지 않는다. 그들은 우리가 알지 못할 뿐만 아니라, 알 수도 없다고 말한다. 이것은 잘못이다. 왜냐하면 우리의 모든 갈망은 특별한 목적을 위해 주어진 것이며, 그 갈망을 충족시켜 주시는 하나님이 계시지 않는다면, 우리는 하나님을 믿는 갈망이 없이 창조되었어야 했을 것이다.

아기는 모태에서 태어났지만, 어머니와 분리된 존재이다. 아기는 나름의 방법으로 어머니를 사랑하지만, 어머니가 자기를 알며 사랑하는 것만큼 알지 못한다. 아기는 자라면서 어머니를 더 잘 알게 되며, 어머니와 더 친밀하게 교제하며 기쁨을 누리게 된다. 이와 같이 무한하신 하나님을 알려면 우리의 지식이 무한해져야 한다. 이것은 우리가 하나님을 알 수 없다는 의미는 아니다. 왜냐하면 우리는 성장의 모든 과정에서 하나님을 알 수 있으며 생명을 주시는 그분의 현존을 기뻐할 수 있기 때문이다. 지금 우리가 알기 위해 이보다 더 필요한 것이 있는가? 장래의 모든 일에서 영적 수준이 지속적으로 성장하는 동안, 우리는 하나님을 더 많이 배우게 될 것이다. 우리가 인내하지 못할 이유가 없다. 왜냐하면 무한하신 하나님을 알기 위해서 우리 앞에 무한한 시간이 놓여 있기 때문이다. 우리에게 있는 빛을 따라 걸어간다면, 지금 우리가 도달한 진보의 단계에서 하나님을 알고 있는 것만으로도 충분하다.

3. 만일 우리가 현 단계에서 하나님을 완전히 알아야 한다면, 하나님은 그 필요를 충족시켜 주실 것이다. 왜냐하면 하나님은 언제나 자기의 피조물에게 실제로 필요한 것을 좋은 것과 유익한 것으로 채워주시기 때문이다. 또한 하나님은 우리가 하나님을 더 알려 하기를 원하신다. 왜냐하면 우리에게 주어지는 단편적이며 무미건조한 하나님에 대한 지식을 가지는 것보다, 스스로 관심의 충동으로 인해 배우려고 노력하는 것이 더 유익하기 때문이다. 마르셀(Marcel)은 "학습자가 정신적으로 분발하여 발견하는 것이 말을 들어서 배우는 것보다 더 많다"라고 말했다. 우리는 어떤 것에 대해 부분적인 지식에만 이를 수 있으며, 우리 자신의 의식으로 이르기까지는 실체를 알 수 없다: "믿기 전에 알려고 하는 자는 참 진리에 도달할 수 없다. …나는 경험으

로써 알 수 있지만, 경험을 통해 알기 전에 먼저 그것을 믿어야 한다는 진리에 대해 말하고 있다. 그렇지 않는 한 당신은 진정 그것을 알지 못한다."(『독일신학』; *Theologia Germanica*)

어떤 철학자들은 하나님을 알 수 없다고 한다. 이 말은 고려할 가치가 없다. 왜냐하면 알 수 없다는 그 지식은 그들이 가지고 있는 하나님에 대한 제한적인 지식으로부터 추론한 것에 근거한 것이기 때문이다. 만일 하나님은 우리의 지식을 초월하시는 분이라면, 하나님이 알 수 없는 분이시라는 것을 어떻게 알게 되었는가? "지식의 실체는 그것을 부정함으로써 긍정된다."

4. 하나님의 존재에 대한 지식을 떠나서, 우리가 주위에 있는 어떤 피조물을 아는 지식도 매우 부분적이다. 우리는 그것에 대한 표면적인 일부 지식만 알지만 그것의 내적인 생명을 알지 못하며, 우리 자신에 대해서도 전혀 아는 바가 없다. 만일 인간이 자신의 존재에 대해서 완전히 안다면, 하나님을 닮은 모습으로 지어진 인간의 모습 안에서 하나님을 아는 데 큰 어려움이 없을 것이다. 하나님과 인간의 관계는 한쪽을 알기 위해서 다른 쪽도 알아야 하는 것과 같다. 우리는 자신과 닮은 것만 알 수 있으며, 인간이 하나님과 닮지 않도록 피조되었다면 인간은 하나님을 알려고 하지도 못했을 것이다. 어떤 이는 "하나님은 하나님에 의해서만 알 수 있다"고 말했다. 하나님은 인간의 타락한 본성을 없애기 위해서 인간이 되셨으며, 참 본성으로 회복시키시려고 인간이 되셨다(시 82:6). 성 아타나제(Athanase)는 "우리가 하나님 같이

제3장 하나님을 알 수 있는가? 241

되게 하려고 하나님이 인간이 되셨다"고 말했다.

하나님은 인간을 타락한 상태에서 건지셨으며, 그의 사역자들을 불꽃으로 삼으셨다(히 1:7). 하나님은 성령과 불이시다(마 3:11). 불꽃처럼 된다는 것은 하나님처럼 된다는 것이다. 왜냐하면 "작은 불꽃도 불의 모든 성질을 가지고 있기" 때문이다. 그러나 이 말은 "인간의 다양한 영혼과 자아가 절대자의 파편적인 현시에 불과하다"고 주장하는 철학자와 범신론자들의 주장처럼, 하나님과 인간이 하나의 영이라는 의미는 아니다. 하나님과 그의 피조물을 혼동하는 것은 영혼의 갈망을 만족시키지 못하지만, 우리는 그의 교통하심과 친교 안에서 참되고 영원한 행복을 발견한다.

5. 하나님은 진리를 추구하는 사람에게 그의 믿음이 잘못되었다고 말함으로써 실망을 주지 않으신다. 하나님은 그가 점차 자신의 믿음이 잘못된 것을 알게 하시며, 진리를 분별할 수 있게 해주신다.

숲에서 아름다운 돌을 발견한 가난한 정원사가 있었다. 그는 가끔 다이아몬드에 대한 이야기를 들었는데, 그것이 다이아몬드라고 생각했다. 그래서 그것을 보석상에게 가지고 가서 보여주었다. 친절하고 동정심이 많은 보석상 주인은 정원사에게 그것이 다이아몬드가 아니라 돌이라고 말하면, 그 사람이 믿지 않거나, 충격을 받아 그의 희망이 사라질 것을 알았다. 그래서 보석상 주인은 이 가난한 사람이 스스로 잘못 알고 있다는 것을 깨우치게 하려고 궁리를 세웠다. 보석상 주인은 그를 자기 가게에서 일하게 해 주었으며, 그래서 그는 다이아몬

242 제4권 영성생활

드와 그 값을 분별할 수 있게 되었다. 그 후 보석상 주인은 그에게 돌을 가져오라고 했다. 그때까지 이 정원사는 귀한 그 돌을 잘 보관하고 있었다. 그는 돌이 든 함을 열어서 그것을 꺼내고서 그것이 가치가 없다는 것을 알고서는 깜짝 놀랐다. 얼굴이 창백해진 그는 주인에게 달려와 발 앞에 엎드리며 "당신의 선하시고 친절하심에 감사합니다. 당신은 나의 희망을 꺾지 않으시면서 다른 사람의 도움이 없이 나의 잘못을 알 수 있도록 계획을 세우셨군요. 이제 후로는 당신과 항상 같이 있겠으며, 당신을 위해 남은 평생을 봉사하겠습니다"라고 말했다.

이것이 하나님께서 잘못된 길에서 방황하는 자들을 진리의 길로 인도하셔서 그들 스스로 진리를 깨달아 하나님을 따르며, 남은 생애를 하나님께 봉사하게 하시는 방법이다.

6. 사람들은 우둔하고 무지해서 하나님의 집에 와서 예배드리는 것이 하나님과 목회자에게 큰 선심을 베푸는 것인 줄 안다. 이런 생각으로 예배드리는 사람들은 하나님의 참 본성을 이해하지 못한다. 그들은 마치 자기의 배고픔을 면하게 해주려고 빵을 주는 사람의 뜻을 알지 못하는 어리석은 거지와 같다. 그들은 그에게 감사하지 않으며, 그로 하여금 가난한 사람에게 선심을 베풀게 함으로써 선행을 할 수 있는 기회를 주었다고 생각한다. 그들은 이처럼 어리석어서 자기가 배부르게 된 큰 은혜를 알지 못하고, 굶주림에서 자기를 구해준 사람에게 마음으로 감사할 줄 모른다.

7. 창조주는 인간에게 지성과 감성과 의지를 주셨다. 하나님께 봉사

하는 힘을 얻으려면 영적 음식을 지성의 이로 씹어야 한다. 그러나 그는 지적인 힘을 널리 사용하지 않고 헛된 공론(空論)에 허비한다. 마른 뼈를 발견한 개는 입이 상하도록 뜯어먹는다. 입에서 나오는 것이 자기 피인지 모르고 맛있게 먹는다. 이처럼 인간도 하나님이 주신 지성이라는 선물을 무익한 공론에 허비한다. 영적 감각도 역시 하나님의 현존을 느끼고 감사하도록 주어진 것이다. 그러나 사망에 이르게 하는 불순종과 죄의 영향을 받아 하나님을 인식하는 능력과 하나님을 기뻐하는 능력을 상실했다. 이런 사람들은 이기적인 자아 너머를 볼 수 없으며, 하나님의 현존을 느끼지 못한다. 그러므로 결국 하나님에 대한 불신앙을 굳히게 된다. 이와 같은 방법으로 사람의 의지가 하나님의 뜻에 반대되는 길을 간다면, 죄의 노예가 되고 자유롭지 못하게 되어 영적 자살에 이르게 된다.

8. 한 땅에서 흘러나온 물이 그 근원인 바다로 돌아가려면, 여러 지역을 통과해서 흘러간다. 그것은 여러 추장과 왕자와 제후의 영역에 흘러 들어간다. 그러나 누구도 자기 영토 안에 그것을 막고 가둘 수 없다. 왜냐하면 그것은 그의 소유가 아니기 때문이다. 그것은 모든 사람을 위한 공동자산이며, 어디든지 흘러가서 모든 사람의 갈증을 풀어준다. 이처럼 생명의 하천은 하나님의 바다에서 흘러나와 거룩한 예언자 및 사도들의 도관(導管)을 통하여 온 세상을 적신다. 목마른 사람들의 갈증을 풀어주며, 모든 족속과 민족들의 삶을 풍요롭게 하며, 열매 맺게 한다.

"성령과 신부가 말씀하시기를 오라 하시는도다 듣는 자도 오라 할 것이요 목마른 자도 올 것이요 또 원하는 자는 값없이 생명수를 받으라 하시더라"(계 22:17).

제4장

고통과 괴로움

1. 세상에는 육체적인 고통뿐만 아니라 영적인 고통도 있다. 육체적인 고통은 육체의 질병과 부상의 결과로 오지만, 영적인 고통은 죄와 하나님으로부터의 분리의 결과이다. 살아 있는 모든 피조물은 감각 기관의 발달에 비례하여 괴로움을 당하지만, 인간만큼 괴로워하지 않는다. 사람의 감각과 고등 지성의 능력은 고통을 감수하는 능력을 더해준다. 왜냐하면 인간은 언제나 고통스럽다고 상상하면 실제로 상상하는 만큼 고통이 커지기 때문이다.

맹금이나 맹수의 이빨과 발톱과 부리는 포획한 것이 도망치지 못하게 되어 있다. 잡힌 것은 큰 고통 없이 곧 죽거나, 도망친다 해도 상처로 인한 큰 고통 없이 죽게 되어 있다. 뱀과 독충의 독은 핏속에 흘러 들어가서 무감각하게 되어 고통 없이 죽게 한다. 자연계에서 몇몇 경우를 제외하고는 죽음은 극심한 고통 없이 일상적으로 일어난다. 왜냐하면 죽는 희생물은 독의 효력이나 상처의 충격으로 반 무의식상태가 되기 때문이다. 간단히 말하자면 그것들의 상태는 우리가 생각하는 것만큼 지독하지 않지만, 육체적으로든지 영적으로 악한 결과에서 오는 고통과 고난은 정말 괴로운 것이다.

246 제4권 영성생활

2. 고통과 괴로움은 우리의 생명의 영적 발달과 성장에 필요하다. 하나님의 뜻은 우리가 항상 그것에서 벗어나는 것이 아니다. 맛이 쓰고 나쁜 것 같지만 우리에게 유익한 것들이 많다. 우리에게는 독하고 불쾌한 것이지만 치료제나 질병의 특효약으로 사용된다고 한다. 우리는 그것들의 약 성분을 알지 못하기 때문에 독이라고 하지만, 하나님은 특별한 목적을 위하여 모든 것을 창조하셨다. 그 목적에는 충분한 것이지만, 우리가 그것의 용도를 알지 못하므로 종종 그것을 사용한 결과가 해로운 것이 된다. 하나님은 본질적으로 해롭거나 악한 것, 또는 바르게 사용한다면 피조물을 해칠 수 있는 것을 만들지 않으셨다. 이처럼 고통과 괴로움은 영적 삶을 자라게 하며 깊이 있게 하는 수단이 된다(롬 8:18). 우리의 삶에 독과 해를 주는 결과는 하나님이 주신 힘과 능력을 악용함으로써, 특히 불순종함으로써 오는 것이다.

3. 고통과 괴로움은 사람의 영적인 상태를 깨닫게 하는 유용한 수단일 뿐만 아니라, 어려운 상황에 처한 사람을 돕는 사람에게도 유용하다. 왜냐하면 그것은 완전을 향하여 성장하는 데 필요한 것을 훈련하는 기회가 되기 때문이다. 참 승리는 고통과 괴로움, 또는 죽음과 악에서 구원받는 것이 아니라, 하나님의 은혜로 고통을 안락으로, 십자가와 죽음을 생명으로, 악한 것을 선한 것으로 변화시키는 것이다. 이러한 이유로만 이 전쟁하고 싸우게 된다. 왜냐하면 "우리가 하나님 나라에 들어가려면 많은 환난을 겪어야 할 것"(행 14:22)이기 때문이다. 고통을 알지 못하고서는 안락의 참된 가치를 알 수 없으며, 쓴맛을 보

제4장 고통과 괴로움 247

지 않고서는 단맛을 모르며, 악을 보지 않고서는 선을 모르며, 죽음을 통과하지 않고서는 생명을 얻지 못한다. 그러므로 우리가 그분과 함께 하나님 나라에 들어가기 전에 이 모든 것을 통과해야 하며, 영원에 대한 교훈을 경험으로 학습하는 것이 하나님의 뜻이다.

4. 진주가 자라는 동안 진주조개는 고통을 받는다. "조개껍데기 속의 진주층은 어떤 생물이나 기생충이나 작은 고기나 모래 알갱이 등 무기질의 침범으로 괴로움을 당한다. 그것을 피할 수단이 없는 이 연체동물은 그것을 미(美)의 물체로 변화시킴으로써 자극물질을 강제로 중화한다." 진주는 고통의 산물이다. 그것을 무시할 때 광채가 사라진다. "빛을 내는 특수한 표면에 있는 진주의 매력은 기름이나 잉크 등의 물질에 오염됨으로써 파괴된다. 옛날에 진주를 시체와 함께 무덤에 묻었는데, 시체가 썩으면서 오염되어 형편없이 변했다. 고통으로 태어난 진주처럼, 고통과 괴로움 없는 영적 생활은 아름답게 되지 못한다. 아름다운 상태에 도달해도, 겸손하고 감사하는 마음으로 항상 주님의 사랑에 매달려 있지 않으면, 그 높은 상태에서 떨어져 광택을 잃을 두려움이 있다(고전 10:12). 그러므로 우리는 항상 깨어 기도해야 한다.

5. 다이아몬드나 보석이 미(美)의 완전함에 도달하기까지 수백 년, 수천 년 동안 자연이라는 실험실에서 열과 추위와 압력을 견뎌야 했듯이, 우리도 온전해지려면 고통과 괴로움을 견뎌야 한다. 화학자가 다이아몬드를 만들 수 있지만, 그것을 면밀히 검사해보면 어떤 결점

을 발견하게 된다. 그러므로 우리는 하루 만에 결점이 없는 온전함에 도달할 수 없다. 계속 하늘에 계신 하나님의 온전하심에 근접해서 살며, 또 그의 현존 안에 삶으로써 우리는 그분의 온전하신 것처럼 온전하게 될 것이다.

6. 폭풍은 파괴적인 것처럼 보이지만, 실제로는 변장된 축복이다. 그것은 치명적인 역병과 병균을 쓸어버리며, 우리에게 건강을 가져다준다. 마찬가지로 성령의 바람(요 3:8)과 고통과 괴로움이라는 폭풍의 충격은 우리에게 영적 건강과 축복을 준다.

태양의 열은 수증기를 만들어 하늘로 올려 구름을 만들며, 이것은 다시 비가 되어 내린다. 이처럼 의의 태양은 생명수를 영혼의 생명 안에 흘려보냄으로써 우리에게 생명을 가져다준다.

7. 많은 사람은 이 세상에서나 다음 세상에서 마음의 갈망이 하나님만으로 충족될 수 있다는 것을 알지 못한다. 어떤 사람들—철학자, 부도덕한 자, 범죄자들—은 세상에서 만족을 얻지 못하면 희망을 잃은 자가 되어 스스로 목숨을 끊으려 한다. 이와 정반대인 진정한 크리스천들이 있다. 그들은 이 세상에서 더 많은 괴로움을 당한다. 왜냐하면 그들의 영적 경험이 높을수록 괴로움도 더 크기 때문이다. 세상적인 마음을 가진 자들은 이것을 이해하지 못하므로, 그들을 돕지 않고 그들을 반대하고 박해한다. 그러나만 그들은 절망하여 자살하지 않는다. 왜냐하면 그들은 세상적인 야망이 좌절되는 것으로 인해 하나님과의 교제 안에서 평화를 찾기 때문이다. 그러나 하나님 안에서 갈망

제4장 고통과 괴로움 249

이 만족되어도, 이웃과 교제와 동정을 갈망한다. 이러한 사회적 교제의 본능이 충족되지 않는 곳에서 하나님이시며 인간이신 그리스도께서 그의 영적 본성뿐만 아니라 사회적 갈망을 충족시키신다. 인간의 고난과 괴로움에 대한 그분의 이해는 단지 그의 신적인 본성에서 나온 것이 아니라 인간으로서 스스로 고난을 받을 때 그의 인간의 경험에서 나온 것이다. 그로써 그는 고통받는 모든 사람의 아들들에게 완벽한 도움과 동정을 줄 수 있다.

8. 이 세상에서 영적인 마음을 가진 자는 고난을 받는다(딤후 3:12). 왜냐하면 이들은 진리를 바로 이해하지 못하며, 본성이 꼬여 있으며, 죄로 인하여 영적 분별력이 무감각해진 사람들에게 오해를 받기 때문이다. 이러한 부류의 사람들은 선량한 사람을 만날 때, 자신의 본성이 그들의 본성과 공존할 수 없다는 것을 알며, 본능적으로 그들을 대적하는 태도를 취한다. 그러나 하나님께 민감한 감정과 양심을 가진 사람은 동류의 사람과 관계를 맺음으로써 그 사람 안에 있고 그에게로 인도하는 하나님의 생명을 알게 된다.

참 기독교인의 삶은 백단향(sandalwood)과 같아서 나무를 찍어내는 도끼에 해를 주지 않고 오히려 나무의 향기를 나누어 준다. 헨리 수소(Henry Suso)에게 주신바"너는 공공연히 명성을 잃는 고통을 받을 것이며, 사랑과 신실함을 구하는 곳에서 배반과 괴로움을 발견할 것이다"라는 하나님의 경고는 많은 크리스천들에게 반복되고 있다. 경건한 선지자와 사도, 심지어 주님도 고난을 당하셨던 이 세상에서 고통에

250 제4권 영성생활

서 벗어나기를 원하는 사람은 진리를 부인해야 할 것이며, 하나님에게서 얼굴을 돌려야 하며 세상을 친구 삼아야 할 것이다. 그리스도와 함께 그의 고난에 참여하는 것은 큰 특권이다(빌 3:10). 마지막 때가 이르렀을 때 주님의 고난에 참예한 자는 영원한 영광에 들어갈 것이며, 그와 함께 다스릴 것이다(딤후 2:12).

9. 목적지에 도착하려면 고통과 괴로움과 유혹을 통과해야 한다. 이러한 상태는 우리의 영적 생활의 성장과 장래의 행복을 위해 필요하다. 그러므로 이러한 것들을 통과하는 것이 하나님의 뜻이다. 만일 이것이 우리를 위한 하나님의 계획이 아니라면, 하나님은 우리에게 이러한 것을 요구하지 않으셨을 것이다. 그러나 하나님이 요구하셨다면, 누가 하나님을 대적하겠는가? 더할 말이 없다. 우리의 운명을 기쁘게 받아야 하며, 우리와 하나님 사이에 놓인 장벽을 높임으로써 하나님의 현존과 친교를 기뻐할 수 있는 능력을 파괴하는 의심이 우리 마음에 들지 못하게 해야 한다.

우리는 이 세상에 살고 있는 한 고통과 괴로움을 견뎌야 한다. 꿀벌은 꿀을 모을 뿐만 아니라, 벌 자신의 특별한 사명을 위하여 침도 갖고 있다. 아름답고 향기로운 장미의 가시는 목적 없이 달려 있는 것이 아니다. 바울의 육체의 가시도 크고 현명한 계획을 이루기 위해서 주어진 것이다. 우리가 시험의 때를 통과하는 것은 우리의 피조된 영원한 목적을 완성하기 위해서 필요하다.

제5장

반대와 비평

1. 만일 사람들이 우리를 이해하지 못하고 우리의 선한 동기를 비평한다면, 또 그들이 우리를 대적하고 박해한다면, 그것은 전혀 새로운 일이거나 놀랄 만한 일이 못 된다. 자기 삶의 목적을 모르는 사람들이 많다. 그래서 그들은 다른 사람의 삶에 간섭하느라 시간을 허비한다. 자신의 삶에서 하나님의 목적을 아는 사람들은 할 일을 정하고, 다른 사람이 어떻게 말하거나 생각하든지 상관하지 않는다. 왜냐하면 그들에게 보고받으시는 하나님은 그들의 선한 동기를 아시며, 그것을 사랑과 위안으로 간직하시기 때문이다. 우리의 창조주 주님은 우리의 선한 의도를 아신다. 그런데 우리가 전 생애에 대한 하나님의 선한 목적을 분명히 밝히실 때가 올 것을 알면서 왜 우리를 대적하는 것을 괴롭다고 생각하는가?

어떤 사람이 타국에 갔는데, 그곳 사람들은 그를 훑어보았고 개는 짖어댔다. 마찬가지로 그리스도인들은 이 세상에 속하지 않는다. 순례자이며 나그네이다(요 17:14; 히 11:13). 그러므로 세상의 개들이 자신을 이방인으로 보아 짖어대며, 심지어 찢어 상하게 해도(마 7:7) 놀라거나 실망할 필요가 없다. "개는 짖지만 카라반(caravan)은 간다." 개는 짖

252 제4권 영성생활

으면서 한동안 따라 오지만 결국 돌아간다. 그러나 카라반은 계속 길을 가며, 조만간에 목적지에 도착한다.

2. 진리를 대적하며 비평하는 자들에게는 임무가 주어지지 않는다. 그들은 한때 사명을 받았겠지만, 그것을 수행하지 않아 그 사명을 잃었다. 하나님이 그들에게서 할 일을 빼앗으실 때, 그들은 할 일이 없어졌다. 그들은 할 일 없는 손에 일거리를 주기 위해서 하나님의 일을 하는 사람들에게 돌을 던지는 것을 즐기기 시작한다. 사탄은 한가한 손을 발견하고서 그에게 사명을 준다.

만일 눈먼 자가 더듬거리며 걸어온다면, 볼 수 있는 사람은 그와 부딪히지 않도록 옆으로 비켜주어야 한다. 어쩌다 눈먼 자가 와서 부딪힌다면, 화를 내지 않고 그를 도와주어야 할 것이다. 만일 그가 화를 낸다면, 눈먼 자보다 더 보지 못하는 자라는 것을 입증하는 것이다. 왜냐하면 그는 보통 사람들의 상식과 동정심에 대해 눈이 먼 사람이기 때문이다. 그래서 우리가 진리를 따른다고 해서 누군가가 우리를 핍박한다면, 화를 내지 말고 그를 용서하며, 사랑으로써 그를 위해 기도해야 한다(마 5:44-45). 그런데도 그가 반응하지 않고 반항을 계속해도, 우리가 잃는 것은 없다. 왜냐하면 우리는 보는 눈을 주셨으며, 우리의 분깃이며 보상이신 진리이신 하나님을 위해 행했기 때문이다.

3. 추운 지역에 사는 곰과 다른 동물들은 여름철에 먹이를 먹어 체내에 지방을 저장해 두었다가, 겨울이 되어 먹이를 먹을 수 없는 몇 달 동안 저장된 지방으로 살아간다. 우리는 기도를 통하여 하나님이

주시는 음식과 힘을 저장하며, 핍박의 때가 올 때 그것으로 동요함이 없이 강하게 지낸다. 주님에 대한 적개심으로 주님을 십자가에 못 박았는데(행 3:15), 우리가 박해로부터 위축되어야 하겠는가? "자기 땅에 오매 자기 백성이 영접지 아니하였으나"(요 1:11).

한 상인이 타국에 살러 갔다. 출발한 후 얼마 안 되어, 그의 집에서 아들이 태어났고, 산모는 죽었다. 상인은 아이를 키우는 데 드는 돈을 친구에게 보냈다. 아이는 자라서 소년이 되었다. 어느 날 타국에 있던 아버지가 밤에 집에 돌아와 문을 두드려 아들을 깨웠다. 청년 아들은 낯선 사람을 보고서 도둑인 줄 알고 험한 말투로 그에게 달려들었다. 아버지는 그를 진정시키고 자신이 아버지라는 것을 거듭 설명했지만, 아이는 아버지를 본 적이 없었고, 아버지와 그의 사랑을 알지 못했다. 아들은 아버지에게 달려들어 상처를 입히고 경찰에게 넘겼다. 다음 날 아침 조사하는 과정에서 그가 정말 오랫동안 떠나 있었던 아버지라는 사실을 알게 되었다. 청년은 후회로 가슴이 미어졌다. 그는 가슴을 치며 울면서 겸손하게 용서를 빌었다. 그리고 아버지를 성심껏 모시겠다고 다짐했다. 이 이야기의 끝은 아버지에게 불손한 행동을 부끄럽게 생각하며 용서를 빌었다는 것이다. 그러나 지금도 우리 중에 회개하고 하늘에 계시는 아버지께로 돌아가지 않은 수많은 사람이 있다. 그들의 굳어진 마음을 위해 하나님께서 자비를 베푸셔서 그들에게 나타나시기를 기도한다.

4. 자신의 결점이나 단점을 보지 못하고 다른 사람들의 결점을 찾는

사람들이 많다. 외면적인 사물을 보는 눈은 사물도, 그 결점도 보지 않는다. 진리를 거스르는 자들은 자신의 결점 외의 다른 모든 것을 본다. 유리를 들여다볼 때, 유리와 유리의 결점이 보인다. 이와 같이 말씀이 육신으로 된 분과 교제하며 삶으로써, 그리고 기록된 하나님 말씀으로 우리의 삶을 측량해 볼 때 우리 자신을 알게 된다. 그분은 우리의 죄 많은 삶을 알게 해 주실 뿐만 아니라, 치유와 구원의 능력이심을 우리에게 보이신다. 만일 우리가 그분에게 순종한다면, 그리고 쉬지 않는 기도와 그의 거룩하신 교제 안에 살 때, 그분은 우리들의 결점을 제하여 주시며, 우리를 그의 영광스러운 모습으로 영원히 변하게 해 주신다. 그것은 우리가 하나님과 더불어 그의 영광을 함께 주시기 위함이다(요 14:26; 17:24).

제6장

악이란 무엇인가?

1. "악이란 자연법칙에 반(反)하는 것이며, 우리 존재의 법칙에 모순되는 것이다"(Whichcote).

"모든 악은 선한 것을 얻으려는 목적으로 행하는 것이며, 누구도 악으로써 악한 행동을 하지 않는다." 아무리 악하고 좋지 않은 사람이라도 분별 있는 사람은 자신을 해치려 하지 않는다. 악은 하나님이 창조하신 본성적인 속성이 아니다. 악은 사람을 파멸시키며, 다른 사람을 파멸로 인도한 악의 결과는 자신을 영원히 망하게 할 것이다. 영원히 영구한 것은 영원하신 하나님의 속성 중 하나인 선과 연결되어 있다. 악이 영원한 존재의 특성이라면, 악은 영원하여야 할 것이다. 악이 사탄의 특성이라고 말한다면, 그것은 역시 허구일 것이다. 왜냐하면 사탄은 무구(無垢)한 상태로 피조되었으며, 현재의 악한 상태는 자유 의지를 행사함으로써 생겨난 것이기 때문이다. 악은 영원하지 않으므로 —그것은 시작이 있었고, 그러므로 마지막도 있다—우리는 악의 종말이 오리라는 결론을 내려야 하며, 특히 악은 자멸하기 때문에 그렇게 말해야 한다.

256 제4권 영성생활

2. 중국의 철학자 Chu Fu Tsu는 "갓 태어난 인간은 맑은 샘에서 흘러나오는 물과 같지만, 산과 들을 흐르는 동안 흙과 진흙으로 흐려진다. 그러나 어느 장소에 고요히 머물러 있으면 진흙이 가라앉고 물은 다시 맑아진다"고 했다. 맹자는 "영혼은 밀알처럼 본성적으로 악하지 않지만, 밀알이 뿌려질 때 흙과 물과 비료와 자라는 환경에 좌우된다"고 했다. 다시 말하자면, 인간의 본성은 태생적으로 선하지만, 자라는 환경이 인간을 악하게 한다는 것이다.

어떤 관점에서 보면, 이 말은 전적으로 맞다. 그러나 죄의 유전되는 타락, 그리고 우리의 본성이 악에 기울어지는 경향을 부인할 수 없다. 무결점하다는 어린아이를 예로 들어보겠다. 허버트 스펜서(Herbert Spencer)는 "어린아이가 순진하다는 일반적인 생각은 나쁜 지식의 관점에서 본다면 맞지만, 나쁜 충동이라는 관점에서 보면 전적으로 잘못된 것이다. 그것은 아이들을 돌보는 방에서 반 시간만 관찰해도 알 수 있다"고 말했다.

3. 인간이 영혼의 배고픔과 목마름을 느낄 때, 그리고 무지하여 불법으로 죄에 참여함으로써 만족을 구하려 할 때, 결국 하나님께 불순종함으로 말미암아 자신의 갈망과 자신도 모두 파괴하며, 자신이 추구하는 만족도 얻을 수 없다. 옛날에 히말라야에서 배고픈 여행자가 아름답고 맛있어 보이는 과일을 발견하였다. 그는 그것을 게걸스럽게 먹었는데, 그것은 독이 든 과일이었다. 배고픔을 채우기 위해 먹을 것을 찾던 그 사람과 그를 괴롭혔던 배고픔 모두 죽음으로써 영원히 종

말을 당했다.

4. 몸에 상처가 나거나 병에 걸리면 육체의 건강이나 병의 원인이 되는 두 종류의 작은 미생물 간의 싸움이 벌어지는데, 그 수와 힘에서 우세한 편이 이긴다. 병원체가 지면, 건강체가 승리한다. 사람의 선한 생각과 악한 생각의 싸움도 이와 같으며, 세상에서 선한 사람과 악한 사람의 관계도 이와 같다. 유혹의 시기에 선한 생각이 악한 생각을 이긴다면, 영적인 건강과 진정한 행복이 그 결과가 될 것이다.

하나님의 은혜를 통하여 사람들은 죄에서 절대적이며 영원한 승리를 얻으며, 악이 영원히 사라질 때가 올 것이다.

제7장

악한 생각과 삶의 결과

1. 악한 제안이나 나쁜 친구의 생각은 참나무의 어린잎 안에 있는 곤충의 침 같아서, 그 잎이 자라면 몰식자(沒食子)가 된다. 뱀은 자기의 독으로 해를 받지 않지만, 다른 무독한 피조물은 해를 당한다. 자기 안에 죄라는 독을 품은 악한 마음을 가진 사람은 그로 인해 선한 마음을 가진 사람만큼 해를 받지 않는다.

2. 자바섬에서 자라는 유퍼스나무(upas)와 미국의 독성이 있는 아이비(Ivy)는 유해한 즙이나 기름 같은 것을 만들어내는데, 그것은 바람에 실려 날아가는 반경 안에 있는 모든 사람에게 위험하고 파괴적인 질병을 유발한다. 이처럼 악한 사람의 삶의 유독한 영향은 옆에 있는 모든 이에게 영적 질병과 죽음을 유발한다.

3. 단단한 수목을 갉아 먹는 나무좀과 바위를 갉아먹는 바다벌레는 아주 부드럽고 연약하다. 그러나 때가 되면 그것들은 단단한 나무와 돌을 가차 없이 파괴한다. 만일 우리가 깨어 있지 않고 쉽게 간과할 수 있는 나쁜 생각과 습관을 하나님의 도우심으로 깨버리지 않는다면, 그것들은 나무좀처럼 우리의 영적 삶을 껍질을 제외하고 하나도

남기지 않고 모조리 갉아 먹어 치울 것이다.

4. 뱀이나 전갈 같은 파충류와 곤충들은 물어 상처를 낸 후에 상처에 독을 주입하여 죽거나 괴롭게 만든다. 그러나 치명적이라고 생각하지 않는 파리와 해충 중에도 이것들처럼 치명적인 것들이 있다. 왜냐하면 이것들은 병원체를 옮김으로써 병을 퍼트리며, 많은 사람을 사경을 헤매게 하기 때문이다. 그래서 우리는 위험한 죄수들을 정말 나쁜 사람이라고 분류하지 않는다. 왜냐하면 정말 나쁜 사람이란 사람들이 눈치 채지 못하는 사이에 야비한 혀를 사용하여 치명적인 교리와 영향력을 주위 사람들에게 퍼트리기 때문이다.

5. 어떤 벌레는 덜 익은 과일에 구멍을 내고 그 안에 알을 낳는데, 과일이 커지는 동안 그 구멍이 막히게 된다. 그 안에 있던 알이 부화하며, 유충은 과일을 파먹기 시작한다. 표면적으로는 아무 흔적이 없다. 과일은 익고 먹음직스럽지만, 안은 비어 있어서 쓸모가 없다. 이처럼 어릴 적과 청년 시절에 들인 나쁜 생각과 습관은 점차 자라며, 영혼 안에서 작용하여 우리의 도덕적 본성을 타락시킨다. 그러므로 우리는 어린 시절부터 본성을 타락시키는 죄에 대해 깨어 있어야 한다.

멕시코에 "점핑 빈"이라는 콩이 있다. 태양열이 씨앗 위에 쪼이면 뒤틀리며 비꼬며 꿈틀거리며 돌이나 나무 그늘까지 튀어서 간다. 이러 이상한 현상은 어떤 곤충이 콩에 구멍을 내고 들어가 유충을 낳고, 콩이 거의 빌 때까지 그 안에서 먹고 자란 유충은 태양열이 콩에 내리

쪼이면 뜨거워서 시원한 그늘로 꿈틀거리며 도망친다. 그때문에 사람들은 그것을 "뛰는 콩"이라고 한다.

이처럼 나쁜 생각과 욕망이 인간의 마음 안에 들어가면, 의의 태양이 악한 삶 위에 빛을 쪼일 때, 죄인은 불안하여서 그분의 빛이 비치지 않는 어두운 곳으로 몸부림치며 피하려 한다. 이렇듯이 죄인은 암흑 속에서 살며, 하나님의 빛과 열을 잃게 된다.

6. 하나님이 자기 형상대로 인간을 지으셨다. 그러므로, 사람이 한 가지 조건, 즉 자유 의지를 행사하면서 죄에 빠지지 않는다면, 그 무엇도 사람을 해칠 수 없다. 우리가 죄를 범해도 하나님께 해가 미치지 않지만, 우리 자신과 우리와 관계하는 사람에게는 해를 끼치게 된다. 사랑의 하나님은 우리가 어떤 형태로든지 죄에서 구원받아 하나님과 교제를 나눌 수 있기를 원하시지만, 죄가 거룩한 하나님과의 교제를 막는다. 개인적인 관계에서 우리의 피해가 다른 사람들의 피해가 되며, 다른 사람들의 피해가 우리의 피해가 되는 밀접한 관계가 형성된다. 자신의 악함이 다른 사람에게 해를 끼치지 않았으며, 앞으로도 끼치지 않을 것이라고 말할 수 없다. 우리의 동료들은 우리의 선행이나 악행의 영향을 어느 정도 받는다. 그러므로 회개의 의미는 장래에 우리 자신과 다른 사람 모두에게 해를 주는 이러한 행위를 그만두며, 하나님의 도우심과 은혜로써 삭개오처럼 자신이 행한 것에 대해 보상하겠다는 의미이다(눅 19:8-10).

제8장

그리스도 안에서의 삶

1. 생명은 피 안에 있으며, 그리스도는 피를 흘림으로써 우리에게 생명을 주셨다. 병에 걸린 사람을 치료하기 위해서 혈청을 주사하듯이, 그리스도께서 자신의 피로써 우리를 치명적인 죄의 병과 죽음에서 구원하신다. 우주는 한 몸이다. 지체들은 한 몸에 연결되어 있다. 몸의 한 지체가 아프면 온몸이 아프다. 혈청이 특정 부위를 위해서 사용되면, 온몸이 그 효과를 감지한다. 이처럼 그리스도께서 이 세상에서 십자가에 못 박히신 것은 보이는 이 세상과 보이지 않는 세상의 한 부분이지만, 온 우주가 그의 죽음의 영향을 받는다. 그리고 그는 세상의 구원을 위하여 한 장소, 즉 예루살렘에서 죽으셨지만, 온 세상이 그의 희생의 은사를 받는다. 그리고 영혼이 몸 안에 있듯이, 하나님은 우주 안에 계신다. 성 보나벤투라(St. Bonaventura)는 "하나님의 중심은 어디에든 있으나, 그의 원주는 어디에도 없다"라고 기록했다.

2. 그리스도께서 우리 때문에 죄인의 죽음을 당하셨다. 나쁜 사람들을 구원하려고 나쁜 무리에 들어가 생활한 선한 사람이 있었다. 많은 사람은 그 사람을 하나님의 사람으로 생각했다. 그런데 큰 범죄 사건

262 제4권 영성생활

이 일어났는데, 그가 관련되었다는 혐의를 받게 되었다. 그는 체포되어 사형 선고를 받았지만, 그 판결을 기쁘게 받아들였다. 그의 무리는 그는 정말 죄가 없다는 것을 알았다. 그가 죽은 후에도 그가 자기들을 위해 죽었다는 생각이 그들에게 영향을 주었고, 많은 사람이 악한 길과 행위에서 돌아섰다. 그도 예수님처럼 했던 것이다. 그의 능력은 항상 활동하고 있으며, 죄인이 그의 놀라운 사랑의 영향을 받고 회개하며 그에게로 마음을 돌릴 때, 주님은 그들의 영혼에서 죄를 제하여 주시며, 그들에게 새 생명을 주시며, 주님과 같이 새로운 피조물이 되게 하신다.

3. 1921년에 히말라야 정글에 큰 불이 났다. 많은 사람이 불을 끄려고 분주한 가운데 몇 사람이 서서 나무를 쳐다보고 있었다. 내가 "지금 무엇을 보고 있습니까?"라고 물었더니, 그들은 불이 붙은 가지에 새끼 새들이 가득히 있는 것을 가리켰다. 그 둥지 위로 한 마리 새가 어쩔 줄 모르고 이리저리 날아다니고 있었다. 그들은 "저 새들을 도와주고 싶지만 불 때문에 가까이 갈 수가 없어요"라고 말했다. 얼마 후 나무에 있는 둥지에 불이 붙었다. 나는 '저 어미 새도 곧 날아가 버릴 것이다'라고 생각하였지만, 그렇지 않았다. 나는 어미 새가 새끼들이 있는 둥지 위에 내려앉으면서 날개를 펴고 둥지를 감싸는 것을 보았다. 불길이 순식간에 둥지를 엄습해 어미 새는 타 죽었다. 나는 그런 광경을 본 적이 없었다. 나는 옆에서 그 광경을 지켜보던 사람들에게 "이 놀라운 사랑에 감격했습니다. 이 작은 피조물에서 저토록 놀라운

제8장 그리스도 안에서의 삶 263

사랑을 볼 수 있다면, 그러한 이기심이 없는 본성을 창조하신 분의 사랑이 어떠할지 생각해보십시오. 이 무한한 사랑이 죄로 죽을 우리를 구원하시고 생명을 주시기 위해 하늘에서 내려오셨습니다"라고 말해주었다.

4. 그리스도께서 주장하신 것이 진리라는 증거는 많은 신자들의 경험에 기초한 것이다. 경험을 한 모든 크리스천은 그리스도의 임재가 자신의 필요를 채우는 데 얼마나 적절한 것인지, 그리고 얼마나 생명을 주는 것인지 증명해준다.

1922년에 나는 친구들과 함께 팔레스타인을 여행하면서 야곱의 우물에 가서 달고 맛있는 물을 시원하게 마셨다. 그러나 한두 시간이 지난 후 다시 갈증이 났다. 그러면서 마음에 주님의 말씀이 강력하게 와닿았다: "예수께서 대답하여 가라사대 이 물을 먹는 자마다 다시 목마르려니와 내가 주는 물을 먹는 자는 영원히 목마르지 아니하리니 나의 주는 물은 그 속에서 영생하도록 솟아나는 샘물이 되리라"(요 4:13-14).

나는 야곱의 우물물을 마시고 다시 목이 말랐지만, 20년 전에 내 마음을 그분에게 바쳤으며, 그분이 생명의 샘이시기 때문에 그분이 주시는 물을 마신 후 다시 목마른 적이 없었음을 겸손히 감사하는 마음으로 말할 수 있다.

5. 파커 박사(Dr. Parker)는 그리스도의 인격과 말씀 안에서 "영과 생명"(요 6:63)이 발견된다는 사실에 대하여 "그의 종교적 교리를 그가 살

았던 시대와 장소의 것으로, 혹은 어느 시대와 장소에 대한 것으로 평가하라. 세상에서의 그의 말씀과 행위를 생각하라. 아무리 위대한 정신, 풍요로운 마음이라도 하나님과 인간에 대한 그리스도의 완전한 사랑보다 더 참된 방법, 지고한 목적이 없다는 것을 기억하라. 그러한 사람이 살지 않았으며, 그에 대한 이야기가 거짓말이라고 말할 수 있겠는가! 플라톤과 뉴턴이 살지 않았다고 상상해보라. 그러면 누가 그런 일을 하고, 그런 사상을 생각했겠는가! 누가 예수를 만들 수 있는가? 바로 예수님이시다!"라고 말했다.

단순한 도덕적 철학—형이상학, 주지주의, 또는 문화—은 죄를 이기고 정념을 극복하도록 도울 수 없다. 하나님의 은혜와 능력이 우리에게 주어지지 않으면, 세상의 교육과 문화는 우리를 돕지 못한다. 단지 죄를 범하는 새로운 수단과 방법을 만들어내며, 우리를 파멸에 이르도록 도울 뿐이다. 그러므로 죄와 죄의 나쁜 결과에서 구원을 받으려면, 우리에게 온전하고 자유로운 구원을 주실 수 있는 분의 손에 우리 자신을 맡겨야 한다.

제9장

결국 모든 인간은 하나님께로 돌아갈 것이다

1. "우리는 심성에 따라 무한하신 절대자의 존재를 믿게 되어 있다."(Mansel)

부싯돌 안에 불이 있는 것처럼, 인간의 마음 안에 하나님과의 교제를 원하는 갈망이 있다. 이 갈망은 죄와 무지의 부싯돌 같은 단단함 속에 감추어져 있을 수 있다. 하지만 하나님의 사람이나 하나님의 영과 접촉할 때 부싯돌이 쇠에 부딪혀 불길이 일어나듯이 사람 안에 있는 갈망이 순간적으로 불길이 된다.

영혼의 갈망은 이 세상에서나 내세에서 충족될 수 없고 오직 하나님 안에서만 충족될 수 있다. 그러므로 사람이 정념에 이리저리 끌려다니다가 결국 회개할 때 돌아갈 곳은 하나님이다.

2. 하나님은 우리가 제한된 지성의 빈약한 논증으로 하나님의 존재를 증명하려는 것을 원치 않는다. 하나님이 그것을 원하셨다면, 하나님 스스로 침묵하지 않으셨을 것이다. 하나님은 우리의 상상을 초월하는 것으로 납득할 수 있는 증거를 주실 수 있을 것이다. 하나님의 뜻은 그의 생명을 주는 현존을 누리는 백성이 하나님을 증언하는 것

266 제4권 영성생활

이다. 왜냐하면 그들의 개인적인 경험이 추론적인 증거보다 훨씬 더 믿을 만한 증거이기 때문이다.

그분은 모든 세대를 통하여 선지자와 사도들을 통하여 말씀하셨지만, 누구도 하나님을 있는 그대로 보거나 하신 말씀을 들은 자가 없었으며, 결국 그의 아들을 통해서 말씀하셨다(히 1:1-2). 필로(Philo)는 "인간의 음성은 들리게 되어 있으며, 하나님의 음성은 보도록 지어졌다. 하나님이 말씀하시는 것은 말이 아니라 행위로 이루어져 있다"라고 했다. 즉, 하나님은 자연이라는 책과 창조를 통하여 말씀하시지만, 불쌍하게도 인간은 이 책을 읽으려 하지 않는다. 허버트 스펜서(Herbert Spencer)는 "사람들은 하찮은 것에 몰두하며, 광대한 현상에는 무관심하며, 하늘의 구성을 이해하려 하지 않으며, 하나님이 손가락으로 땅에 쓰신 광대한 서사시를 보지 않고 간과한다"라고 말했다.

3. 하나님이 아닌 돌을 숭배하는 우상 숭배자가 일종의 평화를 느낀다고 해서 그것이 돌에 위안을 주는 힘이 있다는 것을 의미하는 것이 아니다. 그러나 어떤 사람에게는 그것이 하나님께 집중하는 수단일 수 있다. 하나님은 그들의 신앙에 따라 위로를 주신다. 그러나 위험성은 그 숭배자가 영적으로 성장하지 않으며, 물질적인 환경의 영향을 받아 자신이 돌과 같은 죽음으로 타락할 것이며, 이러한 상태에서 자신의 창조주뿐만 아니라 돌을 만드신 이도 모르게 된다는 것이다. 그분은 그 배후에 숨어 계시는 분으로서 우리 마음의 갈망을 채워주실 수 있는 분이시다.

제9장 결국 모든 인간은 하나님께로 돌아갈 것이다. 267

4. 인간이 아무리 악한 삶을 살아도, 인간의 본성 안에는 절대 죄로 기울지 않는 거룩한 불티, 또는 요소가 있다. 인간의 양심과 영적인 감수성이 둔해져 죽을 수도 있지만, 거룩한 불티는 꺼지지 않는다. 흉악한 범죄자 중에서 선한 사람이 발견되는 것이 바로 이 때문이다. 흉포하고 잔인하게 살인을 했던 자가 가난하고 학대당하는 자들을 후히 도와주었다는 말을 듣는다. 만일 이 거룩한 불티, 또는 요소가 파괴될 수 없는 것이라면, 우리는 어떤 죄인에 대해서도 희망을 버릴 수 없을 것이다. 만일 그것이 파괴될 수 있다고 여긴다면, 죄 때문에 하나님과 분리되는 슬픔이 있을 것이며, 지옥의 가책을 느낄 수 없을 것이다. 왜냐하면 슬픔과 회한의 고통을 느낌으로써 인간 안에 불티만 있으며, 이러한 느낌이 없는 지옥은 지옥이 아닐 것이기 때문이다. 만일 사람이 고통을 느낀다면 그로 인해 고뇌함으로써 조만간 하나님께 돌아가게 될 것이다.

5. 인간은 자유로운 행위자로서, 자기의 자유를 오용함으로써 자신과 다른 사람에게 큰 상처를 줄 수 있다. 그러나 인간은 자신의 존재, 또는 인간 안에 있는 하나님의 불티를 파괴할 수 있을 정도로 자신에게 상처를 주지 못한다. 창조자 외에 인간은 그렇게 할 능력을 갖지 못한다. 그리고 창조자는 그것을 파괴하지 않으신다. 그것을 파괴할 뜻이 있었다면, 그것을 만들지 않으셨을 것이다. 만일 하나님이 그렇게 하셨다면, 그 결과를 예견하거나 완전한 이해하지 못하고 행동하셨음이 증명될 뿐이다. 이것을 하나님 안에서 상상하기란 불가능하

다.

사람은 자기 영혼을 창조하지 못하고, 파괴하지도 못한다. 창조주께서 특별한 목적을 위해서 모든 피조물을 존재하게 하셨다. 인간은 자기 영혼을 파괴할 수 없고, 인간 안에 있는 하나님의 불티를 파괴할 수 없으며, 하나님도 그렇게 하지 않으실 것이므로 언젠가 인간의 피조 목적이 분명히 성취될 것이다. 많은 사람이 방황하고 타락하더라도 결국 자기의 모습과 형상으로 창조하신 분에게 돌아갈 것이다. 왜냐하면 그곳이 그들의 최종 목적지이기 때문이다.

기슬러(Giseler)는 하나님의 불티에 대해서 다음과 같이 말했다; "이 불티는 혼(soul)과 함께 모든 인간 안에 피조되었으며, 그것은 그들에게는 밝은 빛이며, 모든 방법으로써 죄에 대항하여 싸우며, 부단히 덕행을 하도록 촉구하며, 그것이 나온 근원으로 돌아가게 강권하는 것이다." 몸이 혼으로 인해 살듯이, 혼은 하나님으로 인해 산다. "내가 땅에서 들리면 모든 사람을 내게로 이끌겠노라 하시니"(요 12:32).

하나님은 인간을 하나님과 교제하도록 창조하셨으므로, 인간은 그분과 영원히 분리된 상태로 있을 수 없다.

제10장

도덕과 미

1. 하나님은 모든 선의 근원이시기 때문에, 모든 도덕 생활 근본이시다. 하나님 없는 도덕 생활은 돌과 같아서 아름답지만 차고 생명이 없다. 하나님과 관계를 끊지 않고 유지하는 사람만이 모든 영혼의 미(美)인 선과 진리 안에서 성장할 수 있다. 하나님을 믿지 않는 사람은 바람에 흩날려 오늘은 이곳에 쌓이고 내일은 저곳에 쌓이는 모래 언덕과 같다. 돌풍과 모진 비바람은 모래 언덕을 이리저리 몰고 다니며, 한 장소에 머물지 못 하게 한다.

2. 우리는 하나님의 현존 안에 살며 그분을 앎으로써, 우리 자신의 본성과 존재에 대해서 아는 법을 배운다. 이러한 도움이 없으면 우리 자신의 실체에 대해서 무지한 상태로 있게 된다. 중국의 철학자 장자(莊子)는 다음과 같이 말했다: "꿈에 나비가 되었다. 펄펄 나는 것이 확실히 나비였다. 스스로 유쾌하여 내가 장주인 것을 몰랐다. 그러나 조금 뒤에 문득 깨어보니 나는 틀림없이 장주였다. 장주가 나비가 된 꿈을 꾼 것인가? 나비가 장주가 된 꿈을 꾼 것인가?" 인간에게 자신의 존재에 대한 진정한 지식이 없다면 선과 악, 덕행과 악행을 어떻게 구

별하겠는가?

3. 공자는 의(義)와 도덕에 대한 특별한 사상을 가지고 있었다. 어느 영주가 공자에게 자기 영지(領地)의 높은 수준의 도덕성을 자랑하면서 "여기에서 정직한 사람들을 만나볼 수 있을 것입니다. 만일 아버지가 양을 훔쳤다면, 그의 아들이 아버지를 고발할 것입니다"라고 말했다. 공자는 이에 대해서 "우리나라에서는 다릅니다. 아버지가 아들을 감싸며, 아들은 아버지를 감쌀 것입니다. 그럼으로써 정직이 발견될 것입니다"라고 말했다. 그리고 공자는 계속해서 "인간 행위의 주요한 근본에 대해서 나무랄 데 없는 사람은 사소한 문제에 대한 잘못을 눈감아줄 것입니다"라고 했다. 이 말을 "지극히 작은 것에 충성된 자는 큰 것에도 충성되고 지극히 작은 것에 불의한 자는 큰 것에도 불의하니라"(눅 16:10)고 하신 주님의 가르치심과 비교해 보라. 공자는 부정적인 형식으로 "다른 사람이 그대에게 하지 않기를 원하는 일을 다른 사람에게 하지 말라"라고 가르쳤다. 그리스도는 긍정적인 형식으로 "무엇이든지 남에게 대접을 받고자 하는 대로 너희도 남을 대접하라"(마 7:12)고 하셨다. 행하는 것이 죄가 되는 것이 많다. 그러나 행하지 않는 것이 죄가 되는 것도 많다. 예를 들면 "마음과 혼을 다하여 주 하나님을 사랑하는 것"과 "이웃을 자신의 몸과 같이 사랑하는 것"이다.

4. 진정한 영적 아름다움은 무한한 하나님의 사랑과 영광과 선이다. 그러나 하나님이 항상 그의 피조물 안에 현존하심 같이, 세상에 적극적으로 참여하심은 다양한 형태의 형체미로 나타난다. 즉, 세

상, 또는 피조물의 형체미는 내적이며 잠재되어 있는 영적 미의 반영, 또는 그림이라고 할 수 있다. 에머슨(Emerson)은 "모든 자연의 모습은 마음의 상태를 반영하며, 마음의 상태는 그 자연적인 모습을 그림으로써 표현될 수 있다"고 했다. 캐릿(Carritt)은 "미(美)가 없는 삶은 맛을 잃은 소금 같은 삶이다"라고 했다. 꽃이나 과일, 산이나 호수, 시나 산문, 그림이나 음악, 또는 선한 일 안에 있는 이 아름다움(美)은 진리와 선의 현현이다. 우리 내면에 아름다움의 진가를 인정할 능력이 있으면, 이 아름다움이 우리 안에 잠재되어 있고 억눌려 있는 감정에 닿으면 우리는 그것을 즐길 수 있다. 예를 들면 예언자가 예언할 때(삼상 10:5; 16:23; 왕하 3:15), 음악의 영감이 진리의 계시를 돕는 것으로 느낀 것처럼, 음악의 미가 하나님을 예배할 때 감수성의 수용력을 높여준다.

5. 도덕과 미의 연결은 근본적인 것이다. 왜냐하면 진리는 이 둘의 근원이며, 이 둘은 진리 안에 거하는 자들에게서 발견되기 때문이다. 미는 살아있는 것과 살아있지 않은 것 안에 존재한다. 다른 피조물보다 우수한 인간에게 이러한 속성이 없으면, 인간의 내면에 있는 죄가 본성에 작용하여 타락시키고 추하게 만들기 때문에, 인간은 가장 천한 피조물보다, 그리고 생명이 없는 것들보다도 열등할 것이다. 내면에 있는 죄가 본성에 작용하여 타락시키고 추하게 만들기 때문이다.

의식적이거나 무의식적으로 선과 미의 삶을 사는 사람은 마음 안에 진리(하나님)가 내주(內住)하고 계시다는 것을 느낀다.

언젠가 티베트로 가는 도중에 어느 산촌(山村)에 머물렀다. 그곳에 사는 사람들은 매우 지저분하며 몸을 씻지 않았다. 그런데 한 소년이 나를 자세히 살펴보았다. 그 소년은 자기의 손과 내 손을 비교해 보는 것이었다. 그 소년은 아무 말도 하지 않더니, 한참 지난 후에 나가서 개울가에 가서 손을 씻고 돌아와서 자신의 씻은 팔과 내 팔과 비교해 보았다. 나에게서 아무 말도 듣지 않았지만, 내 손이 깨끗한 것에 감명을 받았으며, 그의 내면에 내 손처럼 깨끗해지려는 갈망이 생겨난 것이다. 우리의 삶도 하늘에 계시는 아버지와 만남으로써 얻은 감동으로 침묵 중에 있지만 주위에 있는 사람들에게 영향을 준다. 우리의 삶 안에서 하늘에 계신 아버지의 덕과 영광을 보여주는 것이 얼마나 필요한 일이겠는가(마 5:16; 벧전 2:9).

제11장

하나님의 나라

1. 주님은 사람이 거듭나지 않으면 하나님 나라를 볼 수 없다고 말씀하셨다. 그 나라에 "들어갈 수 없을"뿐만 아니라 볼 수도 없다. 육신의 눈은 육체적이고 물질적인 것만 본다. 그러나 하나님은 영이시므로, 하나님과 그의 영적인 나라를 보려면 영으로 태어나야 한다(요 3:5-6). 그때 우리는 영적인 눈으로 그분을 볼 뿐만 아니라, 그분과 함께 다스릴 것이다.

사람이 죄를 회개하여 하나님께로 향할 때, 하나님의 영이 인간의 내면에서 역사하셔서 새 사람으로 태어나며 새로운 피조물이 된다. 그때 그의 내면에서 하나님의 나라, 또는 낙원이 시작된다. 그리스도께서 십자가 오른편에 달린 도둑에게 "오늘 네가 나와 함께 낙원에 있으리라"(눅 23:43)고 하셨다. 이 말씀은 주님이 낙원을 다스리는 권세를 소유한 분임을 보여준다. 주님은 "언젠가 나와 함께 낙원에 들어갈 것이다"라거나, "내가 먼저 거기로 갈 것이며, 하나님의 허락을 받아 네가 거기에 오도록 하겠다"라고 말씀하신 것이 아니다. 주인으로서 정당한 권위를 가지고 죽기 직전의 강도를 위로하셨으며, 그와 함께 낙원에 들어간 십자가의 첫 열매로 삼으셨다. 그러므로 그와 함께 죄와

274 제4권 영성생활

세상을 십자가에 못 박은 자는 바로 그날 다시 태어나며 하나님의 나라, 낙원에 들어가는 마음의 기쁨과 평화를 누릴 것이다. 세상적인 마음을 가진 사람은 낙원의 평화를 알 수 없으며, 새롭게 태어나는 것과 하나님 나라의 의미도 알지 못한다.

2. 주님은 각 사람에게 회개하고, 새롭게 태어나며, 하나님 나라에 들어갈 기회를 주신다. 주님은 가룟 유다가 어떤 사람인지, 그리고 어떻게 배반할 것인지 아셨다. 그러나 주님은 그를 가혹하게 대하지 않고, 그에게 주님과 함께 살 기회를 주셨다. 주님이 악한 사람에게 기회를 주지 않으셨다고 말할 수 없다. 그러나 유다는 매우 어리석은 일을 저질렀다. 그는 자기의 죄를 뉘우치고 주님께 돌아오지 않고, 스스로 목을 매려고 밖으로 나갔다. 오늘날 유다처럼 죄를 짓는 사람들이 많다. 그들은 하나님 나라, 낙원에 들어가지 않고 "제 곳으로 가서"(행 1:25) 벌을 받는다.

"제 곳", 또는 지옥은 인간의 자유 의지를 행사하여 하나님께 불순종함으로써 스스로 고통당하는 장소를 만드는 상태를 의미한다. 지옥은 특정 장소를 지칭하는 것이 아니다. 그것이 장소라면, 모든 곳에 계시는 하나님이 지옥에도 계시다고 해야 할 것인데, 이것은 절대 있을 수 없는 일이다. 지옥은 하나님이 계시지 않은 상태이며, 하나님과 영적으로 일치를 이루는 참된 예배자는 죄 및 그로 인한 고통의 상태에서 영원히 구원될 것이다.

죄인은 겉으로는 편안하고 안락한 삶을 사는 것처럼 보이지만, 결코 마음의 불안을 제거할 수 없다. 만일 그가 천국에 들어갈 수 있다면, 그곳이 그에게는 지옥일 것이다. 왜냐하면 지옥은 그의 마음 안에 있기 때문이다. 그는 마음이 변화되고 새로 태어나지 않으면 하나님 나라에 들어갈 수 없다.

3. 하나님 나라는 사랑의 나라이다. 어떤 신자가 환상 중에 자신이 알지 못하는 나라에 갔다. 거기에 도착했을 때, 그곳에 거주하는 사람들은 그를 마치 오랫동안 잃었던 형제를 맞이하듯이, 또는 오랜 만에 돌아온 친구를 맞이하듯이 환영하는 것을 보고 그는 놀랐다. 그는 그들과 함께 마을에 들어가서 값진 가구가 배치되어 있는 큰 집을 보았다. 그 집주인은 외출 중이었는데도 문을 열어 두었다. 그가 곁에 있는 사람에게 그 이유를 묻자 한 사람이 "이곳에는 도둑이 없다"고 대답했다. 인간의 마음이 하나님께 닫혀 있는 한 그들의 문도 닫아야 한다. 그러나 마음의 문이 하나님께 열려 있고 그 안에 하나님이 계실 때는 문을 닫을 필요가 없다. 왜냐하면 마음 안에 하나님의 나라가 있는 곳이 사랑의 나라이며, 거기에서는 서로가 사랑 안에서 봉사하며 잘 되기를 바라기 때문이다.

두 형제 있었다. 동생은 형에게 무언가 부족하다는 것을 알고 소유하고 있는 것을 가지고 형의 집으로 향했다. 형도 동생을 도와주려는 마음으로 자기 물건을 가지고 동생 집을 향했다. 그들은 오직 사랑으로 행동했으며, 서로에게 아무 말도 하지 않았지만 각기 자기의 물건을 들고 동생과 형의 집으로 향한 것이다. 도중에 그들은 길에서 만났다. 서로 이기심 없는 사랑을 확인하고서는, 참으로 행복하여 서로 껴안았다. 이것이 서로 돕고, 서로 사랑하며, 친구의 유익을 추구하는 방법이다.

이 나그네는 잠시 후에 어떤 사람과 천사가 절친한 친구처럼 만나서 진심으로 사랑의 화신인 그리스도를 예배하는 것을 보았다. 이 광경을 보면서 나그네의 마음은 형용할 수 없는 사랑과 행복으로 가득 차서 "분명히 이것은 하나님의 나라이며, 우리의 실재 및 인간이 갈구했던 영원한 본향이다"라고 외쳤다. 천국은 이 세상에 있는 동안 사람의 마음 안에서 시작되지만, 또한 이승의 삶을 넘어서 고난도 고통도 죽음도 눈물도 없이 오직 영원한 생명과 깨어지지 않는 기쁨의 상태로 계속된다.

제12장

봉사와 희생

1. 하나님은 항상 창조하시며 그 창조물이 유지되도록 일하신다(요 5:17). 하나님의 일은 결코 멈추지 않는다. 우리는 그것을 생명체에서 부단히 지속되는 혈액순환과 호흡에서 볼 수 있다. 그리고 무생물에서도 그것을 볼 수 있다. 공기와 물과 땅과 태양과 별들 안에 창조주의 목적을 완수하는 것처럼 정연한 질서가 있음을 알 수 있다. 그렇다면 하나님의 아들이라고 불리며 지각이 없는 피조물보다 모든 면에서 우월한 우리가 왜 창조주께서 자비와 섭리를 가지고 부여하신 일에 태만하고 부주의해야 하는가?

2. 사탄은 자신에 대해 바른 명분을 내세울 힘을 가지고 있지 않지만 부단히 활동한다. 사탄은 밤낮으로 사람들을 타락시키기에 바쁘다. 이브를 타락으로 이끈 뱀이 손발도 없는 채 얼마나 기어 다니고 있는가! 만약 진리를 따르는 자요 하나님의 위엄과 성령의 능력을 받은 우리가 자신의 복된 일을 등한히 한다면, 우리는 사탄과 뱀보다 못하고 더 악한 자이다(엡 6:10-18). 그러므로 깨어 지키며 주의를 기울여 사탄의 악을 물리칠 힘을 얻어서 우리의 직무를 완수하자(딤후 4:4-5; 약

278 제4권 영성생활

4:7).

3. 이슬람 신비가인 수피(Sufi)가 밀자루를 가지고 여행하고 있었다. 며칠 동안 길을 가다가 자루를 열어보니 그 안에 개미들이 들어 있었다. 그는 자리에 앉아서 개미들의 곤경을 생각하며, 이 작은 미물들의 불쌍한 처지를 도와주려고 며칠 동안 왔던 길을 되돌아가서 개미들을 원래 있던 곳에 데려다주었다. 사람이 곤경에 빠진 벌레를 이렇게 동정할 수 있다. 그런데 하나님이 자기 형상으로 지으신 인간을 대하는 데 동정과 연민이 없는 것은 어찌 된 일인가? 그들을 의의 길로 인도하여 영원한 아버지의 집으로 돌아가게 하는 것이 우리들의 의무이다.

언젠가 산에서 개미들이 먹을 것을 찾아다니는 것을 보았다. 그 개미는 씨앗을 보고 건드리더니 그냥 되돌아갔다. 나는 그 열매가 개미에게 맛이 없거나 나쁜 것으로 생각했지만, 그게 아니었다. 잠시 후 개미는 다른 개미들을 데리고 나타났다. 개미는 그것을 혼자의 것으로 하겠다고 생각한 것이 아니라, 다른 개미들과 나누어 갖기를 원했던 것이다.

이기적인 사람은 개미에게서 교훈을 얻어야 한다. 하나님과 함께 살면서 온갖 영적 축복을 받은 자들은 하나님의 말씀을 듣지 못한 사람들에게 하나님의 말씀을 전함으로써 그들도 하나님과의 교제와 축복과 영원한 기쁨을 받게 해야 한다.

4. 가난한 프랑스의 조각가가 매우 아름다운 진흙 모델을 완성했

다. 그런데 그날 밤은 유난히 춥고 습기가 많아서 작품이 손상될까 걱정이 되었다. 생각 끝에 그는 담요로 그 모델을 싸놓고, 그 옆에 누워 밤을 새웠다. 다음 날 아침 그는 죽은 채 발견되었지만, 그 작품은 조금도 손상되지 않았다. 이 사람처럼 사람들은 자신이 만든 작품과 생명이 없는 것을 위해 기꺼이 목숨을 바치는데, 하물며 하나님께서 자기 형상대로 지으신 살아있는 혼을 위하여 우리의 삶을 기꺼이 바쳐야 하지 않겠는가(요일 3:16)!

5. 소금이 녹지 않으면 콩 한 알도 절일 수 없다. 산에 쌓인 눈이 태양열에 녹지 않으면, 아래로 흘러내려 가서 건조한 땅을 적실 수 없을 뿐만 아니라, 수증기가 되고 구름을 형성하고 비가 되어 대지를 푸르게 하며 풍요로운 결실을 맺게 할 수도 없다. 이처럼 우리가 의의 태양의 열과 성령의 불로 인해 녹지 않는다면(우리가 자기 부인과 희생으로 연단되지 않는다면), 우리는 굶주린 영혼의 갈증을 해소해주지 못할 뿐만 아니라, 영원히 만족하며 살게 될 생명의 샘으로 인도하지 못한다.

6. 우리는 고난과 유혹이 없이 창조주와 그의 피조물을 위해 봉사할 수 없고, 이것들을 대면하지 않고서는 영적으로 성장할 수 없다. 세상에서 이것들로부터 자유로운 사람은 없고, 아리스토텔레스가 말한 것처럼 유혹을 받지 않은 사람은 "짐승이거나 아니면 신(神)"이다.

환난과 괴로움은 우리가 져야 할 십자가이지만, 그것을 짊어짐으로써 생명과 무한한 복이 우리에게 온다. 새는 날개를 움직이고, 날개가 새를 움직이게 하듯이, 기쁜 마음으로 십자가를 진 자는 십자가로 인하여 높이 들림을 받으며, 최후 목적지에 도달할 때까지 안전하다.

7. 이러한 고난에 가족과 다른 의무가 포함된다고 여겨야 한다. 어떤 이들은 이것을 이해하지 못하여, 그것들을 짐이나 장애로 여긴다. 자기 식구들을 하나님께 가는 길에 큰 장애로 여겼던 폴리뇨의 안젤로(Angelo of Foligno)는 자기의 어머니, 남편, 그리고 자녀들의 죽음을 맞았을 때 자축했다. 이러한 의무를 자기희생을 가지고 수행하는 것은 평생 기도와 금식과 철야로 지내는 것과 같이 하나님의 뜻이다.

경험으로 알 수 있듯이 다른 사람을 돕는 것이 자신을 돕는 것이며, 우리의 영혼 안에 놀라운 만족에 이른다. 우리는 다른 사람들과 친밀한 관계를 맺으며, 모든 진보는 서로 돕고 봉사하는 데 기초하고 있다는 것을 분명히 증명한다. 이것을 우리의 존재의 법칙으로 생각해도 좋다. 만일 우리가 이기심으로 이 법칙에 반대가 되는 행동을 한다면, 우리 자신과 이웃 모두가 삶에서 기쁨을 찾아볼 수 없고, 서로의 이기적인 투쟁으로 인하여 모두 파멸된다. 이 봉사의 원리를 우리 삶의 황금률로 삼고, 사랑 안에서 서로 섬기자. 자기 부인이 없이 하나님을 섬기는 것은 불가능하다. 앞 장에서 언급한 바와 같이 우리는 먼저 은밀하신 주님과 함께 사는 법을 배우고, 주님의 발아래 앉아 있는 동안 사랑의 교훈을 배워야 한다. 그런 다음에 밖으로 나가 이웃을 내 몸처럼 사랑하고 섬기자. 이렇게 함으로써 우리의 삶에서 창조주이시며 주님이신 분의 목적과 뜻을 이루며, 또한 계속해서 영원히 이루어지

282 세나김 영신사홀

고독 혜야 될 것이다.

제5권

영계에 대한 환상
Vision for the Spiritual World(1926)

저자 서언

이 책에서 하나님께서 나에게 주신 환상에 대해서 기록하고자 한
다. 나 자신의 성향을 고려했었다면, 내 생전에 이러한 환상에 대해
책을 출판하지 않았을 것이다. 그러나 내가 귀하게 여기는 분별력
을 가진 친구들이 다른 사람들에게 영적인 도움이 되므로, 나의 환
상에 대한 책을 출판하는 것을 미루어서는 안 된다고 권유했다. 이
친구들의 권유를 받아들여 이 책을 내놓게 되었다.

나는 14년 전 코트갈(Kotgarh)에서 기도하던 중에 눈이 열려 하
늘의 광경을 보았다. 너무 생생했기 때문에 내가 죽어서 천국의 영
광에 들어갔다고 생각했다. 이런 환상은 내 생애 전반에 걸쳐 계속
되어 나의 삶을 풍요롭게 해 주었다. 내 마음대로 이러한 상태를 불
러일으킬 수 없지만, 보통 내가 기도하고 묵상할 때면 한 달에 여덟
번 내지 열 번 정도 나의 영안(靈眼)이 열려 한 시간 내지 두 시간 동
안 천국을 보았다. 나는 예수 그리스도와 함께 영광스러운 천국을
거닐며 천사와 영혼들과 담화를 나누었다. 나의 질문에 대한 그들

의 대답은 이미 저술한 책에 기록되어 있다. 영적인 교제로써 얻는 말로 표현할 수 없는 무아경(ecstasy)은 나로 하여금 영원히 천국의 기쁨을 누리고 구속받은 자들과의 교제로 들어가는 시간을 갈망하게 한다.

어떤 이들은 이러한 환상을 강신술(spiritualism)이라고 한다. 그러나 나는 거기에 한 가지 근본적인 차이점이 있다는 것을 강조하겠다. 강신술은 어둠에서 나온 영들로부터 메시지와 상징을 만드는 것이라고 생각된다. 그것들은 속임수가 아니지만 대부분 파편적이며 난해하다. 그것들을 따르는 사람은 진리로 인도되는 것이 아니라 오히려 진리로부터 멀어진다. 한편, 나는 이러한 환상에서 생생하고 분명히 영의 세계의 영광을 상세히 본다. 볼 수 있는 영계의 상상할 수 없는 밝음과 아름다운 곳으로 성도들과 함께 매우 실제적인 교제를 통해서 들려올려지는 경험을 한다. 내가 천사들과 성도들에게서 받은 것은 영계로부터 온 애매하고 허황한 메시지가 아니었고, 그동안 내가 괴로워했던 많은 문제에 대한 이성적이며 분명한 설명이었다.

이러한 "성도들과의 교제"는 초대교회의 경험에서 너무나 실제적이어서 사도신경에 언급된 것처럼 신앙의 필수 조항으로 넣게 되었다. 환상 중에 나는 성도들에게 "성도들과의 교제"에 대해 성경으로부터 증명해 달라고 요청했는데, 스가랴서 3장 7-8절에서 그 증거를 찾을 수 있다는 말을 들었다: "너로 여기 섰는 자들"은 천사도 아니며, 혈과 육의 성도도 아니며, 영광중에 있는 성도들로서 여호수아가 하나님의 명령을 순종함으로써 저에게 주어진 것이다. 그리고 "내가 또 너로 여기 섰는 자들 중에 왕래케 하리라"고 약속하셨으며, "앞에 앉은 네 동료들"은 온전하게 된 인간의 영으로서 그들과 교제를 나눌 수 있는 존재들이다.

이 책에서 계속 영들, 성도들, 천사들이 언급된다. 나는 죽은 후 천계와 지옥의 중간 상태에 있는 "영들"을 선한 영과 악한 영을 구분한다. "성도"는 이러한 상태를 지나서 영계의 더 높은 곳에 올라가 특별한 봉사를 하는 자를 말한다. "천사"는 더 많은 봉사를 하는 존재로서, 그중에 우리가 세상에서 가는 것같이 다른 세상에서 온 많은 성도들도 포함되어 있다. 모두 한 가족처럼 함께 살고 있다. 그들은 사랑으로 서로에게 봉사하고 하나님의 영광중에서 영원히 행복하다. 영의 세계(the World of Spirit)란 육체를 벗어버린 후 들어가는 중간상태를 말한다. 영계(Spiritual World)라 함은 무저갱으로부터 영광의 보좌까지의 구간에 있는 모든 영적 존재를 의미한다.

이 책이 우르두어에서 영어로 번역되어 나오기까지 수고를 아끼지 않은 뉴질랜드 개신교 선교회에서 시무하시는 T. E. Riddle 목사님, 푼잡(Punjab)에 있는 카라(Khara)에게 감사를 드리는 바이다.

1926년 7월

제1장

삶과 죽음

삶

생명의 근원은 오직 하나, 전능하고 무한한 생명이시다. 그분의 창조력이 모든 살아있는 것에게 생명을 주셨다. 모든 피조물은 그분 안에서 살며, 그분 안에서 영원히 존재할 것이다. 또 이 생명은 다양한 종류와 진보 단계에 있는 셀 수 없이 많은 생명을 창조하셨다. 인간은 이것들 중 하나로서 그분의 거룩한 현존 안에 영원히 있도록 하나님의 형상으로 피조되었다.

죽음

이 생명은 변하지만 절대 파괴될 수 없으며, 존재의 한 형태가 다른 형태로 변화하는 것을 죽음이라고 한다. 하지만 이것은 죽음이 삶의 종말이라거나, 생명에 죽음이 추가된다거나, 모든 것이 제거된다는 의미가 아니다. 그것은 단지 존재의 형태가 다른 형태로 변화되는 것이다. 그러므로 우리의 시선에서 사라진 것은 존재가 소멸된 것이 아니다. 그것은 다시 나타나지만, 다른 모습과 상태로 나타나는 것이다.

인간은 절대 멸망하지 않는다

우주에 있는 모든 것은 멸망하지 않으며, 또한 영원하지도 않다. 왜냐하면 창조주는 멸망시킬 목적으로 창조하지 않으셨기 때문이다. 만일 그분이 멸망시키려 하셨다면, 아예 만들지 않으셨을 것이다. 창조 안에 있는 어떤 것도 멸망될 수 없다면, 창조의 왕관이며 창조주의 형상으로 조성된 인간이 어떻게 멸망하겠는가? 하나님이 자기의 형상을 파괴하시거나, 다른 피조물이 그의 형상을 파괴할 수 있는가? 절대 그럴 수 없다. 만일 인간이 죽음으로 멸망하지 않는다면, "죽은 후에 어디에서 어떤 모습으로 존재할 것인가?"라는 질문이 나올 것이다.

이에 대해 나의 환상의 경험으로 간단하게 설명하고자 한다. 이 세상의 언어와 예가 이러한 영적인 실재에 부적합하며, 또한 내가 본 영광을 일반적인 언어로 표현하는 것이 오해를 불러일으킬 수 있으므로, 내가 환상으로 영계를 본 것을 모두 설명하는 것은 불가능하다. 그러므로 영적인 언어로만 설명해야 하는 난해한 영적인 사건을 제외하고, 모든 사람에게 유익할 단순하고 교훈적인 몇 가지 사건만을 예로 들기로 했다. 조만간 모든 사람이 보이지 않는 영계에 들어가야 할 것이므로, 우리가 이것과 친근해진다면 무익하지 않을 것이다.

제2장

죽을 때 무슨 일이 일어나는가?

어느 날 나는 홀로 기도하던 중에 갑자기 많은 무리의 영적인 존재에 둘러싸여 있는 것을 발견했다. 나는 영안(靈眼)을 뜨면서 많은 성도와 천사들 앞에서 절하는 나를 발견했다. 처음에 나는 그들의 밝고 영광스러운 모습을 보면서, 그들에 비해 천해 보이는 나 자신을 그들과 비교하면서 부끄러웠다. 그러나 그들의 진실한 동정과 영감을 받은 우정으로 금방 편해졌다. 나는 삶에서 하나님 현존의 평화를 경험했었지만, 이 성도들과의 교제는 나에게 새롭고 놀라운 기쁨을 더해 주었다. 서로 이야기하면서 그동안 풀기 어려웠던 많은 문제에 대한 답을 얻었다. 나의 첫째 질문은 죽을 때 무슨 일이 일어나는지, 그리고 죽은 후 영혼의 상태에 대한 것이었다. 나는 "어린 시절부터 노년 사이에 무엇이 일어났는지는 알 수 있지만, 죽을 때나 죽음의 문 너머에서 어떤 일이 일어나는지 알지 못합니다. 이것에 대한 정확한 지식은 죽음의 저편, 영계에 들어간 후에야 알 수 있습니다. 이것에 대해서 말씀해주실 수 있습니까?"라고 물었다.

이에 대해 성도가 다음과 같이 설명해주었다: "죽음은 잠과 같습니다. 육체의 질병과 정신적인 상태를 제외하고는 이것을 넘어가는 데 고통이 없습니다. 몹시 지친 사람이 깊은 잠에 빠지듯이 죽음의 잠이 우리에게 이릅니다. 죽음은 많은 사람에게 갑자기 닥치므로, 그들이 물질세계를 떠나서 영의 세계에 들어온 것을 아는 데 많은 어려움을 당합니다. 그들은 주위에서 많은 새롭고 아름다운 것을 보고 어리둥절하면서, 전에 보지 못하였던 물질 세상의 어떤 나라나 도시에 와 있다고 생각합니다. 그들은 충분한 가르침을 받은 후에야 자기의 영적인 몸이 육신의 모습과 다르다는 것을 알게 되며, 실제로 그들이 물질 세상에서 영계로 이동되었다는 것을 알게 됩니다."

또 다른 성도가 덧붙여 설명해주었다: "보통 죽을 때 육신은 점차지각력이 쇠퇴해집니다. 고통은 없으며, 졸린 감각이 내리누릅니다. 중병을 앓거나 사고를 당한 경우에 육신이 무의식 상태에 있는 동안영이 떠나가기도 합니다. 영의 세계로 급작스럽게 이동한 사람, 즉 영계에 들어갈 생각이 없었거나 준비가 안 된 사람의 영혼은 매우 당황하며 자신의 운명을 보고 심한 충격을 받습니다. 그래서 상당 기간 중간 상태의 낮고 어두운 데 머물러 있어야 합니다. 이렇게 낮은 상태에 있는 영들은 세상에 있는 사람들을 괴롭히기도 합니다. 그들이 괴롭힐 수 있는 사람은 그들과 마음이 닮은 사람들로서 자유의지로 마음을 열어 그들의 영을 맞이하는 사람들입니다. 이러한 악한 영들은 다른 악한 영들과 동맹하여 세상에 큰 해를 주려 하지만, 하나님은 많은 천사들을 지명하셔서, 어디에서나 하나님의 백성과 피조물들을 보호하도록 하셨습니다. 그러므로 하나님의 백성은 언제나 그의 보호 안에서 안전합니다. 악한 영은 세상에서 자기와 본성이 같은 사람들을 괴롭히므로 제한된 범위에만 해를 끼칠 수 있습니다. 그들은 의로운 사람을 괴롭힐 수 있지만, 하나님의 허락 없이는 할 수 없습니다. 하나님은 사탄이 그의 종 욥을 시험하는 것을 허락하신 것처럼, 가끔 그의 백성을 시련을 통해서 더 강하고 좋게 하시려고 사탄과 그의 사자들이 시험하고 박해하도록 허락하십니다. 그러나 이러한 시련을 통해 신자들은 손실보다 얻는 것이 더 많습니다."

곁에 있던 또 다른 성도가 다음과 같이 말해주었다: "하나님께 순종하지 않았던 사람들은 죽을 때 무의식 상태인 것 같지만, 주위에 가득 모인 사납고 무서운 악마들의 얼굴을 보고 공포에 질려 말도 하지 못하고 마비됩니다. 그러나 신자가 죽을 때는 그와 반대가 됩니다. 그는 마중 나온 천사들과 거룩한 성도들을 보고 매우 기뻐합니다. 먼저 죽은 사랑하는 사람도 그의 곁에 오며, 그의 영혼을 영계로 안내합니다. 영의 세계에 들어갈 때 주위에 친한 친구들이 있으며, 땅 위에 사는 동안 그분을 믿고 따르면서 오랫동안 준비해온 본향에 거하게 되므로 편안함을 느낍니다."

넷째 성도가 또 말해주었다: "이 세상으로부터 영혼을 안내하는 것이 천사의 일입니다. 보통 그리스도는 영계에서 항상 자신을 각 사람의 영혼의 발달 상태에 따라 각기 다른 영광을 나타내십니다. 그러나 어떤 경우에는 주님이 친히 임상(臨床)에 오셔서 그의 종을 맞이하며, 사랑으로 눈물을 씻어 주시며, 그를 낙원으로 인도하십니다. 마치 어린아이가 세상에 날 때 필요한 모든 것이 갖추어져 있듯이, 영혼이 영계에 들어갈 때도 필요한 것은 모두 준비되어 있습니다."

제3장

영의 세계

언젠가 대화하는 중에 성도들이 다음과 같이 말해 주었다. "죽은 후모든 인간의 영혼은 영의 세계에 들어가며, 영적 발달 단계에 따라 어둠이든지, 영광의 밝음이든지 그의 마음과 본성과 비슷한 영들과 거주하게 됩니다. 우리는 영광스러운 몸으로 변화한 그리스도와 소수의성인을 제외하고는, 누구도 육신을 입은 사람이 영계에 들어갈 수 없다는 것으로 압니다. 그러나 어떤 사람에게는 이 세상에 있는 동안 고린도후서 12장 2절의 '그가 몸 안에 있었는지 몸 밖에 있었는지 나는모르거니와' 영의 세계와 천계를 볼 수 있도록 허락되었습니다."

대화를 마친 후 이 성도들은 나를 안내하면서 놀라운 것들과 장소를 보여주었다.

나는 사방에 무수한 영혼들이 끊임없이 영의 세계에 들어오는 것을보았는데, 모두 천사들의 시중을 받고 있었다. 선한 영혼은 임종 때부터 그들을 안내했던 천사와 선한 영들과 같이 있었다. 악한 영들은 가까이 오지 못하고 멀리 서서 그들을 바라았다. 나는 정말로 악한 영혼과 같이 있는 선한 영은 없었으며, 악한 영혼 주위에 악령들이 있는것을 보았다. 천사들이 그 곁에 서서 악령들이 그들을 괴롭히는 악의의 본성을 마음대로 행사하지 못하게 막았지만, 이 악령들은 임종 때부터 그들과 함께 있다가 따라왔다. 악령은 이러한 영혼을 즉시 어두운 데로 데려갔다. 그들은 육신을 입고 있을 때 악령들이 악한 영향을 끼치는 것을 허락해왔으며, 기꺼이 모든 악행을 저질렀기 때문이다. 이는 천사라도 영혼의 자유 의지를 방해하지 않기 때문이다. 나는 거기서 선한 영과 악한 영의 안내로 최근에 영의 세계에 들어온 많은 영혼을 보았다. 오래지 않아 그들 의 삶의 근본적인 차이가 드러나기 시작하여 스스로 분리되었다. 즉, 선한 성품은 선을 향하고, 악한 성품은 악을 향했다.

빛의 아들들

인간의 영혼이 영의 세계에 도착할 때, 선한 영혼은 순식간에 악한 영과 분리된다. 세상에서는 모두가 혼합되었지만, 영계에서는 그렇지 않다. 나는 선한 영(빛의 아들)이 영의 세계에 들어갈 때 먼저 알 수 없는 공기(맑은 수정 바다의 물과 같은)로 목욕하는 것, 그리고 그 안에서 강하고 상쾌하게 원기를 회복하는 것을 여러 번 보았다. 이 신비로운 물 안에서 마치 대기 중에서 다니는 것처럼 움직이며, 물에 빠지거나 젖지도 않지만 놀랍게도 완전히 깨끗하고 신선하게 된다. 이렇게 완전히 정화되어 영광과 빛의 세계에 가서 사랑하는 주님의 현존 안에, 그리고 많은 성도들과 천사들과의 교제 안에 영원히 있을 것이다.

어둠의 아들들

이런 영들은 악하게 산 사람들의 영혼과 매우 다르다. 악하게 산 사람의 영혼은 빛의 아들들과 어울리는 것이 불편하며, 모든 것을 밝혀주는 영광의 빛으로 인해서 괴롭다. 그들은 자신의 순결하지 못하고 죄로 물든 본성이 드러나지 않는 곳에 자신을 감추느라 허둥댄다. 영의 세상의 가장 낮고 어두운 곳에서 악마의 냄새가 나는 검은 연기가 올라오며, 빛으로부터 자신을 숨기려 노력하는 어둠의 아들들은 그 안으로 급히 달려 내려가려고 곤두박질친다. 거기로부터 후회와 고통의 울부짖는 소리가 끊임없이 울려 나온다. 그러나 특별한 이유로 지옥에 있는 영혼의 괴로운 모습을 보려 할 때를 제외하고는, 천국에 있는 영에게는 연기도 보이지 않고 고통의 울부짖는 소리도 들리지 않는다.

어린아이들의 죽음

어떤 어린아이가 폐렴으로 죽어서 천사의 한 무리가 그의 영혼을 영의 세계로 데려갔다. 나는 아이 어머니가 놀라운 광경을 볼 수 있기를 원했다. 천사들이 어머니가 생전에 하지 못했던 정성과 사랑으로 이 작은 아이를 돌보고 있으므로, 어머니는 울지 않고 기뻐 노래할 것이다. 나는 한 천사가 다른 천사에게 "이 아이의 어머니가 일시적인 짧은 이별로 인해 얼마나 울고 있겠는가! 몇 년 뒤에는 아이를 행복하게 다시 만나게 될 것이다"라고 말하는 것을 들었다. 그러면서 천사는 아이의 영혼을 아름답고 빛이 가득한 천국의 한 장소, 이 아이가 점차 천사처럼 자랄 때까지 천국의 지혜로 가르치며 돌보는 어린아이를 위해 별도로 마련한 장소로 데려갔다.

세월이 흐른 뒤에 아이의 어머니가 죽었으며, 천사처럼 된 아이는 다른 천사들과 함께 와서 어머니의 영혼을 맞이했다. "엄마, 날 몰라보시겠어요? 당신의 아들 테오도르예요"라고 아이가 어머니에게 말을 건네자, 어머니의 마음에 기쁨이 벅차올랐고, 서로 껴안았을 때 기쁨의 눈물이 꽃처럼 피어났다. 정말 감격스러운 광경이었다. 둘이 함께 산책하는 동안 아들은 주위에 있는 것들을 가리키면서 어머니에게 설명했으며, 중간 상태에 머물러야 하는 동안 아들은 어머니와 함께 있었다. 더 높은 곳으로 올라가기 위해 필요한 교육을 마친 후 아들은 살고 있던 곳보다 더 높은 곳으로 어머니를 데려갔다.

그곳은 사방이 놀라고 기뻐할 만한 것들로 둘러싸여 있으며, 세상에서 그리스도를 위하여 갖은 고통을 당하고 영광스러운 존경을 받는 자리에 올라온 사람들의 영혼이 있었다. 그 주위에는 비할 수 없이 아름다운 산과 샘과 풍경이 펼쳐져 있으며, 정원에는 온갖 맛있는 과일과 아름다운 꽃이 가득했다. 마음으로 소망했던 것들이 모두 그곳에 있었다. 아들은 어머니에게 "세상에 있는 모든 것은 여기 참 세상의 그림자에 불과한데, 우리를 사랑하는 자들이 우리에 대해서 슬퍼하지만, 이것이 죽음인지 아니면 모든 사람이 마음으로 갈망했던 참 생명인지 말해 주세요"라고 말했다. 어머니는 이렇게 말했다: "아들아, 이

것이 참 생명이다. 만일 내가 세상에 있을 때 천국에 대해 모두 알았다면, 너의 죽음을 슬퍼하지 않았을 것이다. 세상에서 그렇게 소경인 자들이 얼마나 불쌍한가! 그리스도가 이러한 영광의 상태에 대해서 분명하게 설명해 주셨으며, 복음서가 거듭하여 아버지의 영원한 나라에 대하여 설명해 주었지만, 사람들은 이를 무시할 뿐만 아니라, 심지어 많이 깨달은 신자들마저 하늘나라의 영광에 대해서 무지한 상태이다. 하나님이시여, 모든 사람이 기쁨이 가득한 이곳에 들어올 수 있게 해 주십시오!"

어느 철학자의 죽음

어느 독일 신학자의 영혼이 영의 세계에 들어와서, 멀리서 영계의 형언할 수 없는 영광과 거기에 있는 사람들이 한없이 행복해하는 것을 보았다. 그는 그것을 보면서 기뻤지만, 완고한 지식편중주의는 그가 그곳에 들어가 지복을 누리지 못하도록 방해를 했다. 그는 그것이 실재임을 인정하지 않고 "내가 본 것이 의심할 여지가 없지만, 그것이 객관적으로 존재한다는 것을 무엇으로 증명할 것인가? 그것은 마음으로 지은 환영이 아닌가? 이 모든 광경의 끝에서 끝까지 철학과 과학과 논리로 증명할 것이며, 그런 후에야 나는 그것이 실재이며 환영이 아니라는 것을 믿을 수 있을 것이다"라고 생각했다. 그러자 천사가 "당신의 지성주의가 당신의 본성을 비틀리게 하였다는 것이 당신의 말에서 증명된다. 영계를 보는 데는 영적인 눈이 필요하고, 육체의 눈

296 제5권 영계에 대한 환상

이 필요하지 않다. 그래서 그것의 실재를 이해하려면 영적인 이해가 필요하며, 논리적 철학의 기초인 정신적이고 지적인 행사가 필요 없다. 물질적 사실을 다루는 당신의 과학은 육신의 두뇌와 함께 세상에 두고 떠나왔다. 여기는 오직 하나님에 대한 경외심과 사랑에서 일어나는 영적인 지혜만이 필요하다"라고 말했다. 다른 천사가 말하기를 "우리 주님이 '너희가 돌이켜 어린아이들과 같이 되지 아니하면 결단코 천국에 들어가지 못하리라(마 18:3)고 하신 말씀을 잊는 자는 얼마나 불쌍한가!"라고 말했다.

나는 어느 천사에게 이 사람의 종말이 어떠한지 물었고, 그는 대답하기를 "이 사람의 생애 전체가 악하다면 어둠의 영들과 함께 있을 것이다. 그러나 그는 도덕적 지각이 없으므로 오랫동안 중간계의 낮고 어두운 곳을 맹목적으로 떠돌며, 자신의 미련함에 지쳐서 마침내 회개하기까지 자신의 철학적인 머리를 찍고 다닐 것이다. 그때 비로소 그는 천사들에게서 필요한 교훈을 받아들일 준비를 갖출 것이며, 교훈을 받은 후에 더 높은 곳에 있는 하나님의 빛이 충만한 곳으로 들어가기 합당해질 것이다. 어떤 의미에서 영이신 하나님의 현존으로 충만한 무한한 공간 전체가 영계이다. 다른 의미로 이 세상도 영계이다. 왜냐하면 세상에 살고 있는 사람들은 인간 육신을 입은 영들이기 때문이다. 그러나 이것은 육신이 죽은 후 잠시 머무는 영의 세계와는 다르다. 이것은 가장 높은 천국의 영광과 빛과 가장 낮은 지옥의 희미함과 어둠 사이에 있는 중간계이다. 그 안에는 존재의 수많은 상태가 있으며, 영혼은 세상에서 발달한 정도에 따라 알맞은 단계로 안내된다.

그곳에서 영들이 각자의 본성과 마음 안에 있는 것과 닮은 영들—밝은 빛 가운데 있는 선한 영혼, 어둠 속에 있는 악한 영—의 사회에 합류하러 가기까지 교육을 맡은 천사들이 그들을 가르친다."

제4장

인간의 도움과 교훈—이 세상과 사후

보이지 않는 도움

우리의 친척과 사랑하는 사람, 때로는 성도들이 보이지 않는 세상으로부터 우리를 도와주고 보호하기 위해서 종종 나타나지만, 천사들은 항상 나타난다. 그러나 그들은 특별히 필요한 때 외에는 우리에게 모습을 나타내지 않는다. 그들은 우리가 알지 못하는 방법으로 우리가 거룩한 생각을 하도록 영향을 끼친다. 그리고 우리로 하여금 하나님과 선한 행위, 그리고 마음 안에 거하시는 하나님의 영계로 향하게 함으로써 우리 스스로는 이룰 수 없는 영성생활을 온전히 이루게 한다.

누가 가장 큰 자인가?

사람의 위대함은 그의 지식과 지위와 상관없을 뿐만 아니라, 그것으로 위대한 사람이 될 수 없다. 인간은 사람들에게 도움이 되는 만큼 위대하며, 사람들에게 도움이 되는 삶이란 봉사하는 것이다. 그러므로 사랑 안에서 다른 사람에게 봉사할 수 있는 것만큼 위대한 사람이 된다. 주님은 "너희 중에 누구든지 크고자 하는 자는 너희를 섬기는 자"(마 20:26)라고 하셨다. 천국에 거하는 모든 사람은 사랑으로 다른 이들을 도움으로써 기쁨을 발견한다. 그럼으로써 그들의 삶의 목적을 온전히 이루면서 하나님의 현존 안에서 영원히 거한다.

잘못을 바로잡음

사람이 하나님을 기쁘시게 하는 삶을 갈망할 때, 이 세상에서 자신의 견해의 재조정과 삶의 갱신이 시작된다. 하나님의 영이 직접 그들을 가르치며, 마음의 은밀한 곳에서 보이지는 않지만 선을 향하게 하는 언제나 가까이 있는 성도들의 도움을 받는다. 그러나 많은 신자들도 진리를 추구하는 비기독교인들처럼 진리에 대하여 잘못되고 단편적인 견해를 가진 채 죽는다. 그러나 자신의 견해에 집착하지 않고 기꺼이 배운다면, 영계에서 그들의 잘못된 견해가 바로잡힐 것이다. 왜냐하면 이 세상뿐만 아니라 다음 세상에서도 하나님이나 하나님의 종들은 그의 뜻에 반하는 것을 믿도록 강요하지 않기 때문이다.

그리스도의 현현

나는 환상에서 우상숭배자의 영혼이 영의 세계에 도착하자마자 자신이 섬기던 신을 찾는 것을 보았다. 그때 한 성도가 그에게 "여기에는 유일하시며 진리이신 하나님과 그의 현현이신 그리스도 외에 다른 신이 없소"라고 말했다. 이 말을 들은 그 사람은 매우 놀랐다. 그러나 그는 진정으로 진리를 추구하였으므로 자신이 잘못하였음을 솔직히 인정하였다. 그는 진리에 대한 바른 견해를 추구하려고 노력했으며, 그리스도를 볼 수 있을까 하는 마음으로 주님을 찾았다. 얼마 후 그리스도께서 희미한 빛으로 그에게 현현하셨으며, 방금 영의 세계에 도착한 다른 사람에게 나타나셨다. 이는 이 단계에서는 하나님의 완전한 영광을 견디지 못했을 것이기 때문이다. 하나님의 영광은 너무나 찬란하여 천사들조차 하나님을 바라보기 어려워서 날개로 얼굴을 가릴 정도이다(사 6:2). 하나님은 자신을 나타내실 때, 사람이 그의 모습을 볼 수 있도록 영혼의 진보한 단계에 맞게 희미하게, 또는 완전히 그의 영광을 드러내신다. 그래서 이러한 영혼들이 어둡지만, 그 상태에서 그리스도께로 이끄는 빛 안에서 그리스도를 볼 때, 인간의 능력으로는 표현할 수 없는 기쁨과 평화로 가득해진다. 그의 생명을 주시는 빛의 광선과 넘쳐흐르는 주님의 사랑의 파도에 몸을 담글 때, 그들의 잘못은 모두 씻겨진다. 그들은 전심으로 하나님의 진리를 알게 되며 치유되어, 주님 앞에 엎드려 절하고, 감사하며 찬양을 드린다. 그들을 가르치는 일을 맡은 성도들은 그들을 보고 기뻐한다.

노동자와 의심하는 자

어느 날 나는 환상 중에 방금 영계에 도착한 노동자의 영혼을 보았다. 그는 평생 하루에 필요한 식량만 벌고 살았기 때문에 매우 걱정하고 있었다. 그는 언제나 너무 바빠서 하나님이나 영적인 일을 생각하지 못했다. 같은 시간에 다른 사람이 죽었는데, 그는 의심이 많은 자로서 자신의 의견에 대해서 완고했다. 이 두 영혼은 오랫동안 영의 세계 안에 있는 어둠의 장소에 머물렀다. 거기서 그들은 괴로워하면서 도와달라고 외치기 시작했다. 성도들과 천사들이 사랑과 동정으로 영광과 빛의 나라의 시민이 되는 방법을 가르치려고 그들에게로 갔다. 그러나 그들은 비탄 가운데 있으면서도 다른 영혼들처럼 어두운 곳에 있기를 좋아했다. 왜냐하면 죄가 그들의 성품과 본성을 전적으로 왜곡시켜서, 그들은 모든 것을 의심했기 때문이었다. 그들은 도우러 온 천사들마저 의심의 눈초리로 보았다. 나는 그들의 운명이 어떻게 될지 물었는데, 한 성도에게서 들은 대답은 "하나님이 저들에게 자비를 베푸실 것이다"라는 것이었다.

이것으로부터 인간의 왜곡된 본성의 악행을 추정할 수 있다. 다른 사람에 대한 악하고 거짓된 소문이 퍼진다면, 죄로 왜곡된 사람은 그것을 진리로 받아들인다. 한편, 선하고 완전한 진리에 대한 소식이 받아들여진다면, 예를 들면 어떤 사람이 하나님의 영광과 동료들의 유익을 위하여 이런저런 일을 한 경건한 사람이라고 보고한다면, 이 말을 들은 사람은 "그건 거짓말이야. 그 일의 배경에는 이기적인 동기가 분명히 있을 거야"라고 말할 것이다. 이런 사람들에게 전자가 진실되고, 후자가 잘못된 것이라고 어떻게 판단하며, 그 증거가 무엇이냐고 묻는다면, 그가 앞에 내놓을 수 있는 것은 매우 작은 증거일 것이다.

이러한 마음의 태도로부터 배울 수 있는 것은, 악으로 오염됨에 따라 마음이 악한 본성에 어울리기 때문에 악한 소식을 수용하며, 선한 소식은 그의 마음의 악과 부합되지 않기 때문에 거짓이라고 생각한다는 것이다. 본성적으로 선한 사람의 태도는 이와 반대된다. 그는 나쁜 소식을 의심하고, 좋은 소식을 믿는 경향이 있다. 왜냐하면 이러한 태도는 그의 본성의 선과 가장 잘 부합하기 때문이다.

이 세상에서 하나님의 뜻과 반대되는 삶을 사는 사람들은 이 세상뿐만 아니라 다음 세상에서도 마음에 안식을 얻을 수 없을 것이다. 그들은 영의 세계에 들어가서 당황하고 비통해할 것이다. 그러나 이 세상에서 주님의 뜻을 따르는 사람들은 다음 세상에서 평화를 누릴 것이며, 말할 수 없는 기쁨이 가득할 것이다. 왜냐하면, 그곳이 그들의 본향이며, 아버지의 나라이기 때문이다.

제5장

죄인의 심판

많은 사람은 은밀히 죄를 지으면서 아무도 모를 것으로고 생각한다. 그러나 죄를 영원히 감추어 두는 것은 불가능하다. 때가 이르면 죄는 알려지게 되어 있으며, 죄인은 응당한 벌을 받게 되어 있다. 선과 진리도 절대 감출 수 없다. 그것들은 한동안 알려지지 않지만 결국 승리할 것이다. 다음의 사건들은 죄인의 상태를 분명히 보여 줄 것이다.

선한 사람과 도둑

언젠가 환상에서 한 성도가 나에게 다음과 같은 이야기를 해 주었다: 어느 늦은 밤에 어떤 경건한 사람이 먼 곳에 가야 할 일이 생겼다. 도중에 어떤 상점에 도둑이 침입한 것을 발견했다. 그는 도둑에게 "물건을 훔치고 손해를 입히는 것은 옳지 않소. 도둑질은 큰 죄를 범하는 일이오"라고 말했다. 도둑은 "안전하게 돌아가기 원한다면, 조용히 사라져! 그렇지 않으면 네게 곤란한 일이 일어날 것이다"라고 말했다. 이 선한 사람은 힘껏 저지하려 했지만, 도둑이 말을 듣지 않자 소리를

304 제5권 영계에 대한 환상

질러 이웃 사람들을 깨웠다. 사람들이 몰려와 도둑을 잡았다. 그런데 선한 사람이 도둑을 고발하는 순간 도둑도 선한 사람을 도둑으로 몰았다: "이 사람이 거룩체 하지만 도둑질하려는 것을 내가 잡았소." 그가 도둑이 아니라는 증거가 없으므로 사람들은 두 사람을 잡아서 같은 방에 가두었다. 경찰 한 명과 사람들이 숨어서 이 두 사람의 대화를 엿들으려 했다. 도둑은 웃으면서 선한 사람에게 말하기 시작했다. "이봐, 내가 보기 좋게 당신을 잡아 넣었지? 내가 처음부터 다치지 않으려면 조용히 나가라고 했잖아. 이제 당신의 믿음이 당신을 어떻게 구원하는지 두고 보겠어!" 지켜보던 사람들은 이 말을 듣자마자 달려와 문을 열고 선한 사람에게 예의를 표하며 상을 주고 방면하였고, 도둑을 심하게 때리고 감옥에 넣었다. 이처럼 이 세상에도 선한 사람과 악한 사람을 심판하는 기준이 있지만, 완전한 형벌과 보상은 다음 세상에서 주어질 것이다.

은밀한 죄

다음은 환상 중에 내가 들은 이야기이다: 어떤 사람이 방에서 은밀한 가운데 죄를 짓고는 자기의 죄가 감추어졌다고 생각했다. 한 성도는 "그때 나는 이 사람의 영안이 열리기를 얼마나 원했는지 모르오. 그랬다면 그는 그 죄를 짓지 않았을 것인데!"라고 말했다. 그 방 안에 천사들과 성도들, 그리고 그의 사랑하는 사람들이 와 있었다. 그들 모두 그의 부끄러운 행위를 보고 슬퍼했다. 그들 중 한 사람은 "우리는 그를 도우러 왔지만, 이제 그의 심판 날에 그에 대해 증거하는 자가 될 것이다. 그는 우리를 보지 못하지만, 우리는 이 죄를 지은 것을 볼 수 있다. 이 사람이 회개하여 장차 형벌을 면하기를 바란다"라고 말했다.

기회 상실

언젠가 나는 영의 세계에서 어떤 영혼이 원통하게 울부짖으며 돌아다니는 것을 보았다. 이에 대해 천사는 이렇게 말했다: "이 사람은 세상에서 회개하여 하나님께 돌아갈 기회가 많았다. 그러나 그는 양심이 아프게 하면 언제나 그 가책을 술로 달랬다. 그는 재산을 탕진하고, 가족을 파탄시키고, 결국 자살하였는데, 기회를 상실했다는 생각으로 후회하며 영의 세계에서 미친개처럼 날뛰며 몸부림치는 것이다. 우리는 그를 도울 준비가 되어 있지만, 그의 잘못된 본성이 회개를 방해한다. 왜냐하면 그의 죄에 대한 기억이 언제나 새롭지만, 죄로 인해 그의 마음이 굳어졌기 때문이다. 세상에 있을 때 술이 그의 양심의 소리를 듣지 못하게 했지만, 여기에는 덮을 수 있는 것이 없다. 이제 그의 영혼은 자신과 영계에 있는 모든 영혼이 그의 죄악된 모습을 볼 수 있도록 벌거벗겨졌다. 그가 죄로 굳어진 상태에서 다른 악령과 함께 어둠 속에 자신을 숨기는 것 외에 다른 방법이 없으며, 그럼으로써 빛으로부터 오는 고통을 어느 정도 면할 수 있다."

천국에 들어가는 것이 허락된 악인

언젠가 악하게 살았던 사람이 죽어서 영의 세계에 들어갔다. 천사들과 성도들이 도와주려고 하자 그는 즉시 그들을 저주하고 욕하기 시작했다. 그는 "하나님은 정말 나쁘다. 그는 너희들처럼 아첨 잘하는 종들을 위해 천국을 만들었으며, 다른 인간들은 지옥에 던졌다. 그러나 너희들은 그를 사랑이라고 부른다!"라고 말했다. 천사가 "하나님은 분명히 사랑이시다. 그분은 인간을 지으시고 그분과 교제하면서 영원히 살게 하셨다. 그러나 인간은 자기의 강팍함과 자유의지를 오용하여 하나님을 외면하였으며, 그로 인하여 그들 스스로 지옥을 만들었다. 하나님은 누구도 지옥에 던지지 않으셨으며, 영원히 그렇게 하지 않으실 것이다. 인간 스스로 죄에 빠져서 스스로 지옥을 만들었다. 하나님은 지옥을 만들지 않으셨다"라고 대답했다.

그때 위로부터 높은 천사의 부드러운 음성이 들려왔다: "하나님은 이 사람을 천국에 데려오는 것을 허락하셨다." 그 사람은 간절한 마음으로 두 천사를 따라갔지만, 천국 문에 도달했을 때 거룩하고 빛으로 둘러싸인 곳과 거기에 살고 있는 영광스럽고 복 받은 거민들을 보고 불편을 느끼기 시작했다. 천사는 그에게 "얼마나 아름다운 곳인가! 좀 더 안으로 들어가 보좌에 앉으신 주님을 보라"고 말했다. 그가 입구에서 들여다보는데, 의(義)의 아들의 빛이 더러운 죄로 물든 그의 삶을 비추었으므로 그는 자기혐오의 고통으로 인하여 뒤로 물러나기 시작했다. 그는 영의 세계의 중간계에 머물 수 없어서 황급히 도망쳤지만,

돌처럼 굴러 무저갱에 거꾸로 빠져버렸다.

그때 주님의 부드럽고 황홀한 음성이 들려왔다: "보라, 나의 자녀들아, 누구에게도 여기에 오는 것을 금하지 않았으며, 누구도 그 사람을 금하지 않았으며, 또 누구도 그에게 떠나라고 말하지 않았다. 이 거룩한 곳에서 도망치게 한 것은 다름 아닌 그 자신의 불결한 삶이었다. 왜냐하면 사람이 물과 성령으로 나지 아니하면 하나님 나라에 들어갈 수 없기(요 3:3) 때문이다."

살인자의 영혼

몇 년 전에 기독교인 설교자를 죽인 사람이 정글에서 뱀에 물려 죽었다. 그는 영의 세계에 들어갔을 때 그의 주위에 선한 영과 악한 영들이 가득한 것을 보았다. 이 사람의 영혼이 어둠의 아들로 보였으므로, 악령들이 그를 붙잡아 어두운 곳으로 데려갔다. 한 성도는 이렇게 이야기하였다: "그는 하나님의 사람을 분노라는 독으로 죽였으나, 자신은 뱀의 독으로 죽었다. 악마의 늙은 뱀은 이 사람을 이용하여 무죄한 사람이 죽였으나, 이제 다른 뱀을 시켜서 이 사람을 죽였다. 왜냐하면 '저는 처음부터 살인한 자'(요 8:44)이기 때문이다."

죽임당한 자의 영혼

그가 붙잡혀 갈 때, 그를 도우러 왔던 한 선한 영이 "진심으로 당신

을 용서합니다. 무엇을 도와드릴까요?"라고 말했다. 살인자는 곧 그
것이 자신이 몇 년 전에 죽인 사람의 영혼임을 알아차렸다. 그 악한
영혼은 부끄러움과 두려움에 질려 그 사람 앞에서 거꾸러져 갑자기
소리를 지르기 시작했지만, 조금 떨어져 있던 천사가 조용히 하라고
꾸짖었다. 그러자 살인자는 자신이 죽인 사람에게 "세상에서 지금 내
가 당신을 보는 것처럼 욕심 없고 사랑스러운 생애를 보았으면 얼마
나 좋았을까! 내 눈이 어두웠고, 당신의 참된 영적인 삶이 육신에 가
려져 있었기 때문에, 당신의 삶 내면에 있는 아름다움을 보지 못했던
것이 후회되오. 나는 당신을 죽임으로써 당신이 많은 사람에게 주었
을 복과 유익을 함께 빼앗았소. 나는 영원히 하나님이 보시기에 죄인
이며, 벌을 받기에 합당하오. 나는 이 빛을 견딜 수 없기 때문에, 내 몸
을 어두운 동굴 외에는 숨길 수 없다는 것을 압니다. 내 마음이 괴로
울 뿐만 아니라, 그 안에서 모든 사람들이 나의 죄된 생애를 세밀히
볼 수 있기 때문이오"라고 말했다.

이에 대해 죽임당한 사람이 말했다: "그래요, 당신은 진심으로 회개
하고 하나님께 돌아와야 합니다. 그리하면, 하나님의 어린양이 자기
피로 씻어주실 것이며, 천국에서 우리와 함께 살 수 있는 새 생명을
주실 것이며, 지옥의 고통에서 구원해 주실 것입니다."

살인자는 다음과 같이 대답했다: "내 죄를 고백할 필요가 없습니다.
왜냐하면 그 사실을 모든 사람이 알고 있기 때문입니다. 당신처럼 천
국에서 성도들과 함께 살고 싶습니다. 그러나 영의 세상에서 자신을
비추는 희미한 빛을 견디기 어려운데, 하물며 빛이 가득한 곳의 밝음

제5장 죄인의 심판 309

과 영광을 어떻게 견디겠습니까? 나의 가장 큰 장애는 내 죄로 인하여 양심이 둔해지고 굳어져서 나의 본성이 하나님을 향하지 않고 회개하지 않는 것입니다. 내 안에 회개할 힘이 남아있지 않는 것 같습니다. 이제 그것을 위해 할 수 있는 것이 없고, 영원히 여기서 쫓겨날 것입니다. 아, 나의 불행한 처지여!" 그가 이렇게 말하면서 두려움에 질려 쓰러지자, 그를 따라온 악령들이 그를 어두운 곳으로 끌고 갔다.

그러자 한 천사가 말했다: "보시오! 여기에서는 어떤 선고도 할 필요없습니다. 어떤 죄인이든지 그의 생애가 자신이 죄인임을 증명합니다. 세상에 있는 동안 어느 정도 죄인의 마음에 죄의 형벌이 시작되지만, 여기에서 그 결과를 완전히 받습니다. 여기에서 하나님은 양과 염소를 분별하듯이 죄인과 선인을 그 행위에 따라 구별하십니다. 하나님을 인간을 빛 가운데서 영원히 영적으로 건강하고 기쁨을 누리며 살도록 창조하셨습니다. 그러므로 지옥의 어둠 속에서 행복할 자가 없으며, 죄로 삐뚤어진 삶이 빛 속에서 행복할 수 없습니다. 그러므로 죄인은 어디에서든지 자신이 지옥 가운데 있음을 발견합니다. 죄에서 자유로운 자가 있는 곳은 어디든 그 곳이 천국입니다. 이것이 죄인과 얼마나 다릅니까!"

거짓말쟁이의 영혼

세상에서 거짓말하는 것이 습성이 되어 제2 본성이 된 자들이 많다. 그는 죽어 영의 세상에 들어가서도 거짓말을 하려 한다. 그러나 그가

310 제5권 영계에 대한 환상

말하기 전에 그의 생각이 모든 사람에게 알려지기 때문에 매우 부끄러워한다. 그곳에서는 마음의 생각을 감출 수 없기 때문에, 누구도 위선자가 될 수 없다. 육신을 떠나는 영혼에는 모든 죄가 새겨져 있다. 천국의 빛 안에 벌거벗은 채 설 때 모든 사람이 그의 죄를 볼 수 있으며, 거기에 섰던 모든 이들이 그 죄의 증인이 된다. 그리스도의 피 외에 어떤 것도 죄의 얼룩을 지울 수 없다.

세상에서 이 사람은 언제나 옳은 것을 나쁜 것으로, 나쁜 것을 옳은 것으로 왜곡하려 했지만, 육신이 죽은 뒤에는 진리를 진리 아닌 것으로 변질시킬 수 없다는 것을 알았다. 거짓말하는 사람은 다른 사람을 상하게 하고 속이는 것이 아니라 자신을 상하게 하고 속이는 것이다. 이 사람은 거짓말함으로써 자신이 한때 소유했던 진리에 대한 내적 지각을 죽였다. 내가 보니, 속이는 일에 풀 수 없을 정도로 얽매인 그 사람은 위로부터 비치는 빛으로부터 얼굴을 돌리고, 그와 비슷한 영혼 외에 아무도 그의 추악한 거짓을 볼 수 없는 어두운 곳에 황급히 내려가 숨었다. 진리는 항상 진리이며, 진리만이 이 사람을 그 죄에 대해 심판하고, 거짓말쟁이로 판결했다.

간음자의 영혼

영의 세계에 막 도착한 간음한 자의 영혼을 보았다. 그는 갈증으로 지친 사람처럼 혀를 늘어뜨리고 콧구멍을 벌름거리면서 몸에서 불 난 듯이 가슴을 치고 있었다. 그 모습이 너무 흉측하여 얼굴을 돌릴 정도였다. 그는 모든 사치한 것들과 감각적인 것들을 세상에 두고 왔으며, 이제는 미친개처럼 돌아다니며 "이 삶을 저주하라! 이 고통을 끝낼 수 있는 죽음이 없구나. 여기에서는 영혼이 죽을 수 없구나. 그렇게만 할 수 있다면, 이 고통을 벗기 위해서 세상에서 권총으로 자살하듯이 죽을 수 있을 것이다. 이 고통은 세상의 고통보다 더 극심하구나. 어떻게 할꼬?"라고 외쳤다. 이렇게 말하면서 자신과 비슷한 영혼들이 있는 어두운 곳으로 달려갔으며, 이내 사라졌다.

한 성도는 "악한 행위가 죄일 뿐만 아니라, 악한 생각과 악한 눈으로 보는 것도 죄이다. 이 죄는 다른 여인과 음행하는 것뿐만 아니라, 자기 부인과 과도하고 동물적인 욕정으로 관계를 갖는 것도 죄이다. 남편과 아내가 육욕을 위해 관계를 갖지 않고, 서로 돕고 지원하여 자녀와 함께 사람에게 봉사하며 하나님의 영광을 위하는 삶을 살아야 한다. 인생의 이러한 목적에서 떠난 사람은 음란죄를 범하는 것이다"라고 말했다.

도둑의 영혼

어떤 도둑이 죽어 영의 세계에 들어 왔다. 그는 처음에는 자신의 상태와 주위의 영들에 관심이 없었다. 그는 습관대로 그곳의 귀중품들을 마음대로 취하려 했다. 그러나 영계에서 모든 것이 그의 부끄러운 행동에 대하여 말하고 나무라는 듯했다. 그의 본성이 너무나 삐뚤어져 있어서 이 물건들의 바른 사용법을 알지 못할 뿐만 아니라, 바르게 사용하지도 못했다. 세상에서는 그의 정념이 억제되지 않아 사소한 일에도 기분에 맞지 않으면 화를 내고 죽이고 상처를 입혔다. 이제 영의 세상에서 그는 같은 방식으로 행동하기 시작했다. 그는 마치 사나운 개처럼 자기를 가르치려고 온 영들에게 달려들어 물어뜯으려고 했다. 이를 본 한 천사가 "이런 영혼은 무저갱의 어두운 곳으로 떨어뜨리지 않으면, 가는 곳마다 큰 해를 끼칠 것이다. 이런 사람의 양심은 죽었기 때문에 영의 세상에 도달한 후에도 세상에서 살인하고 도둑질함으로써 자신의 영적 건강을 해치고, 영적 분별과 생명을 파괴하였다는 것을 알지 못한다. 그는 다른 사람을 죽였지만 실제로는 자기 자신을 죽인 것이다. 이 사람과 이와 비슷한 사람들이 세세토록 영원히 고통당할 것인지는 하나님만이 아신다"라고 말했다.

그후 천사들은 그를 다시는 나올 수 없는 어두운 곳에 가두라고 명했다. 그곳에 있는 악행자들이 처한 상태는 매우 끔찍하고, 고통은 보는 사람이 두려워 떨 정도로 극심하다.

이 세상의 언어로는 죄인의 영혼이 어디서든지 항상, 그리고 어떤 방법으로든지 영원히 끝나질 않는 고통만 있을 뿐이라고 표현할 수밖에 없다. 빛이 없는 일종의 불이 끊임없이 그들의 영혼을 괴롭게 하는데, 불이 꺼지지 않을 뿐만 아니라 고통도 꺼지지 않는다. 이것을 본 사람은 "이것이 깨끗하게 하는 불일지 누가 알겠는가?"라고 말했다.

영의 세계에서 지옥이라는 어두운 곳에는 많은 단계와 상태가 있으며, 고통은 영혼의 죄의 양과 질에 따라 다르다. 하나님은 그들을 하나님 아들의 모습, 보이지 않는 하나님의 모양대로(창 1:26) 지으셨다지만, 그들이 죄와 결합함으로써 그 모습이 변하여 추하고 악한 모습으로 되었다. 그들은 소위 영적인 몸을 가지고 있지만, 진정한 회개와 하나님의 은혜로 회복되지 않는다면, 이 끔찍한 모습으로 영원히 괴로움을 당할 수밖에 없다.

제6장

의인의 상태와 영광스러운 죽음

천국, 또는 하나님 나라는 이 세상에서 참 신자들의 삶 안에서 시작된다. 그들의 마음은 항상 평화와 기쁨으로 충만하며, 어떤 박해나 고난도 참을 수 있다. 이는 평화와 생명의 근원이신 하나님이 그들 안에 거하시기 때문이다. 그들에게 죽음은 죽음이 아니라, 영원한 본향으로 들어가는 문일 뿐이다. 그들이 이미 거듭났지만, 육신을 떠나는 날이 그들에게는 죽음이 아니라 영계에 들어가는 새로운 탄생의 날이며, 그들에게는 최고 기쁜 날이다. 다음의 사건들이 이것을 확실하게 해 줄 것이다.

의인의 죽음

한 천사가 30년 동안 전심으로 주님을 섬긴 참 기독교인의 임종에 대해 나에게 말해 주었다. 하나님은 그가 죽기 몇 분 전에 육신을 떠나기 전이지만 그의 영적 눈이 열리게 하셨다. 하나님은 그에게 영계를 보여 주시고, 본 대로 말하게 해 주셨다. 그는 하늘이 열리고 천사와 성도들의 무리가 그를 맞으러 나오며, 주님이 문에서 손을 펴고 그를 맞이하려 기다리시는 것을 보았다. 이 갑자기 나타난 광경을 보고 그는 기뻐서 곁에 있던 사람들이 놀랄 정도로 소리쳤다: "얼마나 즐거운 시간인가! 나의 주님을 보고 그에게 가기를 얼마나 기다렸던가! 친구여! 사랑으로 빛나는 그분의 얼굴과 나를 맞으러 온 천사의 무리를 보시오! 얼마나 영광스러운 곳인가! 친구들이여, 나는 지금 참 본향으로 가니, 나의 죽음을 슬퍼 말고 기뻐하세요!"

곁에 있던 사람이 조용히 "그의 정신이 혼란해지고 있어!"라고 말했다. 그는 이 소리를 듣고 "그렇지 않소. 나는 의식이 온전하오. 당신에게 이 놀라운 광경을 보여주고 싶소. 그러나 당신의 눈에는 감추어져 있으니 유감이군요. 다음 세상에서 다시 만납시다"라고 말했다. 이 말을 마치고 그는 눈을 감고 "주님, 내 영혼을 당신께 맡깁니다"라고 말하면서 잠자듯이 죽었다.

주님의 사랑의 위로

그의 영혼이 육신을 떠나자마자 천사들이 그를 팔에 안고 천국으로 데려가려 했는데, 그는 잠시 기다려 달라고 부탁했다. 그는 생명이 없는 자기의 몸과 친구들을 바라보면서 천사에게 말했다: "나는 육신을 떠난 후 영혼이 자기 몸과 친구들을 볼 수 있는지 알지 못했습니다. 내가 친구들을 보듯이 친구들도 나를 보기 바랍니다. 그러면 그들이 내가 죽었다고 생각하지 않을 것이며, 나를 위해 울지도 않을 것입니다." 그리고 그는 자기의 영체(靈體)를 살펴보고서 그것이 아름답게 빛나며, 더러운 육신과 전혀 다르다는 것을 알았다. 그래서 그는 울며 그의 차가운 시신에 입을 맞추고 있는 아내와 아이들을 제지하려 했다. 그는 영의 팔을 뻗어 그들에게 설명하며 큰 사랑으로 그들을 시신에서 떼어놓으려고 밀었다. 그러나 그들은 그를 보지 못할 뿐 아니라 그의 음성도 듣지 못했다. 그가 자녀들을 시신에서 떼어 놓으려 할 때, 그의 손은 마치 공기를 통과하듯이 그들의 육신을 통과했다. 그때 한 천사가 그에게 "우리 함께 영원한 본향으로 갑시다. 그들 때문에 슬퍼하지 마세요. 주님과 우리가 그들을 위로하겠습니다. 이 이별은 영원한 것이 아니고 잠시뿐입니다"라고 말했다.

그는 천사들의 무리와 함께 천국으로 향해 갔다. 그들이 조금 더 나아가자 다른 천사들이 "어서 오십시오"라고 소리치면서 그들을 맞았다. 먼저 죽은 많은 친구들과 사랑하는 사람들도 그를 맞아 주었다. 그들을 보자 가쁨이 한층 더했다. 천국 문에 도달하니 천사들과 성도들이 양편에 조용히 서 있었다. 그는 들어가서 그리스도를 만났다. 그 순간 그는 주님의 발 앞에 엎드려 경배했다. 주님은 그를 일으켜 세우시고 끌어안으시며 "잘하였도다. 착하고 충성된 종아, 네 주인의 즐거움에 참여할지어다"라고 말씀하셨다. 그 순간 그의 기쁨은 형용할 길 없었다. 그의 눈에서 기쁨의 눈물이 흘러내렸다. 주님은 큰 사랑으로 눈물을 닦아 주시면서, 천사들에게 "태초로부터 그를 위하여 마련해 두었던 가장 영광스러운 집으로 데려가라"고 말씀하셨다.

이 경건한 사람의 영혼은 주님을 등지고 천사와 함께 가는 것이 주님을 욕되게 하는 것이라는 세상적인 생각을 하고 있었다. 그래서 잠시 머뭇거렸지만, 결국 얼굴을 집으로 돌려보니 어디에서든지 주님을 볼 수 있다는 것을 알고 놀랐다. 그리스도는 어디에나 계시며, 천사와 성도들이 어디에서든지 볼 수 있었다. 그는 주님뿐만 아니라 사방에 기쁜 것으로 둘러싸여 있는 것, 가장 낮은 곳에 있는 자가 가장 높은 곳에 있는 자를 시기하지 않는 것, 그리고 이곳이 하나님의 나라요 사랑의 나라이므로 지위가 높은 자가 낮은 곳의 형제에게 봉사할 수 있으므로 그것을 행복으로 여기는 것을 보고 기뻤다.

천국의 어디에나 훌륭한 공원이 있는데, 그곳에는 항상 각종 달고 맛있는 과일이 있고, 시들지 않는 향기로운 꽃들이 피어 있다. 거기에서 모든 피조물이 끊임없이 하나님을 찬양한다. 아름다운 새들이 소리 높여 찬양하며, 천사들과 성도들이 부르는 노래는 듣는 이로 하여금 말할 수 없는 기쁨과 희열을 느끼게 한다. 어디를 보든지 오직 무한한 기쁨의 광경만 있을 뿐이다. 이것이 하나님께서 당신을 사랑하는 자들을 위해 마련해 놓으신 낙원이며, 죽음의 그림자가 없으며, 잘못도 죄도 고통도 없으며 평화와 기쁨만 있는 곳이다.

천국의 집

그때 나는 이 하나님의 사람이 멀리서 자기에게 지정된 집을 살펴보는 것을 보았다. 천국에서는 모든 것이 영적이며, 영적인 눈으로 물건들을 통과해서 무한히 먼 곳까지도 볼 수 있기 때문이다. 무변(無邊)한 하늘나라 전 지역에 하나님의 사랑이 나타나 있으며, 어디든 그의 피조물들이 한없이 기뻐하며 그를 찬양하며 감사하는 것을 볼 수 있다. 이 하나님의 사람은 천사들과 함께 자기에게 지정된 집 앞에 도착하여 문에 "환영"이라는 빛나는 글이 붙어있는 것을 보았다. 집 안으로 들어가니, 놀랍게도 주님이 먼저 와 계셨다. 그의 기쁨은 말로 표현할 수 없을 정도였다. 그는 "나는 주님의 명령에 따라 주님의 현존을 떠나 여기에 왔지만, 주님께서 나와 함께 거하시기 위해서 여기에 오셨군요"라고 소리쳤다. 집 안에는 그가 받으리라고 기대했던 것 이상의 것들이 있었으며, 모두가 그에게 봉사할 준비를 갖추고 있었다. 집 근처에는 그와 닮은 성도들이 행복하게 모여 살고 있었다. 그러므로 천국의 집은 "창세로부터 너희를 위하여 예비된 나라"(마 25:34)이며, 이것은 참으로 그리스도를 따르는 자들을 기다리는 영광스러운 미래이다.

교만한 성직자와 겸손한 노동자

스스로 탁월한 학자이며 경건한 사람이라고 생각하던 교역자가 늙어서 죽었다. 의심할 것 없이 그는 선한 사람이었다. 천사들이 주님께서 영의 세계 안에 그에게 지정해준 곳에 데려가려고 왔다. 그들은 그를 중간계로 데려 갔다. 그들은 최근에 이곳에 온 많은 영혼들을 보살피면서 선한 영혼들을 가르치는 천사들에게 그를 맡기고, 다른 선한 영들을 안내하기 위해 돌아갔다.

중간계에는 점차 높은 천계로 올라가는 단계가 있으며, 영혼이 지상에서의 삶이 참되고 선한 정도에 따라 교육받을 단계가 결정된다. 이 교역자를 머물 단계에 배정했던 천사들이 다른 영혼을 데리고 와서 그 교역자보다 더 높은 곳에 인도해주었다. 이것을 본 교역자는 불만스러운 음성으로 "무슨 이유로 당신들은 나를 영광의 나라에 가는 중간 단계에 머물게 하며, 다른 영혼들을 내가 있는 곳보다 더 높은 곳으로 데려다주었는가? 거룩함에서나 다른 어떤 점으로 보아도 내가 이 사람이나 당신들보다 낫지 않은가?"라고 말했다.

천사가 대답했다. "여기에는 위대하거나 위대하지 않거나, 많거나 적음에 대한 질문이 없소. 사람이 그 생활과 신앙으로 마땅히 받을 단계에 들어가는 것이오. 당신은 더 높은 단계에 들어갈 준비가 되지 않았소. 그러므로 한동안 여기에 머물러 있어야 할 것이며, 우리 동료들이 가르치는 것을 배워야 할 것이오. 그러면 주님이 명하실 때 우리가 큰 기쁨으로 높은 곳으로 안내할 것이오." 그는 "나는 평생 사람들에게 천국 가는 길에 대해서 가르쳐 왔소. 더 이상 무엇을 배워야 한다는 말이오? 나는 그것에 대해서 모두 알고 있소"라고 대답했다.

그러자 가르치는 천사가 말했다. "그들은 분명히 천국으로 가지 않으면 안 되오. 우리가 그들을 막지 못합니다. 당신의 질문에 대답하겠소. 나의 친구여, 솔직하게 말하는 것이 당신을 위한 것이니 불쾌하게 여기지 마시오. 당신은 여기에 홀로 있다고 생각하지만, 주님이 당신과 함께 계시오. '나는 모두 알고 있다'는 말에 나타난 당신의 교만이 주님을 보는 것과 더 높이 올라가는 것을 방해하고 있소. 겸손이 교만을 치료하는 약이오. 겸손을 훈련하면 당신의 요구가 받아들여질 것이오."

다른 천사가 이어서 말했다. "지금 당신보다 더 높이 올라간 사람은 유식한 사람이 아니고 유명한 사람도 아니었소. 당신은 그를 자세히 보지 못했구려. 그는 당신의 교회 회중의 한 사람이었소. 사람들은 그를 거의 알지 못하오. 그는 노동자였으며, 일 때문에 거의 쉬지 못했소. 그러나 그의 일터에서는 많은 사람에게 부지런하고 정직한 일꾼으로 알려져 있었소. 그의 기독교인으로서의 성품은 그를 아는 모든 사람에게 알려졌소. 그는 전쟁 중에 프랑스에서 입대하였으며, 거기서 부상당한 동료를 돌보다가 적탄을 맞고 죽었소. 그의 죽음은 갑작스러운 것이었지만, 그는 항상 죽음에 대한 준비가 되어 있었소. 그래서 그는 당신처럼 오랫동안 중간계에 머물지 않은 것이오. 그가 위로 올라간 것은 편애가 아니라, 그의 영적인 가치에 의한 것이오. 그는 세상에 있는 동안 기도와 겸손한 생활로 영계에서 높은 곳에 올라갈 준비를 한 것이오. 이제 그는 지정된 곳에 도착하여 기뻐할 것이며, 주님이 자비로 구원해 주시며, 영원한 생명을 주신 것을 감사하며 찬양할 것이오."

천국의 생활

하늘에서는 누구도 위선자가 될 수 없다. 왜냐하면 모두가 다른 사람의 삶을 있는 그대로 볼 수 있기 때문이다. 영광의 그리스도에게서 흘러나온 만물을 비추는 빛은 뉘우치는 악인들로 하여금 자신을 감추게 하지만, 의인에게는 아버지의 빛의 나라에 들어가는 큰 기쁨을 채워준다. 거기서 선은 모든 이에게 드러나며, 더욱 증가한다. 왜냐하면 그들의 성장을 방해하는 것이 전혀 없고, 도와줄 것이 모두 갖추어져 있기 때문이다.

의인의 영혼이 도달한 선(善)의 정도는 전체 모습에서 방사(放射)되는 밝음으로 알 수 있다. 왜냐하면 성품과 본성은 무지개처럼 다양한 영광의 색으로 나타나기 때문이다. 천국에는 질투가 없다. 누구나 다른 사람의 영적 향상과 영광을 보고 기뻐하며, 이기적인 동기가 없이 진심으로 기뻐하며 서로 봉사한다. 무한한 은사와 천국의 복은 모두의 공동 소유이다. 이기심으로 자신을 위하여 쌓아두려는 자가 없으며, 모든 사람에게 모두가 충분하다.

사랑이신 하나님은 가장 높은 하늘의 보좌에 앉아계신 예수님의 인성에서 볼 수 있다. '의의 태양'이시며 '세상의 빛'이신 그분에게서 치유하고 생명을 주는 빛의 광선이 나와 그의 나라의 끝까지 흘러가며, 모든 성도들과 천사들을 통하여 흐르며, 닿는 모든 것에 활력을 준다.

천국에는 동과 서, 남과 북이 없다. 각 영혼과 천사들에게 그리스도의 보좌가 모든 것의 중심이 된다. 거기에는 각종 아름답고 맛있는 꽃과 과일이 있으며, 많은 종류의 영적 음식이 있다. 그것을 먹는 동안 묘한 맛과 향기를 느끼지만, 그것을 먹는 순간 아름다운 향기가 되어 몸의 기공으로부터 흘러나와 주위의 공기를 향기롭게 한다.

간단히 말하면, 하늘에 거주하는 모든 사람의 뜻과 소원은 하나님 안에서 이루어진다. 왜냐하면 모든 삶 안에서 하나님의 뜻이 온전히 이루어지며, 그럼으로써 천국의 어떠한 조건과 단계에서도 사람들은 놀라운 기쁨을 변함없이 경험하기 때문이다. 그러므로 의인의 죽음은 영원한 기쁨이요 복이다.

제7장

창조의 목표와 목적

몇 달 전 나는 눈에 난 종기 때문에 아파서 혼자 방에 누워 있었다. 너무나 아파서 다른 일을 할 수 없었다. 그래서 기도와 중보기도의 시간을 가지게 되었다. 하루는 불과 몇 분도 기도하지 않았는데, 영계가 열리면서 많은 천사가 내 주위에 있는 것을 발견했다. 나는 그들에게 집중하였기 때문에 아픈 것을 잊었다. 다음의 글은 그들과 대화한 내용이다.

천국에서의 이름

나는 그들에게 "당신의 이름을 말해 주시겠습니까?"라고 물었다. 한 천사가 말했다: "우리는 모두 주님과 그 이름을 받는 자 외에는 알지 못하는 새 이름을 받았다(계 2:17). 우리는 각기 다른 시대에 각기 다른 곳에서 주님을 섬기던 자들이며, 아무도 우리 이름을 알 필요가 없다. 지상에서의 이름을 부를 필요도 전혀 없다. 그 이름을 알고 싶겠지만, 그것이 무슨 소용이 있겠는가? 그러므로 우리는 사람들이 우리의 이름을 아는 것을 원하지 않는다. 그렇다면 사람들은 우리들을 큰 자로 생각하여 주님께 영광을 돌리지 않고, 우리에게 영광을 돌리게 될 것이다. 주님은 우리를 사랑하셔서 우리를 타락한 상태에서 건져 내어 들어 올리셨으며, 그분과 사랑의 교제 안에서 영원히 찬양할 영원한 본향으로 인도하셨다. 이것이 우리를 창조하신 하나님의 목적이다."

하나님을 봄

나는 다시 질문했다. "천국의 가장 높은 곳에 사는 천사와 성도들은 항상 하나님의 얼굴을 봅니까? 그분을 본다면, 어떤 모습과 상태로 보입니까?"

한 성도가 말했다: "바다에 물이 가득하듯이, 우주는 하나님으로 가득 차 있으며, 천국의 주민들은 어디에서든 그분의 현존을 느낍니다. 사람이 물속에 잠기면 위와 아래, 사방에 물만 있듯이, 천국에서 하나님의 현존을 그렇게 느낍니다. 바닷물 속에 무수한 생명체가 사는 것처럼, 무한한 하나님의 존재 안에 그의 피조물들이 존재합니다. 그분은 무한하시기 때문입니다. 유한한 그의 자녀들은 그리스도의 모습 안에서만 그분을 볼 수 있습니다. 주님은 '나를 본 자는 아버지를 보았거늘'(요 14:9)이라고 말씀하셨습니다. 이러한 영의 세계에서 각 사람의 영적 진보의 등급은 각 사람이 하나님을 알고 느낄 수 있는 정도에 따라 정해지며, 그리스도께서도 인간의 영적 계몽과 능력에 따라 그의 영광을 드러내십니다. 만일 하나님께서 하늘 높은 곳에 있는 자

들에게 빛을 비추듯이 영계의 낮고 어두운 곳에 거하는 영들에게 같은 빛을 비추어신다면, 그들은 견디지 못할 것입니다. 그러므로 주님은 각 영혼의 영적 진보와 능력에 따라 나타내시는 영광을 조절하십니다."

다른 성도가 덧붙여 말했다. "하나님의 현존은 정말 느끼고 기뻐할수 있지만, 말로 표현할 수 없습니다. 사탕의 단맛처럼 맛을 보면 느낄 수 있지만, 아무리 적절하게 표현해도 다 설명할 수 없습니다. 천국에 있는 모든 사람은 하나님 현존의 기쁨을 경험하며, 영계에 있는 사람은 누구나 하나님의 현존을 실제로 압니다. 때문에 말로 설명함으로써 그것을 이해시키려고 노력할 필요가 없습니다."

천국에서의 거리

나는 "하늘에 있는 여러 영역들 간의 거리는 얼마나 됩니까? 한 영역에 있을 수 없게 된 자가 다른 영역으로 갈 수 있습니까?"라고 질문했다.

한 성도가 말했다. "각 영혼이 거주하는 곳은 그의 영적 진보에 맞는 곳으로 지정되어 있습니다. 그러나 짧은 기간 다른 영역에 갈 수있습니다. 높은 곳에 있는 영혼이 낮은 곳으로 내려가려 할 때, 그들의 풍채 때문에 낮고 어두운 영역에 있는 자들이 당황하지 않게 하려고 일종의 영적 가리개가 주어집니다. 마찬가지로 낮은 단계에 있는자가 높은 곳에 갈 때도 그곳의 빛을 견딜 수 있도록 가리개가 주어집니다."

천국에서는 거리를 느낄 수 없다. 왜냐하면 한 곳에서 다른 곳으로 이동하고자 하는 순간 그곳에 가 있기 때문이다. 거리란 물질세계에 서나 느껴지는 것이다. 다른 영역에 있는 성도를 보려 하면, 그 생각을 하는 동시에 그곳에 가 있거나, 그 성도가 그곳에 나타난다.

마른 무화과나무

나는 그들에게 물었다. "모든 것이 목적을 가지고 피조되었습니다. 그러나 그 목적이 모두 이루어지지 않은 것처럼 보일 때가 있습니다. 예를 들어 무화과나무의 목적은 무화과 열매를 맺는 것입니다. 주님 은 무화과 열매가 없음을 발견하셨을 때 즉시 말라 죽게 하셨습니다. 그 나무의 피조된 목적이 성취되었는지 되지 않았는지 말해주시겠습 니까?"

한 성도가 대답했다. "의심할 여지 없이 그 목적이 달성되었으며, 그보다 더 성취되었습니다. 생명의 주님은 특별한 목적을 두고 모든 피조물을 창조하셨습니다. 만일 그 목적이 성취되지 않았다면, 그보 다 더 높은 차원의 목적을 이루게 하시려고 다시 거둬들이신 것입니 다. 하나님의 많은 종이 사람들을 가르치고 위로 들어 올리기 위해서 생명을 희생하였습니다. 다른 사람들을 위하여 자기 생명을 잃음으로 써 그들을 돕고, 그럼으로써 더 높은 하나님의 목적을 이루었습니다. 무화과나무 같은 피조물보다 더 고등한 존재인 인간이 다른 사람에게 자기 생명을 내어주는 것이 매우 합법적인 고상한 봉사라면, 잘못에 빠진 민족을 가르치고 경고하기 위해서 한 그루의 나무가 자기 생명을 버리는 것이 어찌 의롭지 않겠습니까? 그리스도께서는 이 무화과나무를 통해서 유대 민족과 세상 사람 모두에게 열매 없는 삶을 사는 자들과 하나님의 창조 목적을 완수하지 못한 자들은 모두 마르고 멸망할 것이라는 위대한 교훈을 가르치셨습니다."

역사적인 사실들은 당시의 편협하고 옹색한 유대인들의 삶이 열매 맺지 못했기 때문에 이 무화과나무처럼 말라 죽었음을 말해준다. 이처럼 겉으로는 열매 맺은 것처럼 보이지만 열매 맺지 못하는 삶은 남을 속이는 원인이 되며, 저주받고 멸망할 것이다. 만일 어떤 사람이 주님이 무화과나무를 저주하신 때가 열매를 맺는 시기가 아니었으므로 무화과를 찾을 수 없었다고 반박한다면, 선행을 하는 때가 정해져 있지 않다는 것을 생각하지 않으면 안 된다. 모든 계절과 때는 선행을 위해 정한 때이며, 우리는 자기 삶의 열매를 맺어야 한다. 그럼으로써 피조된 목적을 이루어야 한다.

인간은 자유로운 자인가?

나는 다시 물었다. "하나님께서 인간과 모든 피조물을 완전하게 만드셨다면 더 좋지 않았겠습니까? 그랬다면 인간은 죄를 짓지 않았을 것이며, 죄로 인하여 이 세상에 슬픔과 고통이 들어오지 않았을 것입니다. 그리고 지금 허무한 피조물 안에 있는 우리가 많은 고통을 당하지 않아도 되지 않겠습니까?"

천국에서 가장 높은 곳에서 가장 높은 지위에 있는 천사가 대답하였다. "하나님은 인간을 자동적으로 작동되는 기계처럼 만들지 않으셨으며, 정한 궤도에서 이탈하지 않고 도는 별이나 행성처럼 그의 운명을 정해 놓고 지으시지도 않으셨다. 하나님은 인간을 이해와 결단과 독자적으로 행동할 수 있는 능력을 소유한 자유로운 분이신 하나님의 형상과 모양으로 지으셨으며, 그럼으로써 인간이 모든 피조물 중에 월등한 존재가 되게 하셨다. 인간을 자유로운 존재로 만들지 않으셨다면, 하나님의 현존을 누리지 못할 뿐만 아니라, 천국의 기쁨 또한 누리지 못할 것이다. 그렇다면 인간이 이해하거나 느끼지 못하는 기계처럼 작동하거나, 무한한 우주를 알지 못하는 떠돌아다니는 별들처럼 되었을 것이다. 그러나 자유로운 존재인 인간은 본성적 구조에 따라 영혼 없는 온전함—실제로 이러한 온전함은 불완전한 것이다—과 정반대가 된다. 이런 사람은 노예에 불과하며, 그 완전도 강요에 의해 하는 것일 뿐 자신의 선택이 없으므로, 그것을 행하지만 기쁨이 없다. 이러한 사람에게는 하나님이나 돌이 다르지 않을 것이다.

인간과 모든 피조물이 허무에 굴복하였지만, 영원히 그렇지는 않다. 인간은 불순종함으로 말미암아 스스로와 모든 피조물을 허무의 상태인 질병과 고통에 몰아넣었다. 이 영적 투쟁 상태에서만 인간의 영적 능력이 온전히 계발되며, 온전함에 이르는 데 필요한 교훈을 얻을 수 있다. 그러므로 인간이 종국에 천국의 온전한 상태에 이를 때, 현세에서의 고통과 투쟁에 대해 하나님께 감사드릴 것이다. 왜냐하면 그때 하나님을 사랑하는 자들에게는 모든 것이 합력하여 선을 이룬다는 것을 이해할 것이기 때문이다(롬 8:28).

하나님 사랑의 현현

다른 성도가 말했다. "천국의 모든 주민은 하나님은 사랑이심을 압니다. 그러나 그의 사랑이 죄인을 구원하기 위해서 친히 사람이 되시고, 그들을 정결하게 하기 위해서 십자가에서 죽으실 만큼 놀라운 것이었음은 영원부터 숨겨져 왔습니다. 그분은 허무에 굴복하고 있는 인간과 모든 피조물을 구하기 위해서 고통당하셨습니다. 그러므로 인간이 되신 하나님은 자녀들에게 마음을 보여주셨는데, 다른 방법을 사용하셨다면 그의 무한하신 사랑은 영원히 감추어질 수밖에 없었을 것입니다. 이제 만물은 하나님의 아들이 나타남으로 피조물이 회복되고 영광스럽게 되기를 고대하고 있습니다. 그러나 지금은 그들과 모든 피조물은 새로운 창조가 이루어지기까지 함께 탄식하며 고통을 겪을 것입니다. 중생한 자들도 마음으로 신음하며 육체의 구속을 기다립니다. 그리하여 때가 차면 모든 피조물이 모든 일에 하나님께 순종할 때 파괴로부터 자유롭게 되며, 영원히 허무로부터 자유롭게 됩니다. 그때 하나님 안에서 영원히 행복할 것이며, 피조물이 조성된 목적이 온전히 성취될 것입니다. 그러므로 하나님을 사랑하는 자들에게는 모든 것이 합력하여 선을 이룹니다(롬 8:18-23)."

그 천사는 이 외에도 많은 문제에 관해 이야기해 주었지만, 모두를 여기에 기록할 수 없다. 왜냐하면 이러한 깊은 영적 사실에 대한 의미를 전달할 수 있는 이 세상의 언어나 비유가 없을 뿐만 아니라, 내가 그것을 원치 않기 때문이다. 그것은 영적 경험이 없는 사람은 이해할 수 없으므로, 그렇게 하는 경우에는 듣는 이에게 도움을 주기는커녕 오히려 오해와 오류를 범하게 하는 요인이 되기 때문이다. 그러므로 나는 가장 단순한 몇 가지만을 기록함으로써 많은 사람들이 지도와 경계와 가르침과 위로를 갖기를 바라는 바이다.

또한 독자들이 세상을 떠나 영계에 들어가서 자신의 눈으로 이러한 사실들을 직접 볼 날이 머지않았다. 그러나 이 세상을 떠나 영원한 본향의 집에 이르기 전에 하나님의 은혜로 도우심을 받고 기도하면서 맡은 사명을 충실히 행하여야 한다. 삶의 목적을 완수하고 후회할 것이 없이 하늘에 계시는 우리 아버지의 나라의 영원한 기쁨에 들어가야 할 것이다.

제6권

실제의 삶
The Real Life(1927)

저자 서언

나는 지난해에 출판한 『영계에 대한 환상』에 영의 세계에서 가끔 일어나는 일과 사실을 기록하였다. 그리고 이번 『실제의 삶』이라는 제목의 작은 책에는 세상의 각기 다른 시기와 지역에서 일어난 사건들을 기록하였다.

이 책에서는 내가 환상 중에 교제한 여러 사람에 관한 놀라운 이야기들, 그리고 그들이 세상에 사는 동안 가치 있고 고상한 것이라고 여겼던 것들에 대해 대화 형식으로 표현하고자 한다. 이러한 경험과 이야기와 관련된 사람과 장소의 이름은 언급하지 않았음을 알게 될 것이다. 이는 이 일과 관련된 사람들이 일부러 침묵하고 있기 때문이다. 그들과 여러 차례 만나서 그것에 관하여 질문하였고, 그들 중 어떤 사람은 필요한 설명을 해 주었지만, 그들은 자신의 비밀이 공표되는 것을 꺼렸다. 그래서 나는 그들의 요청에 따라 그 일이 일어난 장소와 함께 그들의 이름을 삭제하기로 했다.

지난 20여 년 동안 나는 많은 여행을 했다. 기후가 다른 여러 나라에서 오랫동안 전도 여행을 했고, 많은 고통과 박해를 받으면서 건강을 해쳤다. 현재 건강이 좋지 못하여 전처럼 여행을 많이 하는 것은 매우 힘들다. 나는 사람들의 영적 유익과 진보를 위하여 나의 메시지를 책이라는 형식으로 발표하였다. 이러한 방식으로 전해진 나의 메시지가 내가 가지 못했던 곳과 갈 수 없는 곳에 도달할 수 있다고 확신하기에 이르렀다.

하나님께서 은혜와 섭리로써 지난날에 그러한 나의 봉사를 축복하신 것은 미천한 나의 생각이지만 내가 출판한 모든 것이 세의 30개 국어로 번역되었다는 것을 보아 짐작할 수 있다. 주님께서 이 책이 독자들에게 영적인 도움을 주고, 나의 이 책을 통하여 주님의 이름을 영화롭게 하기를 간절히 소망하는 바이다.

이 책을 우르두어에서 영어로 번역하신 펀자브(Punjab)의 라호(Lahore)에서 시무하고 있는 J. W. Peoples 목사에게 감사드리는 바이다.

1927년 9월

사바투Sabathu에서

선다 싱

제1장

구도자와 멜기세덱

옛날 세상의 안락과 위안을 누릴 많은 것을 가지고 풍요롭고 사치하게 사는 부자가 있었다. 그러나 불행하게도 그에게는 아들이 없었다. 이웃 친구와 친지들은 모두 그를 우러러보며 그를 존경했다. 그러나 한 가지 일만은 그를 위축시키고 괴롭혔다. 그래서 그는 친구들과 아내에게 종종 "하나님께서 자비를 베푸셔서 나의 재산을 유업으로 받을 아들을 주셔서 가문의 명예를 지키게 해달라고 쉬지 않고 기도해 주시오"라고 말하곤 했다. 얼마 후 하나님은 그들의 중보기도를 들어주셔서, 그에게 잘생긴 듬직한 아들을 주셨다. 그는 잔치를 베풀고 친지와 이웃들을 모두 초청하여 아들이 태어난 것을 기뻐했다. 그는 하나님의 자비하심에 감사하면서 많은 돈을 자선하는 일에 사용하라고 내놓았다. 하객들은 아이를 주신 하나님께 감사하며 아들의 장수와 유복한 삶을 기원했다. 그 부부는 새로 태어난 아들에 대한 많은 계획을 세웠고며, 그들의 기대와 소망은 끝이 없었다. 해가 지나면서 아이가 자라자 아버지는 아들에게 편안하고 즐겁게 하는 것들을 주었다. 아들이 여섯 살이 되던 해부터 열다섯 살이 될 때까지 특별한 교육을 받게 했다. 더욱이 그는 가정교육을 철저히 했고, 열여덟 살에 결혼을 시켰다. 이제 젊은 부부가 평화롭고 풍요로운 삶을 삶으로써 모든 사람의 선망의 대상이 되었다.

세상의 무상함

이 젊은 부부는 세상의 모든 즐거움을 누리며 살았기 때문에 삶의 고통과 근심을 알지 못했다. 그러나 결혼한 지 몇 달 후 남편이 큰 재앙을 당했다. 그의 부모는 콜레라로 죽었고, 결국 그는 모든 재산을 잃었다. 불행은 절대 홀로 오지 않는다. 그가 육친을 잃은 슬픔과 비통 가운데 있는 동안, 도둑이 들어 돈과 값진 물건을 모두 훔쳐 갔다. 재산은 친구를 만들지만, 불행은 그들을 시험한다. 이러한 위기 상황에 자신의 이익을 구하던 친구들과 복을 빌어주었던 이기적인 친구들은 모두 떠나버렸다. 이 모든 재앙은 갑자기 닥쳐왔으며, 그는 세상의 불안전으로 인한 온갖 어려움에 직면했다. 그는 절망하여 "아! 나는 어떻게 해야 하며, 어디로 가야 한단 말인가! 곧 아기가 태어날 텐데. 아기가 태어나도 내 부모님이 내가 태어났을 때 기뻤던 것처럼 기쁨을 느끼지 못하며, 내 부모님이 나에게 해 주었던 것처럼 아기에게 해 주지 못하겠구나! 이게 어찌 된 일이며, 얼마나 불행한 일인가!"라고 외쳤다. 아내는 슬퍼하고 고민하는 남편을 위로하면서 부드럽고 사랑스러운 손으로 눈물을 닦아 주었다. 그리고 "사랑하는 남편이여, 울지 말고, 염려하지 마세요. 하나님만 믿으세요. 그분이 무엇을 하시든지, 우리가 잘 되게 하려는 것이며, 그분이 장래에 우리를 어떤 길로 인도하시든지 우리의 지복을 위한 것입니다. 그러니 낙심하지 말고, 남자답게 행동하세요"라고 용기를 주었다.

며칠 후 아기가 태어났다. 그는 힘을 다해 아기와 아내를 간호하고 보살펴주었지만, 불행히도 태어난 아기는 이틀 만에 죽었다. 아기의 시신을 묻고 돌아오는 길에 아내가 의식을 잃었다. 그는 그녀의 입에 찬물을 떠넣고, 머리를 무릎을 베게 하고 침대에 눕혔다. 아내는 곧 의식이 돌아와 눈을 떴다. 남편은 고통과 아기의 죽음으로 지쳤고, 아내는 극도로 허약하고 허탈해져 있었다. 그들은 말을 하지 않았지만 서로를 사랑과 간절한 마음으로 쳐다볼 뿐이었다. 눈물이 그들의 창백하고 주름진 얼굴에 흘러내렸으며, 남편은 아내의 얼굴에 흐르는 눈물을 닦아주었다. 그러나 잠시 후 아내는 영원히 눈을 감았다. 남편은 이 충격을 참아낼 수 없어 기절하여 쓰러졌다.

이웃에 사는 사람이 그곳을 지나가다가 의식을 잃고 쓰러져 있는 그를 발견하고, 이웃에 사는 그의 친구들과 친지들에게 이 소식을 전했다. 그들은 달려와서 그가 사랑했던 아내의 시신을 거두고 장사지낼 준비를 했다. 그들이 가까이 있는 묘지로 그녀의 관을 옮길 때, 그는 그녀의 관 옆에서 슬프게 울면서 "사랑하는 아내 대신에 내가 죽어서 모든 슬픔과 고통을 이 무덤에 장사하고 싶구나! 아! 나의 진정한 친구, 나의 행복을 빌어주던 사람, 내 사랑하는 사람이 나를 떠나 차가운 곳에 묻혔구나! 아! 나는 얼마나 불행하며 슬픈 인간인가! 나는 이제 이 세상에 혼자 남았다"라고 슬픔을 토해냈다. 그리고 그는 다시 쓰러졌다. 이 안타깝고 가슴 아픈 광경을 보고 무덤 주위에 모인 사람들은 눈물을 흘렸다. 그들은 그를 부축하여 일으켜서 집에 데려가 눕혔다. 한동안 휴식을 취하게 한 다음, 그들은 그에게 "지난 일은 지난 일이오. 슬퍼한들 아무 소용이 없어요. 조만간에 우리도 각기 차례가 돌아오면 이 세상을 떠나게 될 것이오"라고 위로했다.

실제로 세상의 불안정함은 그에게 큰 변화를 가져다주었다. 얼마 후 그는 종교 지도자를 찾아갔으며, 강한 관심을 가지고 종교의 진리를 배웠다. 그러나 이것은 혼란스러운 그의 마음에 만족과 평화를 주지 못했다. 그래서 그는 숲속 동굴에서 혼자 살면서 전심으로 겸손한 마음으로 하나님께 기도하기 시작했다. "오, 나의 창조주이시며 주님이시여! 이 세상에서 나를 데려가시거나, 비참한 이 죄인에게 자비를 베푸소서. 내가 새 삶을 살 수 있도록 당신의 거룩한 진리나 실재자의 영광을 잠시라도 볼 수 있게 해 주소서."

며칠 동안 그는 하나님을 기다리며 쉬지 않고 겸손하게 기도했다. 결국 거룩한 약속인 "찾는 이가 찾을 것이요"(마 7:8)라는 말씀에 따라 그의 기도에 대답을 얻게 되었다. 어느 이른 아침에 동굴 입구에 앉아서 자신의 처지에 대해 깊이 생각에 잠겨 있을 때, 어떤 사람이 동굴 입구 쪽으로 걸어오는 것을 보았다. 그 낯선 사람이 시야에 들어오자 많은 생각이 마음에서 일어나기 시작했으며, 혼잣말로 "나처럼 고통을 많이 겪고 세상에서 지쳐서 숲속에서 은신처와 평화를 찾아 헤매는 사람인지도 몰라. 아니면 참된 하나님께 헌신하는 자이며, 전적으로 관상과 헌신 생활을 하려는 사람일 거야. 혹시 내가 지금 머무는 이 동굴이 저 사람의 것인지 몰라. 아니면 길을 잃은 여행자이거나,

잃은 양이나 염소를 찾는 목자인지도 몰라. 그에게 비밀이 있는 것이 틀림없어"라고 했다. 잠시 후 그 사람이 동굴에 도달했다. 그는 상한 마음을 품고 있는 이 은둔자에게 큰 애정과 동정심을 품고 인사했다. 은둔자는 예의를 갖추고 일어서서, 나그네에게 자기가 깔아놓은 담요 위에 앉으라고 청했다. 나그네가 자리에 앉고, 그들 사이에 매우 감동적이며 영감 어린 이야기가 계속되었다.

구도자: 당신의 이름을 알려주시면 기쁘겠습니다. 그리고 어디서, 왜 이곳에 오셨는지도 말해 주십시오.

멜기세덱: 당신은 내 이름의 의미와 뜻을 알 수 없다. 나는 참 목자이며 잃은 양을 찾아서 구원하러 "하늘에서 내려온"(요 3:13) 자이다.

구도자는 그 말을 충분히 이해하지 못했지만, 마치 어두운 마음과 동굴이 나그네의 영광과 빛나는 현존의 조명을 받는 듯이 멜기세덱의 인품과 말은 그의 마음에 깊고 놀라운 감동을 주었으며, 자신이 잃은 양이 되어 참 목자 앞에 가련한 모습으로 서 있는 것 같다는 것을 알았다. 그와 함께하고 현존함으로 인해 감명을 받은 구도자는 정중히 멜기세덱에게 질문을 했다.

구도자: 이 일을 언제부터 하셨습니까?

멜기세덱: 세상이 창조될 때부터.

구도자: 그래요? 그렇다면 당신은 예언자이시군요. 당신에 대해서 모두 말씀해주십시오. 그리고 나를 축복해 주시고, 제자로 삼아주십시오.

멜기세덱: 내가 인간의 구원을 위하여 육신을 입은 지 아직 2천 년

이 되지 못했지만, 나는 이전에도 존재했으며, 나는 영원이며, "영존하는 아버지"(사 9:9; 요 14:9)이다. 나는 "의와 평화의 왕"이며 "제사장"이다. 어떤 사람도 나처럼 왕과 사제가 동시에 될 수 없다. 세상적으로 보면 나에게는 "족보"도 없다(히 7:2, 3; 눅 1:30-36). 나는 성육신 전에 나를 사랑하는 자들에게 나타났다. 나는 그들을 돕고 축복했으며(창 14:18-19; 요 7:56-59; 단 3:26), 이제 그대의 기도에 응답하려고 그대에게 평화와 안식과 영원한 생명을 주러 왔다.

구도자는 이 실재자를 완전히 깨달아 알게 되자 즉시 멜기세덱의 발 앞에 엎드려서 아무 말도 하지 못했다.

구도자: 오, 나의 하나님 아버지, 오늘 내 생명의 주재자이시며 주이신 당신을 만났습니다. 나는 이제 모든 것을 가졌으므로, 세상에서의 손해에 관심을 두지 않겠습니다. 오늘부터 당신의 아들과 종이 되겠습니다. 당신은 세상에서 나에게 모든 것의 모두이십니다. 왜 그리 오래도록 당신의 비천하고 불쌍한 종인 나에게서 숨어 계셨습니까?

멜기세덱: 분명히 이제까지 너에게 나를 나타내지 않았다. 왜냐하면 이전에 너는 이러한 계시를 받을 준비가 되어 있지 않았기 때문이다. 그러나 실제로 나는 너와 함께 있었다. 더욱이 인간의 마음과 영혼 안에서의 나의 내면적인 계시는 외면적인 현시(顯示)보다 더 본질적이다. 네가 당한 많은 고통은 특별한 길로 인도하기 위한 준비였다. 왜냐하면 진리를 추구하는 자들이 슬픔과 고통이라는 수단을 통해 나에게 가까이 인도되기 때문이다. 이러한 방식으로 인간 영혼의 능력이 나의 현존으로 인해 확장되며 깨어나서, 놀랍게도 거룩한 복을 알

고 누리게 된다. 종종 괴로움과 고통은 인간으로 하여금 자신의 결점을 알게 하며, 자신에게 필요한 것을 알고 만족을 구하기 시작하게 하며, 결국 내 안에서 모든 것을 찾게 한다.

구도자: 오, 나는 행복한 자입니다! 내 몸의 모든 털구멍이 입이 된다고 해도 마땅히 드려야 할 감사를 구원자이신 당신께 다 말하지 못할 것입니다. 당신은 입술로만 드리는 찬양을 원하지 않으시고, 내면의 감사와 당신이 거하시는 마음에 기쁨이 흘러넘침으로 인해 강권적으로 드리는 찬양을 원하시는 줄로 압니다. 나의 창조주 하나님, 감히 한 가지 더 질문을 드립니다. 내 삶에서 이 귀중한 경험은 단순히 세상의 합리주의자들이 흔히 말하는 주관적인 것입니까? 나는 이 계시가 객관적이며 진정한 것으로 믿습니다.

멜기세덱: 나의 아들아, 이 세상 학식자들 대부분은 불신앙자이며 이기주의자이니 그렇게 말하는 것에 대해 걱정하지 말아라. 이는 그들이 그렇게 잘못 생각하며, 맹인을 인도하는 맹인이기 때문이다. 창조자께서 그분 안에서 그분을 통하여 존재하는 이 세상을 창조하셨지만, 피조물은 하나님이 아니고, 하나님의 존재에서 분리되거나 떠나서는 존재할 수 없다. 그렇다면 피조물은 객관적인 모습을 갖지 않고, 단지 주관적이라는 의미인가? 그렇지 않다. 내 백성이 경험한 모든 현시(顯示)와 영적 체험은 주관적이거나 상상이 아니라 객관적인 실제이다. 그것은 나와의 교제의 결과이다.

구도자: 하나님! 내가 연약하고 무관심하여 오늘 받은 이 복을 잃지 않게 해 주시며, 끝날까지 신실하도록 은혜를 베풀어주십시오. 언

제나 당신의 신실한 종이 되게 해 주시며, 당신 안에서 당신을 위하여 살게 해 주십시오.

멜기세덱: 항상 깨어 기도해야 한다. 세상의 부를 잃었다고 마음 쓰지 말아라. 그것은 조만간 없어질 것이었다. 이제 스스로 잃지 않는 한 누구도 빼앗을 수 없는 참된 부를 추구하여라. 이제 너는 물살이 센 강에서 항해하다가 사나운 바람과 물결 때문에 침몰한 배에 타고 있던 사람과 같다. 그 사람은 간신히 헤엄쳐서 강기슭으로 나왔지만, 주머니에 넣어둔 돈을 제외한 모든 재산을 폭풍우에 잃었다. 그런데 그가 강둑에 도착하였을 때 도둑들이 와서 남은 돈마저 강탈해 갔다. 순식간에 그는 모든 것을 잃어버렸다. 그러나 그는 걱정하지 않았다. 왜냐하면 세상 사람이 빼앗을 수 없는 참된 부와 평화를 마음에 간직하고 있었기 때문이다(요 14:22). 그러므로 그는 그분의 놀라우신 선하심을 노래하고 주님을 찬양했으며, 주께서 주신 사명을 행하기 위해서 길을 떠났다. 이제 너도 세상의 부귀영화를 상실한 것이 참되고 영원한 부를 얻기 위해 비운 것으로 여겨 이러한 은혜에 감사해야 할 것이다. "내가 주를 사랑하는 줄을 주께서 아시나이다. 예수께서 가라사대 내 양을 먹이라"(요 21:17).

구도자는 존경하고 감사하며 그의 발 앞에 엎드려 절했고, 그는 구도자에게 축복하고 사라졌다. 그는 일어나서 주님을 섬기는 일에 마음과 혼을 다 바쳤다.

제2장

성인과 철학자

여러 해 전에 한 성인이 살았다. 그는 하루 일과를 끝낸 후 숲속에 있는 동굴에 가서 매일 기도하고 묵상하며 중보기도를 드리곤 했다. 어느날 어느 철학자가 그곳을 지나가다가 동굴 속에 어떤 성인이 무릎을 꿇고 있는 것을 보고 잠시 멈춰 섰다. 철학자는 동굴 입구로 들어가 두드렸지만 그는 깊이 관상에 빠져있어서 대답하지 못했다. 철학자는 약 반 시간 동안 기다렸다. 그래도 기척이 없어 떠나려는 즈음에 성인이 자리에서 일어나 곁에 있던 철학자를 불렀다. 잠시 두 사람은 말없이 앉아 있다가 철학자가 침묵을 깨고 말했다. "이 동굴이 도둑의 소굴로 유명한 곳이라는 것을 알고 있습니까?"

성인: 알고 있어요. 이 동굴은 도둑의 집합소이지만, 나에게는 은신처이기도 하지요. 왜냐하면 일상의 일을 마치고 기도와 명상을 하려 할 때, 사람들이 많은 번잡한 도시 생활은 예배를 방해하고 분심을 일으켜서 나의 예배와 기도로부터 나도, 다른 사람도 유익을 얻지 못하기 때문입니다. 그래서 시끄러운 도시생활의 분심과 혼란을 떠나 이 조용한 곳에서 하나님의 현존 안에 쉬며, 그 거룩함의 아름다움 안에서 하나님을 예배합니다. 여기서 나는 기도하며 사람들을 위해서 중

보기도를 하지요. 이 영적 실천은 나만 아니라 다른 사람에게도 많이 유익하답니다. 도둑과 강도들이 가끔 여기에 오지만 나에게 해를 끼치지 않습니다. 그들 중 한 사람은 나에게 "존경하는 성인이여, 우리는 바보도 아니고 장님도 아니오. 우리는 사기꾼들에게서 빼앗는 것이오. 그들은 도둑과 강도가 아니지만 갖은 방법으로 사람들에게서 빼앗는 자들이므로 우리보다 못하지 않소"라고 말했습니다. 나는 그들을 국가에 고발하지 않습니다. 왜냐하면 세상적이며 임시적인 이 나라는 그들에게 육신의 벌을 줄 뿐이며, 그들의 마음을 돌이키지 못하고 도리어 더 굳게 만든다는 것을 알기 때문이지요. 나는 그들의 마음을 변화시키시고 그들에게 새 삶을 주시는 하나님의 현존 안에서 그들을 위해 중보기도를 드립니다. 실제로 그들 중 어떤 사람은 새로운 피조물이 되어 선한 시민이 되어서, 영적으로 다른 사람을 돕고 있습니다. 그래서 하나님의 은혜로 나는 이 독거처에서 다수의 군중 안에서 하는 것처럼 영적 사역을 행하고 있습니다.

성인: 내 말의 의미는 분명합니다. 우리 하나님은 침묵의 하나님이십니다. 누구도 그분이 하시는 말이나 음성을 듣지 못했어요. 침묵의 하나님의 음성을 들으려면 침묵 속에서 기다려야 합니다. 그러면 그분은 말이나 음성의 매개체가 없이 마음의 은밀한 방에서 인간의 영혼에 말씀하십니다. 하나님은 영이시므로 영적인 언어로 인간 영혼에 말씀하시며, 새 생명을 주시며, 영원히 소생케 하시며, 원기를 북돋우어 주십니다.

하나님은 침묵 속에서 일하십니다. 하나님의 모습과 형상으로 조성된 인간도 침묵 속에서 생각하고 느끼고 기억하고 결심하며, 다양한 방식으로 일합니다. 예를 들면 다양한 발명과 발견이 침묵 가운데 이루어졌지요. 간단히 말해서 모든 위대한 것들은 침묵으로부터 기원하였으며, 아직도 침묵으로 되어지고 있습니다. 인간은 주위 사람의 도움이 필요하거나 다른 사람을 돕고자 할 때, 자기의 생각과 계획을 말로 표현하지요. 하나님은 피조물인 인간으로부터 도움이나 지원이 필요하지 않으므로, 침묵 가운데 홀로 모든 것과 피조물을 지으셨습니다. 그러나 하나님은 잘못된 사람을 돌아오게 하실 때 선지자와 사도들을 통하여 말씀하십니다. 때가 찬 이 종말의 시대에 하나님은 육신을 입고 인간에게 말씀하시며, 인간을 구원하는 사역을 이루셨습니다.

어떤 사람들은 조용히 기다리고 기도하는 것을 게으르고 부주의한 것이라고 잘못 알고 있지요. 이것은 자신뿐만 아니라 다른 사람들을 부요하게 해주는 하나님의 진리의 진주를 캐기 위하여 바다에 잠수하는 것과 같습니다. 잠수부가 잠수하는 동안 숨을 참는 것처럼, 기도와 관상을 하는 사람은 시끄러운 세상의 번잡함을 떠나기 위해 자신을 침묵의 방에 가둡니다. 이 세상의 바다에서 번잡한 삶으로부터 잠수하는 목적을 이루기 위해서, 위로부터 오는 성령 안에서 기도의 숨을 쉬려면 기도가 절대 필요하지요. 기도 없이 영적인 생활을 유지할 수 없습니다.

철학자: 나도 개인적인 경험으로 미루어 봐서 이러한 사실을 증명할 수 있습니다. 한 주제에 생각을 집중하고 주의를 기울이지 않으면

그것에 대해서 논리적으로 생각할 수 없으며, 적절한 추리가 없이 타당한 결론에 이를 수 없습니다. 그러나 이러한 추리에도 불구하고, 당신이 실재의 바다라고 말하는 침묵의 하나님의 존재에 대해 잘 알지 못하므로 당혹스럽습니다. 하나님의 존재를 증명하는 설득력 있는 말을 해줄 수 있습니까?

성인: 내 안에서, 그리고 밖에서 자신이 존재하고 있는 것을 분명하게 증명할 수 있듯이, 하나님의 존재를 증명하는 것은 이보다 더 분명하지요. 그러나 그분을 알려 하기 전에 먼저 우리 자신을 알아야 합니다. 그렇게 되면 우리 인간을 자기의 모양과 형상으로 지으신 분을 알고 이해할 수 있을 것입니다. 그러나 하나님은 인간의 모든 이해와 지식을 초월하는 분이심을 기억해야 합니다. 왜냐하면 인간의 이성이 하나님을 이해할 수 있다면, 그분은 이미 하나님이 아니라 인간에 불과하기 때문이지요.

오늘날 많은 사람은 그분이 언제나 어린이와 같은 믿음을 가진 사람의 마음 안에 계신다는 것을 쉽게 증거하며, 하나님의 사랑으로 충만합니다. 불의 온기를 경험함으로써, 손을 불 가까이 가져감으로써 불이 있다는 것을 증명하듯이, 하나님의 생명을 주시는 교제와 친교에 대한 영적 경험은 하나님이 계신다는 강하고 확고한 증거입니다.

또한 세상적이며 표면적인 지식이 없이도 하나님을 느끼고 알 수 있습니다. 예를 들면, 나는 말 못하고 듣지 못하는 사람을 알고 있습니다. 그는 열다섯 살 때 촉감으로 하나님을 알고 있느냐는 질문을 받고 손짓으로 대답하기를 "나는 이 세상의 외적인 조건으로는 어떤 것도 알기 힘들지만, 나의 이해의 능력과 부족함으로 인해 나의 창조자이신 주님을 잘 알고 있어요. 나는 언제나 내면의 눈으로 그를 보며, 그의 달콤한 현존으로 인해 기뻐요(롬 4:19)"라고 대답했습니다. 우리가 잘 알고 있는 헬렌 켈러(Helen Keller)도 이와 비슷한 경험을 했지요. 그녀가 열두 살 되던 해에 브룩스(Brooks) 박사가 그녀의 생애에서 처음으로 하나님과 그의 사랑을 가르쳤는데, 그녀는 "그렇습니다. 나는 이것을 오래전에 알았지만, 그분의 이름을 몰랐어요"라고 대답했습니다.

철학자: 이 주제에 대해 당신과 논쟁하고 싶지 않습니다. 그러나 세상을 버린다는 것의 의미를 설명해 주시겠습니까? 그것은 세상을 미워한다거나, 다른 것에 비해서 자신이 우월한 존재라는 의미입니까?

성인: 나도 논쟁을 좋아하지 않습니다. 지금 우리는 대화하고 있는 것이지요. 이제 당신의 질문에 대답해 드리겠습니다. 나는 세상을 증오하거나 나 자신을 다른 사람보다 우월한 존재라고 여기지 않음을 분명히 해 두겠습니다. 내가 그렇게 생각했다면 하나님께서 금하셨을 것입니다. 다른 사람들처럼 나는 연약하고 죄 많은 인간이지요. 그러나 하나님은 속죄의 은혜로 나를 구원하시고 도우십니다. 내가 세상을 버리고 떠났다는 것은 잘못된 생각입니다. 나는 절대 그러지 않았으며, 그렇게 할 마음도 없습니다. 단지 이 세상에 있는 어떠한 악을 미워하며 버리려 하는 것이지요. 나의 영적 생활의 길에 놓인 장애물이나 넘어지게 하는 것들을 버리려는 것입니다. 그렇지 않고 이 세상에 있는 한 세상을 버리는 것이 불가능합니다. 왜냐하면 우리가 도시

나 집단을 떠나 숲속에 들어간다면, 숲속 또한 세상의 일부이기 때문이지요. 우리가 이 세상이라는 장막 안에 있는 한 세상을 버린다는 생각은 우스운 일입니다. 왜냐하면 우리의 육신은 우리가 어디에서 살든지 본성적으로 세상과 연결되어 있기 때문입니다. 누구도 죽어서 본성적인 이 고리를 끊기 전에는 세상을 버릴 수 없지요. 하나님은 우리가 세상의 어떤 것과 연관이 없다고 생각하는 것조차 싫어하실 것입니다. 이 세상은 하나님께서 우리가 살고 움직이고 존재하게 하신 곳입니다. 그렇지 않다면 우리를 이 세상에 보내지 않으셨을 것입니다. 하나님의 뜻은 이렇습니다. 즉 우리가 이 세상의 물질을 바르게 사용하며, 여기에 머무는(유예 기간) 동안 하나님의 거룩한 목적에 따라 하늘나라를 준비하기를 바라시는 것입니다.

철학자: 만일 당신 자신이 다른 사람보다 우월하다고 생각하지 않고, 반대로 다른 죄인들처럼 연약한 죄인으로 여긴다면, 당신에게서 이 세상의 다른 사람과 차이점을 발견하지 못하겠군요. 그런데 어찌해서 사람들은 당신을 성인이라고 부릅니까?

성인: 당신은 유명한 그리스의 철학자 소크라테스를 잘 아실 것입니다. 그는 어느 날 솔직하게 "나는 평생 한 가지 유일한 교훈을 배웠는데, 그것은 아무것도 모른다는 것"이라고 고백했지요. 이 말을 듣고, 사람들은 그에게 "당신이 철학자로서 아무것도 모른다면, 여느 사람과 다른 것이 무엇입니까?"라고 물었습니다. 그는 "다른 사람과 다른 점이 한 가지가 있는데, 다른 사람은 자신이 모르고 있으면서도 모른다고 말하지 않지만, 나는 모른다고 말하는 것"이라고 대답했습니

348 제6권 실제의 삶

다. 나의 경우도 비슷합니다. 나는 내가 연약한 죄인임을 알지요. 그러나 다른 사람들은 자신이 죄인임에도 불구하고 죄인인 줄 모릅니다. 그러므로 죄의 치료제에 대해서 무지함으로 자신의 죄로 말미암아 죽게 되지요.

사람들이 만일 나를 성인이라고 부른다면, 그것은 그들의 잘못이며, 나를 오해한 것입니다. 나는 거룩하신 하나님과의 친밀한 교제 안에서 삶으로써 성인이 되려고 노력하고 있을 뿐입니다. 그러나 나는 절대 성인이 되었다고 말할 수 없습니다. 물론 언제나 나의 사랑이시며 거룩하신 구원자와의 친교 안에서 이해를 초월하는 평화를 누리고 있다는 것을 공공연히 증언할 수 있습니다. 이 천상의 즐거움은 세상의 언어로 표현할 수 없으므로 세상 사람이 알지 못합니다.

철학자: 세상적이며 영적인 사람들에 대한 이야기는 그만하고, 다른 질문을 하겠습니다. 만일 영적인 기쁨과 경험을 인간의 언어로 표현할 수 없다면, 인간과 동물의 차이는 무엇입니까? 물론, 동물은 자신의 충동에 대해서 말하거나 표현할 수 없지만, 하나님이 주신 말하는 능력을 가진 인간이 동물과 같은 행동을 한다면, 동물과 인간 사이에 어떤 차별이나 구별이 있다고 생각하지 않습니다. 그러므로 이런 영적인 경험은 상상에 불과하다는 것이 내 의견입니다.

성인: 사실을 혼동하지 말고, 영적인 삶의 경험은 상상이 아니라는 것을 이해하기 바랍니다. 그것은 실제입니다. 영적인 사람들의 실천적인 삶이 그것을 증명하지 않습니까? 영적인 것은 영적인 방법으로 분별하고 표현됩니다(고전 2:13-15). 인간과 동물 사이에 차이가 있다는

것은 여러 가지 방법으러 증명되지요. 영적인 언어로만 표현될 수 있는 깊은 영적 생각과 경험 외에도, 인간은 각자의 능력에 따라 인간의 용어와 어법으로 마음의 충동과 감정을 표현할 수 있습니다. 그러나 동물은 혀가 있지만 그렇게 할 수 없습니다. 생각해 보십시오. 그들은 혀가 있지만 벙어리일 뿐이지요. 동물은 말할 능력이 없을 뿐만 아니라, 말하지도 못하기 때문입니다. 동물과 인간 사이에는 크게 다른 점이 있습니다.

동물에게는 본능이 있지만, 인간에게는 이성이 있지요. 예를 들면 피리새(weaverbird)는 몇 세기 전과 똑같이 둥지를 만듭니다. 우리는 그 둥지의 디자인과 구조에서 어떤 발전이나 진보된 것을 발견할 수 없습니다. 반대로 인간은 본능적으로 발전적입니다. 그러나 인간이 배우며 노력하지 않으면 지식을 습득하지도 발전하지도 못합니다. 그러나 동물은 교육이나 노력이 없이 그 일을 해냅니다. 벌들이 어떻게 벌통을 만들고 꽃에서 꿀을 따는지 생각해 봅시다. 벌들의 모든 행위는 본성인 것입니다. 즉, 벌들의 작업 과정은 불변하고 고정되어 있으며 융통성이 없이 이루어지며, 그러므로 개선이나 발전 능력이 없습니다. 그러나 인간은 노력과 분투하는 시기를 지낸 후에 모든 것을 습득합니다. 이것은 인간이 오래고 힘든 노력과 분투를 통해서, 영원한 생명 안에서 성장할 수 있게 하려는 하나님의 목적을 나타내는 것입니다. 그래서 인간은 창조자와의 교제를 누리게 되며, 언제나 끊임없이 인간을 지으신 하나님의 형상과 모습을 닮아가며, 복된 하나님의 나라에서 영원히 기쁘게 거하게 되므로, 끝이 없을 천국 생활의 기쁨에 참예하게 될 것입니다.

대화를 마친 철학자와 성인은 정답게 껴안았다. 철학자는 안녕을 고하고 "다시 만나러 오겠습니다"라는 말을 남기고 떠나갔다. 성인은 한동안 무릎을 꿇고 기도한 후 다음 날의 바쁜 일과를 위해 동굴을 떠났다.

제3장

왕과 농부

옛날 백성들을 사랑하고 동정하는 선하고 공정한 왕이 있었다. 그는 언제나 백성들의 어려움과 고통을 살피고, 도와주며, 불평을 시정해주고, 고통을 덜어주기 위해서 변장을 하고 두루 살피러 다녔다. 백성들도 그를 사랑했다. 어느 날 그는 노동자의 옷을 입고 다니다가 늙고 연약한 노인이 어깨에 무거운 짐을 지고 소를 몰고 밭으로 나는 것을 보았다. 왕은 연약한 노인이 불쌍한 생각이 들어서 그에게 달려가서 "도와드릴까요? 나에게 무거운 짐을 주세요. 내가 짐을 옮겨 드리겠습니다"라고 말했다. 노인은 놀라며 짐을 땅에 내려놓고 심호흡을 하고 "친절도 하셔라. 그러나 나는 너무 가난하여 이 짐을 옮겨주는 값을 치를 수 없어요"라고 대답했다. 왕은 "대가를 염려하지 마십시오. 어르신에게서 이 짐으로 인한 고통을 덜어줌으로써 내 마음의 고통이 덜어질 수 있다면, 그것이 내가 받는 보상입니다"라고 말했다. 그는 말을 마치고 즉시 짐을 들어서 어깨에 지고 노인과 함께 일하는 곳으로 갔다. 노인은 그에게 감사의 말을 하면서 두 가지 질문을 했다. "당신의 이름은 무엇이며, 어디에 사십니까?" 왕은 노인에게 땅에 앉으라고 하고, 자신도 곁에 앉았다. 왕은 이런 일을 한 적이 없었기

352 제6권 실제의 삶

때문에 좀 지쳤다. 잠시 쉰 다음 노인과 다음과 같이 대화를 나누었다.

왕: 왜 내 이름과 사는 곳을 물으십니까? 내가 해 드리는 것에 대해서 나는 어떤 보상도 원하지 않습니다. 왜 늙은 나이에 이렇게 힘든 일을 하시는지 말해 주시겠습니까?

농부: (눈물을 글썽이면서) 무슨 말을 해야 좋을지 모르겠어요. 말하지 않는 것이 좋고 현명하다고 생각합니다. 나의 불운을 생각할 때, 내가 입은 손해와 받은 고통이 기억나서 마음이 아픕니다.

왕: 무슨 사연입니까? 말해 주십시오. 가능하다면 당신을 도와드리겠습니다. 그러니 모든 일을 숨김없이 말해주십시오.

농부: 나의 슬프고 비참한 이야기를 하는 것이 좋다고 생각하지 않지만, 당신이 이야기해달라고 하며 나를 불쌍히 여기고 있으니 간단하게 말해 드리겠습니다.

나는 아주 아주 가난했어요. 나에게 두 아들이 있었고, 늙어서 그들을 의지하면서 살았지요. 작년에 우리가 사는 곳에 큰 가뭄이 들었고, 우리는 극심한 가난으로 고통을 당했어요. 나는 큰아들에게 집에서 떨어진 큰 도시에 가서 밀을 사 오라고 했어요. 불행하게도 둘째 아들도 형을 돕기 위해서 동행했지요. 도시에 도착해서 곧바로 큰 곡물 상점에서 밀을 사고 집으로 발길을 돌렸지요. 아들들이 가게 주인과 흥정할 때, 어떤 사람이 멀리서 보고 있었는데, 나중에 알게 된 일이지만 그는 곡물 상인에게 원한을 품은 도둑이었어요. 전에 그 곡물 상인의 증언으로 그가 감옥에 간 적이 있었답니다. 그는 최근에 감옥에서 나와 복수하기 위해 곡물 상인을 죽일 기회를 찾고 있었지요. 두 아들이 가게에서 나오고 나서 곡물 상인이 홀로 있는 기회를 기다리고 있던 도둑은 그를 공격하여 죽이고 가게에 있는 돈을 모조리 들고 도망쳤습니다. 곧 죽은 상인의 하인이 달려왔고, 주인이 피를 흘리며 죽어 있는 것을 보고 당황했었지요. 그는 소리쳐 울기 시작했고, 많은 사람들이 현장에 몰려왔어요. 순찰 중이던 경관이 현장에 와서 하인을 체포했어요. 하인은 자기가 살기 위해서 꾀를 내어서 증언하기를, 조금 전 그가 가게를 떠나올 때 두 젊은이가 곡물을 사러 상점에 들어오는 것을 봤는데, 그들은 매우 험해 보이는 시골 사람이었으며, 다시 돌아와 보니 주인은 죽고 가게에 있는 것을 모두 들고 도망갔으며, 이렇게 처참하고 슬픈 광경을 보게 되었다고 말했습니다. 종은 경관에게 그들을 쫓아가 잡으라고 했어요. 이 말을 들은 경관은 다섯 명의 경찰과 함께 내 아들들을 쫓아가서 잡아서 밀을 산 곡물 상점 현장으로 끌고 갔어요. 나의 두 아들은 결백을 주장하였으며, 자기들이 떠난 후에는 무슨 일이 일어났는지 모르며, 강도짓을 하거나 돈을 훔친 일이 없으며, 상점에서 아무 일도 없이 밀을 조금 사서 돌아왔다고 증언했어요. 더욱이 내 아들들은 무기를 소유하지 않았으며, 옷에 핏자국이 없었을 뿐만 아니라, 죽은 곡물상의 돈도 갖고 있지도 않았어요.

그들은 경관들과 같이 상점에 도착했으며, 바닥에 죽어 있는 주인을 보았습니다. 순박하고 죄 없는 이 시골 청년들은 이렇게 처참한 광경을 본 적이 없었으므로 당황되고 정신이 없어서 아무 말도 하지 못했습니다. 그래서 거기 모였던 사람들은 모두 내 아들들이 그 악독한

짓을 했다고 생각했습니다. 그러나 학식이 있고 나이 든 사람들은 심리 상태를 보아서 두 청년이 이 사건과 무관하다고 말했습니다. 그러나 경관은 그 말을 듣지 않았지요. 그들은 내 아들을 무자비하게 채찍으로 때렸는데, 큰아들은 기절했고, 흘린 피로 옷이 젖었습니다. 나는 이 소식을 듣고 소와 재산을 이웃 사람에게 맡기고 그 일이 있었던 곳으로 급히 달려갔지요. 그곳에 도착하여 제일 높은 공직자를 만나서 겸손하게 나와 아들들을 불쌍히 여겨달라고 했어요. 그러나 그는 화를 내면서 나를 심하게 대하면서 가두라고 명령했죠. 그는 "이 늙은이야, 당신은 소경이야? 눈이 있다면 당신 아들 옷에 죽은 상점 주인의 피가 묻어있는 것이 안 보여? 그의 피가 당신의 호소에 반대하고 있지 않은가?"라고 할 뿐이었어요.

오, 친구여. 이제 우리 정부가 얼마나 눈먼 소경이며, 경관들이 얼마나 잔인한지 보십시오. 국민들은 정의를 외치지만, 정의가 없음을 보세요. 이상하게도 가난하고 죄 없는 사람은 고통을 당하고, 악한 사람들은 자유를 누립니다. 나는 곡물 상인의 하인이 다른 사람을 따라가서 관료들을 만나서 돈이 가득 든 주머니를 주는 것을 목격했습니다. 그 관료는 기뻐하면서 즉시 그 사람을 놓아주었습니다. 그런 다음 그들은 나를 위협한 후 놓아주었습니다. 그러나 그들은 다시 잔인하게 내 아들들을 때리고, 심문하겠다고 재판소로 끌고 갔습니다. 나의 불쌍하고 죄 없는 아들들은 살인에 대하여 전혀 알지 못한다고 진술했지만, 그들은 그 말을 듣지 않았습니다. 한편, 경관들은 그 사건을 날조하여, 나의 큰아들이 계획적으로 살인했고, 동생은 형과 동조했다는 취지의 거짓 고소장을 꾸몄습니다. 법원은 사건의 전말을 들은 후 큰아들에게 사형을 선고했고, 동생에게는 7년 형이 내려졌습니다. 나는 울면서 공정한 재판을 요구했지만, 아무도 이 가난한 자의 일에 관심을 두지 않았습니다.

며칠 후 앞에서 말했던 강도가 다른 상점 주인을 시장 한복판에서 죽였습니다. 그는 이번에는 도망치지 못한 채 미친 사람 행세를 했지만, 사람들은 그를 현장에서 붙잡았습니다. 만약 이때 경관과 정부 관료들이 전에 했던 것처럼 그 강도를 놓아주려 했다면, 국민들 대다수가 정부에 항거해서 소동을 일으켰을 것입니다. 관료들은 이미 이런 사실을 잘 알고 있었습니다. 결국, 그는 심문을 받고 법적으로 사형선고를 받았습니다. 그는 죽음을 면하기 어렵다고 생각하고서 "나는 먼젓번에 살인을 저질렀던 사람이다. 그 사건으로 불쌍하고 죄 없는 두 사람이 심문을 받고 벌을 받았다. 이제 그들에게 매우 미안한 마음이 든다. 그때 나와 모의한 자가 있었는데, 그 사람의 이름은 말하고 싶지 않지만, 경찰과 관료들은 그를 잘 알 것이다"라고 고백했습니다.

아마 강도와 공모한 사람은 관료들에게 돈이 가득 든 자루를 주었던 사람으로서 죽은 곡물상인의 종일 것입니다. 왜냐하면 나중에 그 강도를 보면서 그가 그 종과 함께 있었던 것을 알 수 있었기 때문입니다. 강도의 고백을 들은 판사는 두 명의 관원을 급히 파견하여 감옥에 갇혀 있는 내 아들이 죽었는지 알아보라고 했습니다. 그러나 이미 한 주일 전에 교수형을 당했을 때였습니다. 동생도 형이 사형을 당했다는 소식에 너무나 억울해서 울다가 형이 죽은 후 나흘 만에 감옥에서

356 제6권 실제의 삶

죽었습니다. 나는 두 아들을 연달아 장사한 후 지친 마음을 안고 고향에 돌아왔습니다. 한 달 동안 슬프고 괴로워서 아무런 일도 할 수 없었습니다. 그러나 이제 노년에 마지막 날까지 일하지 않으면 안 됩니다. 죽음이여, 그대는 어디에 있는가! 빨리 와서 이 괴로움이 많은 육신에서 나를 자유롭게 해 주지 않겠는가!

왕: 당신의 이야기가 너무 슬퍼서 내 몸이 다 떨리는군요. 공정한 재판을 위하여 국왕에게 상소하지 않는 것이 매우 유감입니다.

농부: 존경하는 선생님, 나는 왕에게 접촉하려고 최선을 다했으며, 공정한 재판을 수없이 호소했습니다. 그러나 관료들은 나에게 그렇게 하지 못하게 했습니다. 결국 나는 참을 수밖에 없었으며, 슬픔과 고통의 쓴잔을 마시지 않으면 안 되었습니다. 우리의 왕은 선하시고 인자한 마음을 지니셨습니다. 그러나 그의 신하들은 잔인하며, 왕께 진상을 보고하지 않습니다. 나는 왕이 가끔 변장하여 백성들의 궁핍함과 필요한 것, 슬프고 억울한 것을 찾아다니면서 당면한 고통과 억울한 이야기를 직접 들으신다는 말을 들었습니다. 그러나 왕을 만나지 못한 사람은 참을 수밖에 없습니다.

왕: 이미 벌어진 일은 돌이킬 수 없습니다. 내가 힘 있는 데까지 당신을 도울 것을 약속합니다. 과거의 슬픔을 잊도록 노력하십시오. 왜냐하면 죽은 두 아들은 살아서 돌아오지 않기 때문입니다. 머지않아 우리 모두 이 세상을 버리지 않으면 안 됩니다. 이제 이 이야기는 접어두고 다른 이야기를 합시다. 당신이 사는 마을과 주민들의 삶의 형편이 어떤지 말해 주시겠습니까?

제3장 왕과 농부 357

농부: 이곳은 우리 왕의 나라입니다. 이곳에서 어떤 사람은 울고 어떤 사람은 웃으며, 각 사람은 자기 집에서는 왕입니다. 모든 사람이 자기 형편에 따라 행복합니다. 내가 본 바로는 가난한 사람보다 부자가 형통하지 못하며, 가난하다고 해서 부자보다 덜 기쁜 것도 아닌 것 같습니다. 덜 궁핍한 사람이 더 행복하며, 필요한 것이 많은 사람은 가난한 사람보다 덜 기쁘며 참을성도 없습니다. 내 경험을 비추어 말씀드리자면, 예기치 못한 불운이 닥치기 전에 나는 왕도 느낄 수 없을 만큼 기쁘고 행복하였습니다. 그러나 이제 나의 하나님께서 주시는 것을 기쁘게 받아 살려고 노력하고, 또 노력할 것입니다. 진실로, 마음에 하나님의 평화를 품는 자는 복 있는 자입니다. 그렇지 않으면 가난한 자와 부자, 거지와 왕이 다를 것이 없습니다.

왕: 왕이 당신을 초대해서 왕궁에서 같이 살자고 한다면 기쁘지 않겠습니까? 어디서, 어떤 환경에서 당신은 더 행복을 느낍니까?

농부: 나의 오두막이 왕궁보다 더 좋습니다. 어느 곳이 슬픔과 고통과 죽음에서 자유로운 곳입니까? 나는 왕궁의 호화로운 삶에서 얻는 기쁨이 종일 수고하고 소박한 음식을 먹는 오두막집에서보다 그리 많지 않다고 생각합니다. 뿐만 아니라 나는 어느 곳에서나 어떤 조건이든지 하나님께서 주시는 것이면 만족합니다. 나의 고통은 학교에서 배우지 못하는 가치 있고 귀중한 교훈이었습니다. 내 아들들의 죽음은 참기 어려운 것이었습니다. 이 사별은 혹독하고 고통스러웠지만 일시적인 것입니다. 나의 날은 계수(計數)되었으며, 죽음의 강을 건널 날도 정해졌습니다. 오늘 나는 많은 밀알을 뿌렸습니다. 멀지 않아

358 제6권 실제의 삶

그것들이 죽어 썩겠지만, 그 죽음에서 새 밀알들이 나올 것입니다. 이 처럼 우리 모두 육신적으로는 죽겠지만, 죽을 육신 안에 갇혀있는 영혼은 죽지 않는 새로운 피조물로 변화할 것입니다. 예를 들면, 뿌려진 밀과 새로 난 밀은 같은 것처럼 보이지만, 같지 않습니다. 왜냐하면 옛것이 죽고 썩으면 새 밀알이 나오기 때문입니다. 이처럼 우리의 썩을 육신은 죽어 분해되지만, 영혼은 창조주께로 날아가서 영원히 거기 머물 것입니다(요 12:24; 전 12:7). 그곳에는 사망이 없고 애통하는 것이나 곡하는 것이나 아픈 것이 없을 것입니다(계 21:4).

왕: (이 대답에 기뻐하면서) 내가 당신을 도왔다고 생각하지 마십시오. 당신의 이야기에서 내가 도움을 받은 것이 내가 동정심으로 당신을 도운 것보다 몇 배나 많습니다. 그것에 대해서 매우 감사하게 생각합니다. 당신이 어떻게 이러한 거룩한 지식을 얻었는지 말씀해 주십시오.

농부: 내가 몹시 낙심하여 슬퍼할 때, 어떤 기독교인이 나를 찾아왔습니다. 그는 나의 시련과 고통에 깊은 동정심을 가지고 있었을 뿐만 아니라, 나를 위로하며 거룩한 진리로 가르치면서 영적인 도움을 주었습니다. 그가 말하기를 우리의 왕이 변장하고 다니면서 백성들을 돕는 것처럼, 왕중왕께서 인간의 모습으로 자신을 낮추시고 하늘에서 땅에 내려오셨다고 말해주었습니다. 그는 백성들의 삶의 조건을 그대로 간직하신 채 백성들을 돕고 가르치시고 위로하실 뿐만 아니라, 이 세상 모든 사람을 위하여 십자가 위에서 자기 생명을 바침으로써 깊고 무한한 사랑을 보이셨고, 죄인을 구원하려는 계획을 이루셨으며,

"그를 믿는 자는 누구나 멸망하지 않고 영생을 얻으리라"면서 천국 문을 여셨습니다. 그분의 이름은 예수 그리스도이십니다. 나는 그분을 믿은 후 날마다 새 생명을 얻습니다. 하나님, 그리고 나에게 하나님을 알게 해 주신 그분의 종에게 깊이 감사드립니다.

왕: 나는 진심으로 평화와 행복 가운데 있는 당신을 알게 되어 기쁩니다. 그리고 더 당신의 귀중한 시간을 빼앗고 싶지 않습니다. 하시던 일을 계속하십시오. 다음에 다시 찾아오겠습니다.

왕은 이렇게 말하고 떠나갔다. 농부는 이렇게 오래 거리낌 없이 대화한 사람이 변장한 왕인 줄 몰랐다. 궁중에 돌아온 왕은 불쌍하고 억울한 일을 당한 농부의 아들에 대한 진상을 조사하고 죽은 곡물상의 하인과 경찰을 처벌함으로써 다른 사람에게 귀감이 되게 했다. 왕은 그 뒤 농부를 왕궁으로 초대하였으며, 친절과 사랑으로 그를 대했다. 그리고 그가 말년을 평안히 지낼 수 있도록 한 달에 백 루피씩 주었다. 이 사건으로 농부는 매우 놀랐다. 그는 집에 돌아와 기뻐하며 하나님과 왕에게 감사를 드렸다.

제4장

왕자와 도둑

앞 장에서 가난한 농부를 친절하게 도와주었던 왕에게 아들이 있었다. 그도 부왕(父王)처럼 선하고 정의로웠다. 그는 백성들이 어떻게 살며 부족한 것이 무엇인지, 그러한 백성들의 삶의 형편이 어떠한지 몰랐다. 어느날 그는 백성들 가운데 살면서 그들의 삶을 살펴 알아둔다면 자신이 왕위를 계승했을 때 아버지보다 백성들을 더 잘 보살필 수 있을 것이라고 생각했다. 그는 아버지의 허락을 받고 왕궁을 떠나 아버지의 나라의 도시에 작은 오두막에 거주하면서 보통 상인들처럼 자유롭게 서민들 가운데서 생활했다. 그의 신하를 제외하고는 아무도 그가 변장한 왕자인 줄 몰랐다. 그렇게 살면서 그는 백성들의 사정을 알며, 그들의 개인 생활과 사회 생활을 상세히 이해하며, 효과적으로 백성들을 도울 계획과 방법을 고안하는 좋은 기회를 가졌다.

상인으로서 그는 온갖 다양한 성품의 사람들을 만났고, 점차 인내하면서 거짓말과 사기, 이기심과 잔인함, 도둑질과 심술궂음 등에 대해서 알게 되었다. 이러한 친분과 지식은 그의 개인적인 경험의 기초가 되었다. 그러므로 그는 그들의 삶의 중추를 말살하는 각종 악을 치유하고 근절하기 위한 다양한 계획과 제안을 궁리하는 데 언제나 바

제4장 왕자와 도둑 361

빴다. 그는 많은 시간 은밀히 아버지를 통하여 압제자들의 속임수와 사기, 시기와 악의 등 부당한 박해를 받고 있던 무고한 백성들을 구제했다. 그는 사랑으로 수고하면서 자기를 속이고 악의를 품은 자들을 해치지 않았다. 그는 그들을 용서하고 잘못을 기억하지 않으며, 그들에게 아버지 나라에서 선량하고 법을 준수하는 사람이 될 기회를 주었다.

예를 들어 어떤 도둑이 무고한 백성을 해치고 물건을 빼앗았다. 왕자는 그를 잡아 감옥에 가두었다. 만기가 되어서 감옥에서 석방된 도둑은 복수하려고 왕자의 집에 들어가 값진 물건을 훔쳐서 도망을 치려다가 도둑보다 힘이 센 왕자에게 붙잡혔다.

왕자는 그를 어르고 달래고 친절한 말로 "열심히 일하면 정당하게 살아갈 수 있을 것이다. 네가 필요한 것을 나에게 말하면, 너의 요구를 다 들어주겠다. 가진 것이 없는 무고한 사람들을 해치고, 남의 물건을 빼앗고, 부끄러운 방법으로 살아간다면 얼마나 수치스러운 일인가! 이것은 절대 바른 삶이 아니다. 다른 사람들의 물건을 빼앗는다고 하지만, 실제로는 무의식적으로 자신을 해치는 것이며 심판 날에 분명히 후회할 것이다. 이번은 너를 용서하지만, 이 일을 다른 사람에게 말하지 말라. 조심하여, 다시 그런 짓 하지 말라. 그렇지 않으면 잡아서 심문하고 벌을 내리겠다"라고 말했다.

도둑은 한동안 근신하며 모든 잘못된 행동과 부끄러운 행동을 버렸다. 그러나 몇 달이 지나자 옛날 본성이 되살아났다. 어느 날 그는 친구를 따라서 도둑질할 목적으로 조금 떨어진 마을에 갔다. 그 마을의 상황은 다음과 같았다.

그 마을에는 결혼한 이듬해에 남편과 사별한 가난한 과부가 살았다. 그녀는 남편이 죽은 후 아들을 낳았다. 가난하게 살면서 갑작스러운 남편의 죽음은 충격적이며 견디기 어려웠다. 불행하게도 그녀에게는 도와줄 친척이나 친구가 없었다. 그러나 그녀는 신앙이 깊고 하나님을 경외하는 여인이었으므로, 이러한 고통 중에서도 하나님께 바치는 예배와 현존하심으로써 평화와 행복을 찾았다. 하나님께서 그녀에게 아들을 주셔서 그녀의 절망을 위로해주셨으며, 어두웠던 시간을 밝게 해주셨으므로, 지난날의 슬픔을 잊을 수 있었다.

그녀는 아들은 어려서부터 믿음과 하나님에 대한 경외심과 사랑으로 키웠다. 그녀는 어려움과 고난을 참고 견디면서 열심히 일하여 생계를 꾸리며 아들을 바르게 길렀다. 또 젊은 과부에게 임하는 시련과 유혹을 놀라운 용기로 헤쳐나갔다. 그녀가 극히 가난해서 아이에게 우유도 먹이지 못했을 때, 어떤 나쁜 젊은 남자가 그녀의 가난한 처지를 이용하여 부도덕한 짓을 하려고 유혹했다. 그러나 그녀는 깨어 기도하였으며, 하나님의 현존과 능력을 통하여 사탄의 유혹을 이겨냈다. 착한 어머니의 사랑 안에서 아이는 성장했다. 나이와 키가 자라고 계속 교육을 받음으로써 모든 성향이 바르게 자랐고 하나님과의 친밀한 관계도 성숙하여 갔다. 그는 성인이 되어서 왕자의 추천으로 좋은 직장을 얻었다. 그러나 그 직장이 고향 집에서 멀리 떨어져 있었으므로, 편리를 위해 직장 가까이서 살게 되었다. 그는 고향의 어머니와 헤어져 살았으며, 매달 생활비를 보내드렸다.

두 해 동안 일한 뒤 휴가를 받아 그동안 만나지 못했던 어머니를 만나러 집으로 돌아왔다. 두 해 동안 한 번도 만나지 못했으므로, 모자는 만날 날을 기다리고 있었다. 아들이 집에 도착했다. 아들은 어머니를 만나러 달려갔으며, 어머니도 달려 나와 사랑하는 아들을 껴안았다. 둘의 마음은 기쁨으로 가득했으며 눈물을 흘리기 시작했다. 정말 따뜻한 광경이었다. 아들은 존경과 애정으로 머리를 숙이면서, 어머니의 발 앞에 그동안 벌어 저축한 돈을 모두 드렸다. 어머니는 아들이 매달 보내온 생활비를 아들 결혼에 쓰려고 저축하고 있었다. 어머니는 모든 돈을 함 속에 넣어두었다. 어머니는 아들을 위해 맛있는 음식을 만들어 상을 차려냈다. 어머니와 아들은 하나님께 감사 기도를 드린 후 저녁을 먹기 시작했다. 저녁을 먹은 후에 어머니와 아들은 같이 한동안 감사기도를 드린 후 한참 이야기를 나누었다. 그런 다음 그들은 아침에 다시 일어나 기쁘고 감사하는 마음으로 보기를 바라면서 잠자리에 들었다. 그러나 기구하게도 그들은 아침 햇살을 볼 수 없게 되었다. 그다음에 일어난 일을 말하자면 힘들고 고통스럽다. 태양이 동쪽 하늘을 밝히기 전에 누구도 기쁨의 눈물이 슬프고 비통한 눈물로 갑자기 변할 줄을 몰랐다.

앞에서 언급한 무자비한 도둑은 과부가 돈을 어디에 간직하는지 알았다. 그래서 그는 집에 침입하여 돈을 훔칠 기회를 노리고 있었다. 그는 엎드려 숨어 있다가, 어머니와 아들이 깊이 잠들자 돈이 든 함을 향해 기어갔다. 도둑이 함을 열려 할 때, 과부와 아들이 모두 잠에서 깨어났다. 도둑은 이미 돈을 꺼내 가졌지만, 칼로 그들을 공격했다.

364 제6권 실제의 삶

순간적으로 과부의 팔을 벤 다음 아들을 찔렀다. 아들은 피를 낭자하게 흘리다가 금방 숨을 거두었다. 그의 영혼은 육신의 감옥을 떠나 무덤 너머에 있는 세상으로 날아갔다. 얼마나 슬픈 일인가! 불쌍하고 가난한 과부, 천국이 그녀를 보호하리라.

그녀는 돈을 빼앗겼을 뿐만 아니라, 꿀보다도 더 달고 금보다도 더 귀한 아들을 잃었다. 아들의 죽음은 그녀의 모든 희망을 좌절시켰다. 그녀는 너무 슬퍼서 울지도 못했다. 그녀는 어찌할 바 몰라 소리치다가 기절하여 아들의 시신 위에 엎어졌다. 이웃 사람들이 절규하는 외마디 소리를 듣고 달려 와 보니 아들은 이미 죽었고, 과부는 정신을 잃고 그 위에 쓰러져 있었다. 그들은 이 광경을 보고 당황하여 정신이 아뜩해졌다. 잠시 후 과부는 정신이 들었다. 그녀는 머리를 들려 하였지만, 이내 땅에 쓰러졌다. 이웃 사람들은 그녀의 아들의 장례를 준비하였다. 그녀는 간신히 실신 상태에서 조금 회복되었다. 마을 묘지로 관을 옮길 때 서너 명의 부인이 그녀를 부축하여 장례 행렬을 따라갔다. 그녀는 사랑하는 아들의 얼굴을 마지막으로 보는 순간 다시 기절하여 땅에 쓰러졌다. 사람들이 그녀를 부축하여 일으켜보니 이미 죽어 있었다. 사람들은 그녀를 아들과 합장해 주었다. 하나님은 그녀에게 자비를 베푸셨다. 왜냐하면, 하나님은 구차한 삶을 마감하게 하셨고, 다시는 아들과 헤어지지 않으며, 도둑이나 강도가 없고 죄와 죄로 인한 형벌이 없는 영광스러운 약속의 땅에 가게 하셨기 때문이다. 고통과 괴로움이 영원히 끝났고, 그녀는 아들을 따라서 천국의 생활을 시작하게 되었다.

이 비극적인 이야기를 들은 왕자는 매우 슬퍼했다. 많은 사람이 이 악독한 일을 저지른 악한을 잡으려고 추적하였으며, 나라에서는 범인을 잡는 사람에게 많은 현상금을 걸었다. 과부와 아들을 잘 아는 사람들은 "그렇게 착한 사람들이 어찌 그런 슬픈 죽음을 당했는가?"라고 말했다. 어떤 덕망이 높고 학식이 많은 사람은 그 질문에 대해 "의로운 자가 받는 선한 것들과 축복이 악한 자들이 갖는 것, 그리고 악한 자들에게 돌아가야 할 불운과 저주가 선한 사람들에게 떨어지는 이러한 일에는 섭리의 지혜가 있다. 하나님의 편에서 이것은 불의하고 공정하지 못하지만, 실제로는 거기에는 전체적인 것 안에 숨겨진 보다 큰 지혜와 사려 깊은 계획이 있다"라고 대답했다.

이 경우에 대한 예를 들겠다. 어떤 사람의 아들이 중병을 앓았다. 그는 아들을 마을에 있는 여러 의원에게 데려가서 가능한 모든 치료를 받았지만 허사였다. 병은 점점 더 심해졌다. 치료할수록 병은 더해갔다. 그는 좋지 않은 음식을 계속 달라고 했다. 의사들은 그의 부모에게 "모든 치료를 했지만 회복될 가망이 없습니다. 환자는 몇 시간 정도밖에 살지 못하니 달라는 것은 무엇이든 주십시오"라고 말했다. 부모들은 환자가 원하는 대로 모든 것을 주었고, 의사가 말한 대로 몇 시간 뒤에 죽었다. 며칠 뒤에 둘째 아들이 같은 병에 걸렸다. 동생도 형처럼 치료를 받았으며, 형처럼 의사들이 먹으면 해롭다는 음식을 달라고 했다. 의사는 자기가 지시하는 대로 음식을 먹으면 나을 수 있다고 주의를 주었다. 그러나 부모들은 해롭다는 것을 원하는 아들을 보기가 힘들었다. 결국 어머니는 "아들아, 네 형에게 일어난 일을 잘 알고 있겠지. 우리가 너를 사랑하지 않는다고 생각하지 말아라. 이렇게 위험한 상황에서 병이 나으려면 담백한 음식을 먹어야 한단다. 병이 나으면 네가 원하는 것이란 무엇이든 줄게…"라고 말했다. 이 청년은 인내하며 어머니의 말을 듣고 음식을 잘 조절하여 점차 병은 점차 호전되었다. 그가 건강을 회복하고 건강해지자 어머니는 약속한 대로 아들이 원하는 것을 다 들어주었다. 청년은 기뻐하였고, 진심으로 부모님의 사랑과 지혜에 감사했으며, 그 후로도 부모님의 말씀에 순종하며 행복하게 살았다.

하나님은 요구하지 않아도 악인들에게 갖은 복을 주신다. 그들은 하나님께 감사하지 않고 하나님의 뜻을 따라 살지도 않지만, 자비하신 하나님은 그들에게 모든 것을 주신다. 그들이 하나님께서 이것저것을 주시지 않았다고 불평하지 못할 때가 올 것이다. 하나님은 회개하지 않아 지옥에서 영원히 형벌을 받을 악인들의 길을 아신다. 그러므로 이 세상에서 하나님은 그들이 원하는 것은 무엇이든 주신다. 반면, 거룩한 자들은 이 세상에서 조롱받고 많은 것을 빼앗기고 수없이 고통당한다. 마치 하나님은 그들이 경건하고 조심함으로써 죄의 병을 낫게 하시며, 영원한 본향과 안식처로 들어가게 하시려는 것 같다. 하나님은 눈으로 보지 못하고 귀로 듣지 못하고 사람의 마음으로도 생각하지 못한 모든 것을 주신다(고전 2:9). 밀알이 햇볕을 받는 대지로 나오기 전까지 어두운 흙 속에 있지만, 태양 빛의 온기로 인해 땅 아래서 자라나도록 도움을 받는다. 사람 또한 의의 태양의 치유하는 빛으로 나오려면 슬픔과 고통을 통과해야 하며, 비록 이러한 어둠 속에 있어도 거기서 의의 태양의 온기를 받아 무의식적으로 도움을 받는 경험을 하게 된다.

경찰과 사람들이 살인자를 찾는 동안, 국왕이 서거했다는 슬픈 소식이 전해졌다. 백성들은 큰 상실로 인해 통곡했다. 왕이 죽기 전에 왕자는 부왕을 간호하기 위해서 왕궁에 머물면서 자식으로서 부친의 운명을 지켜보았다. 왕자는 부친의 서거로 말미암아 큰 충격을 받았지만 자기 임무를 소홀히 하지 않았다. 국장이 끝난 후 왕자는 왕위를 계승 받았다. 즉위식 날에 많은 사람이 몰려왔다. 그들은 몇 년 동안 상인의 행색을 하고 그들과 함께 지냈던 사람이 왕자였다는 사실을 알고 깜짝 놀랐다. 범죄자들은 두려움과 전율을 느꼈다. 왜냐하면 왕이 그들에 대해서 잘 알고 있으며, 그들은 왕으로부터 도망칠 수 없음을 알았기 때문이다. 왕은 백성들의 살림을 잘 알고 있으며, 경험을 통해 모든 면에서 백성을 잘 보살피는 방법을 알고 있으므로, 모든 계층의 백성이 잘 살고, 나라는 번영했다.

때가 차면 선이 경건한 사람들을 구하고 풍성하게 열매를 맺으며, 적절한 때가 이르면 악을 패하고 악한 사람을 파멸시킨다. 이제 때가 찼으므로 악의 시절이 지나고 악인을 추수하는 시절이 왔다. 어느 날 도둑은 술집에서 술을 마시고 있었다. 많은 사람들이 그를 붙잡으려 했다. 그들 중 한 사람이 그를 보고 도둑임을 확인했다. 그는 만취하였으며 정신을 차릴 수 없었다. 그는 바보처럼 "나는 어느 과부의 아들을 죽였어. 그 돈으로 즐겁게 살고 있지. 잡을 테면 잡아봐!"라며 자기 죄를 말했다. 이 말을 마치는 순간 경찰관에게 잡혀 감옥에 갇혔다. 정신을 차린 그는 바보같은 말을 한 것을 후회했다. 그는 도망치려고 몇 번 시도했지만 허사였다. 그는 다음 날 재판을 맡은 치안판사 앞에 끌려갔다. 그러나 치안판사는 이 사건을 국왕 주재 재판으로 이관했다. 도둑은 왕을 보는 순간 얼굴이 창백해졌다. 그는 어떤 변명으로도 빠져나갈 길이 없음을 알았다. 이는 국왕은 상인으로 지낼 때 그의 물건을 훔쳤을 때 다시는 죄 짓지 말라고 훈계하면서 방면해 준 사람이었으므로, 도둑을 너무나 잘 알고 있었기 때문이다.

왕은 "네가 나를 아느냐?"라고 물었고, 도둑은 "예"라고 대답했다. 왕은 다시 "자신을 위해 변명할 말이 있는가?"라고 물었고, 도둑은 "없습니다"라고 대답했다. 왕은 다시 말했다: "나를 보라. 수년 전에 너를 타이르고 용서해 주었다. 너에게 개선하고 좋은 백성이 될 수 있는 시간을 주었다. 그러나 내 말을 듣지 않고, 귀중한 시간을 잃었으며, 이제 네 죄가 너를 찾고야 말았다. '너희 죄가 정녕 너희를 찾아낼 줄'(민 32:23) 몰랐는가? 이제 네 죄가 너를 찾아냈을 뿐만 아니라, 오늘 너를 송사하고 유죄를 판결하고 있다. 이 나라의 왕으로서, 정의와 평화를 수호하는 자로서 판결을 내리노니, 너는 많은 사람을 죽였으므로 사형에 처한다." 판결이 끝나고, 도둑은 사람들 앞에서 사형을 당했다.

이처럼 주님이 오셔서 산 자와 죽은 자를 심판하실 때 죄인들은 심판을 받을 것이다. 그분은 인자로서 이 땅에 사셨다. 그는 모든 사람을 잘 아신다. "지금은 은혜받을만한 때요 보라 지금은 구원의 날이로다"(고후 6:2). "우리가 이같이 큰 구원을 등한히 여기면 어찌 피하리

제4장 왕자와 도둑 369

요"(히 2:3). 기억하라. 오늘날 우리의 행위를 심판하고 판결하는 것은 그분이 아니라 그의 말씀이다. 우리의 죄가 반드시 우리를 찾아낼 것이며, 죄인들은 자기의 죄로 말미암아 죽을 것이다(요 12:47, 48; 8:27).

제5장

사랑하는 자와 그의 애인

하나님은 사랑이시다. 그는 만물을 지으셨고, 창조주이신 하나님을 사랑하도록 자기 형상대로 인간을 조성하셨다. 하나님이 사랑이신 것은 자기 자신을 사랑하기 때문이 아니라—그랬다면 세상의 어떤 사람도 하나님의 사랑을 영원히 몰랐을 것이다, 사람이 마음과 혼을 다하여 창조주를 사랑하며 그의 한 없는 사랑을 누리며 이웃을 자기 몸처럼 사랑하도록 하기 위해서 하나님의 형상대로 인간을 만드시고 사랑을 그 안에 두셨기 때문이다. 다시 말해서 하나님을 으뜸이며, 그다음이 모든 인류라고 말할 수 있다. 그러나 인간은 죄로 말미암아 순수하고 무죄한 처음 상태에서 타락하고 하나님을 떠났다. 그럼으로써 참 평화와 행복을 주지 않고, 걱정과 근심을 일으키며, 파멸로 인도하는 부적절한 사랑으로 피조물을 사랑하기 시작했다. 인간은 근원적인 참 사랑을 잊었다. 그러나 가끔 이러한 인간의 사랑으로 말미암아 하나님의 사랑으로 인도되기도 한다. 다시 말해서 인간은 피조물에 현혹되지만, 결국 이러한 사랑을 불완전하며 불만족스러운 것으로 생각하게 됨으로써 사랑의 근원이신 하나님께 돌아가며 그분과의 연합을 기뻐한다.

어떤 명문가의 젊은이가 공부와 일을 마친 후 매일 저녁 숲에 가서 산책했다. 그의 부모는 좋은 성품과 친절한 성향과 규칙적인 습관과 순종하는 마음을 가진 아들을 무척 사랑하였다. 그는 가문의 영광이 었다. 어느 날 그는 오랫동안 걷다가 숲속 깊이 들어갔다. 어둡기 전에 서둘러 집으로 돌아오려 했지만, 불행하게도 때를 놓쳐서 어둠이 깊은 숲속을 뒤덮었다. 서둘러 집을 향해 달려가는데, 곰 한 마리가 나타나 그에게 달려들어 상처를 입힌 후 숲으로 사라졌다.

얼마 떨어진 곳에서 아름다운 마을 처녀가 땔나무를 줍다가 맹수의 사나운 소리를 듣고 용기를 내어 소리가 난 곳으로 가 보았다. 그녀는 깊은 상처를 입고 반쯤 의식을 잃고 땅에 쓰러져 피를 흘리고 있는 청년을 발견했다. 상처를 입은 청년을 부축하여 일으켜서 근처 강가로 데려가서 상처를 씻기고, 입고 있던 옷을 찢어 상처를 싸매 주었다. 처녀는 땔감을 버려두고 청년을 부축해서 집으로 데려가려 했다. 길을 알지 못하는 그녀에게 청년은 힘을 다해 길을 가르쳐 주었다.

청년과 처녀의 부모들은 밤이 깊었는데 자식들이 돌아오지 않아 걱정되었다. 한 마을에서는 몇 명의 사람들을 풀어서 청년을 찾았으며, 또 다른 마을에서는 처녀를 찾았다. 밤 열시 쯤 이 두 사람은 청년의 집에 도착했다. 그의 부모와 사람들은 아들이 깊은 상처를 입은 것을 보고 놀랐으며, 처녀 혼자서 청년을 부축하여 데려온 것에 놀랐다.

두 사람은 자초지종을 이야기했다. 이야기를 들은 청년의 부모는 매우 슬펐다. 부모는 아들을 도와준 처녀에게 감사를 표했지만, 내심 처녀를 의심했다. 소녀는 그날 밤 그 집에 머물렀다. 이른 아침 처녀

372 제6권 실제의 삶

가 집으로 떠나기 전에 청년이 처녀를 불렀다. 청년은 소녀의 친절이 매우 고마웠고, 친절하고 밝고 아름다운 그녀의 자태에 사랑을 느꼈다. 그는 어떤 희생을 감수하더라도 이 처녀와 결혼하겠다고 결심했다. 그러나 큰 문제가 있었다. 그 처녀는 매우 가난했으며 신분이 천했다. 처녀는 그를 떠나 그 집에서 나왔다. 숲을 지나서 돌아오는 길에 전날 주웠던 땔나무를 가지고 한낮이 되어서야 집에 돌아왔다.

밤새 딸을 찾다가 지친 그녀의 부모와 친척들은 희망을 버리고 집에 돌아왔다. 그런데 딸이 집에 와 있는 것을 보고 놀랐다. 그들은 그녀가 집에 돌아오지 못했던 이유와 어디에서 밤을 보냈는지 이해하지 못했다. 그녀의 오빠는 동생의 품행과 순결을 의심했고, 외박함으로써 가문의 명예를 더럽혔다고 생각했다. 그는 동생을 때리고, 얼굴에 먹칠하고 집에서 쫓아내려 했다. 처녀는 솔직하게 모든 것을 말했지만, 아무도 그 말을 믿지 않았다. 그녀의 부모는 불쌍한 그녀를 멍이 들도록 때리고 집에서 한 걸음도 나오지 못하게 했다.

청년은 사랑하는 처녀가 자기 때문에 부모와 친지들에게 잔인하게 폭행을 당했다는 소식을 들었고, 상처가 아물자마자 그 마을에 가서 그녀를 만나기로 했다. 건강이 회복된 후 어느 날 청년은 그 마을에 가서 처녀와 부모를 만나서 그동안 있었던 일을 모두 말했다. 그러나 그들은 청년의 말에 대한 증거나 증인이 없다며 믿지 않았다. 그녀는 그의 이야기를 열심히 들으면서 아무 말도 하지 않았다. 청년의 말이 달콤했으며 예의 바르고 당당한 모습에 매료되어 그를 사랑하는 마음이 생기는 것을 막을 길 없었다. 청년이 떠난 후 처녀는 아버지에게

제5장 사랑하는 자와 그의 애인 373

"내가 의심스럽고 저의 순결을 믿지 못하신다면, 나를 저 청년과 결혼시켜주세요"라고 말했다. 그러나 그녀의 부모는 화를 내며 말도 안 된다고 했다.

청년이 집에 돌아와서 자기를 살려준 처녀를 사랑하며 그녀와 결혼하고 싶다고 말하자, 그의 부모는 매우 화를 내고 책망하면서 "그런 가난하고 천민 처녀보다 더 좋은 신부감을 찾지 못했더냐? 왜 명문의 가문을 더럽히려 하느냐?"라고 말했다. 어느 날 청년은 집에서 빠져나와 사랑하는 여인의 마을로 갔다. 우연히 그날 그녀는 집에 홀로 있었다. 그들은 자유롭게 솔직하게 이야기했다. 청년은 부모가 자기에게 벌을 내렸고 그녀와 결혼하는 것을 허락하지 않는다고 말했다. 이제 그들은 서로 깊이 사랑하게 되었지만, 부모들은 그들의 결혼에 대해서 더 화를 내며 심한 말을 했다. 그들은 서로 만나기도 힘들어졌다. 그래서 그들은 부모들이 잠든 한밤중에 만나기로 약속했다. 어떤 때는 청년이 마을 어귀에서 처녀를 기다렸고, 어떤 날 밤에는 처녀가 청년의 집 근처에서 기다렸다.

어느 날 사건이 일어났다. 처녀가 남자의 방으로 올라가는 계단을 밟다가 미끄러져 넘어지면서 다리가 부러졌다. 청년은 넘어지는 소리를 듣고 달려 나와서 발코니에 넘어져 있는 처녀를 발견하고 부축해 세웠다. 천천히 조심스럽게 그녀를 일으켜 세웠지만 한쪽 다리가 부러진 것을 보고 매우 안타까워했다. 그는 급히 그녀를 병원으로 옮겼으며 정성을 다해 치료했다.

그는 매일 그녀를 보러 병원에 갔다. 얼마 후 그녀는 완쾌되었다. 어떤 사람들이 그녀의 부모에게 처녀가 병원에 있다고 알려주었다. 그들은 급히 병원으로 달려가서, 아무도 찾지 못하도록 그녀를 친척 집으로 데려갔다.

다음 날 젊은 청년은 사랑하는 여인을 만나러 병원을 찾아갔지만, 그녀가 거기에 없다는 것을 알고는 매우 당황되고 당혹스러웠다. 그녀를 담당했던 의사는 그녀가 무사하며 부모와 친척들이 저녁에 찾아와서 데려갔다고 말해주었다. 이 말을 들은 청년은 즉시 그녀의 마을로 갔지만 찾을 수 없었다. 그는 그녀가 자기를 속이고 다른 남자와 도망쳤다고 생각했다.

그는 그녀를 그리워하고 안달하면서 며칠 동안 그녀를 찾아다녔지만 아무런 단서도 찾지 못했다. 결국 그는 절망하여 그 마을을 떠났다. 그녀 역시 밤낮 슬피 울었다. 며칠이 지났지만, 그녀는 사랑하는 그의 소식을 들을 수 없었다. 그래서 그녀는 그가 자기를 잊고 다른 여자와 사랑에 빠졌다고 생각했다. 게다가 그녀의 부모는 다른 남자와 결혼하라고 종용했다.

어느 날 가족들이 깊이 잠이 든 사이에 그녀는 도망쳐서 사랑하는 사람의 집에 갔지만, 그를 찾지 못했다. 그녀는 흐느껴 울면서 "내 부모와 친척들이 나를 저버렸구나. 그들은 이제 나의 원수이다. 내가 사랑했던 사람도 나를 떠났구나. 지옥 같은 이 세상에 더 살아서 무엇하랴!"라고 중얼거리면서, 사랑하는 사람의 상처를 씻어주었던 강을 향해 발걸음을 옮겼다. 이별을 견딜 수 없었다. 절망한 그녀는 강에 뛰어들어 목숨을 끊으려 했다.

제5장 사랑하는 자와 그의 애인 375

그녀는 강에 몸을 던졌다. 그녀의 사랑하는 청년은 거기서 멀지 않은 곳에 있는 바위 뒤에 있으면서, 가까운 곳에 애인이 있는 줄 알지 못한 채 생각에 깊이 잠겨있었다. 둘은 가까이 있었지만, 둘 사이에 바위가 있었으므로 알지 못했다. 처녀가 강에 빠지는 소리를 듣고 청년은 일어나 물에 빠진 사람을 강둑으로 건져냈다. 청년이 물에 빠졌던 사람을 살펴보니 사랑하는 애인이었다. 모든 것이 꿈만 같았다. 그녀는 의식이 없었다. 몇 분 후에 그녀는 의식이 들었다. 사랑하는 애인의 얼굴이 보였고, 그의 무릎에 안겨있다는 것을 알았다. 그녀는 원기를 회복하였으며, 그녀의 삶에서 혹독했던 모든 일들이 순식간에 사라졌다. 둘은 서로 껴안고 입을 맞추었다. 그들은 말하고 싶었지만 너무나 혼란스러워서 말할 수가 없었다. 사랑으로 서로 포옹하며 반시간 정도 지난 후 그들은 다음과 같은 대화를 시작했다.

청년: 사랑하는 그대여, 어떻게 여기까지 왔고, 왜 강에 뛰어들었소? 당신이 죽었으면, 나도 여기에 없었을 것이오.

처녀: 나는 당신을 오랫동안 기다리다가 당신 집에 갔었어요. 거기서 당신이 없는 것을 알고서 이곳에 와서 이별의 고통을 끄고 비참한 내 생을 마감하려고 강에 뛰어들었어요. 그냥 강에 뛰어든 것이 아니라, 당신이 없는 삶은 지옥이므로 죽기로 했지요. 그런데, 당신은 왜 여기에 왔는지 말해주세요.

청년: 나도 같은 생각으로 여기에 왔어요. 당신이 병원에서 사라졌을 때, 당신 마을에 가서 여기저기 다니면서 당신을 찾았지만 허사였어요. 그래서 삶의 환멸을 느끼게 되었어요. 이별의 불이 나를 태우기

376 제6권 실제의 삶

시작할 때, 나는 차라리 죽는 것이 낫다고 생각하여 물에 빠져 죽으려고 이곳에 왔어요. 나는 물에 막 뛰어들려는 순간 당신이 물에 빠지는 소리를 들었어요. 당신이 몇 분만 늦었더라면, 당신이 나의 상처를 씻어주었던 이 강에서 우리 둘은 죽었을 거예요. 이 얼마나 놀라운 일인가요! 여기서 당신이 나를 살렸고, 내가 당신을 살렸어요. 이제 공평하게 되었군요. 오늘 우리 둘은 새 생명을 얻었어요. 그러니 우리는 새 생활을 시작합시다.

우리에게 새 생명을 주시고, 오랜 기간 헤어졌다가 재회하게 하신 생명의 근원이신 하나님을 예배하고, 그의 뜻에 따라 살아야 한다는 강한 느낌이 마음에 일어났어요. 입술로만 아니라, 진정으로 감사하는 것이어요. 내가 낙심했을 때 나에게 와서 위로해 주신 기도자에게 함께 갑시다. 내 마음에 상처를 입었을 때, 그의 감동 깊은 말씀이 상처로 인한 고통을 치료해 주었어요. 그분은 "창조주에 대한 사랑이 없다면, 피조물에 대한 사랑은 불충분하며 불완전하다. 그 사랑은 불완전하며, 이별은 불안과 슬픔을 가져다준다. 그러나 하나님은 우리를 떠나시지 않으신다. 그는 우리와 항상 같이 계신다. 그분은 시간과 공간에 구애되지 않으시고, 변치 않으시는 분이시다. 그러므로 참 행복은 어디든지 어떤 환경에서든지 그분의 현존과 친교 안에서 발견된다"라고 말했어요. 그분에게 갑시다. 그분은 우리를 결혼으로 묶어주실 것입니다.

처녀: 사랑하는 당신의 뜻을 따르겠어요. 당신을 따라 어디든 갈 것이며, 마음과 혼을 다해 당신을 받들겠습니다. 나는 하나님과 당신을

위해 희생할 각오가 되어 있어요. 힌두 여인들은 남편이 죽어서 화장을 치를 때 자기 몸을 던져 태우지요. 그런데 내가 하나님과 그분의 종이신 남편을 위해 생명을 바쳐 봉사한다는 것이 어찌 부끄러운 일이겠어요? 한 가지 장애가 있다면, 내가 가난한 천민이라는 것이군요. 나의 부모님은 이미 화가 나 있을 것이며, 우리가 결혼한 후에도 당신의 부모님이 나를 가족으로 받아들이지 않을 것입니다.

청년: 사랑하는 여인이여, 만일 내가 가문을 자랑했다면, 당신을 사랑할 수 없었을 것입니다. 카스트 제도는 저주받아야 하며, 인간과 인간을 분리하는 이기심과 자만심의 발로일 뿐이오. 그것이 없다면 우리는 모두 하나님의 모습과 형상으로 지음을 받은 자녀로서 동일해요. 만일 내 부모님이 당신을 받아들이지 않는다면, 우리 둘이 함께 다른 곳에 가서 생계를 꾸려나가면서 삽시다. 나는 어떤 사람도 하나님이 맺어주신 우리를 갈라놓을 수 없게 되기를 바라오. 오직 그분만 믿읍시다. 그분이 항상 우리를 보호해 주실 것이오.

그들은 기도의 사람에게 가서 자기들의 형편을 상세히 설명했다. 그는 기꺼이 정중하게 그들의 결혼을 주례해 주었으며, 그들에게 권고하고 축복해 준 다음 배웅해 주었다. 그들은 마을에 돌아와서 작은 집을 빌려서 생계를 위해 열심히 일했다. 그러면서 세상의 풍요로움과 편안함 가운데 사는 부자가 누릴 수 없는 평화와 사랑과 행복 속에서 살았다. 그들은 인간의 사랑뿐만 아니라 하나님의 사랑으로 충만했으므로 행복했다.

그들의 결혼 소식이 부모들에게 전해졌지만, 그들은 전혀 기뻐하지 않았다. 세월이 흘러 청년의 부모가 죽고, 그들은 재산을 물려받았다. 하나님은 그들을 축복하셔서 그들에게 아들을 주셨으며, 그들이 두려움으로 몰래 만났던 부모님의 집에서 행복하게 살기 시작했다. 그리고 처녀 시절에 다리가 부러졌던 곳에서 따뜻하고 순전한 사랑에 대해서 이야기를 나누었다. 어느 날 자기들과 관련된 지난 이야기를 정답게 나누면서 "우리가 서로를 위해 생명을 희생할 각오를 했던 것처럼 하나님을 사랑한다면, 얼마나 복된 일이겠어요. 마음을 다하고 목숨을 다하고 뜻을 다하여 주 하나님과 이웃을 사랑합시다"(마 22:37-40)라고 말했다. 그들은 우리를 사랑하시고, 우리 죄를 대속하기 위해 아들을 보내신(요일 5:11, 19) 주님을 섬기는 일에 마음과 혼을 바쳤다. 하나님은 온갖 방식으로 그들을 축복하셨다.

제5장 사랑하는 자와 그의 애인 379

제6장

여행자

인간의 마음에는 하나님 안에서만 충족되며, 이 세상에서의 시험과 준비 기간이 지난 후 천국에서만 성취될 수 있는 깊고 본성적인 갈망이 있다. 그러나 하나님과 심판의 날을 멸시하는 사람은 이 세상과 세상 것에서 만족을 구하는데, 이러한 인간적인 노력은 절망과 파멸로 마감할 것이다.

이러한 내면의 갈망을 느끼면서도 경험이 부족하여 세상이 만족을 줄 것이라는 헛된 생각을 하는 사람이 있었다. 그는 이러한 생각을 품고 적절한 준비를 하고 세상 여행을 시작했다. 그는 고통과 불평, 근심과 굶주림 없이 살 수 있다고 확신하고 여행을 시작했다. 한 달 동안 여기저기 다녔지만, 그가 원했던 곳을 찾지 못했다. 어느 날 시름에 잠겨 걷다가 방금 만든 무덤 앞에 있는 노인을 발견했다.

여행자가 노인에게 "무엇을 생각하고 계십니까?"라고 물었는데, 그는 "나는 지금 이 세상의 무상함과 인간 목숨의 허망함을 생각하고 있습니다. 원하신다면 이 무덤과 관련된 이야기를 해 주겠습니다"라고 말하고서, 다음과 같은 이야기를 했다.

노인: 며칠 전 마을에 사는 두 명의 나무꾼이 나무하러 숲속에 들어

갔고, 우연히 나는 그 길을 지나게 되었어요. 나는 숲에 앉아있던 그들을 불렀지만, 그들은 너무 바빠서 대답하지도 않고, 오지도 않았어요. 그래서 내가 그들에게 갔는데, 그 중 한 사람이 나를 보더니, 옷 속에 무엇인가를 감추었습니다. 내가 "옷속에 있는 것이 무엇입니까?"라고 물었더니, 머뭇거리다가 자초지종을 말해 주면서 내 의견을 구했어요. "우리가 가고 있는데 숲속에 반짝이는 것이 보여서 가까이 가서 보니 금덩이 두 개가 있었습니다. 그 금덩이를 어떻게 나누어야 좋을지 말해주십시오." 나는 그들에게 "그것은 금덩이가 아니라, 죽음의 폭탄입니다. 그것을 원래 있던 숲에 갖다 놓고 즉시 떠나는 것이 가장 좋을 것입니다. 이틀 전에 강도들이 은행에 들어가 값진 물건과 돈을 몽땅 가져갔는데, 그 강도들이 금덩이를 숲에 감추었을 가능성이 있습니다. 그들은 이 주위에서 지켜보고 있으며, 당신들을 죽일지도 모릅니다. 또 그 금이를 가지고 마을로 내려가면 잡힐 것입니다." 그들은 "그렇게 하겠습니다. 당신 말이 맞습니다. 먼저 내려가십시오. 우리는 땔 나무를 해서 나중에 내려가겠습니다"라고 대답했습니다. 나는 그들과 헤어져 마을로 내려왔어요. 그 후 다른 사람이 그곳을 지나가다가 나무꾼 둘이서 주운 금덩이를 가지고 싸우는 것을 보았습니다. 한 나무꾼은 금덩이를 자기가 먼저 발견했기 때문에 한 개반을 가져야 한다고 했고, 다른 사람은 공평하게 한 개씩 나누자고 하면서, 그렇게 하지 않으면 경찰에게 신고한다고 했어요. 결국 더 많이 가져야 한다고 주장했던 사람이 "좋다. 네 말대로 하자. 그러나 어두워질 때까지 여기서 기다리자. 그러는 동안 배가 고프니 네가 마을

제6장 여행자 381

에 가서 먹을 것을 사 갖고 와라"고 말했어요. 그래서 그 나무꾼이 마을로 내려갔습니다. 그 사람이 떠난 후 금덩이를 보관하고 있던 사람은 "도끼 날을 세우자. 그 친구가 돌아오자마자 도끼로 쳐서 죽이면, 금덩이는 내 차지가 될 것이다"라고 생각했지요. 한편 시장에 먹을 것을 사러 갔던 사람도 마음으로 "그 친구가 먹을 음식에 독을 타서 먹고 죽게 하자. 그러면 금덩이는 모두 내 차지가 될게 아닌가"라며 계획을 짰습니다. 얼마 지난 후 숲에 남아있던 나뭇군은 동료 나무꾼이 먹을 것을 가지고 돌아오는 길목에 숨었다가 도끼로 머리를 내리쳤습니다. 두 개의 금덩이를 모두 가지게 된 사람은 만족해하면서 동료 나무꾼이 가져온 음식을 먹었고, 그도 독이 든 음식으로 인해 죽었습니다. 며칠 전에 발생한 도난 사건을 조사던 경찰들이 숲길을 지나다가 길에 두 사람이 죽어 있는 것을 발견했습니다. 그들은 근처에 있는 두 개의 금덩이도 발견했습니다. 그들은 금덩이를 주인에게 돌려주고, 두 사람의 시신을 묻어주었지요. 두 나무꾼들이 내 말을 들었더라면, 이러한 비참한 최후는 맞지 않았을 것입니다. 세상의 금과 은을 마음에 품은 자는 멸망합니다. 하나님의 사랑 안에 있으면 안전하므로, 우리는 지상에 머무는 동안 이 세상의 것을 버리고 전심으로 하나님을 사랑해야 합니다.

여행자: 흥미롭고 교훈적인 이야기를 해 주셔서 감사합니다. 다른 이야기를 합시다.

노인: 괜찮으시다면 다른 이야기를 해 주겠습니다. 이 이야기 중에 당신에게 교훈이 될 만한 것들이 있을 것입니다. 이 무덤을 보십시오.

이 무덤은 대리석으로 만들었는데, 죽은 사람의 이름이 새겨져 있습니다. 그 사람은 매우 부자였지만 이제 죽어서 무덤에 묻혔습니다. 이 돌은 그를 기리는 비석인데, 후세에 그의 이름을 남기기 위한 것이지요. 하나님은 그의 영혼이 하늘나라에서 즐거워하고 있는지, 지옥 불에 고통을 당하고 있는지 알고 계실 것입니다. 사람들이 이름과 명예와 자신에 대한 기념을 얼마나 주제넘을 정도로 좋아하는지 생각해 보십시오. 만일 이 영혼이 지옥에 있다면, 비석이 무슨 소용이 있겠습니까? 흙무덤만 있을 뿐이지요. 그 무덤에는 잔인하고 교만했던 사람이 묻혀 있습니다. 그는 교활하고 권력과 권모술수로 왕위와 왕관을 차지했고, 교만하여 모든 백성을 멸시하고 억압하여 자신을 신으로 경배하게 했습니다. 결국 그는 몸 안에 벌레가 생기는 불결하고 치명적인 병에 걸렸지요. 벌레가 살을 파먹고 피를 빨아먹었습니다. 그 벌레들은 죽음의 사자였으며, 곧 비참한 삶을 마감하게 했습니다. 매장하고 나서 며칠 후 오소리가 무덤을 파서 썩은 시신을 끌어내어 먹었습니다. 들개와 자칼들도 그의 시체를 먹고 뼈를 물어다가 사람들이 다니는 길가에 흩어놓아서 사람들이 밟고 다녔지요. 어느 날 나는 생각에 잠겨 길을 걷고 있었는데, 발에 차이는 것이 있어서 넘어질 뻔했습니다. 그것은 그 교만했던 사람의 해골이었습니다. 그것을 본 나는 큰 충격을 받아 깊은 생각을 하게 되었습니다. 그가 살아있는 동안 잘생겼으며 머리에 왕관을 쓰고 사람들이 그의 앞에서 절을 했지만, 지금 그 사람의 머리는 사람들이 밟고 다니는 처지로 전락했다는 생각이 들었습니다. 나는 "세상의 왕이며 심판자들은 들으시오. 오늘 그대

제6장 여행자 383

들은 왕관을 쓰고 왕좌에 앉아 있지만, 내일 그대들의 해골이 먼지 가운데 굴러다닐 것이오"라고 말하지 않을 수 없었소. 나는 흩어진 뼈들을 주어 모아 다시 묻어주었소. 이것이 이 세상의 화려하고 사치한 모든 것의 비참한 종말이라는 것만 생각하십시오. 내가 당신을 너무 오래 붙잡고 있는 건 아닌지 모르겠습니다. 이곳을 떠납시다.

여행자: 존경하는 선생님, 분명히 이 세상은 악하고 슬픈 것입니다. 이제 그 해법을 말씀해주십시오.

노인: 나는 이 세상이 악하다는 것을 알고 있습니다. 그러나 한편으로는 사람들을 이 죄악과 고통과 그에 수반되는 결과로부터 구원하기 위하여, 여러 방면으로 무한히 크고 장엄하고 강력한 흐름이 있습니다. 이 조류의 흐름과 물결은 기도로 그 안으로 잠수하는 사람에게만 건강과 기쁨과 참 평화를 줍니다. 이것은 적도를 따라 흐르는 멕시코만의 따뜻한 조류가 북극의 빙하를 녹여 북극 지방 주민들을 혹한의 위험에서 보호해 주는 것과 같습니다. 이 무한한 사랑과 생명의 물결은 크고 신기하고 거룩한 신의 섭리입니다. 이 무한한 사랑(하나님)의 물결 안에 살고 활동하며 존재하는 사람들은 그들의 권역 안에서 언제나 안전하며, 다른 사람을 위하여 선한 행동을 합니다. 나쁜 사람들이 그들을 나쁘게 생각하고 악하게 대해도, 그들은 보복하지 않고, 악을 선으로 갚습니다. 이것을 잘 설명해주는 이야기를 들려주겠습니다.

하나님께서 어느 부자에게 아들을 주셨습니다. 아들이 태어난 후 며칠이 안 되어 그는 아들과 부인과 미혼인 여동생을 남겨두고 죽었습니다. 몇 주간 동안 이 두 여인은 슬픔으로 나날을 보냈지만, 재산에 관한 일을 시작했습니다. 과부는 시누이에게 "이 일로 다투는 일이 없어야겠어요. 남편은 모든 재산을 나와 아이에게 남겨준다는 유언을 남겼습니다. 그러나 나는 아가씨의 결혼 비용을 전부 부담할 뜻이 있어요"라고 말했습니다. 그러나 성품이 악한 시누이는 이 제안을 받아들이지 않고 화를 냈습니다. 시누이는 과부를 해칠 마음을 먹고 분노와 시샘과 악의를 달랬습니다.

어느 날 그녀는 과부가 외출한 사이에 아기를 납치했습니다. 아이를 죽일 마음은 없었지만, 물이 새어들지 않게 만든 광주리에 아기를 담아 강물에 띄워 보냈습니다. 그곳에서 얼마 안 되는 곳에서 어부들이 고기를 잡고 있다가 강물을 따라 흘러내려오는 광주리를 발견했습니다. 한 어부가 물에 뛰어들어가 광주리를 가지고 헤엄쳐 나왔습니다. 광주리를 열어보니 아기가 자고 있었습니다. 그들은 모두 놀라며 기뻐했습니다. 그중 한 사람이 아기를 데려가서 아들로 삼아 길렀습니다.

한편 과부는 잃어버린 아기를 찾아 소리쳐 울면서 뛰어다녔습니다. 실망한 그녀는 자살하려 했지만, 친척이 발견하여 죽음에서 구했습니다. 많은 사람들이 아기의 고모를 의심했지만 증거가 없었기 때문에 침묵했습니다. 이 와중에 어려운 재산 문제가 해결되지 않았으므로 두 여인은 계속 한집에 살았습니다.

세월이 흘러 그 아이는 어부가 되었습니다. 어느 날 이 아이는 잡은 고기를 팔려고 가까운 마을로 갔습니다. 우연히 자기 어머니 집에 들어갔지만, 아들은 어머니를 알아보지 못하고, 어머니도 잃은 아들인지 몰랐습니다. 과부는 고기를 산 다음 청년에게 말을 건넸습니다. "참, 잘도 생겼다. 내 아들이 살아있다면 같은 나이일 텐데. 어머니는 살아계시는가?" 청년은 "아닙니다. 저는 어머니가 어디에 계신지 모릅니다. 알고 있는 것은 내가 어렸을 때 어부들이 강에서 나를 주웠다는 것입니다"라고 대답했다. 여인은 "그렇군. 어머니가 누군인줄 모른다면, 나와 같이 머물면서 내 아들이 되어줘요. 내가 청년을 건져내고 길러준 어부에게 사례할 것이며, 그가 원한다면 그를 나의 하인으로 쓰겠어요"라고 말했습니다. 청년은 기뻐하며 집에 달려가서 어부를 데려왔습니다. 어부는 그동안 있었던 자초지종을 모두 말했고, 청년이 어렸을 때 담겨서 물에 떠내려왔던 광주리를 보여주었습니다. 과부는 한눈에 그 광주리가 자기 것임을 알았으며, 확인해 보니 그 안에 자기의 이름이 새겨져 있었습니다. 그는 아들이 사라졌을 때 광주리도 함께 없어진 것, 그리고 아들의 팔꿈치에 화상을 입은 상처가 있었다는 것을 기억했습니다. 여인은 청년의 팔꿈치를 보는 순간 "내 아들아! 내 사랑하는 아들이구나!"라고 외쳤습니다. 그녀는 아들을 힘껏 껴안았습니다. 아들을 한동안 찬찬히 본 다음 아이를 유괴한 사람은 아이의 고모였음을 알게 되었습니다. 고모는 자신의 부끄러운 죄를 고백하고 진심으로 사죄했습니다.

여인은 잃었던 아들을 찾자 생기가 돌고 젊어진 듯했습니다. 그녀는 하나님의 놀라우신 일에 감사하며, 친절한 어부에게 보상하려는 마음으로 그를 특별한 하인으로 삼았습니다. 그러나 이 여인은 시누이를 용서할 수 없었습니다. 그녀를 볼 때마다 화가 치밀어 올랐습니다. 아들은 어머니에게 보복하고 앙갚음을 하려는 생각을 버리라고 간청했습니다. 청년은 자라서 성인이 되었으며, 어머니와 고모를 극진히 모시게 되었습니다. 고모는 성품과 성격 때문에 결혼하려는 남자가 없어서 평생 혼자 살았으며, 그래서 조카가 그녀를 돌봐주어야 했습니다. 착하고 유망한 이 청년은 실천적인 삶을 통해서 선으로 악을 극복하는 방법을 보여주었습니다.

이 훌륭한 노인과 나눈 대화는 여행자에게 많은 도움을 주었다. 그는 노인에게 감사하고 길을 떠났다. 여행자는 여러 곳을 다니면서 생전 처음 즐거운 것들을 보았다. 어떤 곳에서는 새로운 인생관을 가진 사람들을 보고 배우고 감명을 받았다.

어느 날 그는 체격이 큰 사람이 거지와 이야기하는 것을 보았다. 그는 가까이 가서 말없이 두 사람을 바라보았다. 그는 몸집이 큰 사람이 레슬러이며, 거지는 문둥이라는 것을 알게 되었다. "어떻게 병에 걸리게 되었소?" 문둥병자는 대답했다: "이렇게 된 것은 나의 악행과 죄의 결과입니다. 내 피가 너무 불결해져서 이 병이 온몸에 퍼진 것입니다. 당신은 육체 단련과 건강을 지키기 위한 예방 조치를 취하였기 때문에 이렇게 나쁜 것으로부터 몸을 보호할 수 있어서 지금처럼 건강하고 튼튼할 수 있는 것입니다. 그러나 실제로 모든 육신은 먼지이며, 먼지는 결국 먼지로 돌아가며, 문둥병자이든 레슬러이든 누구나 같은 죽음을 맞습니다. 우리는 잘못된 행위와 죄로부터 자신을 지키며, 할 수 있는 한 영적 연단을 해야 하며, 마음과 혼을 다하여 하나님을 경

제6장 여행자 387

배해야 하지요. 그러므로 진리를 추구하는 사람들은 죄인들이 고통을 당하는 죄라는 문둥병에서 구원받아 천국에 들어갈 것입니다."

다음날 나그네는 또 다른 교훈적인 광경을 목격했다. 그는 아들과 함께 호숫가를 걷는 사람을 보았다. 그들은 나란히 걷다가 벤치에 앉았다. 그 벤치 가까이에 고아가 서 있었다. 아빠가 아들을 무릎에 안고 입을 맞추면서 사탕을 주는 것을 보자, 고아는 울음을 터트렸다. 여행자는 우는 아이에게 왜 우느냐고 물었다. 고아는 "저 아버지와 아들이 사랑으로 입 맞추는 것을 보니 부모님 생각이 났어요. 오늘까지 부모님이 살아계셨으면 저 아버지처럼 나를 사랑하셨을 테지요"라고 대답했다. 이 말을 들은 여행자는 마음이 움직여져서 아이를 안고 사랑의 말을 해 주면서 사탕을 주었다. 벤치에 앉아있던 아이 아버지가 이 모습을 보고 감동하여 "앞으로 절대 고아 앞에서 내 아이를 사랑하지 않겠으며, 가능한 한 고아들을 돕겠습니다"라고 말했다.

이 여행에서 여행자는 사람들의 삶에서 나타나는 인간 삶의 모습과 다양하고 곤란한 관점을 보고 배우면서, 이렇게 멀리 많은 곳을 다니게 한 자신의 갈망이 이 세상에서 충족되지 않는다는 결론에 도달하였다. 그는 참된 행복은 어느 지역이나 나라나 물건과 관련이 없으며, 하나님과의 바른 관계를 갖는 것 및 어느 환경 아래 놓인 장소와 시간과 상관없이 그분의 거룩한 뜻에 순종하는 것에 달려 있다는 것을 발견했다. 만일 사람이 표면적으로 고통과 역경에서 벗어났지만 내면적으로는 죄에서 구원받지 못했다면, 이는 새가 새장에서 벗어나서 공중을 날아다니지만, 발목을 묶은 끈이 높은 나뭇가지에 걸리면 아무리 퍼덕거리며 날개짓을 해도 소용이 없는 것과 같은 형상이다. 그 가련한 새는 죽는다. 그것은 구원이 아니라 감옥에서 나와 죽음으로 들어가는 것이다.

지리와 기후와 산물과 경제와 사회 계층과 도시와 언어적인 관점 등에서 세상의 장소가 다르고, 민족과 민족, 나라와 나라, 사람과 사람이 다르지만, 어느 곳에서도 그 아래에 동일한 위대한 실재와 인간의 본성이 놓여 있다는 것을 알아야 한다. 이 실재는 어디서든지 모든 인류에게 부족한 것과 필요한 것을 공급해 주신다. 하나의 태양이 온 세상을 비추고 밝히듯이, 세상에 살고 있는 모든 사람에게 빛과 생명을 주신다. 영적인 빛과 생명을 주시는 의의 광선(말 4:2)이 떠올라 모든 이를 치유하시며, 세상 모든 사람이 한 분의 우주의 영적 어머니의 자녀이며 참 형제자매라는 것을 가르치신다.

또 과부, 고아, 가난한 자 및 궁핍한 자들만 참담하고 불행한 것이 아니라, 왕궁에 있는 왕, 부요한 가운데 있는 부자들, 학식이 높은 자들도 불행하고 안식이 없다는 것을 알아야 한다. 그것은 "헛되고 헛된 것"(잠 1:2)들이며, 온 지면에 물이 있어서 발을 붙이고 쉴 곳을 찾지 못하여 방주로 돌아온 노아의 비둘기와 같다. 땅에서는 외국인과 나그네이며 본향 찾는 자들처럼(히 11:13-14), "수고하고 무거운 짐 진 자들아 다 내게로 오라 내가 너희를 쉬게 하리라"(마 11:28)고 말씀하신 분께로 가지 않는 한 어느 곳에서도 안식을 찾을 수 없다.

제7권

그리스도와 함께하는 삶과 함께하지 않는 삶
With and Without Christ(1928)

저자 서문

나는 전도 여행을 하는 동안 세계 여러 곳에서 만난 다양한 삶을 사는 크리스천들과 비크리스천들과 나눈 영적 경험을 이 책에 기록하였다. 여기에 기록한 일들은 사람들이 직접 말해준 개인적인 신앙 경험, 또는 내가 탐구할 수 있었던 것으로 제한했다.

나는 여기서 그리스도와 함께 생활하는 사람들의 삶, 그리고 자기의 신앙에 집착하거나 자신의 의지의 지배를 받고 살면서 그리스도와 함께하지 않는 사람들의 삶을 비교하는 것을 시도했다. 아울러 내가 그리스도와 함께하지 않았던 시절의 몇 가지 경험, 지금 나에게 살아계시는 그리스도의 현존의 의미에 관해 기록했다.

이 글을 쓰는 목적은 인간의 삶 안에 살아계시는 그리스도의 현존과 구원의 능력을 보여주는 것이다. 나에게 있어서 살아계신 그리스도의 능력과 현존은 세상의 철학과 불완전한 논리 안에서 찾아지는 것이 아니라, 참된 크리스천의 삶과 경험 안에서 발견되는 것이기 때문이다. 이 책의 독자들이 열린 마음으로 이 사실에 접근하며, 나의 삶과 수많은 크리스천들의 삶을 풍족하게 하신 살아계신 그리스도를 경험하는 데 도움이 되기를 바라는 마음이다.

이 책을 우르두어에서 영어로 번역해 주신 카라(Khara)의 리들(T. E. Riddle) 목사님께 감사드린다.

1928년 8월, Subathu에서

선다 싱

제1장

그리스도와 함께하지 않는 비기독교인

크리스천과 비크리스천은 같은 하나님이 지으신 인간이며 아들이지만 큰 차이가 있다. 어떤 사람은 하나님을 알며 참 진리를 갖고 있으며, 하나님의 모습으로 변화된다. 그래서 그의 성육신이신 예수 그리스도의 현존 안에 있는 삶을 통하여 생명과 영원한 행복을 물려받는다. 희미한 진리의 빛 안에서 걸으며 자기 욕망에 따라 사는 사람들은 그리스도 안에서 발견되는 복을 받지 못한다.

그리스도와 함께하는 사람의 삶과 함께하지 않는 사람의 삶의 차이는 이제 내가 제시하는 사건들을 보면 알게 될 것이다.

복음이 널리 전파된 땅에 사는 사람들은 그리스도를 따르겠다고 고백하는 사람들이 비교적 적지만, 생각이 현저하게 변화한다는 사실을 잘 알고 있다. 반면에 복음이 널리 전파되지 않는 나라에 사는 사람들은 미개하고 미신적이라고 여겨졌던 옛날과 차이가 없다.

증언

하나님의 말씀은 하나님이 모든 사람에게 동일하시며 차별하지 않으시므로, 모든 사람이 하나님의 자녀라고 한다. 성경에 "각 나라 중 하나님을 경외하며 의를 행하는 사람은 하나님이 받으시는 줄 깨달았도다"(행 10:35), "그러나 자기를 증언하지 아니하신 것이 아니니"(행 14:17)라고 기록되어 있다. 하나님이 계시하신 진리의 빛은 백성들을 하나님께 돌아오게 하기에 충분하지만, 후에 의의 아들(말 4:2; 요 1:9)이신 그리스도 안에서 나타난 온전한 빛은 아니었다. 이제 "세상의 빛"이 오셨고, 상황이 바뀌었다. 참 진리를 찾는 사람들은 그 빛 안에서 그를 따르지만, 자아로 인해 눈먼 사람들은 그를 떠나 어둠 속을 걷는다(요 3:19-21).

진리를 추구하는 자는 종교적 본성의 갈망이 채워지지 않으면 안식을 얻지 못한다. 왜냐하면 그는 양심이 깨어 있을 때 강한 갈망을 억제할 수 없기 때문이다. 하나님을 무시함으로써 마음의 갈망을 죽이고 내면의 음성에 침묵하는 자는 어느 정도 평화를 알 수 있지만, 그것은 죽음의 평화이다.

그리스도와 함께하지 않는 사람이 안식을 찾고자 하는 영혼의 갈망을 가라앉히는 것이 얼마나 힘든지 알아보고자 한다.

바늘 방석

얼마 전에 하르드와르(Hardwar)에서 어떤 사두가 바늘방석에 앉아 있는 것을 보았다. 나는 그에게 다가가서 "이렇게 자기 몸에 상처를 내고 괴롭게 하는 목적이 무엇입니까?"라고 물었다. 그는 "자신이 자신의 사두라는 말의 의미를 모르는가? 그 말은 육신을 억제하고 죽인다는 뜻이다. 나는 이런 식으로 신을 경배하지만, 고백하자면 바늘에 찔리는 것은 나의 죄와 악한 욕망에서 오는 고통만큼 나쁜 것은 아니다. 나의 목적은 구원얻기 위해 자아의 욕망을 멸하는 데 있다"라고 대답했다. 나는 "얼마 동안이나 이런 수행을 해 왔습니까?"라고 물었고, 그는 "열여덟 달 전부터 해왔지만, 아직 내가 정한 목적을 이루지 못했고, 그렇게 짧은 기간에 되지도 않는다. 많은 세월과 많은 윤생(輪生)을 거치면 반드시 이루어질 것이다" 라고 대답했다.

나는 나의 노력으로 구원을 이루려다가 실패한 경험, 그리고 주님이 그가 윤회를 거듭하는 동안 자기 몸을 괴롭히면서 얻으려 했던 것을 나에게 주셨다는 것, 즉 순식간에 내 마음을 변화시키며, 안식하지 못하는 나의 영혼에 평안을 주셨음을 말해 주었다. 그리고 "이생에서 목적을 이루지 못하면 다음 생에서 이룰 수 있다는 증거가 무엇인가? 나는 가치 있는 인간이며 바르기 때문이 아니라, 그분의 은혜와 자비로 말미암아 내 죄와 악한 욕망과 유혹이라는 바늘에서 벗어났으며, 나의 죄뿐만 아니라 세상 죄를 질 수 있는 분께 순종하게 되었습니다(요 1:29). 죄인을 위하여 죄 없으신 분의 손과 발에 못을 박았으므로, 그의 희생으로 말미암아 우리가 죄와 죄의 결과에서 해방되었습니다"라고 말했다.

그는 이 말을 듣고 논쟁하지 않고, 단지 "나는 구원은 값없이 얻어지는 것이거나, 짧은 생에서 얻을 수 있다는 것에 동의할 수 없다"라고 말했다.

제1장 그리스도와 함께하지 않는 비기독교인 395

그리스도 안에 있는 삶을 경험하지 못한 사람은 이것을 이해하거나 진리로 받아들이기가 매우 어렵다!

거꾸로 매달려 수행하는 사람

그다음에 나는 다리를 나무에 묶고 거꾸로 매달린 채 수행하는 사람을 보았다. 나는 그곳을 지나다가 뒤돌아보니 그가 묶였던 끈을 풀고 쉬는 것을 보고 그에게 돌아갔다. 그에게 그렇게 하는 목적이 무엇이며, 몸을 괴롭힘으로써 얻는 것이 무엇인지를 물어보았다. 그는 말했다: "어떤 말도 하고 싶지 않지만, 당신이 사두처럼 보이므로 간단히 말하겠소. 생각해 보시오. 왜 사람들은 내가 거꾸로 매달려 있는 것을 보고 놀랍니까? 조물주는 내가 어머니 태 안에 있을 때 이미 거꾸로 두지 않았습니까? 그러므로 나는 이런 방법으로 신을 공경하고 육신을 연단하려는 것입니다. 세상의 눈에는 어리석은 듯이 보이지만, 이런 행동을 함으로써 우리가 죄에 얽매여 있는 동안 세상 사람의 시각으로는 바로 서 있는 듯이 보이지만 신의 눈으로는 거꾸로 서 있다는 것을 나 자신과 모든 사람에게 상기시키려는 것입니다. 나는 끝내 신 앞에 바로 서서 만족을 얻기까지 나 자신의 겉과 안을 고치기 원합니다."

그의 말에 나는 대답했다: "당신은 이상한 생각을 하고 있습니다. 세상이 거꾸로 되어 있고 그 길이 거꾸로 된 것이 사실이라 하더라도, 우리는 그렇게 행동해서는 안 됩니다. 우리의 노력으로 어떻게 죄에 얽매이는 것에서 벗어날 수 있겠습니까? 그것은 인간 능력의 한계를 벗어난 일이요. 그러므로 사랑의 주님은 인간이 되셔서 포로된 자에게 자유를 주셨으며(눅 4:18), 세상을 바르게 인도하시기 위해서 구원받고 자유하게 된 자들을 그의 도구로 쓰십니다(행 17:6)."

이 말을 들은 사두가 더 이상 대화하기 싫다는 표시를 했으므로, 나는 길을 떠났다. 분명한 것은 대단하고 놀라운 육신적인 극기를 해도, 만족이나 평화를 얻을 만큼 삶을 개조할 수 없다는 것이다.

소망 없음

그 후 나는 뜨거운 날씨에 다섯 무더기의 불을 피워놓고 그 가운데 종일 앉아있으며, 아주 추운 날에는 차가운 물 속에 한 시간씩 서 있는 수행자를 만났다. 그의 얼굴에는 슬픔과 희망이 없다는 것이 나타나 있었다. 나와 동행한 사람이 동정심을 품고 물었다: "당신은 이런 수행을 5년 동안 해 왔는데, 이 수행으로 얻은 것이 있으면 말해 주시겠소? 그것으로부터 얻은 좋은 것이 있다면 무엇이오?" 사두는 대답했다: "이생에서는 공덕을 얻을 희망이 없으며, 내세에도 어떻다고 말할 수 없소. 이것이 내가 말할 수 있는 전부요."

마른 손

언젠가 많은 사두가 살고 있는 리시 케스(Rishi Kesh) 정글에서 며칠

제1장 그리스도와 함께하지 않는 비기독교인 397

을 지냈는데, 그때 나는 갠지스 강둑에 앉아 있는 한 사두 곁에 많은 사람이 몰려있는 것을 보았다. 그 사두는 한 손을 머리 위에 올리고 있었으며, 멀리서 보니 사람들을 축복하고 있는 것 같았다. 가까이 가 보니 팔의 뼈가 그렇게 되어 있어서 아래로 팔을 내릴 수 없었다. 그가 사람들과 말을 마친 후에 나는 그에게 어떻게 팔이 그렇게 마르고 고정되었는지 물었다. 그는 전장에서 적을 물리친 사람처럼 뽐내면서 대답했다. "선생, 나는 이 손으로 물건을 많이 훔치고, 사람도 많이 때렸소. 그런데 어느 날 나의 삶을 철저히 뒤흔드는 큰 충격을 받았지요. 나는 옛 생활을 청산하고 내 손을 자르거나 손을 사용할 수 없게 만들어서 지은 죄를 벌하기로 했어요. 나는 스승(guru)과 상담하여 충고를 받고 내 손이 완전히 말라 버릴 때까지 머리 위에 올리고 지냈으며, 이렇게 팔이 고정되어 버렸소. 나는 이것이 매우 자랑스러워요."

나는 대답했다: "당신의 용기와 좋은 의도를 존경합니다. 그러나 하나님이 주신 선물을 해친 것은 유감입니다. 당신은 팔을 망가뜨리는 것보다 그 손으로 다른 사람을 도와야 했어요. 그럼으로써 당신은 손실을 입힌 것을 다소라도 갚을 수 있었을 것입니다. 참 승리와 용기는 당신의 손을 못 쓰게 하는 것이 아니라, 그 손으로 다른 사람을 돕는 것이지요. 나의 스승이신 예수 그리스도께서 '만일 네 오른손이 너로 실족케 하거든 찍어 내버리라'(마 5:30)고 하셨는데, 이 말씀의 의미는 악마의 도구를 마음에서 잘라버림으로써 장차 그의 목적에 사용되지 않게 하라는 것입니다."

내가 말이 마치자마자 그는 나에게 덤벼들었는데, 그의 손을 사용할 수 있었다면 나를 때렸을 것이다. 나는 예의를 갖추면서 그에게 수족을 절단하는 것이 소용이 없다는 것을 말해 주었다. 그의 생애에서 하나님의 뜻을 이루기 위해서 손 뒤에 있는 마음의 의도를 변화시키는 것이 더 나았을 것이다.

침묵 서약

다음 날 나는 몇 년 동안 침묵하기로 맹세한 것을 지키고 있는 모니바와(Moni Bawa)라는 사두를 만나러 갔다. 이 사람은 참 진리의 탐구자였다. 그는 6년 동안 말을 하지 않았다. 나는 그에게 글로 써서 질문했다: "왜 당신은 하나님이 주신 선물을 사용하지 않습니까? 하나님은 말하고, 하나님을 경배하고 찬양하고, 영적인 일에 대해서 충고하라고 혀를 주셨습니다. 만일 하나님께서 당신이 침묵하기를 원하셨다면, 당신을 벙어리로 만드셔서 말하지 못하게 하셨을 것입니다."

그는 조금도 교만하지 않게 나의 질문에 대답을 이렇게 썼다: "당신의 말이 전적으로 맞소. 그러나 나는 성질이 나빠서 내 입에서 나오는 것은 선한 것이 없어요. 내가 마지막으로 말을 한 것은 6년 전이었어요. 그러나 아직 나의 목적은 이루어지지 않았습니다. 선한 말을 하지 않는 것보다는 아예 말을 하지 않는 것이 좋아요. 나에게 축복이나 사람들에게 해줄 특별한 말이 없는 한 침묵하는 편이 좋아요."

나는 더 대화하고 나서 그에게 복음서를 주었는데, 그는 감사히 그것을 받았으며, 그것을 잘 읽겠다고 약속했다.

제1장 그리스도와 함께하지 않는 비기독교인 399

산야시

어느 날 나는 베나레스(Benares)에서 교육받은 힌두교 산야시(Sannyasi; 고행자)와 대화했는데, 그는 대화하는 과정에서 이렇게 말했다. "사두와 산야시가 되는 순서를 정한 옛 규칙은 훌륭합니다. 먼저 학생이 되며, 그다음은 집을 갖는 것이며, 그 생활이 끝난 뒤에는 가족을 돌보는 일에서 물러나 숲에 들어가며, 그 후 나이가 들면 산야시나 고행자가 되는 것이지요. 그러나 당신이 젊었을 때부터 산야시가 된 것은 매우 특이하군요."

나는 이렇게 대답했다. "당신의 규칙과 반대이지만, 내가 사두가 된 동기는 당신과 다릅니다. 나는 공로나 구원을 얻을 수 있다고 생각했기 때문에 사두가 된 것이 아닙니다. 나의 목적은 세상의 방해 없이 사두의 단순한 길에서 은혜로 나를 구원하신 하나님을 섬기는 것입니다. 젊고 튼튼할 때 나에게 생명을 주신 분을 섬기는 것이 옳은 일이 아닌가요? 만일 당신의 제자가 잘 익어 즙이 많은 망고를 주지 않고 이미 과즙을 모두 빨아 먹어 껍질과 씨만 남은 것을 준다면, 당신은 무엇이라고 말할 것입니까?" 그는 "그런 행동은 용서할 수 없는 것이오. 그것은 가장 무례하고 모욕적인 일입니다"라고 대답했다.

나는 대답했다. "그렇습니다. 만일 우리가 젊은 시절에 쾌락을 누리기 위해 시간을 허비하고, 늙고 약해져서 뼈와 피부만 앙상히 남아서 하나님을 섬긴다면, 그것은 용서 받을 수 없는 어리석고 무례하고 악한 선물을 그분에게 바치는 것이 아니겠습니까?"

산야시는 이렇게 대답했다. "다른 사람의 구원을 위해서 해야 할 일이 무엇이 있겠소? 우리는 각기 자기의 구원을 위해 노력해야 합니다. 즐거움, 노여움, 그리고 하나님을 섬기는 일은 우리에게 의미가 없소. 왜냐하면 구원은 전적으로 우리 자신의 업(業; karma)에 달려 있기 때문이오."

그리스도의 황금률은 가장 좋은 가르침이다: "네 마음을 다하고 목숨을 다하고 뜻을 다하고 힘을 다하여 주 너의 하나님을 사랑하라 하신 것이요 둘째는 이것이니 네 이웃을 네 몸과 같이 사랑하라 하신 것이라 이에서 더 큰 계명이 없느니라"(막 12:30-31). 우리의 삶에 이 법칙을 적용한다면 우리의 삶이 이기적일 수 없으며, 우리와 하나님 사이에 아버지와 아들의 관계가 이루어질 것이며, 우리 모두 형제자매가 될 것이다. 이 구절에서 구원과 하나님 나라에 관한 가르침의 핵심을 찾을 수 있다.

지금까지 언급한 소수의 사두들 보통 사람들과는 달리 모든 시간을 영적이나 종교적인 의무에 삶을 바친 사람들이다. 그러나 많은 인도인이 이러한 믿음을 가지고 있다. 예를 들어 간디(Gandhi) 같은 지도자는 아직껏 하나님을 아는 데 실패하였다고 고백했다. 그의 최근에 발간된 그의 자서전에서 "나는 아직 하나님을 발견하지 못하였지만, 나는 아직 그분을 찾고 있다", "그분에게서 이렇게 멀리 있다는 것은 나에게 있어서 어쩔 수 없는 고민이다"라고 기록했다.

제1장 그리스도와 함께하지 않는 비기독교인 401

독립주의자(Swarajist)

자기의 종교나 직업에서 마음의 만족을 얻지 못하는 사람은 모든 종교에 무관심하게 되거나 신앙심을 잃어버린 것처럼 된다. 어느 독립운동가가 나에게 이렇게 말했다: "나는 힌두교 경전을 읽지 않았을 때는 열렬한 힌두교 신자였다. 그러나 경전을 연구하기 시작하면서 신앙심을 잃어버렸다. 베다(Vedas) 및 다른 경전과 읽으면서 내가 기대했던 가르침을 찾아볼 수 없었고, 광범위하게 상충하는 교리는 나를 혼란에 빠뜨렸다. 많은 힌두교 신자가 이처럼 혼란에 빠져 있다. 내 의견으로는 모두 종교를 버리고 독립(swaraji)하는 데 목표를 두어야 한다. 수 세기 동안 환영(maya)의 교리를 가진 종교는 우리를 다른 민족의 노예로 만들었다. 지금은 이 노예 상태에서 우리 자신을 해방할 절호의 기회이다."

나는 다음과 같이 말했다. "죄의 노예가 되는 것이 가장 나쁘며, 우리를 속박하는 것입니다. 그러므로 무엇보다도 죄의 굴레에서 벗어나지 않으면 안 됩니다. 자치독립을 얻으려면 하나님께 우리 안에 거주하시며 우리를 통치하실 권리를 드려야 합니다. 그리하면 하나님이 우리에게 권리를 주실 것입니다. 우리에게는 이것 외에 다른 권리가 없기 때문입니다. '너희는 먼저 그의 나라와 그의 의를 구하라 그리하면 이 모든 것을 너희에게 더하시리라'(마 6:33)."

나의 말은 그의 관심을 끌지 못했다. 그는 되풀이하여 "무엇보다 먼저 자치권을 얻어야 합니다. 그다음에 우리 모두 좋아하는 종교를 자유롭게 선택할 수 있습니다"라고 말했다.

우리와 함께 있던 사람이 "나는 힌두교인이 아니고 크리스천이 아니고 개혁 이슬람 신자입니다. 공평하게 이렇게 말할 수 있겠습니다. 인도는 정치적으로나 종교적으로 자유에서 너무 멀리 떨어져 있습니다. 우리가 참 자유에 도달하려면 신의 도움을 받아 먼 곳을 여행하지 않으면 안 됩니다"라고 말했다.

이제 다른 종교를 추종하는 소수의 사람들을 살펴보고자 한다.

불교 수행자

어느 날 티베트에서 기독교 은수사(hermit)에 대해 이야기하고 있을 때, 한 사람이 자기가 사는 곳에 많은 은수사가 살고 있고, 산 뒤편에는 라마승(lama)이 수년 동안 기도와 명상에 몰두하고 있다고 말했다. 그는 동굴 입구를 담을 싸서 막았으며, 한 번도 밖에 나오지 않았다고 한다. 근처에 사는 사람들이 매일 한 번씩 볶은 보리를 가져가서 벽 사이의 구멍으로 넣어주었다. 오랫동안 어두운 곳에서 살았으므로 그는 앞을 볼 수 없게 되었으며, 죽을 때까지 거기서 살 작정이었다.

나는 그 사람과 함께 은자를 보러 갔다. 그가 기도와 명상을 마칠 때까지 기다렸는데, 우리의 인기척에 그는 담 구멍 가까이 와서 앉았다. 우리는 어둡고 작은 방에 앉아 있어서 서로를 볼 수 없었지만, 대화는 자유롭게 할 수 있었다. 그가 먼저 내가 어디서, 왜 왔는지 물었다. 그 다음에 내가 그의 경험에 관해서 물었다: "이렇게 독거하면서 명상한 결과 얻은 것이 무엇이오? 붓다는 신에 대해서 가르치지 않았으니, 당신은 누구에게 기도합니까?"

그는 "나는 붓다를 신으로 여기고 그에게 기도합니다. 이 동굴에 은둔하는 나의 의도는 무엇을 얻으려는 것이 아니라, 무엇을 얻으려는 욕망에서 벗어나려는 것입니다. 나는 고통이나 평화에 대한 감정과 욕망이 소멸하는 열반의 경지를 구하고 있습니다. 그러나 나는 아직 정신적이고 육체적인 어둠 안에 있으며, 언제 종말이 올지 모르지요. 지금 나의 부족한 것은 다음 생에서 환생할 몸에 나타날 것입니다"라고 대답했다.

나는 대답했다. "욕망과 감정은 신으로부터 얻은 것이며, 파멸하거나 소멸할 수 있는 것이 아니라, 그분 안에서 충족되는 것이지요. 그것의 파멸이 창조자의 뜻이었다면, 그분은 그것을 만들지 않으셨을 겁니다. 욕망을 죽이는 것은 구원이 아니라 자살입니다. 그것은 우리의 생명과 분리할 수 없는 것이기 때문이지요. 그것을 제거하려고 노력하는 것은 소용없는 짓입니다. 왜냐하면 욕망을 죽이려고 갈망하는 것이 또 다른 욕망이기 때문이지요. 욕망에서 욕망이 나오는데, 어떻게 자유나 구원을 얻을 수 있겠습니까? 최선의 길은 욕망을 억누르는 것이 아니라, 그것을 창조하신 분 안에서 만족을 얻는 것입니다. 그안에서 우리는 참 구원을 발견합니다."

그는 "어떻게 될 것이지 나중에 알게 되겠지요"라고 대답했고, 대화는 끝났다.

중국 의사

언젠가 북경에서 나는 세상의 구원자이신 그리스도라는 주제로 강연했다. 회합이 마칠 즈음에 중국 의사 한분이 내게로 와서 말했다. "그리스도는 2천 년 전에 태어났지만, 그보다 훨씬 전에 우리나라에는 공자와 같은 스승들이 있었습니다. 그런데 어떻게 그리스도가 세상의 구원자라고 할 수 있습니까? 공자나 다른 스승들의 가르침과 모범으로 충분하지 않습니까?"

나는 이렇게 대답했다. "당신이 말한바 그리스도께서 2천 년 전에 이 땅에 오셨다는 말은 잘못되었습니다. 그분은 성육신하기 오래전에 세상에 계셨지만, 사람들이 그를 알지 못했으며(요 1:10), 그분을 아는 자들은 기뻐했습니다(요 5:56-58). 나는 공자와 그의 가르침을 거부하지 않지만, 국가로서 중국에서 그의 가르침과 모범을 통해 진보된 것을 말해주십시오, 특히 당신이 얻은 유익은 무엇입니까?"

그는 "이 가르침은 삼킨 즉시 효과가 나는 음식이 아닙니다. 그 효과는 천천히 나타날 것입니다"라고 말했다.

나는 "한 조각의 음식이 우리 육체의 일부가 되는 것은 아니지만, 적어도 우리의 미각이 병들지 않았다면 그 맛을 즐길 수 있습니다. 단순히 좋은 교리는 다이아몬드 목걸이 같아서, 병든 자의 목에 걸어도 병과는 상관 없습니다. 그리스도의 교훈은 좋은 교리일 뿐만 아니라 영이요 생명(요 6:63)이며, 그분을 영접하는 자는 그분으로부터 새 생명을 얻습니다"라고 말했다.

제1장 그리스도와 함께하지 않는 비기독교인 405

의사는 "이 생명과 변화는 밖으로부터 오게 할 수 없습니다. 그것은 자기의 노력에 달린 것입니다"라고 말했다.

나는 "받아들이는 행동은 우리에게 달려있다는 것은 맞지만, 우리 자신의 노력을 통해 새 생명을 얻을 수 없습니다. 쓴나무는 저절로 단나무가 될 수 없습니다. 그러나 단나무에 접붙일 수 있습니다. 마찬가지로 죄 많은 인간이 믿음으로 말미암아 그리스도에 접붙여질 수 있으며, 그리스도의 생명이 그에게 흘러들어와 새로운 피조물로 변화시킵니다. 이것이 구원입니다"라고 말해주었다.

의사는 환자때문에 자리를 떠야 했고, 우리의 대화는 끝났다.

랍비

나는 예루살렘에서 진보 사상을 가진 유대 랍비를 만났다. 나는 그에게 그리스도와 약속의 땅의 미래에 대해서 물었다. 그는 "나는 메시아의 오심과 약속의 땅의 회복을 기다리고 있습니다. 그러나 이 세대에서나 다음 세대에서 이루어질지 잘 모르겠습니다. 이곳에서 십자가에 죽은 예수가 메시아인지, 또는 메시아가 따로 오실 것인지 확실히 모르겠습니다. 물론 나는 예수가 우리 민족이 혹독하고 잔인하게 대한 위대한 선지자라는 것을 알고 있습니다. 그리고 오늘날까지 그를 죽인 죄로 인해 우리가 고통을 받고 있으며, 그의 피가 우리 머리에 떨어지고 있음도 알고 있습니다"라고 말했다.

나는 다른 대화와 이러한 종류의 사건을 열거할 수 있지만, 이 정도면 충분하다고 생각한다. 누구나 다른 나라에서 다른 종교를 믿는 사람들을 만나서 생활하는 기회를 가졌던 사람들, 그들의 궁핍함을 동정심으로 눈여겨보는 사람들은 살아 계신 그리스도를 만나지 않고 사는 그들의 삶에 평화와 희망이 없다는 증거를 갖게 된다. 많은 사람은 자신의 삶 가운데 진정한 욕망이 있으며, 그것이 그들의 노력으로 충족될 희망이 없음을 느낄 수 있다. 하나님의 말씀은 얼마나 진실한가! "아들이 있는 자에게는 생명이 있고 하나님의 아들이 없는 자에게는 생명이 없느니라"(요일 5:12).

제2장

그리스도와 함께하는 비기독교인

인도에서 기독교 사업에 종사하면서 모든 계층의 사람들과 접촉하는 사람들은 그리스도를 구원자로 신실하게 믿는 비기독교인들이 많다는 것을 알고 있다. 이러한 상황이 다른 나라에도 다소간 있다는 것이 발견된다. 더욱이 그리스도를 구주로 받아들이지 않는 사람들이 많지만, 그럼에도 불구하고 자기 종교의 교리나 영적 지도자들보다 그리스도로 인해 더 많은 감화를 받는 사람들도 있다. 나는 인도에서 그리스도의 영의 많은 감화를 받지만, 그분이 어떻게 그들을 정복했는지 알지 못하는 비기독교 지도자들을 많이 알고 있다.

원수에 대한 주님의 감화

자신의 신앙에 열심을 가진 사람들과 기독교에 대해 반대하는 입장을 가진 사람들의 삶에서도 그리스도의 감화가 가끔 나타난다. 그들은 항상 자기의 종교를 탐구하여 그리스도의 가르침의 관점에서 그것을 개선하려는 경우가 많다. 그들은 기독교의 많은 것을 모방한다. 그들의 종교에 대하여 현대적 해석을 표현하는 데 있어서, 흔히 그들의 낡은 교리의 용어를 기독교에서 직·간접적으로 취한 새로운 개념에 적용한다. 이런 방향으로 나아가는 한 그들은 기독교 언어로 자기들의 교리를 옷 입히며, 그 결과 많은 기독교인과 많은 서방 학자들조차도 기독교가 세계의 다른 종교와 큰 차이가 없다고 속으며, 또 그렇게 생각한다.

이 장에서는 비기독교적 환경을 떠나지 않으면서, 여전히 삶에서 그리스도를 추구하는 사람들에 대해서 말하려 한다.

"금하지 말라"

마음이 좁은 크리스천들은 그리스도를 믿으면서도 공식적으로 기독교 공동체에 속하지 않는 사람을 기독교인으로 여기지 않는다. 그들이 공개적으로 자신을 드러내지 않는 것이 옳다는 것은 아니다. 그러나 나는 그들이 기독교인이 아니라고 생각할 수 없다. 그들 중에 그리스도를 섬기는 일에서 다른 기독교 사역자들보다 더 잘 섬기는 자들이 많다. 특히 기독교 사역자들이 가기 어려운 곳에서 그러하다. 이러한 단체를 언급하는 것은 옳은 일이 아니라고 생각하지만, 그들의 신앙과 사역에 대해서는 언급할 수 있다. 그들은 주님을 가리킨 요한의 입장과 비슷하다. "요한이 여짜오되 주여 어떤 사람이 주의 이름으로 귀신을 내쫓는 것을 우리가 보고 우리와 함께 따르지 아니하므로 금하였나이다 예수께서 이르시되 금하지 말라 너희를 반대하지 않는 자는 너희를 위하는 자니라 하시니라"(눅 9:49-50). 우리 중 이처럼 인정받지 못한 사역자는 일을 금지당하기 쉽다. 그러나 주님이 금하지 않으셨는데, 우리가 금할 권리가 있는가?

은밀한 예배, 공중 예배

나는 드러나지 않지만, 자기의 능력과 빛에 따라 조직하고 주님께 봉사하는 사람들의 단체를 만난 적이 있다. 어느날 나는 그들에게 물었다: "왜 당신들은 사람들 앞에서 주님을 고백하지 않습니까?"(마 10:32; 막 15:16).

그는 이렇게 대답했다: "우리 사회에는 각기 다른 삶의 방식을 따르는 수천 명의 남녀가 있습니다. 그들은 모두 그리스도를 구주로 믿고, 그의 이름으로 세례를 받았고, 기꺼이 예배드리고 봉사합니다. 사회가 잘 조직되어 있지만, 우리는 은밀하게 일합니다. 이 수천 명 앞에서 우리가 고백하고 있지 않습니까? 일하는 데 다양한 방법이 있습니다. 공개적으로 하는 일이 있고, 은밀히 해야 하는 일이 있습니다. 우리 몸에는 내부 기관과 외부 기관이 있습니다. 그것들은 모두 한 지체에 속하며, 각기 다른 역할을 하지만 같은 정신에서 나온 것이다. 이것은 마치 그리스도의 몸, 즉 교회와 같습니다. 또 크리스천은 소금이나 누룩과 같아서 천천히 소리 없이 녹아 맛을 내며 발효시킵니다. 그리스도께서는 우리를 불러 어부가 되게 하셨습니다. 어부는 조용히 그물을 던져야 하며, 그렇지 않으면 고기가 도망친다는 것을 잘 압니다. 지금 우리 사회에 수많은 크고 작은 고기들이 있는데, 시끄러운

410 제7권 그리스도와 함께, 그리스도와 함께 하지 않는 삶

어부들로 인해서 그리스도에게서 도망치지 않게 해야 합니다. 그러나 지금 주님께서 그들을 안전하게 지키고 계시므로 누구도 그들을 주님의 손에서 빼앗아 갈 수 없습니다. 또한 이 조용한 방법으로 다른 사람들을 구주 앞에 데려오려고 합니다. 이러한 삶이 그리스도의 뜻을 따르는 것인지 아닌지 말해 주십시오.”

참 기독교인의 삶

공개적이거나 은밀하거나 참 그리스도인의 삶은 언제나 열매를 맺을 것이며, 어디에서든지 사람들에게 좋은 영향을 끼친다. 진리를 추구하는 사람들은 이러한 삶의 실재를 보면서 생명의 근원에게로 끌려간다.

한 예를 들겠다. 언젠가 두 설교자가 전도하러 시장에 갔다. 첫째 사람은 매우 영리하고 웅변을 잘했다. 그가 설교를 시작했는데, 몇 분이 안 되어서 힌두교인 한 사람이 질문을 했다. 그 질문에 대답하려고 설교를 멈추어야 했으며, 그의 답변으로 만족을 줄 수 없었다. 결국 설교를 계속할 수 없어서, 그는 동료를 돌아보면서 “이 형제가 대답할 것이오”라고 말했다. 두 번째 설교자는 말을 잘하지 못하며 훌륭한 논쟁자도 아니었지만, 매우 신실한 기도의 사람이었다. 그가 나서자마자, 힌두교인은 두 손을 이마에 대고 그에게 절하고, 첫째 설교자에게 말말했다: “이분에게는 질문할 것이 없습니다. 왜냐하면 나는 이분의 삶을 알며, 이분의 삶에서 살아계시는 그리스도를 보았으며, 이분을 통하여 구원의 길을 발견했기 때문입니다. 그러나 당신은 입으로 살아계신 그리스도를 설명하지만 삶으로는 그리스도를 부인하므로 당신과 논쟁하려는 것입니다. 항상 입을 다물고 있는 것이 가장 좋은 방법입니다. 왜냐하면 당신은 말을 함으로써 다른 사람을 그리스도로부터 멀어지게 하기 때문이다. 내가 당신의 친구를 몇 년 전에 만났다면 이렇게 긴 세월을 내 주님에게서 떨어져 있는 일이 없었을 것입니다. 천천히 온 자가 제대로 옵니다. 여기에도 선한 목적이 있어야 합니다. 하나님께서 당신을 용서하시기 원합니다."

이 말을 듣고 웅변가인 설교자는 부끄러워서 머리를 들지 못하고 집으로 갔으며, 회심한 이 사람은 하나님의 사람과 같이 가서, 그의 삶을 하나님께 봉사하는 일에 바쳤다.

찾고 구함

일반적으로 구하는 자는 찾고, 찾은 자는 더 많이 구한다. 파스칼은 "만일 당신이 이미 나를 발견하지 못했다면, 나를 찾은 것이 아니다"라고 말했다. 하나님의 임재를 경험하지 못한 사람은 하나님을 발견하려고 노력하든지 노력하지 않든 그리 까다롭지 않을 것이다. 하나님은 모든 사람에게 하나님 현존 의식을 주시지만, 사람들이 하나님을 더 많이 찾거나 찾지 않는 것은 그들 자신에게 달려 있다. 하나님은 우리 모두가 닿을 수 있는 곳에 계시지만, 하나님께 닿으려면 우선 우리 마음이 하나님께 조율되어야 한다. 우리가 대기 속에 음악이나 연설의 형태로 존재하는 무선의 메시지를 들으려면, 그 메시지에 파장을 맞춘 리시버가 필요하다. 그렇게 조율되지 않는다면, 우리에게 메시지가 존재하거나 존재하지 않거나 마찬가지일 것이다.

구도자(진리를 찾는 사람)

어느 구도자가 자기 경험을 이야기해 주었다: "나는 과거의 종교에서 일종의 위로를 받았지만, 평안은 없었습니다. 이 위로는 내 안에 참 평안을 찾으려는 열망을 일으켰고, 내가 놀라운 방법으로 그것을 찾는 동안 그것은 점진적으로 나를 이끌어 평화의 근원을 발견하게 했습니다. 이러한 상태에 도달했을 때, 나는 이러한 충동 및 마음의 만족이 살아계신 그리스도에게서 왔으며, 나의 모든 노력이 이제 그분 안에서 안식을 발견했다는 것을 깨달았습니다."

다음의 이야기는 나 자신 및 처음에 그리스도를 알지 못했던 구도자들의 상태를 설명해준다: 몇 년 전 가뭄이 들었을 때 높은 지위에 있는 사람이 돈이 없어 굶어 죽을 처지에 놓였다. 그러나 그 사람은 자존심 때문인지, 수치심 때문인지 누구에게도 자기의 처지를 말하거나 도움을 구하려 하지 않았다. 그는 오로지 하나님에게만 부르짖을 수 있었다. 곧 그의 기도는 응답을 받았다. 얼마 전에 외국에서 귀국한 어느 장사꾼이 그가 곤경에 처했다는 소식을 듣고 밤중에 몰래 그의 집에 양식을 보내준 것이다. 그는 기도가 응답을 받은 것에 크게 기뻐하면서, 무릎을 꿇고 영혼을 다해 하나님을 찬양했다. 가뭄이 지나간 후에 그 장사꾼이 그 사람을 찾아와서 그가 필요로 하는 돈을 미리 지급하겠다고 제안했다. 그는 자기 은인의 의도를 파악하고서, 진정으로 감사하며 그 앞에 무릎을 꿇고 그의 발에 입을 맞추었다. 그때 그는 자기를 도와준 은인이 오래전에 외국에서 죽었다고 믿고 있던 자기 형이라는 사실을 알게 되었다.

어느 박식한 학자

어느 날 나는 갠지스 강변의 마을에 사는 순례자들에게 전도하러 갔다. 내가 자리를 잡고 섰는데, 어느 박식한 학자가 내 곁에 앉으면서 "당신도 다른 순례자들처럼 이 강에서 목욕하러 왔습니까?"라고 물었다. 나는 "아니오. 나는 이미 그리스도의 피 안에서 믿음으로 목욕을 했고, 그의 은혜로 구원받았습니다. 그렇기 때문에 갠지스강에서 예식적인 목욕을 할 필요가 없습니다. 나는 이 순례자들에게 우리 구주에 대해 말해주려고 이곳에 왔습니다"라고 대답했다. 학자는 이 말을 듣고 놀라면서도, 미소를 지으면서 "선생, 참으로 대단하십니다. 나와 같은 목적으로 이곳에 왔군요"라고 말했다. 그러면서 그는 나를 큰 사랑으로 포옹했다. 이것을 본 몇 명의 순례자가 우리와 합류하여 사두와 학자의 대화를 들었다. 우리 두 사람은 그들에게 복음을 전했고, 그들은 경청했다.

그때 순례자 한 사람이 "그리스도는 크리슈나를 의미합니까, 아니면 다른 권화(權化)를 의미합니까?"라고 질문했다. 학자는 산스크리트

414 제7권 그리스도와 함께, 그리스도와 함께 하지 않는 삶

의 몇 구절을 반복하여 인용하면서 "우리는 크리슈나에 대해서 전하는 것이 아니라, 샤스크라스에 약속된 죄 없는 성육신이신 그리스도에 대해서 말하고 있는 것이오. 왜냐하면 크리슈나는 죄인을 멸하기 위해서 오지만(기타 4:8), 그리스도는 죄인을 구하기 위해서 오셨기 때문입니다"(마 9:13; 눅 9:56)"라고 대답했다.

우리 두 사람이 설교를 마친 후에 학자는 나를 자기 집에 데리고 가서 아내와 두 아들에게 소개해 주었다. 그들도 학자만큼이나 열렬한 기독교인들이었다. 식사를 마친 후 우리는 몇 시간 동안 이야기를 나누었다. 그는 자신이 여러 해 동안 이런 식으로 주님을 위해 일해 왔다는 것, 그리고 그의 전도를 통해서 많은 사람이 주님을 믿게 되었다는 것을 이야기했다. 그는 그 지역의 신자들과 선교사들에게 알려져 있지 않았다. 그들은 알지 못했지만, 그들이 뿌린 씨앗이 싹을 내고 자라기 시작하고 있었다(마 4:26-29).

나는 그 사람에게 어떻게 해서 기독교인이 되었는지 말해달라고 부탁했는데, 그의 이야기는 다음과 같다: "나는 그리스도에 대한 말을 종종 들었지만, 내가 가진 편견 때문에 선교사들과 기독교인들, 그리고 그들의 그리스도를 되도록 멀리해왔습니다. 그런데 언젠가 쿰바멜라에서 기독교 비밀 단체에 속해 있는 두 명의 학자를 만났습니다. 그들은 산스크리트 학자였습니다. 나는 처음에는 그들을 힌두교인이라고 생각했지만, 그들은 그리스도가 유일한 구주이심을 분명하게 증언했습니다. 며칠 후 기독교에 대한 나의 혐오심과 오해는 완전히 사라졌습니다. 그때 두 사두는 줌나 강에서 성부와 성자와 성령의 이름으로 나에게 세례를 주었습니다. 그날 이후로 나는 구주를 섬기는 데 시간과 힘을 쏟아왔습니다. 이 두 학자를 만나지 못했다면, 나는 결코 기독교인이 되지 못했을 것입니다."

율법과 구원

학자는 계속해서 말했다. "이 두 사두는 내가 직면한 난제 중 몇 가지에 대해 만족스러운 설명을 해주었습니다. 예를 들면, 다른 종교에서 율법을 가르치듯이, 힌두교에는 카르마라는 법이 있다고 말해주었습니다. 율법은 누구도 선하게 만들지 않습니다. 그것은 단지 선과 악, 또는 해야 할 것과 하지 말아야 할 것을 구분해줄 뿐입니다. 이제까지 율법을 성취한 사람이 없고, 성취할 수도 없습니다. 그렇기 때문에 모든 사람에게 구원의 소망이 없습니다. 율법이 모세를 통해서 주어졌는지, 현인들을 통해서 주어졌는지는 중요하지 않습니다. 예수 그리스도를 통해서 은혜와 진리가 우리에게 임했습니다(요 1:17). 율법은 우리를 의롭게 하는 것이 아니라, 의의 필요성을 강조하는데, 이 필요성은 그리스도 안에서 충족됩니다. 그리스도는 친히 인간이 되심으로써 인간을 위해 율법을 완성하셨고(롬 5:19), 또 자기 생명을 주심으로써 죄 속에서 죽은 사람들에게 생명을 나누어주셨습니다. 그리하여 이 구원의 역사가 완성되었습니다. 그분은 '다 이루었다'고 선언하셨습니다."

학자는 계속해서 말했다. "나와 내 가족들은 누군가가 우리의 어려

416 제7권 그리스도와 함께, 그리스도와 함께 하지 않는 삶

움을 제거해 주었기 때문이 아니라, 개인적인 경험을 통해서 그리스도가 진정 우리의 구주요 세상의 구주이심을 알게 되었기 때문에 그리스도를 믿습니다(요 4:41)."

이집트의 회교도

내가 카이로에 있을 때 겉으로는 회교도인 것 같지만 철저한 신자인 사람도 비슷한 간증을 했다. 그 사람은 이렇게 말했다. "나는 어렸을 때부터 율법과 하나님의 계명에 따라 교육을 받았습니다. 나는 율법에 합당하게 살기를 원했지만, 자주 실패했기 때문에 결국 절망하고 말았습니다. 나는 하나님이 자비하시고 긍휼하신 분이심을 알았지만, 평안을 얻지 못했습니다. 나의 죄악된 상태를 생각할 때마다 나는 하나님과 천국이 거룩하다는 것, 그리고 비록 내 죄가 사함을 받는다 해도 나의 악한 본성이 변화되지 않고 정화되지 않은 상태에 머무는 한 거룩하신 하나님이 계신 곳에 들어갈 수 없다는 것을 분명히 알았습니다. 나는 옛 본성을 제거하고 구원과 새 생명을 얻는 방법을 찾으려고 여러 해 동안 코란, 하디스(Muhammad와 그 교우의 언행록) 등 거룩한 책들을 공부했지만 헛수고였습니다. 그러나 감사하게도 내가 하나님을 찾는 일을 시작하기도 전에 사랑의 하나님은 이미 나를 찾고 계셨습니다. 심지어 내가 하나님을 찾고 하나님이 나를 찾으셨을 때도 거듭나지 않고서는 하나님을 완전히 알지 못했습니다. 이제 나는 하나님을 압니다. 내 안에 그분의 모양이 있고, 세상의 토대이신 분이 내 것이며, 나는 그분의 것입니다. 이제 나는 진정한 이슬람이신 예수 그리스도, 십자가에서 죽으셨다가 이제 영원히 살아계신 분을 발견했기 때문에 내 마음에는 평안이 가득합니다. 이제 나는 여생을 하나님을 섬기는 일에 바치려 합니다."

그 사람은 교회 내의 영성생활의 저급한 상태를 비판하면서 덧붙여 말했다: "나 같은 사람은 교회의 지체로서 세례를 받기보다는 나일강에 빠져 죽는 편이 나을 것입니다. 왜냐하면 종종 교회의 지체들의 삶은 내가 지녔던 이전 종교의 지체들의 삶과 다르지 않기 때문입니다. 가시덤불에서 빠져나와 엉겅퀴에 빠진다면, 또는 늪에서 빠져나와서 진흙탕에 빠진다면, 무슨 유익이 있겠습니까? 내가 가능할 때마다 어떻게 해서든지 주님을 증언하려면 그들과 접촉하지 않고 내 주님과 접촉하고 지내는 편이 나을 듯합니다. 내가 주님을 위해서 행한 일을 주님이 받아주실 것이라고 믿습니다."

이 사람은 동양과 서양의 신자들을 잘 알고 있었고, 그들의 도덕적, 영적, 사회적인 생활에 대해서도 잘 알고 있었다. 그는 몇몇 교회에 동정심과 사랑과 기독교적인 교제가 부족하다는 것을 발견했기 때문에 그리스도를 영접했음에도 불구하고 교회의 교인으로 등록한 적이 없었다. 이러한 사태는 기독교인들로 하여금 깨어 자신의 책임을 깨닫게 하는 도전이다. 왜냐하면 이 사람과 비슷한 사람들이 많기 때문이다. 그들은 일부 교회의 냉담으로 인해 거부당해서, 그들과 떨어져 지내는 편을 택한다. 살아계신 그리스도는 그리스도 없는 기독교인 (Christian-without-Christ)들에게 "내가 너희를 도무지 알지 못한다"고 선언하실 것이다(마 7:23).

두 형제

내가 여러 번 만난 어떤 사람은 여러 해 동안 추구한 끝에 그리스도가 자기의 구주이심을 발견했다. 그 사람도 역시 가시적인 교회 밖에 머물고 있었지만, 자기 나름의 방법으로 활동하고 있었으며, 주님은 분명히 그가 하는 일을 축복하셨다. 어느날 그 사람은 다른 형제가 있는 곳에서 자신의 일에 대해 매우 흥미로운 이야기를 했다.

"내가 그리스도를 구주로 영접하고, 주님이 나를 영접해 주셨을 때, 나는 먼저 친척들에게 그분을 알리려고 노력했습니다. 안드레가 먼저 자기의 형제 베드로에게 가서 이야기했던 것처럼(요 1:41), 나도 먼저 형에게 가서 말했습니다: '나는 나사렛 예수를 발견했어요. 그분은 나에게 죄로부터의 구원을 주셨고, 내가 여러 해 동안 추구해온 참 평안을 주셨어요.'

"형은 이 말을 듣고서 격분하여 이렇게 말했습니다: '너와 네 평안을 저주한다! 너는 힌두교를 버리고 거짓이 가득한 신앙을 가진 기독교인들과 합류하려 하는구나. 너는 네 이름과 우리 가정의 명예를 더럽힐 것이다. 네가 우물에 가서 빠져 죽는 편이 오히려 나을 듯하다. 나는 이시바라(Iswar) 신에게 너를 다시 돌아오게 하든지 네 눈을 멀게 하여 진리를 알고 우리 신앙을 버리지 않게 해달라고 기도한다.' 나는 형에게 말했다: '화내지 말고 형님 스스로 이것들을 진지하게 검토해 보세요. 그러면 어느 종교가 참이고 어느 종교가 거짓인지 알 수 있을 것입니다. 형님은 내 눈을 멀게 해 달라고 형님의 신에게 기도했지만, 나는 사랑이신 내 하나님께 형님의 눈을 열어 하나님을 보고 알게 해 달라고 기도합니다'라고 말했습니다.

"이 말을 들은 형은 마음을 가라앉히고 조용해졌습니다. 우리는 며칠 동안 함께 대화했습니다. 얼마 후 형은 "네가 이곳을 떠나 선교사들의 거주지로 가지 않는다면, 우리와 함께 지내면서 그리스도를 믿어도 크게 해롭지 않을 듯하다"고 말했습니다. 나는 "나는 어느 전도자 때문에 기독교인이 된 것이 아니라, 항상 나와 함께 계시는 그리스도 때문에 기독교인이 되었으니, 선교사들의 거주지에서 살려는 생각이 없어요(마 28:20)"라고 대답했습니다. 그 후 형님은 날마다 나와 함께 성경을 읽기 시작했고, 하나님의 성령이 형의 마음속에서 역사하기 시작했습니다. 하나님은 내 기도를 들으시고, 내 눈을 멀게 해 달라고 기도했던 형님의 눈을 열어 주셨습니다. 이제 형님은 육적인 관계만 아니라, 영적인 관계에서도 진정한 형님이십니다."

그는 이렇게 말하면서 자기 옆에 있는 사람을 보면서 "이 분이 내 형님이십니다"라고 말했다. 그다음에 그의 형이 감사의 눈물을 흘리면서 자신의 기독교인으로서의 경험을 이야기했다. 우리 세 사람은 함께 무릎을 꿇고 돌아가면서 서로를 위해 기도한 후 작별 인사를 하고 헤어졌다.

시크교도

어느 날 나는 시크교도들이 모여 사는 마을에 전도하러 갔다. 그들은 내가 시크교도였다가 개종한 것을 알고서 나의 전도에 반대하며 벽돌을 나에게 던지기 시작했다. 그런데 그곳에 앉아있던 한 사람이 내 말을 주의 깊게 듣고 있었다. 그는 갑자기 자리에서 일어서더니 사람들에게 공격을 중지하라고 말하면서 나를 구해 주었다. 후에 나는 그가 존경받고 영향력 있는 지주라는 것을 알게 되었다. 사람들은 흩어졌고, 그는 나를 자기 집에 데려가서 극진히 대접해 주었다. 얼마 동안 쉰 후에 그는 내 곁에 앉아서 자기의 속마음을 털어놓으면서 이렇게 말했다: "나는 몇 년 전에 박람회에 간 적이 있습니다. 그곳에서 어떤 사람이 종교 서적을 팔고 있었는데, 나는 그곳에서 복음서를 보았습니다. 내 곁에 서 있던 편협한 아리야 협회 회원은 나와 다른 사람들에게 절대로 이런 책을 사지 말라고 경고했습니다. 그러나 지나가던 어느 사두가 이렇게 말했습니다: '두려워하지 말고, 편협하게 생각하지 마십시오. 그 책을 읽고서 삶에 악한 영향을 받은 사람이 없고, 오히려 많은 사람들의 삶이 변화되었습니다. 나도 이 책을 읽는 습관이 있습니다. 만일 힌두교, 불교, 이슬람교 등 다른 종교가 매우 약하고 설득력이 없다면, 이 책을 읽음으로써 그 종교는 패배할 것이며, 그럴 경우 그 종교는 믿을 가치가 없는 종교입니다. 우리는 다른 모든 종교를 이길 수 있는 종교를 신봉해야 합니다. 그 종교는 추종자들을 죄에서 해방함으로써 강하게 하고 승리하게 만듭니다.'"

그 시크교도는 계속해서 말했다. "그 자리에서 아리야 협회 회원과 사두 사이에 논쟁이 시작되었습니다. 나는 사두의 충고를 받아들여 복음서 한 권을 구입하고 그 자리를 떠났습니다. 나는 집에 돌아와서 날마다 복음서를 공부하기 시작했고, 그 결과 나의 삶이 완전히 변화되었습니다. 이제 나는 그리스도만이 나의 구주요 온 세상의 구주이심을 깨닫고 있으며, 날마다 주님이 제자들에게 가르치신 기도를 드립니다. 내 마음에는 전에는 소유하지 못했던 완전한 평화가 있습니다. 나는 그로 인해 진심으로 그리스도께 감사하며, 기회가 있을 때마다 생명을 주시는 주님의 가르침을 전합니다. 나는 성령 세례는 알고 있지만, 물세례는 알지 못합니다. 당신께서 나에게 물세례를 줄 수 있습니까? 나는 늙고 약해서 집을 떠나 외국인에게 가서 그들과 함께 살 수 없습니다. 그들은 인도인이지만 인도인이 아니지 않습니까? 그들은 모든 면에서 유럽인이 되었고, 도덕적으로나 영적으로 내 민족보다 낫지도 않습니다. 어떤 면에서는 오히려 훨씬 더 나쁩니다. 게다가 내가 이곳을 떠나 그들과 함께 사는 것이 주님의 뜻이라고 생각하지도 않습니다. 물론 그들 중 일부는 참 기독교인이지만, 대다수는 기독교인이 아닌 사람들보다 선하지 않습니다. 내 생각에는 내가 이곳에서 살면서 능력에 따라서 주님을 위해 가능한 일을 행하는 것이 나을 듯합니다."

그 사람은 눈물을 흘리면서 이렇게 덧붙여 말했다: "만일 그분이 오늘 오신다면, 또는 내가 지금 그분이 계신 곳으로 불려간다 해도, 그분은 나를 쫓아내지 않을 것이라고 나는 확신합니다"(요 6:37).

그 사람이 눈물을 닦는 동안, 나는 내가 겪은 일과 박해에 대해 말하며, 하나님께서 나를 보존해 오신 놀라운 방법에 대해 말하기 시작했다. 나는 며칠 동안 그 사람 집에 묵었고, 그 사람은 내가 전도하는 것을 힘껏 도와주었다. 나도 세례를 받지 않았기 때문에, 나는 그 사람에게 사람을 보내어 목사님을 모셔오는 것이 좋겠다고 충고했다. 그리고 군대 마귀를 쫓아내시고서 자신이 행하신 놀라운 일을 가족들과 친구들에게 증언하라는 주님의 말씀을 들은 사람처럼 되라고 충고했다(막 5:19).

새로운 개종자를 친척들과 친구들로부터 분리하기보다는 자기 집에 머물면서 증언하게 하는 것이 나을 듯하다. 그렇게 되면, 그들은 직면해야 하는 갈등과 박해를 통해서 한층 강해질 것이다. 물론 그들은 많은 위험과 유혹과 어려움을 당할 것이다. 그러나 그들은 형제애의 사회적 속박에서 해방된 새로운 환경에서도 마찬가지로 큰 위험과 어려움을 당할 것이다. 나의 경험으로 판단하건대, 옛집에서 당하던 것과 종류는 달라도 여전히 어려움이 클 것이다.

이 장에서는 살아계신 그리스도의 소생케 하시는 사역이 조직적인 교회에 한정되는 것이 아니며, 비기독교인들 가운데서 보통 알려져 있거나 우리가 예상할 수 있는 것보다 훨씬 효율적으로 진행되고 있다는 것을 보여주려 했다. 세상의 모든 인종에 속한 사람들은 계속 하나님 나라에 들어갈 것이며, 반면에 하나님의 나라에 속한 수많은 자녀들—가시적 교회의 교인들—은 바깥 어두운 데로 쫓겨날 것이다(마 8:11-12).

제3장

그리스도와 함께하지 않는 기독교인

앞 장에서는 기독교인이 아니라고 알려진 많은 사람이 실질적으로는 참 기독교인이라는 것을 살펴보았다. 이 장에서는 많은 사람이 기독교인이라고 알려져 있지만, 실질적으로는 기독교인이 아니라는 것에 대해 살펴보려 한다. 그리스도는 "내가 길이요 진리요 생명이라"고 말씀하셨다. 길은 걸어 보아야 알 수 있다. 진리는 마음을 다해 찾음으로써 알 수 있다. 생명은 삶에 의해서만 알 수 있다.

소위 기독교인들 중에는 길을 걸으려 하거나 진리를 알려 하거나 생명을 영위하려는 갈망을 갖지 않은 사람들이 많다. 그렇기 때문에 그들은 살아계신 그리스도 안에서 영위되는 생명의 경험 안에서 진리의 지식에 참여하지 않으며, 자기 나름의 길을 취하려고 그리스도의 길을 떠나며, 마침내 멸망에 이른다. 그들은 그리스도가 없는 불신자일 뿐만 아니라, 불신자들보다 더 악하다.

자기 백성이 그를 영접하지 않았다.

기독교 국가로 알려진 여러 유럽 국가들은 교육의 기회를 확대하며, 사회적이고 정치적인 자유를 신장해 왔다. 이는 그리스도의 가르침에 따른 직접적인 결과이다. 그러나 완전한 기독교 국가는 없음을 기억해야 한다. 모든 백성 가운데서 성실한 기독교인들이 발견되지만, 공동체의 모든 부분이 완전히 기독교적이라고 말할 수 없다. 오늘날 그리스도의 복음 덕분에 발달한 국가들이 그리스도에게서 돌아서며, 그의 계명에 순종하지 않고 있다. 그 백성들은 그리스도를 구주로 영접하지 않고, 그분의 신성을 부인함으로써 그분을 저버리고 그분의 이름을 더럽혔다. 따라서, 그들은 그리스도께서 인용하신 "내 떡을 먹는 자가 내게 발꿈치를 들었다"는 말씀을 확인했다(요 13:18). 그분은 자기 백성들을 타락하고 죄로 물든 삶에서 들어 올려 하나님의 아들로 완전히 회복시키기 위해서 오셨다. 그러나 "자기 백성이 영접하지 아니하였다"(요 1:11).

어느 학생

언젠가 케임브리지에서 모임을 마친 후 유망한 인도인 학생이 나를 찾아왔다. 그 학생은 인도에서 미션 스쿨에 다녔었다. 그는 그 학교에 다닐 때 마음이 그리스도에게 끌렸기 때문에 기독교인이 되기로 결심했다고 말한다. 그는 선교사에게 가서 세례를 받겠다고 요청했지만, 당시 그는 정부에서 정한 세례받을 수 있는 나이가 되지 않았기 때문에 선교사는 그에게 세례를 줄 수 없었다. 그는 세례받을 수 있는 나이가 되면 세례를 받기로 결심했다. 그 후에 그는 기독교 대학에 입학

했고, 얼마 후 그의 부모는 그를 영국으로 보냈다. 그는 이렇게 말했다: "유학 준비를 하는 동안 나는 훌륭한 선교사들을 파송하는 기독교국가에서 교육과 영적 축복을 받는 행운을 갖게 된 것이 무척 기뻤습니다. 그러나 이곳에 도착하여 얼마 동안 살면서 이곳 사람들의 행동과 생활 방식을 보고 환멸을 느꼈습니다. 나는 방학 때 프랑스, 스위스, 독일 등 유럽 여러 나라를 여행하면서, 그곳 사람들이 기독교 국가가 아닌 곳의 사람들보다 더 이교도처럼 살고 있다는 것을 발견했습니다. 프랑스나 스위스나 독일 이외의 유럽 국가 주민들은 힌두교인이 아니면 이슬람교인이었고, 이슬람교인이 아닌 사람들은 다른 종교를 신봉하고 있었습니다. 그러나 이 유럽의 국가들의 주민들은 모두 기독교인들이었지만 지극히 세속적이었습니다. 평민들뿐만 아니라 고등 교육을 받은 지도층의 사람들도 마찬가지였습니다. 심지어나의 지도 교수 중에도 자신이 특별히 어느 종교를 믿는 것이 아니며, 모든 종교를 평등하게 여긴다고 말하는 사람이 있었습니다."

"내가 만난 자칭 기독교 중에는 기독교의 뿌리를 해쳐온 사람들, 즉기독교 신앙의 기초인 그리스도의 신성을 부인하는 사람들도 있었습니다. 처음에 이러한 일을 접했을 때 나는 크게 낙심했습니다. 내가이미 삶에서 그리스도의 사랑과 교제를 맛보지 못했다면, 나는 분명히 그리스도에 대한 신앙을 잃고 무종교주의자가 되었을 것입니다. 내 친들 중에는 그리스도에 대한 깊은 경험이 없으면서도 그리스도를구주로 믿는 신자가 있습니다. 그 친구는 기독교가 속임수요 우스갯거리에 불과하다고 주장합니다. 그는 자신이 인도에 돌아가면 선교사들에게 '기독교에 조금이라도 진리가 있다면, 우리보다 그러한 가르침을 더 필요로 하는 당신들의 민족에게 돌아가서 가르치십시오'라고 말하겠다고 이야기했습니다." 그 학생은 "나는 가능하다면 나의 주님을 따르고 섬기겠지만, 이처럼 사랑이 없는 교회의 교인이 되지는 않겠습니다"라고 결론적으로 말했다.

현실

나는 그 학생에게 이렇게 말했다: "나도 당신과 비슷한 경험을 했기 때문에 당신의 생각에 동의합니다. 내가 아는 신자 중에는 그리스도를 경험하지 못한 채 기독교인이라고 주장하는 사람들이 많습니다. 나는 그런 사람들을 그리스도 없는 신자라고 부릅니다. 만일 어느 교회 교인의 삶에 기독교적인 삶이 없다면, 그의 기독교 신앙에 기독교 신앙이 존재하지 않는다고 보아야 합니다. 그리스도의 신성을 부인하는 신자들의 종교는 그리스도 없는 기독교입니다. 그들은 알맹이 없이 빈 껍질이요, 영혼이 없는 몸과 같습니다. 단순한 문명과 도덕적인 생활은 아무리 아름다워도 생명이 없는 동상과 같습니다. 그것은 살아계신 우리 주님의 잘못이 아닙니다. 잘못을 범한 것은 주님이 아니라, 그분을 이해하고 따르지 않는 사람들입니다. 왜냐하면 그들은 그들의 삶을 변화시키고 마음을 낙원으로 만들 기회를 그리스도께 드리지 않았기 때문입니다."

제3장 그리스도와 함께하지 않는 기독교인 427

그리스도의 신성

그리스도의 신성을 알려면, 먼저 새로운 피조물이 되어야 한다. 죄로 물들고 타락한 옛 본성으로는 그분을 알 수 없다. 보이지 않는 하나님의 형상이신 분을 알려면, 새로운 생명과 본성을 소유해야 한다. 이는 우리가 그분의 형상으로 지음 받았기 때문이다(고전 1:15; 3:10). 그래야만 우리는 그분을 "참 하나님"으로 알게 될 것이다(요일 5:20).

생기와 영

인간은 원래 상태에서 타락했을 뿐만 아니라 죽었다. 그래서 공기처럼 우리 주위에 존재하시는 하나님의 임재를 느낄 수 없다. 죽은 사람은 공기를 호흡하지 않고 느끼지도 못하듯이, 죄 가운데 죽은 사람은 주위에 있는 하나님의 임재를 느끼지 못하며, 기도의 호흡을 하지도 못한다.

하나님께서 아담에게 생명의 숨을 불어넣어 주시니 그가 "생령"이 되었지만(창 2:7), 그 영혼은 죄로 말미암아 죽었다. 따라서 주님이 다시 그들에게 생명의 숨을 불어넣어 주셔야 한다(요 20:22).

세상의 빛

태양은 그 빛에 의해서만 볼 수 있고, "세상의 빛"은 그분의 빛 안에서만 보거나 알 수 있다. 그 빛을 보려면 먼저 영적인 시각을 소유해야 한다. 그러나 장님이나 "보아도 보지 못하는" 사람은 눈이 있지만 태양의 도움을 얻지 못하는 올빼미나 박쥐와 같다.

그리스도의 현현

하나님에 대한 깨달음과 영적 통찰은 이 세상 지식에 의존하는 것이 아니다. 어떤 경우에 어떤 이론이나 학설에 관한 세상의 지식은 무익하며, 종종 내면의 음성을 억누르며, 사람들을 옳은 길로 인도하기는커녕 오히려 잘못된 길을 인도하는 인위적인 음성을 만들어낸다. 하나님은 마음의 은밀한 방에서 우리에게 말씀하시고, 우리는 그곳에서 그분의 세미한 음성을 듣기 때문에, 우리는 기도와 묵상을 통해서만 참된 영적 지식을 얻을 수 있다. 그때 하나님은 하나님의 자녀라는 새로운 관계에 들어갈 수 있는 유일한 수단인 신생을 경험하지 못한 이 세상 지혜로운 자들에게 감추었던 것을 자녀들에게 드러내신다. 예수님은 자기를 사랑하는 사람들에게 자신을 나타내시며, 자신을 통해서 아버지를 드러내신다(마 11:26-27; 요 14:21-23). 이 세상 지식은 학습하여 얻을 수 있지만, 영적 지식은 예수님이 조명해 주시는 직관으로만 얻을 수 있다.

어느 미국인 교수

보스턴에 있을 때의 일이다. 그리스도를 소유하지 못한 유식한 기독교인이 "만일 하나님이 사랑이라면, 왜 세상에 자신을 감추십니까? 하나님은 자신을 드러내시고 사람들을 오류와 멸망에서 구해야 하지 않습니까?"라고 질문했다. 나는 이렇게 대답했다: "하나님은 과거에 그리스도 안에서, 세상 안에서 자신을 계시하셨으며, 이제는 마음을 다해서 하나님을 찾는 모든 사람의 영혼에 자신을 나타내십니다. 그분은 사랑이시지만, 동시에 거룩하지 못하고 하나님의 뜻과 반대되는 모든 더러운 것을 태우는 불이십니다(히 12:29). 태양은 그 열과 빛으로 나무의 성장을 돕지만, 병들고 결점이 있는 나무는 태양 빛과 열을 받아도 자라지 못하고 오히려 시듭니다. 이것은 태양의 잘못이 아니라, 나무 자체의 생명의 상태 때문입니다. 생명의 빛이신 사랑의 하나님은 모든 사람의 영적 성장을 도와주십니다. 그러나 인간은 본성의 상태에 따라 이 생명을 주는 빛에 의해 자신의 멸망을 초래하기도 합니다. 하나님의 형상과 모양으로 지음을 받은 인간이 어리석음과 불순종으로 자기에게 해를 초래하고 자신의 원수가 되지 않는 한, 하나님의 우주에는 그를 해칠 수 있는 것이 없습니다.

이웃에게 해를 끼침

하나님 없이 생활함으로써 자신을 해치고 영적 감각과 느낌이 둔해진 사람은 다른 사람에게 해를 끼치기 시작한다. 이는 이런 상태에 이른 내적 감각이 마비되어, 자신이 동일한 몸의 지체인 이웃에게 해를 초래하고 있다는 것을 의식하지 못하기 때문이다. 만일 그가 영적으로 다른 사람들의 느낌에 대해 깨어있다면, 그들을 해치기보다는 유익을 베풀려 할 것이며, 따라서 자신의 삶에서 창조주의 목적을 성취할 것이다.

부자

유럽에 있을 때 철학에 박식한 부자를 만난 적이 있다. 그런데 그 사람의 부와 지식은 그에게 마음의 평화를 주지 못했다. 그 사람은 나를 만나기 전에 여생을 평안히 지낼 수 있는 곳을 찾아 여러 나라를 여행했다. 그는 너무 덥거나 춥지 않은 나라, 치명적인 질병이나 독충이 없는 곳, 사람들의 개인적 도덕적 상태가 좋은 곳을 찾아다녔다. 그는 "나는 그런 곳에서 여생을 평안히 지내려 합니다"라고 말했다. 그리스도를 소유하지 못한 이 기독교인은 노아의 비둘기처럼 땅 위에서 설 곳을 발견하지 못했기 때문에 실망하여 스위스로 돌아왔다. 그는 나와 대화하면서 "내가 세상을 이리저리 여행한 목적은 인생의 근심과 환란에서 도피하려는 것이었는데, 당신은 무슨 목적으로 유럽에 왔습니까?"라고 물었다. 나는 이렇게 대답했다: "당신의 갈망은 육체적인 것이 아니라 영적인 것인데, 이 세상에는 당신이나 어떤 사람에게 내적 갈망으로부터의 평화를 줄 수 있는 것이 없습니다. 그것은 궁극적으로 영혼 및 영혼의 갈망을 지으신 분 안에서만 충족될 수 있어요. 내가 여행하는 목적은 당신의 목적과는 다릅니다. 나의 목적은 내 영혼에 평안을 채워주신 살아계신 그리스도를 증언하는 것입니다. 그리고 소위 이 기독교 국가들에 온 나의 두 번째 목적은 그리스도와 함께 하는 사람들과 함께하지 않는 사람들의 삶을 연구하고 그들의 삶의 모습이 어떤 것인지를 보는 데 있어요. 나는 몇몇 나라를 여행한 후에 그리스도를 영접한 사람들의 삶은 세상의 환란과 어려움에도 불구하고 행복하지만, 그리스도로부터 분리된 사람들은 재산이 많고 사치하게 살아도 마음의 평화가 없다는 것을 알게 되었습니다. 참 기독교인은 오두막에서도 궁궐에서만큼 행복하지만, 소위 기독교인들은 궁궐에 있어도 가난한 참 기독교인과 같은 행복과 평안을 소유하지 못합니다."

만인의 구주

나는 계속해서 말했다. "서양에서만 아니라 동양에서도 신자와 불신자 사이에 같은 차이점이 발견됩니다. 따라서 그리스도가 만인의 구주이심이 실질적으로 증명되지요. 하나의 태양이 동양과 서양을 똑같이 비추듯이, '세상 모든 사람을 밝혀주는 빛'도 하나입니다."

동양 사람과 서양의 사람 모두 하나의 우주적 어머니의 자식들이며, 몇 가지 피상적인 차이점 외에 인간적 본성과 욕구는 세계적으로 동일하다. 경험에 의하면 모든 사람의 욕구를 완전히 충족시켜 줄 수 있는 분은 오직 한 분이시며, 그것은 모든 사람이 그분의 뜻대로 살 때 가능하다.

유물론

그 사람은 다시 "동양 사람들은 종종 우리를 유물론자라고 부르는데, 당신은 유물론에 대해 어떻게 생각하십니까?"라고 질문했고, 나는 이렇게 대답했다: "물질이든 다른 무엇이든지 그 자체는 악한 것이 아니며, 그것을 잘못 사용한 데 따른 결과가 악한 것입니다. 물질을 적절한 장소에 보존하는 것은 좋은 일이지요. 그러나 만일 영적인 소원을 충족시키기 위해서 그것을 우리 마음속에 보관한다면, 그것은 하나님의 장소를 차지하여 우리의 영적 감각을 죽이고 영혼의 활기를 잃게 할 것이다. 이러한 유물론은 동양과 서양에서 모두 발견됩니다. 물질을 적절하게 사용한다는 것은 영혼의 집을 유지하기 위해서 그것을 사용하는 것이지요. 물질을 사용할 때 중용의 한계를 벗어나는 사람은 영혼을 부수적인 위치로 몰아내고 물질을 숭배할 것인데, 그 결과는 영혼의 멸망입니다."

어느 군주

얼마 전에 인도의 어느 왕이 나를 초대했다. 나는 2-3일 동안 그의 궁에 머물렀다. 그는 서양 여러 나라를 여행한 적이 있고, 어느 정도 서양의 유물론과 생활방식의 영향을 받았지만, 영적인 문제에 무관심할 정도로 영향을 받지는 않았다. 어느 날 밤 그는 자기의 이야기를 해 주었다. "나는 날마다 예수 그리스도를 통해서 받은 복으로 인해 하나님께 감사드립니다. 공개적으로 그리스도를 믿는다고 고백하지 못하는 나의 연약함을 인정합니다. 만일 내가 신앙을 고백한다면, 신하들뿐만 아니라 소위 기독교 국가라고 말하는 영국 정부도 즉시 나를 왕위에서 몰아낼 것입니다. 그래서 나는 종교의 의무보다는 정치적인 일에 더 관심을 기울이는 정부를 기독교 정부라고 부르지 못하고 영국 정부라고 합니다. 물론, 나는 나의 권리를 포기하는 것보다는 종교적 의무에 대해 더 많은 생각을 해야 한다고 알고 있었습니다. 나를 위해서 하늘 보좌를 버리신 분을 위해 내 보좌를 버릴 준비를 해야 합니다.

"내가 소위 기독교 국가들을 여행하기 전이 지금보다 더 좋았습니다. 그곳에서 '등잔 밑의 어둠'을 보고 나는 충격을 받았습니다. 차라리 그곳을 여행하지 않았으면 좋을 뻔했습니다. 내가 그곳을 여행한 동기는 어머니 교회에 가서 순수한 젖과 강건하게 해주는 음식을 먹기 위해서, 그리하여 나의 영적인 의무와 국가적인 의무를 수행할 준비를 하기 위해서였습니다. 그런데, 그들은 젖이 아니라 술을, 떡이 아니라 돌을 주었고, 나는 여행하기 전보다 더 좋지 못한 상태가 되어 돌아왔습니다. 그 외에 여러 가지 일이 있었지만 말하고 싶지 않습니다. 이것은 기독교가 실패작이라는 말이 아니라, 사람들이 기독교를 참되게 따르지 못했다는 의미입니다. 일반인뿐만 아니라 종교 지도자들과 정치 지도자들도 그러했습니다. 이만큼만 말하겠습니다. 내가 해야 할 일을 할 수 있도록 하나님이 나를 도와주시고 인도해 주시도록 기도해 주십시오."

이것은 그리스도 없는 기독교가 깨어나 참된 것에서 얼마나 멀리 떨어져 있는지 보라는 도전과 경고를 해주는 사건이다. 요한계시록 2장 5절에서 주님은 "어디서 떨어졌는지를 생각하고 회개하여 처음 행위를 가지라 만일 그리하지 아니하고 회개하지 아니하면 내가 네게 가서 네 촛대를 그 자리에서 옮기리라"고 말씀하신다. 이 인도의 왕이 지적한 것처럼 등잔 밑이 어두웠지만, 만일 불순종과 무관심으로 등잔 자체가 제거된다면 얼마나 어둡겠는가!

한밤중의 태양

거듭된 경고에도 불구하고 사람들은 분별이 없고 무관심하며 빛을 보지 않고 어둠 속을 걷고 있다. 어느 해 여름 나는 북유럽에 있었다. 그곳은 한밤중에도 해가 지지 않는 곳이었다. 어느 친구는 나에게 "한밤중의 태양의 땅에서 당신을 만나서 기쁩니다"라고 말했는데, 나는 이렇게 대답했다: "이곳은 분명히 한밤중의 태양의 땅이지만, 겨울이면 이곳은 한낮의 밤의 땅이다. 그리고 이 땅에는 의의 태양의 생명을 주는 광선에도 불구하고 어둠 속에 살아가는 사람들이 많다."

벙어리

많은 사람이 들판의 짐승처럼 살고 있다. 그들은 혀가 있지만 말하지 못하며, 짐승처럼 벙어리가 되어 자기 자신이나 다른 사람들을 위해 메시지를 전하지 못한다. 동물에게는 혀가 있지만, 동물적인 느낌을 소리와 움직임으로 표현할 뿐, 그러한 느낌을 초월하는 것에 대해서 말할 것이 없으므로 말을 하지 못한다. 영성생활을 하지 않는 사람은 동물과 같다. 어떤 의미에서는 동물보다 못하다. 왜냐하면 소는 주인을 알고, 나귀는 주인의 구유를 알지만, 창조의 면류관인 인간은 그 창조주를 알지 못하기 때문이다(사 1:3). 그는 자기 하나님이신 여호와를 알지 못하기 때문에, 그의 혀는 거짓을 말하는 데는 빠르지만 진리를 말하는 데는 더디다(렘 9:3).

십자가를 지는 일

우리는 종종 진리의 영을 받지 못했고 알지도 못하는 사람들이 세상에서 성공하는 것을 보고 놀란다. 그들은 영적인 것을 고려하지 않으며, 자기 목적을 이루기 위해서는 언제라도 진리의 음성을 무시하며 주님 따르기를 거부한다(눅 16:8; 고전 2:14). 많은 사람이 목에 십자가를 걸고 있지만, 그들은 어쩔 수 없이 그리스도의 십자가를 대신 짊어진 구레네 시몬과 다르지 않다(막 15:21). 어떤 사람들은 그리스도와 함께 십자가 앞에 가려 하지 않으며, 날마다 자기 십자가를 지고 그리스도를 따르려 하지 않는다.

십자가와 자석

주님은 "내가 땅에서 들리면 모든 사람을 내게로 이끌겠노라"고 말씀하셨다. 이것은 곧 십자가 위에 계시된 무한하신 사랑이 마치 자석처럼 끌려가는 능력을 지닌 사람을 끌어당긴다는 것이다. 그분은 자신이 있는 곳에 자기의 종도 있기를 원하신다(요 12:26). 그러나 자석이 금이나 은을 끌어당기지 않고 철만 끌어당기듯이, 그리스도와 십자가도 자신의 선을 믿고 그리스도 없이 사는 데 만족하는 사람을 끌어당기지 않고, 진실로 회개하고 그리스도에게 돌아온 죄인만 끌어당긴다. 그리스도와 함께 십자가에 달린 두 강도 중에 한 사람은 회개하고 주님을 의지하여 "오늘 네가 나와 함께 낙원에 있으리라"는 말을 들었지만, 다른 사람은 회개할 필요성을 느끼지 못하여 주님에게 도움을 청하지 않은 채 죄 가운데 죽었다. 그리스도 없이 죽는 모든 사람의 마지막이 이와 같을 것이다. 그들은 아브라함과 모든 선지자, 그리고 하늘나라의 동서남북에 있는 모든 선지자를 보겠지만, 그리스도 없는 신자이기 때문에 밖에 쫓겨날 것이다(눅 13:28-29).

제4장

그리스도와 함께하는 기독교인

참 신자들은 그리스도와 함께 거할 뿐만 아니라, 그들은 그리스도 안에 살고 그리스도는 그들 안에 사신다. 그리스도께서 영원히 사시기 때문에, 그들도 사망을 통해서 사망을 정복하신 그분과 함께 영원히 살 것이다(요 14:19). 그들은 이 새로운 삶 안에서 자기 자신을 위해서 살지 않고 다른 사람들을 위해서 살 것이다. 왜냐하면 사람의 사회적 본능은 하나님과의 교제를 원할 뿐만 아니라 동료들과의 교제를 구하며, 그들 상호간의 행복은 서로의 행복에 대한 관심에 달려있기 때문이다. 평범한 행복이 이기심으로 인해 해를 입는다. 그렇기 때문에 주님은 "이웃을 네 몸처럼 사랑하라"고 말씀하셨는데, 이는 참 사랑은 이웃의 행복을 바라는 마음으로 표현되며, 내가 이웃에게 행하려는 것만큼 이웃에게 요청하라는 의미였다. 이렇게 행함으로써 하늘 아버지 앞에서 자녀들의 행복이 유지된다.

이기심

이기심은 영혼의 모든 악과 불안의 근원이다. 이기적인 사람은 다른 사람의 많은 친절을 간과하지만, 자신이 행한 한 가지 친절은 잊지 않는다. 그는 자신의 무수히 많은 결점은 잊지만, 다른 사람의 작은 잘못은 과장한다. 이런 까닭에 주님은 "아무든지 나를 따라오려거든 자기를 부인하고 날마다 제 십자가를 지고 나를 따를 것이니라"(눅 9:23)고 말씀하셨다. 하나님의 뜻을 행하기 위해 자기를 부인하는 사람은 자기의 뜻도 성취하며, 그때 자기를 지으신 하나님의 뜻을 행한다. 예를 들어, 나는 무지하여 내 방법이 가장 좋다고 생각하지만, 내가 할 수 있는 것은 하나님이 가리키시는 길을 택하는 것뿐이다.

내가 하나님의 길을 대적하여 싸우는 일을 포기하고 그 뜻에 복종할 때, 하나님과의 조화 안에서 평안을 발견한다. 내 뜻을 버리고 하나님의 뜻을 행할 때 평화를 발견한다. 반면에, 내 뜻을 고집하면 내 뜻을 이루지 못할 뿐만 아니라 그것을 성취할 능력을 파괴한다. 왜냐하면 이것은 하나님과 조화를 이루지 못하기 때문이다. 다시 말해서, 자기를 부인하는 사람은 자기 자신과 하나님 및 모든 것을 발견하지만, 자기를 부인하지 않는 사람은 하나님의 뜻을 대적함으로써 자기 영혼을 죽인다.

재산을 의지함

공중의 새를 보라. 심지도 않고 거두지도 않고 창고에 모아들이지도 않고 새끼들을 위해 둥지를 짓지도 않는다. 반면에 씨를 뿌리고 거두어 창고에 모아들이지만, 내세에서 자기 자신이나 자녀를 위해 아무엇도 대비하지 못하는 인간은 자신이 모은 세상의 부와 함께 멸망할 것이다. 왜냐하면 그는 이 세상에서 재물에 마음을 두고서 하나님의 영광과 사람들의 행복을 위해 그것을 사용하지 않았기 때문이다 (눅 16:9; 18:22). 이 세상의 금은보화는 우리의 배고픔을 완화하거나 갈증을 없애주지 못한다. 그것들은 우리가 배고픔이나 갈증을 해소하기 위해 사용하는 수단에 불과하다. 그러나 재산을 제대로 사용하면, 영원한 집에 함께 거할 친구를 만드는 수단이 될 수 있다.

감추인 보화

금이나 은이나 보석이 땅에 묻혀 있으면 소용이 없듯이, 하나님이 인간에게 주신 능력도 사용하지 않으면 가치가 없다. 그리스도는 신자의 삶 속에 들어오시면 감추어진 보화를 꺼내어 이 세상에서 자기의 목적을 이루는 데 사용하신다. 그분은 고기 잡는 어부를 사람을 낚는 어부로 삼으셨고, 그들을 통해서 인류 구원을 위한 자신의 영원한 목적을 성취하셨다. 광산에 묻힌 금은 불순물이 섞여 있어 불 속에서 정련되어야 하며, 방금 발견된 다이아몬드는 연마하여 형태를 갖추어야 아름답듯이, 성령의 불은 신자의 삶에서 불순물을 제거하시며, 십자가는 그들의 삶을 잘라 형태를 주고 하나님의 영광의 빛을 반영하게 한다.

어느 미국인 사업가

미국에 있을 때 어느 사업가가 "나는 기독교인입니다. 그런데 나는 최선을 다하고 있지만, 하나님이 의도하신 만큼 완전한 사람이 못 된다고 생각합니다. 이것이 내 구원에 방해가 되리라고 생각하십니까?"라고 말했다.

나는 이렇게 대답했다: "우리는 천국에서만 하늘에 계신 우리 아버지만큼 완전할 수 있습니다. 그러나 하나님의 은혜로 우리는 유한한 인간으로서 가능한 완전의 단계에 이를 수 있습니다. 구원은 지금 우리의 완전함에 달린 것이 아니라, 우리가 구원받은 후에 최종적으로 완전함에 이를 것이라는 사실에 의존합니다. 우리가 이 세상에서 '사망의 몸'에 갇혀 있다고 해서 낙심해서는 안 됩니다. 우리의 몸은 항상 어느 정도 더럽지만, 날마다 목욕하면 그것이 해롭지는 않습니다. 그러므로, 비록 우리가 연약하고 결점이 있지만, 우리의 생명의 생명이요 혼의 혼이신 하나님의 성령이 우리 안에 계신다면, 그리고 우리가 날마다 기도로 삶을 깨끗하게 유지한다면, 우리에게 해로움이 임하지 않을 것입니다. 그러나 아무리 깨끗이 씻어도, 영혼이 떠난 몸이 부패하는 것을 막을 수는 없습니다. 그러므로 우리의 불순종 때문에 하나님의 영이 우리에게서 떠나셨다면, 당연히 썩음과 영적인 사망이 임할 것입니다"(롬 8:9-11).

세상을 적절히 이용함

"하나님이 지으신 피조물의 가치를 제대로 인식하고 감사하는 마음으로 사용한다면, 그것들을 사용하는 것이 악하거나 해롭지 않습니다. 그러나 우리 마음속에 있는 창조주의 자리를 피조물에 내주는 것은 위험합니다. 창조주에게는 창조주의 자리를, 피조물에게는 피조물의 자리를 제공해야 합니다. 우리는 물 없이 살 수 없지만, 물속에서 살 수도 없습니다. 우리는 물을 마셔야 하지만, 물에 빠져서는 안 됩니다. 물을 마시지 않으면 죽을 것입니다. 물에 빠지면, 익사하겠지요. 그러므로 세상의 것이 너무 강력해져서 우리 삶의 호흡인 기도를 질식하게 하지 않도록 조심해서 그것들을 사용해야 합니다."

우리의 완전

"하나님은 우리가 세상에 살지만, 세상에 속하지 않기를 원하십니다. 즉 우리가 세상에 살면서 우리 자신과 이웃을 구원하기를 원하십니다. 배는 물 위에 있어야 하지만, 물이 배 안에 있으면 안 됩니다. 만일 배에 물이 차면, 배가 가라앉을 것이며, 배에 탄 사람들은 물에 빠져 죽을 것입니다. 그러므로 기독교인들은 세상 안에 존재해야 하지만, 세상이 기독교인들 안에 있어서는 안 됩니다. 그렇게 해야만, 그들 및 그들과 함께 있는 사람들이 안전하게 천국의 목적지에 도착할 것입니다."

나는 계속해서 말했다. "그러므로 예배와 기도 시간이 없을 정도로 사업에 몰두하지 마십시오. 세상에 정복되지 않으려면 세상 및 세상에 대한 사랑이 당신의 마음을 채우지 못하게 하며, 그것들을 이기고 승리하려면 그것들을 초월하는 생활을 하십시오. 우리는 완전하지 못하기 때문에, 우리의 생각과 행동도 어쩔 수 없이 불완전합니다. 그러나 우리에게는 장래의 완전함이 달려있는 완전이라는 보석이 있으므로, 잘못 때문에 낙심할 필요가 없습니다. 때가 되면 우리를 아들의 지위에 올려주신 분이 우리를 완전하게 해주실 것입니다."

기도와 일

어느 목사가 "기도를 더 해야 합니까, 일을 더 해야 합니까, 아니면 시간을 쪼개어 두 가지 모두를 해야 합니까?"라고 질문했다. 나는 이렇게 대답했다: "두 가지 모두 똑같이 필요합니다. 일이 없는 기도는 기도가 없는 일과 마찬가지로 좋지 않습니다. 본능을 충족시키려는 암탉이 알이 없어진 후에도 계속 어두운 구석에 앉아 있듯이, 세상의 바쁜 생활을 멀리하고 기도에만 시간을 보내는 사람들의 삶도 암탉의 삶처럼 무익합니다."

그리스도의 나타나심

그 목사는 다시 "그리스도는 왜 사도 바울에게 나타나셨던 것처럼 우리 시대에 자신을 계시하시지 않습니까?"라고 질문했다. 나는 이렇게 대답했다: "오늘날도 주님은 때때로 필요한 사람에게 자신을 나타

제4장 그리스도와 함께하는 기독교인 443

내십니다. 인간의 욕구는 어디서나 동일하지만, 각 사람의 상태는 무척 다릅니다. 그러므로 각 사람의 마음을 아시는 하나님은 진리를 찾는 사람들 각자의 상태와 필요에 따라서 자신을 나타내십니다."

하늘과 땅에서 하나님은 놀라운 솜씨로 능력과 지혜와 영광을 선포하신다. 그러나 어떤 의미에서 자연의 입이라고 할 수 있는 인간은 침묵한다. 하나님의 지혜와 능력은 그의 창조를 통해서 계시된다. 그러나 하나님은 자신을 계시하려 하실 때 하나님의 현존 안에 거하는 사람들에 의해서 길 잃은 인류에게 자신을 드러내시며, 그러한 사람들 안에 하나님이 거하신다.

종종 우리의 욕구와 의도의 밑바닥에는 "이것을 해라, 이것을 하지 말라"고 속삭이는 음성이 있다. 이 음성은 하나님에게서 오는 것이다. 하나님을 가까이하며 사는 사람은 쉽게 이 음성을 듣지만, 그렇지 않은 사람들은 듣기 어렵다. 우리가 그 음성을 듣고 순종하면, 하나님과 그의 뜻이 우리 안에 나타날 것이다. 반면에 그 음성을 듣고도 순종하지 않으면, 우리의 자아와 자기 의지만 나타날 것이다.

인간의 영혼은 미묘한 실체이기 때문에, 생각과 말과 행동을 중개하는 두뇌 같은 미묘한 도구를 통해서만 자신을 드러낼 수 있다. 마찬가지로, 성령은 자신을 드러내는 수단으로 정화된 삶을 사용하신다. 하나님의 영광의 빛은 세상에 하나님을 드러내기 위해서 종들의 삶을 통해서 비춘다.

일식

그리스도의 종은 태양 빛을 받아서 간접적으로 세상을 비추는 달과 같다. 종종 달이 태양과 지구 사이에 위치하여 일식을 초래한다. 하나님의 종들의 무가치한 삶은 종종 하나님과 세상 사이에 위치하여 사람들이 하나님의 얼굴을 보지 못 하게 한다.

예배 방식과 활동 방식

시카고에 있을 때 어느 성직자가 "가장 좋은 예배와 활동 방식은 무엇이라고 생각하십니까?"라고 질문했다. 나는 이렇게 대답했다: "우리가 어떤 방법을 사용하든지 중요한 것은 영과 진리로 하나님을 예배하는 것입니다. 동양에서는 사람들이 예배 장소에 들어갈 때 신발을 벗고, 서양에서는 모자를 벗습니다. 그러나 영과 진리는 신발이나 모자, 발이나 머리에 좌우되는 것이 아니라 마음에 달려 있습니다. 활동과 관련하여 말하자면, 인간의 약속이 아니라 하나님의 부르심에 의존하는 것이 가장 좋은 방법입니다. 분파들 안에는 벌레 같은 인간들이 있는데, 그들은 다른 분파의 결점을 강조하는 데 시간을 허비하며, 모든 사실 중의 사실이신 살아계신 하나님을 생각하지 않습니다. 우리는 하나님의 참된 증인이 되어 경험에서 우러난 증언을 해야 합니다. 하나님은 거짓 증언이나 '마귀들의 교리'를 원하지 않으시며, 그러한 증언을 하는 사람은 자신에게 유익보다는 해를 초래합니다(눅

4:34-35; 행 19:15-16). 그리스도에 대해서는 알지만 그리스도를 알지 못하는 사람들도 '사람의 방언과 천사의 말'로 전도할지 모르나, 증언은 개인적인 경험으로 주님을 아는 사람만 할 수 있습니다."

하나님을 알아봄

하나님을 알려면 먼저 죄로 마비된 우리의 영적 능력과 내적 감각이 살아나야 한다. 몹시 추운 날 장님이 점자 성경을 읽으려 했지만, 손가락이 마비되어 읽을 수 없었다. 그는 난롯가에 가서 두 손을 비비기 시작했다. 그렇게 몇 분이 지나자 혈액 순환이 되면서 그는 점자 성경을 읽을 수 있었다. 기도와 묵상을 할 때도 하나님의 성령의 불이 우리의 내면의 감각을 따뜻하게 하여 소생시켜 주시므로, 우리는 그분을 느끼고 그분의 임재를 누릴 수 있다.

직접 계시

우리가 거듭나서 하나님의 자녀가 되면, 하나님의 영은 언어의 도움이 없이 영적 진리를 가르치고 계시해 주신다. 우리가 성령의 사람으로 태어나면, 성령의 언어가 우리의 모국어가 되며, 어린아이가 어머니의 말을 이해하는 것처럼 쉽게 이해할 수 있다. 우리는 세상의 언어로 의미를 전달하지만, 신령한 사람은 인간의 단어를 사용하지 않고서도 영적 진리를 이해할 수 있다. 예를 들어, 영어를 모국어로 사용하는 어린이에게 산스크리트어로 하나님을 의미하는 단어를 가르치려면, 이스바라(Iswara)가 하나님을 의미한다고 말할 것이다. 그러나 그전까지는 단어의 중재가 없었다면 하나님이라는 단어가 전달하는 개념이 그의 머리 속에 들어오지 않았을 것이다. 그 개념은 어디에서 왔는가? 벙어리요 귀머거리요 장님이었던 헬렌 켈러는 자신이 인간의 언어로 하나님의 이름을 알기 전에 이미 하나님을 알고 있었다고 말한다. 만일 이 지식이 직접 계시된 것이 아니라면, 어디에서 왔겠는가?

땅 속의 씨앗

사람이 거듭나서 하나님의 자녀가 되면, 그의 삶과 행동이 변화되므로, 세상은 그를 이상하고 어리석다고 생각하며 그를 대적하거나 박해하기 시작한다(요 15:19; 딤후 3:12). 세상의 박해 외에도 여러 종류의 어려움을 당한다(행 14:22; 고후 12:7-10). 이는 그가 고난을 통해서 완전에 이르는 것이 하나님의 뜻이기 때문이다. 이러한 어려움과 갈등이 유익한 것이 아니었다면, 하나님은 그것을 우리의 삶에서 제거해 주셨을 것이다. 그러나 그것들은 우리가 은혜 안에서 성장하는 데 유익하다. 그렇기 때문에 하나님은 우리가 그것들과 씨름하도록 내버려 주셨다. 우리가 자기의 유익을 위한 슬픔과 고난에서 해방되는 것을 하나님이 원하시지 않는데, 어찌하여 그것들로부터 해방되기를 원하는가? 땅에 뿌려진 한 알의 밀을 바라보라. 그것은 어둠 속에서 날마다 위로 솟아나려고 애쓰다가 마침내 싹이 나며, 열매를 맺도록 도와주는 햇빛을 보게 된다. 사람도 마찬가지이다.

죽는 것과 사는 것

이 세상 어느 곳에서는 밤이 불과 몇 시간 동안만 지속되지만, 어떤 곳에서는 몇 달 동안 지속된다. 우리의 삶에도 기쁨의 계절과 슬픔의 계절이 존재하며, 우리 모두 최소한 "사망의 어두운 골짜기"를 통과해야 한다. 살면서 십자가를 지는 사람은 진실로 "죽은 자 같으나 보라 우리가 살았다"(고후 6:9)라고 말할 것이며, 겨울에 잎이 떨어져 죽은 것처럼 보이지만 봄이 되면 새 생명이 주입되어 다시 잎을 내는 나무처럼, 기독교인들도 박해받을 때는 죽은 것 같지만, 그들의 삶은 거듭 소생한다. 모든 고난에도 불구하고 "그들의 생명은 그리스도와 함께 하나님 안에 감추어져 있다." 열대 지방의 따뜻한 물에서 흘러오는 멕시코 만류가 유럽의 해안을 겨울 추위에서 구해주듯이, 참 기독교인의 삶을 통과하여 흐르는 하나님의 성령은 그들을 항상 영적인 건강과 행복의 열기 속에 보호해 주신다.

슬픔 속의 기쁨

세상의 박해 때문에 그리스도 안에 사는 참 기독교인의 삶이 슬픔에 굴복할 수도 있겠지만, 이 슬픔은 그들의 희망을 끊지 못한다. 왜냐하면 그들은 박해 속에서 살아계신 그리스도가 함께 계시다는 것을 의식하게 되며, 그들의 슬픔은 기쁨으로 변하기 때문이다(요 16:20). 이 것은 슬픔 때문에, 또는 슬픔이 지나가고 나면, 기쁨이 임한다는 의미 가 아니다. 세상이 헤아릴 수 없는 깊은 진리가 있다: 즉 슬픔의 한복 판에서 놀라운 기쁨이 임한다. 세상이 기쁨에 필요하다고 생각하는 모든 것을 빼앗아도, 이 놀라운 기쁨을 그들에게서 빼앗아갈 수 없다. 수많은 순교자가 그의 멍에는 쉽고 짐이 가볍다는 진리를 삶에서 증 명했고, 그 사실을 놀라운 방법으로 증언했다. 실제로 멍에를 내려놓 았을 때가 아니라 멍에를 메고 있을 때 참 평화가 임한다. 세상은 이 큰 기적을 경험하지 못하고 믿지도 못한다.

인위적인 기쁨과 참 기쁨

사람들은 어리석게도 슬픔을 잊고 덧없는 기쁨과 흥분상태를 얻기 위해 술을 마신다. 이러한 일시적인 자극제로부터 일종의 기분 좋은 효과를 얻을 수 있지만, 만물을 지으신 분에게서 발견되는 기쁨은 이 러한 즐거움을 초월하며 영속적이라는 것을 분별없는 그들은 알지 못 한다. 그들이 하나님의 충만한 임재의 참 기쁨을 한 번이라도 맛볼 수 있다면, 덧없는 피조물 안에서 인위적인 쾌락을 추구하면서 귀한 시 간을 허비하지 않을 것이다.

회심한 주정뱅이

세상의 어리석음, 그리고 우리 안에 있는 그리스도의 임재의 실체를 보여주는 사건이 있다. 모티 랄(Moti Lal)이라는 사람은 술을 마시면 온갖 어리석고 악한 일을 저지르곤 했다. 그의 이웃 한 사람은 그의 기행을 즐기면서 그를 추켜대곤 했다. 그는 기독교인들과 어울리지 않았지만, 언젠가 참된 하나님의 자녀를 찾아가서 함께 지내면서 친구의 순수하고 선한 생활에 감명을 받아 삶이 완전히 변화되었다. 이웃과 친척들은 변화된 그를 보고서 성이 나서 그를 핍박하며 "저자가 타락하여 종교를 완전히 버렸다"고 말했다. 그러나 그는 "나는 당신들을 보고 놀라지 않을 수 없습니다. 내가 술주정뱅이요 타락했을 때 당신들은 나에게 반감을 갖지 않았는데, 이제 그리스도로 말미암아 악한 생활을 뉘우치고 구원받은 나를 타락했다고 말하다니요!"라고 대답했다.

그들은 어떤 말로도 그리스도에 대한 믿음을 버리게 하지 못할 것을 알았기 때문에, 그를 그가 속한 계층과 가정에서 쫓아냈다. 그는 불평하거나 슬퍼하지 않고 진심으로 기뻐하면서 하나님을 찬양하고 형제들을 위해 기도했다. 그러고 나서 강 건너 마을을 향해 떠났다. 그 강은 매우 넓었는데, 나룻배가 강 중앙에 도착했을 때 갑자기 엄청난 소나기가 쏟아졌다. 배에 타고 있던 몇 명은 물에 빠져 죽었고, 모티 랄만 헤엄쳐서 건너편 강둑에 도착했다. 집에서 쫓겨나면서 가져온 것마저 강에서 잃어버리고 몇 루피만 남았는데, 그것마저 강도들

450 제7권 그리스도와 함께, 그리스도와 함께 하지 않는 삶

에게 빼앗겼다. 그는 집도 친구도 돈도 없이 완전히 외톨이가 되었다. 살아계신 그리스도에 대한 새로운 경험이 없었다면, 그는 희망을 잃었을 것이다. 표면적으로는 모든 것이 사라졌지만, 누구도 주님의 임재 의식과 평안을 그에게서 빼앗을 수 없었다. 그는 강도들에게 자기의 이야기를 해주었는데, 이야기를 들은 강도들은 크게 감동을 받았다. 그는 기쁨과 마음의 평안이 가득하여 눈물을 흘리면서 강도들에게 "나는 모든 것을 빼앗겼지만, 그리스도 안에서 내가 소유하고 있는 참 보화는 누구도 내게서 빼앗을 수 없다"라고 말했다.

이 말을 들은 강도들은 빼앗았던 돈을 돌려주었고, 그는 마을을 향해 출발했다. 그는 그곳에 머물면서 노동을 하여 생계를 유지하면서 힘이 닿는 대로 그리스도를 증언했다.

어느 여자 기독교인

주님께 봉사하면서 많은 시간을 보낸 여자 신자가 중병이 들어 18년 동안 누워 지냈다. 가족들은 무거운 십자가를 져야 하는 그 여인을 깊이 동정하여 사랑과 인내로 간호해 주었다. 그 여인이 가장 유감스럽게 여기는 것은 주님을 위해 봉사할 기회가 없다는 것이었다. 그 여인은 자신이 건강할 때 더 많이 봉사하지 못한 것, 그리고 이제 자기가 사람들에게 큰 짐이 된다는 것 때문에 상심했다. 그러나 그 여인은 알지 못하고 있었지만, 그 여인은 자신의 삶과 기도로 건강할 때보다 더 큰 영향을 사람들에게 미치고 있었다. 침대에 누워 있는 그 여인은 향기롭고 아름다운 꽃 같았다. 그 여인을 위로하려고 찾아오는 사람들이 오히려 위로를 받았고, 그 여인의 향기에 의해서 그들의 삶이 향기롭게 되었다.

어느 불가지론자

이 여인은 말없이 큰 영향을 미쳤다. 기독교의 진리를 부인하던 어떤 사람은 그 여인이 여러 해 동안 병을 앓고 지내면서도 평화롭고 행복한 것을 보고서, 그 여인의 삶에 심오한 진리가 있을 것이라고 생각했다. 왜냐하면 단순히 무식한 믿음이나 상상이 그렇게 오랫동안 그 여인에게 평안을 줄 수 없을 것이기 때문이었다. 그리하여 그는 관심을 갖고 복음서와 그리스도의 생애를 다시 공부하기 시작하여 얼마 후에 진리를 확신하게 되었다. 그는 그 여인에게 가서 이렇게 말했다: "내가 당신의 삶 속에서 살아계신 주님의 구원하는 능력과 기독교의 진리를 보고 믿으리라고는 생각도 못했습니다. 나는 훌륭한 설교나 신학자들의 설득력 있는 논증에 감동을 받은 것이 아닙니다. 당신의 기독교인으로서의 삶의 기적이 나에게 가장 강력한 논증이 되었습니다. 그것은 나의 철학적 논거들과는 비교할 수 없는 생생하고 설득력 있는 증언입니다. 당신이 건강하다면 더 많은 일을 했을 것이라고 생각하는 것은 옳지 않습니다. 만일 그렇다면, 하나님께서 당신에게 건강을 주셨을 것입니다. 그러나 당신은 이렇게 약한 가운데서 다른 방법으로는 할 수 없는 봉사를 하고 있어요. 이것을 병이라고 생각하지 말고 당신에게 가장 적합한 봉사의 방법이라고 생각하십시오. 이 침대는 죽음의 침대가 아니라 그리스도 안에 있는 영생의 증거입니다."

자신의 질병이 나사로의 죽음처럼 하나님을 영화롭게 하는 수단이라는 이 새로운 증언에 여인의 기쁨은 한층 더 커졌다. 그리하여 그 여인의 무거운 십자가는 그녀 자신 및 많은 사람에게 축복이 되었다.

어느 아르메니아인 목사

몇 주 전에 어느 아르메니아인 목사에게서 편지를 받았다. 그는 몇 년 전에 아르메니아인 대학살 현장에 있었던 사람이다. 편지 내용은 다음과 같다: "수천 명의 참 기독교인들이 내 눈앞에서 살해되었습니다. 나는 큰 상처를 입었고, 사람들은 내가 죽은 줄 알고 내버려 두었습니다. 마음 아픈 광경이었지만, 거기에는 큰 기쁨이 섞여 있었습니다. 남녀노소 구분 없이 잔인하게 도륙당했지만, 모든 사람의 삶에서 살아계신 그리스도의 능력이 분명히 나타났습니다. 살인자들마저도 그것을 보고 놀랐습니다. 우리에게는 필요에 따라 힘이 주어졌습니다. 우리 중 어떤 사람은 그리스도와 천사들을 분명히 보고 기뻐하면서 영혼을 그리스도께 맡겼습니다. 진실로 그날은 학살의 날이 아니라 결혼식 날이었다. 나도 그날 순교자들과 함께 순교했으면 얼마나 좋았겠습니까? 그러나 지금 나는 잠시나마 주를 위해 더 봉사할 수 있게 된 것에 감사합니다. 하나님께서는 나를 순교자들 가운데서 구해 내어 어느 장소로 데려가셨습니다. 나는 그곳에서 며칠 동안 지내면

제4장 그리스도와 함께하는 기독교인 453

서 치료받고 다시 사역할 준비를 하였습니다."

또 다른 아르메니아인 친구도 자신이 겪은 비슷한 경험에 대해 이야기한 적이 있다.

기독교적 삶의 진리와 실체를 증명하기 위해서 그 밖에도 많은 놀라운 사들을 제시할 수 있을 것이다. 모든 국가와 모든 민족 안에 그리스도와 함께 사는 사람, 그리스도로부터 받는 무수한 복의 열매를 맺는 생활을 하는 사람들이 있다. 하나님의 백성이 하나님의 생명을 주는 현존을 알며, 삶 속에서 '보라, 내가 항상 너희와 함께 있으리라'는 약속의 진리를 경험한 사람에게는 이것이 참 위로가 된다.

제5장

그리스도와 함께한 경험과
그리스도 없이 지낸 경험

나는 힌두교의 가르침을 중요하게 여기는 시크교 가정에서 태어났다. 내 어머니는 그러한 가르침의 살아있는 본보기요 충실한 해석자였다. 어머니는 매일 새벽 목욕한 후에 힌두교 경전을 읽곤 하셨다. 나는 가족들 중에서 어머니의 깨끗한 생활과 가르침의 영향을 가장 많이 받았다. 어머니는 아침 일찍 일어나서 영적인 양식과 축복을 위해 신께 기도하는 것이 우선적인 의무라고 가르쳐 주셨다. 그 의무를 행한 후에야 아침 식사를 할 수 있었다. 이따금 나는 먼저 아침을 먹겠다고 졸랐지만, 어머니는 때로는 사랑으로, 때로는 벌로 나의 정신에 이 습관이 자리 잡게 하셨다. 나는 먼저 신께 기도한 후에 다른 일을 해야 했다. 그 당시 나는 너무 어려서 이 일의 가치를 알지 못했었지만, 지금은 생각할 때마다 그러한 교육을 받게 해주신 하나님께 감사드린다. 어린 시절 나에게 하나님에 대한 사랑과 경외심을 주입해주신 신실한 어머니를 주신 하나님께 아무리 감사해도 지나치지 않는다. 어머니의 품은 가장 훌륭한 신학교였으며, 내가 사두로서 주를 위해 일할 준비를 갖추어준 곳이었다.

나를 가르친 힌두교 학자와 시크교 사두

어머니는 여러 해 동안 나에게 힌두교 경전을 가르치신 후에 나를 어느 힌두교 학자에게 맡기셨고, 그 다음에는 늙은 시크교 사두에게 맡기셨다. 그들은 매일 우리 집에 와서 2-3시간 동안 나를 가르쳤다. 힌두교 학자는 힌두교의 경전인 샤스트라 중 몇 가지 교훈을 가르쳤는데, 그가 사망한 후에는 카시 나트라는 학자가 산스크리트 경전을 가르쳐 주었다. 그 훌륭한 사두는 시크교 경전을 가르쳤다. 나는 이 가르침에서 약간의 위로를 받았지만, 여전히 참 평안을 갈망하고 있었다. 그들은 나에게 자기들의 경험에서 비롯된 유익을 주었지만, 내가 갈망하는 참 복을 소유하지 못하고 있었다. 그런 사람들이 어찌 내가 그것을 찾는 데 도움을 줄 수 있었겠는가?

나의 아버지

나는 평안에 대한 영적 갈증을 해소하기 위해서 한밤중까지 힌두교 경전을 읽곤 했다. 내 아버지는 종종 그런 행동에 반대하면서 "밤늦게까지 글을 읽는 것은 건강에 좋지 않단다"라고 하셨다. 우리 집에는 나를 행복하게 해줄 것이 많았지만, 나는 그것들에 매력을 느끼지 못했다. 아버지는 종종 "네 또래의 남자아이들은 게임과 놀이만 생각하는데, 어린 네가 이런 일에 몰두하는 이유를 모르겠구나. 그런 일에 대해서는 나중에 실컷 생각할 수 있을 텐데 말이다. 네가 이렇게 된 것은 네 어머니와 그 사두 때문인 것 같다"고 하셨다.

나와 힌두교 학자

나는 종종 힌두교 학자에게 내가 경험하는 영적 고민에 대해서 설명해달라고 부탁했다. 그러면 그분은 이렇게 말했다: "너의 고민은 새롭고 이상한 종류인 것 같구나. 지금 나로서는 네가 커서 영성생활에 대해서 많은 지식과 경험을 쌓게 되면 이런 고민은 저절로 사라질 것이라고밖에 말할 수 없구나. 지금은 이런 일로 고민하지 말고 네 아버지의 충고대로 해라." 나는 다시 질문했다: "만일 내가 어른이 될 때까지 살지 못한다면, 어떻게 되지요? 게다가 우리의 배고픔이나 갈증의 충족은 나이나 체격에 달린 것이 아니지요. 만일 배고픈 아이가 빵을 달라고 하면, 선생님은 '가서 놀아라. 앞으로 네가 좀 더 크면 배고픔의 진정한 의미를 이해하고 빵을 얻을 수 있을 것이다'라고 말하렵니까? 그 아이는 배고픈 상태로 놀면서 행복할까요, 아니면 음식을 먹지 못하고서도 어른이 될 때까지 살 수 있을까요? 그 아이는 지금 음식을 먹어야 합니다. 나는 지금 영적으로 매우 배고픕니다. 만일 선생님이 영적인 빵을 얻지 못하셨다면, 어디서 어떻게 해야 그것을 얻을 수 있는지 가르쳐 주십시오. 만일 선생님이 그 장소를 알지 못하신다면, 그렇다고 말씀해 주십시오." 힌두교 학자는 이렇게 말했다: "너는 지금은 이처럼 심오한 영적인 일을 이해할 수 없다. 단번에 그러한 영적 단계에 올라갈 수 없는 법이지. 그러한 단계에 이르려면 오랜 시간이 필요하단다. 왜 성급하게 그 단계에 이르려고 하느냐? 네가 계속 노력해도 그 갈망이 현세에서 충족되지 못한다면, 내세에 네가 환생했을 때 충족될 것이다." 힌두교 학자는 이렇게 내 질문에 대한 대답을 회피했고, 나의 문제는 해결되지 못했다.

나와 사두

나는 사두에게 나의 고민을 여러 번 이야기했지만, 그분 역시 "그 일로 걱정하지 말아라, 지식을 얻으면 이러한 고민은 사라질 것이다"라고 대답했다. 그래서 나는 이렇게 말했다: "내가 완전하고 궁극적인 지식을 얻으면 나의 고민은 사라질 것입니다. 장래에 더 큰 조명을 얻기를 바랄 수 있겠지만, 지금 이 단계에서도 내가 가진 작은 지식이 내 고민 일부를 제거해주어야 합니다. 나는 지식의 증가가 크게 유익할지 알지 못합니다. 더 많은 지식을 획득하면, 나 자신의 욕구와 고민을 한층 더 분명히 보게 될 것인데, 그러한 새로운 욕구를 어떻게 충족시킬 수 있겠습니까? 우리에게는 지식뿐만 아니라 배고픔을 해소해 줄 빵이 필요합니다. 이 적은 지식이 나의 욕구를 나에게 보여주었으니, 더 많은 지식을 획득하면 더 많은 욕구를 보게 될 것입니다. 이러한 욕구들을 어떻게 충족시켜야 합니까?"

사두는 이렇게 대답했다: "유한하고 불완전한 지식이 아니라 완전하고 궁극적인 지식이 네 욕구를 충족시켜 줄 것이다. 네가 완전한 지식을 획득하면, 이러한 욕구나 소원이 미망에 불과하다는 것, 그리고 너 자신이 신(브라마), 또는 그의 일부라는 것을 깨달을 것이다. 그것을 깨달은 후에 무엇이 더 필요하겠느냐?"

나는 고집스럽게 대꾸했다: "죄송하지만, 그 말을 믿을 수 없습니다. 만일 내가 신(브라마)이거나 신의 일부라면, 어떤 마야(maya), 망상도 가질 수 없을 것입니다. 만일 신 안에 마야가 깃들일 수 있다면, 그 신은 마야에게 복종했으므로, 신이 될 수 없을 것입니다. 이런 까닭에 마야는 신보다 더 강하며, 그렇게 되면 마야는 신을 정복한 실재가 될 것이며, 우리는 신을 마야라고 생각해야 할 것인데, 그것은 신을 모독하는 것입니다. 그러므로, 선생님은 나를 돕기는 커녕 소용돌이 속에 몰아넣고 계십니다. 선생님이 지식과 경험을 사용하여 나를 도와서 신을 알게 하고, 나로 그분 안에서 영적 배고픔과 갈증을 충족시킬 수 있게 해주시면 무척 고맙겠습니다. 내가 원하는 것은 그분에게 몰입되는 것이 아니라 그분 안에서 구원을 얻는 것입니다."

이 말을 듣고 사두는 "얘야, 지금 이런 일로 시간을 낭비하는 것은 소용없는 일이다. 언젠가 이런 일들을 이해할 때가 올 것이다"라고 말했다.

원하는 영적 음식을 어디서도 찾을 수 없었기에 나는 또다시 실망했다. 나는 이런 불안한 상태에 머물다가 마침내 살아계신 그리스도를 발견했다.

거짓말과 도둑질

어머니는 어린 나에게 모든 종류의 죄를 삼가고, 어려움을 당한 사람들을 동정하고 도와주어야 한다고 가르치셨다. 어느 날 나는 아버지가 주신 용돈을 가지고 시장에 가다가 추위와 배고픔으로 죽게 된 늙은 부인을 보았다. 그 노파가 도움을 청했을 때 나는 동정심을 느껴 가진 돈을 모두 그 노파에게 주었다. 나는 집에 돌아와서 아버지께 불쌍한 노파가 얼어 죽지 않도록 담요를 달라고 했다. 아버지는 자신이 지금까지 여러 번 노파를 도와주었으며, 이제는 이웃들이 그 노파를 도와줄 차례라고 말씀하셨다.

아버지가 노파를 도와줄 생각이 없다는 것을 알았으므로, 나는 노파에게 줄 담요를 살 생각으로 아버지의 주머니에서 5루피를 훔쳤다. 노파를 도울 수 있다는 생각은 나에게 큰 만족을 주었지만, 도둑질했다는 생각 때문에 나는 양심의 가책을 느꼈다. 그날 저녁에 아버지가 돈이 없어진 것을 아시고서 나에게 돈을 꺼냈느냐고 물으셨을 때 나는 그렇지 않다고 대답했고, 그 때문에 마음은 한층 더 괴로웠다. 나는 벌을 받지는 않았지만, 괴로워서 밤새 한잠도 자지 못했다. 다음 날 아침 일찍 나는 아버지에게 내가 도둑질을 한 것과 거짓말을 한 것을 고백하고 돈을 돌려드렸다. 아버지가 나를 벌하실 것이라는 두려움에도 불구하고, 나는 즉시 마음의 짐을 덜었다. 그런데 아버지는 나를 벌하시기는커녕 두 팔로 나를 안으시고 눈물을 글썽이시면서 "얘야, 나는 언제나 너를 믿어왔는데, 이번 일은 그것이 틀리지 않았다는

460 제7권 그리스도와 함께, 그리스도와 함께 하지 않는 삶

증거라고 생각한다"고 말씀하셨다. 아버지는 나를 용서해 주셨을 뿐만 아니라 5루피로 그 노파를 위해 담요를 사셨고, 나에게도 사탕을 살 돈을 주셨다. 그 이후 아버지는 내가 부탁하는 것을 한 번도 거절하지 않으셨고, 나는 양심을 거스르는 일이나 부모님의 뜻을 거스르는 일을 하지 않으려 했다.

어머니와 형의 죽음

그 일이 있고 얼마 후 어머니가 세상을 뜨셨고, 몇 달 후에 형도 세상을 떠났다. 형의 본성과 마음씨는 나와 아주 비슷했다. 사랑하는 두 사람을 잃은 것은 나에게 큰 충격이었다. 다시는 그 두 사람을 볼 수 없다는 생각 때문에 나는 낙담하고 절망했다. 그들이 어떤 형태로 환생할지, 또 내가 다음 생에 어떤 형태로 환생할지 알 수 없었기 때문이다. 힌두교에서 나처럼 상심한 사람이 얻을 수 있는 유일한 위로는 운명과 카르마의 법에 복종해야 한다는 것이었다.

미션 스쿨과 공립학교

내 인생에 또 다른 변화가 생겼다. 나는 미국 장로교 선교회가 람프루에 세운 작은 초등학교에 입학했다. 그 당시 기독교에 대한 편견이 많았던 나는 매일 성경공부 시간에 성경 읽기를 거부했다. 선생님들은 나에게 수업에 참석해야 한다고 주장했지만, 내가 끝까지 고집을 피웠기 때문에, 이듬해에는 5㎞ 떨어진 세네월에 있는 공립학교로 전학하여 몇 달 동안 다녔다. 나는 하나님 사랑에 대한 복음의 가르침에 어느 정도 끌렸지만, 여전히 그것이 거짓이라고 여겨 반대했다. 나는 매우 불안했고 내 생각이 확고했기 때문에, 어느 날 아버지를 비롯하여 여러 사람이 있는 곳에서 복음서를 찢어서 불에 태웠다.

살아계신 그리스도가 나타나심

그 당시 나는 복음서를 태운 것이 잘한 행동이라고 생각했지만, 마음의 불안은 오히려 커졌고, 이틀 동안은 무척 괴로웠다. 사흘째 되는 날 더는 견딜 수 없다고 느껴 새벽 3시에 잠에서 깨어났다. 나는 목욕하고서, 신이 계시다면 나에게 자신을 드러내어 구원의 길을 보여주고 내 영혼의 불안을 제거해 달라고 기도했다. 이 기도에 응답받지 못하면 아침이 되기 전에 기차가 들어올 때 철로에 누우려 했다. 나는 크리슈나, 부처, 또는 힌두교의 다른 권화(權化)를 만나기를 기대하고 기다리면서 4시 30분까지 기도했는데, 그런 것들은 나타나지 않았고, 방 안에 한 줄기 빛이 비치었다. 나는 그 빛이 어디에서 오는지 알려고 문을 열었다. 그러나 밖은 사방이 캄캄했다. 나는 다시 안으로 들어왔다. 빛은 점점 더 강력해져서 공 모양을 이루었고, 그 빛 속에서 내가 기대했던 형태가 아니며 죽었다고 여겼던 살아계신 그리스도가 나타나셨다. 그분의 영광스럽고 사랑스러운 얼굴, 그리고 그분의 말씀을 영원히 잊지 못할 것이다: "너는 왜 나를 박해하느냐? 보아라. 나는 너와 온 세상을 위해서 십자가 위에서 죽었다." 이 말씀은 번개처럼 내 마음속에 들어왔고, 나는 그분 앞에 엎드렸다. 내 마음에 말로 표현할 수 없는 기쁨과 평안이 가득찼고, 나의 삶 전체가 변화되었다. 그때 옛 선다 싱은 죽고, 살아계신 그리스도를 섬기기 위해 새 선다싱이 태어났다.

박해가 시작되다.

나는 아직 주무시는 아버지께 가서 그리스도가 나타나신 것에 대해 말씀드리고, 이제부터 기독교를 믿겠다고 말씀드렸다. 아버지는 "도대체 무슨 말을 하느냐? 불과 사흘 전에 복음서를 불에 태우지 않았느냐? 애야, 가서 잠이나 자라"라고 말씀하시고 돌아누우셨다. 후에 나는 가족들 모두에게 내가 본 것, 그리고 내가 기독교인이 되었다는 것을 이야기했다. 어떤 사람은 내가 미쳤다고 말했고, 어떤 사람은 내가 꿈을 꿨다고 말했다. 그러나 내가 마음을 돌리지 않았으므로, 가족들은 나를 박해하기 시작했다. 내가 그리스도를 소유하지 못한 상태에서 경험했던 불안과 비교하면, 박해는 아무것도 아니었고 견디는 것도 어렵지 않았다.

나는 오랫동안 사두가 되려고 생각해왔는데, 이제 사두로서 주 그리스도를 섬기기로 결심했다. 그 당시 나 외에 두세 명의 소년이 기독교인이 되기를 원했다. 그중 두 명은 부모님의 형벌 때문에 기독교를 포기했고, 나머지 한 명은 카나에 가서 뉴턴 목사님에게 세례를 받았다. 그런데 얼마 후 그의 아버지는 어머니가 임종을 앞두고 있다는 소식을 그에게 전하면서 돌아오라고 권했다. 그 직후에 그는 독살되었다.

걸림돌이 된 기독교인

내가 람푸르에 있기 어렵게 되었기 때문에, 뉴턴 목사님은 루디아니에 있는 기독교 남자 기숙학교에 가라고 충고해 주셨다. 그곳에서 페리 선교사와 파이르 선교사가 나를 친절하게 대하고 보호해 주셨다. 그러나 나는 일부 기독교인 남학생과 그 지방 신자들의 비기독교적인 생활을 보고 충격을 받았다. 나는 살아계신 그리스도를 따르는 사람은 천사 같아야 한다고 생각했었는데, 그것은 안타깝게도 잘못된 생각이었다. 살아계신 그리스도가 나에게 나타나셔서 새로운 생명을 주시지 않았다면, 나는 비틀거리다가 길을 벗어나 기독교의 원수가 되었을 것이다. 나는 그 학교와 이 신자들을 떠나 사두로 살면서 그리스도가 인도하시는 곳으로 가기로 했다. 나는 여름방학을 수바투와 심라에서 지냈다. 나는 학교에 돌아가지 않고 그곳에서 세례를 받고 사두가 되어 이리저리 다니면서 복음을 전파하기 시작했다.

기독교인이 아닌 구도자들은 진리를 찾기 위해서 엄청난 고난도 기꺼이 인내한다. 만일 기독교인이라고 주장하는 사람들이 진심으로 살아계신 그리스도의 나라 전파를 위해 노력했다면, 온 세상은 오래전에 기독교 세상이 되었을 것이다. 이 일에서 교회가 실패했음을 고백해야 한다.

안약

나는 그리스도를 경험하고 그분과 함께 사는 것을 통해서 하나의 비밀을 알았다. 즉 그리스도를 나의 구주로 알거나 믿기 전에도 그분은 눈에 넣은 안약처럼 내 영혼 안에서 일하고 계셨다. 우리 눈은 시력을 깨끗하게 해주는 안약의 존재를 느끼지만 볼 수는 없다.

어머니와 아이

나의 불안한 영혼은 그리스도를 찾아다녔다. 그리스도는 내 가까이에 계셨지만, 보이지 않게 숨어 계시면서 나를 자기에게 인도하려고 노력하고 계셨다. 덤불 속에 숨은 어머니의 아이처럼, 나는 세상의 정원에 서 있었다. 아이는 울기 시작했다. 정원사가 울음소리를 듣고 와서 과일을 주면서 아이를 달랬다. 그러나 아이는 울음을 그치지 않고 "나는 그것들을 원하지 않아. 엄마를 데려와요"라고 소리치면서 그것들을 내던졌다. 곧 엄마가 덤불에서 나와 아이를 팔에 안고 입을 맞추고 눈물을 닦아주었다. 아이는 엄마의 품에 안겼다. 마찬가지로, 우리의 우주적 어머니도 이따금 우주라는 정원 안에 숨으신다. 이 아이처럼 어머니의 사랑으로만 만족할 수 있는 사람들은 그분이 자기를 지켜보시며 품에 안고 눈물을 씻어주시고 영원한 참 행복을 얻게 해주신다는 것을 발견할 것이다(사 49:15; 계 21:3-4).

믿음과 사랑

그리스도가 없는 나에게는 희망이 없고 장래에 대한 두려움이 가득했었다. 이제 그리스도의 임재로 말미암아 두려움은 사랑으로, 절망은 깨달음으로 바뀌었다. 두려움은 일시적이요, 사랑은 영원하다. 믿음과 사랑은 영혼의 덩굴손으로서, 하나님 태양의 빛과 열기 안에서 하늘을 향해 자라며, 사랑의 주님께 매달린다. 주님이 없으면, 그것들은 희망을 잃고 어둠 속에서 시들어 죽는다.

죽음과 생명

부활이요 생명이신 분과 교제할 때 우리는 사망의 두려움에서 해방되며, 죽음을 정복하신 승리에 동참함으로써 영생에 들어간다. 그분은 동시에 두 세계에 현존하시는 시간이시다. 그분은 물질세계에 존재하셨으며, 동시에 영적인 세계에 존재하셨다. 그분은 나사로의 무덤 앞에 서서 창조주의 음성으로 "나사로야, 나오라"고 말씀하셨다. 그분은 나사로의 영을 그의 몸에서 불러내신 것이 아니며, 무덤에서 불러내신 것도 아니고, 영적 세계로부터 불러내셨다. 그의 영혼은 영적인 세계에서 주님의 명령을 듣고 무덤과 그의 몸으로 돌아왔다.

어느 마을에서의 경험

이 새 생명의 특징은 사람들을 강압하여 그리스도께 인도하는 것이 아니라, 자신의 놀라운 경험에 동참하게 하려는 바람에서 그들을 그리스도께 인도한다는 것이다. 그러한 섬김의 기쁨 속에서는 쓰라린 시련도 잊게 된다.

언젠가 나는 람푸르에 있는 내 옛집에서 약 3㎞ 떨어진 마을에 설교하러 갔다. 오랫동안 말씀을 전하고 마치니 해가 져서 어두워졌다. 사람들은 모두 자기 집으로 돌아갔다. 나는 피곤하고 배가 고파서 나무 그늘에서 쉬려 했다. 나는 종일 아무것도 먹지 못했지만, 구걸하지 않는 것이 나의 철칙이었다. 배고프고 약한 상태로 그곳에 누워 있는데, 사탄은 내가 집에 있을 때 항상 편안하게 지냈는데 이제 그리스도 때문에 모든 것을 버리고 가난하고 굶주리게 되었다는 생각으로 나를 유혹했다. 그러나 내 마음에는 놀라운 평화와 기쁨이 가득했다. 그리하여 나는 유혹을 이겼을 뿐만 아니라, 한밤중까지 노래하며 주님을 찬양하지 않을 수 없었다. 그다음에 내 입에서 다음과 같은 말이 튀어나왔다: "집에서 편안하고 안락하게 지낼 때는 이 놀라운 평화를 알지 못했었다. 그러나 모든 것이 사라지니, 그리스도 안에서 세상이 줄 수도 없고 빼앗아갈 수도 없는 평화를 발견했다."

내 노래 소리 때문에 사람들이 잠에서 깨어났다. 그중 두 사람이 나에게 왔다. 그들은 내가 경험한 일에 대한 이야기를 듣고 감명을 받았다. 그들은 내가 아침부터 아무것도 먹지 못했다는 말을 듣고 즉시 먹을 것을 가져다주었다. 나는 그들과 하나님께 감사를 드린 후에 음식을 먹고 자리에 누워 잠이 들었다.

람푸르에서의 경험

다음날 나는 근처의 몇 마을에서 전도한 후 람푸르로 갔다. 그곳에서도 사람들은 내 설교를 경청했다. 나는 저녁에 내 집으로 갔다. 아버지는 내가 기독교인이 되어 가문의 명예를 더럽혔다는 이유로 처음에는 나를 만나려 하지 않고 집에 들어가지도 못하게 했다. 그러나 잠시 후 아버지가 나오셔서 "오늘 밤은 이곳에서 지내도 좋다. 그렇지만 아침 일찍 떠나거라. 다시는 내 앞에 나타나지 말아라"고 말씀하셨다. 나는 아무 말도 하지 않았다. 그날 밤 아버지는 내가 가족들이나 가족들의 그릇을 더럽히지 못하도록 멀리 떨어져 앉게 하시고 나에게 음식을 가져다주셨다. 그리고 부랑자에게 주듯이 물그릇을 위로 들고서 내 두 손에 마실 물을 부어 주셨다. 나를 사랑하셨던 아버지가 나를 불가촉천민(不可觸賤民)처럼 취급하고 미워하시는 것을 보니 눈물을 금할 수 없었다. 그런데도, 내 마음에는 말로 표현할 수 없는 평화가 가득했다. 나는 그렇게 대접해주신 아버지께 감사하면서 이렇게 말했다: "나를 위해 생명을 주신 그리스도의 사랑 때문에 내가 그리스도를 택했고, 그분의 사랑은 변하지 않으며 아버지의 사랑보다 훨씬 크므로, 아버지께서 나를 버리셨어도 상관하지 않습니다. 내가 기독교인이 되기 전에는 그리스도의 이름을 더럽혔지만, 그분은 나를 버리지

468 제7권 그리스도와 함께, 그리스도와 함께 하지 않는 삶

않으셨습니다. 과거에 아버지가 베풀어주신 사랑에 감사드리며, 또 지금 이렇게 대접해 주시니 감사드립니다." 그런 후에 작별 인사를 하고 떠났다. 나는 들판에서 하나님께 감사 기도를 드리고 나무 밑에서 잠을 자고, 아침에 일어나 여행을 계속했다.

주님의 참된 약속

처음에는 고향과 인근의 마을에서 전도를 시작했지만, 후에는 인도 전역을 여행했다. 점차 주님은 나를 세계 여러 국가로 보내셨고, 여러 해 후 내가 끊임없이 드린 기도가 응답되어 아버지가 주님께로 돌아오셨다. 나는 여러 종류의 고난을 받았지만, 그 고난은 모두 큰 축복의 수단이었다. 나는 경험을 통해서 "나와 복음을 위하여 집이나 형제나 자매나 어머니나 아버지나 자식이나 전토를 버린 자는 현세에 있어 집과 형제와 자매와 어머니와 자식과 전토를 백 배나 받되 박해를 겸하여 받고 내세에 영생을 받지 못할 자가 없느니라"고 하신 약속 안에 포함된 모든 말이 참이라고 말할 수 있다(막 10:29-30). 나는 백 배가 아니라 만 배를 발견했다. 만일 이 약속이 성취되지 않은 사람이 있다면, 그것은 주의 약속이 참되지 않은 것이 아니라 그 사람의 삶에 잘못된 것이 있거나, 하나님이 그 사람과 관련하여 "더 좋은 것을 예비하셨다"는 것을 의미할 것이다.

영적 경험

독일에 있을 때 어느 유명한 심리학자가 나의 영적 경험과 마음의 평화에 대해서 질문했다: "영적인 평화와 만족이 당신의 마음속에 성령이나 살아계신 그리스도가 현존하심의 결과라는 증거가 있습니까?" 나는 그에게 이렇게 대답했다: "우리 안에 배고픔과 갈증이 있다는 것은 곧 그것들 외에도 그것들을 만족시켜줄 음식이나 물 같은 객관적인 실체가 있다는 증거입니다. 세상에서 상상만으로 배고픔과 갈증을 오랫동안 충족시킬 수 있는 사람이 있는지 말해보십시오. 그것은 절대로 불가능하지요. 잠시 동안은 자기 암시에 의해서 주관적인 정신상태를 불러일으킬 수 있겠지요. 그러나 사람이 자기 암시에 의해서 평생 영혼을 만족시키며 '모든 이해를 초월하는 평화'를 획득할 수는 없습니다. 그것은 우리 안에 영적 배고픔과 갈증을 만드신 분 안에서만 영구히 획득될 수 있습니다. 우리가 그분과의 연합 안에 살면서 그분으로부터 마음의 만족을 얻을 때 마침내 갈망했던 실체를 획득했다는 것을 우리의 존재 전체가 증거합니다."

그리스도와 그의 교회

관심을 가지고 선교 사역을 지원해주던 어느 독일 신사가 "만일 인도 전체가 기독교 국가가 된다면, 어떤 형태의 교회 조직을 채택할까요?"라고 질문했다. 나는 이렇게 대답했다: "이 세상에 완전한 기독교 국가는 없고, 앞으로도 없을 것입니다. 인도가 기독교 국가가 된다 해도, 서방 세계의 기독교 국가 정도에 그칠 것입니다. 세상이 지속되는 한 선과 악, 열심과 무관심은 발견될 것입니다. 인생과 마음속에 있는 모든 것이 변화된다면, 하늘나라가 임했다고 말할 수 있겠지요. 그렇게 되면 세상은 세상이 아니라 천국일 것입니다."

"교회에 대해서: 사람들은 끊임없이 예배에 변화를 도입하며, 새로운 분파를 만들어내지만, 전혀 만족하지 못한다. 우리에게 참으로 필요한 것은 새로운 형식을 취하는 것이 아니라, 살아계신 그리스도를 통해서 생수의 강이 우리를 통과하여 흐르기 시작하는 것이다. 히말라야 산에서 흘러내려온 물이 평야에 이르면, 사람들은 그 물의 흐름을 위해서 운하를 판다. 그러나 큰 산들 가운데서는 물이 절벽과 바위와 계곡을 통과하여 자체의 물길을 만들기 때문에, 사람이 운하를 파지 않는다. 새로운 삶도 처음에는 각각의 기독교인들의 삶을 통과하여 길을 내지만, 전체 공동체를 통과하여 흐르게 되면, 공동체들은 자기의 욕구를 충족시키기 위해서 운하, 또는 교회를 조직할 것이다. 그때 인간이 만든 분파들이 사라질 것이며, 살아계신 그리스도의 유일한 교회가 존속할 것이며, '한 우리와 한 목자'가 있을 것이다(요 10:16)."

철학자와 성인

어느 나라도 완전히 기독교 국가일 수 없지만, 어느 국가에나 바삐

주의 일을 하는 참 기독교인들이 많다. 그들은 칭찬받을 때 교만하지 않고, 비판받을 때 낙심하지 않는다. 그들은 칭찬받는 것이 위험하다는 것을 알고 있다. 그것이 영성생활과 진보에 장애물이 되기 때문에 주님은 "모든 사람이 너희를 칭찬하면 화가 있도다"(눅 6:26)라고 말씀하셨다. 그러나 비난받을 때는 이러한 위험이 없다. 진리는 지나친 칭찬이나 비난에서 발견되는 것이 아니라, 그 둘 사이에 있다.

언젠가 어느 철학자가 어느 성인에게 "사람들이 왜 당신을 성인이라고 부릅니까?"라고 질문했다. 성인은 사랑과 존경에서 우러나서 "나도 그들과 마찬가지로 죄인이며, 오로지 하나님의 은혜에 의해 구원을 받았습니다"라고 대답했다. 철학자는 다시 물었다: "그렇다면, 당신과 다른 사람들의 차이는 무엇입니까?" 성인은 이렇게 대답했다: "당신은 소크라테스가 자신이 아무 것도 알지 못한다는 것을 알게 되었다고 말한 것을 기억할 것입니다. 그는 철학자인 그가 아무 것도 알지 못한다면, 그와 무식한 사람의 차이가 무엇이냐는 질문을 받았습니다. 소크라테스는 '나는 내가 아무것도 알지 못한다는 것을 알지만, 그들은 자신이 아무것도 알지 못한다는 사실조차 알지 못한다'라고 대답했습니다. 나는 내가 죄인이라는 것을 알지만, 그들은 자신이 죄인이라는 사실을 알지 못하며, 그렇기 때문에 자기의 구원에 무관심하고 부주의합니다."

빛과 어둠

항상 깨어 기도해야 한다. 만일 우리 안에 있는 빛이 어두워지면 그 어둠이 얼마나 크겠는가(마 6:23). 우리의 두 눈은 작지만 멀리 있는 것과 가까이 있는 것, 크고 작은 것 등 많은 것을 본다. 만일 눈동자가 감염된다면, 눈 안에 어둠이 생길 뿐만 아니라, 온 세상이 어둡게 여겨질 것이다. 그러므로 우리 안에 있는 빛이 어두워지지 않도록, 그리고 우리 빛이 사람들 앞에 비추어 하늘에 계신 아버지를 영화롭게 할 수 있도록 기도해야 한다.

잠수부

우리는 세상에서 잠수부처럼 생활해야 한다. 잠수부는 진주를 캐려고 잠수할 때 물이 폐에 들어가지 않도록 숨을 쉬지 않거나, 물속에 있는 동안 튜브를 통해서 들어오는 공기로 숨을 쉬어야 한다. 우리는 세상 안에 살지만, 세상에 속해서는 안 된다. 우리는 잠수부를 닮아야 한다. 하나님에 대해서 살려면, 세상의 공기를 들이마시지 말아야 하며, 세상에 대해서 죽어야 한다. 그리고 영원하신 하나님과 연결된 기도의 튜브를 통해서 성령을 호흡해야 한다. 그리하면 세상에 사는 동안 구원이라는 귀한 진주를 발견할 것이다.

제6장

내적 생명

모든 피조물 안에 있는 생명은 눈에 보이지 않으며 감추어져 있는 실체이다. 생명과 관련하여 겉으로 보이는 것들은 그것의 작용이요 부분적인 표현이다. 생명이 무엇인지 이해하지 못하는 무신론자는 생명을 물질로 귀속시킨다. 그러나 생명의 근원은 생명이요, 생명이 없는 물질은 생명을 만들지 못한다. 생명의 근원과 친밀할 관계를 유지하는 사람만이 그 신비를 이해할 수 있다.

피조물의 내적 생명은 그 부분적인 표현 아래 감추어져 있기 때문에, 참된 내적 생명을 파악할 수 없다. 영성생활의 완전한 표현은 영적 세계에서만 가능하며, 물질세계에서는 완전히 표현될 수 없다.

예를 들면, 우리는 어느 동물의 내면에 무엇이 있는지 알지 못한 채외적인 것에 의해서만 그 동물을 안다. 그 동물은 체온, 움직임, 성장등 생명의 징후를 가지고 있다. 우리는 그것들을 보지만, 그것들을 나타낸 근원인 생명은 보지 못한다. 우리는 어떤 사물이 본질적으로 무엇인지 알지 못한 채 외적으로 그것을 알 수 있다. 그러나 우리는 생명의 근원이신 그리스도 안에 살므로써, 우리의 필요와 능력에 따라서 그분을 알 수 있다. 이렇게 그분을 앎으로써, 그분의 "형상과 모양"

474 제7권 그리스도와 함께, 그리스도와 함께 하지 않는 삶

으로 지음을 받은 우리 자신을 알게 되며, 우리의 내적 생명의 참 본성도 알게 된다.

이기적인 정신은 실체에 대한 지식을 얻지 못하게 방해한다. 스승에게 "디오게네스여, 만일 내 추론이 옳다면, 당신이 옳지 않습니다. 만일 내가 틀렸다면, 내가 낸 수업료를 돌려주십시오"라고 말한 카르네아데스를 닮아서는 안 된다. 카르네아데스는 잘못을 인정하려 하지 않았다. 그는 스승에게 잘못을 전가하려 했다. 만일 그의 주장이 옳다면, 스승이 틀린 것이다. 그러나 만일 그가 옳지 않다면, 그에게 바르게 주장하는 법을 가르쳐 주지 않은 스승도 옳지 않다.

내면생활의 심오한 경험을 설명하기는 무척 어렵다. 괴테가 말했듯이 "최고의 것은 말할 수 없다." 그러나 그것을 즐기고 실천할 수는 있다. 이것이 내 말의 의미이다. 어느날 나는 묵상하고 기도하는 동안 하나님의 임재를 강력하게 느꼈다. 내 마음에 하늘의 기쁨이 넘쳐 흘렀다. 나는 이 슬픔과 고통의 세상 안에 세상이 알지 못하는 큰 기쁨의 광맥이 감추어져 있는 것을 보았다. 그것은 경험한 사람도 적절하고 설득력 있게 표현할 수 없는 것이었다. 나는 근처 마을에 가서 사람들에게 이 기쁨을 나누어 주고 싶었다. 그러나 내 몸이 병들었기 때문에, 내 영혼과 육체 사이에 갈등이 생겼다. 영혼은 마을에 내려가기를 원했고, 육체는 지체했다. 그러나 결국 나는 병든 육신을 끌고 마을에 가서 사람들에게 그리스도의 임재가 나를 위해 행하신 것, 그리고 그들을 위해 행하려 하시는 것을 이야기했다. 마을 사람들은 내가 병들었다는 것, 그리고 어떤 내적인 충동이 나로 하여금 그들에게 이 이야기를 전하지 않을 수 없게 했다는 것을 알았다. 따라서 나는 그리스도의 임재가 나에게 무엇을 의미하는지 설명할 수 없었지만, 그 경험이 행동으로 옮겨져서 사람들이 도움을 받았다. 말이 부족할 때는 생명이 행동을 통해서 실체를 드러낸다. 사도 바울은 "율법 조문은 죽이는 것이요 영은 살리는 것이니라"고 했다(고후 3:6).

더듬이를 가진 곤충이 주위를 더듬어 해로운 것과 유익한 것을 구분하듯이, 신령한 사람도 내적 감각을 통해서 위험하고 파괴적인 영향력을 피하고, 하나님의 감미롭게 생명을 주는 임재를 즐긴다. 그들은 복된 경험의 강권을 받아 하나님을 증언한다. 터툴리안은 "정신을 차려 본성적인 온전함을 어느 정도 획득할 때 영혼은 하나님에 대해 말한다"라고 했다.

사람마다 차이가 있지만, 거의 모든 사람에게는 영적 진리를 획득하는 방법을 알지 못한 채 그 진리를 감지할 수 있는 내적 능력이 있다. 누군가 "그들은 경위를 알지 못한 채 안다"고 말했다. 예를 들면, 콜번(Colburn, 1804-1840)은 여섯 살 때 11년 안에 몇 초가 있느냐는 질문을 받고 4초 만에 정답을 제시했다. 어떻게 정답을 알았느냐는 질문에, 소년은 방법을 알지 못하지만 대답이 떠올랐다고 말했다. 하나님의 뜻에 따라 살려는 사람에게 하나님은 영적 실체를 계시해 주신다.

모든 사람의 내면에 존재하는바 살고자 하는 의지는 인생을 완전함, 다시 말해서 그 삶을 향한 하나님의 목적이 성취되어 그가 영원히 하나님 안에서 행복하게 될 상태로 이끌도록 강권하는 충동이다.

반면에, 하나님 안에 있는 즐거운 내면생활의 경험이 없는 사람에게는 인생이 짐이다. 쇼펜하우어가 그런 사람이다. 그는 "인생은 지옥이다"라고 말했다. 자살을 원하는 사람에게는 전혀 이상한 것이 없다. 그리스 철학자 헤게시우스의 가르침으로 말미암아 수백 명의 청년이 자살했다. 제논, 엠페도클레스, 세네카 등의 철학자도 스스로 목숨을 끊었다. 이상하게도 그들의 철학은 그들이 자살하지 않고 자신을 불행하게 만드는 것을 제거하는 방법을 보여주지 않았다. 세상의 철학은 그런 것이다(약 3:19). 갈등과 근심 때문에 현세에 싫증을 내는 사람은 살려는 의지를 억제하지만, 믿으려는 의지는 제거할 수 없다. 그들에게 하나님이나 다른 영적 실재에 대한 믿음이 없어도, 자신의 불신앙에 대한 믿음은 있다. 그리스 철학자 피론은 "우리는 자신이 확신하고 있다고 확신할 수 없다"라고 말했다.

사람의 내적 생명 또는 인격은 장소를 바꾸거나 몸을 죽임으로써 해방할 수 있는 것이 아니며, 오직 "옛 사람"을 벗고 "새사람"을 입고 사망에서 생명으로 옮겨져야 가능하다. 길에서 벗어나는 사람은 창조주 안에서 자신의 내적 갈망을 충족시키려 하지 않고, 자신의 비뚤어진 방법으로 그것을 충족시키려고 노력한다. 그 결과 그들은 만족하고 행복한 것이 아니라 불행해진다. 예를 들어, 행복을 위해서 물건을 훔쳐 간직하는 도둑은 행복을 잃을 뿐만 아니라 자신의 도둑질하는 행동으로 행복할 능력을 파괴한다. 그의 악한 행동이 그 능력을 죽인다. 만일 그가 도둑질이 죄라는 것을 의식하지 못하며 양심이 가책을 느끼지 않는다면, 그는 이미 영적으로 자살한 사람이다. 그는 그 능력을 죽였을 뿐만 아니라, 그 능력을 소유한 영혼을 죽인 것이다.

참 기쁨과 행복은 왕의 권세, 부, 또는 재산에 의존하는 것이 아니다. 만일 그렇다면, 세상의 부자들은 모두 행복하고 만족할 것이며, 붓다, 마하비라, 마르타리와 같은 왕자들이 자기 나라를 버리지 않았을 것이다. 영원한 참 기쁨은 거듭난 사람의 마음속에 세워지는 하나님의 나라에서만 발견된다.

하나님 안에 있는 이 복된 삶의 실체와 비밀은 그것을 받아 경험하고 실제로 살아보지 않고서는 이해할 수 없다. 이것을 지성으로만 이해하려는 것은 헛수고이다. 어느 과학자가 손에 새 한 마리를 쥐고 있었다. 그는 새의 몸의 어느 부분에 생명이 있는지, 생명이란 무엇인지를 알려고 새를 해부하기 시작했다. 그 결과 그가 찾던 생명은 신비하게도 사라졌다. 내적 생명을 지적으로만 이해하려 하는 사람도 이 과학자와 비슷한 실수를 하게 될 것이다. 분석하는 동안 그들이 찾는 생명은 사라질 것이다.

이 큰 세상과 비교할 때 인간의 마음은 지극히 작다. 세상은 매우 크지만, 인간의 작은 마음을 완전히 만족시켜 주지 못한다. 인간의 영원히 성장하는 영혼과 그 능력은 무한하신 하나님 안에서만 충족될 수 있다. 물이 평지에 도착하기 전에는 계속 활동하듯이, 영혼도 하나님 안에서 쉬기 전까지는 평화를 소유하지 못한다.

유형적인 몸은 영원히 영과 교제할 수 없다. 영혼이 세상에서 일하기 위한 도구로 목적을 성취하고 나면, 늙고 연약해진 육체는 영과 어울리기를 거부한다. 그렇기 때문에 육체는 영원히 성장하는 영혼과 보조를 맞출 수 없다.

영혼과 육체는 영원히 함께 살지 못하지만, 둘이 함께 행한 작업의 결과는 영원히 남을 것이다. 그러므로, 세심히 영생의 기초를 쌓아야 한다. 불쌍하게도 인간은 자유를 잘못 사용하여 영원히 상실한다. 자유란 선행이나 악행을 할 수 있는 능력을 의미한다. 항상 악행을 선택하는 인간은 죄의 노예가 되어 자기의 자유와 생명을 파괴한다(요 8:21, 34).

반면에 죄를 버리고 진리를 따르면 영원히 자유롭게 된다(요 8:32). 자유롭게 되어 평생을 주를 섬기는 데 바치는 사람, 즉 주 안에서 죽은 사람들이 행한 일은 그들을 따를 것이다(계 14:13). 주 안에서 죽는다는 것은 죽음을 의미하는 것이 아니다. 왜냐하면 주님은 "죽은 자들이 아니라, 산 자들의 주"이시기 때문이다. 주 안에서 죽는다는 것은 주의 일 안에 몰입하는 것을 의미한다. 주님은 "누구든지 나를 위하여 제 목숨을 잃으면 구원하리라"고 말씀하셨다(눅 9:24).

사람이 악과 어둠 속에서 살다가 죽는 것은 주님의 잘못이 아니다. 왜냐하면 주님은 "세상에 와서 각 사람에게 비추는 빛"이시기 때문이다(요 1:9). 선한 생활과 악한 생활의 차이는 다이아몬드와 석탄의 차이와 비슷하다. 그 둘은 같은 물질, 즉 탄소로 만들어졌지만, 둘 사이에 아주 큰 차이가 있다. 다이아몬드는 반짝이며 영롱하게 태양 빛을 반사하지만, 석탄은 밝은 태양 빛 속에서도 검고 칙칙한 상태로 있다. 선한 사람과 악한 사람도 의의 태양을 반사한다. 결점은 의의 태양이 아니라 죄인에게 있다.

제6장 내적 생명 479

인간의 상태는 지구의 상태와 비슷하다. 우리는 태양이 져서 우리에게서 떠난다고 생각하지만, 실제로는 지구가 태양에서 떠나는 것이다. 지구가 끊임없이 태양에 끌려가지 않으면, 지구는 붕괴하여 공간 속으로 사라졌을 것이다. 의의 태양은 사랑의 인력으로 모든 사람을 자기에게 끌어당긴다(요 12:32).

몸의 한 부분이 다치거나 상처를 입으면, 몸 전체가 바삐 그 부분을 치료한다. 마찬가지로, 만일 우리가 그리스도 안에 있고 그리스도가 우리 안에 계시면, 그리스도는 자기의 거룩한 생명에 의해서 우리의 죄의 상처를 치료하시며, 영적 건강의 기쁨을 허락하실 것이다.

이 새 생명을 받을 때 우리가 모든 종류의 유혹과 환란에서 해방되었다고 생각해서는 안 된다. 우리는 이 새 생명을 받음으로써 세상과 분리되며, 전보다 더 많은 갈등과 다툼이 있을 것이다. 그러나 전에는 유혹과 환란을 견딜 수 없었지만, 이제 그것들이 축복과 기쁨의 수단이 된다. "우리가 알거니와 하나님을 사랑하는 자 곧 그 뜻대로 부르심을 입은 자들에게는 모든 것이 합력하여 선을 이루느니라"(롬 8:28).

그 밖에도 우리의 감추어진 능력과 자질의 성장과 완성에 갈등이 필요하다. 우리에게 생명을 주신 분은 우리를 도와 이 거룩한 전쟁에서 승리하게 하시며, 세상과 사망과 사탄을 정복함으로써 영원한 나라에 들어가게 해주실 것이다.

우리는 하나님이 주신 기회를 최대한으로 사용하며, 태만하거나 부주의하게 귀중한 시간을 허비하지 말아야 한다. 많은 사람은 일할 시간이 넉넉하니 걱정하지 말라고 한다. 그러나 만일 이 짧은 시간을 제대로 활용하지 못하면, 지금 형성된 습관이 깊이 뿌리 내려 장차 더 많은 시간이 주어질 때 이 습관이 우리의 제2의 본성이 되어 그 시간 도 허비하리라는 것을 그들은 깨닫지 못한다. "지극히 작은 것에 불의 한 자는 큰 것에도 불의하니라"(눅 16:10).

사람은 인생에서 자기를 지으신 분의 목적을 이루며, 하나님의 영 광과 이웃의 행복을 위해 살아야 한다. 사람은 자기의 소명을 따르며, 하나님이 주신 은사와 능력에 따라서 일해야 한다. "은사는 여러 가지 나 성령은 같고"(고전 12:4, 11). 플루트와 코넷과 백파이프는 모두 취주 악기이지만 각기 다른 소리를 낸다. 마찬가지로, 하나님의 자녀인 우 리 안에서 한 분 성령이 역사하시지만 결과는 각기 다르며, 하나님은 각 사람의 기질과 인격에 따라서 그들을 통해 영광을 받으신다.

이 세상에서는 내면생활과 외면생활이 조화를 이루지 못한다. 그 러나 만일 우리가 하나님의 뜻을 따라서 산다면, 내면생활과 외면생 활이 완전히 조화를 이룰 때가 올 것이다. 외면적인 것이 내적인 것과 똑같고, 내적인 것이 외적인 것과 똑같을 것이다. 그리고 우리는 하나 님의 은혜로 말미암아 하늘에 계신 우리 아버지처럼 완전하게 될 것 이다.

마지막으로 나의 경험을 이야기하겠다. 나는 그리스도가 없이 살았 을 때에는 물 밖에 나온 물고기 같고, 물에 빠진 새 같았다. 그러나 이 제 그리스도와 함께 거하는 나는 사랑의 바다속에 있고, 세상에 있는 동안에도 천국에 존재한다(엡 2:5-6). 이 모든 일로 인하여 영원히 하나 님을 찬양하고 영광을 돌리고 감사드린다.

제8권

참 진주
The Real Pearl(1929)

저자 서문

나는 이 책에 영성생활의 다양한 측면에 관한 묵상 결과를 수록
했고, 하나님의 사람이 영성생활의 여러 단계를 통과할 때 경험해
야 하는 조건과 어려움에 대해 언급했다.

이 책에는 일부 독자들이 동의하지 않는 내용이 있을 수 있다. 그
러나 그것은 전혀 새롭거나 놀라운 일이 아닐 것이다. 세상의 두 민
족이 얼굴과 특징이 같을 수 없듯이, 모든 사람이 같은 수준의 시각
과 후각과 청각을 갖지는 않으며, 어느 정도 다양성과 차이가 있다.
마찬가지로, 각 사람의 경험은 그의 영적 상태와 성향과 기질에 의
존할 것이다. 그리고 특별히 원리가 불일치하지는 않아도, 사람들
마다 교리 면에서 차이가 있을 것이다. 하나님은 각 사람의 영적 상
태와 필요에 따라 진리의 비밀과 하나님의 뜻을 계시하신다. 어떤
사람은 이것들을 시기상조라거나 낡고 불필요한 것으로 여긴다. 또
사람들은 양심의 조명을 받은 신령한 사람이 말하는 중요한 내적
진리를 이해하지 못했고, 하나님의 교제나 실재의 경험과 기쁨을
알지 못했다. 흔히 그들은 핵심은 무시하고, 마른 뼈다귀를 놓고 싸
우는 새처럼 교리적인 껍질로 인해 싸운다. 그러나 하나님과의 교

제의 즐거움이 허락된 사람들은 이 모든 다툼에서 해방된다. 실제
로, 그들은 경험을 통해서 자신이 발견한 것을 증명한다. 사람들이
이 진리에 동의할 수도 있고 동의하지 않을 수도 있다. 그것을 받아
들이거나 거부하는 것은 그들이 개인적으로 결정해야 한다.

Frank Najm-ud-Dion이 이 책 원고를 교정해 주었다. 내가 시간
이 부족하여 하지 못하는 일을 그는 수고하면서 맡아주었다. 이 책
이 모든 사람에게 어느 정도 영적인 도움의 수단이 되고 유익을 주
기를 바라고 기도하면서, 이 책을 독자들에게 바친다.

사두 선다 싱

제1장

오직 주님과 함께

1. 주님은 사랑하는 세 제자를 데리고 높은 산에 올라가셨다. 이는 힘든 일을 마친 그들이 쉬면서 힘을 얻게 하기 위해서, 그리고 주님과의 교제가 그들을 위해 준비하고 있는 실체의 광채를 보게 해 주시기 위해서였다. 그들에게는 주님의 기적을 보는 것, 그리고 전에 어떤 사람도 말한 적이 없는 놀라운 일에 대한 주님의 말씀을 듣고 놀라서 말을 잃는 것으로도 충분하지 못했다(요 7:46). 그들은 무리를 떠나 고독 속에서 영광스럽고 거룩하신 인격을 묵상할 필요가 있었다. 또 그리스도께서 그들 앞에서 변모되시는 것만으로 충분하지 못했다. 주님이나 모세나 엘리야의 눈부신 모습을 보려면, 그들의 영적 눈이 열려야 했다. 그리스도께서 십자가에 달려 죽으실 것에 대한 이야기, 그리고 "저의 말을 들으라"고 하시는 하나님의 음성을 듣기 위해서 저들의 귀가 열렸다.

하나님이 그리스도 안에 성육신하셔서 그분을 통해서 우리에게 말씀하시므로, 우리는 그분의 음성을 듣고 아무 질문도 하지 말고 그분을 따라야 한다. 우리가 세상의 소란함과 소음에 대해서 귀를 닫고, 그분을 만나 교제하기를 원하지 않는 한 그분의 놀라운 음성을 들을 수 없다. 그분의 음성을 들을 때 잠잠해야 하며, 그 안에서 하늘 아버지의 음성을 들으려면 마음을 하나님께 고정해야 한다. 조용하지 않고서 어찌 다른 사람의 말을 들을 수 있는가? 집중하지 않으면, 우리는 아무것도 이해할 수 없고, 그것에 영향을 미칠 능력도 소유할 수 없다. 우리가 마음과 혼을 다하여 하나님을 의지할 때 하나님은 자신을 우리에게 계시해주실 것이며, 주님이 사랑하는 세 제자를 모세와 엘리야의 교제 안에 인도하셨듯이, 우리도 그분과 함께 성도들의 교제 안에 들어갈 것이다.

2. 제자들 중 둘이 주님의 나라에서 하나는 주님의 오른편에, 나머지 하나는 왼편에 앉게 해달라고 요청한 것처럼, 우리는 주님과의 교제를 개인적인 유익을 얻는 데 사용하지 말아야 한다(막 10:35-37). 이런 점에서 마리아가 그들보다 낫다. 마리아는 주님의 오른편이나 왼편에 앉기보다 발 앞에 가까이 앉아서 생명을 주시는 말씀을 들었다. 그것은 그녀가 빼앗기지 않을 좋은 몫이었다(눅 10:39-42).

3. 우리가 묵상할 때 생명의 샘 앞에서 겸손히 마음을 기울이면, 하나님은 말이 없이 마음에 말씀하신다. 하나님은 자신의 충만한 임재로 우리 마음을 채워주실 것이다. 넘쳐흐르는 샘 밑에 놓은 그릇에 저절로 물이 채워지듯이, 겸손한 사람의 마음에도 하나님의 성령과 참평안이 채워진다. 휴고(Hugo)는 "하나님께로 올라가는 길은 우리 자신에게로 내려가는 길이다"라고 했다. 하나님은 "내가 높고 거룩한 곳에 거하며 또한 통회하고 마음이 겸손한 자와 함께 거한다"고 말씀하

486 제8권 참 진주

신다(사 57:15).

어느 경건한 사람은 이렇게 말했다: "그리스도는 잃어버린 드라크마처럼 당신의 마음속에 감추어져 있다. 그분을 찾으려고 로마나 예루살렘으로 갈 필요가 없다. 그분은 당신의 마음속에서 주무시고 계신다. 배를 타고 가던 제자들처럼 마음의 기도 소리로 그분을 깨워야 한다. 그러나 실제로 깊은 잠에 빠진 것은 그분이 아니라 당신이다. 그러므로 깨어 일어나 정신을 차리고 나가서 사랑하는 구주를 만나라."

우리가 고독 속에 기도의 산에 올라가서 그분을 만날 때, 변화산에 천막을 지으려 한 제자들처럼 시간을 허비하지 말고, 우리에게 맡겨진 큰 임무를 행할 준비를 해야 한다.

제2장

하나님을 갈망하는 마음

1. 우리 마음에 하나님을 향한 큰 갈망이 있다는 것을 우리는 경험으로 안다. 숲속의 사슴이 시냇물을 갈망하듯이, 인간의 마음도 하나님을 발견하기 전까지는 끊임없이 하나님을 목말라 한다. 인간은 목적을 이루기 위해 다양하게 노력하여 각기 상이한 방법으로 이 큰 갈망을 성취하려 하며, 하나님을 발견하기까지 항상 이 갈망과 동경을 품지만, 완전한 성취와 만족은 우리 마음과 마음의 갈망을 만드신 하나님 안에서만 발견된다.

홈즈(Holmes)는 "어린 새들이 먹을 것을 달라고 주둥이를 벌리듯이, 모든 인간은 하나님을 갈망한다"고 기록한다.

하나님, 만물이 당신 앞에 무릎을 꿇고 경모합니다.
온 세상이 당신을 갈망하며 찾습니다.
우상숭배자나 신자들이 당신의 이름으로 맹세합니다.
당신은 그들의 신이십니다.

언젠가 여행 중에 피곤하여 산꼭대기에 앉아서 쉬고 있었다. 그런데 산기슭 작은 나무에 있는 둥지에서 새끼 새들이 삐약거리는 소리가 들려왔다. 쳐다보니 어미 새가 새끼들의 먹이를 물고 둥지를 향해 날아가고 있었다. 새끼들은 어미 새가 오는 소리를 듣고서 한층 더 크게 삐악거렸다. 어미 새가 먹이를 주고 날아가자마자, 새끼들은 잠잠해졌다. 나는 둥지 가까이에 가서 새끼들을 바라보았다. 새끼들은 아직 눈도 뜨지 못할 정도로 어렸다. 새끼들은 보지도 못하면서 먹이를 달라고 삐악거린 것이다. 만일 그것들이 "날아오는 새가 엄마인지 원수인지, 또 입에 먹을 것을 물고 있는지 독을 물고 있는지 알지 못하니까, 우리 눈으로 엄마와 먹이를 보기 전에는 입을 열지 않겠다"라고 말한다면, 눈을 뜨고 볼 수 있는 단계에 이르기 전에 굶어 죽을 것이다. 그러나 새끼들은 어미 새의 사랑을 확실히 믿었다. 며칠 후에 눈을 뜨면, 사랑하는 어미 새를 보는 기쁨을 누릴 것이다. 그것들은 자라서 어미새처럼 날기 시작할 것이다.

창조의 면류관이라고 불리는 우리가 보잘것없는 새끼 새들보다 더 타락하여 영적 어머니의 존재와 사랑을 의심하는 것이 아닌지 생각해 보라. "보지 못하고 믿는 자들은 복 되도다"(요 20:29). 이런 사람들은 하나님께 마음을 열고 하나님이 주시는 영적 양식을 받는다. 우리가 장성하여 하늘 아버지의 온전하심에 도달하여서 항상 그분을 보며 영원히 그분과 함께 기뻐할 때가 올 것이다.

2. 어느 현인이 길에서 세 사람을 만났다. 첫째 사람은 두려움 때문에 얼굴이 창백하고 거의 죽은 것 같았다. 그는 그 사람에게 어찌하여 그러한 상태에 이르게 되었는지 물었다. 그는 자신이 지옥불에 떨어

제2장 하나님을 갈망하는 마음 489

질 것이라는 생각에 시달린다고 대답했다. 현인은 "지혜의 근본이신 분, 당신을 지으신 주를 두려워하지 않고 단순한 피조물을 두려워하다니 참으로 불쌍하군요. 당신의 예배는 참 예배가 아니라 지옥불을 피하기 위한 수단, 일종의 뇌물이오!"라고 말했다. 그다음에 낙심하여 걱정하면서 앉아있는 사람에게 그 이유를 물었다. 그는 마음의 기쁨과 위로를 획득하지 못할까 봐 근심한다고 대답했다. 현인은 이렇게 대답했다: "당신은 창조주와 그의 놀라운 사랑을 생각하지 않고, 하나님이 지으신 장소를 갈망하기 때문에 하나님을 예배하고 있소. 그것은 정말 안타깝고 수치스러운 일이오."

두 사람과 이야기한 후에 무척 행복하고 만족하고 있는 세 번째 사람에게 기쁨과 평안의 비결이 무엇이냐고 물었더니, 이렇게 대답했다: "나는 항상 영과 진리로 하나님을 예배하도록 이끌어주시고 가르쳐 주신 분께 기도합니다. 내가 항상 마음과 혼을 다하여 하나님을 사랑하며, 오직 사랑 때문에 그분을 예배하고 섬기게 해 달라고 기도한답니다. 만일 내가 단지 지옥에 대한 두려움 때문에 하나님을 예배하거나 천국을 갈망하기 때문에 하나님을 예배한다면, 하나님은 그것을 나에게서 거두어가실 것입니다. 그러나 내가 오로지 사랑 때문에 하나님을 예배한다면, 하나님은 자신을 나에게 계시하실 것이며, 내 마음에 하나님의 사랑과 현존이 차고 넘쳐흐를 것입니다."

3. 만일 우리가 하나님을 버리고 하나님이 창조하신 것에만 마음을 기울이며, 하나님 대신에 하나님이 지으신 것들을 얻으려 한다면, 우

리는 먼저 만물을 지으신 창조주를 잃을 것이다. 그다음에 창조 전체와 그 안에 있는 모든 것이 우리의 통제에서 벗어날 때가 올 것이다. 그때 우리에게는 죄로 물든 멸시받을 수밖에 없는 상태만 남을 것이다. 그러나 만일 우리가 피조물을 버리고 창조주를 바라보며 그분을 발견하려고 노력한다면, 그분만 아니라 다른 모든 것이 우리의 것이 될 것이다. 자기의 유익만 구하는 사람은 자기 자신을 숭배하는 이기적인 사람이다. 그런 사람은 자기의 보금자리를 만들려고 애쓰며, 하나님이 아니라 자기 자신을 찾기 때문에 그에 상응한 형벌과 불행이 임할 것이다. 그는 자기 자신을 찾는 동안 모든 것을 잃는다. 따라서 그는 하나님을 발견하지 못하고, 자기 자신도 발견하지 못한다.

제3장

하나님에 대한 지식

1. 무신론자들은 하나님의 존재를 부인하지만, 누구도 하나님이 없다는 것을 증명하지 못한다. 무신론자들이 잠시 사람들의 근거 없고 어리석은 논거를 받아들인다면, 그것은 그들의 지혜와 진리를 증명하는 것이 아니라 무지와 외고집을 증명한다. 만일 그들의 말대로 하나님이 없다면, 존재하지 않는다고 알고 있는 것의 비존재를 증명하려고 시간을 허비하는 것이야말로 어리석은 일이 아니겠는가? 그 귀중한 시간은 유익한 일에 사용할 수 있다. 통찰력이 있는 사람이 깨달아 알듯이 하나님이 계시다면, 창조주와 창조 전체의 근원이 존재하지 않음을 증명하려고 노력하는 것은 한층 더 어리석고 타락한 일일 것이다(시 14:1). 그런 사람들은 그렇게 함으로써 하나님이 존재하지 않음을 증명하는 것이 아니라 자신에게 영적인 능력이나 지식이 결여되어 있음을 증명한다. 그들의 훌륭한 논거와 증명은 땅속 깊은 곳에 살면서 어리석고 헛된 논거에 의해서 태양이 존재하지 않음을 증명하려하는 벌레들과 같을 것이다. 그러한 논거들은 무의미할 것이며 선천적으로 눈먼 사람들에게만 영향을 미칠 것이다.

만일 어떤 사람이나 사물을 믿는 것이 누군가에게 해롭다면, 그것

492 제8권 참 진주

에 맞서 논박하는 것이 우리의 의무일 것이다. 그러나 하나님을 믿음으로써 해를 입은 사람이 있었는가! 신자들은 하나님을 사랑하고 경외하면서 영생과 많은 복을 받았다. 영생의 샘을 대적하는 말을 하거나 글을 쓰거나 그분을 거부하는 것은 가장 큰 죄요 타락이다. 그것은 하나님의 이름을 더럽힘으로써 하나님을 대적하는 죄요, 사람들에게서 하나님의 축복을 빼앗음으로써 그들과 그들의 가족을 멸망하게 하는 것이다.

2. 불가지론자들도 하나님의 존재를 인정하지 않거나 부인한다. 그들은 우리가 하나님을 알지 못하며 알 수도 없다고 말한다. 그러나 이것은 옳지 않은 주장이다. 만일 우리가 하나님을 알거나 믿을 수 없다면, 하나님을 알거나 믿으려는 소원도 존재하지 않을 것이다. 모든 소원에는 특별한 목적이 있으며, 목적 없는 소원은 없다.

아기는 어머니에게서 태어나지만, 어머니의 실존과 분리된 실존을 소유한다. 그리고 능력이 있는 한도까지 어머니를 사랑한다. 그러나 어머니가 아기에 대해 아는 만큼, 아기는 어머니에 대해 알지 못한다. 아기는 자라면서 어머니에 대해 더 많이 알게 된다. 아기는 어머니와 함께 지내면서 자기의 지혜와 능력에 따라 안전함과 어머니의 사랑을 누린다. 마찬가지로, 무한하신 하나님을 알려면 우리의 지식도 무한해야 할 것이다. 이것은 우리가 하나님을 알 수 없다는 의미가 아니다. 우리는 자신이 도달한 단계와 필요에 따라서 하나님을 알 수 있으며, 그분의 생명을 주는 임재를 누릴 수 있다. 지금은 이 정도만 알면

되지만, 시간이 흘러 우리의 영성생활이 진보하면, 하나님에 대한 지식은 우리의 상태와 능력에 비례하여 증가할 것이다. 현재 상태에서 우리는 하나님을 완전히 알 수 없다. 무한하신 하나님을 이해하려면 우리 앞에 무한한 세대가 있어야 하므로, 그 때문에 혼란을 느끼거나 당황해서는 안 된다. 지금으로서는 우리가 처한 현재의 단계와 상태에 따라서 하나님을 알고, 우리에게 주어진 하나님에 대한 지식에 따라서 행동하며, 그분의 순수한 교제 안에서 기뻐하고 행복을 누리는 것으로 족하다.

3. 만일 지금 우리가 하나님을 완전히 알아야 한다면, 하나님은 그것을 가능하게 하셨을 것이다. 그러나 하나님은 항상 피조물에 유익하고 선한 일을 행하시므로, 그렇게 하지 않으셨다. 하나님은 우리가 하나님의 도움을 받아 날마다 점점 더 하나님을 알게 되기를 원하신다. 이는 다른 사람의 말을 듣기보다는 스스로 노력하여 어떤 사물에 대해서 아는 것이 더 유익하기 때문이다. 만일 그렇게 하지 않으면, 우리는 그것에 대해서 어느 정도 정보를 얻겠지만, 그것의 근본적인 본질은 알지 못할 것이다. 왜냐하면 그러한 지식은 개인적인 경험의 결과이기 때문이다.

어떤 철학자들이 말하는 것처럼, 만일 우리가 하나님을 알 수 없다면, 이것도 무의미하지는 않다. 왜냐하면 우리가 하나님을 알지 못한다는 깨달음 자체도 지식이기 때문이다. 누군가의 말처럼 "지식의 존재를 부인하는 것 자체가 그것이 존재한다는 것을 증명한다."

4. 우리는 하나님의 존재를 완전히 이해할 수 없으며, 그분이 지으신 가장 비천한 피조물에 대해서조차 완전히 알지 못한다. 우리는 어떤 사물의 외적인 측면에 대해서 무엇인가를 배울 수 있겠지만, 그것의 내적 실체에 대해서는 완전히 무지할 수 있다. 인간은 다른 피조물에 대한 완전한 지식을 얻기 어려울 뿐만 아니라, 자기 자신—자신이 누구이며, 자신의 본질적인 본성이 어디에 존재하는지—도 완전히 이해하지 못한다. 만일 하나님의 형상으로 지음을 받은 인간이 자신의 존재를 완전히 이해할 수 있다면, 어렵지 않게 하나님을 알 수 있을 것이다. 이런 까닭에, 만일 우리가 원하는 대로 하나님을 알 수 있다면, 하나님은 우리 생명의 근원이시므로 우리는 자신의 참된 본성을 알 수 있을 것이다. 하나님에 대한 지식은 필연적으로 인간에 대한 지식과 연결된다.

우리는 자신과 비슷한 점을 지닌 존재만 알 수 있다. 만일 인간이 하나님을 닮지 않았다면, 결코 하나님을 알 수 없을 것이다. 어떤 사람은 하나님만이 하나님을 알 수 있다고 말했다. 하나님은 타락한 인간을 하나님이 원래 의도하셨던 상태로 끌어올리기 위해서 성육하여 인간이 되셨다(시 82:6). 성 아타나시우스는 "우리를 하나님처럼 되게 하시려고 하나님이 인간이 되셨다"고 말했다.

하나님은 타락한 인간을 끌어올려 하나님의 종들, "불꽃"(히 1:7)으로 삼으신다. 그분은 성령이요 불과 같으시다(마 3:11). "작은 불꽃 안에도 불의 속성이 완전히 존재하므로" 만일 우리가 불꽃이 된다면, 우리는 하나님처럼 될 것이다. 이것은 하나님과 인간이 동일한 영이라는 의미가 아니다. 범신론자들과 일부 철학자들은 인간의 영은 하나님의 개별적인 현현이라고 한다. 창조주와 그의 피조물을 혼동함으로써 영의 요구가 충족되는 것이 아니다. 그분과의 교제와 연합 안에 참되고 영원한 만족이 있다.

5. 진리를 찾는 사람의 신조가 거짓된 것이라고 해서 하나님은 그를 거짓말쟁이라고 불러 낙심시키지 않으며, 그들 스스로 점차 자신의 잘못된 신앙을 인정하고 진리를 알게 하신다. 어느 나무꾼이 우연히 숲속에서 아름다운 돌을 발견했다. 그는 다이아몬드에 대한 말을 자주 들었기 때문에, 이 흔한 돌을 다이아몬드라고 여겨 보석상에 갔다. 친절하고 착한 보석상은 그 돌이 평범한 돌이라는 것을 알았다. 그는 "만일 이것이 다이아몬드가 아니라고 말하면, 처음에는 내 말을 믿으려 하지 않을 테고, 혹시 믿는다면 그의 희망이 깨져 크게 실망할 것이다"라고 생각했다. 보석상은 나무꾼이 서서히 자기의 실수를 깨달을 수 있도록 배려하기로 했다. 그리하여 나무꾼을 자기 상점에서 일하게 했다. 그가 얼마 동안 일하여 다이아몬드의 종류와 가치를 식별하는 법을 배운 후 보석상은 그에게 그의 다이아몬드를 가져오라고 말했다. 그는 그때까지 상자에 보관해 두었던 돌을 보고 얼굴이 창백해졌다. 한숨을 쉬며 돌아와서 주인의 발 앞에 엎드렸다. 그는 "주인님의 선하심과 친절함에 감사드립니다. 당신께서는 지혜롭게도 나 스스로 잘못을 발견하게 해주셨습니다. 이곳을 떠나지 않고 평생 당신의 보호를 받으며 당신을 섬기고 싶습니다"라고 말했다.

496 제8권 참 진주

6. 사람들은 어리석게도 자기가 하나님을 예배하고 교회에 가는 것이 하나님과 목사에게 호의를 베푸는 것으로 생각한다. 이런 부류의 사람들은 결코 실체를 이해하지 못한다. 그들은 자기의 배고픔 및 자기에게 빵을 주는 사람에 대한 진리를 알지 못하는 어리석은 거지와 같다. 그는 감사하기는커녕 자신이 빵을 먹는 것이 빵을 준 사람에게 호의를 베푸는 것이라고 생각한다. 무식한 사람들은 자신이 자기 자신과 자기의 주린 배에 호의를 베풀었다고 생각하지 않으며, 자기에게 빵을 준 사람에게 진심으로 감사하지 않는다.

7. 창조주께서는 인간에게 지혜와 명철, 자유의지, 그리고 감정을 주셨다. 인간이 힘을 얻어 하나님을 섬기려면 지적인 치아로 영적 음식을 씹어야 한다. 그러나 인간은 치아와 같은 지적 능력을 바르고 유익하게 사용하지 않고, 마른 뼈를 씹어 자기 입을 상하게 하는 개처럼 사용한다. 그리고 얼마 동안 자신이 자기의 생명을 취하고 있다는 것을 알지 못한 채 자기의 피를 먹는다. 이처럼 인간은 마른 뼈, 즉 소용없는 활동에 몰두하면서 하나님이 주신 능력을 허비한다.

영적인 감수성은 우리가 하나님의 임재를 경험하고 누리게 하기 위해서 주어졌다. 그러나 죄와 불순종으로 말미암아 이 감수성이 위축된다. 이성주의자들은 자기 자신에 대해서만 알 뿐 하나님의 임재를 알지 못하고 경험하지 못한다. 그에 따른 결과는 무신론이다. 의지력과 자유의지도 하나님의 뜻에 복종시키지 않고 인간이 마음대로 사용한다면, 종살이와 죄로 이어지며, 결국 영적 자살에 이른다.

8. 한 장소에서 발원한 강물은 여러 곳을 거쳐 바다로 돌아가며, 물이 통과하는 지역의 왕과 통치자는 자기의 영토 안에서만 그 강을 소유한다. 물론 흐르는 물은 특정한 개인의 재산이 아니며, 누구도 물의 흐름을 멈추게 하거나 자기 영토 안에 가두어두지 못한다. 그것은 통과하는 국가나 지방의 소유로서, 바다로 돌아가는 도중에 통과하는 지방의 모든 사람에게 마실 물을 공급한다. 무한한 생명의 바다이신 하나님에게서 시작되어 온 세상을 통과하여 흐르면서 모든 피조물의 갈증을 해소하고 기운을 회복시켜 주는 생명수의 강도 모두를 위한 것이다. 이 강은 여러 나라와 민족, 즉 선지자들과 사도들의 삶을 통과하지만, 온 인류를 위한 강이다. "목마른 자도 올 것이요 또 원하는 자는 값없이 생명수를 받으라"(계 22:17).

자비의 구름—성전에 음성이 가득하니라: "내가 생명수를 주니, 원하는 자는 와서 마시라."

498 제8권 참 진주

제4장

고난과 고통

1. 세상에는 육체적인 고통과 영적인 고통이 있다. 영적인 고통은 죄에 의해서 하나님으로 분리됨으로 말미암아 초래된다. 육체적인 고통은 질병이나 상처에 기인한다. 인간 외의 다른 피조물도 발달 단계와 상태에 따라 고통과 아픔을 느끼지만, 인간만큼 느끼지는 못한다. 인간은 많이 생각할수록 고통을 더 많이 의식하므로, 인간의 감정, 탁월한 지성과 분별력, 사고력 등이 고통을 크게 강화한다.

육식 동물과 새들에게는 이빨, 발톱, 부리 등이 있는데, 그것들은 포획된 먹이가 도망치지 못하게 한다. 포획된 먹이는 상처를 입고 도망쳐서 더 큰 고통을 당하기보다 빨리 죽는 편이 낫다. 뱀처럼 독이 있는 파충류들은 먹이의 몸을 마비시켜 고통 없이 죽게 한다. 먹히는 짐승은 졸리거나 잠든 상태에서, 또는 독이나 상처로 인해 마비된 상태에서 먹히기 때문에, 특별한 상황을 제외하고는 죽음은 고통 없이 임한다. 우리가 생각하는 것처럼 큰 아픔이나 고통은 없다. 그러나 죄의 결과인 아픔은 영적이든지 육체적이든지 큰 고통과 번민을 초래한다.

2. 우리의 영성생활이 성장하고 진보하는 데 도움을 주는 여러 종

류의 아픔과 고통이 있다. 그러한 아픔과 고통을 피하는 것은 하나님의 뜻이 아니다. 맛이 역겹고 쓴 것이 실제로는 몸에 좋다. 많은 독과 쓴 것들이 치료제나 해독제로 사용된다. 그러나 우리는 그것들의 진정한 본질을 알지 못하기 때문에, 그것들을 독이라고 부른다. 우리가 그것들의 올바른 사용법을 알지 못하기 때문에, 그것들은 해를 초래한다. 실제로 하나님은 모든 사물을 특별한 목적에 이바지하도록 지으셨으며, 각각의 사물은 바른 장소에 놓일 때 유익하고 쓸모가 있다. 창조주는 피조물에 본질적으로 나쁘거나 해로운 것을 만들지 않으셨다. 마찬가지 아픔과 고통과 불행은 영적 진보의 수단이다(롬 8:28). 하나님이 주신 능력을 그릇 사용하고 불순종하는 데서 유독하고 해로운 결과가 생겨난다.

3. 고통과 아픔, 그리고 여러 가지 질병은 그것을 당하는 사람에게만 아니라, 고통하는 사람을 돕는 사람에게도 교훈이 되고 유익을 준다. 왜냐하면 그런 사람을 도움으로써 그들의 영적 능력이 발휘되고 성장하기 때문이다. 그들이 성숙한 사람이 되기 위해서는 이것이 반드시 필요하다. 진정한 성공과 승리는 십자가와 죽음과 악 등에서 구원받아 즉시 하늘나라로 가는 데 있는 것이 아니라, 하나님의 은혜로 말미암아 고통을 기쁨으로, 십자가와 죽음을 생명으로, 악을 선으로 변화시키는 데 있다. 그렇기 때문에 우리는 싸움과 갈등의 상황에서 살아왔다. "우리가 하나님의 나라에 들어가려면 많은 환난을 겪어야 할 것이라"(행 14:22).

고통, 슬픔, 악, 죽음 등이 없으면, 그것들과 반대가 되는 기쁨, 행복, 선, 생명 등을 식별할 수 없다. 그러므로 하나님 나라에 들어가서 그분과 함께 영원한 행복 속에 살기 위해서, 먼저 이러한 상황에서 하나님을 경험하며 영속적인 교훈을 배우는 것이 하나님의 뜻이다.

4. 진주조개 안에 작은 모래알 같은 이물질이 들어가면, 조개를 자극하여 고통을 초래하기 때문에 큰 고통을 겪는다. 그러나 이 아픔을 통해서 아름다운 진주가 생겨난다. 진주를 올바르게 간수하지 않아 기름이 끼면 광택이 사라지고, 마침내 갈색 화약으로 변하여 흙과 섞인다. 옛 무덤에서 시신과 함께 묻혔던 진주가 흙으로 변한 것이 발견되었다. 아름다운 진주처럼, 고통과 환란이 없으면 영성생활을 획득할 수 없다. 또 우리가 이러한 즐거운 상태를 획득한 후에 감사와 겸손과 사랑 안에서 주님과 연합하지 않으면, 다시 멸망으로 떨어질 것이다(고전 10:12). 그러므로 깨어 기도해야 한다.

5. 다이아몬드 같은 보석들은 수백 년, 혹은 수천 년 동안 땅 속에서 뜨거운 상태와 차가운 상태를 통과하면서 완전한 아름다움을 갖게 된 것이다. 우리도 즐거움과 아픔을 경험함으로써 장성해야 한다. 루비나 다이아몬드 등의 보석이 하루 아침에 아름다운 보석이 된 것이 아니다. 사람들이 노력하여 인조 다이아몬드나 그와 비슷한 것을 만들었지만, 세밀히 조사해보면 그것들의 본질과 결함이 드러난다. 그러므로 우리가 단 하루만에 허물이 남지 않고 완전해질 것이라고 생각해서는 안 된다. 끊임없이 하늘 아버지의 임재와 친밀한 교제 안에서

살아감으로써 아버지의 온전하심 같은 온전함에 이를 것이다.

6. 태풍과 폭우는 파괴적인 것처럼 보이지만, 실제로는 다양한 질병과 전염병의 원인인 병균을 없애주며, 우리의 육체적인 건강과 복의 수단이 된다. 마찬가지로, 성령의 숨(요 3:8)과 고통과 불행의 바람과 폭풍은 우리의 영적 건강과 복을 위한 탁월한 수단이다. 태양열로 말미암아 물이 수증기가 되어 구름을 형성하여 비가 내리며, 사막과 더운 지방에서 구름이 생긴다. 마찬가지로 우리에게 생명을 주기 위해서 의의 태양으로부터 생명수가 흘러나온다.

7. 성령의 요구가 하나님과의 교제로 충족된다는 것을 알지 못하는 사람들이 있다. 그들은 현세와 내세에서 이 요구가 충족되는 것을 보지 못하기 때문에 어리석게도 자살하려 한다. 부도덕하고 범죄한 사람들뿐만 아니라 철학자들도 이러한 죄를 범한다.

반면에 참으로 신령한 기독교인들은 세상에서 많은 고난을 겪는다. 그들이 영적으로 진보하는 것은 곧 그에 비례하여 환난과 불행과 곤경이 증가한다는 것을 의미하는데, 평범한 세상 사람들은 이것을 이해하지 못하며, 그러므로 그들을 동정하고 돕기보다는 대적한다. 이런 기독교인은 자기를 부인하고 하나님과의 교제 안에서 참 기쁨과 평화를 발견하므로 자살하지 않는다. 그들은 영적 욕구가 하나님에 의해 성취되지만, 그래도 인간이기 때문에 동료들의 동정과 교제를 원한다. 이러한 소원이 이루어지지 못할 때 하나님이시요 인간이신 그리스도께서 이러한 인간적 욕구를 이루어주신다. 그분은 신학적으로만 아니라 개인적인 경험을 통해서 인류의 곤경과 어려움을 아신다. 그분 자신이 인간이 되셔서 고통과 아픔을 당하셨기 때문에, 고통받는 사람에게 공감하고 도와주실 수 있다(히 2:18).

8. 세상 사람들은 착하고 신령한 사람을 이해하지 못하므로, 착하고 신령한 사람들은 세상에서 항상 고난 당할 것이다(딤후 2:12). 그들은 진리를 발견하고 소중히 여기는 데 사용되는 수단인 양심과 감정이 죄로 말미암아 둔감해지기 때문에, 착한 사람을 만날 때 그의 본성과 방법이 자기 것과 양립할 수 없다는 것을 발견하며, 그러므로 그를 박해한다. 그러나 영적 감수성과 양심이 살아 깨어있는 사람은 진리를 지지하며, 의로운 사람의 향기롭고 매력적인 삶의 영향을 받는다. 참 기독교인의 삶은 백단향과 같아서 그 나무를 베는 도끼에 향내가 남는다.

하나님께서 헨리 수소(Henry Suso)에게 환상으로 보여주신 것은 무수한 기독교인들이 경험한 것이었다: "너의 명성이 공적으로 파괴될 것이다. 네가 사랑과 충성을 기대할 때마다 속임수와 고통과 고난을 발견할 것이다."

하나님을 경외하는 사람들, 선지자들, 심지어 주님마저 박해받으신 세상에서 편안한 삶을 기대하는 것은 현실을 거스르고 하나님을 배반하고 세상과 연합하는 것이다. 반면에 주님의 고난에 동참하는 것은 큰 특권이다(빌 3:10). 때가 되면 우리도 주와 함께 영원한 영광에 동참하며 함께 다스릴 것이다(딤후 2:12).

제4장 고난과 고통 503

9. 인간은 세상에서 최종 목표에 이르기 전에 고난과 고통과 시험을 통과해야 한다. 우리의 영성생활과 장래의 행복에 유익한 이 모든 상황을 경험하게 하는 것이 하나님의 뜻이다. 만일 하나님의 뜻이 아니었다면, 우리는 이러한 상황에 처하지 않았을 것이다. 하나님이 원하신 것이 아니라면, 어찌하여 우리가 그에 반대하고 의심을 품겠는가? 그러므로 무슨 일이든지 기꺼이 받아들이며, 마음속에 의심의 여지를 남겨두지 말아야 한다. 의심은 하나님을 외면한다. 의심은 인간이 하나님과 화목하며, 하나님과의 완전한 교제의 즐거움에 들어가는 데 사용되는 영적 성향과 기질을 쓸모없고 무가치하게 만들기 때문이다.

우리는 이 세상에 사는 한 기쁨과 슬픔을 경험해야 한다. 벌은 꿀을 모을 뿐만 아니라, 특별한 목적으로 침을 가지고 다닌다. 아름답고 향기로운 장미꽃에 가시가 있는 것은 일리가 있다. 바울의 "육체에 가시"(고후 12:7-10)는 고귀한 목적의 성취에 기여했다. 우리도 최종적이고 영원한 목적의 성취를 위해서 그러한 경험을 해야 한다.

제5장

악이란 무엇인가?

1. "악은 우리 존재의 법에 어긋나는 부자연스러운 것이다"(Whichcote). "오물이 부적당한 장소에 있는 물질인 것처럼, 악은 선을 그릇되고 부적절하게 사용하는 것이다. 그것의 발생은 어떤 종류에 불운에 기인한다." 악은 어떤 유익이나 혜택을 얻으려는 목적으로 범해진다. 악을 행하는 사람은 모두 그렇게 생각한다. 왜냐하면 나쁜 사람이고 큰 죄인도 고의로 자신을 해치지 않기 때문이다. "악한 것과 말 밑에도 선한 영이 있다."

악은 하나님이 창조하신 것의 본래의 특성이 아니다. 그것은 인간을 파괴한다. 그것이 사람들을 파괴하고 멸망시키는 데 사용되는 해로운 영향력은 영원히 그 자체를 멸절시킬 것이다. 영원불변한 것은 하나님의 속성인 선뿐이다. 악이 영원불변하는 인격의 속성이라면 영원불변할 수 있다. 그것을 사탄의 속성이라고 말하는 것도 옳지 않다. 왜냐하면 창조주는 사탄을 선하게 지으셨지만, 후일 그의 자유의지로 악이 되었기 때문이다. 그러므로 악은 영원하지 않다. 시작이 있으면 끝이 있듯이 악에도 끝이 있으며, 그것은 본질적으로 파괴적이다.

2. 취푸 추(Chufu Tzu)라는 중국 철학자는 인간이 태어날 때는 깨끗한 물이지만 산과 평원을 통과하면서 점점 더러워져 진흙탕이 된다고 했다. 만일 그 물이 어느 장소에서 흐름을 멈추면, 침전물과 진흙이 가라앉아 다시 깨끗해질 것이다. 맹자는 인간은 곡식 씨앗 같다고 말했다. 그것은 본래 나쁜 것이 아니며, 씨앗이 뿌려진 후 자라는 토양, 물, 재배 방법 등에 따라서 나쁘게 되거나 좋게 된다. 이것은 인간이 선천적으로 선하지만, 상황과 환경이 나쁘게 만든다는 의미이다. 어떻게 보면 그 말은 옳다. 그러나 우리는 원죄, 또는 악을 향하는 선천적인 성향이라는 사실을 부인할 수 없다. 예를 들어, 사람들은 어린아이를 천진난만하다고 한다. 19세기의 유명한 철학자 허버트 스펜서(Herbert Spencer)는 "어린아이가 '천진난만하다'는 견해는 지식과 관련해서 보면 옳지만, 악을 향한 성향과 관련하여 보면 그르고 거짓이다"라고 말했다.

3. 인간은 어리석고 무지하므로 영적으로 배고프고 목이 마르면 옳지 않은 방법으로 그것을 충족시키려 하며, 그 결과 악을 행한다. 그것은 하나님께 순종하지 않는 것을 의미하며, 그는 만족이 아니라 자신의 멸망을 초래한다. 히말라야 산에서 굶주린 여행자가 먹음직하게 생겼지만, 독이 든 과일을 주워 먹었다. 그 결과 그의 배고픔이 끝나고, 그의 생명도 끝이 났다. 그는 주린 배를 채운 것이 아니라 목숨을 잃었다.

4. 우리가 병들거나 상처를 입어 고통을 당할 때, 건강을 주는 박테

리아와 병을 초래하는 박테리아가 몸 안에서 싸우는데, 수효가 많고 힘이 강한 박테리아가 이긴다. 건강을 주는 박테리아가 이기면 건강을 회복하지만, 패하면 목숨을 잃는다. 같은 원리가 선한 생각과 악한 생각, 선한 사람과 악한 사람에 적용된다. 하나님의 은혜로 하나님의 백성이 최종적으로 승리하여 악을 완전히 없앨 때가 올 것이다. 선, 그리고 모든 선의 근원이신 하나님의 뜻대로 사는 사람만이 멸망하지 않는다.

제6장

악한 생활과 악한 생각의 결과

1. "악한 생각이나 악한 친구의 제안은 오배자(五倍子)로 변할 어린 잎을 갉아먹는 벌레로 인한 아픔과 같다."

뱀이나 전갈은 같은 종류에서 나오는 독이나 침의 영향을 받지 않는다. 그것들은 해를 끼치지 않는 다른 피조물을 해친다. 악한 사람의 해롭고 악한 영향은 악을 행하는 사람보다는 선하고 올바른 사람에게 더 해롭고 피해를 준다.

2. 자바섬에서 자라는 유파스 나무나 아메리카의 독한 아이비는 독이 있는 즙이나 기름을 내는데, 그것은 바람에 의해서 사방으로 퍼져 많은 사람을 위험하고 치명적인 병에 걸리게 한다. 악을 행하는 사람의 해로운 영향력도 모르는 사이에 사방으로 퍼져 다양한 영적 질병을 초래하고 많은 사람을 멸망하게 한다.

3. 쥐며느리라는 벌레가 단단한 나무를 갉아 먹어 죽게 하는 것, 그리고 바다에서 벌레가 바위에 구멍을 내는 것을 볼 수 있다. 그것들은 단단한 나무나 돌에 들어가서 그것들을 완전히 망쳐놓는다. 마찬가지로, 겉으로는 약하고 하찮은 것처럼 보이는 악한 생각과 습관도 바구

508 제8권 참 진주

미라는 벌레처럼 우리의 삶을 갉아 구멍을 내고 무익하게 만든다. 우리가 하나님의 도우심으로 그것들을 제거하지 않으면, 그것들이 우리의 삶을 파괴할 것이다.

4. 독을 지닌 파충류에 물리면 목숨을 잃는다. 독이 있다고 생각되지 않는 빈대와 파리도 그에 못지않게 위험하다. 그것들은 여러 가지 치명적인 병을 일으키는 병균을 퍼뜨려 많은 사람을 죽게 한다. 사람 중에도 이런 사람들이 많다. 그들은 살인자나 강도처럼 위험해 보이지 않지만, 교활하게도 위험한 말과 해로운 영향력을 퍼뜨린다.

5. 어떤 종류의 작은 곤충은 익지 않은 열매 속에 들어가서 그것을 먹고 살면서 알을 낳고 번식한다. 열매가 자라면, 곤충이 들어 있는 구멍이 닫혀서 겉으로는 아름답고 맛있어 보인다. 그러나 열매의 안쪽을 유충이 먹어 속이 비고 쓸모없게 된다. 악한 생각과 습관도 사람이 어릴 때 그의 마음과 정신 속에 들어와서 조금씩 증가하여 마침내 그를 멸망하게 하므로 처음부터 조심하고 경계해야 한다.

멕시코에는 날씨가 더우면 그늘로 이동하는 "뛰는 낟알"(jumping grain)이라는 씨앗이 있다. 관찰에 의하면, 어떤 종류의 곤충이 어린 씨앗을 뚫고 들어가서 알맹이를 먹고 살면서 씨앗의 싹을 내고 성장하는 힘을 파괴한다고 한다. 죄의 병균도 이 곤충처럼 인간 생활 속에 들어와서 의의 태양의 빛과 따뜻함을 제거하여 어둠으로 만든다. 그것들은 생명의 본질과 능력을 빨아먹어 무익하게 하고 멸망하게 한다.

6. 하나님이 자기 모양으로 인간을 지으셨으므로, 인간이 자유의지로 죄와 악에 빠져 자신에게 손해를 초대하지 않는 한 아무것도 인간을 해칠 수 없다.

우리가 범죄하면, 하나님이 손해를 보는 것이 아니라, 우리가 자신 및 자신과 관련된 사람들에게 해를 입히는 것이다. 사랑이신 하나님은 우리가 온갖 종류의 죄에서 구원받고, 영원히 하나님과 교제하기를 원하신다. 그러나 죄는 인간에게서 이 거룩한 교제를 빼앗아간다. 사람들은 서로 밀접하게 결합되어 있기 때문에, 다른 사람을 해치는 것이 우리를 해치며, 우리를 해치는 것이 다른 사람들을 해친다. 우리의 동료들은 어떤 식으로든지 우리에게서 선한 영향이나 악한 영향을 받는다. 그러므로 회개란 삭개오처럼 자기 자신 및 다른 사람을 해치는 행동을 피하고, 하나님의 은혜와 도움으로 과거의 잘못된 것을 고치는 것을 의미한다(눅 19:8-10).

제7장

그리스도 안에 있는 생명

1. 생명은 핏속에 있고, 그리스도는 피를 흘리심으로써 우리에게 생명을 주신다. 사람들은 예방주사를 맞는다. 마찬가지로, 그리스도의 피라는 주사는 우리를 죄라는 치명적인 병과 사망에서 구해준다. 창조 세계 전체는 하나의 몸과 같아서 한 부분은 몸 전체와 연결되어 있다. 그러므로, 한 지체의 특별한 문제나 병을 치료하기 위해서 주사를 놓으면, 비록 목표는 특정 지체의 유익을 위한 것이지만 몸 전체에 영향을 미친다. 마찬가지로, 그리스도는 눈에 보이는 우주와 보이지 않는 우주의 한 부분, 세상이라고 불리는 부분에서 십자가에 달리셨지만, 창조 전체, 온 우주에 영향을 미치셨다. 그분은 예루살렘이라는 장소에서 세상의 구원을 위해 십자가에 달리셨지만, 온 우주가 그 안에 동참한다. 또 영이 온몸에 스며있듯이, 하나님은 우주 전체에 내재해 계신다. 성 보나벤투라는 "그분의 중심은 모든 곳에 있지만, 원주와 경계는 어디에도 없다"고 말했다.

2. 그리스도는 우리를 위하여 죄, 또는 죄인이 되셨다. 악한 사람들을 악행에서 구하기 위해서 악인들 가운데 살러 갔다는 이야기가 전

해지는 선한 사람처럼 죄인으로서 죽으셨다. 같은 종류의 새들은 함께 모인다. 많은 사람은 이 하나님의 사람이 죄수들의 친구라고 생각했다. 그들이 심각한 죄를 범했을 때 그분은 그들과 공범으로 간주되어 그들의 악에 대해 책임을 지고 체포되셨고, 기꺼이 사형선고를 받아들이셨다. 그의 사후 악을 행하는 사람들은 이를 알았으며, 경건한 사람이 자기들 때문에 사형을 받았다고 생각했다. 그들 중 많은 사람은 감동하여 회개하고 온갖 종류의 악하고 옳지 않은 행동을 영원히 포기했다. 예수님이 이렇게 행하셨다. 그분의 구원하시는 영향력은 영원히 살아 활동한다. 죄인들이 그분의 놀라운 사랑에 감화되고, 회개하여 그분에게 마음을 둘 때, 그분은 그들의 영에 강력하게 작용하여 악을 박멸하고 생명을 주시며 거듭나게 하신다. 그들은 영구히 새로운 피조물로 변화되며, 그분처럼 된다.

3. 1921년에 히말라야산맥의 어느 숲에서 불이 났다. 많은 사람이 바삐 불을 끄고 있었다. 그런데 몇 사람이 나무 위 둥지를 바라보고 있었는데, 둥지에 새끼 몇 마리가 있었다. 나는 그 사람들에게 왜 그곳을 바라보고 있느냐고 물었다. 그들은 슬픈 소리를 내면서 둥지가 있는 나무 위를 날고 있는 어미 새를 가리키면서 "새끼들을 구하고 싶지만 나무 전체가 불에 휩싸였기 때문에 구할 수가 없다"고 말했다. 몇 분 후 둥지에 불이 붙었다. 우리는 어미 새가 새끼들을 포기하고 떠날 것이라고 생각했다. 그런데 놀랍게도 어미 새는 날개를 펴서 새끼들을 덮고 함께 타죽었다.

나는 그렇게 놀라운 광경을 본 적이 없었다. 나는 그곳에 있는 사람들에게 이렇게 말했다: "우리는 이 놀라운 사랑에 놀라고 있습니다. 이 하찮은 새에게서 놀라운 사랑을 발견했는데, 어미 새로 하여금 희생적인 사랑을 할 수 있게 하신 분, 모든 생명과 사랑의 근원이신 분의 사랑은 얼마나 놀랍고 순수하겠습니까? 이 끝없는 사랑이 그분을 죄와 악 속에서 죽어가는 우리를 구하기 위해서 이 세상에 성육하여 우리에게 생명을 주게 하셨습니다."

4. 하나의 사실이 진리라는 증거는 많은 사람의 개인적인 경험에서 발견되며, 그것이 필요하고 유익하고 적절하게 생명을 준다는 것을 증명해 준다. 경험이 있는 신자들은 이 사실을 증명할 수 있다. 1922년 2월에 나는 친구와 함께 팔레스타인에 가서 야곱의 우물의 시원한 물을 마시면서 큰 기쁨과 행복을 맛보았다. 그런데 물을 마시고 두 시간이 못 되어 다시 목이 말랐다. 그때 "이 물을 먹는 자마다 다시 목마르려니와 내가 주는 물을 먹는 자는 영원히 목마르지 아니하리니"(요 4:13, 14)라고 하신 주님의 말씀이 나에게 큰 감명을 주었다. 나는 야곱의 우물에서 물을 마시고 나서 곧 다시 목이 말랐다. 그러나 감사하게도 내가 주님께 마음을 드리고 주님이 주시는 물을 마신 후 거의 20년이 흘렀지만, 주님은 생명의 물이시므로 나는 오늘까지 다시 목마르지 않았다.

5. "생명의 영"(요 6:63)이신 그리스도 및 그분의 말씀에 대해서 어떤 사람의 인용해 보려 한다: "예수님의 가르침의 질을 그분의 시대와 장

소, 또는 어느 시대나 어느 장소와 비교해 보십시오. 그리고 그분의 말씀과 놀라운 솜씨가 이루어놓은 것을 생각해 보십시오. 지금까지 어느 위대한 사상가나 현인도 하나님과 인간을 위해 사랑을 완성하는 참된 방법을 제시하지 못했습니다. 만일 이것이 동화나 꾸며낸 이야기이며 그런 사람이 세상에 존재한 적이 없다고 말한다면, 놀라운 업적을 남긴 플라톤이나 뉴턴이 존재한 적이 없다고 가정할 수 있습니까? 누가 이러한 사상을 가졌었는가? 뉴턴이 상상의 인물이었음을 증명하려면 뉴턴 같은 사람이 필요할 것입니다. 오직 살아계신 그리스도의 실체만이 그리스도라는 인물과 위격을 설명할 수 있습니다."

인간의 지성과 문화와 윤리만으로는 죄와 고삐 풀린 감정을 이길 힘과 도움을 발견할 수 없다. 하나님의 능력과 은혜가 없으면, 세속적인 학문과 문화는 사람들을 돕기는커녕 새로운 방법의 죄와 악, 서로를 망하게 하고 죽이는 새로운 방법들을 발견하는 데 기여할 뿐이다. 그러므로 죄 및 그 결과에서 구원받으려면, 구원과 영생을 주시는 분에게 우리 자신을 완전히 맡겨야 한다.

제8장

모든 인간은 결국 뉘우치고
하나님께로 올 것이다

1. "우리의 지성과 존재의 구조는 우리로 하여금 자존하시는 무한하신 존재를 믿게 한다." 인간의 마음속에는 하나님과의 교제를 원하는 갈망의 불씨가 있다. 부싯돌에 철 같은 금속과 부딪히면 불이 붙듯이, 이 불씨는 죄와 무지의 잡석 밑에 파묻혀 있지만, 하나님의 사람과 접촉하면 즉시 불타오른다.

인간 안에는 이 세상이나 다음 세상의 것으로 만족시킬 수 없는 영적 갈망이 있다. 그렇기 때문에 인간은 이리저리 밀려가고 비틀거리다가 마침내 회개하고 하나님을 의지한다.

2. 하나님은 인간이 부족한 지식과 논증으로 하나님의 존재를 증명하려고 노력하는 것을 원하시지 않는다. 만일 하나님이 그것을 원하셨다면 침묵하지 않으셨을 것이다. 하나님은 우리의 정신이 공급하는 것보다 더 만족스러운 증거를 제공할 수 있었을 것이다. 하나님의 생명을 주는 교제 안에서 발견하는 기쁨에 의해서 하나님을 증거하는 것이 하나님의 뜻이다. 왜냐하면 이러한 개인적인 경험의 증거가 지

적인 논증보다 더 효과적이기 때문이다.

하나님이 선지자들을 통해서 말씀하셨고, 마지막으로 자기 아들을 통해서 말씀하셨지만(히 1:1, 2), 하나님을 본 사람이 없고 그의 음성을 들은 사람이 없다. 유대 철학자 필로는 "인간의 음성은 들어야 하지만, 하나님의 음성은 보아야 한다"고 말했다. 다시 말해서, 하나님은 자연의 책을 통해서, 그리고 피조 세계를 통해서 말씀하신다. 안타깝게도 사람들은 시간을 가지고 이 책을 읽으려 하지 않는다. 허버트 스펜서(Herbert Spencer)는 이렇게 말했다: "슬프게도 사람들이 바삐 유치한 일에 매달리면서도 하나님의 계시의 장대한 광경에 무관심하며, 하나님의 손으로 지구 표면에 기록하신 놀랍고 아름다운 것들을 보지 못한 채 죽는다."

3. 하나님이 아닌 돌을 숭배하는 우상 숭배자도 자신이 일종의 평화와 만족을 소유하고 있다는 것을 보여줄 수 있다고 해서 돌 안에 우리를 만족하게 하는 능력이 있음을 증명하는 것이 아니다. 실제로, 어떤 사람에게는 그것이 단지 하나님께 주의를 집중하기 위한 수단일 수 있으며, 하나님은 그들의 믿음에 따라서 그들을 만족하게 해주신다. 그러나 여기에는 예배자가 전혀 진보하지 못하며, 주위의 돌들의 영향을 받아 돌처럼 되어 감정이나 활동이 없게 될 위험이 있다. 자신 및 돌을 지으신 분, 은밀하게 현존해 계시며 진정으로 예배하는 자의 마음의 소원을 이루어주실 수 있는 분을 알아보지 못할 위험이 있다.

4. 인간의 구조 안에는 결코 악이나 죄를 향해 기울지 않는 요소, 또

516 제8권 참 진주

는 신적인 씨앗이 있다. 인간이 악하며, 하나님이 명령하시는 음성을 듣지 않으려 하며, 그의 양심과 감정이 무감각해져도, 이 씨앗은 죽지 않는다. 그렇기 때문에, 큰 죄인과 죄수에게서도 약간의 선이 발견된다. 예를 들면, 무자비하게 사람들을 살해한 강도들도 종종 가난한 사람들을 불쌍히 여겨 도와준다. 만일 이 씨앗이 죽지 않으며, 죽일 수도 없다면, 우리는 어떤 죄인에 대해서도 절망해서는 안 된다. 하나님으로부터의 분리를 슬퍼하고 고통하는 것이 "씨", "불티" 또는 "불꽃"인데, 만일 그 씨앗을 죽일 수 있다고 말한다면, 어찌 죄나 지옥의 고통으로 인해 하나님에게서 분리되는 것을 슬퍼할 수 있겠는가? 그렇게 되면 결과적으로 지옥은 지옥이 되지 못할 것이다. 그러나 만일 인간이 고통과 고난을 안다면, 조만간 그것에 싫증을 느껴, 구원을 위해 하나님을 의지할 것이다.

인간에게는 자유의지가 주어져 있다. 인간은 이 자유를 잘못 사용하여 자기 자신 및 이웃에게 해를 입힌다. 그러나 자기 생명을 죽이거나 자기 안에 있는 신적인 씨앗을 죽일 수는 없다. 그렇게 할 힘이나 권위는 그를 지으신 창조주께만 있으며, 창조주도 그를 죽이지 않으실 것이다. 만일 그분이 그를 멸하려 하셨다면, 그를 창조하지 않으셨을 것이다. 하나님이 그러한 행동을 하신다면, 하나님이 세상을 창조하신 것이 하나님의 무지와 실수임을 증명하는 것이 될 것인데, 이것은 상상할 수 없는 일이다.

인간은 자기의 영을 창조하지 않았고, 그것을 죽일 수도 없다. 창조주는 특별한 목적으로 모든 피조물을 조성하셨다. 인간이나 하나님이 인간의 내면에 있는 신적인 씨앗을 죽이지 않듯이. 인간이 피조된 목적은 언젠가는 성취될 것이다. 그는 하나님의 형상으로 지음을 받았기 때문에, 길을 잃거나 다른 길로 갈 수도 있지만, 결국 하나님께로 돌아올 것이다. 이는 이것이 그의 운명이기 때문이다. 기슬러(Gissler)는 이 신적인 씨앗에 대해서 이렇게 기록했다: "모든 사람의 내면에 이 요소, 또는 불티, 내면의 빛이 그의 영과 함께 지음을 받아 있다. 그것은 모든 수단을 동원하여 죄를 대적하며, 단호하게 선을 추구하며, 자신의 근원을 향해 나아간다." 그리하여 "몸이 영에 의해서 살듯이, 영은 하나님에 의해서 산다." 주님은 "내가 땅에서 들리면 모든 사람을 내게로 이끌겠노라"고 말씀하셨다(요 12:32). 하나님이 인간을 하나님의 현존과 교제 안에 살도록 지으셨으므로, 인간은 영원히 하나님으로부터 분리될 수 없다.

제9장

하나님의 나라

1. 주님은 사람이 거듭나지 않으면 하나님 나라를 볼 수 없다고 말씀하셨다. 거듭나지 않은 사람은 하나님의 나라에 들어가기는커녕 볼 수도 없다. 육체의 눈은 세상적이고 물질적인 대상만 볼 수 있다. 영이신 하나님과 그의 영적인 나라를 보려면, 성령으로 태어나야 한다 (요 3:3, 5, 6). 그렇게 되면 우리는 영적인 눈으로 그분을 볼 뿐만 아니라, 항상 그분과 함께 다스릴 것이다.

사람이 회개하고 하나님의 영이신 주님을 믿으면, 하나님이 그의 안에서 일하신다. 그는 거듭나서 새로운 피조물이 된다. 그때 주님이 강도에게 "오늘 네가 나와 함께 낙원에 있으리라"(눅 23:43)라고 말씀하신 것처럼, 하나님 나라, 또는 낙원이 그의 마음 안에서 시작된다. 이것은 낙원에 대한 주님의 예지와 권위를 증명해준다. 주님은 "아마 얼마 후 네가 낙원에 들어갈 것이다", 또는 "내가 먼저 거거나, 하나님에게 허락을 받고, 너를 위해 준비하겠다"라고 말씀하신 것이 아니다. 그분은 권위를 가지고 죽어가는 강도에게 약속하시고 위로하셨다. 말하자면 그분은 십자가상의 죽음의 첫 열매를 가지고 낙원에 가셨다. 지금도 그분과 함께 하는 사람들은 죄와 세상에 대해서 못 박히고 다

제9장 하나님의 나라 519

시 태어나, 낙원과 하나님 나라에 들어가서 놀라운 기쁨과 평화를 발견한다. 그러나 세상적인 사람들은 이 평화와 낙원을 보지 못하며, 그것이 무엇을 의미하는지 이해하지 못한다

2. 하나님은 모든 죄인에게 회개하고 거듭나서 하나님 나라에 들어갈 기회를 주신다. 예를 들면, 하나님은 가룟 유다가 어떤 사람인지, 그리고 그가 주님을 배반하리라는 것을 아셨지만, 그를 가혹하게 다루지 않으셨다. 하나님은 그에게 예수님을 따르면서 살 수 있는 귀중한 기회를 주셨고, 그럼으로써 누구도 나쁜 사람에게는 기회가 주어지지 않는다고 핑계할 수 없게 하셨다. 유다는 매우 어리석었기 때문에, 회개하고 예수께 돌아와 용서를 구하며 구원을 발견하지 않고 자살했다. 지금도 많은 사람이 그와 비슷한 죄를 범하고 있으며, 낙원과 하나님 나라로 가지 않고 "제 곳"으로 가서(행 1:25) 벌을 받는다.

"제 곳", 또는 지옥이란 인간이 하나님께 불순종하면서 자기의 자유의지를 발휘함으로써 자기 안에 만들어내는 고통과 고뇌의 상태를 의미한다. 이것은 장소를 지칭하는 것이 아니다. 만일 그것이 어느 곳에나 계시는 하나님의 존재의 일부라면, 그것은 지옥 안에 있을 것인데, 이것은 불가능한 일이다. 그것은 거룩하신 하나님의 것으로 간주할 수 없는 상태이다. 참되게 하나님을 예배하는 사람들도 영원히 죄와 고통의 상태에서 구원받을 것이다.

하나님이 계신 곳에 천국, 또는 하나님 나라가 있다. 그리고 하나님은 어디에나 계시므로, 천국도 어디에나 있다. 그러므로 참으로 하나

님을 예배하는 자들은 어려운 상황에서든지 쉬운 상황에서든지, 친구들 가운데 있든지 원수들 가운데 있든지, 어디에서든지 즐거워할 것이다. 왜냐하면 그들은 어디에나 편재하시는 하나님 안에서 항상 살며, 하나님이 그들 안에 계시기 때문이다. 이것이 하나님의 나라이다 (눅 17:20, 21). 반면에, 죄인은 겉으로는 사치하고 편안하게 살아도, 마음에서 불안함을 제거하지 못한다. 그는 마음속에 지옥을 가지고 다니기 때문에, 천국에 들어간다 해도 그곳이 그에게는 지옥이 될 것이다. 그러므로 마음이 변화되어 거듭나지 않는 한 그는 하나님 나라에 들어갈 수 없다.

3. 하나님 나라는 사랑의 나라이다. 그 나라는 어느 경건한 사람이 꿈에서 본 것과 비슷하다. 그는 한 번도 가본 적이 없는 나라에 도착했다. 그곳 주민들이 마치 오랫동안 헤어져 있던 옛 친구나 형제들이 반기듯이 사랑으로 맞아주었기 때문에 그는 매우 놀랐다. 그는 그곳에서 온갖 종류의 비싸고 아름다운 가구들이 가득한 호화로운 집들을 보았다. 집주인들은 문을 잠그지 않고 열어놓은 채 외출했지만, 도둑이나 강도가 들 염려가 없었다. 그곳 주민은 그의 질문을 받고 이렇게 대답했다: "이곳에는 도둑이 없어요. 마음이 하나님을 내쫓을 때에만 문을 잠가야 할 것이오. 마음의 문이 하나님께 대해 열리고 하나님이 그 안에 살 때 어느 집이든지 문을 잠글 필요가 없어요. 왜냐하면 사랑의 나라인 하나님 나라는 마음속에 세워져 있고, 모든 사람은 서로를 향한 사랑에서 우러나서 서로를 섬기며 서로의 유익을 원하기 때

문이오. 두 형제의 예를 들겠어요. 형에게 무엇인가가 필요하다는 것을 알아낸 동생은 형에게 필요한 것을 찾아서 형의 집에 보내기로 했어요. 형도 동생에게 필요한 것을 공급해 주기로 마음먹었어요. 그들은 서로에게 이 일을 이야기하지 않았고, 상대방의 선한 의도를 알지도 못하고 묻지도 않은 채, 자기 생각을 행동으로 옮겨 물건을 상대방의 집으로 가져가고 있었습니다. 그런데 형제는 도중에서 서로 만났어요. 상대방의 순수하고 이타적인 사랑을 알게 된 형제는 기뻐하고 감사하면서 서로 껴안고 입을 맞추었어요. 우리도 이런 식으로 사랑으로 서로 돕고 서로의 유익을 바랍니다."

그는 조금 더 가다가 사람들과 천사들이 연합된 마음으로 함께 하나님을 예배하는 것을 보았다. 그들 가운데 성육하신 하나심, 사랑의 성육신이신 그리스도가 계셨다. 놀라운 하나님의 사랑과 기쁨이 그의 마음을 가득 채웠다. 그는 무심결에 이렇게 외쳤다: "이곳이 하나님의 나라, 인간의 마음이 갈망하는 영원한 고향이구나! 이것은 신자가 이 세상에 있는 동안에도 마음에서 시작되지만, 고통이나 불행이나 죽음이 없고 영원한 생명과 기쁨이 있는 마지막 단계이다."

제10장

도덕과 아름다움

1. 윤리의 기초와 생명은 모든 선의 근원이신 하나님이시다. 하나님이 없는 도덕적인 삶은 아름답지만, 생명 없는 돌과 같다. 하나님과 생생한 관계 안에 있는 사람은 모든 종류의 선과 진리 안에서, 영의 아름다움 안에서 성장한다. 그러나 하나님을 믿지 않거나 신뢰하지 않는 사람은 거센 바람에 이리저리 밀려가는 모래더미처럼 오늘은 이곳, 내일은 저곳으로 옮겨간다.

2. 우리는 하나님의 현존 안에서 생활하여 하나님을 알게 되면서 우리 자신의 존재와 본성에 대한 진리도 알게 된다. 만일 그렇지 않다면 우리는 자기 존재의 실체조차도 알지 못할 것이다. 장자는 이렇게 말했다: "언젠가 내가 꿈에 나비가 되었다. 훨훨 나는 나비였다. 내 스스로 아주 기분이 좋아 내가 사람이었다는 것을 모르고 있었다. 이윽고 잠을 깨니 틀림없는 인간 나였다. 도대체 인간인 내가 꿈에 나비가 된 것일까. 아니면 나비가 꿈에 이 인간인 나로 변해 있는 것일까." 자기의 존재조차 확실히 알지 못하는 사람이 어찌 선과 악을 구분할 수 있겠는가?

3. 유명한 철학자요 도덕가인 공자도 의와 윤리에 대해 특별한 견해를 가지고 있었다. 어느 통치자가 공자에게 자신의 통치의 높은 도덕적 수준을 자랑하면서 "당신은 우리 나라에서 매우 선하고 신뢰할 수 있는 사람들을 발견할 것입니다. 만일 아버지가 양 한 마리를 훔친다면, 아들이 아버지의 죄를 입증하는 증언할 것입니다"라고 말했다.공자는 "우리나라에서는 그와 반대입니다. 아버지는 아들을 숨겨주고, 아들은 아버지를 숨겨줍니다"라고 대꾸했다. 이것을 다음과 같이 말씀하신 그리스도의 순수한 가르침과 비교해 보라: "지극히 작은 것에 충성된 자는 큰 것에도 충성되고 지극히 작은 것에 불의한 자는 큰 것에도 불의하니라." 그러나 공자는 이렇게 말했다: "도덕적 생활의 큰 원리와 관련하여 흠이 없는 사람은 작은 일에서 혐의를 벗을 수 있다."

예수는 "무엇이든지 남에게 대접을 받고자 하는 대로 너희도 남을 대접하라"(마 7:12)고 긍정적으로 명령하셨지만, 공자는 그것을 부정적으로 표현하여 "남이 당신에게 행하지 말았으면 하는 것을 남에게 행하지 말라"고 가르쳤다. 언급하는 것이 죄로 간주되는 것이 많듯이, 언급하지 않는 것이 죄가 되는 것도 많다. 마음과 뜻을 다하여 하나님과 이웃을 내 몸처럼 사랑하는 것을 예로 들 수 있다.

4. 세상의 피조물 안에서 발견되는 여러 종류의 아름다움은 참된 영적 아름다움의 결과요 표현이다. 그것은 사랑과 영광과 선의 하나님의 임재와 활동으로서 피조세계 안에서 여러 가지 방법으로 계시된

다. 다시 말해서, 세상이나 자연 안에 분명히 나타난 아름다움은 내면에 감추어진 영적 아름다움의 반영이다. 에머슨은 이렇게 말했다: "자연의 모든 장면은 어떤 영적 상태에 상응하며, 그 영의 상태는 자연적 장면이라는 그림을 통해서만 설명될 수 있다."

케라트(Kerat)는 "아름다움은 소금이다. 그것이 없는 삶은 맛이 없다"라고 말했다. 이 아름다움은 선과 진리의 표현으로서, 꽃과 열매, 산과 강, 시와 문학, 음악과 미술, 행위 등을 통해서 표현될 수 있다. 이 아름다움이 우리의 마비되고 억제된 감정과 접촉하여 되살아나게 하면, 우리는 자신이 진보한 단계와 능력에 따라서 그것을 즐긴다. 음악의 선율과 아름다운 음성은 우리 마음을 휘젓고 평온하게 해준다. 그것은 하나님을 예배하고 그분과 교제하는 통로가 되는 훌륭한 매체이다. 그렇기 때문에 옛 선지자들은 예언하기 전에 비파와 거문고를 연주하곤 했다.

5. 도덕과 아름다움의 근원은 진리이다. 그렇기 때문에 그 둘은 서로 밀접하게 연결되어 있으며, 내면에 진리가 거하는 사람들에게서 발견된다. 다른 생물과 무생물 안에도 아름다움이 있다. 만일 이러한 특성들이 "창조의 면류관"인 인간에게서 발견되지 않는다면, 그는 비천한 피조물과 무생물보다 못하다. 그것은 그가 죄와 악 때문에 추악해졌다는 증거일 것이며, 사악함과 불의에 따른 필연적인 결과이다.

마음속에 진리, 즉 하나님을 소유한 사람의 선하고 아름다운 삶은 의식적으로든지 무의식적으로든지 다른 사람에게 영향을 미친다. 깨끗한 데 익숙한 사람이 더러운 사람들이 있는 곳에 갔다. 그가 사람들과 이야기하는 동안 이 더러운 사람들 가운데서 자라면서 깨끗하게 사는 사람을 본 적이 없는 청년이 이 단정한 사람의 깨끗함을 보고 감명을 받았다. 누구도 그에게 말해 주지 않았지만, 그는 말없이 가서 얼굴과 손과 발을 씻고 다시 나타났다. 그 경건한 사람도 청년의 행동에 감명을 받았다. 그는 사람들에게 "우리는 어떤 대가를 치르더라도 자기 삶에서 하늘 아버지의 영광과 존귀를 나타내야 합니다. 그리하면 그분이 찬양과 존귀를 받으실 것입니다"라고 말했다.

제11장

비난과 반대

1. 사람들이 우리의 선한 의도를 이해하지 못하여 우리를 비난하고 반대하고 박해하는 것은 결코 놀랍거나 새로운 현상이 아니다. 왜냐하면 무수한 사람들이 자신의 실존의 목적을 이해하지 못하기 때문이다. 만일 이것을 이해한다면, 하나님이 맡기신 임무를 버리고 다른 사람들의 일에 간섭하면서 귀중한 시간을 허비하며 자기 자신과 사람들에게 해를 끼치는 행동을 하지 않을 것이다. 자기의 삶의 목적을 이해하는 사람들은 자기 일에 몰두하며, 사람들이 자기에 대해 하는 말이나 생각에 신경을 쓰지 않는다. 왜냐하면 그들은 자신을 위한 창조주의 뜻을 발견하여 힘을 다해 그것을 실천하고 있기 때문이다. 궁극적으로 그들이 보고해야 할 대상이신 하나님은 그들의 성실함을 아신다. 그러므로 그들을 사랑하시고 복 주시고, 마음의 확신과 평안을 주신다. 그렇다면, 언제 우리의 창조주께서 우리의 선한 의도를 이루어 주시고, 우리가 근심하고 걱정하는 이유를 모든 사람에게 분명히 드러내 주실까?

어떤 사람이 다른 장소나 외국에 가면, 그곳 사람들은 그를 나그네로 여기며, 개들도 그를 보고 짖는다. 마찬가지로 참 기독교인은 이 세상에 속하지 않은 나그네이다(요 17:14; 히 11:13). 그러므로 세상의 개들이 그를 나그네로 여겨 짖어대거나 공격하여 물어도 놀라지 말아야 한다. 쟁기를 잡고 뒤를 돌아보거나 걷는 속도를 늦추지 말고, (사막의) 대상(隊商)처럼 계속 앞으로 나아가야 한다. 개들은 잠시 우리를 쫓아오다가 돌아갈 것이다. 그것들은 침묵 속으로 사라지고, 우리는 안전하게 목적지에 도착할 것이다(마 7:6).

2. 진리의 원수들은 특별히 하는 일이 없다. 비록 그런 일이 있다 해도, 그들은 자격이 없기 때문에 그 일마저 빼앗긴다. 그들이 하나님의 일을 빼앗기는 순간, 사탄은 한가한 그들에게 할 일을 준다. 왜냐하면 사람이 아무것도 하지 않고 지내는 것은 어려운 일이기 때문이다. 그리하여 그들은 다른 일을 할 수 없을 때 하나님의 일에 종사하는 사람들에게 돌을 던지면서 즐긴다.

길을 걷는 장님과 부딪히지 않으려면 성한 사람이 비켜서야 한다. 만일 두 사람이 부딪힌다면, 성한 사람이 장님에게 사과하고 도와주어야 한다. 만일 성한 사람이 화를 낸다면, 그것은 장님이 그 사람보다 더 분명한 시각을 가지고 있다는 증거가 된다. 동정심과 지성에 관해서 보면, 그가 장님이다. 그러므로 우리가 진리를 따른다고 해서 어떤 사람이 우리를 대적하고 박해한다면, 우리는 그 사람을 비방하지 말고 용서하고 사랑하며 그 사람을 위해서 기도해야 한다(마 5:44). 그래도 그 사람이 뉘우치지 않고 계속 우리를 괴롭힌다면, 우리는 패배자가 아니다. 이는 우리에게 시력을 주셨으며 친히 진리가 되시는 분을 위해 우리는 그리 해야 하기 때문이다.

3. 기도를 통해서 하나님에게서 영적인 힘과 능력을 받기 때문에 어려움과 환란을 당해도 견고하게 지탱하는 사람은 북극에 사는 곰과 같다. 북극곰은 여름에 충분히 먹어 뚱뚱하고 튼튼해지지만, 겨울이면 몇 달 동안 양식을 얻을 수 없으므로 여름에 몸에 비축해둔 지방으로 연명한다.

사람들이 주를 대적하여 "생명의 주"를 죽였다(행 3:15). 그렇다면 우리는 어떠한가? "그가 자기 땅에 오매 자기 백성이 영접지 아니하였다." 장사하러 외국에 간 사람의 이야기가 있다. 그가 떠나고 얼마 후에 아들이 태어났다. 그러나 아내는 죽고, 아기만 살았다. 그는 친척에게 아기의 양육비를 보내곤 했다. 아기는 자라서 청년이 되었다. 어느 날 밤 아버지가 집에 도착하여 문을 두드려 아들을 깨웠다. 그러나 아들은 아버지를 도둑으로 여겨 무례하고 거칠게 대했다. 상인은 자기가 그의 아버지라고 설명했지만, 아들은 아버지를 본 적이 없고 알지도 못하고 사랑하지도 않았기 때문에, 그를 공격하여 상처를 입힌 후에 경찰에게 넘겼다. 다음 날 아침에 조사 결과 상인이 청년의 아버지임이 증명되었다. 청년은 가슴을 치고 울면서 아버지에게 용서를 구하고, 평생 마음을 다해 순종하며 아버지를 모시겠다고 약속했다. 지금도 우리 가운데는 뉘우치고 하늘 아버지에게 돌아가지 않는 사람이 무수히 많다. 그들은 무척 몰인정한 사람들이다. 그러나 우리는 하나님께서 그들을 불쌍히 여겨주시기를 쉬지 말고 기도해야 한다.

4. 자기의 잘못과 결점을 보지 않고 항상 다른 사람들을 비난하고 고발하는 사람들이 많다. 비판하고 대적하는 사람은 눈과 같다. 눈은 많은 사물을 보지만 자기 자신 및 자신의 결점은 보지 못한다. 또 눈이 거울을 들여다봄으로써 자신이나 자신의 결점을 발견할 수 있듯이, 우리도 하나님의 말씀을 통해서, 그리고 성육하신 말씀과의 교제 안에서 삶으로써 자신의 영적 상태를 발견할 수 있다. 그때 그분은 우리의 죄악된 상태를 드러내 주실 뿐만 아니라, 능력으로 그분 자신을 우리에게 계시해주시며, 완전한 치유와 구원을 주실 것이다. 만일 우리가 회개하고 주님께 돌아가 그분의 거룩한 임재 안에 살면서 마음과 혼을 다하여 기도한다면, 그분은 우리를 그분 자신처럼 만들어주실 것이다. 그리하여 우리도 그분이 계신 곳에 그분의 영광 안에 그분과 함께 거할 것이다(요 12:26; 17:24).

제12장

섬김과 자기 부인

1. 하나님은 끊임없이 창조하시며, 피조물을 지탱해 주신다(요 5:17). 하나님의 일은 항상 계속된다. 예를 들어, 살아있는 피조물인 동물 안에서는 피의 흐름과 호흡의 순환이 끊임없이 계속된다. 심지어 무생물—물, 흙, 해, 달 등—도 계속되는 규칙적인 순환에 포함되며, 그것이 지음받은 목적을 성취한다. 하나님의 자녀라고 불리는 우리가 생명 없는 피조물 수준 이하로 떨어지지는 않았는지, 주어진 의무와 임무를 성취하는 데 부주의하지 않았는지 생각해 보아야 한다.

2. 의의 힘이 없는 사탄도 많은 일을 한다! 사탄은 밤낮 바쁘게 사람들을 오도하고 멸망하게 한다. 하와를 속인 뱀은 손과 발이 없어도 움직인다(창 3:1-20). 의와 진리를 따르며 하나님의 무기와 성령의 능력으로 무장한 우리가 게으르고, 거룩한 의무를 등한히 한다면, 사탄이나 뱀보다 더 타락한 것이 아닐까(엡 6:1-18)? 그러므로 우리는 조심하고 깨어 지키며, 하나님에게서 능력을 받아 마귀들과 악을 정복해야 한다(딤후 4:5; 약 4:7).

3. 어느 경건한 사람이 약간의 밀을 가지고 여행하고 있었다. 5km

쯤 여행한 후에 자루를 열어보니, 자루 안에 개미들이 많았다. 그 사람은 동정심과 자비심 때문에 밀을 산 곳으로 돌아가서 개미들을 풀어놓아 주었다. 하찮은 곤충에게도 동정심과 자비심을 발휘했는데, 하나님의 모양과 형상으로 지음 받은 인간에게는 한층 더 큰 사랑과 동정심을 발휘해야 하지 않을까? 그리해야 길 잃은 양이나 탕자처럼 멀리 간 사람을 참된 길로 돌아오게 하며, 영원한 아버지의 집에 데려갈 수 있을 것이다.

언젠가 개미 한 마리가 무엇인가를 찾아 이리저리 돌아다니는 것을 보았다. 개미는 작은 낟알 위에 올라갔는데, 내가 만지니까 얼른 도망쳤다. 나는 개미가 그 낟알이 쓰고 망가진 것으로 생각하여 낟알을 포기했다고 생각했다. 그런데 잠시 후 개미는 여러 마리 개미를 데리고 나타났다. 개미는 동료들을 부르러 갔던 것이었다. 개미는 이기적으로 낟알을 자기 구멍에 가져가서 혼자 먹지 않고, 동료들과 함께 나누어 먹는 데서 즐거움을 발견했다. 이기적인 사람은 하찮은 개미에게서 교훈을 얻어야 한다. 하나님의 임재와 교제 안에서 온갖 종류의 영적 복을 발견한 사람들은 자기를 부인했던 사람들에게 가서 전하여 그들도 같은 교제와 복 안에 들어와 영원한 기쁨과 행복에 동참하게 해야 한다.

4. 가난한 프랑스 예술가가 진흙으로 멋진 조각을 만들었다. 그는 밤에 잠자리에 누웠다가, 그 조각이 습기 때문에 망가지리라 생각하여 자기 이불로 그 조각을 덮어놓았다. 그리하여 예술가 자신은 얼어

죽었지만, 그 조각은 지금도 파리에 보존되어 있다. 생명이 없는 사물, 자기 손으로 만든 작품을 위해서 목숨을 내놓으려는 사람이 있을 진대, 우리는 하나님의 형상과 모양으로 지음을 받은 사람을 위해서 기꺼이 목숨을 내놓아야 할 것이다(요 3:16).

5. 항아리 안에서 소금이 물에 녹아 완전히 섞이지 않으면, 콩알 하나도 절이지 못한다. 또 눈이 따뜻한 햇볕에 녹아 흐르거나, 수증기가 되어 하늘로 올라가 구름이 되었다가 비가 되어 내려와야만 말라서 갈라진 땅에 물을 대주어 결실을 맺게 된다. 마찬가지로, 우리도 의의 태양의 사랑과 성령의 불에 의해서 녹지 않으면, 다시 말해서 자기부인과 희생과 헌신을 위한 준비가 되어 있지 않으면, 우리는 누구의 삶에도 감화를 끼칠 수 없고, 목마른 영혼을 생명의 샘으로 인도하여 갈증을 해소해주며 영원한 구원과 만족을 누리게 할 수 없다.

6. 우리는 창조주와 그의 피조물을 섬길 때 많은 어려움과 시련에 직면한다. 그런 일을 당하는 것은 필요하고, 또 유익하다. 어려움과 시련이 없으면 영적으로 진보할 수 없다. 이 세상에서 시련을 겪지 않는 사람은 하나도 없다. 아리스토텔레스는 "시련을 겪지 않는 사람은 신이 아니면 짐승이다"라고 말했다. 또 어려움과 환란, 또는 십자가는 무수히 많은 복의 수단이다. 새에게 날개가 있으며, 그 날개가 새를 이동하게 해주듯이, 십자가는 기꺼이 그것을 지는 사람을 들어 올려주며, 안전하게 목적지에 데려간다는 것이 경험으로 증명된다.

7. 이러한 곤경에는 가정에서의 의무 및 다른 의무들이 포함된다. 어떤 사람은 그것들이 영성생활의 장애물이요 짐이라고 잘못 생각한 다. 예를 들어 폴리뇨의 안젤로(Angelo of Foligno)는 자기 어머니와 남 편과 자녀들이 죽었을 때 자신이 자유롭고 운이 좋다고 생각했다. 그 녀는 "그들은 하나님의 길에 놓인 장애물이었다"고 말했다. 그러나 이 모든 의무를 하나님의 뜻에 따라 사심 없이 수행하는 것은 하나님 을 섬기고 예배하는 것의 일부이다.

이웃을 돕고 행복하게 해줌으로써, 우리 자신이 도움을 받고 마음 에 큰 기쁨이 생긴다는 것은 경험으로 증명된다. 이것은 우리가 서로 친밀하게 연결되어 있으며, 서로의 발달과 향상을 위해서 서로 돕고 봉사해야 한다는 것을 보여준다. 이것은 우리의 본성의 법이며, 이것 을 범하면 우리와 이웃에게서 기쁨이 사라지며 서로를 파괴하고 망하 게 한다. 그러므로 우리는 생명의 법, "사랑으로 서로 봉사하라"는 황 금률을 실천해야 한다. 자기 부인이 없이 봉사할 수 없다. 그러므로 우리는 먼저 주님과 사귀어야 하며, 그분의 발 앞에 앉아서 사랑과 자 기 부인의 교훈을 배워야 한다. 그다음에 "이웃을 내 몸처럼 사랑하 고" 섬김으로써 우리의 삶에서 창조주의 목적과 뜻을 성취하며, 영원 히 그분과 함께 행복하게 살아야 한다. 아멘.

제9권

사두 선다 싱의 설교
Sermons of Sadu Sundar Singh

536 제6편 사단 장단 인심 도심

제1부: 여섯 편의 설교

설교 1

"이로 말미암아 내가 또 이 고난을 받되 부끄러워하지 아니함은 내가 믿는 자를 내가 알고 또한 내가 의탁한 것을 그 날까지 그가 능히 지키실 줄을 확신함이라"(딤후 1:12)

나는 주님을 위해 고난받는 것을 부끄러워하지 않는다. 나는 내가 믿는 그분을 안다. 그분에 대해서 아는 것이 아니고, 그분에 대한 설교를 들은 것이 아니라, 그분을 안다. 사도 바울은 그분과 함께, 그분을 위해서 살았기 때문에 이렇게 말할 수 있었다. 예수님에 대해서 아는 것과 예수님을 아는 것은 매우 다르다. 바울은 예수님에 대해서 알았을 때 그분의 백성을 박해했지만, 그분을 알게 되었을 때 그분을 위해서 바울 자신이 박해를 받았다. 명목상의 교인과 비기독교인 사이에는 차이가 없다. 그분을 알 때 모든 것이 달라진다. 우리는 새로운 세상에서 살고 있다. 땅에서 우리를 위해 천국이 시작된다. 그분을 아는 사람들은 예수님이 자기에게 모든 것이 되신다는 것을 안다. 그분을 위해서 고난받는 것은 영광스러운 일이다. 나는 그것을 부끄러워하지 않는다. 그분을 위해 고난받는 것은 세상에서의 천국이다.

예수님을 그저 선한 사람으로만 여기는 것은 우리에게 전혀 도움이 되지 않는다. 그분을 아는 사람은 그분이 누구이신지를 안다. 만일 우리가 그분 안에 산다면, 그분은 우리에게 자신을 계시해주실 것이며, 우리는 하룻밤만 아니라 영원히 그분을 증언할 것이다.

우리는 교육이나 철학으로 그분을 아는 것이 아니다. 호주에 갔을 때 누군가가 "우리 문화를 어떻게 생각합니까?"라고 질문했다. 나는 "당신들의 교육이나 사회의 풍습을 말하는 것입니까? 그렇다면, 당신들은 훈련받은 동물, 특정의 일을 특정한 방식으로 행동하는 훈련 받은 동물이라고 말해야겠지요"라고 대답했다. "인간이여, 너 자신을 알라"—하나님을 아는 사람은 자기 자신을 안다. 그런 사람은 자신이 피조될 때 지닌 하나님의 형상 안에 있는 사람, 참으로 개화된 사람이다.

어떤 사람이 나에게 "유럽의 기독교는 실패작입니까? 나는 유럽에서 몇 명의 참된 그리스도의 종을 보았습니다"라고 말했다. 그리스도는 실패작이 아니다. 사람들이 그분을 이해하는 데 실패한 것뿐이다. 의에 주리고 목마른 사람은 그리스도를 안다. 그분은 그런 사람, 기도하며 시간을 보내는 사람에게 자신을 계시하신다. 우리는 이따금 강물에 비친 자기 얼굴을 본다. 파도가 칠 때는 강물에 비친 우리의 얼굴을 볼 수 없다. 삶이 바쁘고 혼잡할 때는 우리 자신을 보지 못한다. 그러나 고요한 장소에서는 우리 자신을 볼 수 있으며, 그때 우리는 완전히 새 생명으로 변화할 것이다. 그때 우리는 부끄러워하지 않을 것이다. 우리는 그분과 함께 살아감으로써 그분을 알 것이다. 우리는 기

538 제9권 사두 선다 싱의 설교

도 생활을 통해서 그분 안에 살아야 한다.

독일에 있을 때 전쟁 중에 재산을 잃은 하나님의 사람을 만났다. 그 사람은 세 아들을 잃고, 건강도 잃었다. 그는 전에는 큰 저택에서 살았는데, 내가 만났을 때는 오두막에서 살고 있었다. 그 사람은 몸이 약해 보였지만, 눈과 얼굴에는 기쁨과 평화, 그리고 평온함이 있었다. 그는 "내가 모든 것을 가지고 있었을 때 모든 것을 잃었습니다. 나는 아무것도 가지고 있지 않지만, 모든 것을 얻었습니다"라고 말했다. 어떤 사람은 고통이 지나간 후에 행복을 느끼지만, 이 사람은 고통의 한복판에서 행복했다.

나는 예수 그리스도에 대해서 알았을 때는 그분을 이해하지 못했기 때문에 미워했다. 그러나 그분을 안 이후로 나는 그분을 증언하며 고난당하는 것을 부끄러워하지 않는다. 내 친구 하나는 사흘 동안 고문을 당한 후에 사형에 처해졌다. 사람들은 그에게 "지금까지 고통을 당한 것을 부끄럽게 생각합니까? 당신은 이제 죽을 것이며, 그리스도는 당신을 구할 수 없습니다"라고 말했다. 그는 이렇게 대꾸했다: "왜 부끄러워해야 하지요? 인도 여인은 죽은 남편을 화장할 때 함께 타죽으려 하는데, 주님이 살아계시는 데 왜 내가 부끄러워합니까?"

그는 고문을 받아 피를 흘리면서 "당신에게 내 마음을 보여줄 수 있으면 좋겠습니다. 내 마음속에는 평화가 있습니다"라고 말했다. 그 사람은 부끄러워하지 않고 그리스도를 증언했다. 그는 고난을 받으면서 그리스도의 능력을 깨달았다. 그는 "하나님, 저들은 자신이 무슨 행동을 하는지 모르고 있습니다. 저들을 용서해 주십시오. 당신을 위해서 고난을 받는 영광을 내게 주셨으니 감사합니다"라고 기도했다. 그는 또 "나는 영원히 살 것입니다. 내가 죽을 것이라고 생각하지 마십시오"라고 말하고, 몇 분 후에 죽었다. 사람들은 그가 자기 심장을 가리키는 것을 보고, 그의 심장에 무엇이 있는지 알려고 칼로 심장을 도려냈다. 그러나 그들이 발견한 것은 살뿐이었다. 그분이 어떤 분인지 알려면 그분을 알아야 한다.

사람들은 "이제 너는 기독교인이 되었으니, 우리는 너를 원하지 않는다"라고 나에게 말했다. 언젠가 나는 담요가 젖었기 때문에 베란다에서 밤을 지내게 해달라고 부탁했다. 사람들은 그것을 허락하지 않았고, 내가 가축우리에서 지내는 것도 허락하지 않았다. 그래서 나는 마을에서 2, 3마일 떨어진 곳으로 가야 했다. 나는 배고프고 목이 말랐다. 마침 동굴을 발견했고, 그 안에 있는 나뭇잎을 먹었다. 젖은 담요를 덮었지만, 그리스도가 함께 계셨기 때문에 행복했다. 아침에 일어나보니 동굴 안에 호랑이 한 마리가 있었다. 아침에 마을 사람들이 와서는 그것이 사람을 잡아먹는 호랑이라고 말하면서, 사흘 동안 자기 마을에 머물러 달라고 부탁했다. 사나운 짐승은 사람에게 쉴 곳을 주었지만, 사나운 인간들은 나에게 쉴 곳을 주지 않았다.

한 송이 꽃에 대해서 말하려면 많은 시간이 필요할 수 있지만, 꽃의 향기를 맡는 데는 시간이 오래 걸리지 않는다. 그리스도를 즐기는 데는 시간이 오래 걸리지 않는다. 내가 그분을 아는 것으로 충분하다. 사람들은 물이 산소와 수소로 이루어졌다는 것을 알지 못한 채 물로 갈증을 해소한다. 생명의 물도 그렇다. 만일 구원이 소수의 사람들을 위한 것이라면, 그것은 보편 구원이 아니며, 보편 구원이 아니라면 참된 구원이 아니다.

사람들은 그리스도를 알지 못할 때는 그분을 오해하지만, 그분을 알면 그분을 사랑한다. 나는 그분에 대해서 알고 있을 때는 그분을 미워했었다. 그러나 이제 나는 세상에서 천국을 소유하고 있다. 천국은 내 마음에 있다.

지적인 수단으로 영적 진리를 이해하려 하면 자아가 증가한다. 하나님을 찾는 사람은 그분을 알 수 없다는 것을 발견한다. 하나님은 철학이 아니라 마음을 통해서 알려진다. 무한하신 하나님을 이해하는 유일한 방법은 우리도 무한해지는 것인데, 그것은 불가능한 일이다. 하나님이 유한해지셔야 한다. 하나님은 그 일을 예수 안에서 이루셨다.

어느 불교 신자가 "욕망의 소멸이 구원입니다"라고 말했다. 나는 이렇게 말했다: "그렇지 않습니다. 당신의 의견에 동의하지만, 악한 욕망이 소멸되어야 합니다. 그러나 욕망을 갖지 않는다는 것은 불가능한 일입니다. 욕망을 죽이려는 욕망도 욕망이며, 그 욕망을 죽이려는 욕망 역시 욕망입니다. 욕망이란 충족시키기 위해서 주어진 것입니다. 물은 갈증을 해소하기 위해 주어지며, 나의 갈증은 기도를 통해서 충족됩니다." 나는 이제 예수 그리스도 안에서 천국에 살기 시작했다. 나는 기도를 통해서 그분을 안다. 그분을 아는 사람은 그분을 증언해야 한다.

설교 2

(3월 14일, 금요일에 마이랑 총회에서 행한 설교)

"나무 같은 것들이 걸어가는 것을 보나이다."(막 8:24)

사람들이 소경을 낫게 하려고 주님께 데려왔다. 그러나 주님은 그를 마을 밖으로 데려가셨다. 사람들이 너무 많았기 때문에 주님은 그 사람만 데려가셨을 것이다. 그는 시력을 회복했지만, 단번에 회복한 것은 아니다. "나무 같은 것들이 걸어가는 것을 보나이다." 사물을 거꾸로 보느니, 보지 못하는 편이 낫다.

그 소경은 분명히 죄인이었을 것이다. 그러나 주님은 그의 죄에 대해 아무 말도 하지 않으셨다. 무리 가운데는 온갖 종류의 사람들이 있다. 사람들이 하나님의 영광을 보려면, 홀로 가야 한다. 주님을 보려면 홀로 정글로 가야 한다. 그렇게 할 때도 부족한 것이 있다. 어떤 사람은 주님의 신성을 믿지 않는다. 그들은 사물을 거꾸로 본다! 또 어떤 사람은 "내가 하나님이다, 그가 하나님이다, 만물이 하나님이다"라고 말한다. 거꾸로 본다. 그러나 주님이 우리의 눈을 만져주실 때 우리는 모든 것을 분명히 본다.

주님을 보아도 알아보지 못하는 사람들이 많다. 엠마오로 가던 제자들은 주님이 사라지신 후에 마음이 뜨거운 것을 느꼈다. 그 뜨거움은 생각의 결과가 아니다. 우리가 주님을 보지 않으면, 감사하지 않을 것이다. 38년 동안 병을 앓은 사람은 주님의 이름을 말하지 못했다.

예수님을 알지만, 그리스도를 알지 못하는 사람들이 있다. 유니테리언 교도는 예수를 인간의 아들로만 여긴다. 우리는 영적 시각을 가져야 한다. 양들은 단순하지만 어리석다. 부활의 날에 제자들이 그러했다. 그러나 마리아는 크고 놀라운 사랑을 품고 있었다. 나는 팔레스타인의 정원 무덤(Garden Tomb)을 방문했을 때 이 장면을 눈에 그려보았다. 마리아의 사랑은 사심이 없고 순수하고 거룩한 사랑이었다. "당신이 옮겨 갔거든 어디 두었는지 내게 이르소서." 주님은 죽었다. 마리아는 오직 주님의 시신을 원했다. 마리아는 주님의 오른편이나 왼편에 앉기를 원하지 않고, 발 앞에 앉기를 원했다. 마리아는 눈물 때문에 주님을 알아보지 못했다. 그러나 주님이 그녀의 이름을 부르셨을 때 마리아는 주님을 알아보았다. "내 양은 내 음성을 알고." 주님을 사랑하는 사람들도 이해하지 못한다. 주님이 "나를 만지지 말라"고 말씀하셨을 때, 마리아는 순종했다. 우리의 영적 눈이 열려 있어도 모든 것을 이해하지는 못한다. 우리는 홀로 주님과 함께 가며, 날마다 오직 주님과 함께 시간을 보내야 한다.

사람들이 몽둥이와 돌을 들고 나를 죽이러 왔을 때 두 눈을 뜨고 있을 필요가 없었다. 그들은 나에게 왔다가 돌아갔다. 다음 날 아침에 더 많은 사람이 왔는데, 그들은 손에 몽둥이나 돌을 들고 있지 않다. 그들은 "어젯밤에 당신과 함께 있던 사람들이 누굽니까? 그들은 인도 사람도 아니고 중국 사람도 아니고 미국 사람도 아니었습니다. 우리가 한 번도 본 적이 없는 사람들이었습니다"라고 말했다. 나는 그들이 하늘의 천사들이라고 말해주었다.

하나님은 당신을 강요하지 않을 것이다. 하나님은 당신에게 자유의지를 주셨다. 하나님은 당신에게 하나님 자신을 주기를 원하신다. 그것은 당신의 행위에 따른 것이 아니다. 하나님 자신이 기독교 신앙이며, 세상에 있는 천국이다. 미국에서의 일이다. 내가 돈 없이 여행하는 경위를 이해하지 못한 어느 신사가 나에게 돈을 주려 했다. 나는 그분에게 "나는 내 아버지의 나라를 여행하고 있습니다"라고 말했다. 나는 전 세계를 여행했지만, 한 번도 무엇이 부족한 적이 없었다. 천국이 세상에서 시작된다. 우리 마음이 천국이 될 것이다.

어느 스위스 여인이 어느 날 4시에 하나님의 사람을 기다리고 있었다. 그 사람은 정해진 시간에 그곳에 갔다. 그 부인은 하인을 보내어 누가 왔으며, 어떤 사람인지 질문하게 했다. 부인은 그 사람이 하나님의 사람일 수 없다고 생각했다. 그래서 그 사람은 베란다에서 두 시간 동안 기다렸다. 그를 안타깝게 여긴 하인이 밤이 되었으니 자기 집으로 가자고 말했다. 그날 밤에 하인의 아내가 회심했다. 자신이 하나님의 사람을 알아보지 못한 것을 깨달은 부인은 매우 미안하게 생각했다. 다음 날 아침에 알아보니 그 사람은 이미 그곳을 떠나고 없었다. 하나님도 한 송이 꽃 뒤에 숨어계실 수도 있다. 하나님은 내 영혼 안에 감추어져 계시다.

내가 찾기 전에 먼저 하나님이 나를 찾고 계셨다. 내가 기대한 적이 없었던 그리스도께서 나에게 오셨다. 나는 "만일 신이 있다면, 모습을 보여 주십시오"라고 기도했었다. 나는 힌두교의 신들과 권화(權化)들에게 기도하고 있었다. 내가 사흘 전에 성경책을 불태웠건만, 나를 찾아오신 하나님의 얼굴에는 노여움이 없었다. 그분은 살아계신 놀라운 사랑의 구주이시다.

설교 3

총회의 공식적인 환영에 대한 사두의 반응
3월 15일, 토요일 아침. 마이랑에서

"사랑으로 환영해 주셔서 감사합니다. 내가 티베트에서의 박해를 친구들의 박해만큼 견디기 어려운 것으로 생각하지 않는다고 해도, 오해하지 마시기 바랍니다. 나는 종종 친구들에게 내가 어느 기차를 타고 갈 것인지 말해주지 않습니다. 나를 보지 말고, 나의 모든 것이 되시는 주님을 바라보십시오. 사람들이 나의 약함을 안다면, 나를 존경하지 않을 것입니다. 나는 람푸르에서 기독교인이라는 것을 부끄러워하지 않았습니다. 그리스도를 위해서 사는 것은 큰 영광입니다. 여러분의 사랑에 감사합니다. 나에게 여러분의 기도가 필요합니다. 내 "육체 안에 있는 가시"는 폐와 목이 약한 것인데, 그것은 나를 겸손하게 해줍니다. 만일 그렇지 않았으면 나에게 큰 위험이 임했을 것입니다. 나는 영적으로 약하기 때문에, 마땅히 해야 할 일을 하지 못합니다. 그러니 기도할 때 나를 기억해 주십시오."

새로 임명된 복음 전도자들에 대한 책임

자기의 책임을 깨닫는 사람은 극히 드물다. 여러분은 성령의 인과 교회의 인을 받았지만, 교회의 다른 사람들에게도 그에 못지않은 책임이 있다.

"얘, 오늘 포도원에 가서 일하라"(마 21:28)

종이 아니라 아들이다. 영에는 남성이나 여성이 없으므로 아들, 딸이다. 아버지의 재산은 아들의 것이며, 그렇기 때문에 아버지의 포도원은 우리의 포도원이다. 성령에 의해 임명된 것이 아니라 교회에 의해 임명된 사람들이 있다. 성령에 의해 임명된 사람들은 영혼을 설득한다. 하나님은 사랑이시며, 그들에게도 사랑이 있다. 하나님은 사랑이 있는 곳에서 일하시며, 우리는 삶에서 하나님의 사랑을 나타내야 한다.

네팔에 정원을 소유한 고위 관리가 살았다. 그는 세 사람을 보내어 이 정원에서 일하게 했다. 한 사람은 하루에 12루피를 받기로 했고, 다른 사람은 8루피를 받기로 했고, 셋째 사람은 삯을 받을 것인지조차 결정하지 않았다. 관리는 멀리서 그들을 지켜보았다. 하루에 12루피를 받기로 한 사람은 매우 충실하게 일했다. 두 번째 사람은 아침부터 저녁까지 잠을 잤다. 세 번째 사람은 밤늦게까지 일했다. 작업한 것을 평가할 시간이 되었다. 첫째 사람은 충성했으므로 칭찬을 받고 자기의 삯을 받았다. 관리는 그에게 두 번째 사람이 잠자고 있는 것을 보았느냐고 물었다. 그는 자기는 바삐 일했기 때문에 다른 사람이 잠을 자는지 볼 시간이 없었다고 대답했다. 관리는 두 번째 사람에게 "너는 종일 나무 밑에서 잠을 잤으니 이제 그 나무에 매달아 죽일 것이다"라고 말했다. 세 번째 사람은 해방된 노예였다. 관리는 이미 그에게 모든 것을 주었었다. 그는 관리의 발 앞에 엎드려 "저는 삯을 받는 데는 전혀 관심이 없습니다. 저는 당신을 위해서 일해야 합니다"라고 말했다. 아들이 없었던 관리는 "이제부터 너는 내 아들이다"라고 말했다. 우리는 종이 아니라 아들이다. 우리는 자유인이 되었고, 모든 것이 주어졌다. 세상이 우리의 것이다.

우리는 증인이 될 것이다. 사랑을 위해 일하는 사람은 복 받은 사람이다. 하나님의 종들에게는 많은 어려움이 있다. 그들은 주의 일을 할 때 눈을 크게 뜨고 주님을 보아야 한다. 우리가 성공하려면, 귀를 막고 눈을 크게 뜨고 주님을 바라보아야 한다. 우리의 한쪽 귀는 칭찬에 대해 닫혀야 하며, 다른 쪽 귀는 비난에 대해 닫혀야 한다.

어느 하나님의 사람이 기도하다가 환상을 보았다. 그는 한 번도 가 본 적이 없는 나라를 여행하고 있었다. 많은 사람이 그를 환영해 주었다. 그들은 사랑이 많은 사람들이었다. 그들은 "이것이 우리의 의무입니다. 당신은 우리의 형제입니다. 우리는 한 가족입니다"라고 말했다. 조금 더 가면서 보니 집들마다 문이 모두 열려 있었다. 보석상의 문도 열려 있었다. 다이아몬드를 비롯한 보석들이 있었지만, 아무도 그것들을 지키고 있지 않았다. 그가 이상하게 생각하여 질문했더니, 그들은 "이곳에는 도둑이 없으므로, 문을 잠글 필요가 없습니다"라고 말해 주었다.

사람들의 마음이 하나님에 대해 닫혀 있는 한 우리도 문을 잠가야 한다. 어떤 사람이 자기 형을 생각하면서 "내가 이것들을 형님께 드려야겠다"고 생각했다. 형도 역시 동생이 궁핍하다고 생각하고서 동생에게 무엇인가를 주기로 했다. 형과 동생은 도중에서 서로 만났다. 참으로 기분 좋은 만남이요 놀라운 사랑이다. 그들은 서로 만나서 선물을 주었다. 그 하나님의 사람은 예배 장소에 갔는데, 천사들이 주님을 예배하고 있었다. 그는 그들 가운데 주님이 계신 것을 보았다. 그는 자신이 천국에 왔다는 것을 깨달았다. 이것이 진정한 자치(Home Rule)이다. 그리스도가 없는 자치는 자치가 아니다. 왕관과 생명을 주시는 분이 내 것이다. 그분은 자기 자신을 주셨다.

설교 4

토요일 저녁, 마이랑에서 행한 설교

"쉬지 말고 기도하라"(살전 5:17)

사도 바울은 실질적인 하나님의 사람이었기 때문에, 자신이 하고 싶지 않은 일을 다른 사람에게 행하라고 말하지 않았다. 그는 기도 생활을 했다. 그는 기도를 쉬지 않았다. 여행 중에도 기도하고, 고난을 당해도 기도했다. 그는 경험을 통해서 기도의 소중함을 깨달았다. 그는 기도가 얼마나 중요하고 본질적인지 알았다. 호흡과 혈액순환이 중요한 육체의 기능인 것처럼, 기도는 영혼의 중요한 기능이다. 혈액순환은 영원히 계속되지는 않을 것이며, 심장 박동은 언젠가 멈추겠지만, 기도는 계속될 것이다. 기도는 하나님 안에서 호흡하는 것, 성령의 공기를 호흡하는 것이다. 죽은 사람은 숨을 쉬지 못한다. 우리는 잠잘 때도 숨을 쉰다. 그러므로 "쉬지 말고 기도해야 한다." 하나님 안에서 살려면, 우리의 생명이신 하나님 안에서 호흡해야 한다.

어떤 사람은 기도의 응답을 받으면 감사한다. 그러나 기도가 순수히 요청하는 것이라고 생각하는 것은 크게 잘못된 것이다. 하나님은 자기 자신을 주신다. 악인도 하나님에게서 온갖 것을 받고 있다. 만일 기도하지 않아도 성령이 주어진다면, 그분의 진가를 알지 못할 것이다. 성령을 받은 사람은 기도하지 않고는 살 수 없다. 그런 사람은 실수할 수도 있고 실족할 수도 있지만, 기도의 소중함을 안다. 교제하는

550 제9권 사두 선다 싱의 설교

삶의 가치를 아는 사람은 기도를 쉬지 않을 것이다.

두세 살짜리 아기는 이 세상에 대해서 알지 못한다. 아기는 엄마와 젖에 대해서 알지 못하지만, 젖을 빠는 법은 안다. 아기는 종교에 대해서는 알지 못하지만 젖을 빠는 법은 안다. 하나님은 아기를 위해 어머니의 젖가슴에 젖을 마련해 주셨지만, 젖이 그냥 아기 입으로 흘러 들어가는 것은 아니다. 아기는 젖을 빨아야 하며, 그러면서 나날이 튼튼해진다. 하나님은 우리의 영적 어머니이시다. 기도 생활을 할 때 우리는 그 사실을 경험한다. 우리에게는 갈망이 있다. 이 갈망이 충족되어야 하는데, 하나님만이 인간이 마음으로 원하는 것을 충족시켜 주실 수 있다. 아기는 울 수 있다.

왜 하나님은 기도하지 않으면 영적 복을 주시지 않는가? 사울 왕의 예를 들어 보겠다. 사울은 왕국과 성령을 받았지만, 성령을 열망하지 않고, 성령을 구하는 기도를 하지도 않았다. 그 결과 두 가지 모두 잃었다. 우리는 기도를 통해서 예비해야 한다. 우리는 준비 기도를 통해서 복을 받고 있다. 사울은 당나귀들이 아니라 왕국을 찾았다. 만일 우리가 준비되기 전에 성령을 받는다면, 결국 성령을 잃을 것이다. 우리가 준비를 갖춘다면, 우리의 삶이 완전히 변화할 것이다. 그러나 우리가 성령을 잃는다면, 전보다 더 좋지 않게 될 것이다. 그런 사람은 마귀의 화신이며, 그의 나중 상태는 더 좋지 않다.

기도는 이웃을 위해서 하나님 안에 사는 것이다. 우리는 성령의 대기를 호흡하는 일을 멈출 수 없으며, 성령에 의해서 다음 세상, 우리가 영원히 거할 하나님의 나라에 들어갈 준비를 한다. 우리는 이 세상

제1장 여섯 편의 설교 551

에서 영원히 살도록 피조된 것이 아니므로, 거룩한 본향을 위한 준비를 해야 한다.

새를 사랑하는 사람이 겨울이 시작되면서 아름다운 새들이 더운 나라를 향해 떠나는 것을 보았다. 그 사람은 새들이 떠나지 않고 머물러 있기를 원했지만, 새들을 붙잡아 둘 수 없었다. 그래서 그는 하나의 계획을 생각해냈다. 그는 더운 나라에서 새들이 낳은 알을 몇 개 가져왔다. 추운 나라에서 부화하여 태어난 새는 추운 나라에 적응할 수 있다고 생각한 것이다. 그러나 겨울이 오자 새들은 날아가 버렸다. 누구도 새들에게 말해주지 않았지만, 새들은 자기 고향인 더운 나라로 돌아갔다. 새들에게는 본능이 있고, 본능에 따라서 행동한다. 우리도 이 세상을 떠날 것이다.

제대로 부화하지 못한 알은 썩는다. 우리도 죄로 인해 멸망할 위험에 처해 있다. 그러나 우리는 준비를 하고 있으며, 장차 껍질을 벗고 고향인 하늘나라를 향해 날아갈 것이다. 짐승도 주인을 알아보는데, 우리 인간은 자기를 지으신 창조주를 알아보지 못한다. 우리가 하나님의 뜻을 바꿀 수는 없지만, 기도를 통해서 그분의 뜻을 이해할 수 있다. 우리가 하나님의 계획을 성취하기 위해서는 하나님의 뜻을 위해 필요한 것이 우리에게 주어질 것이다. 우리는 변화하고 있다. 어미 닭이 품고 있는 알은 변화한다. 때가 되면 병아리는 어미처럼 될 것이다. 알이 변화하여 병아리가 되고, 병아리는 장차 어미 닭처럼 될 것이다. 우리는 기도 안에서 부화하고 변화하며, 하나님을 닮을 준비를 한다.

기도를 부탁하는 것으로 생각하는 사람은 거지에 불과하다. 나는 기독교의 진리를 이해하는 거지를 본 적이 없다.

언젠가 미국에서 어느 훌륭한 교수가 "왜 우리는 그리스도를 통해서 아버지께 가야 합니까?"라고 질문했다. 나는 "예수께서 '나로 말미암지 않고는 아버지께로 올 자가 없습니다'라고 하신 말씀이 거짓말이었습니까?"라고 되물었다. 그는 "그렇지만, 탕자의 비유에는 중재자가 등장하지 않는데요?"라고 말했다. 나는 이렇게 말했다: "당신은 지혜로운 사람인데도 그것을 이해하지 못합니까? 그 이야기에서는 중재자가 필요 없었습니다. 탕자는 집을 떠나기 전에 이미 아버지와 함께 살았었습니다. 그는 아버지와 교제했었습니다. 그는 아버지를 알고 있었고, 집으로 돌아가는 길도 알았습니다. 그렇지만, 하나님을 알지 못하는 사람은 그리스도를 통하지 않고서는 하나님께 올 수 없습니다. 그분은 유일한 구주이십니다. 예수님은 아버지를 계시해 주셨습니다. 힌두교의 Gyana Marga는 소수를 위해 존재하지만, 그것은 모든 사람을 위해 존재해야 합니다."

나는 노르웨이에서 간절히 만나고 싶었던 하나님의 사람을 만날 수 있었다. 우리는 서로 사용하는 언어가 달랐지만, 나는 그의 얼굴을 보고서 모든 것을 이해할 수 있었다. 그의 얼굴은 무척 평화로웠다. 그는 이렇게 말했다: "나는 놀라운 빛을 보았는데, 그 빛 안에서 영광스러운 얼굴을 볼 수 있었습니다. 그때 내 마음에 진리가 계시되었습니다. 그 영광스러운 얼굴을 보는 순간, 내가 그분과 어느 정도 관계가 있다는 것을 알 수 있었습니다. 나는 두려워 떨면서 그분을 예배했습니다. 그분은 나를 만지셨고, 내가 원하는 것을 알고 계셨습니다. 나는 그분의 두 손에 있는 상처를 보았다. 그분은 한마디도 하지 않으셨지만, 나는 놀라운 기쁨과 평화를 느꼈습니다. 나는 내 구주를 보았고, 그분에게 완전히 만족했습니다. 그 이후로 나는 계속 기도하며 간증하고 있습니다."

그 사람은 나에게 깊은 감명을 주었다. 그는 자기 나라말도 제대로 하지 못하지만 심오한 경험을 한 사람이었다.

우리도 그렇게 기도하면 받을 것이다. 우리도 기적을 볼 것이다. 이 세상에서 가장 큰 기적은 세상에서 천국 및 세상이 주지 못하는 평화를 발견하는 것이다.

과거에 나는 자살을 하려 했었다. 힌두교 신앙은 나에게 영적인 도움이 되지 못했다. 기도는 가장 중요한 것이다. 기도하지 않으면 예수를 이해할 수 없다. 우리는 지옥에서 살고 있다. 많은 사람은 예수님에 대해서 알고 있지만, 그분 안에서 살지 않는다.

우리는 이 세상에서 우리 가정에서 그러한 생활을 시작해야 한다. 그렇지 않으면 장차 천국에 가도 그곳에 어울리지 못한다고 느낄 것이다. 지금 우리가 그분 안에서 산다면, 영원히 그분 안에 살 준비를 갖추게 될 것이다.

"하나님, 우리가 쉬지 않고 기도할 수 있도록 도와주십시오."

설교 5

(3월 16일 일요일에 마이랑에서 행한 설교:

"와서 나를 따르라"(마 19:21)

진리를 찾는 구도자가 예수님을 만나러 와서 "선한 선생님"이라고 불렀다. 주님은 "어찌하여 나를 선하다고 하느냐. 이 세상에는 선한 사람이 없다. 만일 내가 서기관이나 바리새인처럼 선하다고 생각한다면, 그것은 내가 위선자라고 생각하는 것이다"라고 말씀하셨다. 주님은 그의 마음을 아셨다. 그는 주님이 성육하신 하나님이라고 생각하지 않았다. "너는 영생을 원한다. 너는 완전하기를 원하지만, 너의 갈망은 충족되지 않았다." 그 사람은 부자였지만, 재물이 그의 갈망을 충족시켜주지 못했다. 그는 계명을 모두 지켰다. 그가 완전해질 수 있었는가? 평화를 발견할 수 있었는가? 선을 행한다고 해서 완전해질 수는 없다. 그에게 한 가지 부족한 것이 있었다. "와서 나를 따르라." 완전하신 분을 따름으로써 당신은 완전해질 수 있다. 그러나 그에게는 이것이 어려운 일이었다. 나 역시 그리스도를 위해서 모든 것을 버려야 했다. 오늘날 인도의 청년들은 논쟁을 위한 논쟁을 좋아한다. 주님은 내가 주님을 따르기를 원하시지만, 주님은 머리 둘 곳도 없으셨다. 영생을 얻기 위해 할 일은 오직 한 가지이다.

오병이어의 기적은 어린 소년을 통해서 이루어졌다. 이 소년의 어머니는 아들이 종일 주님과 지낼 수 있게 하려고 먹을 것을 싸서 보냈

제1장 여섯 편의 설교 555

다. 자녀들이 주님을 따르려 할 때 어머니가 방해물이 되어서는 안 된다. 소년은 자기의 보리떡을 내놓으라는 말을 듣고서 "그것은 우리 엄마가 나 먹으라고 주신 건데요"라고 말하거나, "두 개는 내가 먹고, 나머지 세 개는 드릴게요"라고 하지 않았다. 아마 그 소년은 나중에 주를 위해 큰일을 했을 것이다. 마지막 날에 우리는 그 소년을 알게 될 것이다. 우리는 가지고 있는 모든 선물을 바쳐야 한다. 우리는 주님을 따라야 한다. 우리가 가진 선물이 많지 않고 교육을 많이 받지 못했어도, 가진 것을 모두 주님께 드려야 한다.

팔레스타인에 갔을 때의 일이다. 나는 갈릴리 호숫가에서 최초의 제자들이 어떻게 자기 아버지와 그물과 모든 것을 버리고 떠났는지 깨달았다. 그들은 어부들이었지만, 귀한 섬김의 일로 부름을 받았다. 정부의 관리, 서기관, 그리고 바리새인들은 그 일에 적합하지 못했다. 이 무식한 사람들은 삼 년 동안 주님과 함께 지냈지만, 후일 그들 중 몇 사람은 다시 어부로 돌아갔다. 부활하신 주님은 다시 해변을 걷고 계셨다. 베드로는 주님을 부인했던 일이 부끄러워서 물속에 뛰어들었다. 그는 "삼 년 전에 같은 장소에서 나는 그분을 따르라는 부르심을 받았었다. 그런데 무엇이 잘못되었는가? 나는 삼 년 후에도 여전히 어부인가?"라고 생각했다. 그는 부끄러워서 어디엔가 숨고 싶었다.

우리는 주님을 위해 일하라는 부름을 받았다. 우리는 근대주의나 고등비평 때문에 잘못된 길로 가고 있는가? 우리의 믿음이 흔들렸는가? 우리가 그리스도를 단순히 하나의 위대한 사람이라고 생각한다면, 세상에 전할 메시지가 없다. 장차 우리는 부끄러워서 자기를 숨기기 위해서 지옥에 뛰어들어야 할 것이다. 우리는 사람을 낚는 어부가 되어야 함에도, 여전히 고기를 낚고 있지 않았는가? 천사들은 이 세상에서 5분 동안 복음을 전파하라고 해도 기뻐할 것이다. 그러나 그들에게는 그러한 특권이 주어지지 않는다. 구원받은 죄인들만 복음을 전할 수 있다. 그리스도는 죽어 사라진 위인이 아니다. 그분은 성육하신 하나님, 세상의 구주이시다. 우리가 그리스도 안에서 살면, 세상에 전할 메시지를 갖게 될 것이며, 영광 속에서 그리스도를 다시 볼 것이다. 우리는 이 세상에서 면류관을 쓰게 될 것이다. 그리스도를 위해 살면서 사람들을 그리스도께 인도하는 것은 큰 기쁨이다.

약 삼 년 전에 13살 소녀가 어느 마을로 가다가 라마승을 만났다. 라마승은 소녀에게 "네 아버지가 기독교 신자가 되었으니, 너도 기독교인이겠구나"라고 말했다. 소녀는 "기독교인 사두가 우리 마을에 와서 그리스도에 대해 말해주었고, 우리 가족은 기독교인이 되었답니다. 나는 그리스도가 내 구주이심을 경험했기 때문에 기독교인이 되었습니다"라고 대답했다. 라마승은 소녀를 붙잡아 어두운 방에 가두고, 종일 먹을 것과 마실 물을 주지 않았다. 하루가 지났다. 라마 승은 소녀가 방에서 나가게 해달라고 부탁할 것으로 생각했다. 그런데 놀랍게도 소녀는 노래를 부르고 있었다. 그는 다시 소녀를 방에 가두고 먹을 것과 마실 것을 주지 않았다. 사흘 후에 다시 가보니, 소녀는 노래를 부르지는 않았지만, 한 구석에 무릎을 꿇고 앉아서 누군가와 이야기하고 있었다. 소녀는 눈을 감고 중얼거리고 있었다. 그는 소녀가 하는 말에 귀를 기울이기 시작했다. "주님, 당신을 위해서 이렇게 고

제1장 여섯 편의 설교 557

난당하게 해주셔서 감사합니다." 그리스도께서 소녀의 내면에 살아 계시지 않았다면, 소녀는 이렇게 행동하지 못했을 것이다. 그녀는 "주님, 저 라마승을 용서해 주세요. 그분의 영의 눈을 열어서 주님의 영광을 보게 해 주세요"라고 말했다. 라마승은 눈물을 흘리면서 두건을 벗어 소녀의 발 위에 놓고 "나는 네 할아버지만큼이나 나이가 들었지만, 오늘 네가 내 스승이 되었구나"라고 말했다. 그는 나중에 만난 사두에게 "나는 그 소녀에게서 많은 것을 배웠습니다"라고 말했다.

우리도 그러한 일을 경험할 수 있을까? 소녀는 완전함에 이르는 길을 가고 있었고, 구주를 위해 일하려고 목숨을 내놓았다. 나는 철저히 만족하고 있다. 주님을 따르려는 사람은 주님을 알게 될 것이다. 그러나 주님과 함께 살지 않는 한 우리는 그분을 알 수 없다. 나는 여러 해 동안 노력했지만 발견하지 못했었다. 나는 그분에 대해서 알고 있을 때 그분을 미워했지만, 그분은 나에게 자신을 계시해 주셨다.

네팔과 티베트 사이의 지역에서 전도할 때 어느 곳에서 기독교를 전하지 말라는 요청을 받았다. 나는 "내 구주께서 나를 위해 행하신 일을 증언해야 합니다"라고 말했고, 는 체포되어 여섯 달 동안 감옥에 갇혀 지냈다. 그런데 그 기간이 복음을 전하는 훌륭한 기회가 되었다. 나는 죄수들에게 전도하다가 금지당했다. 간수는 "당신은 전도하다가 감옥에 갇혔는데, 여기에서도 전도하고 있군요!"라고 말했다. 나는 "나는 전도하지 않을 수 없습니다. 내 구주에 대해서 이야기해야 합니다"라고 말했다. 간수는 죄수들에게 내 말을 듣지 말라고 명령는데, 죄수들은 "당신은 우리를 착하게 만들지 못했습니다. 만일 저 사람의 말을 듣는 것이 우리를 착하게 만든다면, 당신은 고맙게 여겨야 할 것입니다"라고 말했다. 간수는 죄수들 모두가 기독교인이 될까 두려워서 나를 다른 곳으로 옮기기로 작정했지만, 그곳에 다른 감방이 없었기 때문에 나를 자기집 마굿간에 집어넣었다. 그곳에는 모기가 무척 많았다. 간수는 내 옷을 벗기고, 팔과 다리에 족쇄를 채웠다. 그리고 양동이에 거머리를 가득 담아다가 내 몸에 쏟아놓았다. 거머리들은 내 온 몸에 붙어서 피를 빨아먹었다. 정말 고통스러웠다. 하나님은 나에게 나 자신을 보여주려 하셨다. 나는 울고 싶었다. 나는 "내일이면 피가 모자라서 죽을 것이다"라고 생각했다. 그러나 내가 기도하는 동안 전기같은 것이 내 온몸을 뚫고 지나가는 느낌을 받았다. 그리고 감옥은 천국으로 변했다. "천국이 이보다 더 좋을까?" 나는 거머리들에 대해서는 잊어버렸다. 그리고 잘 부르지도 못하는 힌두교 찬송을 부르기 시작했다. 정말 기뻤다. 나는 고난 가운데서 외적으로는 위로를 받지 못했지만, 살아계신 구주로부터 오는 놀라운 평화를 경험했다. 나는 나를 맡고 있는 사람에게 마가복음을 주었는데, 그 사람은 즉시 그것을 찢어버렸다. 놀란 그는 간수를 데리고 와서 "저 사람을 어떻게 생각합니까가"라고 말했다. 간수는 "미친 것 같군"이라고 대답했다. 그 사람은 "만일 미쳐서 저렇게 행복할 수 있다면, 나도 미치고 싶습니다"라고 말했다.

이렇게 18년 동안 주님은 나의 모든 것이 되셨다. 나는 이러한 생활을 후회하지 않는다. 내 친척들은 "이렇게 고난을 당해야 하는데 후회스럽지 않느냐?"고 묻는다. "나는 단지 18년 전에 그분을 따르지 않은 것이 안타까울 뿐이다"라고 대답한다.

사람들이 이 놀라우신 구주와 함께 살지 않는 것은 정말 슬픈 일이다. 우리는 그분을 따라야 한다. 그분과 동행해야 한다. 그렇게 하는 것이 완전함에 이르는 길이다. 우리 구주를 따라가지 않으면, 구원받을 수 없다. 몸 색깔을 바꿀 수 있는 물고기가 있다. 그러나 눈 먼 고기는 몸 색깔을 바꿀 수 없다.

예수 그리스도를 닮지 않은 사람은 천국에 들어가지 못할 것이다. 그리스도를 닮은 것이 천국에 들어가는 유일한 표이다. 그것이 없는 사람은 스스로 천국에 어울리지 않는다고 느낄 것이다. 천국에서 주님을 따르는 사람들만 편안함을 느낄 것이다. 주님을 따를 각오가 되어 있는가? 지옥에는 숨을 곳이 있지만, 천국에는 숨을 곳이 없을 것이다. 나는 과거에 주님을 박해하했고 성경책을 찢어버렸던 사람이지만, 주님을 따라가야 한다.

설교 6

3월 19일, 모플롱에서 행한 설교

"내가 속히 임하리니 네가 가진 것을 굳게 잡아 아무나 네 면류관을 빼앗지 못하게 하라."(계 3:11)

우리가 하늘 아버지에게서 받은 선물이나 복을 잃어버릴 위험이 있다. 만일 우리의 면류관을 잃어버릴 위험이 없다면, 주님은 그에 대해 경고하시지 않았을 것이다. 그러므로 "깨어 기도하라."

선물과 복과 영성생활과 면류관을 소유하는 것과 다시 받는 것은 다르다. 회개하는 사람은 하늘 아버지에게 가면 용서받을 수 있지만, 회개를 뒤로 미루는 사람은 나중에 회개가 필요하다는 것을 깨닫지만 이미 때는 늦었다. 나는 손에 돌멩이를 들고 있다. 내가 그것을 어떤 사람에게 던져 머리가 깨지면, 그 사람은 죽는다. 돌이 내 손 안에 있는 동안에는 돌을 통제할 힘이 나에게 있지만, 내 수중에서 떠나면 나는 돌을 통제할 수 없다. 그 결과 돌에 맞은 사람은 죽는다. 만일 내가 그 일을 뉘우친다면, 그것은 내가 다시는 돌을 던지지 않겠다는 것을 의미한다. 그렇지만 이미 사람이 죽었다! 장래에 우리는 힘을 얻겠지만, 현재는 주어진 것을 손에 쥐고 있어야 한다. 그렇지 않으면, 받은 것을 잃어버릴 위험이 있다. 나는 가끔 미국인 친구가 해준다음과 같은 이야기를 생각한다.

"1919년에 많은 미국의 기독교인들이 죽었다. 하나님의 은혜로 나는 죽지 않고 살아 그 일을 증언하고 있다. 터키 군대는 40명의 미국 군인들에게 예수 그리스도를 포기하라고 요구했지만, 그들은 '우리는 조국을 위해서 목숨을 내놓을 각오가 되어 있지만, 예수 그리스도는 포기할 수 없다'고 했다. 12월에 40명의 군인을 인근 호수로 끌고 가서 그리스도를 부인하면 살려 주겠다고 했다. 이슬람 신자인 장교는 그들 모두를 세워놓고 대답을 기다렸다. 그들은 '우리는 영적인 왕을 포기할 수 없다'라고 대답했다. 장교는 그들이 이슬람교를 받아들이려 하지 않는 것을 알고서, 그들의 옷을 벗기고 물속에 몰아넣었다. 그리고 나서 그들을 다시 세웠다. 그들은 서로를 격려하고 위로했다. '우리는 잠시 후에 영광의 왕을 만날 것이다.' 고집센 이슬람 장교는 군인 한 사람이 쓰러지는 것을 보았다. 그런데 그때 그는 천사들의 군대와 그리스도가 손에 면류관을 들고 그들 앞에 계신 것을 보았다. 주님은 창에 찔린 손으로 쓰러진 군인의 영적인 몸에 면류관을 씌워주셨다. 그다음에 또 한 명의 군인이 쓰러졌고, 그런 식으로 39명의 군인이 면류관을 썼다. 이윽고 40번째 군인이 쓰러졌다. 천사들의 군대가 그리스도와 함께 와서 쓰러진 군인을 사랑스럽게 바라보았다. 그런데 그에게는 면류관을 씌워주지 않았다. 도대체 이 마지막 군인은 왜 면류관을 쓰지 못한 것일까? 그는 결국 불가에 가서 몸을 녹이면서 그리스도를 부인했다. 장교는 '내가 그 사람 대신에 기독교인이 되어 면류관을 받겠다'고 결심했다. 그는 골수 이슬람교도였지만, 영의 눈이 열렸다. 그는 자신이 기독교인이라고 선언하고 다른 사람들처럼 물속에 들어가서 목숨을 바쳤다. 면류관을 잃은 마지막 군인은 후에 미친 사람처럼 살다가 비참하게 죽었다. 그들은 모두 목숨을 바침으로써 생명을 얻었다. 이 이야기는 우리가 자기의 면류관을 잃어버릴 위험이 있다는 것을 증명해 준다. 면류관을 잃어버릴 수 있다는 위험에 대해서 깊이 생각해 보라. 그럴 위험이 없다면, 주님은 본문의 말씀을 하시지 않으셨을 것이다. 우리가 기도하면서 살아간다면, 주님을 따르는 일에 대해 무관심할 수 없으며, 부주의하게 행동할 수 없을 것이다."

내가 미국에 있을 때의 일이다. 어느 부자가 자기의 경험을 나에게 말해 주었다. 그는 이렇게 말했다: "이 응접실에서 무엇이 가장 귀중하다고 생각하십니까? 어떤 사람은 저 아름다운 그림이라고 말하고, 또 어떤 사람은 이 보석이라고 말합니다. 그러나 내 집에서 가장 귀한 것은 저 호랑이 가죽입니다. 어느날 나는 동생과 함께 사냥하다가 호랑이를 쏘았습니다. 그런데 호랑이는 상처만 입은 채 죽지 않고 숨을 쉬고 있었습니다. 동생이 총을 쏘았는데, 호랑이는 동생에게 달려들었습니다. 동생은 죽었고, 호랑이도 죽었습니다. 이 얼룩은 동생이 흘린 핏자국입니다. 내 동생은 나를 대신하여 목숨을 잃었습니다. 그렇기 때문에 이것이 내 집에서 가장 귀중합니다." 마찬가지로 우리는 하나님의 말씀을 읽을 때 우리의 형님 되시는 예수께서 우리를 위해 죽으셨음을 알게 된다. 세상에서 이보다 더 귀중한 것은 없다. 그것은 우리 형님의 핏자국을 가지고 있다.

우리는 날마다 기도하면서 하나님의 현존을 깨달을 때마다 이것을 마음에 굳게 간직해야 한다. 기도하지 않으면 그것은 불가능하다. 기도란 이것저것을 요청하는 것이 아니라 복을 주시는 분 자신을 요청하는 것, 즉 그분이 우리 안에 살게 해달라고 요청하는 것이다. 우리 구주는 참으로 놀라운 분이시다!

어느 교수가 "내세가 있다는 것, 천국과 지옥이 있다는 것을 어떻게 해야 믿을 수 있습니까?"라고 질문했다. 나는 "우리 안에서 증거를 발견합니다"라고 대답했고, 그는 다시 "당신은 내세에 대한 증거를 제공할 수 있습니까?"라고 물었다. "물론이지요. 알 속에는 액체 상태의 물질만 담겨 있지만, 점차 병아리가 그 안에서 형성됩니다. 어미 닭이 병아리에게 '너는 껍질 밖으로 나와서 산과 언덕과 구름과 들판, 그리고 네 어미를 볼 것이다'라고 말한다고 가정해 보시오. 병아리가 '거짓말하지 마세요. 증거가 없잖아요'라고 말할 것입니다. 어미 닭은 '네게는 두 눈과 날개가 있잖니. 알 속에서는 그것들을 사용할 수 없고, 너 외에는 아무것도 볼 수 없단다. 네 두 눈과 날개는 네가 다음 세상을 위해 준비하고 있다는 증거란다'라고 말합니다. 알에서 나온 병아리는 어미 닭과 다른 모든 것을 보고 즐길 수 있습니다. 이처럼 우리도 장차 이 세상을 벗어나서 하늘 아버지를 볼 것입니다. 왜 이런 것을 갈망합니까? 왜 평화를 갈망합니까? 현세에서는 인간의 모든 갈망을 충족시킬 수 없습니다. 그러나 장차 천국에서 우리는 우리 구주와 성도들을 볼 것입니다. 육신 안에 있을 때는 그들을 볼 수 없습니다. 그러나 알들이 모두 부화하는 것은 아닙니다. 어미 닭이 알을 품어 주어야 합니다. 마찬가지로 우리가 뜨거워지려면 성령의 세례가 필요합니다. 우리는 기도하면서 성령에게서 따뜻함을 받아야 합니다."

주님은 " 네 면류관을 굳게 잡아라"라고 경고하신다. 우리가 기도 생활을 한다면 모든 것이 분명해질 것이다. 기도하면서 시간을 보낸 다면, 우리 구주가 누구이신지 알게 될 것이다. 우리는 자기의 잘못을 통해서도 복을 받는다. 그런데 우리 하나님은 소음을 내지 않고 조용히 일하신다.

언젠가 우리는 미국에서 호주로 가면서 무선으로 소식을 받았다. 어느 날 나는 무선통신사에게 "오늘 아침에는 소식이 없습니까?"라고 물었다. 그는 "태풍 때문에 대기가 불안정해서 아무 소식이 없습니다. 날씨가 좋아야만 메시지를 받을 수 있습니다"라고 대답했다.

죄는 대기를 불안정하게 한다. 우리는 갈릴리 호수의 제자들처럼 소리쳐야 한다. 그러면 주님이 하시는 말씀을 들을 것이다. 그분을 발견하면, 모든 것을 발견한 것이다. 우리가 주님과 함께 고요한 곳에 있으면, 그분의 음성을 들을 것이다.

어느 친구는 "왜 기도해야 합니까? 기도해도 소용이 없습니다. 이 세상에서는 기도해도 복을 받지 못합니다"라고 말했다. 그러나 나는 육체적으로나 영적으로 연약하다고 느끼면서 홀로 고요히 기도하다가 갑자기 영혼의 힘을 느낀 적이 많다. 외부로부터 오는 것이 아니라, 순식간에 내 마음에 직접 주어져서 넘쳐흐르는 생명을 느끼게 된다.

하나님은 이 복을 잃지 않게 하시려고 나에게 힘과 능력을 주신다. 기도는 계속되어야 한다. 이러한 경험을 한 모든 사람에게는 이 세상

제1장 여섯 편의 설교 565

에서 천국이 시작될 것이다. 그때 우리는 사람들이 하나님의 나라에 들어가는 것을 볼 것이다. 우리는 영의 눈으로 보고 날아가서 하나님 나라에서 영원히 우리 구주와 함께 거할 것이다.

하나님, 우리가 하늘나라에 들어가서 영원히 우리 주님과 함께 거하기 전에, 현세에서 주님과 함께 살 수 있도록 도와주십시오. 그것은 생명의 숨인 기도를 통해서만 가능하다.

제2부: 다른 세 편의 설교 요약

설교 1

3월 10일 화요일, 케르라푸지에서 행한 설교

"내가 온 것은 양으로 생명을 얻게 하고 더 풍성히 얻게 하려는 것이라."(요 10:10)

"생명"과 "풍성한 생명"은 같은 것이 아니다. 병원에 입원해 있는 환자는 생명을 소유하고 있지만, 풍성한 생명은 아니다. 뱀이 그의 침대에 기어들어온다면, 그는 뱀을 보면서도 쫓을 힘이 없다. 그에게는 생명이 있지만, 그것은 풍성한 생명이 아니다. 뱀이 물면, 그는 죽을 수밖에 없다. 그러나 육체적으로 풍성한 생명을 소유한 사람이 있었다.

남아프리카와 독일에 부유한 독일인이 있었다. 그러나 전쟁 때 그는 재산을 모두 잃고 작은 오두막에서 살았다. 그는 자기에게 재산이 많았을 때는 생명이 없었다고 선다 싱에게 말했다. 선다 싱은 그가 모든 것을 빼앗겼을 때 소유하게 된 풍성한 생명이 그의 얼굴에 나타난다고 말했다.

이 풍성한 생명은 모든 사람의 것이다. 우리 주님은 그것을 모든 사람에게 주려 하신다. 우리가 모든 것을 잃고 모든 것을 버리면, 모든 것을 발견할 것이다. 그날에 우리는 면류관을 쓴 순교자들과 함께 하나님 앞에 서야 한다. 만일 그때 우리에게 면류관이 없다면, 얼마나 부끄러울 것인가?

설교 2

3월 17일, 월요일, 라반에서 행한 설교

"수고하고 무거운 짐진 자들아 다 내게로 오라 내가 너희를 쉬게 하리라"(마 11:28)

사두는 자신이 누리고 있는 안식과 평안에 대해 이야기했다. 과거에 사두에게는 부와 가족 등 세상이 줄 수 있는 것이 하나도 부족하지 않았지만, 그것들을 통해서 평안을 누리지 못했다. 그러나 그리스도와 자신의 관계를 깨달은 후 그는 그리스도 안에서 평안을 발견했다. 사두의 친구 중에 의사가 있었다. 어느 날 사고로 팔이 부러진 사람이 찾아와서 "팔이 무척 아파서 고통스럽습니다. 고통을 없애 주십시오"라고 말했다. 의사는 "먼저 부러진 뼈를 맞추면 통증과 부어오른 증세는 저절로 사라질 것이오"라고 말했다. 마찬가지로 사람들은 평화와 복을 원하지만, 복을 주시는 분이신 하나님과 올바른 관계를 유지하려 하지 않는다. 우리가 하나님과 올바른 관계에 설 때, 불안이 사라지고 우리는 놀라운 평화를 소유하게 될 것이다.

죄의 상태에 있는 사람은 죄를 의식하지 못한다. 사람이 물속에 잠수하면 그의 머리 위에 많은 물이 있지만, 그는 물의 무게를 느끼지 못한다. 그러나 물 밖에서 물 한 양동이를 들어 올리려면 무척 무겁게 느껴질 것이다. 마찬가지로, 죄에 빠져 있는 사람은 죄를 의식하지 못하지만, 구원받은 사람은 아주 작은 죄도 의식한다.

설교 3

3월 18일 화요일에 행한 설교

"그 안에 생명이 있었으니 이 생명은 사람들의 빛이라"(요 1:4)

나무는 태양 빛과 따뜻함을 받고 자란다. 나무가 완전히 자라 더 크지 않을 때 여전히 나무 위에는 무한한 공간이 있다. 나무는 왜 더 클 수 없을까? 지구의 중력이 나무를 잡아당기기 때문이다. 우리는 영적인 존재이다. 그러므로 세상의 사물은 우리를 아래로 끌어당기지만, 우리는 아래를 향하지 말고 위를 향해 자라야 한다.

햇볕은 나무를 자라게 하지만, 마르게 하기도 한다. 나무속에 벌레나 곤충이 들어가면, 나무는 서서히 죽는다. 그렇게 되면 햇볕은 나무에 힘을 주는 것이 아니라 나무가 부패하는 과정을 돕는다. 우리 안에는 생명이 있다. 우리는 의의 태양 빛을 통해서 성장해야 한다. 우리가 어느 정도까지 성장할 수 있는가? " 하늘에 계신 너희 아버지의 온전하심과 같이 너희도 온전하라"는 단계까지 성장할 수 있다.

제10권

풍성한 생명
Life in Abundance(1922)

제1장

풍성한 생명
1922년 3월 1일, 타바네스에서

"도적이 오는 것은 도적질하고 죽이고 멸망시키려는 것뿐이요 내
가 온 것은 양으로 생명을 얻게 하고 더 풍성히 얻게 하려는 것이
라."(요 10:10)

약 2주일 전에 나는 예루살렘에서 주님이 걸으시던 성전 근처를 걷
고 있었다. 주님이 육체적인 몸으로 그 자리에 계시지는 않았지만, 나
는 그곳을 걸으면서 깊은 감명을 받았다. 그곳은 분명히 주님이 "내가
온 것은 양으로 생명을 얻게 하고 더 풍성히 얻게 하려는 것이라"고
말씀하신 장소였을 것이다. 주님은 우리가 생명을 얻고 더 풍성히 얻
을 수 있다고 말씀하셨다.

생명과 풍성한 생명의 차이를 표현해 보겠다. 여러 해 전에 인도에
어떤 사람이 있었는데, 그는 오랫동안 병을 앓았기 때문에 무척 약해
져서 오래 살지 못할 것 같았다. 그는 방 안에 혼자 누워 있었다. 그런
데 그는 뱀이 자기에게 기어 오는 것을 보았다. 뱀을 피하고 싶었지
만, 몸이 약해서 아무것도 할 수 없었다. 그에게 생명이 있었지만, 그

생명은 소용이 없었다. 그는 돌을 집어서 뱀을 쳐죽일 수 없었다. 그는 뱀이 다가오는 것을 보고 겁에 질렸고, 뱀에 물려 30분쯤 후에 죽었다. 나중에 친척이 와서 뱀을 잡아 죽였다. 그 사람은 건강했기 때문에 뱀을 죽일 수 있었다.

많은 신자가 생명을 받았지만, 뱀을 죽일 수 있는 영적인 힘을 갖지 못하고 있다. 그들에게 생명이 넉넉하지만, 나쁜 생명은 소용이 없다. 그런 신자들은 스스로 아무것도 할 수 없다. 그들처럼 자기 생명을 구할 수 없는 사람이 어찌 이웃을 도울 수 있겠는가? 그들은 이웃을 사랑하지 않으며, 이웃을 도우려는 생각도 없다. 이웃을 도우려는 마음이 있어도, 도울 힘이 없다. 그 결과 영혼의 원수인 사탄이 와서 그들을 물 것이며, 죄의 존재가 그들의 영혼을 죽일 것이다. 우리 주님은 생명만 아니라 풍성한 생명을 주시겠다고 말씀하셨다. 우리에게 풍성한 생명이 있으면, 건강하기 때문에 원수를 죽일 수 있을 것이다.

풍성한 생명을 받지 못한 신자는 기도를 좋아하지 않고, 하나님의 말씀 읽는 것도 좋아하지 않는다. 인도의 어느 병원에 오랫동안 입원해 있는 환자가 있었다. 그 사람은 입맛을 잃었는데, 자신이 입맛을 잃었다는 사실을 알고 놀랐다. 영적 생명을 가진 많은 사람이 죄라는 병 때문에 영적인 미각을 잃어 하나님의 말씀의 맛을 모른다. 하나님의 말씀이 잘못된 것이 아니라, 그들이 잘못된 것이다. 풍성한 생명을 가진 사람은 하나님의 말씀을 받고 즐기며, 진정한 영적 양식을 발견한다. 풍성한 생명을 소유한 사람은 예수 그리스도 안에 있는 참 생명을 안다. 많은 신자가 그리스도 안에서 즐거워하지 않는다. 그들은 쾌락 안에서 기쁨을 발견하지만, 그 안에서 그리스도를 발견하지 못한다. 잘못은 그리스도에게 있는 것이 아니라, 그들에게 있다.

나는 기독교인이 되기 전에 그리스도를 미워하는 그리스도의 원수였다. 나는 이 세상 것으로 욕구를 충족시키려 했지만, 충족시킬 수 없었다. 우리 집에는 이 세상 것들이 많았지만, 내 마음이 이 세상의 것으로 만족할 수 없었기 때문에, 내 영혼은 만족하지 못했다. 마음은 그것을 지으신 분 안에서만 만족할 수 있다. 그분만이 마음을 만족하게 하실 수 있다. 나는 사람들과 집을 떠나야 했고 모든 것을 잃어버렸지만, 그리스도 안에서 모든 것을 발견했다. 나는 그리스도 안에서 이 세상이 줄 수 없고 빼앗아갈 수도 없는 놀라운 평화를 발견했다. 나는 친구들과 함께 안락하게 지낼 때가 아니라 어려움 속에 있을 때 평화를 발견했다.

네팔에서 복음을 전하려 했던 때의 일이다. 사람들은 자기의 종교와 반대되는 내 말을 들으려 하지 않았다. 그들은 "당신은 왕의 허락을 받지 않고 이곳에 왔다"라고 말했는데, 나는 "나는 당신 나라의 왕이 아니라 왕중왕에게서 허락을 받았습니다"라고 대답했다. 그들은 "당신을 보낸 왕의 허락을 받았다면, 그가 당신을 어떻게 구하는지 봅시다"라면서 나를 감옥에 가두고, 두 발에 족쇄를 채웠다. 나는 손과 발이 묶였기 때문에 움직일 수 없었다. 그들은 나를 벌거벗기고, 내 몸에 거머리들을 쏟아부어 피를 빨아먹게 했다. 처음 약 30분 동안은 정말 견디기 힘들었다. 나의 하늘 아버지는 당장에 나를 도와주신 것이 아니다. 그러나 놀라운 힘이 나에게 임했고, 그분의 임재가 내가 갇힌 감옥을 천국으로 변화시켰다. 나는 노래할 줄 모르지만, 그때는 조용히 있을 수 없었다. 나는 박해 속에서도 찬송을 불렀다. 사람들은 "너의 왕이 너를 어떻게 도울 수 있겠느냐? 너는 감옥에 갇혀 있으니, 네 왕은 너를 도울 수 없다"라고 말했다. 나는 "나는 그분의 은혜로 말미암아 자유롭다. 나에게는 영혼의 평화가 있다. 당신들은 이 평화를 얻지 못했다"라고 말했다. 그 감옥에 마태복음을 읽어본 사람이 있었다. 그 사람은 "당신은 자기의 종교를 잃었고, 이제 우리까지 망치려 한다"고 말했다. 그는 그리스도 안에 살아있는 능력이 있다는 것, 그것이 감옥을 천국으로 바꿀 수 있었다는 것을 깨달았다. 사람들은 총독에게 가서 "그 사람을 감옥에 가두어도 소용이 없습니다. 처음에 그가 전도할 때는 아무도 그에게 관심을 두지 않았는데, 감옥에서는 많은 사람이 와서 그의 말을 듣습니다"라고 말했다. 총독은 "그 사람은 미쳤으니 풀어주어라"라고 말했다.

복음서를 찢어버렸던 사람이 "미친 사람이 행복할 수 있는가? 만일 미친 사람이 그렇게 행복하다면, 나도 미치고 싶다. 나뿐만 아니라, 온 세상이 미치고 싶을 것이다"라고 말했다. 그는 나에게 "나를 용서하시오"라고 말했다. 나는 그에게 "주님에게 가십시오. 그분이 당신을 용서해 주실 것입니다"라고 말해 주었다. 그 사람은 얼마 후에 세례를 받고 놀라운 평화와 기쁨을 발견했다.

생명과 풍성한 생명의 차이

우리는 하나님의 은혜로 풍성한 생명을 받는다. 우리가 기뻐하는 것은 풍성한 생명을 소유하고 있다는 증거이다. 많은 신자가 생명을 가지고 있지만, 병들어 있다. 병든 사람은 생명이 있지만 건강하지 못하기 때문에 기쁨이 없다. 죽은 후에 천국에 가기를 기대하는 불쌍한 신자들이 많다. 그러나 천국은 이 세상에서 시작된다. 영혼이 하나님과 접촉하고 우리가 하나님의 현존을 깨달을 때, 천국이 영혼의 완전한 평안임을 이해할 수 있다. 그때 이 세상은 천국이다.

예수 그리스도 안에서 이런 평화를 받은 사람은 범죄하려 하지 않을 것이다. 거듭나지 않은 사람은 이 평화를 받을 수 없다. 그는 하나님의 뜻을 거슬러 온갖 종류의 죄를 범하면서 평화를 찾으려고 애쓴다. 나같이 악한 죄인이 구원받고 평화를 발견했는데, 어려서부터 하나님을 믿는 사람에게는 하나님이 훨씬 더 많은 평화를 주실 것이다.

그런 사람은 다이아몬드를 가지고 있으면서도, 그 가치를 알지 못한 사람과 같다. 그는 그것을 그저 아름다운 돌이라고 생각하여 몇 푼을 받고 그 돌을 팔았다. 돌을 산 사람이 떠나간 후 그는 "그것은 다이아몬드였는데 어리석게도 그저 아름다운 돌이라고 생각하여 팔아버렸구나"라고 생각했다. 그리하여 돌을 사 간 사람의 주소를 찾으려 했다. 이교 국가에 사는 사람들, 구주를 알지 못하는 사람들은 다이아몬드를 찾으려고 노력한다. 그들은 그것의 가치를 알고 있으며, 주님 안에서 구원을 발견한다. 앞으로 명목상의 신자들이 그리스도를 찾고 구원받은 이교 국가 사람들의 말을 들을 때가 올 것이다. 한편, 기독교 국가에서 태어난 사람들은 영원히 생명을 잃을 것이다. 나는 종종 성경책을 찢어버렸던 일을 후회하며, 내가 영적으로 눈이 멀었던 일을 기쁘게 생각한다. 왜냐하면 그것은 내가 살아계신 그리스도의 가치를 보도록 도와주었기 때문이다. 나는 그분의 놀라운 사랑을 보았다. 그리스도를 예배하는 사람은 안식을 발견하지만, 그분을 미워하는 사람은 그분 앞으로 인도함을 받을 때 살아있는 사랑을 경험한다. 그분은 자기를 사랑하는 사람뿐만 아니라, 미워하는 사람도 사랑하신다. 그분의 사랑은 제자들뿐만 아니라 원수에게도 발휘된다.

나는 많은 놀라운 기적을 보면서, 살아계신 그리스도를 한층 더 인식한다. 지금도 기독교 국가의 많은 사람이 기적은 꾸며낸 이야기라며 믿지 않는다. 그들은 이해하지 못하므로 믿지 않으며, 경험이 없으므로 이해하지 못한다.

인도 남부 지방은 날씨가 춥지 않다. 나는 티베트에 대해 말하면서 물 위에 놓인 물 다리를 보았다고 말했다. 그들은 "어떻게 그런 일이 있을 수 있습니까?"라고 말했다. 나는 물의 표면이 얼면 사람들이 물 위로 건너갈 수 있다고 설명해 주었다. 그것은 자연의 법칙에 어긋나는 것이 아니었다. 추운 지방에 사는 사람들은 그것이 아주 간단하다는 것을 알지만, 더운 지방 사람들은 물 위로 건너갈 수 있다는 것을 이해하지 못한다. 마찬가지로 죄 가운데 사는 사람들은 물 위에 놓인 물 다리가 보이는 높은 산에 올라간 적이 없는 사람 같아서 종교적 진리를 이해하지 못한다. 그러나 기도 생활을 하는 사람은 추운 지방에 사는 사람 같아서 그것을 이해할 수 있다. 나는 기적에 대한 질문을 받으면, 내가 기적을 경험했다고 대답한다. 나는 그리스도가 능력 있는 분이심을 안다.

우리에게는 구주와 함께 생활함으로써 영적인 경험을 소유할 기회가 있다. 우리는 놀라운 일을 보려고 극장에 가지는 않는다. 하나님의 놀라운 일을 보려면, 기도해야 한다. 그리스도는 호기심을 만족시키기 위해서가 아니라, 영혼을 만족시키기 위해서 모든 것을 보여 주신다. 우리가 그리스도의 발 앞에 앉아서 적어도 매일 20분 이상 기도하고 성경을 읽으면, 영혼이 만족할 것이다.

나는 나의 회심에 대해서는 되풀이해서 말하고 싶지 않지만, 구원의 증거에 관해서는 그렇지 않다.

1904년 12월 15일에 나는 성경책을 불태웠고, 18일 새벽 5시에 자살하려 했다. 나는 평안하지 못했다. 자살하기 전에 신에게 구원의 길을 보여 달라고 기도하고 싶었다. 나는 아버지에게 "아버지, 작별 인사를 하고 싶어요. 내일이면 나는 죽어 있을 겁니다"라고 말했다. 아버지는 "왜 자살하려 하느냐?"고 물으셨다. 나는 "힌두교는 내 영혼을 만족시켜 주지 못하고, 돈은 내 육체적인 욕망을 만족시켜 주지만 영혼을 만족하게 하지 못합니다. 이렇게 비참하게 살고 싶지 않습니다. 죽고 싶어요"라고 대답했다. 나는 새벽 3시에 일어나서 찬물로 목욕하고, 신에게 구원의 길을 보여달라고 기도하기 시작했다. 나는 "만일 아무것도 보여 주지 않아서 내가 아무것도 보지 못한다면, 자살하겠습니다. 그러면 다음 세상에서 그분을 볼 수 있겠지요"라고 말했다.

그러고 나서 새벽 3시부터 4시 50분까지 기도했다. 갑자기 내 방이 밝아졌다. 나는 불이 났다고 생각하여 방 문을 열고 주위를 둘러보았다. 그러나 불이 난 것이 아니었다. 나는 문을 닫고 다시 기도하기 시작했다. 그때 밝은 빛의 구름 속에서 예수 그리스도의 자애롭고 영광스러운 얼굴을 보았다. 나는 그분이 누구인지 알지 못했고, 알아볼 수도 없었다. 그분은 "언제까지 나를 박해하려느냐? 나는 너를 위해서 죽었고, 너를 위해서 목숨을 주었다"라고 말씀하셨다. 여기에서 나는 살아계신 그리스도를 보았다. 불과 사흘 전에 그분을 미워하고 성경책을 불에 태웠는데, 갑자기 그리스도를 본 것이다. 그분의 능력이 내 마음속에 들어오는 순간 나의 삶이 변화되었다.

나는 일어나서 옆 방에서 주무시는 아버지를 깨워 "아버지, 나는 기독교인이 되었어요"라고 말씀드렸다. 아버지는 내 말을 믿지 않으셨다. "이것은 현실이 아니다. 가서 자라. 너는 그저께 성경책을 불에 태우지 않았더냐? 어떻게 기독교인이라고 말할 수 있겠니?" 나는 "나는 그분을 보았습니다. 나는 전에는 '그분이 이천 년 전에 살았던 인간에 불과하다고 생각했는데, 이제 살아계신 그분을 보았습니다. 이제부터 그분을 섬기렵니다"라고 말씀드렸고, 아버지는 "너는 자살하겠다고 하지 않았니?"라고 말씀하셨다. 나는 "나는 이미 자살했습니다. 과거의 선다 싱은 죽었고, 여기에 있는 나는 새 사람입니다"라고 말했다.

인도에서는 높은 계층의 사람이 기독교인이 되기 어렵다. 기독교인이 되면 집에서 쫓겨난다. 아버지는 내가 기독교인이 되는 것이 집안의 수치라고 생각하셨다. 아버지는 나를 벌거벗겨 집에서 쫓아내셨다. 날씨는 추운데, 나는 밤새도록 나무 밑에 앉아 있었다. 나는 편안하고 안락하게 자랐기 때문에 그것이 견디기 어려웠다. 그때 사탄이 "어제는 집에서 편안하게 지냈는데, 지금 고생하고 있구나"라고 유혹했다. 나는 비교하기 시작했다. …집에서는 호화롭게 살았지만, 평안을 소유하지 못했다. 그러나 지금 추운 밤을 나무 밑에서 보내면서 놀라운 평화를 느꼈다. 그것은 천국에서의 첫날 밤이었다. 세상이 줄 수 없는 놀라운 평안을 살아계신 그리스도가 주셨다. 나는 춥고 목이 말랐지만, 살아계신 그리스도의 능력을 느꼈다. 그리스도를 박해한 원수였던 내가 변화되었다. 이교 국가에서 그리스도께서 나를 위해 그 일을 행하셨는데, 기독교 국가에 사는 사람들을 위해서는 얼마나 큰 일을 하시겠는가!

그분을 알고 모든 일을 그분의 뜻대로 행하는 사람은 복 받은 사람이다. 우리 구주께서는 주님의 말씀을 통해서 말씀하신다. 그분은 풍성한 생명을 주러 오셨다. 이 생명에는 기쁨과 평안이 있다. 풍성한 생명이 없으면, 살아 있으나 죽은 것이다. 우리가 자기 죄를 깨닫고 하나님의 발 앞에 나와 풍성한 생명을 요청하도록 하나님이 우리를 도와주시기를 바란다. 우리가 이 풍성한 생명을 소유하며 영원한 본향인 천국에서 그분의 임재를 누리게 해 주시기를 바란다. 천국에서 우리는 그분을 대면하여 얼굴을 볼 것이다. 지금은 우리가 언어로 인한 어려움을 느끼지만, 장차 그 복된 땅에서 만날 때는 언어로 인한 어려움이 없을 것이다.

지금은 우리가 "나는 스위스 사람입니다, 영국 사람입니다, 인도 사람입니다"라고 말하지만, 그때는 그리스도 안에서 한 나라가 될 것이다.

하나님, 우리가 풍성한 생명을 받게 해 주십시오, 우리가 이 세상에서, 그리고 저세상에서 영원히 하나님 안에 살게 해 주십시오.

제2장

물질을 구하는 기도
1922년 3월 2일, 스위스 자넨에서

"예수께서 대답하여 이르시되 너희는 너희가 구하는 것을 알지 못
하는도다"(마 20:22)

세베대의 아들의 어머니가 두 아들을 예수께 데려가서 "나의 이 두
아들을 주의 나라에서 하나는 주의 우편에, 하나는 주의 좌편에 앉게
명하소서"라고 부탁했을 때, 주님은 "너희는 너희가 구하는 것을 알
지 못하는도다"라고 대답하셨다. 그 여인도 다른 사람들처럼 "그분이
세상을 다스리실 것이며, 그 나라의 수도는 예루살렘이 될 것이다. 내
두 아들 중 하나는 수상이 되고, 다른 아들은 국무장관이나 다른 직분
에 오를 것이다. 내 아들들은 좋은 지위를 차지하게 될 것이다"라고
생각했다. 그러나 주님은 "너희는 너희가 구하는 것을 알지 못하는도
다"라고 말씀하셨다.

주님은 우리에게 영원히 하늘에 있는 나라를 주러 오신 것이 아니
라, 우리를 구원하시려고 하늘로부터 내려오셨다. 그 여인과 제자들
을 책망할 수 없다. 오늘날 많은 신자도 그렇게 기도한다. 그들은 자

제2장 물질을 구하는 기도 583

신이 구하는 것을 알지 못한다. 그들은 기도할 때 이 세상의 것을 요청한다. 고난을 겪거나 병든 사람은 건강을 요청하지만, 영적인 것을 구하지는 않는다. 주님은 "너희는 먼저 그의 나라와 그의 의를 구하라 그리하면 이 모든 것을 너희에게 더하시리라"고 말씀하셨다. 우리는 기도할 때 이 세상 것이 아니라 그것들을 주시는 분, 생명이 아니라 생명을 주시는 분을 요청해야 한다. 진리를 찾는 많은 사람이 이것을 경험했다. 즉 이 세상이나 천국이 주어져도 우리 마음이 만족하지 못한다는 것을 경험한다. 우리 마음은 오로지 주님 안에서만 만족한다. 하나님은 우리가 영성생활을 위해 기도하는 법을 알기를 원하신다. 우리가 자신을 지으시고 평화에 대한 소원을 주신 분을 발견하면, 이 세상에서 천국을 발견하였으므로 다른 것을 원하지 않는다. 종종 사람들은 이렇게 질문한다: "만일 우리가 세상의 것을 요청하지 않는 것이 하나님의 뜻이라면, 하나님은 '이 세상 것을 구하지 말고 성령을 구하라'고 말씀하셨어야 하지 않습니까?" 이 세상 것에 대한 욕망이 없으면 사람들이 기도하지 않으리라는 것을 하나님은 아셨다. 우리가 물건을 달라고 요청할 때, 그것이 아닌 다른 것을 향한 갈망이 생긴다.

나는 발루치스탄을 여행하면서 이런 이야기를 들었다. 아버지와 두 아들이 있었다. 아버지는 아들들에게 밭에 엄청난 보물이 묻혀 있다고 말하면서 밭에서 보물을 파내라고 부탁했다. 아들들은 이 말을 듣고 기뻐했다. 그들은 금이나 은을 파내겠다고 말했다. 그러나 아버지의 의도는 그것이 아니었다. 그 마을에는 물이 없었기 때문에 물을 길으려면 10km나 떨어진 곳으로 가야 했다. 두 아들은 금과 은을 캐러 갔다. 그들은 아침부터 저녁까지 지치도록 땅을 팠지만, 아무것도 찾지 못했다. 아버지는 "낙심하지 말아라. 거기에서 무엇인가를 발견하게 될 것이다"라고 말씀하셨다. 아들들은 계속 그곳을 팠다. 나흘째 되는 날 저녁에 지친 아들들은 "소용없는 일이야. 지금은 목이 마르구나. 금이나 은을 얻는다 해도 우리의 목마름을 해소해 주지 못할 거야. 가장 중요한 것은 물이야"라고 말했다. 그때 갑자기 땅에서 물이 솟아올랐기 때문에 아들들은 기뻐했다. 한 아들이 아버지에게 가서 이 일을 말씀드렸다. 아버지는 이렇게 말했다: "나는 너희에게 마을 사람을 위해서 우물을 파라고 말하지 않았다. 그렇게 말했다면, 너희는 내 말을 듣지 않았을 것이다. 아마 '마을 사람들에게 파라고 하세요'라고 말했을 것이다. 내가 보물이 묻혀 있다고 말했기 때문에 너희가 가서 땅을 파지 않았니? 너희가 금과 은을 캐러 가지만, 그보다 더 귀중한 것을 발견하게 하려는 것이 내 목적이었다. 너희는 땅을 파면서 육체적인 운동을 하고 물도 발견했구나."

기도도 땅을 파는 것과 같은 운동이다. 그것은 우리를 튼튼하게 하여 유혹에 대처할 수 있게 해준다. 세상의 물건들만 구하지 말고, 그것들을 주시는 분을 얻기 위해서 기도해야 한다.

나는 기독교를 믿지 않았을 때 이 세상 것으로 영혼을 만족하게 하려 했지만, 그것은 불가능한 일이었다. 옛 종교들을 섭렵했지만, 그것들은 나를 위해서 아무것도 해주지 않았다. 나는 그리스도에 대해서 어느 정도 알고 있었지만, 그분을 알지는 못했다. 나는 영적으로 눈이 멀었기 때문에 그분을 미워했다. 그러나 그분을 알게 되면서 그분을 사랑하기 시작했다. 당시 나의 상태는 "너희는 너희가 구하는 것을 알지 못하는도다"라고 표현할 수 있을 것이다. 나는 다른 것, 이 세상의 것을 요청했는데, 하나님은 무엇을 요청해야 하는지 보여주셨다. 하나님은 물건을 주시는 것이 아니라, 하나님 자신을 주시며, 그렇게 될 때 우리는 그분 안에서 만족한다.

　다시 말하지만, 하나님은 나에게 자신을 보여 주셨다. 나는 이 나라에 전도하러 온 것이 아니라 증언하러 왔다. 이미 전도는 충분히 되어 있다. 이곳의 많은 사람이 예수그리스도에 대해서 많이 알지만, 그것으로는 부족하다. 그리스도를 알아야 한다. 나는 16년 전에 매우 불행하고 불안한 상태에 있었다. 나는 내가 믿는 힌두교가 유일한 참 종교라고 생각했기 때문에, 성경책에 기름을 붓고 불을 질렀다. 성경책을 태우는 것이 나의 의무라고 생각했다. 성경책을 태운 것은 하나님의 뜻에 어긋나는 행동이었기 때문에, 나는 성경을 태운 후에 한층 더 불안했고, 기쁨과 평안을 느끼지 못했다. 그래서 철길에 누워 자살하려 했다. 그러기 전에 기도를 시작했다. 신이 있다면 구원의 길을 가르쳐 달라고, 만일 가르쳐 주지 않으면 새벽 5시에 자살하겠다고 위협했다. 새벽 3시에 일어나서 기도를 시작했지만, 나에게 놀라운 일이 일어날 것이라고는 기대하지 않았다. 누구도 나에게 말해주지 않았기 때문에, 나는 그런 일을 기대하지 않았고, 생각한 적도 없었다. 나는 빛을 보았는데, 그 빛 속에 영광스러운 얼굴이 있었다. 나는 그분을 알아보지 못했지만, 음성을 들었다: "언제까지 나를 박해하려느냐? 나는 너를 위해 목숨을 주었다." 그 사랑스러운 얼굴이 나를 바라보고 있었다. 그분이 나를 바라보실 때 나는 마음속에 말로 표현할 수 없는 놀라운 평화를 느꼈다. 나는 보지 못하는 것을 느꼈다. 나는 그분의 영광을 보았고, 팔레스타인이서 죽으신 살아계신 그리스도를 느꼈다. 힌두어나 영어로는 내가 느낀 것을 표현할 수 없다. 이제 나는 그분이 세상의 구주라고 성경에 기록되어 있기 때문에 그분을 믿는 것이 아니라, 내가 그분의 생명의 임재를 경험했기 때문에 믿는다. 그분은 1-2분 동안에 그친 것이 아니라 16년 동안 나에게 그 생명을 주고 계시다. 그분이 살아계신 그리스도가 아니었다면, 나는 지금 이곳에 있지 않을 것이다. 그분은 살아계신 그리스도이시다. 나는 전에는 무엇을 위해서인지도 모른 채 기도하곤 했다. 그러나 그분이 나에게 자신을 계시해주신 후로는 무엇을 위해서 기도해야 할지 안다. "주님 자신을 주십시오." 이것이 진정한 기도이다. 우리는 그분 안에서만 만족할 수 있다.

많은 신자들이 서로 미워하고 다투고, 서로 사랑하지 않고, 그리스도를 사랑하지도 않는다. 그리스도는 사랑이시건만, 그들의 마음에 사랑이 없다. 만일 하나님이 우리의 삶 속에 살아 계시다면, 우리는 사람들에게 사랑을 나타낼 것이다. 만일 우리가 생명을 받았다면, 하나님이 우리 안에 살고 계시며, 우리는 기꺼이 이웃을 사랑할 것이다. 우리는 기도를 통해서 하나님을 알고 그 안에서 살아야 하며, 하나님은 우리 안에 계셔야 한다. 그렇지 못하면, 마지막 날에 하나님은 "나는 너를 개인적으로 알지 못한다. 너는 나에 대해서 알았고 성경도 읽었지만, 나를 알지는 못했다. 네 마음속에 내가 없었다"고 말씀하실 것이다. 우리가 하나님을 알면, 우리는 천국에서 영원히 하나님과 함께 살 것이다. 하나님은 우리 가까이, 우리와 함께 계시다. 우리는 하나님이 우리와 함께, 우리 안에 계시는 것을 깨달을 수 있다. 만일 하나님이 당신의 마음속에 계시지 않다면, "하나님, 내 마음에 오십시오"라고 기도해야 한다. 세상의 것을 달라고 하지 말고 하나님 자신을 달라고 기도해야 한다. 그리하면 하나님이 우리 안에 사실 것이다. 하나님이 우리와 함께 계시지만, 그것으로는 충분하지 못하다. 우리는 하나님을 알아야 한다. 우리가 하나님을 알면, 낙심하지 않을 것이다. 우리는 고통과 슬픔 속에서도 하나님의 임재를 느낄 것이다. 생명을 주는 하나님의 임재가 이 세상에서 우리의 삶을 천국으로 만들어줄 것이다.

얼마 전 티베트에서 만난 하나님의 사람이 경험담을 이야기해주었다. 우리가 하나님을 안다면, 고통당하며 온 세상이 우리를 대적해도 낙심하지 않는다. 우리는 설명할 수 없는 놀라운 기쁨을 느낀다. 내가 만난 사람은 옷을 벗고서 며칠 전에 사람들에게 돌로 맞아서 생긴 상처를 보여 주었다. 그는 처음 몇 분 동안은 무서웠다고 말했다. 그는 기도하기 시작했는데, 곧 큰 기쁨을 느껴, 자기를 돌로 때리는 사람들을 위해서 기도할 수 있었다. 그는 "나는 놀라운 평화를 느꼈습니다. 그것은 세상에서 가장 큰 기적인 것 같았습니다"라고 말했다. 세상에서 발견할 수 없는 기쁨과 평안을 그리스도 안에서 발견할 수 있다.

"주께로 더 가까이"라는 찬송이 있다. "주께로"보다는 "주 안에"가 더 좋을 듯하다. "주 안에 있는 나"보다는 "내 안에 계신 주"가 더 좋을 듯하다. 나는 고난 당할 때 주님을 위해서 고난받는 것이 큰 영광이라고 느꼈다. 하나님의 임재, 즉 하나님이 우리 가까이 계실 뿐만 아니라 우리 안에 계시다는 것을 깨달을 수 있었다.

티베트의 감옥에 갇혀 지내던 날을 기억한다. 감옥 앞에 있는 돌들이 꽃처럼 보였다. 돌 안에는 아무것도 없었지만, 하나님의 임재가 그것들을 변화시켰다. 그곳은 천국 같았다. 설명할 수는 없지만, 참된 천국이었다. 이 영적 평화는 이 세상 말로 표현할 수 없다. 우리는 하나님의 임재를 깨닫게 해달라고 기도해야 한다. 하나님의 임재를 느낄 때 세상이 천국이 될 것이다. 나는 쇠사슬에 묶여 좁은 감방에 갇혀 있었다. 먹을 것도 없고, 마실 물도 없었다. 견디기 어려웠다. 그러나 나는 화려한 집에서 지낸 시절보다 그곳에 있는 것이 더 좋았다. 집에서 지낸 시절은 지옥 같았다. 그 감옥에서는 "하나님, 이것저것을 주십시오"라고 기도하지 않고, "하나님 당신을 주십시오. 내 생명을 바치겠습니다"라고 기도해야 했다. 나는 이 세상에 속한 것을 달라고 기도하지 않고, 그것들을 주시는 하나님을 달라고 기도했다.

한 번은 복음을 전하다가 붙잡혀 나무에 묶였다. 그곳은 해발 4천 미터나 되는 추운 곳이었다. 나는 밤새 그곳에 묶여 있었다. 나는 시험을 받아서 "그리스도는 나를 돕지 못할 것이다"라고 생각했다. 그때 "네가 사는 날을 따라서 능력이 있으리로다"(신 33:25)라는 말씀이 떠올랐고, 나는 힘을 얻었다. "어떻게 그런 일이 있을 수 있는가?"라고 물을 것이다. 구주께서 우리와 함께 계시면 가능하다. 주님께는 잘못이 없다. 우리가 그분의 임재를 깨닫지 못하는 것은 우리의 잘못이다. 우리는 죽은 후에 천국에서 살 뿐만 아니라, 지금 천국에서 살기 시작할 것이다.

주님을 핍박했던 큰 죄인인 내가 그러한 평화를 발견하고 구원을 받고 기쁨을 누리게 되었는데, 어려서부터 기독교 국가에서 자란 여러분에게는 주님이 더 많은 것을 주시지 않겠는가? 이 나라에 주님에 대해서 아는 사람은 많지만, 주님을 아는 사람이 과연 얼마나 되는지 알 수 없다.

하나님이 우리를 도와 기도하게 해주시고, 기도를 통해서 하나님을 알게 해 주시기를 바란다. 우리는 하나님을 알아야 한다. 그래야만 천국에서 영원히 하나님과 함께 거할 수 있을 것이다. 이 세상 물건이 아니라 성령을 달라고 기도해야 한다.

여러분을 다시 만나지 못할지도 모른다. 그러나 언젠가는 얼굴을 대면하여 만나게 될 것이다. 다시 기회가 없겠기에, 나는 주님을 증언해야 한다. 그리스도는 나를 위해서 큰일을 행하셨다. 그리스도를 사랑하고 찾는 사람들이 있다. 큰 죄인인 나는 그분을 미워했지만, 그분은 나를 사랑하신다. 그것은 놀라운 사랑, 유례가 없는 사랑이다. 하나님, 우리를 도와 사랑하고 기도하게 해 주십시오! 적어도 새벽에 20분 동안 기도하자. 시간이 있을 때마다 고요한 곳에서 기도하자. 하나님의 말씀을 읽고 기도하자. 하나님 안에서 모든 것을 발견할 것이다. 이 세상 것에 대해 걱정할 필요가 없다.

나무에 과일이 주렁주렁 달렸다고 가정해 보자. 우리는 나무 주인에게 돈을 주고 과일을 사거나 구걸해야 한다. 우리는 매일 하나, 또는 두 개의 과일을 사러 가야 할 것이다. 그러나 그 나무를 우리 것으로 만든다면, 나무에 달린 것은 모두 우리 것이 될 것이다. 우리는 하나님을 아버지로 삼아야 한다. 그런데 우리는 그분을 영접하려 하지 않는다. 우리는 성가시게 물건을 달라고 부탁할 필요가 없다. 하나님은 우리에게 하나님 자신을 주려 하시며, 이것이 우리를 만족시켜 줄 것이다. 우리 안에 계시는 하나님이시다. 생명을 주시는 분이신 하나님을 달라고 기도하며, 하나님을 발견하게 해 달라고 기도하자. 그분을 발견하면, 그분을 위해서 살 수 있을 것이다.

제3장

그리스도에 대해서 아는 것과
그리스도를 아는 것

1922년 3월 3일, 로잔에서

"그러므로 예수께서 자기를 믿은 유대인들에게 이르시되 너희가
내 말에 거하면 참으로 내 제자가 되고 진리를 알지니 진리가 너희
를 자유롭게 하리라"(요 8:31-32)

"내가 너희에게 이른 말은 영이요 생명이라"(요 6:63). 진리란 무엇인
가? 진리는 교리나 교의가 아니라 예수 그리스도이다. 진리는 책에서
발견되는 것이 아니다. 책에서 많은 유익한 것을 발견할 수 있지만,
책에 있는 것은 우리를 자유롭게 하지 못하다. 그리스도만이 우리를
자유롭게 할 수 있다. 나는 참 종교를 찾기 위해 노력해왔다. 나는 힌
두교를 믿었지만, 예수 그리스도 안에서 평안을 찾았다. 당신은 이 세
상에 속한 것에서 평안을 발견하리라고 기대하고 있다. 그런데 당신
이 장차 그것을 얻을 것이라는 증거는 어디에 있는가? 그런 증거는 없
다. 우리는 그리스도로 말미암아 이 세상에서 자유를 얻는다. 힌두교
는 나에게 살아계신 그리스도를 주지 못했다. 이제 나는 천국에서 그
분과 함께 살 것을 기대한다. 그러나 천국은 이 세상에서 시작된다.
영혼이 하나님과 접촉할 때 우리는 하나님의 임재를 깨닫고, 천국이
영혼의 완전한 영화라는 것을 이해할 수 있다. 그때 세상은 천국이 된

다. 나는 과거에 그리스도에 대한 말을 들었을 때 그분을 미워했었다. 그것을 고칠 방법이 없었다. 그리스도를 알지 못하기 때문에, 그리스도 안에서 만족하지 못하는 신자들이 많다. 그러나 그리스도는 진리요, 진리가 우리를 자유롭게 한다. 우리는 살아계신 그리스도를 통해서, 책이나 강의가 아니라 기도를 통해서 사탄을 이길 힘을 얻으며, 유혹을 정복할 수 있다. 매일 20분 이상 기도하자. 그리스도 안에서 살자. 그분은 진리이시다. 진리가 우리를 자유롭게 해줄 것이다.

나는 인간이 만든 많은 것, 놀라운 것들을 보았다. 사람은 하늘을 날 수 있고, 기계를 조종할 수 있고, 전기를 만들어낼 수 있다. 그러나 자기 육신의 정욕은 지배하지 못한다. 그들은 자연을 다스릴 수 있지만, 자아를 다스리지 못한다.

두 주 전에 팔레스타인에 갔을 때 이런 생각을 했다: "이곳은 주님이 가르치시던 곳이다. 주님은 제자들을 위해서 손으로 글을 쓰실 수도 있었을 것이다. 그런데 왜 글을 쓰시지 않았을까?" 주님은 자기의 말—생명과 영—이 자기 백성의 마음속에서 살 것을 아셨기 때문이다. 주님은 아무것도 기록하지 않았고, 제자들에게도 기록하라고 부탁하지 않았다. "너희와 항상 함께 있으리라." 주님은 우리를 죄에서 해방해 주실 것이다. 제자들은 성령의 감동을 받아 기록했다.

많은 신자는 죽은 후에 천국에 있을 것이라고 기대하지만, 천국은 이 세상에서 시작된다.

친구들이 나에게 서양 문명을 어떻게 생각하느냐고 질문했다. 나는 진정한 문명은 보지 못하고, 동물적인 생활을 보았을 뿐이라고 대답했다. 사람들은 그리스도를 알지 못하고, 그리스도와 함께 살지도 않는다. 그들은 먹고 입고 시간을 지키는 법을 배웠다. 그들은 훈련된 동물이다. 그런 것은 문명이 아니다. 우리가 하나님과 우리의 관계를 알기만 하면, 우리의 삶은 참된 삶이 될 것이다. "인간이여, 너 자신을 알라." 우리가 예수 그리스도 안에서 참 생명을 소유한다면, 그 외에 많은 것을 알게 될 것이다. 유식한 사람이 된다고 해서, 그리스도를 아는 것은 아니다. 아주 무식한 사람도 그리스도 안에 있는 참 생명을 알 수 있지만, 유식한 사람은 이해하지 못한다.

작년에 티베트에서 놀라운 이야기를 들었다. 어린 소녀가 예수 그리스도에 대한 말을 듣고 그분을 사랑하기 시작했다. 소녀를 가르치던 스님은 소녀를 미워하기 시작했다. 그는 13살짜리 소녀를 사흘 동안 방에 가두고 먹을 것과 마실 것을 주지 않았다. 어린 소녀에게는 감당하기 어려운 일이었지만, 소녀는 예수 그리스도를 믿다가 방에 갇힌 것을 후회하지 않았다. 소녀는 계속 기도했고, 예수 그리스도 안에서 놀라운 기쁨과 행복을 느꼈다. 사흘 후에 소녀가 갇힌 방에 간 스님은 소녀의 행복한 모습을 보고 놀랐다. 이 이야기는 그 스님이 나에게 말해준 것이다. 소녀는 스님에게 "나는 기독교인입니다"라고 말했고, 스님은 "네가 그리스도에 대해서 아는 것이 무엇이냐?"라고 물었다. 소녀는 "그분에 대해서 많이 알지는 못하지만, 한 가지는 압니다. 즉 그분을 압니다"라고 대답했습니다. 스님은 "너는 배우지 못해서 어리석구나"라고 말했다. 그러나 소녀는 "나는 그분을 내 부모를 아는 것보다 더 많이 알고 있습니다. 부모님은 나를 사랑하고 나도 그분들을 사랑하지만, 나는 그리스도를 압니다. 그분은 내 안에 살아계십니다. 예수 그리스도는 세상이 나에게 줄 수 없고 빼앗아갈 수도 없는 생명을 주십니다"라고 말했다. 스님은 다시 "바보 같은 아이로구나"라고 말하고, 다시 방에 가두고 종일 먹을 것을 주지 않았다. 그다음에 소녀에게 "기분이 어떠냐?"라고 물었다. 그런데 소녀는 노래하고 있었다. 소녀는 지치지 않았고, 마음에 기쁨이 있었다. 스님은 다시 소녀를 가두었다. 사흘째 되는 날 방문을 열어보니 그 무식한 소녀는 평화와 기쁨이 가득하여 노래하고 있었다. 이 스님은 소녀에게 "네가 내 선생이로구나. 나는 늙었고 너는 13살밖에 되지 않았지만, 내가 네 제자이다. 내가 갖지 못한 것을 너는 가지고 있구나"라고 고백했다.

예수 그리스도를 발견하는 것은 나이나 지식과 관계가 없다. 이 어린 소녀는 설교할 수 없었지만, 스님이 발견하지 못한 것을 발견한 것이다.

많은 사람이 평화를 발견하고 기독교인이 되기 위해서 여러 가지 방법으로 노력한다. 그들은 온갖 종류의 일을 시도하지만, 만족하지 못한다. 그들은 항상 새로운 것을 얻으려 하고, 변화를 원한다. 그들은 옷이나 음식의 변화를 원하지만, 만족하지 못한다. 그 이유는 무엇일까? 그들은 변화하는 것에는 완전하게 만족하지 못하며, 불변하는 것에서만 만족하기 때문이다. 그들은 그리스도 안에서만 평화를 발견할 것이다. 그분은 불변하시다. 그분을 발견한 사람은 완전히 만족하므로, 다른 변화를 요구하지 않을 것이다.

사람들은 그리스도에 대해서만 아는데, 이것은 그들이 만족하는 데 도움이 되지 않는다. 그들은 충분히 기도하지 않기 때문에 그리스도를 알지 못한다.

우리는 꽃이나 열매에서 하나님의 솜씨를 본다. 하나님을 이해하려면, 고요한 곳에서 그분의 발 앞에 앉아서 그분이 말씀하시게 해야 한다. 그렇게 하면 그분의 임재를 깨달을 것이다. 그분은 생명과 평화, 그리고 유혹을 이길 힘을 주실 것이다. 예수 그리스도를 위해서 고난받는 사람은 미친 사람이 아니라, 그리스도 안에서 놀라운 기쁨을 발견한 사람이다. 그들은 진리를 알며, 진리가 그들을 자유롭게 했다.

티베트에 악하게 살아온 큰 죄인이 있었다. 그 사람은 평안을 얻지 못할 것 같았지만, 놀라운 경험을 했다. 그는 그리스도께 마음을 바치고서 놀라운 기쁨을 느꼈다. 사람들이 그를 이해하지 못하고 돌로 쳤기 때문에, 그의 몸에서 피가 흘렀다. 그런데도 그가 그리스도를 증언했기 때문에, 그를 이해하지 못한 사람들은 그가 미쳤다고 생각했다. 며칠 후에 그 사람은 나를 만나서 자기의 경험을 이야기해 주었다. 그것은 기적이었다. 그 사람은 거듭나서 세상이 이해하지 못하는 것을 발견했다. 그리스도를 본 사람은 기적을 이해할 수 있다. 가장 큰 기적은 생명을 받는 것, 진리를 아는 것, 하늘과 땅을 발견하는 것이다.

인도에서는 높은 계층 사람이 기독교인이 되면, 박해와 고난을 받는다. 나는 집에서 쫓겨나던 날 밤 추운 날씨에 바깥 나무 밑에서 밤을 보내야 했다. 그때 "너의 그리스도는 너를 구해줄 수 없을 것이다. …"라는 생각이 나를 유혹했다. 그러나 나는 놀라운 기쁨과 평안을 느졌다. 나는 화려한 집에서 살던 때와 지금 나무 밑에서 밤을 지새우는 것을 비교해 보았다. 나는 화려한 집에서 느끼지 못한 평안을 나무 밑에서 느끼고 있었다. 몇 년 후에 나는 그날 밤이 내가 천국에서 보낸 첫날 밤이었다고 아버지께 말씀드렸다.

하나님께서 우리에게 자신을 계시하실 때 우리는 세상에서 천국 및 우리를 자유롭게 해주는 진리를 발견한다. 잡다한 종교 신앙이 평안을 줄 수 있는 것이 아니다. 그리스도를 알고, 그 안에서 생명을 발견해야 한다. 우리가 그 평안을 발견하지 못하는 것은 우리의 잘못이다. 하나님께는 잘못이 없다. 그러나 우리는 너무 바빠서 기도할 시간이 없다. 기독교 국가의 신자들은 시간이 없어서 믿음을 포기한다. 하나님은 우리에게 하나님을 사랑하라고 강요하시지 않을 것이다. 그러나 만일 우리가 생명, 구원, 그리고 세상에서의 천국을 소유하려면, 기도해야 한다. 예수 그리스도가 진리이시다. 그분은 지성이 아니라 마음으로 발견할 수 있다. 사람들은 새로운 종교를 믿고 지적으로 많은 것을 알지만, 빛이 비치지 않으면 제대로 알지 못한다. 빛이 비치면, 진리를 식별할 수 있다. 지식의 눈으로는 우리를 자유롭게 해주는 진리를 볼 수 없다.

우리는 좋은 것과 평안을 원하지만, 이 세상의 것으로는 이러한 갈망을 깨달을 수 없고, 충족시킬 수도 없다. 우리 마음은 그 마음을 지으신 분 안에서만 평안을 발견할 수 있다. 그리스도 안에서 살기 시작하면, 평안을 발견한다. 우리는 책이 아니라 기도에 의해서 하나님의 현존을 의식할 수 있다.

기도하자. 그리고 하나님이 당신에게 하나님의 평안을 주실 기회를 드리자. 우리가 진리이신 하나님의 임재를 깨달을 수 있도록, 하나님이 도와주시기를 바란다. 하나님에 대해서 아는 것으로는 부족하다. 하나님을 알아야 한다.

나는 전도하러 온 것이 아니라, 증언하러 이곳에 왔다. 나는 그리스도를 박해했고, 선교사들에게 돌을 던졌던 사람이다. 나는 예수 그리스도에 대해서 알고 있었지만, 개인적으로 예수 그리스도를 알지 못했다. 참 종교는 예수 그리스도 안에만 있다. 그분은 하나님이시다. 그분은 인간을 구원하려고 인간이 되셨다.

하나님, 우리가 기도를 통해서 하나님을 알며, 그의 이름을 영화롭게 하도록 도와주십시오.

제4장

시험 당할 때
1922년 3월 5일, 로잔에서 행한 설교

"시험에 들지 않게 깨어 있어 기도하라."(마 26:41)

"깨어 있어 기도하라." 영성생활에서는 이것이 매우 중요하다. 많은 신자들은 기독교가 무엇인지 이해하지 못하여 기도를 소홀히 한다. 그들은 그리스도에 대해서는 알지만, 그리스도를 알지 못한다. 기도하면, 예수 그리스도가 누구인지 알게 될 것이다. 많은 신자들은 성경을 읽음으로써 그분에 대해서 안다. 그들은 그분을 위대한 인간, 위대한 영적 지도자로 생각한다. 어떤 사람은 그분을 위대한 선지자라고 생각하지만, 기도하지 않기 때문에 살아계신 그리스도라는 것을 이해하지 못한다. 그들은 그분을 훌륭한 모범이라고 생각하지만, 하나님이라고 생각하지 않는다. 기도의 사람들은 그분이 하나님이심을 안다. 세상 여러 나라에 많은 선지자가 있었지만, 그들은 영혼을 만족하게 해주지 못했다. 세상은 구주, 성육하신 하나님을 필요로 했다. 하나님이 친히 성육하셨고, 제자들에게 기도하는 방법을 가르치셨다.

기도하지 않는 사람의 영성생활에는 많은 위험이 도사리고 있다. 죄를 범하는 것뿐만 아니라, 많은 영적 배교의 위험이 있다. 하나님의 뜻을 행하지 않으면, 시험에 빠져 실족하게 된다.

그리스도께서 겟세마네 동산에서 기도하실 때 제자 셋이 함께 있었다. 주님은 그들에게 기도하라고 말씀하셨다. 그런데 그들이 자고 있는 것을 보시고, 주님은 특별히 베드로에게 "너희가 나와 함께 한 시 동안도 이렇게 깨어 있을 수 없더냐?"라고 말씀하셨다. 베드로는 한 시간 동안 주님과 함께 기도하지 못했기 때문에 큰 복을 잃었다. 그는 평생 여러 번 그 복, 그 능력을 잃은 것을 안타깝게 생각했을 것이다. 만일 그에게 그 능력이 있었다면, 결코 주님을 부인하지 않았을 것이다. 그는 구주를 위해서 사람들을 구원하는 큰일을 했지만, 그리스도를 부인한 것은 평생 그의 가시가 되었음이 분명하다. 나는 그리스도에 대해서 알았을 때는 그분을 박해하고, 그의 백성을 박해했다. 나는 "그리스도는 위대한 사람이지만, 인도에도 위대한 선지자들이 있다"고 생각했었다. 나는 구주를 원했지만, 그리스도가 구주라는 것을 이해하지 못했다. 내가 기도하기 시작했을 때 하나님이 나의 구주시라는 것이 내게 계시되었다. 오늘날 기독교 국가의 사람들은 그리스도에 대해서 많이 알지만, 그리스도는 알지 못한다.

나는 영국과 미국을 방문하고 인도로 돌아간 후에 "기독교가 유럽에서 무슨 일을 했다고 생각하십니까? 그리스도는 서로 사랑하라고 가르치셨는데, 그들은 서로 싸우고 있습니다. 유럽의 기독교는 실패작입니다"라는 말을 들었다. 나는 "유럽의 기독교는 실패작이 아닙니

600 제10권 풍성한 생명

다. 그러나 유럽은 그리스도를 이해하는 데 실패했습니다. 유럽 사람들은 그리스도와 함께 살지 않기 때문에 그리스도를 이해하지 못했습니다"라고 대답해 주었다. 그들은 선교사를 파송하고, 그들을 위해 돈을 사용한다. 그들은 예수 그리스도를 안다. 동시에 예수 그리스도를 위대한 사람으로 여기지만, 구주로 여기지 않는 사람들이 있다. 그들은 그분과 함께 살지 않아 기도하지 않기 때문에, 그분이 구주이심을 믿지 않는다. 그들은 과학과 철학에는 조예가 깊지만, 영적인 일에는 무지하다. 그들은 두뇌에 양분을 공급하지만, 영혼은 굶주리고 있다. 마음은 두뇌를 통해서 만족하지 못하며, 마음을 지으신 분 안에서 만족한다. 그러므로 그들은 기도할 때 그분 안에서 만족할 것이다. 기도를 통해서 영적인 것의 진가를 알 수 있다.

이름뿐인 신자는 다이아몬드를 가지고 있지만, 그것을 그저 귀한 돌이라고 생각하는 사람과 같다. 그는 그것의 가치를 알지 못하기 때문에 몇 푼을 받고 팔아버린다. 그런데 그것이 몇백만 원의 가치가 있다는 말을 듣고서, 그는 "나는 그것이 그렇게 가치가 있는 줄 알지 못했다"고 말한다. 기독교 국가의 사람들은 그리스도를 아름다운 돌로 알고 있지만, 그분의 진가를 알지 못한다. 그분을 알고 그분과 함께 살아야 그분의 진가를 알 것이다. 다이아몬드를 본 적이 없으므로 자기가 가진 다이아몬드의 가치를 알지 못한 사람은 몇 푼을 받고 그것을 팔아버렸다. 많은 사람이 예수 그리스도를 알지 못하고, 그분이 구주이심의 진가를 알지 못한다. 소위 이교 국가 사람들은 아무것도 가지고 있지 않기 때문에 무엇인가를 추구한다.

어떤 면에서 나는 기독교 국가가 아니라, 이교 국가에서 태어난 것을 다행으로 여긴다. 왜냐하면 그러한 종교들이 나를 만족하게 만들지 못했을 때 나는 다른 것을 찾아다녔으며 결국 그분을 발견했기 때문이다. 나는 그리스도를 위인이라고 생각했었는데, 그분이 구주이심을 발견했다. 기독교 국가의 사람들은 그리스도에 대해서 알지만 무관심한 듯하다. 이것은 무지 중에서도 가장 좋지 않은 것이다. 인도에서는 대부분의 사람이 힌두교인이며 우상들을 숭배한다. 그들에게는 그 정도의 지혜밖에 없다. 그러나 그들은 지금도 그분을 알려고 나아온다. 그러나 소위 기독교 국가의 사람들은 그리스도에 대해서 알지만 무관심하며, 그분을 알려 하지 않는다. 이런 까닭에 그것이 가장 좋지 않은 무지이다. 마지막 심판날에 그들은 다른 이교도들보다 더 큰 벌을 받을 것이다.

만일 동양 사람에게 그처럼 많은 기회가 있었다면, 동양에서 많은 사도를 배출했을 것이다. 그런데 기독교 국가의 사람들은 무관심하다. 그 이유는 무엇일까? 왜냐하면 그들은 지나치게 많이 활동하며, 충분히 기도하지 않기 때문이다. 활동적인 것은 좋은 일이지만, 우리는 기도를 통해서 영적 시력을 소유해야 한다. 기도는 천국의 열쇠이다. 기도를 통해서 천국 문을 열 수 있다. 기도할 때 이 세상에서 예수 그리스도를 통해서 천국을 발견할 수 있다. 사도 바울은 "그리스도 예수 안에서 함께 하늘에 앉히시니"라고 말한다. 그는 사후의 일만 말하는 것이 아니다. 우리는 현세에서도 거룩한 곳에 살 것이다. 바울은 기도하는 사람이었다. 우리의 삶이 기도의 삶이 된다면, 우리는 이 세상에서도 거룩한 곳에 살 것이며, 기도로써 위험과 시험에서 해방될 것이다. 예를 들어 보겠다. 몇 년 전에 내가 히말라야를 여행하는데 폭풍이 불고, 천둥과 번개가 쳤다. 나는 벼락에 맞아 죽을까 겁이 났다. 그러나 나는 높은 곳에 있었고, 번개는 내가 있는 곳보다 낮은 곳을 쳤기 때문에 나는 안전했다. 마찬가지로, 기도에 의해서 그리스도와 함께 거룩한 곳에 사는 신자들을 사탄은 해치지 못한다. 만일 사탄이 이 세상에서 우리를 해칠 수 있다면, 우리는 오직 기도를 통해서만 예수 그리스도 안에 살 수 있다. 시험은 길가의 돌 같아서 많은 사람이 그것에 걸려 비틀거리거나 넘어진다. 기도하지 않는 사람에게는 위험이 많다. 그러나 기도하는 사람은 돌을 건너뛰기 때문에, 기도하면서 조금씩 천국과 구주께로 나아간다. 기도하는 사람은 위험하지 않다. 그리스도를 알지 못한 채 형식적으로 예배하는 사람이 가장 위험하다.

얼마 전 어떤 신자에게 왜 예수 그리스도를 믿느냐고 물었다. 그는 "그분은 나의 구주이시기 때문입니다"라고 대답했다. 나는 "예수 그리스도가 당신의 구주라는 말은 책에 실려 있는 말이기 때문에 증거가 될 수 없습니다. 증거는 당신의 마음 안에 있어야 합니다"라고 말했다. 우리는 이 진리를 알아야 하며, 또한 그리스도를 알아야 한다. 그리스도를 아는 것과 그리스도에 대해서 아는 것은 매우 다르다. 나는 그리스도에 대해서 알고 있었을 때 그분을 미워했지만, 그분을 알고 나서는 그분을 사랑하기 시작했다. 그리스도에 대해서 아는 것은 우리에게 유익을 주지 못하며, 영적으로 도움이 되지 못한다. 그러나 우리가 그분을 알고 있을 때 우리가 주님을 사랑한다면, 삶에 그것을 보여줄 증거가 있어야 한다고 요구하는 사람이 없을 것이다. 이 세상에는 시험과 어려움이 있지만, 그리스도에 대한 이러한 지식을 가지고 있으면. 시험에 정복되지 않을 것이다.

인도 북부에서 신분이 높은 사람이 기독교인이 되었다. 그는 집에서 쫓겨나 큰 고통을 당했다. 어느 날 친척들이 그를 둘러싸고 때렸으므로 그는 피를 흘리다가 의식을 잃었다. 잠시 후 의식을 되찾은 그는 일어나서 기도하기 시작했다: "하나님, 이러한 고난을 당하게 해주셔서 감사합니다. 당신을 위해 고난받는 것이 내게 큰 영광입니다." 그곳에서 나는 살아계신 그리스도의 능력, 세상이 줄 수도 없고 빼앗아 갈 수도 없는 능력을 보았다. 그 사람은 일어서서 자신이 예수 그리스도 안에서 발견한 것에 대해 사람들에게 이야기했다. 그는 "만일 예수 그리스도가 위대한 사람에 불과하다면, 이런 식으로 나를 돕지 못했을 것입니다. 그분은 나를 위해 자신을 주신 그리스도이십니다"라고 말했다. 사람들은 놀라서 그를 쳐다보았다. 그들은 그가 피를 많이 흘려서 죽었다고 생각했었는데, 그는 "그리스도께서 이 피를 나에게 주셨습니다. 그분은 살아계신 그리스도를 증언하게 하시려고 내게 새 생명을 주셨습니다"라고 말했다. 그들은 "어떻게 이 생명을 발견했습니까?"라고 물었고, 그는 이렇게 대답했다: "기도 안에서 발견했습니다. 우리는 기도할 때 예수 그리스도와 접촉합니다. 그분은 우리에게 자신을 계시해 주시고, 세상이 볼 수 없는 놀라운 방법으로 우리 영혼에 말씀하십니다. 우리는 두 눈으로 그분의 임재를 볼 수 없지만, 마음 안에서 그분의 임재를 느낄 수 있습니다. 나는 기도를 시작하면서 그분의 능력을 느꼈고, 그분의 임재는 이 세상에서 내 마음을 천국으로 만들어 주셨습니다."

나는 그 청년에게 나도 비슷한 경험을 했다고 말해주었다. 나는 전도하다가 감옥에 갇혔을 때 세상이 이해하지 못하는 놀라운 평안을 느꼈다고 말했다. 세상에서는 그러한 평안을 느낀다고 말하는 사람을 미친 사람이라고 생각하겠지만, 그것은 실제이다. 살아 계신 그리스도는 핍박과 어려움 속에서 우리에게 평안을 주실 수 있다.

나는 그 청년에게 "나는 감옥에 있었다고 말하고 싶지 않습니다. 왜냐하면 나는 천국에 있었기 때문입니다. 그러나 사람들에게 설명하려면 감옥이라는 표현을 사용해야 했습니다"라고 말했다. 실제로 그곳은 천국이었다. 그리스도의 신성, 그리스도가 신이라는 것을 믿을 수 없다고 말하는 사람들은 나의 믿음을 흔들 수 없다. 왜냐하면 나는 그분을 알고 있기 때문이다. 목마른 사람에게 물을 주면, 그 사람은 그것을 마시고 만족한다. 그다음에 사람들이 그에게 "그것은 물이 아니었습니다"라고 말하면, 그는 "어리석은 사람들이군요. 그것은 물이었습니다. 그것을 마시고 나의 갈증이 사라졌습니다"라고 말한다. 마찬가지로 나는 그분이 구주시라는 것, 생명수라는 것을 경험으로 알고 있다. 사람들이 나의 믿음을 흔들 수 없다. 불신자들은 하나님을 아는 사람의 믿음을 흔들 수 없고, 하나님에 대해서 아는 사람들의 믿음만 흔들 수 있다. 이 세상에는 많은 영적인 시험이 있다. 이러한 시험에 대처하려면 힘이 필요하다. 사탄을 물리치려면, 주님의 도움을 받아야 한다. 우리는 그분께 가서, 그분을 계시해 달라고 기도해야 한다. 그리하면 그분을 보게 될 것이다. 과거에 나는 그분을 위대한 윤리 교사라고 잘못 생각했었다. 그러나 기도하면서 그분이 위대한 구주이심을 깨달았다.

나는 집에서 쫓겨나기 전에는 부귀와 재물을 가지고 있었지만, 그것들은 내 영혼을 만족하게 해주지 못했다. 예수 그리스도께서 내가 원하는 것을 주셨다. 이 세상에 속한 것들은 우리 영혼을 만족하게 하지 못한다. 예수 그리스도만이 우리를 만족하게 할 수 있다.

많은 사람은 그것을 어리석은 일로 여긴다. 내가 힌두교도였을 때처럼, 많은 사람은 십자가의 메시지를 어리석은 것으로 여긴다. 십자가에서 죽은 사람은 자신을 구할 수 없었다. 내 머리로는 그분을 이해할 수 없었지만, 기도하면서 마음을 그분께 바칠 때 그분을 이해하고 그분 안에서 천국을 발견했다. 그러므로 나는 그분을 증언한다. 과거에 그분을 핍박했던 내가 그분 안에서 발견한 것을 증언한다.

오늘날 사람들은 자신을 만족하게 해주실 수 있는 예수 그리스도를 알지 못하기 때문에, 세상에는 많은 새로운 주장이 있다. 사람들은 이런 것 저런 것을 믿다가 그것에 만족하지 못하면 다른 것을 받아들인다. 그러나 그것에도 만족하지 못한다.

사랑하는 친구들이여, 도덕적인 가르침이 우리를 만족하게 해주는 것이 아니라, 살아계신 그리스도가 우리를 만족하게 해주신다. 나는 여러 나라를 다니면서 그리스도를 미워했던 사람들을 많이 보았다. 그러나 그들은 그리스도를 안 후에 변화되었고, 그분 안에서 힘과 능력을 발견했다.

주님, 우리를 도와 주십시오. 우리의 생활이 기도 생활이 되며, 우리가 이 세상에서 주님을 알고 사랑하게 해 주십시오.

제5장

그리스도는 자신을 나타내신다.
1922년 3월 5일, 로잔에서 행한 설교

"나의 계명을 가지고 지키는 자라야 나를 사랑하는 자니 나를 사랑
하는 자는 내 아버지께 사랑을 받을 것이요 나도 그를 사랑하여 그
에게 나를 나타내리라."(요 14:21)

주님은 급하고 바쁜 생활 속에서 자신을 나타내시는 것이 아니다.
주님은 벳새다에서 자기를 둘러싸고 있는 사람 중에 맹인이 있는 것
을 보셨다(막 8:22). 이 사람은 근처 마을에 살고 있었는데, 친구들이 그
의 눈을 낫게 해주려고 주님께 데려왔다. 예수님은 그의 손을 붙잡고
마을 밖으로 가셨다. 많은 사람이 그의 눈을 보게 하는 데 방해가 될
수 있었기 때문이다. 그다음에 주님은 우리가 원하지 않을 일을 하셨
다. 즉 주님은 맹인의 눈에 침을 뱉으셨다. 만일 우리가 그 자리에 있
었다면, 믿음을 잃었을 것이다. 우리는 침 뱉는 것을 좋아하지 않기
때문에 "손을 대지 않고서도 말씀으로 고치실 수 있지 않은가?"라고
말했을 것이다. 그러나 그렇게 행동하신 이유가 있었다. 침 안에 치료
법이 있는 것이 아니라, 예수님은 그 사람에게 충분한 믿음이 있는지

알려 하셨던 것이다. "만일 이 사람이 항의하지 않으면 나는 그의 눈을 고쳐주겠다." 맹인에게는 믿음이 있었지만, 충분한 믿음은 아니었다. 그래서 그의 시력은 반쯤만 회복되었다. 그리스도는 그에게 보기를 원하느냐고 물으셨고, 그는 "나무 같은 것들이 걸어가는 것을 보나이다"라고 대답했다. 그러나 사람들은 나무 같지 않다. 그의 눈은 반만 열렸다. 그가 사물을 분명하게 볼 수 없었기 때문에, 그리스도는 다시 그의 눈에 안수하셨다. 처음에는 충분한 믿음이 없었기 때문에 시력이 반만 회복되었지만, 그는 이제 완전한 믿음을 얻었고 시력을 완전히 회복했다.

인도에도 이 맹인처럼 눈을 뜨고 있지만, 시력이 좋지 않은 사람들이 있다. 그들은 사물을 분명하게 보지 못한다. 맹인이 볼 때 사람들이 걸어가는 나무 같았던 것처럼, 인도의 많은 기독교인은 그리스도가 하나님이심을 깨닫지 못하고 있다. 그리스도는 맹인이 완전히 보게 하려고 그의 손을 붙잡고 마을 밖으로 데려가셨다. 우리에게는 홀로 고요한 장소에서 기도하는 시간이 필요하다. 그렇게 하면, 그곳에서 시력을 완전히 회복할 것이다. 서방 국가의 사람들은 너무 바빠서 하나님을 볼 시간이 없다. 바삐 사는 것은 좋은 일이지만, 하나님과 함께 보내는 조용한 시간이 필요하다. 하나님을 볼 수 없으면, 영적인 일을 이해할 수 없다. 많은 사람은 너무 바쁘고 기도할 시간이 없기 때문에 예수 그리스도가 실재하신다는 것, 그분이 하나님이시요 구주이심을 이해하지 못한다. 그분은 기도를 통해서만 우리에게 자신을 계시하실 수 있다. 많은 복을 받았으면서도 예수 그리스도가 누구신지 알아보지 못하는 사람이 많다. 나는 삼 주 전에 예루살렘에서 예수님이 삼십팔 년 된 중풍병자를 낫게 해주신 장소에 가보았다. 나는 그 중풍병자에 대해서 생각하기 시작했다. 그는 삼십팔 년 동안 병들어 있었기 때문에, 병이 나았을 때 고맙게 여겨야 했다. 그런데 사람들이 "너더러 자리를 들고 걸어가라 한 사람이 누구냐"라고 질문했을 때 그는 "그가 누구신지 알지 못한다"고 말했다. 그는 감사하지 못했다.

나는 동양의 국가들과 서양의 국가들에 대해서 생각해 보았다. 여러분은 복음을 받았고 교육과 문명의 혜택을 누리고 있지만, 여러 나라의 사람들은 짐승과 흡사하다. 그들은 전파되는 복음을 듣지 못했기 때문에 짐승과 흡사하다. 유럽에는 복음이 전파되었고, 문명과 여러 가지 복이 주어졌다. 그러나 그들은 감사하지 못하고, 예수 그리스도를 망각하고, 예수 그리스도를 예배하지 않고 자기 자신을 예배한다. 이교 국가의 국민들은 우상을 숭배하고, 문명 국가의 사람들은 자기 자신을 숭배한다. 그러나 그리스도를 알고 선교사로 파송되거나, 선교사를 파송하여 복음을 들을 기회를 갖지 못한 사람들에게 복음을 전하고 싶어 하는 사람들이 있다. 예수 그리스도가 누구신지 모르고서는 다른 사람을 위해 일할 수 없다. 나면서부터 맹인이었던 사람처럼, 예수가 하나님의 아들이심을 아는 사람들이 많다. 나면서부터 맹인이었던 사람이 눈을 떴으면 마땅히 감사해야 할 것이다. 그는 눈을 떴지만 한 가지 중요한 것을 알지 못했다. 그는 사람들이 물었을 때 "나에게 이 일을 행한 분은 예수 그리스도이십니다"라고 증언했다.

그러나 예수께서 다시 그를 만나서 "네가 하나님의 아들을 믿느냐?"라고 말씀하셨을 때 그 말을 이해하지 못했다. 그는 인자를 알고 있었지만, 인자이신 예수 그리스도가 하나님의 아들이라는 것을 알지 못했다. 그는 육체의 시력을 회복하고 인자이신 예수를 영접했지만, 예수 그리스도가 하나님의 아들이심을 보지 못했고, 그렇기 때문에 영적 시력을 회복하지 못했다.

눈은 떴지만, 예수를 위대한 인간으로만 여기는 신자가 많다. 그들은 살아계신 그리스도, 성육하신 하나님을 보지 못한다. 육체의 시력으로는 부족하며, 영적 시력이 있어야 한다. 영적인 눈을 뜬 사람은 예수 그리스도가 하나님의 아들이심을 볼 것이다. 조용한 장소에 가자. 그곳에서 그리스도께서 자신을 나타내실 것이다. 그분이 하나님의 아들이심을 보여주실 것이다.

마리아처럼 예수 그리스도를 사랑하는 사람이 많다. 예수님이 죽은 자들 가운데서 부활하셨을 때 마리아는 예수님을 만나러 갔다. 마리아는 예수 그리스도를 사랑했지만, 부활하신 예수님을 알아보지 못했다. 그녀는 눈물 때문에 예수님을 알아보지 못하고 동산지기라고 생각했다. 예수 그리스도를 사랑하지만, 죽은 자들 가운데서 부활하신 살아계신 그리스도를 알아보지 못하는 신자가 많다. 그들은 죄와 실수 때문에 슬픔의 눈물을 흘린다. 그러나 눈을 떠서 바라볼 때 분을 알아본다. 마리아는 그분의 음성을 알아보았다. 그분은 "내 양은 내 음성을 안다"고 말씀하셨다. 우리 마음이 그분으로 가득 차면 우리는 동산, 한적한 곳에서 세상의 구주를 알아본다. 그분은 인간이 되셨다.

제5장 그리스도는 자신을 나타내신다. 611

그렇기 때문에 우리는 그분이 하나님이라는 것을 믿지 못한다.

몇 년 전에 히말라야를 여행하면서 수백 마리 양을 기르는 사람을 만났다. 그 사람은 양 여러 마리를 잃어버렸기 때문에 하인들에게 양을 찾아오라고 말했다. 그런데 하인들은 들짐승이 두려워서 양을 찾으러 가려 하지 않았다. 주인은 하인들이 두려워하는 것을 알고서 스스로 양을 찾으려 했다. 그는 "내가 찾으러 가도 양들이 나를 받아주지 않을 것이다. 양들은 자기들을 돌봐준 하인들은 알지만, 나는 알지 못할 것이다. 내가 양처럼 되어야 양들이 나를 받아줄 것이다"라고 말하고서 이상한 행동을 했다. 그는 양가죽을 쓰고 나갔다. 그의 모습이 양 같았으므로, 양들은 그를 두려워하지 않았고, 그는 잃어버린 양을 모두 우리로 데려왔다. 그는 양들을 모두 구한 것을 기뻐하면서 양가죽을 벗었다. 아마 그가 양이라고 생각했던 양들은 그가 인간이라는 것을 알고 놀랐을 것이다. 그는 잃어버린 양들을 위해서, 즉 양들을 사랑하기 때문에 양이 되었다. 마찬가지로 예수 그리스도는 하나님이시다. 그분은 잃어버린 사람들을 구하기 위해서 인간이 되셨다. 영적으로 눈이 먼 사람들은 그분을 단순한 인간으로 생각한다. 그러나 그분이 단순히 인간이 아니라 인간을 구원하기 위해서 인간이 되셨다는 것을 그들이 깨달을 때가 올 것이다. 마지막 날에 이것을 깨달을 뿐만 아니라. 이 세상에서도 기도생활을 통해서 이것을 깨달을 것이다. 그분이 인간의 모습을 하고 팔레스타인에서 인간처럼 사셨지만, 그분은 하나님이셨음을 그들은 알게 될 것이다. 세상은 그분을 알아보지 못하지만, 기도생활을 하는 사람들은 알아본다. 나는 몇 년 전에는 그분을 알아보지 못하고, 그분이 위대한 인간에 불과하다고 생각했었다.

내가 회심하고 기독교인이 된 이야기를 상세히 이야기하겠다. 내가 예수 그리스도의 원수였다는 것, 복음서를 찢어 불태웠다는 것을 아는 사람은 많지 않다. 나는 "이것은 거짓 종교이다. 힌두교가 참 종교이다"라고 생각했었다. 나는 힌두교 신앙에 만족하지 못했지만, 예수 그리스도를 믿으려 하지 않았다. 나는 자살을 결심했다. 새벽 5시에 기차가 들어올 때 선로에 누워 죽으려 했다. 어느 날 새벽에 일어나서 목욕한 후에 신이 있으면 구원의 길을 보여달라고 기도하기 시작했다. 나는 신이 있으면 모습을 보여달라고, 그렇지 않으면 자살하여 다음 세상에서 그분을 만나겠다고 기도하기 시작했다. 1시간 30분이 지나서 나는 알아볼 수 없는 무엇인가를 보았다. 그날은 12월 18일이었다. 방에서 기도하는데, 기대하지 않았던 영광스러운 형태가 나타났다. 내가 성경책을 태우고 나서 불과 사흘 후인 12월 18일에 예수 그리스도는 나에게 자신을 계시하셨다. 나는 그분을 미워했으므로, 그분을 믿을 준비가 되어 있지 않았다. 십자가에 달려 죽은 사람이 어찌 나를 구원할 수 있는가? 그러나 18일 새벽에 나에게 나타나신 그리스도는 "나는 너를 위해서 죽었다. 나는 세상의 구주다"라고 말씀하셨다. 그때 나는 나의 구주, 나의 모든 것을 발견했다. 나는 자리에서 일어났다. 그분은 사라졌지만, 내 마음은 놀랍게 평안했다. 나는 옆방에서 주무시는 아버지에게 가서 "아버지, 나는 기독교인이 되었습니다"라고 말씀드렸다. 아버지는 내 말을 이해하지 못하고 "너는 그저께 성경책을 불태웠는데, 어떻게 그럴 수가 있느냐?"라고 말씀하셨다. 나는 "사실입니다. 나는 책을 통해서 그분을 알았지만, 이제 나는 살아 계신 그리스도를 보았기 때문에 그분이 하나님이심을 압니다"라고 대답했다. 그분을 인간이라고 생각했을 때는 그분을 미워했지만, 이제 그분이 자신을 계시해주셨기에 나는 그분을 섬기기를 원한다. 내가 살아계신 그리스도를 보지 못했다면, 몇 년 전에 복음서를 불태운 내가 복음을 어찌 전파할 수 있겠는가? 나는 지금 전도하기 위해서 이곳에 온 것이 아니라, 예수그리스도께서 하실 수 있는 것을 증언하러 왔다. 그분은 그리스도의 원수인 사람에게 자신을 계시하실 수 있는데, 어려서부터 그분을 알아온 여러분에게는 더 많이 계시하시지 않겠는가?

예수 그리스도에 대해서 아는 것으로는 충분하지 못한다. 그분을 알아야 한다. 우리가 기도하면, 그리스도는 자신을 계시해 주실 것이며, 우리는 예수 그리스도가 누구인지 알게 될 것이다. 그분은 자신을 계시하실 뿐만 아니라, 우리에게 오셔서 시험을 이길 능력과 기쁨과 평안을 주실 것이다. 경험이 없는 사람은 내 말을 이해하지 못하기 때문에 믿지 않을 것이므로, 그리스도께서 나를 위해서 행하신 일에 대해 자세히 이야기하지 않겠다. 우리가 매일 아침 예수와 함께 지낼 고요한 장소에서 기도한다면, 우리는 그리스도의 증인이 될 것이다. 나는 다시는 여러분을 만나지 못할 것이다. 그리스도가 살아계신 그리스도라는 것을 증언하지 않고 기도생활을 하지 않으면, 마지막 심판 때 심판을 받을 것이다. 그리스도는 나를 위해서 놀라운 일을 행하셨다. 나는 내 의무를 행했다, 우리는 자기 의무를 행해야 한다. 기독교인이라고 불리며, 그리스도에 대해서 아는 것만으로는 부족하다. 그리스도를 개인적으로 알아야 한다. 우리가 그리스도와 개인적으로 접촉할 때 우리는 그분을 알고 그분을 섬긴다. 그때 우리는 침묵할 수 없으며, 나가서 예수 그리스도가 살아계신 그리스도이심을 사람들에게 이야기할 것이다.

인도를 떠나기 전에 어느 사람에게서 나면서부터 머리가 둘인 아기를 보았다는 말을 들었다. 아기의 머리가 둘이라는 것은 놀라운 일이었기 때문에, 그 사람은 조용히 있을 수가 없었다. 그는 괴물 같은 것을 보았지만, 그것은 하나님의 솜씨였다. 그가 본 것은 창조주 자신이었다. 사람들은 그리스도를 보지 못했기 때문에 입을 다물고 잠잠하며, 그리스도에 대해서 말하지 않는다. 그러나 만일 우리가 그리스도를 본다면, 잠잠할 수 없다. 그리스도의 사랑이 우리를 강권하신다. 우리는 "와서 그분을 보시오. 그분은 살아계신 그리스도이십니다"라고 말한다. 그리스도는 우리를 위해 놀라운 일을 행하려 하시지만, 우리는 그분에게 기회를 드리지 않는다. 그분은 우리가 날마다 고요히 그분과 함께 몇 분 동안 기도하면서 그분이 자신을 보여주실 시간을 내기를 원하시지만, 우리는 시간이 없고 할 일이 많다고 한다. 기도할 시간이 없으면, 우리는 그분을 알지 못할 것이다. 기도만이 우리에게 예수 그리스도를 보여줄 것이다. 그분은 우리 영혼에 말씀하실 것이다. 우리가 그분을 알 수 있도록 하나님이 도와주시며, 우리가 그분을 알 때 그분을 증언할 힘을 갖게 해주시기를 바란다.

할 말이 많지만, 지나치게 말을 많이 하는 것은 무익하다. 우리는 기도를 통해서 예수 그리스도를 알게 될 것이다. 이것이 나의 마지막 말이다. 매일 아침 몇 분 동안 기도하자. 육체의 눈을 뜨는 것만으로는 충분하지 못하다. 영의 눈도 떠야 한다. 그분은 인자이실 뿐만 아니라 성육하신 하나님, 우리를 구원하기 위해 오신 분이시다.

예수 그리스도에 대해서 증언하면서 한 가지를 잊었다. 나는 캘카타를 비롯한 여러 곳에서 유럽에서 온 그리스도의 종들이 행하는 일을 보았다. 그들은 그리스도를 위해 선한 일을 행하고 있고, 어떤 사람은 이교도들을 그리스도께 인도하기 위해서 목숨을 버린다.

마지막 날에 그리스도는 "너는 무슨 일을 했느냐?"고 물으실 것이다. 이웃의 구원에 신경을 쓰지 않는 이기적인 사람들은 자기를 구원하기를 원할 것이다. 만일 그리스도께서 그런 식으로 생각하셨다면, 우리를 구원하기 위해 세상에 오시지 않았을 것이다. 이웃을 돕는 것은 우리의 의무이다. 우리 모두가 선교사가 될 수는 없지만, 기도와 돈으로 도울 수 있다. 예수 그리스도를 사랑한다면, 하나님의 종들의 선교 사역을 돕는 것이 우리의 의무이다. 우리가 이웃을 위해서 아무것도 하지 않는다면, 장차 이기심 때문에 벌을 받을 것이다. 온 세상은 한 가족과 같으며, 우리는 서로 도와야 한다. 우리는 그리스도를 증언하며, 그리스도를 증언하는 사람을 기도와 돈으로 도와야 한다.

제6장

참 구원
1922년 3월 6일, Le Temple de Morges에서 행한 설교

"미쁘다 모든 사람이 받을 만한 이 말이여 그리스도 예수께서 죄인
을 구원하시려고 세상에 임하셨다 하였도다 죄인 중에 내가 괴수니
라"(딤전 1:15)

이 잘 알려진 신약 말씀은 예수 그리스도로 말미암아 구원을 경험
한 사람이 쓴 것이다. 예수 그리스도가 죄인을 위해 세상에 오셨다고
기록한 이 사람이 한때 그리스도의 원수였음을 우리는 기억해야 한
다. 그는 예수께서 복음을 전하시는 것을 보았지만, 그분을 믿지 못했
을 것이다. 그는 그리스도의 복음 전파에 반대하면서도, 그분이 위대
한 사람이요 위대한 교사라고 여겼을 것이다. 얼마 후 그는 그리스도
를 거짓 선지자라고 생각하고 박해하기 시작했다. 그리스도를 핍박했
던 사람이 그리스도를 전파하기 시작한 것은 놀라운 일이다. 그리스
도의 원수였던 사람이 그리스도가 죽어 사라진 것이 아니라 살아 계
심을 보았기 때문에 그를 전하기 시작한 것은 살아계신 그리스도의
능력이다. 그는 무식한 사람이 아니라, 그리스 철학과 유대 성경을 잘

아는 사람이었다. 그런 사람은 쉽게 회심할 수 없었고, 살아계신 그리스도만이 그를 회심시킬 수 있었다. 따라서 그의 증언은 고려할 만하고 믿을 만하다. 이 증언을 읽으면서 나에 대해서 생각한다. 나는 기독교 가정이 아닌 이교 가정에서 태어났고, 기독교를 믿지 않았다. 나는 예수 그리스도에 대해서 들었지만, 그를 믿을 수 없었다. 그를 믿기는커녕 오히려 핍박했다. 이것은 내가 복음을 전하는 그의 백성을 미워했다는 의미이다. 나는 "무엇이 당신을 기독교인으로 만들었습니까?"라는 질문을 받았다. 나는 책을 읽어서 기독교인이 된 것이 아니라, 그리스도께서 친히 나를 기독교인으로 만드셨다. 그리스도께 나에게 자신을 보여주셨을 때, 나는 그분의 영광을 보았고, 그분이 살아계신 그리스도이심을 알았다. 사도 바울도 경험을 통해서 예수 그리스도가 유일한 구주이심을 발견했다.

어떤 사람은 죄 사함이 구원이라고 생각한다. 어느 정도까지는 그렇지만, 완전한 구원은 죄로부터의 자유이다. 예수 그리스도는 우리를 용서할 뿐만 아니라 죄에서 자유롭게 하려고 오셨다.

나는 종종 쓴 열매를 맺는 나무의 예를 든다. 선행을 하면 선한 사람이 될 것이라고 말하는 사람이 있다. 좋은 나무는 쓴 열매를 맺을 수 없고, 나쁜 나무는 좋은 나무에 접붙여지지 않는 한 단 열매를 맺을 수 없다. 마찬가지로, 죄인도 그리스도에게 접붙여지지 않는 한 선한 행위를 낳을 수 없다. 믿고 죄를 회개하는 사람은 그리스도의 피에 의해서 그리스도에 접붙여진다. 예수 그리스도에게 접붙여질 때 새로운 본성, 새사람이 된다. 이것이 새사람이 되는 것, 새 생명을 받는 것,

구원이다. 예수 그리스도는 이런 식으로 우리를 구원하실 것이다. 그분은 우리를 용서하시며, 가르침에 의해서가 아니라 우리 마음에 사심으로써 우리에게 새 생명을 주실 것이다. 어떻게 해야 우리가 구원받을 수 있을까? 오늘날 많은 사람은 예수 그리스도 안에 있는 구원의 경험으므로 대속을 믿지 않는다. 구원을 경험한 사람은 예수 그리스도를 통해서 새 생명을 받는다는 것을 안다.

약 4년 전에 나는 히말라야 산을 여행했다. 나는 그곳 사람들에게 예수 그리스도 및 그의 죽음으로 말미암는 구원에 대해서 말했다. 사람들은 "한 사람이 죽음으로써 다른 사람들이 구원받을 수 있다니, 그건 불가능한 일입니다"라고 말했다. 그런데 한 청년이 "그것은 가능한 일입니다. 나는 그것이 참이라는 것을 알고 있습니다"라고 말했다. 나는 그 청년이 기독교인이라고 생각했지만, 그는 예수 그리스도에 대해서 전혀 모르고 있었다. 나는 조금 놀라서 "한 사람의 죽음에 의해서 다른 사람들이 구원받을 수 있다는 것을 어떻게 알았습니까?"라고 물었는데, 그는 "내가 경험했기 때문입니다"라고 대답했다. 그는 석 달 전에 자신이 산속을 걷다가 넘어졌던 일을 이야기해 주었다. "나는 온몸에 상처가 나고 피를 너무 많이 흘려서 거의 죽을 지경이었습니다. 아버지가 나를 의사에게 데려갔는데, 의사는 '내가 할 수 있는 일이 없습니다. 뼈가 부러졌으면 맞추어줄 수 있고, 병에 걸렸으면 약을 줄 수 있지만, 이 환자는 피가 부족합니다. 우리의 생명이 피에 있으므로, 피를 잃으면 생명을 잃습니다. 나에게는 이 환자에게 줄 피가 없습니다'라고 말했습니다. 아버지는 '아무것도 해줄 수 없습니까?'라고 물었습니다. 의사는 '한 가지 있습니다. 누군가 피를 준다면, 당신 아들의 목숨을 살릴 수 있습니다'라고 말했습니다. 아버지는 아들을 무척 사랑했기 때문에, 기꺼이 자기 피를 아들에게 주었습니다. 아버지는 노인이었기 때문에 죽었지만, 아들은 살아났습니다. 아들은 무척 고마워했습니다. '내 아버지는 나를 대신하여 죽었습니다. 아버지는 나를 사랑하셨기에 나에게 자기 목숨을 주셨습니다.'" 나는 그리스도의 죽음에 대해서 청년에게 설명했고, 청년은 그것을 이해했다.

"당신이 산에서 넘어져서 상처를 입고 피를 흘린 것처럼, 우리도 죄로 말미암아 거룩함의 산에서 넘어져서 영적 생명을 잃었습니다. 그러나 그리스도께서 십자가에 달리셨고, 죽어가는 사람들에게 생명을 주기 위해서 피를 흘리셨습니다. 그리스도께 마음을 바치는 사람은 영적 생명을 얻습니다. 그들은 예수 그리스도가 이런 식으로 죄인을 구하기 위해서 세상에 오셨다는 것을 알고 있습니다. 나도 처음에는 '자신을 구하지 못하고 죽은 사람이 어떻게 나를 구원할 수 있겠느냐?'라고 생각했습니다. 그런데 나중에 그분이 나에게 자신을 보여주셨을 때 나는 알게 되었고, 그분은 나에게 영적 생명을 주셨습니다. 그리스도께 마음을 바친 사람은 그분 안에서 만족합니다. 그리스도를 믿으면서도 마음을 바치지 않고 두뇌를 바치는 지식인이 많습니다. 그들은 자기의 두뇌를 바치지만, 그리스도의 의미를 이해하지 못합니다. 종교는 두뇌가 아니라 마음의 문제입니다. 마음을 바치는 사람만이 종교의 진리를 이해할 수 있습니다. 그들은 살아계신 그리스도의 능력, 그분이 죄인을 구하기 위해 세상에 오셨다는 것을 압니다. 이것

620 제10권 풍성한 생명

이 사실이 아니라면, 사도 바울 같은 그리스도의 원수가 기독교인이 되지 않았을 것이고, 나도 기독교인이 되지 않았을 것입니다. 나는 예수 그리스도가 죽음에 의해서 죄인들을 구원하셨다는 것을 경험으로 압니다. 구원받은 사람은 이웃을 사랑합니다. 그러므로 여러 나라에서 하나님의 백성들이 열심히 선교사를 파송합니다. 사람들을 구원하기 위해 열심을 내지 않는 것은 우리의 의무를 행하지 않는 것입니다. 그리스도는 우리를 구원하기 위해서 하늘나라에서 오셨습니다. 만일 그분이 천국에 머물러 계셨다면, 우리는 구원받지 못했을 것입니다. 우리가 이기적으로 안락하게 생활한다면, 하늘나라를 버리고 세상에 오신 하나님께 교훈을 받지 못할 것입니다."

인도를 비롯하여 여러 나라의 기독교인들은 이 나라의 하나님의 백성들이 선교사를 파송하고 후원금을 보내준 것을 항상 고맙게 생각하고 있다. 아들이나 형제자매를 보내준 것에 대해 이 세상에서는 누구도 보상할 수 없지만, 하나님이 보상해주실 것이다. 나는 하나님의 백성들에게 고맙게 생각했지만, 어떤 면에서 잘못 생각하고 있었다. 나는 이러한 나라에 사는 사람은 분명 훌륭한 사람들이며, 모두가 하나님을 사랑하리라 생각했었다. 그러나 이 나라들을 방문하면서 생각을 바꾸어야 했다. 나는 상황이 매우 다르다는 것을 발견했다. 이곳에는 참된 하나님의 종들이 있지만, 온 나라가 기독교 국가는 아니다. 나는 이교 국가들과 기독교 국가들을 비교하기 시작했다. 이교 국가에서는 이교도들이 인간이 만든 것, 우상을 숭배하지만, 소위 기독교 국가의 이교 신앙은 한층 더 좋지 않다. 그들은 자기 자신을 숭배한다. 많은 사람이 기도하지 않고, 극장에 가며, 하나님의 말씀을 읽지 않고, 술을 마시며 온갖 종류의 죄를 범한다. 나는 "이 세상에 기독교 국가는 없지만, 기독교 신자들이 있다"라고 생각하게 되었다. 그런 사람을 만날 때마다 편하게 느껴진다. 국가와 언어는 다르지만, 그들은 참 종교를 발견한 사람들이기 때문에 그들을 대할 때면 친 형제자매처럼 느껴진다. 우리는 그리스도 안에서 하나이다. 나는 불신자들을 만나면 생소하게 느껴진다. 기독교 신앙은 공손함이 아니라, 새 생명이다. 기독교 신앙은 교육이 아니라, 그리스도이다. 교육은 많은 불신자를 낳는다. 그리스도가 우리의 삶 속에 계셔서 우리의 삶이 변화되면, 우리는 참 종교를 경험한다.

어느 유식한 내 친구가 눈물을 흘리면서 자기의 경험을 이야기했다. "나에게는 사람들에게 설명할 수 없는 놀라운 기쁨이 있습니다." 그는 자기가 받은 기쁨을 말로는 설명할 수 없고 눈물이라는 언어로만 설명할 수 있었다. 이 세상에 이러한 기쁨과 평안을 표현할 수 있는 언어는 없다. 그러나 나는 그 평안을 통해서 이해할 수 있다. 평강의 왕이신 그리스도만이 이 평안을 줄 수 있다.

언젠가 티베트에서 사흘 동안 복음을 전했다. 불교 신자들은 그리스도에 대한 이야기를 좋아하지 않기 때문에, 사람들 모두 나를 대적했다. 나는 마을에서 쫓겨났다. 사흘째 되는 날에는 아무것도 먹지 못했다. 그곳은 고도가 4000미터나 되는 곳이었으므로, 밤에는 몹시 추웠다. 나는 밤새도록 춥고 배고프고 목이 말랐지만, 아무도 나를 도와주지 않았다. 사탄은 "네 집에 있으면 편안할 텐데. 그리스도는 너를 도울 수 없다"고 속삭였다. 나는 기도하기 시작했는데 "깨어 기도하라"는 음성을 들었다. 나에게 놀라운 평화, 세상이 줄 수 없고 빼앗을 수 없는 평화가 임했다. 나는 동굴 밖에 나가서 나뭇잎을 몇 개 따 먹었다. 그 잎사귀들은 딱딱하고 맛이 없었다. 그러나 그리스도의 임재가 모든 것을 새롭게 했다. 나는 그 잎사귀를 맛있게 먹었다. 집에 있을 때는 그렇게 맛있게 먹어본 적이 없었다. 나는 사탄에게 "그리스도가 여기에 계시다"라고 말할 수 있었다. 그리스도는 "내가 항상 너와 함께 있겠다"고 약속하셨다. 나는 그분이 살아계신 그리스도이심을 경험했다.

많은 사람이 "그리스도는 위대한 사람, 선지자에 불과하다. 그는 당신을 도울 수 없다"고 말한다. 그러나 그리스도는 항상 나와 함께 계신다. 어느 위대한 사람도 "내가 항상 너와 함께 있다"고 말할 수 없다. 그리스도만이 "내가 세상 끝날까지 항상 너희와 함께 있으리라"고 말씀하실 수 있다.

그리스도는 하늘에서 내려오셨고, 떠나지 않고 우리와 함께 계신다. 우리는 그분의 임재를 깨달아야 하고, 그분을 알아야 한다. 많은 사람이 그분에 대해서 알지만, 그분에 대해서 아는 것으로는 부족하다. 그분을 알아야 한다. 우리는 기도를 통해서만 그분을 알게 될 것이다. 예수 그리스도는 우리를 구원하기 위해 오셨다. 그분은 안팎에서 죄인을 구원하신다. 안으로는 우리에게 새 생명을 주시고, 밖으로는 우리를 보호해 주신다. 그분이 보호하시면, 우리는 안전한다. 그분은 우리를 안전하게 천국으로 인도하실 것이다.

내가 종종 사용하는 예화가 있다. 언젠가 내가 강을 건너려는데, 강에 다리도 없고 배도 없었다. 나는 "여기에 사람도 없고 아무것도 없는데 어떻게 이 강을 건너지?"라고 생각했다. 그때 한 사람이 "공기에 의해서 강을 건널 수 있습니다"라고 말했다. 나는 "저 사람은 바보로군. 공기로 호흡할 수는 있지만, 공기가 나를 강 건너편에 데려다줄 수는 없잖아"라고 생각했다. 그런데 그 사람은 가죽 주머니를 꺼내어 바람을 불어넣더니, 나에게 그 위에 타라고 말했다. 나는 처음에는 그가 미친 사람이라고 생각했다. 공기는 사방에 있었지만, 내가 강을 건너는 데 도움이 되지 못했다. 그러나 공기를 가죽 주머니에 집어넣으니 강을 건너는 데 도움이 되었다. 마찬가지로, 하나님은 영이시며 공기처럼 어디에나 계신다. 그분은 죄인을 구원하기 위해서 그들을 앞으로 밀지 않으실 것이다. 그분은 인간의 몸을 취하여 인간이 되셨다. "말씀이 육신이 되셨다." 그러므로 하나님의 영이 인간을 구원하기 위해서 인간이 되셨다. 가죽 주머니 안에 있는 공기를 볼 수 없듯이, 사람들은 예수 그리스도 안에 있는 하나님을 보지 못한다. 그들은 과거 팔레스타인에 살았던 한 인간을 본다. 그러나 기도하면서 하나님과 함께 사는 사람들은 하나님이 성육하셨다는 것, 그리고 예수 그리스도께서 죄인을 구원하기 위해서 세상에 오셨다는 것을 안다. 구주에 대해서 아는 데 그치지 말고, 그분을 알아야 한다. 그렇게 하면 그분이 우리를 죄에서 해방해 주시고, 시험에서 지켜주실 것이다. 구원받은 우리는 이웃을 도와야 한다. 어제 선교 사역에 대해 말씀드렸다. 나는 선교 단체의 대표가 아니다. "저 사람은 선교 단체의 대표

이기 때문에 저렇게 말한다"라고 생각하는 사람이 있을 수 있다. 나는 스위스인 선교사들이 인도에서 사역하는 모습을 보았다. 그들은 선한 사역을 행하면서 복음을 전파하고 영적으로 사람들을 도와주었다. 그들은 목숨을 내놓았다. 고국에 남아있는 사람들은 기도와 기부금으로 도울 수 있다. 모든 기독교인은 힘껏 이웃을 도와야 한다. 힘껏 돕는 것이 기독교인의 의무이다. 그렇게 해야만 우리를 구하기 위해서 하늘에서 내려오신 살아계신 그리스도의 제자라고 불릴 자격이 있다. 두 가지를 기억해야 한다. 첫째, 구원받고 개인적으로 예수 그리스도를 알아야 한다. 그리스도를 아는 사람은 이웃을 도와야 한다. 지난달에 팔레스타인의 요단강 근처에 서서 이런 생각을 했다: "이 깨끗한 물은 사해로 흘러 들어간다. 그런데 사해는 물을 흘려 내보내지 않기 때문에 죽어 있다." 그리스도 안에는 죽은 교회와 사람들이 있다. 예수 그리스도에게서 흘러나오는 신선한 물이 항상 그들에게 흘러 들어가지만, 그들은 여전히 죽어 있다. 왜 그런가? 물을 흘려 내보내지 않기 때문이다. 우리가 기꺼이 이웃을 도울 수 있도록 하나님이 우리를 도와주시기를 바란다. "가진 것이 적어서 이웃에게 나눠줄 수 없다"고 말해서는 안 된다. 요단강은 항상 멈추지 않고 흐른다. 우리는 사해처럼 되지 말고, 기꺼이 이웃에게 주어야 한다. 우리의 학식, 교육, 그리고 사랑을 그리스도를 위해 사용해야 한다. 그렇게 하면 그리스도에게서 더 많은 복을 받을 것이다.

마지막으로 한 마디만 더하겠다. 나는 기독교인이 되었기 때문에 가족들을 떠나야 했다. 나는 형과 누이에게서 떠났지만, 그리스도 안에서 많은 형제자매를 발견했다. 나는 세상의 위로를 버렸지만, 과거에는 꿈꾸지 못했던 영적 기쁨을 발견했다. 그리스도를 위해서 무슨일을 하면, 그분에게서 수천 배 이상을 받게 된다는 것이 나의 경험이다. 우리는 구주를 위해 일하고 이웃을 도울 준비를 하고 있어야 한다. 우리를 구원하기 위해서 세상에 오신 분을 우리가 알며, 구원받은후에 사해처럼 되지 않고 이웃을 돕게 되기를 바란다.

내가 여러분의 언어로 설교할 수 있었으면 얼마나 좋을까. 장차 언어로 인한 어려움이 없어질 때가 올 것이다. 우리가 복된 그리스도 앞에서 다시 만날 때는 영원히 거할 거룩한 본향에서 영적인 언어를 사용할 것이다. 영원히 거할 그곳으로 가기 전에, 이 세상에서 우리의의무를 행해야 한다. 하나님께서 여러분에게 복 주시기를 비는 바이다. 그분의 영광을 위해서 살려면 의무를 행해야 한다.

제7장

생생한 경험
1922년 3월 6일, 로잔에서 행한 설교

"이제 우리가 믿는 것은 네 말로 인함이 아니니 이는 우리가 친히
들고 그가 참으로 세상의 구주신 줄 앎이라."(요 4:42)

이 사건은 야곱의 우물에서 일어났다. 삼 주 전인 2월 13일에 나는
야곱의 우물 곁에 앉아서, 과거에 사마리아 여인과 이 우물 및 그와
관련된 일에 대한 말씀을 읽었을 때 그 장소의 실체를 인식할 수 없었
음을 깨달았다. 어떤 사람들은 그것이 신화에 불과하다고 생각한다.
그러나 그 장소를 볼 때 그것은 신화가 아니고, 이야기가 아니고, 하
나의 사실이었다. 야곱의 우물에서 약간 떨어진 곳에 수가라는 마을
이 있다. 예수님은 갈릴리로 가시다가 잠시 그 우물가에 앉아서 사마
리아 여인과 말씀하셨다. 예수님은 여인에게 물을 달라고 부탁하셨
고, 그의 부탁을 받은 여인은 다소 놀랐다. "유대인이 사마리아 사람
인 나에게 물을 달라고 하다니." 유대인은 사마리아인을 버림받은 사
람으로 여겼으므로, 그 여인은 유대인은 자기와 상관이 없다고 생각

했다. 그런데 예수님은 "나는 유대인이고, 당신은 버림받은 사람이다"라고 생각하지 않으셨다. 예수님은 그 여인을 사랑하셔서 영혼을 구원하려 하셨다. 예수님은 "나는 하나님이고, 저 여인은 죄인이다"라고 생각하신 것이 아니다. 인도의 신분 높은 사람들이 낮은 사람들을 미워하듯이, 예수님이 그 여인을 미워한 것도 아니다. 예수님은 죄인을 미워하시는 것이 아니라 죄를 미워하시므로, 큰 죄인도 미워하지 않으셨다. 그렇기 때문에 예수님은 그들을 죄에서 구원하기 위해 하늘로부터 오셨다. 예수님은 여인과 이야기를 시작하셨지만, 여인은 그가 누구인지 알아보지 못했다. 심지어 예수께서 그 여인 및 그녀가 행한 모든 일에 대해 말씀하셨을 때도 여인은 그분이 그리스도이심을 알지 못했다. 그녀는 "메시아 곧 그리스도라 하는 이가 오실 줄을 내가 아노니 그가 오시면 모든 것을 우리에게 고하시리이다"라고 말했다. 예수님은 "네게 말하는 내가 그로라"고 말씀하셨다.

그가 그리스도이심을 깨달은 여인은 지체하지 않고 사람들에게 말하려고 물동이를 버려두고 달려갔다. 많은 신자가 복음서를 통해서 그리스도에 대해 알지만, 그분이 살아계신 그리스도이심을 깨닫지 못한다. 그들은 그분을 알아보지 못하며, 그분을 알지 못한다. 그들도 이 여인처럼 그분이 선지자라고 생각한다. 그러나 우리가 기도를 통해서 그분과 함께 살면, 그분은 우리에게 자신을 계시하실 것이다.

많은 사람은 기도할 시간이 없다고 말한다. 장차 우리가 죽을 시간이 올 터인데, 그때 "죽을 시간이 없다"라고 말하겠는가? 죽음은 "알았다. 네가 일을 마친 후에 오겠다"라고 말하지 않을 것이다. 우리는 갑자기 부름을 받아 하던 일을 남겨 두고 떠날 것이다. 사망의 골짜기에서는 아무도 우리와 동행하지 않을 것이다. 우리는 사랑하는 사람들을 두고 떠나야 할 것이다. 그때 우리의 동반자가 될 수 있는 분은 그리스도뿐이다. 죽기 전에 우리는 그분과 친구가 되어야 한다.

우리가 기도를 통해서 그분과 대화하면, 우리는 그분을 알고 그분의 사랑이 우리 마음에서 역사할 것이다. 우리가 그분을 알 때 물동이를 버리고 달려간 여인처럼 서둘러 사람들에게 알릴 것이다. 그 여인은 예수님의 존재에 감동하여 물을 길어 가야 한다는 사실을 잊었고, 자기를 기다리고 있는 자녀들도 잊었다. 그분을 만나러 야곱의 우물에 온 사람들은 "이제 우리가 믿는 것은 네 말을 인함이 아니니 이는 우리가 친히 듣고 그가 참으로 세상의 구주신 줄 앎이니라"고 말했다.

나도 그들과 똑같이 증언한다. 나는 성경에서 그분에 대한 글을 읽었거나 전도자가 그분에 대해서 말해 주었기 때문이 아니라, 이 세상의 유일한 구주이신 그분을 보았기 때문에 예수 그리스도를 믿는다. 그리스도께서는 "이 물을 먹는 자마다 다시 목마르려니와 내가 주는 물을 먹는 자는 영원히 목마르지 아니하리니"라고 말씀하셨다. 이것은 사실이다. 나는 야곱의 우물에서 물을 마셨는데, 그날 저녁에 다시 목이 말랐다. 그러나 16년 전에 예수님이 나에게 영적인 물을 주신 후로 나는 다시 목마르지 않았다.

우리가 그리스도를 알아보면, 그리스도는 우리에게 자신을 나타내실 뿐만 아니라 우리 영혼을 만족하게 해주실 것이다. 그리스도에 대해서 아는 것만으로는 만족할 수 없다. 삼 년 동안 예수님과 함께 생활한 제자들도 죽은 자들 가운데서 부활하신 주님을 알아보지 못했다. 열한 제자가 한곳에 모여 있을 때 주님이 나타나셨는데, 그들은 그분을 영이라고 생각했다. 삼 년 동안 함께 지낸 제자들이 그분을 알아보지 못했는데, 우리는 어떻게 알아볼 수 있겠는가? 그들은 부활하신 후의 영광스러운 몸 안에 있는 그분을 알아보지 못했다. 우리가 그분을 인간이나 영으로만 받아들인다면, 우리는 그분을 알아볼 수 없다. 우리가 기도할 때 영의 눈이 열리면 우리는 살아계신 그분을 알아볼 것이다.

지난달 예루살렘에서 11㎞ 떨어진 마을인 엠마오를 지나가면서, 예수님과 함께 걸어가면서도 알아보지 못하고 예수님에 대해서 이야기하던 두 제자를 생각했다. 그들은 주님이 사라진 후에 "그가 그리스도였다"고 생각했다. 그들은 놀라운 방법으로 그분의 임재를 깨달을 수 있었다. 그들은 "길에서 우리에게 말씀하시고 우리에게 성경을 풀어주실 때에 우리 속에서 마음이 뜨겁지 아니하더냐?"라고 말했다. 마음이 뜨거워진 것은 주님의 임재의 결과였다. 눈은 그분을 알아보지 못했지만, 마음은 알아보았다. 우리는 기도를 통해서만 그분의 임재를 느낄 수 있다. 그분이 우리 마음에 임재하시면, 우리 안에서 마음이 뜨거울 것이다. 성령의 불은 이 세상의 물로 끌 수 없다. 그분을 발견한 사람은 잠잠할 수 없다. 그런 사람은 예수 그리스도에 대해서 말해야 한다.

티베트의 순교자 카르타르 싱(Kartar Singh)의 이야기를 들은 사람들이 있을 것이다. 그가 복음을 전하러 갔을 때 사람들은 "조용히 하시오. 우리는 그리스도에 대한 말을 듣고 싶지 않습니다"라고 말했다. 그는 대단한 부잣집 아들이었는데, 티베트에서 복음을 전하기 위해서 모든 것을 포기했다. 그는 부유함이 평안을 주거나 영혼을 만족하게 해 줄 수 없으며, 그리스도만이 만족하게 해줄 수 있다는 것을 경험했다. 나는 티베트에 있을 때 이 사람이 살해되었다는 말을 들었다. 사람들은 그를 산꼭대기로 데려가서 젖은 짐승 가죽에 넣어 봉하고 사흘 동안 햇볕에 내버려 두었다. 그의 순교에 대해 말해주는 사람의 얼굴에 기쁨이 가득했기 때문에, 나는 놀라서 "당신은 슬픈 일을 이야기하는 것이 행복해 보입니다"라고 말했다. 그는 다음과 같이 말했다.

"그것은 슬픈 일이 아닙니다. 저는 그분의 죽음에 대해서 말하고 있지만, 그것은 죽음이 아니라 놀라운 생명이었습니다. 그는 사흘 동안 먹거나 마시지 못한 채 짐승 가죽 안에 갇혀 있었습니다. '지금 기분이 어떠냐?'고 물었더니, 그는 '그리스도를 위해 고난 당하는 특권을 주신 하나님께 감사합니다'라고 대답했습니다. 그는 고난 당한 것이 아니라, 매우 기뻐하고 있었습니다. 사람들이 그것을 깨달을 수 있었다면, 예수 그리스도와 함께 사는 것이 세상에서의 천국이라는 나의 말에 동의했을 것입니다. 사람들은 쇠못으로 그의 몸을 찔렀습니다. 그의 몸에서 피가 흘러나왔지만, 그는 말로 표현할 수 없이 기뻐했습니다. 사람들은 모두 그곳을 떠났습니다. 그는 '나의 구주를 제외하고는 모두 나에게서 떠났습니다. 그분은 나와 함께 계십니다. 나와 함께 계실 뿐만 아니라 내 안에 계십니다. 이 짐승 가죽 안은 천국입니다. 이러한 특권을 주신 하나님께 감사합니다'라고 말했습니다."

예수 그리스도께서 고난 가운데서 그러한 기쁨을 주실 수 있다면, 장차 핍박이 없는 천국에서 우리가 누리는 기쁨은 얼마나 크겠는가? 문제는 우리가 지금 그것을 깨닫지 못하면, 나중에 깨달을 수 없다는 데 있다. 우리는 하나님 안에서 살고 있지만, 하나님은 우리 안에 살고 계시지 않는다. 하나님은 공기처럼 모든 곳에 계시므로, 우리는 하나님 안에서 살고 있다. 그러나 우리가 마음속에서 하나님의 임재를 깨닫지 못하므로, 하나님은 우리 안에 계시지 않는다.

언젠가 히말라야를 여행할 때 시냇가에서 자갈을 집어서 깨뜨렸다. 자갈의 중심은 완전히 말라 있었다. 그 돌은 오랫동안 물속에 있었지만, 돌 속에 물이 없었다. 이 돌과 같은 신자들이 많다. 그들은 교회 안에 있지만, 하나님은 그들 안에 계시지 않는다. 그것은 물의 탓이 아니라, 돌의 단단함 때문이다. 하나님 때문이 아니라, 우리 마음의 완악함 때문이다. 우리 마음이 돌처럼 단단하기 때문에, 어느 것도 효과를 나타낼 수 없고, 모든 것이 소용이 없다. 하나님이 우리 안에 계시고 우리가 하나님 안에 있을 때 참 기쁨이 있을 것이다. 물속에 있는 돌이 아니라, 물속에 있으면서 그 안에 물을 품고 있는 스펀지 같아야 한다. 물과 스펀지는 서로 다른 것이지만 하나가 된다. "우리가 하나님이요, 하나님이 우리"가 아니라 "하나님이 우리 안에 계시고, 우리가 하나님 안에 있다." 만일 하나님이 우리 안에 사신다면, 죄의 더러움이 모두 제거될 것이다. 죄의 더러움은 우리의 노력으로 제거할 수 없다. 비누를 아무리 많이 사용하여 씻어도 석탄을 희게 하지 못한다. 그러나 그것을 불 속에 넣으면 검은색이 사라진다. 죄의 더러움도 우리의 노력으로 제거되는 것이 아니다. 성령의 불세례를 받는 순간 우리는 하나님의 나라가 우리 안에 있음을 깨닫는다. 사람들은 하나님의 나라가 하늘 위나 그 밖의 어딘가에 있다고 생각한다. 나는 경험하지 않았을 때는 이해하지 못했지만, 하나님의 나라가 우리 안에 있다는 것을 경험하여 이해했다.

내가 티베트의 어느 마을에서 전도하던 이야기를 한 적이 있다. 사람들은 "당신에게 우리나라에 오지 말라고 여러 번 말했지만, 당신은 계속 이곳에 다시 돌아왔다. 그래서 우리는 당신을 죽이려 한다"라고 말했다. 어느 라마승은 "그 사람을 죽여도 소용이 없습니다. 카타르 싱의 죽음이 많은 사람에게 감동을 주지 않았습니까? 그러니 그 사람을 숲에 버려둡시다"라고 말했다. 사람들은 나를 깊은 숲속에 데려가서 쇠사슬로 나무에 묶고 자물쇠로 잠가놓았다. 나에게는 담요 한 장과 성경책이 있었는데, 사람들은 그것들을 가져갔다. 쇠사슬 때문에 움직일 수 없었다. 추운 밤이어서 견디기 어려웠다. 나에게는 친구도 없고, 도와줄 사람도 없었다. 그러나 구주가 그곳에 계시는 것으로 충분했다. 날씨가 너무 추워서 잠을 잘 수 없었다. 너무 추워서 죽을 것 같았지만, 마음은 놀라울 정도로 기쁘고 평안했다. 나에게 그곳은 지상의 천국이었다. 만일 그리스도가 살아계신 그리스도, 하나님이 아니라 그저 위대한 사람이었다면, 그러한 고통 속에서 나에게 큰 기쁨과 평안을 줄 수 없었을 것이다. 그 평안과 성령의 불이 있었기 때문에, 고통과 추위를 잊고 몇 분 동안 잠을 잤다. 얼마 후에 시끄러운 소리가 나서 잠에서 깨었다. 내가 묶인 나무에서 잘 익은 열매가 땅에 떨어진 것이다. 둘러보니 쇠사슬이 풀려 있었다. 그러나 그곳에는 아무도 없었다. 나는 열매를 먹고서 다시 복음을 전하러 마을로 갔다. 그들은 죽었을 것으로 생각했던 내가 살아있는 것을 보고 깜짝 놀랐다. 이 사건에는 두 가지 기적이 있다. 내가 핍박을 받으면서도 놀라운 평안을 느낀 것, 그리고 나를 묶은 쇠사슬이 풀린 것이다. 그것은 살아계신 그리스도의 능력으로 인한 것이었다. 그분은 자기 백성을 도울 수 있다. 그분은 항상 자기 백성과 함께 계신다. 나는 살아계신 그리스도를 증언하기 위해서 이곳에 왔다.

얼마 전에 만난 사람은 "그리스도는 위대한 사람, 위대한 영적 지도자, 완전한 사람이다. 그러나 나는 그의 신성, 즉 그가 신이라는 말을 믿을 수 없다"고 말했다. 과거에 나도 똑같은 말을 했었다. 나는 그분이 나를 위해 행하신 기적들을 보았다. 그런데 어떻게 그분이 하나님이심을 믿지 않겠는가? 나는 과거에 기독교의 원수였다. 원수는 무엇인가를 보지 않는 한 변화될 수 없다. 동양과 서양에서 진리를 찾는 사람들은 모두 자기에게 계시된 그리스도를 볼 것이며, 살아계신 그리스도의 능력을 볼 것이다.

사람들이 내 친구를 높은 산에 데려가서 "살고 싶으면 믿음을 포기해라. 그렇지 않으면 너를 저 아래 계곡으로 던져버릴 테다"라고 말했다. 그는 "잘못한 것이 없는데, 왜 나를 벌하려 합니까? 내가 한 일은 구주에 대해서 말한 것뿐입니다"라고 말했다. 그가 예수 그리스도에 대한 믿음을 버리려 하지 않았으므로, 사람들은 "너를 죽이겠다"라고 말했다. 산꼭대기에서 깊은 계곡을 바라보면서, 그 사람은 매우 무서웠을 것이다. 그러나 그는 하늘을 우러러보면서 "하나님, 당신의 손에 내 영혼을 맡깁니다"라고 말했다. 사람들은 그를 계곡 밑으로 던지고 돌로 쳤다. 그런데 기적이 일어났다. 그 사람은 죽지 않고 살았다. 그러나 크게 다쳐서 30분 동안 의식을 잃고 있었다. 그는 일어날 수 없고 고개만 들 수 있었다. 고개를 들어보니 그의 몸은 온통 피로 덮여 있었다. 그는 "모두 나를 버리고 떠났으니, 나를 도와줄 사람이 없구나"라고 말했다. 그때 "모두 너를 버렸지만, 나는 너와 함께 있다"라는 부드러운 음성이 들렸다. 그는 "어떤 착한 사람이 나를 도와주러 왔구나"라고 생각했다. 주위를 둘러보니 어떤 사람이 그를 도우러 오고 있었다. 그 사람은 그를 바위 가까이 옮기고, 마실 물을 가져다주었다. 그는 "내가 죽기 전에 와서 도와주셔서 감사합니다"라고 말했다. 그는 하나님의 임재를 느꼈지만, 그 사람이 누구인지 알아보지 못했다. 물을 길을 그릇도 없고 컵도 없었지만, 그 사람은 두 손에 물을 담아 왔다. 그 사람은 두 번 물을 가져다가 마시게 해주었다. 세 번째 물을 가져왔을 때, 그는 그의 손에 구멍이 있는 것을 보았다. 그는 놀랐지만, 그 사람이 예수 그리스도이심을 알아보고서 "내 주, 나의 하나님"이라고 말하고, 그의 발 앞에 엎드렸다. "나는 당신이 나에게서 떠나셨다고 생각했었는데, 나와 함께 계셨군요." 그 순간 그 사람은 사라졌다. 몇 분 후에 다친 사람은 완전히 나았다. 거의 죽을 것 같던 사람이 나은 것은 기적이었다. 그는 마을에 가서 사람들에게 말했는데, 그들은 그의 모습을 보고 매우 놀랐다. "우리는 그 사람이 죽었을 것으로 생각했는데 살아있어요." 그는 "나는 거의 죽었었습니다. 그러나 나의 구주는 항상 살아계시며, 나도 살아 있습니다"라고 말했다.

나는 처음에는 이 말을 믿을 수 없었지만, 그 사람이 사는 마을의 기독교인들에게 물어보았더니, 그들은 그것이 사실이라고 확인해 주었다. 나는 그 사람을 만나서 "당신은 무엇을 경험했습니까?"라고 물었고, 그는 "예수 그리스도께서 나에게 새 생명을 주셨습니다"라고 대답했다. 여기에서 우리는 그리스도가 단순히 인간이 아니라 하나님이심을 알 수 있다. 그분은 인간을 구원하기 위해서 인간이 되셨다. 그처럼 놀라운 일과 기적이 그런 나라에서는 발생하고 자기 나라에서는 발생하지 않느냐고 질문하는 사람이 있을 것이다. 거기에는 이유가 있다. 그리스도가 많은 놀라운 일을 행하셨지만, 그의 백성들은 그를 받아들이지 않았다. 하나님의 말씀에 자기 백성이 그를 이해하지 못하고 거부했다고 기록되어 있다. 현재 소위 기독교 국가에서도 그렇다. 그리스도를 믿는다고 말하지만 이름뿐인 신자들이 있다. 그들은 기독교를 통해서 많은 복을 받았지만, 지금은 그리스도를 잊고 있기 때문에, 그리스도께서 그들에게 아무것도 보여주실 수 없다.

하나님은 진리를 찾는 사람에게 놀라운 능력을 보여주신다. 하나님이 자기 백성에게 오셨지만, 그들은 그분을 영접하지 않았다. 기독교인이라고 고백하는 하나님의 백성들이 실제로는 하나님께 마음을 열지 않고, 오히려 그분을 배척한다. 아마 그분은 "너희 교회 안에는 내 자리가 있지만, 너희 마음속에는 내 자리가 없구나. 너희는 나를 예배하지만, 나와 함께 거하지 않으므로 나를 알지 못하는구나"라고 말씀하실 것이다.

우리는 단순한 기도를 통해서 하나님의 임재를 깨달으며, 예수 그리스도가 누구신지 안다. 장차 처음 된 자가 나중이 되고, 나중된 자가 처음이 되는 때가 올 것이다. 기독교 국가에는 그리스도를 통해서 많은 복을 받았지만, 세상의 복을 얻기 위해서 영적인 복을 상실한 사람들이 있다. 그러나 이제 이교 국가에 사는 버림받은 사람들은 큰 복을 받기 시작했다.

우리에게는 여러분처럼 예수 그리스도에 대해서 들을 기회가 많지 않았다. 여러분은 수 세기 동안 그분에 대해서 알아왔지만, 나의 조국 인도에 복음이 전파된 것은 불과 70년 전의 일이다. 그러나 그 70년 동안 많은 사람이 그리스도의 임재를 깨닫기 시작했다. 그런데 안타깝게도 이곳에 사는 신자들은 영적 능력을 잃고 있다. 하나님은 놀라운 일을 행하고 계신다. 장차 동양에서 구주를 깨닫고 세상 여러 나라에 많은 사도를 파송할 때가 올 것이다. 그때 우리는 처음 된 자가 나중이 되고, 나중 된 자가 처음이 되는 것을 볼 것이다.

우리가 마지막이 되지 않고 처음이 되도록 하나님이 도와주시기를 바란다. 그 일은 우리가 예수 그리스도를 알고 사랑할 때 그리스도를 통해서 이루어진다. 하나님은 사랑이시며, 누구에게도 자신을 믿으라고 강요하지 않으신다. 하나님은 물건을 훔치러 가는 도둑을 저지하지 않으신다. 거짓말하는 사람의 입을 막지 않으신다. 그러나 하나님은 자진하여 하나님을 찾는 사람들 축복하신다. 찾는 자는 찾을 것이다. 서양 사람들은 과학과 철학을 연구하여 발견해왔다. 그들은 전기를 생산하며, 하늘을 날 수 있다. 모든 종교는 동양에서 시작되었다.

동양 사람들은 처음부터 진리를 추구해왔다. 동방 박사 세 사람이 예수를 만나러 팔레스타인에 왔지만, 서양에서는 한 사람도 오지 않았다.

이런 말을 여러분은 좋아하지 않겠지만, 나는 양심에 따라서 하나님이 나에게 주시는 메시지를 전해야 한다. 과학과 철학이 기독교를 통해서 주어진 큰 복임에도 불구하고, 여러분은 그리스도를 잊고 있다. 복음이 없는 이교 국가의 사람들은 짐승과 같다. 그러나 복음을 가진 사람들은 기독교의 복을 깨닫는다. 기독교가 전파되기 전에 서양 사람들은 사나운 민족이었다. 기독교는 짐승을 인간으로, 인간을 천사로 변화시킬 수 있다. 하나님은 세상의 복을 주셨으며, 몇 사람에게만 아니라 모든 사람에게 영적인 복을 주려 하신다. 영적 복을 받은 사람, 그리스도를 보았을 때 잠잠할 수 없어서 복음을 전할 선교사를 파송하려고 열심을 내는 사람들이 있다. 우리는 사마리아 여인에게 "이제 우리가 믿는 것은 네 말을 인함이 아니니 이는 우리가 친히 듣고 그가 참으로 세상의 구주신 줄 앎이니라"고 말한 사람들처럼 증언할 것이다.

하나님이 도우사 우리가 하나님을 보며, 하나님에 대해서 읽고 알 뿐만 아니라 그분을 보고 증언하게 되기를, 그리고 우리가 영성생활에서 여러 가지를 보며, 천국에서 영원히 그분의 능력을 보고 그분과 함께 살게 되기를 바란다. 우리가 하나님의 도움을 받아 그분의 음성을 듣기를 바란다. 하나님의 부드러운 음성을 들으면, 구원받을 것이다. 주님이 도와주셔서 우리가 이 세상에서 사는 동안 그분의 음성을

제7장 생애선물 경영 639

들꽃 그윽한 향기 되게 피기를 바랍니다

제8장

멀지 않은 하늘나라
1922년 3월 7일, 로잔에서 행한 설교

"예수께서 그 지혜 있게 대답함을 보시고 이르시되 네가 하나님
의 나라에 멀지 않도다 하시니 그 후에 감히 묻는 자가 없더라."(막
12:34)

서기관이 주님께 "모든 계명 중에 첫째가 무엇이니이까?"라고 질문
했다. 주님은 "네 마음을 다하고 목숨을 다하고 뜻을 다하고 힘을 다
하여 주 너의 하나님을 사랑하라"고 대답하셨다. 이것이 전체로 드리
는 번제와 제사보다 낫다. 이 사람은 주님의 말씀에 이의가 없었지만,
그의 대답이 마음에서 우러난 것이 아니었으므로 주님은 "네가 하나
님의 나라에 멀지 않도다"라고 말씀하셨다. 그는 매우 유식한 사람이
었다. 이 위대하신 분이 많은 사람 앞에서 "네가 하나님의 나라에 멀
지 않도다"라고 말했기 때문에 그는 기뻤을 것이다. 예수 그리스도는
종종 사람들의 죄를 책망하셨지만, 이 사람을 책망하지 않고 "네가 하
나님의 나라에 멀지 않도다"라고 말씀하셨다. 이 사람은 다른 바리새
인이나 서기관보다 나은 사람이었던 것 같다. 한 가지 차이점이 있다.

그는 자신이 "하나님의 나라에" 있지 않다는 말을 듣고 섭섭했을 것이다. 그는 하나님 나라에 있는 것이 아니라, 가까이 있었다. 이 사람의 종교는 머리의 종교이지 마음의 종교가 아니었다. 종종 지적인 것이 목을 통해서 마음으로 내려간다. 만일 이 사람이 마음으로 대답했다면, 그리스도는 "네가 하나님의 나라에 있다"고 말씀하셨을 것이다. 하나님의 나라 가까이 있는 것으로는 안전하지 못하며, 하나님 나라 안에 있어야 한다. 하나님의 나라에서 멀리 있는 사람은 죄 가운데서 죽을 것이며, 하나님 나라 가까이에 있는 사람도 죄 가운데서 죽을 것이다. 하나님의 나라에 "가까이" 있어도 죄인은 구원받지 못한다. 하나님의 나라 안에 있어야 하며, 우리 안에 하나님의 나라를 소유해야 한다.

주님이 말씀하신 열 처녀의 비유에 대해 생각해 보겠다. 다섯 처녀는 결혼식장 밖에서 기다리고, 다섯 처녀는 안에 있었다. 어리석은 다섯 처녀는 오랫동안 문을 두드렸을 것이다. 만일 안에 있는 사람이 그들에게 "너희들은 혼인식장에서 멀지 않으니 복 받은 사람이다"라고 말했다면, 그들은 "가까이 있는 것이 무슨 소용인가? 우리는 안에 들어가서 너희들과 함께 노래할 수 없다"고 대답했을 것이다. 하나님의 나라 가까이에 있는 것으로는 충분하지 못하기 때문에, 그들은 가슴을 치며 안타까워했을 것이다.

몇 년 전에 여행하면서 다음과 같은 사냥꾼의 이야기를 들었다. 그곳에는 사자를 비롯하여 많은 야생 동물이 있었다. 그는 총을 들고 멀리 있는 사자를 겨냥했다. 그는 총을 쏘았지만, 사자를 맞추지 못했는데, 사자가 그를 향해 달려오기 시작했다. 그는 위험에 처했다. 다행히 여행자를 위해 지어놓은 집이 있어서, 사냥꾼을 그곳으로 달려갔다. 그런데 그에게는 열쇠가 없었다. 문 앞에 가서 열쇠를 찾아보았지만 찾을 수 없었다. 그가 집을 떠나기 전에 열쇠를 찾아보았다면 얼마나 좋았겠는가! 그가 문 가까이에 서 있는데, 사자가 공격하여 그는 목숨을 잃었다. 만일 이 사람이 집 안에 있었으면, 목숨을 구할 수 있었을 것이다. 그러나 그는 집에 들어가지 못하고 밖에 있었기 때문에 죽었다. 사탄도 우는 사자처럼 우리를 추적한다. 우리가 하나님의 나라에 있지 않으면, 사탄이 우리를 죽이려 한다.

이 서기관처럼 그리스도를 존경하는 신자가 많다. 그들은 "이것은 훌륭한 진리다"라고 한다. 그러나 머리로 존경하는 것으로 충분하지 못하다. 마음으로 존경해야 한다. 하나님의 나라 안에 있지 않으면, 안전하지 못하다.

노아 시대 사람들은 홍수가 날 것을 믿지 않았다. 노아는 사람들에게 죄를 회개하라고 말했지만, 그들은 "저 사람은 늙어서 미쳤다"고 말했다. 목수들도 노아의 말을 믿지 않았다. 사람들은 목수들에게 "당신들은 홍수가 날 것을 믿지 않으면서 왜 방주를 만들고 있는가?"라고 질문했을 것이고, 그들은 "돈을 벌기 위해서입니다"라고 대답했을 것이다. 그들은 믿지 않았다. 그러나 홍수로 사방이 물로 덮이는 것을 보고, 그들은 두려워했을 것이다. 그들은 목숨을 구하려고 산꼭대기로 올라가거나 수영을 했을 것이다. 그러나 안전한 장소는 없었다. 수영하던 사람들은 방주를 보고 가까이 가서 문을 두드리며 "문 좀 열어

주세요"라고 소리쳤을 것이다. 노아가 아니라 하나님께서 방주의 문을 닫았기 때문에, 그들은 문을 열 수 없었다. 문을 닫은 사람이 노아였으면 문을 열어줄 수 있었겠지만, 노아가 닫지 않았기 때문에 열 수 없었다. 방주를 함께 지은 목수들은 "우리가 방주를 짓는 일을 도왔으니, 안에 들어갈 권리가 있습니다. 문을 열어 주세요"라고 말했을 것이다. 노아는 "당신들은 하나님의 방주를 지을 때 믿음이 없었으니, 이제 죽어야 합니다"라고 대답했을 것이다. 그들과 방주 안의 거리는 방주의 두께밖에 되지 않았다. 노아는 "겁내지 마시오. 당신은 그리 멀리 있지 않소"라고 말했고, 그들은 "그것이 무슨 소용이 있습니까?"라고 말했을지도 모릅니다. 이 서기관이 "네가 하나님의 나라에 멀지 않도다"라는 말의 의미를 이해했다면, 분명히 실망하여 "나는 위험에 처해 있구나"라고 생각했을 것이다.

오늘날 기독교 국가의 교회에는 그리스도와 그의 가르침을 찬양하며, 하나님의 나라에 가까이 가는 특권을 가진 사람들이 많다. 그러나 그들은 하나님의 나라 가까이에 있었을 뿐이지 그 나라에 들어가지 않았기 때문에, 어리석은 다섯 처녀처럼 가슴을 칠 것이다. 우리는 조심해야 한다. 우리는 반드시 하나님의 나라에 들어가야 한다. 가까이 가는 것으로는 부족하다.

어떻게 해야 하나님의 나라에 들어갈 수 있는가? 기도 외에 다른 길이 없다. 기도는 천국의 열쇠이다. 우리가 기도하면, 천국이 우리에게 열릴 것이다. 우리가 기도하면, 하나님 나라에 거할 것이며, 온갖 위험에서 안전할 것이다. 그때 우리는 하나님 안에 있고, 하나님은 우리 안에 계실 것이다. 우리는 그분을 보며, 우리의 삶 속에서 그분의 임재를 깨달을 것이다.

우리의 눈은 많은 것을 볼 수 있다. 우리는 병에 들어있는 안약을 본다. 그러나 안약이 우리 눈 안에 있으면, 우리는 안약을 보지 못한다. 안약은 눈을 깨끗하게 해주지만, 눈은 안약을 보지 못하며 안약의 존재를 느낄 수는 있다. 우리는 "내 눈에 안약을 넣었다"고 말한다.

마찬가지로, 그리스도께서 육신을 입고 팔레스타인에 계실 때 많은 사람이 그분을 볼 수 있었지만, 오늘날 그분은 우리 마음속에 살아 계시므로 우리는 그분을 볼 수 없다. 그분도 안약처럼 우리의 영적인 눈에서 모든 종류의 죄를 깨끗이 씻어낸다. 우리는 그분을 보지 못하지만, 구원받고 있다. 우리는 그분의 임재를 느낀다. "느낀다"는 것은 살아계신 그리스도의 실체를 인정하며, 장차 그분을 위해 증언하면서 "이제 우리는 하나님의 나라 안에 있고, 하나님의 나라가 우리 안에 있다"고 말할 수 있다는 의미이다. 그때 우리는 세상에서 천국을 발견할 것이다. 하나님의 나라가 우리 안에 있으므로 "너는 하나님의 나라에서 멀지 않다"고 말할 필요가 없다. 그때 우리는 죽은 후에 천국에 가기를 바랄 뿐만 아니라, "나는 하나님 안에 있으므로 현세에서도 천국에 있다"고 말할 수 있을 것이다.

사람들은 이러한 평안을 발견하려고 온갖 노력을 기울이지만, 마음을 하나님께 바쳐야만 이 평안을 발견할 수 있다. 그곳에 이 세상이 줄 수 없고 빼앗을 수도 없는 평안과 하나님의 나라가 있다. 평안을 받은 사람은 잠잠할 수 없어서 "나는 그리스도, 그리고 그리스도 안에 있는 하나님의 나라를 발견했다"고 증언한다.

내 친구가 티베트에서 복음을 전했다. 사람들은 불교 스님이 좋아하지 않는데도 복음을 전하는 그를 어리석다고 했다. 그들은 "잠잠하십시오"라고 말했지만, 그는 "그럴 수 없습니다"라고 대답했다. 사람들은 그에게 욕설을 퍼붓고 때렸다. 그리고는 밧줄로 그의 두 발을 묶어서 나무에 거꾸로 매달았다. 무척 견디기 어려웠을 것이다. 사람들은 그에게 "이제 기분이 어떠냐?"고 물었다. "세상에서 천국을 느끼게 해주시는 하나님께 감사합니다." "거꾸로 매달려 있는 것이 부끄럽지 않으냐?" "전혀 부끄럽지 않다. 이것은 내가 구주를 위해 고난 당하게 하기 위한 일이다. 나는 당신들이 내게 행한 일로 인해 놀라지 않는다. 당신들은 그러한 행동으로 본성을 나타냈다. 세상은 뒤집어져 있고, 세상의 행동도 뒤집어져 있다. 뒤집어져 있는 이 세상은 어느 것도 똑바로 보지 못하고 거꾸로 본다. 이 세상은 뒤집어져 있고, 당신들의 본성도 뒤집어져 있다. 당신들은 나를 거꾸로 매달았다. 그러나 실제로 나는 거꾸로 매달린 것이 아니라 바로 매달린 것이다. 환등기에 필름을 넣을 때 거꾸로 넣어야 스크린에 똑바로 영상이 보인다. 그러므로 이 세상의 방법으로 나는 거꾸로 매달려 있지만, 천국에서는 바로 선 것이다. 세상이 나를 미워하기 때문에 내가 세상 앞에서 거꾸로 매달려 있으니 하나님께 감사드린다."

그것이 하나님의 나라의 실질적인 증거이다. 이 사람은 천국에 있었다. 그는 핍박받으면서도 가쁨과 평안을 느꼈다. 기독교의 진정한 의미를 이해하려면, 하나님의 나라에 들어가야 한다. 하나님의 나라 안에 있지 않으면 기독교가 어떤 종교인지 이해할 수 없다. 하나의 모임으로서의 교회는 기독교가 아니다. 기독교는 그리스도 자신이다. 예수 그리스도 안에 사는 사람은 예수 그리스도가 기독교라는 것을 알고 있다. 그런 사람은 천국에서 살며 천국을 증언하기 시작했으므로, 안전하게 하나님의 나라에 있다. 하나님의 나라 가까이에 있는 사람들은 여전히 위험하다. 그들은 주님과 함께 십자가에 달린 강도들과 흡사하다. 십자가에 달린 사람은 셋이었다. 그들은 모두 십자가 처형의 죽음을 맞았다. 그러나 영적으로 그들의 죽음에는 큰 차이가 있다. 중앙의 십자가에 구주가 달리셨고, 양편에 각각 강도들이 달렸다. 주님은 이 강도들 사이에서 죄를 대신하여 죽으셨다. 왼편 강도는 죄 속에서 죽었고, 오른편 강도는 죄에 대해서 죽었다. 한 사람은 죄를 대신하여, 한 사람은 죄 가운데서, 나머지 한 사람은 죄에 대해서 죽었다.

그리스도는 죄인들을 구하기 위해서 죄 때문에 죽으셨다. 왼편 강도는 구주의 가슴과 옆구리 근처에 있었다. 흐르는 물과 피 가까이에 있었지만, 뉘우치지 않고 죄 속에서 죽었다. 오른편 강도는 "이 사람의 행한 것은 옳지 않은 것이 없느니라"고 말했다. 이 사람은 믿었다. 그는 죄에 대해서 죽고, 그리스도 안에서 살기 시작했다. 그리스도는 "오늘 네가 나와 함께 낙원에 있으리라"고 말씀하셨다. 그는 죄에 대해서 죽고 의에 대해서 살기 시작했기 때문에, 여러 날 후에 낙원에 간 것이 아니라 "오늘" 낙원에 갔다. 죄 가운데서 죽은 왼편 강도 같은 사람들이 많다. 그들은 "그는 사람들을 구하러 왔지만, 자기 자신은 구원하지 못했다"고 말한다.

그러나 회개한 오른편 강도처럼 낙원을 약속받은 사람들이 있다. 우리는 자신이 하나님의 나라 가까이에 있는지 하나님의 나라 안에 있는지를 알아야 한다. 만일 우리가 하나님의 나라 안에 있다면 자기 삶에서 그 증거를 발견할 것이다. 우리 삶 안에 있는 놀라운 평화는 우리가 하나님의 나라 안에 있다는 증거일 것이다. 만일 우리에게 평안이 없다면, 우리는 하나님의 나라 밖에 있는 것이다. 회개하고 하나님께 기도하면, 그 나라에 들어갈 것이다.

마지막으로, 나의 경험을 이야기하겠다. 나는 힌두교에서 죽은 후에 천국이 있을 것이라고 배웠다. 나는 죄에서 해방되려고 최선을 다해 노력하고, 신의 뜻에 따라서 모든 일을 했다. 나는 선한 행동으로 내 생명을 구하려고 노력했는데, 그것은 어리석은 일이었다. 안타깝게도 나는 예수 그리스도를 믿지 않았다. 나는 힌두교의 신앙과 철학을 자랑스럽게 여겼지만, 철학은 죄인을 구원하지 못한다. 희망을 잃은 나는 신에게 구원의 길을 보여달라고 기도하기 시작하여, 기도에 대한 응답으로 내 구주를 보았다. 그분은 나에게 자신을 보여 주셨다. 나는 그런 일을 기대하지 못했었다. 나는 그분의 영광을 보았고, 그리스도가 살아계신 그리스도이심을 알았다. 그분이 사라지신 후에 나에게 임한 평안은 사라지지 않았다. 나는 가족들에게 "나는 여러 해 동안 찾았던 평안을 발견했습니다"라고 말했다. 나는 이 평안을 예수 그리스도 안에서만 발견할 수 있으며, 그것이 이 세상에 있는 하나님의 나라라는 것을 깨달았다. 그것은 오직 그리스도 안에서만 발견할 수

제8장 멀지 않은 하늘나라 647

있다. 나는 회심한 후 사나흘 동안 한적한 곳에서 용서를 구하는 기도를 드렸다. 왜냐하면 나는 불과 사흘 전에 성경책을 불태운 그리스도의 원수였기 때문이다. 나는 "하나님, 용서해 주십시오. 나는 영적으로 장님이었습니다. 나는 당신의 말을 이해하지 못했기 때문에 성경책을 불에 태웠습니다"라고 기도했다. 그때 "너는 영적으로 장님이었지만, 이제 내가 네 눈을 뜨게 했으니 가서 나를 위해 증언하여라"는 확신이 나에게 임했다. 가족들은 놀라면서 "너는 며칠 전에 성경책을 불에 태우고 선교사들에게 돌을 던졌는데 이제 그 복음을 전하겠다니, 너를 이해할 수 없구나"라고 말했다.

나는 "나는 살면서 훌륭한 가르침을 받았습니다. 그러나 살아계신 그리스도는 나의 신앙을 바꾸어 주셨습니다. 나는 그분의 은혜로 말미암아 구원받았습니다. 나는 그분을 핍박했었지만, 그분의 놀랍고 기적적인 능력을 보았습니다"라고 했다. 이따금 나는 교만이라는 위험에 대면한다. 그럴 때면 그리스도를 핍박했던 시절을 되돌아보면서 겸손을 되찾는다.

이제 나의 삶과 여러분의 삶을 비교해 본다. 여러분은 그리스도를 핍박한 적이 없는 복 받은 사람들이다. 나는 어려서부터 예수 그리스도에 대해서 알지 못했다. 여러분은 어려서부터 예수 그리스도에 대해서 알 기회가 있었지만, 여러분의 삶과 행동으로 그분을 핍박해 왔다. 참 기독교인은 극히 드물다. 모든 기독교 국가가 참된 기독교 국가라면, 몇 달 안에 복음이 전파되었을 것이며, 온 세상이 기독교 세상이 되었을 것이다. 구원받은 우리에게는 이웃을 구하기 위해서 최

제9장

하나님을 위한 사역
1922년 3월 8일, 로잔에서 행한 설교

"얘 오늘 포도원에 가서 일하라"(마 21:28)

본문에서는 "하인"이라고 하지 않고, "아들"이라고 부른다. 또 내일
이나 모레, 또는 몇 년 동안 준비한 뒤에 일하라고 하지 않고 오늘 일
하라고 말한다. 때때로 사람들은 준비가 필요하다고 생각한다. 주님
을 위해서 일하려면 어떤 방법으로든지 준비해야 한다. 내 경험에 의
하면, 어려서 일을 시작하는 것이 가장 좋은 준비이다. 우리는 이론이
아니라 실천을 통해서 배운다. 수영선수가 되려면 먼저 수영하는 법
을 배워야 한다고 말하는 사람이 있다고 생각해 보라. 그러나 물속에
들어가지 않으면 수영 선수가 될 수 없다. 주님은 제자들에게 회당에
가서 랍비의 말을 들으라고 말씀하지 않았다. 주님은 "나와 함께 가서
일을 시작하자"라고 말씀하셨다.

가르침을 받는 것은 유익하지만, 그것은 가르침에 불과하다. 나는
신학교에 다녔는데, 그것은 흥미롭기는 했지만, 영적으로 유익하지는

선을 다해야 할 책임과 의무가 있다. 먼저, 우리는 하나님의 나라 안에 들어가야 하며, 하나님의 나라가 우리 안에 있어야 한다. 이 비밀을 설명할 수 없지만, 장차 우리가 경험할 때 설명될 것이다. 우리는 하나님의 나라에서 멀지 않았던 서기관처럼 되지 않고, 하나님의 나라에 거할 것이다.

하나님께서 도와주셔서 우리의 삶이 기도의 삶이 되기를 바란다. 매일 기도하자. 그러면 삶에서 놀라운 일을 볼 것이다. 우리는 기도를 통해서 하나님의 나라에 들어가 영원히 그리스도와 함께 살면서 다스릴 것이다. 이것이 나의 간증이다. 마지막 날에 주님은 "너에게는 나를 알 기회가 있었다. 이교 국가에 사는 사람들은 진리를 찾으려고 노력하여 나를 발견했다"고 말씀하실 것이다. 하나님이 도우셔서 우리가 마지막 날에 부끄러움을 당하지 않고, 하나님의 나라에 들어갈 뿐만 아니라 영원히 하나님의 자녀가 되어 다스리기를 바란다. 우리가 하나님의 나라에 들어가도록 주님이 도와주시기를 바란다.

도를 통해서 하나님의 아버지 되심에 대해서 안다고 말하기는 쉽다. 그러나 이교 국가의 사람들은 하나님을 알지 못한다. 그들은 하나님의 아버지 되심에 대해서는 알지만, 아버지에 대해서는 알지 못한다. 그들은 우상을 숭배하지만, 아버지를 알지 못한다. 그리스 철학과 불교에서는 사람들이 직접 아버지께 갈 수 있다. 그런데 그 아버지는 어디에 계시는가? 불교에는 여러 단계가 있다. 그들은 아버지께 가는 방법을 알지 못한다.

"그리스도가 오시기 전에는 사람들이 아버지에 대해 알지 못했기 때문에 누군가가 와서 아버지를 계시해 주어야 했다. 또 한 가지 중요한 것이 있다. 아들은 재산을 탕진하기 전에 얼마 동안 아버지와 함께 지냈다. 그는 배고프고 목이 말랐을 때 아버지의 집을 생각했다. 그에게는 특권이 있었다. 다시 말해서 그는 아버지를 알고 있었다. 아버지와 함께 살아본 적이 없는 사람은 어떠한가? 이것은 죄인의 상태를 표현해준다. 길 잃은 사람은 아버지를 기억하지만, 한 번도 아버지와 함께 살아본 적이 없는 사람이 아버지가 누구인지 어떻게 알 수 있는가? 이것은 대단히 어려운 일이다. 참으로 보잘것없는 신학이다! 그리스도를 아는 사람에게는 신학이 유익하다. 그들은 길을 잃어도 예수 그리스도를 통해서 아버지를 알고 있다. 그러나 이교 국가 사람들은 아버지를 알지 못하며, 중재자가 없으면 아버지께 갈 수 없다. 예수 그리스도 없이 아버지께 갈 수 있다고 말하는 것은 큰 죄이다. 이런 사람들은 예수 그리스도가 누구인지 알지 못한다. 예수 그리스도와 함께 사는 사람들은 예수 그리스도가 곧 아버지라는 것을 안다. 빌립이

제9장 하나님을 위한 사역 653

'우리에게 아버지를 보여 주십시오·라고 말했을 때, 그리스도께서는 '빌립아 내가 이렇게 오래 너희와 함께 있으되 네가 나를 알지 못하느냐 나를 본 자는 아버지를 보았거늘 어찌하여 아버지를 보이라 하느냐'라고 대답하셨다. 만일 그리스도가 없이 직접 아버지께 간 사람을 보여준다면, 우리가 그리스도 없이 아버지께 갈 수 있다는 것을 믿을 수 있을 것 같다. 아버지를 보지 않고서 아버지께 간 사람이 몇이나 되는가?

"나도 과거에는 선지자인 신을 믿었지만, 그분 안에서 내 아버지를 볼 수 없었다. 오직 살아계신 그리스도만이 나에게 아버지를 계시해 줄 수 있었다. 예수 그리스도를 알지 못하는 사람들은 그분을 인간으로만 생각한다. 기독교 국가의 사람 중에 하나님을 사랑하며 그의 말씀을 읽는 충성된 신자가 많지만, 그리스도의 신성을 믿지 않는다고 말하며 그분과 함께 살지 않는 사탄의 대리인들이 있다. 그들은 우리에게 전할 메시지를 갖고 있지 않다. 그들은 그리스도로 말미암아 문명과 교육과 물질적 복을 받았지만, 그분을 거부한다. 그리스도는 '내 떡을 먹는 자가 내게 발꿈치를 들었다'고 말씀하셨다. 그들은 주님께 발꿈치를 들었으므로, 스스로 지식의 나무에 목을 맬 것이다.

"그리스도께 충성하며 그분과 함께 살며, 그분이 누구인지 아는 사람들만이 사람들에게 그리스도가 어떤 분인지 말할 수 있다. 내가 하나님의 은혜로 그분을 보지 못했다면, 만일 그분의 놀라운 일들을 보지 못했다면, 책을 읽고서 "영적인 인플루엔자"에 감염되어 내 믿음이 쉽게 흔들렸을 것이다. 마귀들 가운데 사는 사람에게도 이러한 책들이 유익할 수 있고, 무엇인가를 가르쳐 줄 수 있다. 그러나 믿음이 튼튼하지 못한 사람은 마귀가 될 것이다.

"나는 젊은 학생들에게 이러한 충고를 한다. '당신이 주님의 일을 위해 준비하려면, 개인적으로 주님을 알아야 하며, 누구를 위해서 일하려 하는지를 알아야 한다. 단지 그분에 대해서 배우려 한다면, 살아 계신 그리스도를 잃을 것이며, 당신의 지식은 생명이 없는 지식, 마른 뼈가 될 것이다. 이런 것들에 대해서 아는 것은 매우 유익하지만, 현재 세상의 철학적인 상황, 하나님에 대한 비평에는 기초가 있어야 한다. 하나님의 말씀을 비평하는 방법을 아는 것도 유익하다. 그러나 때때로 거기에는 복이 따르지 않는다.' 다음의 이야기가 그것을 분명히 보여줄 것이다. 4년 전에 나는 매우 유식한 사람과 대화했다. 그는 '성경에 대해서 모조리 아는 것, 그리고 그것의 모든 부분을 분석하는 것이 매우 유익합니다'라고 말했다. 화학자였던 그는 우유 한 잔을 예로 들면서. '우유에 설탕이나 다른 물질이 많이 들어 있습니까?'라고 말하고, 우유를 분석했다. 나는 '그것은 매우 흥미롭군요. 나는 그것에 반대할 수 없습니다. 그렇지만, 세 살짜리 당신의 딸이 당신보다 낫다고 생각합니다. 이 아이는 우유를 분석하지 못하지만, 그것을 맛있다는 것을 마시고 경험하여 알고, 날마다 우유를 마시고 건강해집니다. 그 아이는 우유의 성분에 대해서 알지 못하지만, 두 가지 중요한 것을 알고 있습니다. 첫째는 우유가 맛있다는 것이요, 둘째는 우유를 마시면 튼튼해진다는 것입니다. 당신은 우유를 분석했는데, 그렇게 함으로써 우유를 망친 것 외에 아무 유익도 얻지 못했습니다'라고 말했다"

하나님의 말씀을 분석할 수 있는 화학자는 많다. 그들은 "이 부분은 팔레스타인에 속하고, 저 부분은 그리스에 속한다"고 말한다. 그들은 각기 다른 방법으로 그것에 대해서 많은 것을 설명하지만, 영적인 우유를 마시지는 않는다. 그들은 하나님의 말씀을 분석하지만 마시지 않기 때문에 시험을 이길 힘을 얻지 못한다. 그렇기 때문에 비평은 매우 위험하다. 주님은 이것을 아셨기 때문에, 어린아이에 대해서 "천국이 이런 자의 것이니라"고 말씀하셨다.

우리는 마시는 어린아이처럼 되어야 한다. 어린아이 같은 믿음을 가진 사람은 놀라운 일을 행할 것이며, 성령의 능력으로 감동받고, 다른 사람을 감동하게 할 수 있다. 지식이 있는 사람들은 다른 사람을 납득시킬 수 있지만, 마음을 움직이지 못한다. 머리에서 나온 것은 사람의 머리에 닿을 수 있지만, 마음에서 나온 것은 사람의 마음을 감동하게 한다. 마음을 만드신 분은 마음을 어루만지신다. 우리가 기도하면서 고요히 하나님과 함께 시간을 보낼 때 그런 일이 일어날 것이며, 우리 마음은 왕의 왕이 앉는 자리가 될 것이다. 그분은 그곳에서 우리 영혼에 마음의 언어로 말씀하실 것이며, 많은 놀라운 일을 계시해주실 것이다. 우리는 오직 영적인 경험을 통해서 그분의 영광을 보고 많은 것을 이해할 것이다.

나면서부터 맹인인 사람이 "빨강색과 파랑색이 어떻게 다른가?"라고 질문했다. 그 사람은 빨강색과 파랑색이라는 명사는 알지만, 그것이 무엇인지 알고 싶어 했다. 누군가가 빨강색 천과 파란색 천을 가져왔다. 빨강색 천은 거칠고, 파란색 천은 부드러웠다. 그는 그 천조각을 만져보면서 "이제 둘의 차이를 알겠다. 빨강색은 거칠고, 파란색은 부드럽구나"라고 말했다. 그는 어리석은 사람이다. 거칠거나 부드러운 것이 그 천의 색깔이 아니다. 하지만 맹인에게는 그러한 개념이 없으며, 눈을 뜨지 않는 한 그것을 이해할 수 없다. 우리가 진리에 대해서 많은 것을 알면서도, 참된 개념은 파악하지 못할 수 있다. 영적인 눈을 떠야만 그리스도의 영광을 볼 것이다, 즉 그분이 단순히 위대한 사람이나 모범이 되는 사람이 아니라, 살아계신 그리스도이심을 깨달을 것이다.

그분만이 우리의 영적 눈을 뜨게 해주실 수 있으며, 그렇게 될 때 우리에게 오해가 없을 것이다. 우리는 그분을 이해하기 위해서 실체를 볼 것이다. 우리가 그분을 알지 못한 채 그분에 대해서 많은 것을 알고 있을 수 있다. 그러나 우리가 기도하면서 그분과 함께 살면 그분을 알게 될 것이며, 그분을 알 때 우리가 그분의 자녀가 되므로 그분의 사랑이 우리를 강권하여 포도원에 가서 일하게 하실 것이다. 우리는 그분을 위해서 일할 뿐만 아니라 그분을 사랑할 것이다.

제10장

그리스도의 증인
1922년 3월 10일, 제네바에서 행한 설교

"너희가 예루살렘과 온 유대와 사마리아와 땅끝까지 이르러 내 증
인이 되리라."(행 1:8)

"너희가 내 증인이 되리라." 주님은 "너희가 내 전도자가 될 것이
라"라고 말하지 않고 "내 증인이 되리라"고 말씀하셨다. 그리스도의
증인이 되지 않고서도 위대한 설교자, 유창한 연설가가 될 수 있다.
또 연설가나 설교자가 되지 않고서도 그리스도의 산 증인이 될 수 있
다. 참 기독교인들이 모두 설교자가 될 수는 없지만, 모든 신자가 그
리스도의 증인이 될 수는 있다. 입으로만 그리스도를 증언하는 것이
아니라, 삶으로 그리스도를 증언할 수 있다.

나는 지난달 팔레스타인에 있으면서 여러 가지를 생각했는데, 주님
이 아무것도 기록하지 않으셨다는 생각이 떠올랐다. 예수 그리스도
께서 친히 복음을 기록하셨다면 정말 큰 일이었을 텐데, 주님은 단어
하나도 기록하지 않으셨고, 제자들에게 기록하라고 부탁하지도 않으
셨다. 주님은 제자들에게 "내가 부를 테니 받아 적어라"라고 말씀하

658 제10권 풍성한 생명

시지도 않았다. 성경을 기록한 사람들은 받아 적음으로써 영감을 받은 것이 아니라, 생명의 말씀과 함께 생활함으로써 영감을 받았다. 그렇기 때문에 주님은 제자들에게 무엇을 기록하라고 요구하시지 않고 "내가 너희에게 이른 말이 영이요 생명이라"고 말씀하셨다. 책에 단어를 기록하기는 쉽지만, 성령을 단어로 표현하기는 어렵다. 그분의 생명과 영은 책에 기록될 수 없고, 사람들의 마음에 기록될 수 있다. 예수 그리스도는 자신이 사람들의 마음에 역사하시리라는 것을 아셨다.

자신이 떠나기 전에 자신의 가르침을 기록으로 남긴 위대한 교사들이 많다. 그러나 하나님이신 그리스도는 우리를 떠나시지 않을 것이다. 그분은 "너희와 항상 함께 있으리라"고 약속하셨다. 후일 그리스도와 함께 살면서 많은 것을 목격한 산 증인들이 성령의 감동으로 복음서를 기록했다.

가장 중요한 것은 예수 그리스도께서 제자들의 마음속에 사시고, 그들을 통해서 일하셨다는 것, 그리고 그들을 통해서만 아니라 오늘날도 자기 백성의 마음을 통해서 일하신다는 것이다. 살아계신 그리스도의 증인이 된다는 것은 천사들에게 주어지지 않은 특권이다. 천사들은 죄인이 아니므로 구원을 경험하지 못했기 때문에 그리스도의 구원하는 능력을 증언할 수 없다. 죄인이었다가 하나님의 은혜로 구원받은 사람만이 그 능력을 증언하며, "나는 구원받았다"라고 말할 수 있다.

나면서부터 맹인이었던 사람은 "내가 맹인으로 있다가 지금 보는 그것이니이다"라고 말했다. 큰 죄인이었던 사람들은 "우리가 맹인이었지만 지금은 본다. 우리는 세상에서 그분의 증인이다"라고 말할 수 있다. 예수 그리스도께서 우리 마음에 살아계시면, 우리의 입술만 아니라 우리의 삶이 그분의 증인이 된다.

언젠가 히말라야를 여행할 때 온통 벌레로 덮인 나무 한 그루를 보았다. 처음에는 그것들이 벌레인 줄 몰랐다. 벌레들이 잎사귀에 붙어 있었는데, 처음에는 그것이 잎사귀인 줄 알았는데 자세히 보니 잎사귀가 아니라 벌레들이었다. 그것들의 색깔, 모양 등 모든 것이 나무의 잎사귀와 똑같았다. 나는 잎사귀와 벌레가 그렇게 다르지 않은 것에 약간 놀랐다. 마을 사람들의 말에 의하면, 그 벌레들은 그 나무에서 태어나서 나무를 먹고 산다고 한다. 그 나무는 벌레들에게 아주 중요했다. 그것을 보면서 나는 예수 그리스도와 함께 사는 사람들이 그분과 똑같이 된다고 생각했다. 그들은 그분의 살을 먹고, 피를 마신다. 그분은 그들 안에 살고, 그들은 그분을 닮는다. 인간은 하나님이 되지 못하지만, 하나님과 함께 살면 그분을 닮는다. 다시 말해서, 하나님의 백성은 하늘에 계신 예수 그리스도의 작은 화신이며, 그들이 예수 그리스도처럼 될 때 그들의 삶은 사람들을 향한 증언이 된다. 우리는 그분의 형상으로 지음을 받았다. 그분이 우리 안에 살면, 우리는 영적으로 그분의 형상으로 지음을 받는다. 이 일은 그분이 우리 안에 사실 때만 가능하다. 그것은 우리가 이 세상에 살지만, 이 세상에 속하지 않을 때 가능하다.

우리는 이 세상에 있는 작은 배와 같다. 배는 물에서 대단히 유익하며, 도로에서는 자동차가 다녀야지, 배는 쓸모가 없다. 배는 물에서는 유익하지만, 물이 배 안에 들어가면 침몰한다. 마찬가지로, 우리는 세상이라는 물속에서 살아야 하지만, 우리 안에 물이 있으면 안 된다. 세상이 우리 안에 들어오면 우리는 이 세상에 빠져 죽으며, 증인이 될 수 없다. 그러므로 이 세상이 아니라 그리스도께서 우리 안에 사셔야 한다. 그때 입술과 삶을 통해서 그분의 증인이 될 수 있다. "너희가 내 증인이 되리라." 우리는 자신의 노력이 아니라 하나님의 은혜와 도움으로 시험을 이길 수 있다고 증언할 수 있다. 우리는 죄의 세력을 알고 있다. 사탄은 강하지만, 우리 구주는 사탄보다 더 강하시다.

언젠가 바위에 앉아서 새가 천천히 날아가는 것을 보았다. 나는 새의 움직임을 지켜보고 있었는데, 잠시 후에 큰 뱀이 꼼짝 못하게 하는 시선으로 새를 끌어당기고 있는 것을 보았다. 불쌍한 작은 새는 자기도 모르는 사이에 죽음의 입으로 끌려들어가고 있었다. 만일 그 사실을 알았어도 저항할 힘이 없었을 것이다. 나는 돌을 던져서 새를 살리려 했지만 소용이 없었고, 결국 불쌍한 광경을 보았다. 다가온 새를 뱀은 한입에 삼켰다. 옛 뱀인 사탄도 젊은이와 늙은이를 끌어오기 위해서 보여줄 흥미로운 것을 많이 가지고 있다. 사람은 악에 저항할 힘을 가지고 있지 않으며, 우리는 사망의 입속에 들어가고 있다. 그러나 우리가 예수 그리스도를 바라본다면, 그분은 우리를 끌어당겨 천국으로 들어 올릴 수 있다. 지구는 인력의 법칙에 의해서 모든 것을 잡아당기기 때문에, 돌을 공중에 던지면 땅에 떨어진다. 그러나 예수 그리스도가 하늘에 올라가셨을 때 땅은 그분을 끌어내리지 못했다.

지난달에 감람산을 다니면서 어째서 중력의 법칙이 우리 구주를 끌어내리지 못했는지에 대해 생각했다. 주님은 그 법칙에 역행하여 하늘로 올라가셨다. 그분은 기도하는 사람들을 자기에게로, 하늘에 있는 그들의 고향으로 끌어당기신다. 우리는 이 세상에 살고 있지만, 그분의 사랑의 힘이 우리 안에서 작용한다면, 어려움 없이 악에 저항하고 사탄을 물리치고 구주의 증인이 될 수 있을 것이다. 그분은 우리를 위해서 많은 큰일을 하셨다. 그분을 우리를 자유롭게 하셨다. 구원받은 죄인은 자기의 경험을 증언할 수 있다. 우리는 악한 세상에서 살고 있지만, 그분과 함께 살 때 죄에서 해방된다. 우리가 그리스도와 함께 산다면, 다른 사람들에게 해로운 일도 우리에게는 유익한 것이 된다.

히말라야를 여행하다가 어느 지저분한 마을에 도착했다. 그곳에서는 악취가 심해서 토할 것 같았다. 그런데 며칠 후 다시 그 마을을 지나가면서 놀라운 변화를 목격했다. 더러운 것은 여전했지만, 그 더러운 곳에서 꽃들이 자라고, 꽃향기가 악취를 제거하고 있었다. 더러운 것이 꽃이 자랄 수 있는 거름이 된 것이다. 더러운 쓰레기도 꽃이 자라는 것을 도울 수 있었고, 꽃은 태양을 향하고 있었다. 햇볕이 꽃을 비추고, 꽃은 햇볕을 받고 있었다. 더러운 오물 가운데 하나님의 영광이 있었다. 참 기독교인은 이 세상에 핀 꽃과 같다. 비록 죄에 속한 더러운 곳에서 살지만, 그들의 얼굴과 마음이 의의 태양을 향한다면, 그분의 빛이 그들의 마음속을 비출 것이며, 그들은 살아계신 그리스도가 자기 삶 속에 살고 계시다는 것을 증언할 수 있다. 이 고통의 세상에서 그러한 기독교인들은 향기와 같다. 그들의 노력으로 말미암아 많은 죄인이 구원받으며, 많은 사람이 구원받으면 그들도 상을 얻는다.

다니엘의 말처럼 "그들은 별 같이 빛난다." 우리 주님은 그보다 더한 말을 하셨다. 다니엘은 그들이 자신의 노력으로 별처럼 빛날 것이라고 말했지만, 주님은 "그들이 하나님의 나라에서 해처럼 빛날 것이다"라고 말씀하셨다. 우리가 구주를 위해 무슨 일을 하든지 그에 대한 상을 주실 것이다.

모든 사람이 선교사가 될 수는 없다. 그러나 모든 사람이 선교사로 파송된 사람들을 기도로 도울 수 있다. 그들은 기도와 경제적인 것으로 구주를 위한 사역에 동참할 수 있지만, 가장 중요한 것은 기도이다. 우리는 비록 바삐 자기의 일을 하지만, 기도를 통해서 우리 구주를 위해 일할 수 있다. 우리는 기도를 통해서 이웃을 도울 수 있을 뿐만 아니라 우리 자신이 변화되어 주님처럼 된다. 그리하여, 상점에서 일하거나 사무실에서 일하거나, 우리는 주님의 증인이 되며 우리도 제자들을 닮았다고 고백할 수 있다.

우리가 하나님 안에 살고 하나님이 우리 안에 살아, 우리가 살아계신 구주의 증인이 될 수 있도록 하나님이 도와주시기를 바란다.

제11권

십자가는 천국이다(발췌)
Selection from The Ceoss is Heaven(1922)

제1장

십자가는 천국이다.

참 기쁨

나는 사람들에게 설명하기 위해서 감옥, 고난, 핍박 등의 단어를 사용하지만, 그 고난은 고난이라고 말할 수 없다. 만일 내가 실제로 고난 당했다면, 복음을 전하려고 이 마을 저 마을로 가지 않았을 것이다. 나는 사랑하는 구주를 위해서 고난 당할 때마다 이 세상에서 천국을 발견했다. 그것은 다른 곳에서는 발견할 수 없는 기쁨을 주었다. 나는 항상 그리스도의 임재를 분명하게 의식했기 때문에 전혀 의심이 없었다. 기독교인이 되기 전에는 고난 당할 때 고통스러웠고 평안하지 못했다. …문자 그대로 고난이었고, 지옥에 있는 것 같았다. 그러나 회심한 후로 나는 전혀 고통을 느끼지 않았다. 감옥에 갇혀 있어도, 그곳이 감옥이 아니라 이 세상의 천국이었다. 나는 박해받지 않을 때보다는 박해받을 때 더 기뻤고, 좋은 음식을 먹을 때보다 먹을 것이 없을 때 더 기뻤다. 그리스도의 임재가 이러한 기쁨, 세상에서의 천국을 주었다. 그것은 누구도 빼앗아갈 수 없는 기쁨이다.

하나님의 보호

나는 네팔에서 일롬(Ilom)으로 가는 도중에 여러 마을을 지나갔는데, 그곳 주민들은 마음을 다하여 하나님의 말씀을 들었다. 이 지방의 도로는 무척 험했다. 가파른 오르막길과 내리막길이 많고, 시냇물도 건너야 했다. 나는 1914년 6월 7일을 잊을 수 없다. 그날 여행에 지친 나는 무척 배고프고 목이 말랐다. 엄청난 소나기가 내리는데 11㎞나 되는 오르막길을 걸어야 했다. 나는 돌풍 때문에 동굴 속으로 떨어졌다. 감사하게도 높은 곳에서 떨어졌는데도 전혀 상처를 입지 않았다. 그 동굴은 나에게 하나님의 무릎이 되었다. 돌풍은 사랑의 파도로 변했고, 소나기는 은혜의 소나기가 되었다. 배고픔과 목마름은 만족으로, 피로는 원기회복으로, 십자가는 평안으로 변했다. 나는 환상 속에서 예수님이 십자가에 달리신 여러 단계를 보았다. 첫째는 겟세마네 동산에서 밤새 기도하신 것, 둘째는 배고프고 목마르신 것, 셋째는 채찍질과 가시면류관 때문에 피를 흘리신 것, 넷째는 십자가를 지신 것이었다. 그 때문에 골고다로 올라가시던 예수님은 쓰러지셨다. "사랑하는 주님, 당신이 지신 십자가에 비하면 내 십자가는 아무것도 아닙니다. 당신이 지신 십자가의 특별한 사랑과 은혜로 말미암아 나는 복을 받았고 앞으로도 받을 것입니다."

공허하고 무지한 내 형제들에게는 설명할 수 없는 이 평안을 보여주고 싶지만, 어떻게 해야 그렇게 할 수 있는가? 이것은 받은 사람만 이해할 수 있는 "감추었던 만나"이다(계 2:17). 내 경험에 의하면, 십자가를 지는 사람을 십자가가 들어 올려준다. 십자가는 이 세상에서 그런 사람을 평안의 강으로 데려다주며, 십자가를 지고 그리스도를 따르는 사람을 천국으로 인도해 준다.

정부 관리와 선다 싱의 대화

선다싱: 하나님은 그리스도를 통해서 모든 민족을 영원한 생명으로 부르셨습니다. 그리고 당신에게 이 복음을 전하라고 나에게 명령하셨습니다. 당신이 그분을 믿지 않는다면, 지금 내가 당신 앞에 선 것처럼 당신도 그분 앞에 서며 영원한 형벌이 당신에게 주어질 날이 올 것입니다.

관리: 때가 되면 알게 될 것이다. 어쨌든 나는 당신을 감옥에 가둘 것이다. 당신의 그리스도가 너를 구하러 오는지 볼 작정이다.

선다싱: 나는 감옥에 갇히는 것이 두렵지 않습니다. 그것이 두려웠으면 이곳에 전도하러 오지 않았을 것입니다. 나는 이렇게 될 것을 알고 있었습니다. 나의 그리스도는 이 감옥에서 나를 풀어 주지 않으셨지만, 죄와 사탄에게서 해방해 주셨기 때문에, 나는 항상 자유롭습니다. 당신이 내 발에 나무로 만든 족쇄를 채웠지만, 나는 자유롭게 될 것입니다.

관리: 더 이상 말하지 말라.

선다 싱: 나에게 목숨이 붙어 있고 내 입 안에 혀가 있는 한, 그리스도에 대해서 말하는 것을 멈출 수 없습니다. 나는 감옥에 갇히는 것은

제11권 십자가는 천국이다. 669

물론이요, 죽을 각오가 되어 있습니다.

관리(조사관에게): 더 심문할 필요가 없으니, 이 사람을 감옥에 가두시오.

조사관: 이 사람을 감옥에 가두면, 감옥이 더러워질 것입니다.

나는 이곳에서는 감옥을 거룩하다고 여기는지 궁금했다. 그곳이 거룩하다고 생각된다면, 그곳에 갇힌 경건한 사람들을 석방하지 않는 이유가 무엇인가? 어쨌든, 그후에 조사관은 감옥에 갇힌 사람은 고통을 겪어야 하는데, 이 기독교인은 그것을 즐겁고 위로가 되는 일로 여기므로 다른 벌을 주어야 한다고 말했다.

관리: 이 사람을 감옥에 여섯 달 동안 가두면, 그의 가르침 때문에 다른 죄수들이 기독교인이 될 수 있는데, 그들을 따로 관리하기가 어렵습니다. 그러니 이 사람을 추방하는 것이 좋을 듯합니다.

이 말에 모두 동의했고, 그들은 나를 국경 지방으로 추방했다.

엉겅퀴를 맺는 사람과 과일을 맺는 사람

우리는 그리스도께 접붙여져야 열매를 맺을 수 있다. 엉겅퀴가 가득한 삶을 사는 사람이 많다. 그러나 그들은 주 예수 그리스도를 믿음으로써 열매 맺을 수 있다. 나무를 관리하는 사람이 "이 나무를 열매 맺는 나무로 바꿀 수 있다"고 했다. 그것이 어떻게 되었을까? 몇 년 후에 보니, 정원사가 그것을 좋은 나무에 접붙였으므로, 가시가 없고 훌륭한 열매가 달려 있었다. 마찬가지로 은혜로우신 주님은 모든 사람을 위해서 오셨다. 그분은 죄인을 성도로 변화시킬 수 있다.

발루치스탄에 많은 사람을 죽인 강도가 있었다. 그 사람은 전혀 변화될 수 없는 사람처럼 보였다. 그런데 그 사람이 주 예수 그리스도에 대한 말을 듣고 놀랍게 변화되었다. 달라진 그를 본 사람들은 "어찌 이런 일이 있을 수 있는가?"라고 말했다. 그 강도는 "내가 아니라 예수 그리스도께서 이렇게 변화되게 해주셨습니다. 주님이 내 삶에 들어와 변화를 이루셨습니다. 그분이 이루신 변화에 의해서 나는 천국을 소유하게 되었습니다. 나는 전에는 살인자였지만, 이제는 전도자입니다"라고 말했다.

사냥꾼이 숲에 사냥을 나갔다. 그는 덩굴에 벌집이 달린 것을 보고서 총을 내려놓고 나무에 기어 올라가서 꿀을 먹기 시작했다. 사냥꾼은 자기가 위험하다는 생각을 전혀 하지 않았다. 그런데 나무 밑에 호랑이가 있었다. 그는 "위험하게 되었군. 그렇지만 덩굴 위에 있으니 도망갈 수 있을 거야"라고 생각하고서 호랑이를 무시하고 계속 꿀을 먹었다. 그 나무가 강둑에 있었기 때문에, 호랑이가 공격하면 강으로 뛰어내릴 수 있다고 생각했다. 그런데 강을 바라보니 악어가 입을 벌리고 있었다. 그는 "꼼짝없이 죽게 생겼구나. 여기에서 꼼짝하지 않고 있으면 호랑이도 가고 악어도 갈 거야"라고 생각했다. 그러나 얼마 후에 그는 자신이 또 다른 위험에 직면했다는 것을 알았다. 벌레가 그 덩굴을 파먹고 있었다. 결국 덩굴이 끊어지고, 그는 악어 밥이 되었다.

우리가 처한 상황이 이렇다. 우리는 숲속에서 살고 있다. 한쪽에는 우리를 삼키려는 마귀가 있다. 우리의 영은 덩굴, 즉 우리의 육신 위에 올라가 있다. 그리고 우리는 자신이 위험에 처해 있다는 것을 모른 채 죄라는 꿀을 먹고 있다. 우리가 주님 안에 있으면 사탄으로부터 안전하며, 그 무엇도 우리를 주님의 손에서 떼어낼 수 없다.

주님이 우리에게 기대하시는 열매는 무엇일까? 그것은 우리가 줄 수 있는 것, 즉 우리의 행동, 삶의 열매이다. 힌두교에서는 선행하면 선해질 수 있다고 말한다. 기독교에서는 "먼저 선한 사람이 되면, 선행을 할 수 있다"고 말한다. 우리는 주 예수 그리스도와 성령을 통해서 선하게 될 수 있으며, 그런 후에 선을 행할 수 있다.

어느 강도의 회심

언젠가 어느 숲을 지나가는데, 길 가에 네 사람이 앉아 있었다. 그중 한 사람이 칼을 들고 내게로 달려왔다. 나는 도망칠 수 없었기 때문에 고개를 숙였다. 그 사람은 나를 해치지 않고, 내가 어깨에 지고 있던 모포를 낚아채 갔다. 내가 약 200미터 정도 걸어갔을 때 그 사람이 뒤에서 나를 불렀다. 나는 "꼼짝없이 죽겠구나"라고 생각했다. 그런데 내 생각과 정반대의 일이 벌어졌다. 그는 "당신은 누구요?"라고 물었다. 나는 나에 대해서, 그리고 이 지방을 여행하는 목적에 대해서 말해주고 나서, 부자와 나사로의 이야기를 읽어 주었다.

이 이야기가 그의 마음에 감동을 준 듯하다. 한 번도 강도질하지 않은 부자가 지옥에 간다면, 수백 번 강도질을 한 그 사람의 운명은 어떻게 되겠는가? 그는 그 자리에서 회개하고, 나에게 용서를 구했다. 그는 내 담요를 돌려주었고…나에게 마른 과일과 차를 주었다. 마치 주님이 나를 위해서 "먹는 자에게서 먹는 것이 나오고 강한 자에게서 단것이 나오게"(삿 14:14) 하시고. "내 원수의 목전에서 내게 상을 베푸신" 것 같았다(시 23:5).

나는 그 사람과 함께 기도했지만, 그는 매우 상심하고 있었다. 그는 외투를 벗어서 땅에 깔아놓고 앉아서 울기 시작했다. 다음 날 아침에 그는 자신의 악한 생활에 대해서 이야기하면서, 동굴 속에 있는 많은 뼈를 보여주며 "이것이 내 죄입니다"라고 말했다. 그 사람이 무척 불쌍해 보였다. 그러나 나는 하나님이 나와 함께 해 주신 것에 감사했다. 만일 그렇지 않았다면 오늘 나의 뼈도 그 뼈들 가운데서 발견되었을 것이다.

나는 주님에게서 "오늘 네가 나와 함께 낙원에 있으리라"는 말을 들은 강도의 이야기를 그 사람에게 해주었다. 그리고 다시 기도했다. 그는 "주님이 나를 구원해 주실 것이다"라고 생각하면서 마음에 위로를 받았다. 그는 나에게서 세례를 받기를 원했지만, 내 충고를 받아들여 다른 성직자에게서 세례를 받으러 떠났다.

제11권 십자가는 천국이다. 673

기쁨과 평안

나는 영혼을 구하기 위해서 13년 동안 요가를 실천해온 힌두교 사두를 만났다. 그는 진정한 구도자였지만, 마음에 기쁨이 없었다. 나는 그 사람에게 "당신에게 기쁨이 없으니, 그렇게 오랫동안 요가를 수행한 것이 무슨 소용입니까?"라고 물었다. 그 사람은 "우리가 구원받기 위해 노력하지만, 이 세상에서는 기쁨을 발견할 수 없습니다. 나는 내세에서의 기쁨과 평안을 기대합니다"라고 대답했다. 나도 힌두교를 신봉할 때 이 세상에서는 평안을 발견할 수 없고 죄와 슬픔과 고난만 발견한다고 생각했었다. 그러나 이제 나는 주님이 이 세상에서 기쁨과 평안을 주신다는 놀라운 증거들을 본다.

평안이나 사랑

사람들은 종종 나에게 "당신은 항상 평안에 대해 말하지만, 사랑에 대해서는 말하지 않습니다"라고 말하곤 한다. 평안은 우리 영혼의 목표이다. 우리는 돈을 벌려고 수고하며, 평안을 누리기 위해서 육체적인 위로를 소유한다. 그러나 참 평안은 사랑이신 하나님 안에서만 발견할 수 있다. 이 평안은 하나님의 사랑에서 분리되지 못한다. 우리는 그 사랑을 느낄 것이며, 이웃 사랑도 느낄 것이다. 이 평안은 우리로 하여금 하나님의 사랑을 전하게 만든다. 그러나 우리 자신이 만족하지 못하면서, 어찌 만족하지 못한 사람들을 염려할 수 있겠는가? 우리는 먼저 모든 이해를 초월하는 평안을 발견해야 한다. 그리하면 하나님의 놀라운 사랑을 증언할 수 있다.

그리스도 안에 있는 놀라운 평안

나는 스웨덴에서 여행을 많이 한 사람을 만났다. 나는 그 사람에게 무엇을 찾아 여행했느냐고 물었다. 그는 이렇게 말했다. 그는 "나는 평안하고 기쁘게 살 수 있는 나라, 병이나 슬픔이 없고, 덥지도 않고 춥지도 않은 나라를 찾아다녔지만 발견하지 못했습니다"라고 대답했다. 나는 내가 그리스도 안에서 발견한 평안에 대해서 그 사람에게 말해주고 "나는 이 평안에 대해서 증언하려고 여행합니다"라고 말했다.

주님은 백 배로 공급해 주신다.

나는 회심한 후에 시험을 받았다. 처음에는 내가 세례받지 않고서도 기독교인으로 살 수 있는지에 관한 의심이 생겼다. 친척들의 핍박을 받으면서, 나는 먼 곳에서 비밀리에 세례받는 것을 고려해 보았다. 그러나 부모와 모든 것을 버려도, 공개적으로 신앙을 고백하고 주님을 따르지 않으면 평안을 얻을 수 없다는 것을 깨달았다. 그런데 주님은 내가 필요한 모든 것보다 백 배나 더 공급해 주셨다.

말로는 표현할 수 없지만, 삶은 진실을 드러내 준다.

나는 어느 날 묵상하고 기도하는 동안 그리스도의 임재를 강하게 느꼈다. 마음에 하늘의 기쁨이 넘쳐흘렀다. 나는 이 슬픔과 고통의 세상에 무진장하게 감추어진 큰 기쁨의 광산이 있는 것을 보았다. 그것을 경험한 사람조차 설득력 있게 그것에 대해서 말할 수 없어서 이 세상은 결코 그것을 알지 못한다. 나는 인근 마을에 가서 그 기쁨을 사람들과 함께 나누고 싶었지만, 몸이 아파서 내 몸과 영혼 사이에 갈등이 생겼다. 영혼은 마을에 가기를 원했지만, 몸은 꾸물거리고 뒤처졌다. 그러나 결국 나는 병든 몸을 이끌고 마을에 가서 그리스도의 임재가 나에게 행한 일 및 그들을 위해서 행할 일에 대해 마을 사람들에게 말해 주었다. 그들은 내가 병들었다는 것, 그리고 내가 그들에게 이런 말을 하게 된 내면의 충동이 있었다는 것을 알았다. 그리스도의 임재가 나에게 의미하는 것을 제대로 설명하지 못했지만, 그 심오한 경험은 행동으로 옮겨졌고, 사람들은 큰 도움을 받았다. 말로 설명할 수 없는 곳에서 삶이 진실을 드러내 준다.

십자가를 지는 사람들

순교자 카르타르 싱

카르타르 싱은 파티알라의 선다 하르남 싱의 아들이었다. 그의 아버지는 아들이 기독교인이 되려 한다는 소문을 듣고서, 그것을 막기 위해 백방으로 노력했다. 그러나 아들은 이렇게 대답했다: "나는 도처에서 구원자를 찾아보았지만 어디서도 발견하지 못했습니다. 그러나 마침내 하나님은 말씀을 통해서 주 그리스도가 구주이심을 계시해 주셨습니다. 나는 나를 구하기 위해서 목숨을 주신 분을 떠나지 않을 것입니다." 아버지는 그의 약혼녀를 불렀다. 약혼녀는 정숙하고 아름다운 여인이었다. 그녀는 "당신은 운이 좋은 사람입니다. 그런데 당신의 지위나 편안함에 관심이 없습니까? 나중에 후회하지 않도록 잘 생각해 보세요"라고 말했다.

카르타르 싱: "내 길을 방해하지 마세요. 위로, 젊음, 지위 등은 무상한 것이지만, 그리스도는 나에게 영원한 나라와 하나님의 자녀가 되는 권리를 주셨습니다. 나와 함께 이 특권을 소유하고 싶지 않습니까?"

약혼녀: "나는 마음을 당신께 드렸는데, 당신은 마음을 내게 주시지 않겠어요?"

카르타르 싱: "내게는 오직 하나의 마음만 있는데, 이미 그것을 그리스도께 드렸습니다. 이제 어디에서도 당신에게 줄 다른 마음을 얻을 수 없어요. 그보다는 내게 준 당신의 마음을 가져다가 주님께 드리는 것이 좋지 않을까요?"

이 말을 들은 약혼녀는 울면서 싱의 아버지에게 사실을 이야기했다. 불같이 노한 아버지는 카르타르 싱을 불러내더니 그 순간부터 옷을 벗고 집과의 관계를 포기하고 집을 떠나라고 명령했다. 카르타르는 그 말에 순종할 수밖에 없었다. 그래서 옷을 벗어 아버지의 발 앞에 두고서 이렇게 말했다: "오늘 이 옷을 벗는 것이 조금도 부끄럽지 않습니다. 예수 그리스도의 의가 나의 벌거벗음과 죄를 덮어주셨기 때문입니다." 그런 후에 아버지의 명령대로 집을 떠났다. 이렇게 행동하는 동안 그는 계속 기도했다.

그는 2, 3일 동안 숲에서 지냈다. 배고프고 추웠지만, 마음은 무척 평안했다. 궁궐에서 풍족하게 자란 그에게 이것이 어떤 경험이었을지 상상해 보라. 그는 가난이나 고통을 전혀 모르고 자랐다. 그런데 이제 그에게는 생계 수단이 없었다. 사흘째 되는 날 그는 어떤 사람의 집에 가서 일해주고 번 돈으로 터번과 외투를 샀다. 그리고 십자가에 달리신 그리스도의 복음을 전하러 티베트로 갔다.

도중에 라발산키 목사에게 세례를 받고, 밤낮으로 티베트어를 공부했다. 그 후 그는 전도하면서 여행하여 티베트의 타시강 마을에 도착했다. 그곳에서 석 달 동안 전도했는데, 마을 사람 모두가 그들 대적했다. 언젠가는 마을 사람들이 그가 스스로 마을을 떠나지 않을 것을 알고서 그를 천에 둘둘 말아서 어깨에 메고 마을 밖에 버렸다. 그런데 며칠 후에 그는 다시 마을로 돌아왔다. 그러자 라마승은 그에게 사형을 선고했다. 카르타르 싱은 이렇게 말했다: "당신이 나에게 어떤 행동을 해도, 나는 이곳을 떠나지 않을 것입니다. 나를 향한 내 주님의 사랑과 그분을 향한 나의 사랑이, 나로 하여금 당신이 진리를 믿고 멸망하지 않도록 당신을 위해 피를 흘리라고 강요하기 때문입니다. 주님을 믿으십시오. 그렇지 않으면 언젠가 당신에게 영원한 사형선고가 내려질 것입니다."

사람들은 그를 처형하기 위해 산으로 데려갔다. 산으로 올라가는 동안 그는 그들에게 "나는 지금은 이 산에서 내려오지 못하지만, 사흘 후에 사랑하는 주님께 올라갈 것이오"라고 말했다. 산에 도착한 후에 사람들은 그를 산양 가죽에 넣어 햇볕이 쬐는 곳에 두었다. 햇볕을 쬐면서 가죽은 점점 수축되었다. 이 충실한 그리스도의 종은 사흘 동안 고통을 당하면서도 찬양하고 자기를 핍박한 원수들을 위해 기도했다. 이 고통스러운 상황에서도 그가 노래하는 것을 본 사람들은 무척 놀랐다. 어떤 사람은 "그에게 신의 영이 씌웠음이 분명하다"고 말했다. 나흘째 되는 날 고통에서 해방되어 영원한 안식으로 들어갈 시간이 되었을 때, 그는 마지막으로 한 손을 가죽 밖으로 내밀어 글씨를 쓰게 해달라고 부탁했다. 사람들은 그의 한 손을 풀어주고 연필을 쥐어 주었다. 그는 자기의 복음서 한쪽에 다음과 같은 시를 기록했는데, 그 복음서는 지금도 라마승이 가지고 있다:

"그분은 나에게 생명을 주셨습니다. 그러나 주신 생명은 여전히 그분의 것입니다. 나는 주님에게 아무것도 갚아드리지 못했습니다. 그 귀한 이름을 영화롭게 하기 위해서 나 자신을 수천 번 희생할 수 있다면, 얼마나 감사하겠습니까! 내 친구를 위해서 수십 만 번이라도 죽기를 하나님께 부탁드리겠습니다. 하나님을 향한 나의 사랑이 죽은 남편과 함께 불에 타 죽는 힌두교 여인의 사랑보다 못하지 않기를 기도합니다. 힌두교 여인은 다시 만나기를 기대하지 못하면서도 죽은 남편을 위해서 자기 목숨을 버리는데, 생명의 주이신 살아 계신 주님을 위해서 나는 얼마나 더 많은 일을 해야 할까요? 내가 힌두교 여인만큼도 하지 못한다면, 참으로 부끄러울 것입니다."

그 후에 그는 "여러분은 기독교인의 죽음을 보려고 서 계십니까? 기독교인이 죽는 것이 아니라 죽음 자체가 죽는 것을 잘 지켜보십시오. 주님, 내 영혼은 당신의 것이오니 당신께 맡깁니다"라고 말하고, 주님과 함께 영원한 안식에 들어갔다.

언젠가 나는 파티알라 역에서 이 순교자에 대해서 말하다가 점잖은 신사가 슬피 우는 모습을 보았다. 나중에 알아보니, 그 신사는 카르타르 싱의 아버지였다. 그는 울면서 "그 아이가 그처럼 경건한 기독교인이라는 것을 알았다면, 그렇게 심하게 다루지 않았을 겁니다"라고 말했다. 그가 기독교인이 되고 순교한 결과 그의 아버지는 비밀 기독교인이 되었고, 그를 살해한 사람 중에서도 몇 사람이 기독교인이 되었다.

순교자 굴 바드샤

카이르 울라 목사님은 최근에 아프가니스탄에서 순교한 굴 바드샤의 이야기를 해주었다. 기독교인이 된 굴 바드샤는 친척들에게 돌아왔다. 친척들은 처음에는 관대했지만, 나중에는 완강하게 그리스도를 부인하라고 설득했다. 그러나 이 하나님의 사람은 거듭 "나는 기독교인입니다. 그리스도를 부인하고 목숨을 부지하기보다는 죽는 편이 낫습니다"라고 말했다. 결국 친척들은 칼로 그를 찌르기 시작했다. 그러나 그는 그들의 행복을 위해서 계속 기도했다. 결국 그들은 그의 몸을 난도질하여 죽였다. 그리스도를 섬기고 그를 위해 증언하던 많은 사람이 몸과 정신과 재산뿐만 아니라 생명을 바쳤다. 당신은 주님을 위해 무엇을 했으며, 무슨 준비를 했는가? 지금은 당신이 하나님의 나라에서 그들과 교제할 기회이다.

도둑 사랑

언젠가 내 친구가 기도하는데, 도둑 셋이 집에 들어와서 물건을 훔쳐 갔다. 그는 그들을 위해 기도하고 나서, 그들을 뒤쫓아가서 말했다: "당신들이 잊은 것이 몇 가지 있소. 필요한 것을 모두 가져가시오." 그는 트렁크와 상자를 열어 그들이 원하는 대로 가져가게 했다. 그다음에는 그들에게 먹을 것을 주면서 "무척 배가 고플 테니 먹고 가시오"라고 말했다. 마지막으로, 성경책을 주면서 "이것을 가져가시오. 다른 것보다 이것이 당신들에게 필요합니다"라고 말했다. 세 도둑 중 한 사람은 나중에 회심했고, 나머지 두 사람도 새로운 삶을 시작하기 시작했다. 감옥이 해낼 수 없는 일을 기도는 해낼 수 있다.

왼편 뺨을 돌려 대라

나는 어느 전도자와 함께 시장을 걷다가 이슬람 학자에게 다가갔다. 그는 전도에 반대하면서도 서서 경청했었다. 그는 너무나 화가 나서 내 뺨을 때렸다. 나는 다른 쪽 뺨을 돌려댔다. 그는 부끄러워서 잠잠했다. 밤중에 그는 전도자에게 사람을 보내어 "오늘 제 잘못 때문에 잠을 잘 수 없습니다. 용서를 빌어야겠습니다. 사두를 만나게 해 주십시오"라는 말을 전했다. 그 당시 나는 멀리 떨어진 곳에 있었다. 아침이 되어서야 전도자는 나에게 "이슬람 학자가 당신을 식사에 초대했습니다"라는 말을 전했다. 그의 마음을 변화시켜 주신 하나님께 영광을 돌린다. 그 사람이 살아 있는 증인이 되기를 바란다.

자연에는 인간이 아니라 하나님에 대한 찬양이 가득하다

철학자나 지식인의 글이나 말을 이해하려면, 그들의 전문 용어를 알아야 한다. 그러나 하나님의 책인 자연을 이해하려면, 시력만 있으면 된다. 초록색으로 보이는 나뭇잎들은 하나님의 계시의 책이다. 아무리 마음이 굳은 사람이라도 귀만 열려 있다면, 강, 시내, 샘, 산, 열매, 꽃향기 등의 강력한 말이 그들의 마음을 녹일 것이다. 창조 전체가 큰 소리로 하나님을 찬양하는 듯하다. 이 찬양을 들을 때 우리는 불쌍한 인류의 처지를 슬퍼하기 시작한다. 무언의 피조물은 웃고 감사하면서 하나님을 찬양하지만, 혀를 가진 인간은 입을 다물고 있다. 쓸데없는 한담은 잘하지만, 창조주 하나님을 찬양하지 않는 인간에게 화가 있다!

하나님의 말씀은 영이요 생명이다

이 귀중한 책이 나를 그 저자에게 소개해준 이후 약 25년이 흘렀다. 그동안 나는 내 구주가 이 책에 기록된 것과 똑같다는 것을 항상 발견해 왔다. 그분은 내가 그 책에서 읽는 것과 동일한 분이셨다. 언어상의 어려움과 본문비평은 그 진리를 감추지 못했고, 내 마음에 있는 생명을 주는 영향력을 방해하지 못했다. 하나님의 말씀은 영이요 생명이다.

나는 성경을 읽으면서 전에는 생각하거나 꿈꾸지 못했던 무한하고 영원한 부를 발견했다. 그리고 그 메시지를 사람들에게 전하고 함께 나눈다. 그것이 나뿐만 아니라 다른 사람들에게 주는 복은 끊임없이 증가한다.

생명수

1922년에 친구와 함께 팔레스타인을 여행하면서, 야곱의 우물에서 물을 마시고 기운을 회복했다. 그러나 한두 시간이 지나니 다시 목이 말랐다. 그때 " 이 물을 먹는 자마다 다시 목마르려니와 내가 주는 물을 먹는 자는 영원히 목마르지 아니하리니 나의 주는 물은 그 속에서 영생하도록 솟아나는 샘물이 되리라"(요 4:13, 14)고 하신 예수님의 말씀이 생각났다. 나는 사람이 판 우물에서 물을 마시고 다시 목이 말랐다. 그러나 그리스도는 생명의 샘이므로, 내 마음을 그분께 드리고 그분이 주시는 물을 마시고 나서 20년 동안 나는 목마르지 않았다.

요한복음은 생명의 떡이다

언젠가 기차 안에서 불신자들에게 살아계신 주님에 대해 이야기한 적이 있다. 나는 말을 마치고 나서, 예수 그리스도에 대해서 더 알기 위해서 성경을 읽고 싶은 사람이 있는지 물었다. 그곳에 기독교의 원수가 있었다. 그는 요한복음을 들고 있었는데, 두세 절을 읽고 나서 그 책을 찢어 버렸다. 그런데 2년 후에 놀라운 이야기를 들었다. 그 사람이 요한복음을 찢어서 창 밖으로 버린 날 어느 구도자가 철길을 따라 걸어가고 있었다. 그는 찢어진 요한복음을 발견하고서, 그것을 주워 읽기 시작했다. 그는 "영생"이라는 단어를 발견했다. 힌두교 신앙에 의하면, 인간은 환생을 통해서 다시 이 세상에 올 것이다. 그런데 요한복음에서는 "영생"을 이야기했다. 그는 또 다른 곳에서 "생명의 떡"이라는 단어를 발견하고서, 그것에 대해서 알아보고 싶었다. 생명의 떡이 무엇인가? 그는 찢어진 요한복음을 다른 사람에게 보여주면서 "이 책이 무엇인지 말해 줄 수 있습니까? 누군가가 이것을 찢어버렸어요"라고 말했다. 그 사람은 "그것은 기독교의 책이니 읽지 마시오"라고 말했다. 마지막으로 그는 "나는 조금 더 알아야겠어요. 이런 것들에 대해서 더 많이 아는 것이 위험하지는 않습니다"라고 말했다. 그는 신약성경을 사서 읽기 시작하여 우리 구주를 발견했다. 찢어진 요한복음 조각들이 살아있는 생명의 떡 조각이라는 것이 증명되었다.

보지 못해도 믿어야 한다

언젠가 인도의 산악 지방을 여행하다가 바위에 앉아서 쉬었다. 바위 밑 덤불 속에 새 둥지가 있었는데, 그 안에서 새끼 새들의 소리가 들려왔다. 어미 새가 먹을 것을 가져왔다. 새끼들은 어미 새의 날개 소리를 듣자마자 소리를 지르기 시작했다. 어미 새가 먹이를 주고 나서 날아가니, 새끼들은 다시 잠잠해졌다. 둥지 안을 들여다보니, 새끼들은 아직 눈도 뜨지 못하고 있었다. 새끼들은 어미를 보지 못하고서도 어미 새가 가까이 오는 것을 알고 입을 벌렸다. 새끼들은 "그것이 우리 엄마인지 원수인지, 먹을 것을 가져왔는지 독을 가져왔는지 모르니까 엄마나 먹을 것을 우리 눈으로 보기 전에는 입을 벌리지 않을 테야"라고 말하지 않는다. 만일 새끼들이 이 원리에 따라서 행동했다면 눈을 뜨기 전에 굶어 죽었을 것이다. 물론 먹거나 볼 기회를 누리지 못했을 것이다. 새끼들은 어미 새의 사랑을 의심하지 않았고, 어미 새가 주는 것을 믿고 받아먹었다. 며칠 후 눈을 뜬 새끼들은 어미 새를 보고 기뻐했고, 어미 새를 닮아 점점 더 튼튼하게 자라서 곧 날 수 있게 되었다. 하나님의 피조물 중에 가장 고귀한 인간이 하늘 아버지의 존재와 사랑을 의심하다니, 하찮은 새들보다 못한 존재인가? 예수님은 "보지 못하고 믿는 자들은 복되도다"라고 하셨다(요 20:27).

생명과 풍성한 생명

병들어서 손과 발이 마비되어 꼼짝 못하고 누워 지내는 사람이 있었다. 독사가 방 안에 들어왔지만, 그는 도망칠 수 없었기 때문에 물려 죽었다. 어떤 신자들은 생명을 가지고 있지만 자신을 구원할 만큼 충분한 생명은 가지고 있지 못하다. 그리스도는 우리가 죄에서 도망칠 수 있을 만큼 충분한 생명을 주려고 우리에게 오셨다. 이 생명을 나누어 가지려면, 모든 것을 버리고 그리스도를 따를 준비가 되어 있어야 한다.

생명과 풍성한 생명

중병이 들어 손과 발이 마비되어 꼼짝하지 못한 채 침대에 누워 지내는 사람이 있었다. 그런데 독사가 방에 들어왔는데, 그는 도망칠 수 없었기에 뱀에 물려 죽었다. 어떤 신자는 생명이 있지만, 자신을 구원하기에 충분하지 못하다. 그리스도께서 충만한 생명을 주러 오셨으므로, 우리는 죄에서 도망칠 수 있다. 이 생명에 참여하려면, 모든 것을 버리고 주님을 따라야 한다.

영생은 지금 여기에서 시작된다

주님은 자기의 말이 영이요 생명이라고 하셨다. 참 기독교인들은 하나님의 말씀이 신분이나 처지와 상관없이 모든 사람의 죽은 마음을 살린다는 것을 경험과 관찰에 의해서 느낀다. 다른 종교의 경전은 현세에서 기도하며 금욕 생활을 하면 내세에 영생을 소유할 것이라고 가르친다. 그러나 우리가 지금 영생을 얻지 못한다면, 장래에 대한 소망이 없다. 하늘나라의 영생뿐만 아니라 이 세상에서 생명을 주시며, 성령을 보내어 신실한 자들의 마음을 낙원으로 만들어주시는 주님을 찬양한다. 이것이 우리가 내세에 영생을 소유한다는 증거이다.

경험에만 의존하는 이해

항상 눈이 덮여 있고 모든 것이 얼어 있는 히말라야를 여행하면서, 따뜻한 샘을 본 적이 있다. 어떤 사람에게 그 이야기를 해주었다. 그 사람은 내 말을 믿으려 하지 않다가, 직접 그런 샘물에 손을 넣어보고서는 산불이 났을 것이라고 말했다. 그의 두뇌가 그의 이해를 도와주기 시작했다. 우리는 영적인 경험을 해야만 이해할 수 있는데, 그 경험은 기도를 통해서만 이루어진다.

기도는 감추어진 뿌리이다

물의 흔적도 없는 사막에 잎이 푸르고 열매가 달린 나무가 한 그루 있었다. 그 나무의 긴 뿌리들이 땅속 깊은 곳에 있는 샘을 발견하고서, 물을 빨아들인 것이다. 기도는 하나님이신 깊은 샘에 닿는 감추어

제11권 십자가는 천국이다. 687

진 뿌리이다. 우리는 기도를 통해서 하나님에게서 오는 생명과 열매 맺을 힘을 얻는다.

죽은 교회

나는 팔레스타인의 요단강 근처에 서서 이런 생각을 했다: "이 신선하고 단 물은 사해로 흘러 들어간다. 그런데 사해는 물을 흘려 내보내지 않기 때문에 항상 죽어 있다." 이처럼 죽은 교회들이 있다. 예수 그리스도에게서 나온 신선한 물은 항상 교회 안으로 흘러 들어가지만, 그 교회들은 죽어 있다. 이는 흘러 들어온 것을 사람들에게 주지 않기 때문이다.

하나뿐인 마음을 하나님께 드리라

마음은 하나이다. 마음이 둘이라면, 그중 하나를 세상에 줄 수도 있을 것이다. 그러나 마음은 하나이다. 그 마음을 주님께 드리라. 그러면 주님을 받을 것이며, 주님과 함께 모든 것을 받을 것이다.

나는 너만을 원한다

나의 주 하나님, 나의 가장 소중하신 분, 내 생명의 생명이요 영의 영이 되시는 분이시여, 나를 불쌍히 여기사 성령으로 나를 채워 내 마음에 당신을 향한 사랑 외에 다른 것이 들어오지 못하게 해 주십시오. 내가 바라는 것은 당신뿐입니다. 당신은 생명과 모든 복을 주시는 분이십니다. 당신께 구하는 것은 세상이나 세상의 보물이 아니고, 천국도 아닙니다. 나는 당신만을 원하고 갈망합니다. 당신이 계신 곳이 천국입니다. 내 마음의 갈급함은 내 마음을 지으신 당신만 채워주실 수 있습니다. 오, 나를 지으신 하나님! 당신은 오직 당신만을 위해 내 마음을 지으셨으므로, 내 마음은 당신 안에서만 안식을 발견할 수 있습니다. 당신은 내 마음을 지으셨고, 그 안에 안식을 향한 갈망을 두셨습니다. 내 마음에서 당신을 대적하는 모든 것을 제하여 주시고, 내 마음에 들어와 거하시며 영원히 다스려 주십시오. 아멘.